唐钢简录

（*1996—2005*）

河钢唐钢党史厂志编纂委员会 编

北 京
冶 金 工 业 出 版 社
2020

图书在版编目(CIP)数据

唐钢沧桑.1996—2005/河钢唐钢党史厂志编纂委员会编.—北京：冶金工业出版社，2020.5
ISBN 978-7-5024-8417-0

Ⅰ.①唐… Ⅱ.①河… Ⅲ.①钢铁厂—工厂史—唐山—1996-2005 Ⅳ.①F426.31

中国版本图书馆CIP数据核字(2020)第027492号

出 版 人 陈玉千
地　　址 北京市东城区嵩祝院北巷39号 邮编 100009 电话 (010)64027926
网　　址 www.cnmip.com.cn 电子信箱 yjcbs@cnmip.com.cn
责任编辑 张熙莹 郭雅欣 美术编辑 彭子赫 版式设计 孙跃红
责任校对 李 娜 责任印制 李玉山
ISBN 978-7-5024-8417-0
冶金工业出版社出版发行；各地新华书店经销；北京科信印刷有限公司印刷
2020年5月第1版，2020年5月第1次印刷
787mm×1092mm 1/16；28印张；10彩页；688千字；409页
189.00元

冶金工业出版社 投稿电话 (010)64027932 投稿信箱 tougao@cnmip.com.cn
冶金工业出版社营销中心 电话 (010)64044283 传真 (010)64027893
冶金工业出版社天猫旗舰店 yjgycbs.tmall.com

唐钢沿革

（1996—2005）

特邀编审

潘公平　孔庆福　韩殿涛　贾维新

栏目编审

孙胜军　田　川　王云阁　董和民　栾景林　史绍辉

孙学君　马晓春　薛军安　史云波　阚景坤　张向群

刘玉华　苏福源　刘景钧　庞得奇　刘远生　曹　原

刘蕴智　杨晓江　王大成　于春渊　李迎昌　吴晓月

商　丽　赵寿强　闫希才　贾成宁　姜丽丽　肖　洪

宋长江　唐　巍　李丽芝

资料提供者

于　峰　王　力　王　磊　冯　涛　杜　进　杨　杰

谢成富　杨建辉　王占忠　刘学军　王宝宏　李先振

李红斌　李宏莹　贺喜林　田炳先　于桂淑　贾　兵

孙　宏　崔　巍　金荣江

▲ 2000 年 2 月 19 日，国家经贸委主任盛华仁（右一）视察唐钢。

▲ 1999 年 10 月 26 日，中共河北省委书记叶连松（中）视察唐钢。

▲ 2000 年 7 月 23 日，中共河北省委书记王旭东（右二）视察唐钢。

▲ 2003 年 3 月 24 日，中共河北省委书记白克明（左一）视察唐钢。

▲ 1999 年 8 月 25 日，河北省省长钮茂生（左二）视察唐钢。

▲ 2002 年 12 月 30 日，河北省代省长季允石（右一）视察唐钢。

▲ 2004 年 11 月 23 日，中共河北省委副书记刘德旺（中）来唐钢调研。

▲ 1996 年 1 月 1 日，唐钢总经理王天义与河北省副省长郭世昌（右二）在唐钢集团“九五”发展目标责任书上签字。

▲ 2004 年 7 月 1 日，河北省副省长付双建（左一）来唐钢视察。

▲ 1996 年 10 月 11 日，国防大学副校长王厚卿中将（左二）来唐钢视察民兵工作。

▲ 1996年1月1日，唐山钢铁集团有限责任公司挂牌成立。

▲ 1997年4月，唐山钢铁股份有限公司举行A股股票上市新闻发布会。

▲ 2000 年 11 月，经国家人事部、全国博士后管理委员会审核批准，在唐钢设立博士后科研工作站。

▲ 2003 年 3 月 13 日，唐钢举行国家级企业技术中心揭牌仪式。

▲ 1999 年 3 月 26 日，唐钢与考伯斯公司共同投资成立考伯斯（中国）炭素化工有限公司。

▲ 2003 年 10 月 9 日，唐钢在北京人民大会堂举行超薄热带生产线竣工达产新闻发布会。

▲ 2002 年 9 月 30 日，唐钢举行冷轧项目合同签字仪式。

▲ 1999 年 3 月 26 日，由国家经贸委、中国工程院组织的“技术创新院士行”活动组对唐钢进行技术创新诊评。

▶ 1998 年 11 月 30 日，唐钢召开第二十届职工代表大会第一次会议。

◀ 1998 年 5 月 30—31 日，中共唐山钢铁集团有限责任公司第八次代表大会召开。

▶ 1999 年 8 月，全国冶金企业成本对标挖潜经验交流会议在唐钢召开。

◀ 2000 年 2 月 18 日，唐钢召开 1999 年度总结表彰暨 2000 年挖潜增效动员大会。

▲ 1997年，建设中的二炼铁厂2560立方米高炉。

▲ 1999年10月26日，265平方米烧结机工程点火投产。

▲ 1999年6月29日，唐钢一炼钢厂1号150吨转炉投入生产。

▲ 2000年6月20日，唐钢第二条高速线材生产线竣工投产。

▲ 2003年1月15日，唐钢棒材厂技术改造工程竣工投产。

▲ 1997年3月5日，唐钢带钢厂一火成材节能改造工程完工，轧线投入生产。

▲ 2003 年 1 月 29 日，唐钢超薄带钢生产线投入生产。

► 唐钢冷轧薄板厂于 2004 年 6 月 30 日投产的彩涂生产线。

▲ 1996—2005年，唐钢连续通过质量管理体系认证，多种产品获得“冶金产品实物质量金杯奖”。

▲ 2005年8月，唐钢位列中国企业500强第76名。

▲ 2005年8月，唐钢位列中国制造业企业500强第30名。

▲ 1996年12月，唐钢被国家经济贸易委员会授予“全国资源综合利用先进企业”称号。

▲ 1996—2005 年，唐钢外景掠影。

▲ 2003 年 9 月 30 日，唐钢举行建厂 60 周年纪念活动暨首届企业文化节开幕式。

► 2005 年，唐钢举行职工田径大众体育运动会。

◄ 1997 年，唐钢举行职工田径大众体育运动会。

► 1999 年，唐钢举行仪式热烈庆祝中华人民共和国成立 50 周年。

▲ 本书主编合影。

▲ 本书主要编审人员合影（部分编审人员因工作调动未能到场）。

▲ 唐钢党史厂志编辑部秉持“对企业负责，对唐钢历史负责”的精神，搜集史料，精编严审，多方考证，打磨锤炼，累计采访离退休老领导和知情人 700 余人次。修志期间归档了大量弥足珍贵的厂史资料，让历史不断代。

凡　例

一、《唐钢沧桑》（1996—2005）是《唐钢沧桑》（1990—1995）的续编本，记述上限始于1996年，下限至2005年，详近略远，详公司、略厂矿。个别重要史实追溯事物发端，下限止于搁笔，以保持事件的完整性。

二、《唐钢沧桑》（1996—2005）以毛泽东思想、邓小平理论、“三个代表”重要思想及科学发展观为指导，实事求是记述唐钢及所辖各单位的历史与现状。

三、述、记、志、录、图、表等诸体并用，以志为主。首设总述，提要勾玄，总括企情，沟通联系。第十篇为大事记，乃全书之纲。依次为分志，横排门类，篇、章、节层层相辖。篇章下酌情设无题序，以增强整体性、连续性。主要照片集中卷首，其他表图随文插附。志末设附录、编后记。

四、除引文以外一律使用规范的现代语体文，力求语言严谨、简洁，体现思想性、科学性、资料性、可读性相统一。

五、本书资料出自公司档案馆藏及各单位档案室、各部门资料室，所引用的各项数据出自并经过财务系统或有关主管部门核定。史实内容一律参考原始文件，对不完整的事件内容由唐钢出版物、部分当事人的采访记录等二次文献资料予以补充，经考证核实后载入，一般不注明出处。

六、本书涉及主要机构、单位名称时，以当时规范称谓为准。名称过长的，在不易产生歧义的情况下可用简称；为避免行文重复，书稿中公司、企业系指唐钢。货币种类除注明者外，均为人民币。本书代称中全公司系指主体厂矿、机关部室、合资公司及辅助单位。

七、人物篇收录公司中高层管理人员名录及任职时间，两代表一委员、先进模范人物等。“至2005年12月”表述沿袭《唐钢沧桑》第一、二卷，一般所指非离任时间，即本书下限时间。“1996年1月”是本书记述的上限。个例除外。附录篇荣誉称号按获奖时间排序。

八、本书数字书写、标点符号、计量单位等表述按出版物现行规定执行。

九、本书采用第三人称记述。人物称谓一般直书其名，必要时冠以职务。

序

历史穿越时光，赋予启示，传递力量，常驻人心，激励一辈又一辈。

编纂《唐钢沧桑》意在于此。

唐钢历来重视党史厂志编纂工作，将其作为优良文化传统不断传承和弘扬。20世纪90年代，曾先后公开出版《唐钢沧桑》（1943—1989）和《唐钢沧桑》（1990—1995），记录了从唐山制钢所发展为唐山钢铁集团公司50余年的历史，为公司留存下宝贵的精神财富。

在收官“十二五”、布局“十三五”的关键节点处，河钢唐钢遵循《地方志工作条例》《河北省地方志工作规定》，依法启动《唐钢沧桑》续编工作。此轮编纂部分内容紧密衔接《唐钢沧桑》（1990—1995）相关章节，突出继承与创新，原汁原味写实唐钢不同历史时期的发展历程，将史志编纂的优良文化传统发扬光大。这项工作很有意义，颇具价值。

编纂《唐钢沧桑》，是为了记录历史、铭记责任。对于唐钢来讲，1996—2005年是快速崛起、意义重大、影响深远的十年。回顾走过的道路，唐钢逐步适应社会主义市场经济体制，经历了钢铁产能的持续快速增长，实施了“三步走”“三极支撑”战略，实现了产能规模的大跨越，见证了唐钢千万吨大钢目标的实现；应对了亚洲金融风暴的严重冲击；探寻了股份制、公司制改革发展道路，取得了巨大发展成就，交出了不凡的时代答卷。这部发展史尤其值得我们去还原和书写。铭记过去的史实，是我们这一代人的历史责任；记录这段历史，让史实不断章，是我们留给当代和后代一份弥足珍贵的思想宝库。

编纂《唐钢沧桑》，是为了总结经验、把握规律。历史被称之为前人的“百科全书”。全面总结和运用历代唐钢人奋斗积累的丰富经验，既是党委的重大责任，也是各级领导干部把握工作规律不可替代的重要途径。比如1996—1997年期间的唐钢改制、股票上市等改革实践，是当时唐钢转换经营机制的重大变革，总结分析其中的有益经验，有助于我们认识和探讨当前国企改革的顶层设计和具体实施方案。2003—2005年，按照省委、省政府关于国有企业改革的要求进行主辅分离、辅业重组改制，有助于我们研究当下推进的非钢产业发展，对于我们在不同历史条件下大胆探索盘活资产、精干主业、面向市场、自主经营具有十分重要的意义。各级干部通过学习和思考企业历史，有利于不断提高历史思维能力，并善于用历史的眼光审视当前工作，客观判断现实工作，以此增强工作的科学性、预见性、主动性和创造性。

编纂《唐钢沧桑》，是为了利用史料、积淀文化。历史、现实、未来是相通的。编纂《唐钢沧桑》是一项认识过去、把握现在、影响未来的工作，不仅有近期效应，而且可以产生久远效应。我们企业的党委坚持修用并举的原则，在续编史实、做好存史工作的基础上，创新展示党史厂志的手段、方法和载体，更好地利用这一文化资源，为现实经营服务，彰显历史价值。在互联网时代，借助新技术、新载体，让《唐钢沧桑》形式多样、内容丰富、彰显特色，更受职工欢迎，更吸引职工阅读。结合工作需要，在职工中加大党史厂志宣传教育和知识普及力度，积极推动党史厂志教育进作业区、进班组、进企业大学课堂、进职工头脑，使全体党员和广大职工潜移默化地了解企业发展历程和成就，受到历史文化的熏陶和感染，自觉提升历史责任感和使命感，激发爱党爱国爱企情怀，发挥《唐钢沧桑》更大的作用，为积淀深厚历史文化底蕴作贡献。

此部付梓问世的《唐钢沧桑》详尽地记载了唐钢1996—2005年的发展历程，内存大量史实信息，具有专业特色也兼具地方特色，并富有时代气息，值得祝贺！希望《唐钢沧桑》（1996—2005）出版后，更多人能够从中获得启迪和教益，并在以后的工作中承前启后、继往开来，在改革开放的大潮中，为唐钢创造更美好的未来。

长河悠远，天地常新。路靠人开，钢用铁炼。属于我们的更大跨越还在孕育，更艰巨的任务仍在前方。

河钢唐钢党委书记、董事长

2019年9月

让历史之光照亮未来之路

——写在《唐钢沧桑》（1996—2005）出版之际

这是一次面向未来的重温。

1943—2005 年，60 余年过去，唐钢从小作坊式的制钢所发展成为特大型钢铁企业，累计产铁、钢、钢材分别为 6016. 64 万吨、8257. 82 万吨、6552. 67 万吨，实现利税 243. 57 亿元、利润 107. 75 亿元，为地区经济和国家经济发展作出了巨大贡献。产品广泛应用于长江三峡水利工程、大亚湾核电站、京九铁路等项目，支撑起国家重点工程建设的钢筋铁骨；成为美的、长城汽车等知名制造企业的供货商，带动了钢铁产业链上下游企业的发展，产品远销韩国、日本、意大利、美国等海外市场，推动了共和国钢铁事业的进步。

纵览征程，斐然成就有目共睹。1977 年，获评“全国优秀企业”。1986—1989 年，连续 4 年保持河北省第一利税大户。1988 年，被授予“全国先进集体”和“全国五一劳动奖状”。1991 年，被批准为“国家一级企业”。1996—1999 年，每年实现利润总额均在 2 亿元以上，始终保持全行业前四名。改革开放后，唐钢为全省乃至国家创造的纳税值和附加值不断增长，推动了国家新型工业化进程和城市化进程。

铭记历史、重温记忆，是为了把握今天、开创明天。变革中的辉煌、艰难中的成就，为明日唐钢熔铸成坚实的路基。

一

时间为我们呈现结果，却往往省略了过程。任何一家企业的崛起从来就不是一时一役的胜利，而是历经一个持续而漫长的努力过程，一个从量变到质变的积攒。读懂这个过程，才能引领企业在新起点上的整装再发。

新中国成立后，经过半个世纪的新建、扩建和改造，唐钢从有钢有材无铁，发展为集矿山、炼焦、炼铁、炼钢、轧钢、深加工于一体综合配套的特大型钢铁联合企业，向世人展示了日新月异的巨变。从生产技术的演进和发展看，唐钢主体装备与制造工艺实现大型化、现代化。从 13 立方米高炉到 2560 立方米高炉，从 4 吨侧吹转炉到 150 吨顶底复吹转炉，从横列式和复二重轧机到热轧宽钢带轧机、冷轧宽钢带轧机，在不断淘汰落后中实现重大进步。关键技术相继取得突破，在国内率先试验成功碱性侧吹空气转炉技术、全连铸技术，高速线材生产、超薄热带生产等多项技术达到国际领先水平，与世界一流钢企的差距逐渐缩小，自主创新体系初步形成，在工艺技术与装备、新产品等领域研发一批批具有自主知识产权的成果。1950—1952 年，“转炉—电炉双联炼钢法”“侧吹碱性转炉炼钢法”受到国家重工业部的通报嘉奖，后者被国家科委列为国家级发明。1993—1995 年，实现了炼钢铁水全热装、结束了延续五十多年的化铁炼钢历史，实现了转炉炼钢全连铸，淘汰了应用近 50 年的落后模铸工艺，对于提高炼钢工艺系统整体技术水平具有划时代意义；1996 年、1997 年，“高速线材生产线开发与创新”“河北省炼钢连铸技术推广”成果被国家科学技术委员会分别授予“科技进步奖一等奖”“科技进步奖二等奖”；“唐钢超薄热带生产线技术集成与自主创新”获得“2006 年度国家科技进步奖二等奖”。

特别是改革开放以后，国内钢铁行业迎来了飞速发展的“黄金季节”，两次历史性跨越在唐钢历史上树立起我们引以为豪的丰碑。第一次历史性跨越，公司跻身全国先进企业行列。1986—1995 年，累计投入 46 亿元建成 2 座 1260 立方米高炉，打造产品附加值高、经济效益好的高速线材生产线，企业产能规模达 200 万吨，改变了缺矿、少铁、无焦状况，大大提升了工序配套能力、工艺技术与装备水平。1992 年 7 月 30 日，被批准为特大型钢铁企业；1993 年 6 月 29 日，跨入全国百强行列。第二次历史性跨越，迈入千万吨级大钢行列。1996—2007 年，是唐钢实施“三步走”发展规划和“三极支撑”发展战略时期。“三步走”发展规划建成后，铁钢材配套综合生产能力达到 500 万吨；“三极支撑”发展战略规划付诸实施后，2007 年底具备 1500 万吨铁钢材生产能力。公司在追求产量、产值的同时，更加注重追求质量、效益，品种结构由单一的线材发展到板、棒、线、型，打造了矿山巷道支护用热轧 U 型钢、钢筋混凝土用热轧带肋钢筋、低碳钢无扭控冷热轧盘条等省部级以上名优产品，获得了企业长远发展的竞争优势。

二

用凝固着时间的文字去承载唐钢人共同的记忆，并使之代代传承、延续，是唐钢一贯的优良传统。续编《唐钢沧桑》（1996—2005）史志，给了我们重新审视历史的契机，共同擎起历史火炬，燃起历史之光，为唐钢照亮未来之路。

十年，一个时代，一卷书。打开记忆的闸门，穿越十年征程岁月，回望“九五”“十五”时期，公司经历了哪些具有里程碑意义的节点与事件？走过的道路上穿越了哪些荆棘与隘口，成就了哪些光荣与梦想？究竟是什么力量让这支队伍慨然行进在改革之路上，不断标注唐钢历史的新高度？编纂《唐钢沧桑》（1996—2005）的初衷并不止于此。

今日的成就是在昨日的筑基上创造，如若忘却了历史，事业的大厦也不过是流沙上的建筑难能基业长青。源于传承、基于创新，方能写下浓墨重彩的时代答卷。追溯十年过往，从什么角度书写唐钢历史、以什么样的历史观解读唐钢历史，从这段历史时期中记取什么、寻回什么，决定着我们会塑造一个怎样的唐钢、走向一个怎样的未来。

温故而知新、彰往而察来，看得见多远的过去，就能走得向更远的未来。2016年，公司党史厂志编纂委员会着眼于历史的积淀，将时间长河中零碎的、散见的资料汇辑编纂成书，是对1996—2005年历史的最好纪念。为了更好地认识历史、理解历史，准确把握历史、书写历史，用好历史资源、做好历史传播，编辑部着重于史实从哪里来、到哪里去，以客观理性的态度加强史实研究、史料收集，确立主旋律，把历史观建立在翔实准确的史料支撑和深入细致的研究分析之上，联系历史、现实与理论，用事实的考据佐证观点，理清发展脉络，凝结历史智慧，激励未来发展之路上的唐钢人担负大使命、忠于大担当、涵养大识见，获得有裨益的工作镜鉴，为明日唐钢基业铺路奠基。

三

回首来处，“九五”“十五”时期是中国钢铁工业飞速发展的十年，钢产量从1996年首次超过1亿吨大关、跃居世界第一位以后，连年保持增长状态，并一直保持钢产量世界排名第一的位置。尤其是进入21世纪以后，伴随着国家经济快速发展的脚步，中国钢铁工业一直保持高速增长态势，规模速度型特征明显：2000—2002年期间每年递增2000万～3000万吨钢，2003年钢产量突破2亿吨后，增速更加明显，2003—2005年每年递增6000万～7000万吨钢，实现了进出口总量的基本平衡，结束了中国建设长期依赖进口钢材的历史。唐钢在这一时期走过的历程，在中国钢铁工业史中得到映照，在国内特大型钢铁企业中具有代表性，是行业巨大变化的浓缩写实。

1996—2005 年，唐钢在生产技术、产品结构、管理体制、运行机制、企业文化等各个方面都发生了巨大变化，实现了历史性转折，不仅成为地方经济发展的主要支柱产业，而且创造了可观的经济效益和社会效益。十年累计产铁 4765.44 万吨，产钢 4761.83 万吨，产钢材 4225.48 万吨，实现利润 75.28 亿元、利税 168.28 亿元。

一个个标志性事件见证着唐钢改革历程：唐山钢铁股份有限公司注册成立；唐山钢铁（集团）公司改制为唐山钢铁集团有限责任公司；唐钢股份上市；自办 10 所普通中小学校和公安系统移交唐山市，对 5 个辅业单位进行了分离改制……

一个个珍贵瞬间记录下唐钢建设发展的历史性进步：1999 年 10 月 20 日 20 时，2 号 150 吨转炉生产出第一炉合格钢水，实现提前淘汰落后侧吹转炉目标；2002 年 12 月 31 日 11 时，2 号高炉点火，本体由 1260 立方米增容至 2000 立方米，用时、推移重量、推移高度创当时冶金建设史之最；2003 年 1 月 29 日 15 时，热轧薄板生产线竣工投产，建成“三步走”发展战略的最后一步的关键工程；2005 年 12 月 29 日 22 时，累计产钢首次突破 1000 万吨，翌日省政府、省国资委分别向公司发来贺电、贺信，对公司跻身全国千万吨级大钢行列表示祝贺，共庆省内首家千万吨级大钢的诞生……

一项项指标与成果记述了在经营管理现代化进程中属于唐钢的收获：“九五”时期，创立推行层级对标管理，使得各项经济技术指标不断改善，吨钢成本降幅 100 元，并向全国冶金行业推广，公司由此成为钢铁行业对标挖潜、降本增效先进经验的发源地。“十五”时期，在已有装备基础上深挖潜能，2005 年有 7 项主要生产经营指标进入行业前三名。2000 年、2003 年、2005 年，“层级对标管理”“生产经营与企业发展良性互动战略”“构建经济效益指数评价体系提高企业综合竞争能力”项目获得第六届、第十届、第十二届“全国企业管理现代化创新成果二等奖”……

一次次党员实践彰显了唐钢各级党组织的生机与活力：“三讲”学习教育、达标创先、凝聚力工程等建设活动，对唐钢在跨世纪前后实现宏伟目标具有重要意义，涌现出了一批又一批优秀共产党员的典型，“心系企业、情注职工的好公仆”张道存、“临危不惧、忠于职守的好职工”马金亭、“热爱唐钢、岗位成才”的郑久强等楷模，他们用理想和追求为唐钢事业蓄积了力量，铸就了钢铁般的精神与魂魄。

四

1996—2005 年，唐钢的发展是一个不断探索、提升能力、自我完善的过程。总结发展这一阶段的历程，以下经验是需要认真汲取的。

（一）以思想解放引领推动企业前行。思想是行动的先导、跨越的总开关。历史从哪里开始，思想的进程也应当从哪里开始。唐钢每一次思想的解放，都带来巨大的变革；每一次观念的更新，都伴随着转变的进程。从计划时代短缺经济到市场经济竞争环境，没有思想的解放与观念的更新，企业就不会与时俱进，甚至会被淘汰出局。在不同发展时期，正是因为解放思想的大门不断打开，催生出新的工作思路，引领干部职工打破一切僵化教条的思维习惯和惯性做法，善于学习和引进一流经验和方法，借鉴先进成果为我所用，才有了“自强、奋进、创新、奉献”“进步慢了就是落后”的理念领航，有了千万吨级大钢的突破。实践证明，思想解放的深度、广度决定了企业突破的力度、提升的高度、跨越的速度，是企业已经、正在或将要发生的进步之源。

（二）坚持市场化的改革方向。改革是企业发展的必由之路。跨世纪前后，以市场为导向的经济体制改革，极大地释放了职工创造的积极性，空前解放了生产力，造就了日新月异的繁荣景象。在渐进式改革的道路上，在国企改革的制度创新以及纵深推进阶段，唐钢作为国家、地方的改革试点，用好每一次改革试点平台，以敢为人先的气魄、敢担责任的勇气，大胆试、大胆闯，一直努力走在改革的前列。通过规范的公司制股份制改造，推进主辅分离辅业改制、分离办社会职能，建立了现代企业制度，实现了自身制度上的根本性突破，为企业平等参与市场竞争提供了良好条件，逐步破除束缚企业发展的体制性障碍，收到了良好效果。实践证明，唐钢的改革是在市场经济条件下积极探索、循序渐进的改革，是一个不断根据市场形势变化进行调整优化的过程，使得企业在增强市场化适应能力的同时提升了综合实力。

（三）依靠技术创新和管理变革实现攻坚破难。创新和变革是引领发展的

第一动力。回顾唐钢奋斗历程，不管碰到什么困难，遇到什么难题，都牢牢抓住技术和管理两大重点，始终致力于创新和变革。20世纪90年代，唐山周边民营钢企的迅速崛起，形成了多种所有制经济的竞争，国内外一流钢企的高端产品、民营钢企的低成本等对手优势，让唐钢看到了差距和不足，主动瞄准技术创新和管理变革，不断找寻出路，在第二次基本建设高潮中进行全热装全连铸、热轧薄板等钢轧技术的摸索与攻关，生产出了叫得响的产品，企业才得以在市场经济发展的浪潮中站稳了脚跟。实践证明，哪里有创新和变革，哪里就有新局面。唐钢发展的每一个关键时刻、每一次创新和变革，都带来了技术和管理的重大突破。只要坚持矢志创新和变革，用好已有的技术基础和管理条件，就会释放企业最大潜力，推动企业前行发展。

（四）坚持节能减排、环境保护走可持续发展之路。钢铁企业作为资源和能源消耗大户，在实现国家可持续发展战略中承担着重大责任。在面对治理污染的问题上，唐钢用行动作出了回应，筑牢了生态安全屏障。环保作为公司一项专业管理，最初关注废水、噪声等污染治理，实现增产不增污。之后，突出节能减排、能源管理、环境管理体系建设，相继开展创建清洁工厂（车间）、“一控双达标”等活动，实现环保效益型工厂目标，被省委、省政府授予“工业企业最佳形象单位”称号。实践证明，保护环境、节约资源既是社会和城市的要求，又是企业自身发展的必然选择。唐钢用自身的实践证明了这项工作不仅使企业自身受益，而且服务于城市循环经济发展，造福了社会。

（五）无论什么时候，生产经营和党委工作都要坚持两手抓，两手都要硬。党的领导和党的建设，是国有企业战胜困难、实现发展的重要法宝，是独有的政治优势。多年来，唐钢之所以始终与时代发展同进步、与职工群众共命运，不断焕发出强大的生命力、创造力，是因为公司始终与党和国家保持高度一致，坚持生产经营和党委工作双促进，充分发挥了政治核心作用，服务保障了企业的健康良性发展。实践证明，唐钢的党组织是政治成熟、组织严密、作风优良、纪律严格、具有强大凝聚力的企业党组织，党委工作有机融入了企业生产经营管理各环节，贯穿了改革发展稳定全过程，做到了党政工作同声同向同步同发力。任何时候，唐钢都要坚持党的领导，不断加强党的建设，做到生产经营和党委工作双丰收。

五

忆往昔，风雨兼程铸伟业；看今朝，沧桑巨变展宏图。回望历史，抚今追昔，饮水思源，唐钢人永远铭记风雨同舟的峥嵘岁月里承前启后、继往开来的历史篇章，始终不忘关心、支持、建设唐钢事业的所有人员。

我们永远铭记历代党和国家领导人对唐钢的关怀、教诲和嘱托。在唐钢生产经营和改革发展的每个历史阶段与重要转折点，党中央总是给我们以高度重视和坚强领导，为我们廓清思路，指引航向，提供动力。没有党中央的科学决策和正确引领，就没有唐钢的今天！

我们永远铭记省委省政府、市委市政府历任领导的指导、支持和帮助。是你们所倡导的先进发展思路和国企改革重点，引领带动了唐钢的改革发展；是你们的关爱支持，成就了唐钢今天的荣耀！

我们永远铭记唐钢的奠基者与创业者的高瞻远瞩和艰辛探索。当年，是你们绘就了唐钢的建设蓝图，亲自参加了唐钢的跨越式发展建设，坐镇指挥每一个紧要处的部署落实，鼓舞激励每一场决胜战役，把汗水和智慧挥洒在了唐钢这片热土，奠定了今天成功的基业。没有先行者的艰苦创业，就没有唐钢今天的大好局面！

我们永远铭记国内外同行、专家的悉心指导和广大投资者的信赖与厚爱。在唐钢的建设发展中，你们时刻关注着唐钢迈出的每一个步伐，激励着唐钢不断成长壮大，你们的关注和关爱是唐钢始终向前的强大推动力！

我们永远铭记唐钢广大职工、离退休人员及其家属多年的辛勤耕耘和无私奉献。你们在各自不同的平凡岗位上为唐钢发展建设作出了非凡的贡献，你们是推动唐钢发展进步的主力军，是唐钢最为宝贵的财富，是当之无愧的时代贡献者，将始终铭记在唐钢一代又一代后来人的心里！

六

激流勇进的十年已成过去。在这不同寻常、栉风沐雨的十年，我们奠定了唐钢发展格局与产能规模的历史性基础。经过跨世纪的飞跃，进入21世纪的唐钢，尽管各项工作取得了令人振奋的长足进步，但面临的挑战前所未有。机制不活、布局不优、效率不高……在市场挑战与竞争中暴露的具体问题，从表象看是指标的进步幅度与改善速度，实质看是自主创新能力、产业结构等不足，意味着唐钢的未来面临着更加艰巨的任务和考验，还需我们付出百倍的勇气与超常的智慧。

一代人有一代人的使命。我们这代唐钢人接过前人交付的接力棒，开启又一段富有勇气的征程。我们和我们脚下的这块土地，所经历与所收获的，都将汇成唐钢道路上的不同历史跨越，标注上一段征程的辉煌，等待下一个征程的出发。

当经历一番努力、几番耕耘后破土而出的《唐钢沧桑》（1996—2005）呈于读者案前，我们回溯既往，时代的起承转合、事件的因果更迭、人物的接力更替已清晰可辨。历史所影响的决不仅是我们对过去的勾画，更影响即将展开的未来。在《唐钢沧桑》（1996—2005）出版之际，让我们珍藏公司历史记忆，做好今天的现实工作，承担明天的新使命，无比自信地走向充满阳光和希望的未来。

（王兰玉　李振亮　刘彦雷　宋江涛　刘　杰　张卫华）

总　述

唐钢是全国十大钢铁企业之一，国家特大型钢铁联合企业，始建于1943年，曾以“转炉的故乡”“抗震志气钢”等著称。土地资产总面积2024.51万平方米，其中南区占地面积215.37万平方米，北区占地面积224.36万平方米。主厂区即南区位于河北省唐山市大城山下陡河东岸，地理坐标为东经118°13′19″，北纬39°38′15″。

2005年末，唐钢集团管辖7个子分公司，共有职工4.61万人，其中在岗从业人员3.69万人。主要生产热轧薄板材、冷轧板材、镀锌板材、涂层板材、线材、棒材、中型材等钢材产品和铁精粉、焦炭、耐火材料、轧辊、运输胶带、自行车、煤化工产品等。拥有资产总额376.07亿元，固定资产原值210.97亿元，净值132.79亿元。

唐钢股份是由唐钢集团发起设立并控股的上市公司，总股本22.66亿股，国家股占总股本的52.53%，唐钢代表国家持有总股本的51.11%。2005年末，共有职工2.86万人，其中在岗从业人员2.41万人。主要生产板材、线材、棒材、型材等145个品种436种规格的钢材产品。拥有资产总额245.31亿元，固定资产原值154.67亿元，净值92.25亿元。

唐钢地处全国三大铁矿带之一的冀东地区，处沿渤海湾京津冀经济隆起带，铁矿石、煤、电等资源丰富；铁路、公路和海上运输便利；市场广阔；曹妃甸港口的开发建设，特别是与首钢联合建设曹妃甸大钢，为唐钢发展创造了更加有利的条件。

一

唐钢始建于1943年4月，前身是日本东洋纺绩株式会社开办的唐山制钢所。1948年12月12日唐山解放，改称唐山制钢厂。1950年6月，进行机构整编，取消军管，撤销军代表和经理，唐山制钢厂改为唐山钢厂。1972年8月14日，唐山钢厂改为唐山钢铁公司。1973年，唐钢正式改为公司建制，20个生产车间改为厂矿，19个职能组改为部、处、室。

1992年11月25日，组建了以唐山钢铁公司为核心企业的唐山钢铁（集团）公司，成为跨地区、跨行业、多元化经营的大型企业集团。1994年6月29日，唐山钢铁股份有限公司正式成立。1995年12月28日，唐山钢铁（集团）公司改制为国有独资公司唐山钢铁集团有限责任公司，依法注册取得企业法人营业执照，被授权经营唐钢集团的国有资产。

随着市场经济体制的发展，在现代企业制度框架下，要求所有权与经营权分离。自2003年8月起，根据省政府授权，唐钢作为省属大型国有企业，由省政府国资委监管。

二

唐钢是中国转炉炼钢的发祥地，有着悠久光荣的历史文化，为中国钢铁工业的发展作出了重要贡献。解放前唐钢最高年产钢仅有1904吨。解放初期，唐钢被国家重工业部确定为技术试验工厂，承担部分重要钢种的开发试验任务。1950年，试验成功转炉—电炉双联炼钢法，在解决我国电炉炼钢原料问题上闯出了一条新路，受到了国家重工业部的通报嘉奖。1951年，试验成功侧吹碱性转炉炼钢法，于1952年全面投入生产，这一重大技术成果在我国炼钢史上具有划时代的意义，唐钢由此奠定了“共和国转炉的故乡”地位。

唐山大地震前，唐钢的生产能力达到了年产钢82.5万吨。1976年7月28日，唐山发生震惊世界的大地震，唐钢被夷为一片废墟，18229名职工中震亡1788人、重伤1241人，固定资产损失三分之一。遭受巨大自然灾害后的唐钢职工，于震后28天炼出了第一炉志气钢，11月底全部简易恢复生产，在一片废墟瓦砾上重建起家园。1978年，邓小平同志视察唐钢时高度称赞“唐钢工人阶级是地震震不垮的、困难吓不倒的队伍”。

震后的唐钢积极发展生产，1979年被列入河北省企业扩权试点单位，试行企业利润留成办法。1982年在全公司实行了承包经济责任制。1985年6月实行了经理负责制。1988年晋升国家二级企业，1991年1月晋升国家一级企业。

1986—1995年，是“七五”“八五”发展规划时期。唐钢共投资40亿元引进装备和技术，建成炼铁、轧钢、炼焦、矿山等80多项工程。到“八五”末，唐钢45台（套）主体设备中21台（套）达到国际国内先进水平，实现转炉炼钢全连铸，形成了年产铁、钢各210万吨、钢材180万吨的生产配套能力。

三

1996—2000年，是唐钢加强结构调整，加快铁钢技术改造，进入历史性转折的重要时期。在这五年间，公司深入贯彻“三改一加强”方针，落实上级党委政府重大决策部署，大力开展学邯钢和对标挖潜等活动，经受住了市场激烈竞争的严峻考验，实现了生产的持续发展和经济效益的稳步增长。

“九五”期间共产铁1459.37万吨，钢1413.86万吨，商品材坯1334.19万吨，其中钢材1223.97万吨，分别比“八五”期间增长89.85%、52.12%、57.96%和60.40%。1999年铁钢产量双双跃上300万吨台阶，提前一年实现了省委、省政府确定的“九五”发展目标；实现利税39.28亿元，其中利润12.85亿元，经济效益在同行业始终保持较好水平。

狠抓技术改造，胜利完成了“三步走”规划的前两步并启动了第三步。制定了铁、钢、轧三大系统技术改造“三步走”发展规划并付诸实施。先后完成了铁钢系统及其配套的前“两步”的技术改造，建成2560立方米高炉1座、150吨顶底复吹转炉2座、265平方米烧结机1台，以及2560立方米高炉喷煤、TRT发电、轧钢一火成材、制氧机改造、工业水循环利用等重点基建技改项目80个。先后引进2560立方米高炉热风炉、粒化渣系统、喷煤设备和150吨转炉控制设备等4套成套及关键装备。引进项目27项，总价值2000万美元。至2000年末，在55台（套）主体生产设备中，有25台（套）达到国内或国际先进水平；主要的炼铁高炉和炼钢转炉实现了大型化和现代化，淘汰了落后的侧吹转炉；高速线材和棒材轧机达到国际先进水平。“三步走”规划确定的铁钢各400万吨和装备大型化、现代化目标已基本实现，工序结构趋于合理。

大力推进改革改制，企业组织结构得到调整，劳动生产率大幅度提高，国有资产实现保值增值。以建立现代企业制度为目标，加快了公司化改制步伐，完成了唐钢股份股票发行、上市、配股、送股和内部职工股上市交易等工作。共融资19.82亿元，国有资本比例从组建唐钢股份初期的83.43%降到2000年末的67.64%。将唐山钢铁（集团）公司依法改制为国有独资的唐山钢铁集团有限责任公司，并经省政府授权经营唐钢集团的国有资产。债转股工作基本完成，公司债转股总额（含宣钢）35.3亿元，资产负债实现较大幅度下降。加大辅助单位分离改革力度，对非钢领域的子分公司和二级单位进行重组、改制，实行规范运作。加大对外开放力度，完成合资合作项目 2 个，引资 1332 万美元。到 2000 年底，唐钢固定资产原值达到 116.52 亿元，比“八五”末 1995 年的 61.31 亿元增长 90.05%。

积极深化体制改革，理顺管理职能，调整机构设置，开展减员增效工作。职工人数由“八五”末的 5.37 万人降到“九五”末的 4.95 万人，实现了负增长。全员劳动生产率由 1996 年的 5.09 万元/(人·年)（按总产值计算），增加到 2000 年的 12.12 万元/(人·年)。积极深化人事、分配、保险制度改革，活工资比率由“八五”末的 25%，提高到“九五”末的 33%。进一步完善了职工养老保险体系，已有 1.5 万名离退休职工的养老金进入社会化发放。积极深化住房制度改革，公有住房出售基本完成。

以层级对标为重点，加强经营管理，内部潜力得到进一步发挥。在钢铁企业效益下滑的不利情况下，及时提出层级对标、深入挖潜、降低成本，努力消化各种减利因素的经营思路。五年间，广泛深入开展了“生存与发展”大讨论和成本潜力分析、“学先进、比指标、降成本、增效益”等活动，制定挖潜增效计划，签订责任书，强化管理技术攻关活动，不断消除薄弱环节，挖掘内部潜力。通过开展高炉喷煤、溅渣护炉、负差轧制攻关，强化煤气、余热以及废弃物的回收利用攻关，推广钢坯热装热送、TRT 和热电联产等新技术，实施工程施工和物资采购招投标，开展清理“三外”等工作，使各项指标不断改善，成本持续降低，特别是“九五”中后期成本的降低幅度都在 100 元/吨以上，为消化钢材价格大幅度下滑等减利因素，发挥了重要作用。

积极推进科技进步，品种结构不断改善。唐钢加强产品结构调整，以超薄带钢为代表的一批工艺技术达到国际先进水平，研制开发了一系列新品种，产品服务范围扩大到机械制造、农机生产等相关产业，线材、棒材、小型材、角钢、矿用钢、轻轨、焊管、优质耐火材料等品种形成了系列化。五年累计取得新产品产值 13.6 亿元。努力增产高技术含量、高附加值产品，减少建筑用钢材等长线品种生产。2000 年末，高附加值产品比重达到了 40%。五年累计取得省厅级以上科研成果 39 项，其中 20 项获省部级科技进步奖，科技成果转化率达到 91.20%。

加强质量管理，通过 ISO9001 质量保证体系认证。钢材“双标率”由 1996 年的 90.79%提高到 2000 年的 94.91%。高强度建筑用钢、预应力钢筋、管桩用钢、焊接材料、非调质钢、铁路轻轨用钢6个品种成为公司的拳头产品。矿用U型钢、Ⅱ级螺纹钢筋、高线盘条等产品，连续多年获得国家冶金局（原冶金部）颁发的实物质量“金杯奖”。

认真落实“依靠”方针，精神文明建设取得可喜成果。坚持职代会制度，认真落实职工民主管理、民主监督的权力，大力推进厂务公开，及时听取职工的反映和意见，有力地保证了各项决策的准确性。积极贯彻《劳动法》，及时修订、续签《集体合同》，维护职工的合法权益。关心职工物质文化生活。2000年职工人均年收入14128元，比1995年增加4396元，年均递增7.74%。五年共投入建房资金3.66亿元，建成住宅3683套，职工居住条件得到改善。加强医疗保健设施建设，医护水平提高。加强职工普通教育和职业技术教育，职工培训工作进一步发展。职工宿舍、托幼、通勤、饮食等生活服务工作也都有新的起色。坚持以培育“四有”职工队伍为目标，推进精神文明建设，为公司各项工作的健康发展提供了有力的精神动力。“九五”期间，唐钢连续保持“河北省文明单位”“全国冶金系统思想政治工作优秀单位”“河北省思想政治工作优秀单位”等称号。

党的凝聚力切实增强。深入开展以“讲学习、讲政治、讲正气”为主要内容的党性党风教育；组织开展“凝聚力工程”建设活动，将凝聚力工程中的6项工程分解为20个子工程，对于唐钢顺利实施“九五”计划、向跨世纪宏伟目标迈进具有重要意义。召开第八次党代会；制定《职工行为规范》和《职工岗位职业道德规范》；建设“三过硬”党支部，开展“学邯钢、转观念，围绕效益作贡献”“三争先”等活动；组织开展“倡俭反奢，增收节支”教育实践活动及党风廉政建设“四集中”活动，实行党风廉政建设责任制。

四

2001—2005年，是唐钢实现快速发展的重要时期。五年间，在日益激烈的市场竞争中，唐钢坚持以党的十六大精神和“三个代表”重要思想为指导，落实科学发展观，积极推进改革和发展，从生产技术、产品结构、生产规模，到公司体制机制等各个方面都发生了重大变化，实现了历史性转折，各项工作都取得了可喜的成绩，成为公司发展史上又一重要里程碑。五年间在对标的83项指标中，有14项进入行业前5名，比2000年增加7项。五年累计降低成本41

亿元。

主要产品产量翻一番，千万吨级大钢提前建成。“十五”期间共产铁3306.06万吨，产钢3347.97万吨，钢材3001.52万吨，分别比“九五”期增长126.54%、136.80%和145.23%。其中2005年产钢1006.66万吨（含不锈钢公司），比“九五”期末的2000年增长1.64倍，年均递增21.44%；公司跻身于国内千万吨级大钢行列，比预定的2007年，提前两年完成了千万吨级大钢建设任务。

销售收入和利润总额翻两番，“十五”发展目标提前实现。“十五”期实现产品销售收入880.89亿元，实现利税129亿元，其中利润62.43亿元，分别比“九五”增长2.20倍、2.28倍和3.85倍。其中2005年实现产品销售收入302.15亿元，比2000年增长3.24倍；实现利税38.14亿元，其中利润18.65亿元，分别比2000年增长2.61倍和3.64倍。并于2003年以148.66亿元和12.21亿元，提前两年实现了销售收入和利润翻一番的“十五”发展目标。

装备技术实现重大进步，结构调整迈出重要步伐。五年间相继建成了超薄带钢、冷轧一二期、二棒材、1号与2号高炉扩容大修、一炼钢与二炼钢技术改造等一大批结构调整项目，结束了公司不能生产板材、没有深加工产品的历史，形成了1000万吨的综合能力和板、棒、线、型的产品结构。特别是增加了冷轧及镀锌彩涂等钢材深加工产品，延长了产业链。其中板材和高附加值产品的比例分别达到39%和30%。在此期间共完成科技成果230项，其中34项通过省部级技术鉴定，24项获省部级科技进步奖。申请专利90件，其中获授权73件。“超薄热带生产线技术集成与自主创新”成果获得“省科技进步奖一等奖”，申报“国家科技进步奖”。淘汰了部分落后设备，主要高炉、转炉、轧机均达到了大型化、现代化，实现了生产技术的重大进步。五年累计开发新产品20余种，实现新产品产值201亿元。

循环经济型企业建设有序推进，能源综合利用水平明显提升。推行清洁生产，实现资源循环利用。强化高炉转炉焦炉煤气回收利用，实现了轧钢加热炉、锅炉全烧煤气，五年累计节油78万吨，节煤323万吨。开展废水循环利用，建设了58台（套）水处理设备，废水回收处理率达到100%，水重复利用率达到94.7%，吨钢新水消耗由2000年的10.35吨下降到5.13吨。开展固体废弃物综合利用，以高炉水渣为原料开发了超细粉项目；钢渣、含铁尘泥、氧化铁皮等全部进行回收处理再利用。五年累计实现综合利用产值 13.20 亿元。开展余压余热利用，对轧钢加热炉实施蓄热式改造，并使余热管网闭路循环，集中供热；扩建了 TRT 和热电联产机组，2005 年发电能力达到 12.3 万千瓦时，比 2000 年提高了 1.5 倍，自发电量占总用电量的比例达到 21%。能源消耗不断降低，2005 年吨钢综合能耗完成 713 千克标准煤，比 2000 年降低 255.6 千克标准煤。

各项改革扎实推进，公司组织结构和产权结构进一步优化。深化了三项制度改革、管理体制改革；分离了部分企业办社会职能，完成了部分辅业单位的改制；与相关兄弟企业合资合作创办了不锈钢公司、中厚板公司、司家营铁矿和曹妃甸大钢等企业，实力进一步增强。深化产权制度改革。按照省国资委安排，完成了分离中小学和公安机构等企业办社会职能工作，共分离在职人员 716 名、离退休人员 316 名。对汽运公司、设计院、建安公司、耐材公司和轧辊公司 5 个辅业单位进行了分离改制。

职工工资稳定增长，人均收入翻一番的目标实现。2005 年在册职工人均收入比 2000 年增长 102.3%，年均递增 15.1%。职工生活各项条件不断改善。

思想政治工作深入开展，精神文明与企业文化建设取得可喜成果。“十五”期间，唐钢再次获得“全国思想政治工作优秀企业”“河北省文明单位”等称号。开展企业文化建设年活动，举办建厂 60 周年纪念活动，开展学习型企业创建活动，积极培育“四有”职工、选树先进典型、创建文明单位，营造了传承文化、践行精神的良好氛围。

党的领导、党的建设常抓不懈。深入开展“三个代表”重要思想学习教育，掀起“保持共产党员先进性教育”的学习热潮。扎实推进民主集中制学习教育；进行了抗击“非典”的宣传教育；组织“车间班组挖潜增效纵深行”活动；广泛开展“四创一旗”（即创新、创优、创先、创效和一名党员一面旗）等活动；以李真、丛福奎、程维高等重大案件作为反面教材开展警示教育活动，推行党风廉政监督员制度。

五

从“九五”到“十五”累计完成投资 157.9 亿元，年均投入 15.79 亿元，年投资强度比“七五”“八五”提高了 1.86 倍，其中“九五”完成投资 61.8

亿元，“十五”完成投资96.1亿元。从规模上看1999年跨入300万吨台阶，进入“十五”规划时期，一年跨越一个百万吨钢的台阶。

回顾唐钢“九五”“十五”发展历程，我们经历了两次重大选择，一次是“八五”后期制定的“九五”“三步走”发展战略，另一次是“十五”中期制定的“十五”后三年及“十一五”“三极支撑”发展战略。2005年，唐钢提前两年实现了建设千万吨级大钢的目标。实现了薄板材“零”的突破，形成了板、棒、线、型的产品结构，增加了热轧薄板、冷轧薄板及深加工产品。全年实现利税38.14亿元，其中利润18.65亿元，分别比1996年增长4.30倍和6.43倍，有效化解了进口矿涨价和钢材降价对公司经济效益的影响。从业人员劳动生产率由1996年的5.26万元/人，增加到2005年的36.71万元/人。

我们在总结历史经验的同时，也必须清醒地看到唐钢发展中自身存在的主要问题。唐钢资源与区位优势发挥得还不够充分；部分指标还落后于行业平均水平；部分产品质量还不够稳定；产品成本还偏高。系统优化、发展循环经济的理念仍需进一步强化。特别是厂矿之间、上下道工序之间、岗位之间的相互支持、配合和服务，还有待进一步加强；能源、资源的综合利用还需进一步强化。基础工作还有薄弱环节，部门职能作用还需进一步发挥。安全、生产、设备事故还时有发生，实现长周期安全稳定局面仍需进一步努力。

昨天的辉煌已成为历史，未来的事业任重道远。面对日益激烈的市场竞争，唐钢着手制定了长远规划，抢抓机遇，加快发展，向国内领先、世界一流的现代化唐钢大步迈进，续写唐钢人更加绚丽的时代篇章！

目　　录

第五篇　生产经营与企业管理

第六篇　党群工作

第七篇 文教卫生

第八篇 基层单位

第九篇　人　物

第十篇　大事记

附　录

Contents

Composition Ⅳ Purchasing, Marketing and International Trading

Composition Ⅴ Production and Business Management

Composition Ⅸ Personage

Composition X The Events

Appendices

第一篇

企业概况

本篇重点记述1996—2005年期间唐钢组织机构沿革、主要装备与生产设施现状、职工队伍组成与分布及队伍素质、主要指标变化等，是反映公司十年基本情况和发展变化的综合性篇目。从公司组织机构、人员编制、体制变革的演变中，再现了公司“九五”“十五”时期历史发展的总体脉络。

第一章 组织机构

本章重点记载1996—2005年期间唐钢决策机构和监督机构的沿革，主体生产单位、辅助后勤单位、子分公司、机关部处室、合资公司的机构设置和变化情况，涉及单位名称、隶属关系、设立、合并、撤销等。十年间，唐钢董事会、监事会以及内设机构与下属单位的变迁始终服务于公司改革优化，从组织上保证了生产经营和改革发展目标任务的顺利完成。

第一节 董事会

董事会是企业的最高决策机构，负责处理重大经营管理事项。唐钢董事会的决策权主要包括制定企业发展战略与规划，决定公司生产经营计划和项目投资方案，制定公司年度财务预算方案、决算方案、利润分配方案和弥补亏损方案，制定公司增加或者减少注册资本的方案以及发行公司债券的方案，决定公司组织机构设置与调整、聘任或者解聘公司经理及其他中高级管理人员及其薪酬，制定基本管理制度等。

1996—2005年，唐钢构建以《公司章程》《董事会议事规则》和各专门委员会议事规则为框架的董事会工作制度体系，分设战略委员会、审计委员会、提名委员会、薪酬与考核委员会四个专业性委员会，规范董事会及各专门委员会的会议制度，议事决策机制初步建立。

一、董事会构成

1995年12月29日，王天义任唐钢集团董事会董事长，姜存阳任副董事长。

1996—2005年，唐钢股份董事会成员由7~12人组成，设董事长1人、副董事长1人。2002年开始设立独立董事3人，职工董事1人，由公司职工通过职工代表大会或者其他形式民主选举产生，基本建立了结构合理的班子。

唐钢董事会机构建设与机制建设相辅相成，机构建设为机制建设创造条件，机制建设也带动机构的完善。2003年8月，筹备并设立四个专门委员会，战略委员会、审计委员会、提名委员会、薪酬与考核委员会分别设主任1人，各设委员2人。

（一）第一届董事会（1994年6月—1997年6月）

唐钢股份第一届董事会由7位董事组成，设董事长1人、副董事长1人，职工董事1人。田锡恩（1994年6月—12月）、张永昌（1994年12月—1996年6月）、王天义（1996年6月—1997年6月）任第一届董事会董事长。

（二）第二届董事会（1997年6月—2000年5月）

唐钢股份第二届董事会由7位董事组成，设董事长1人、副董事长1人，职工董事1人。王天义任第二届董事会董事长。

（三）第三届董事会（2000年5月—2004年4月）

唐钢股份第三届董事会由12位董事组

成，设董事长1人、副董事长1人，独立董事3人，职工董事1人。王天义任第三届董事会董事长。

（四）第四届董事会（2004年4月—2007年5月）

唐钢股份第四届董事会由9位董事组成，设董事长1人、副董事长1人，独立董事3人，职工董事1人。王天义任第四届董事会董事长。

二、建章立制

唐钢董事会建章立制，规范运作，按照国资委关于董事会试点工作的有关文件要求，制定基本制度，组织修订了一系列规章制度，提交第一届董事会审议，逐步完善了各项规章制度。1996—2005年，根据《公司法》《证券法》等法规要求，先后六次修改完善《公司章程》，制定了《总经理工作细则》《董事会会议制度》以及《信息披露管理办法》等规章制度。制度和组织的完善，保障了董事会管战略、管考核、管风险、管预算、管重大投资的职能到位，确保国有资产保值增值。

三、重大决策

1996—2005年，唐钢股份董事会会议由董事长召集和主持，董事会秘书负责对所议事项的决定记录，并形成会议纪要文件。会议纪要经董事长签署批准后执行。唐钢股份董事会每年至少召开两次会议，遇到紧急特殊情况随时召开会议，共同商讨确定重大事项。十年间，唐钢股份董事会共召开68次会议，集体讨论研究审议股票上市、“三步走”“三极支撑”项目建设、对外合资合作等重大事项，保证了企业不同发展时期的目标落实。

四、日常办事机构

1996—2005年，董事会秘书室是处理日常董事会事务的办事机构，由公司办公室划至企业管理处，之后划拨挂靠于办公室。其主要任务是负责股东大会、董事会的材料准备工作、董事会、股东大会组织工作、唐钢股份相关信息在市场发布工作及市场融资等工作。

附　1996—2005年唐钢股份董事会历次会议决策情况（节选摘要）

（一）一九九六年董事会会议

1996年3月26日，唐钢股份召开董事会会议。会议审议通过筹备召开唐钢年度股东大会、内部职工股股东代理人推荐事项。

（二）一九九七年董事会会议

1997年1月16日，唐钢股份召开董事会会议。会议审议通过如下事项：根据唐钢临时股东大会关于公司股本缩股的特别决议和对公司董事会的授权，根据中国证监会关于唐钢股票发行额度为1.2亿股的批复，公司现有股本的各类别股均按1：0.285同比例缩股，缩股后各类别股在总股本中所占比例不变。

1997年4月8日，唐钢股份召开董事会会议。会议审议通过关于变更注册资本的决议。唐钢股份于1997年3月27日在深圳证券交易所，发行人民币普通股1.2亿股，所募股款全部到位，经河北会计师事务所进行审核验证，并出具了验资报告。至此，公司股本发生变化，同意对公司注册资本进行变更登记，由发行前的6.74亿元，变更注册为7.94亿元。

1997年5月25日，唐钢股份召开第一

届董事会第二十次会议。会议审议通过以下事项：1996年利润分配预案、召开唐钢股份1996年度股东大会等。

1997年6月18日，唐钢股份召开第一届董事会第二十一次会议。会议听取1996年度股东大会筹备情况汇报。

1997年6月29日，唐钢股份召开第二届董事会第一次会议。会议选举王天义为董事长。聘任王天义为总经理。根据王天义总经理的提名，决定聘任张永昌、潘公平、孙国平、刘绍礼、王恩顺、王子林、刘义生为公司副总经理。聘任杨万臣为董事会秘书。

1997年7月28日，唐钢股份召开第二届董事会第二次会议。会议审议通过公司1997年度中期报告；由于工作需要，免去潘公平、刘绍礼、王恩顺、刘义生公司副总经理职务；聘任刘明哲、李连平、徐向启为公司副总经理，田志平为总会计师；聘任潘公平、刘绍礼、王恩顺为副总经理级调研员。

1997年9月27日，唐钢股份召开第二届董事会第三次会议。会议审议通过1998年公司生产经营计划的事项。

1997年10月11日，唐钢股份召开第二届董事会第四次会议。会议审议通过巨鼎公司制修厂和机制公司合并的事项。

1997年11月9日，唐钢股份召开第二届董事会第五次会议。会议审议通过一钢易地大修立项的事项。

（三）一九九八年董事会会议

1998年1月3日，唐钢股份召开第二届董事会第六次会议。会议审议通过董事会工作规则、总经理工作规则、内幕信息管理办法、信息披露管理办法等事项。

1998年3月2日，唐钢股份召开第二届董事会第七次会议。会议审议通过如下事项：唐钢1998年经营方针和投资计划、1997年度报告及摘要、1997年度财务预算决算、1998年财务预算方案等。

1998年4月3日，唐钢股份召开第二届董事会第八次会议。会议听取关于1997年度股东大会筹备情况的报告。

1998年5月16日，唐钢股份召开第二届董事会第九次会议。会议审议通过成立销售公司的事项。

1998年8月20—21日，唐钢股份召开第二届董事会第十次会议。会议审议通过1998年中期报告，会议决定中期不进行利润分配，也不进行资本公积金转增股本。

1998年11月15日，唐钢股份召开第二届董事会第十一次会议。会议审议通过公司1999年经营方针。

1998年11月25日，唐钢股份召开第二届董事会第十二次会议。会上全体董事和高级管理人员认真学习深圳证券交易所《上市协议》，并在协议书上签字。

（四）一九九九年董事会会议

1999年3月2日至5日，唐钢股份召开第二届董事会第十三次会议。会议审议通过如下事项：1999年公司经营方针、1999年公司投资计划、公司1998年度报告及摘要。

1999年4月23日，唐钢股份召开第二届董事会第十四次会议。会议审议通过以下事项：前次募集资金使用及效益情况的说明、召开1998年度股东大会等。

1999年5月6日，唐钢股份召开第二届董事会第十五次会议。会议听取关于1998年度股东大会筹备情况的汇报。

1999年7月27日，唐钢股份召开第二届董事会第十六次会议。会议审议通过如下事项：公司1999年中期报告，以及1999年中期不进行利润分配，也不进行资本公积金转增股本。

1999 年 10 月 20 日，唐钢股份召开第二届董事会第十七次会议。会议决定聘任张永昌为总经理，继续聘任刘明哲、徐向启、李连平为副总经理。决定王天义不再担任公司总经理，孙国平、王子林不再担任副总经理，田志平不再担任总会计师。

1999 年 11 月 12 日，唐钢股份召开第二届董事会第十八次会议。会议听取关于配股申报情况的汇报、关于技改项目投资概算情况的汇报和 2000 年固定资产投资计划编制工作情况的汇报。

（五）二〇〇〇年董事会会议

2000 年 4 月 5 日，唐钢股份召开第二届董事会第十九次会议。会议审议通过以下事项：关于资产减值准备的报告、公司 1999 年度财务决算、1999 年度利润分配预案和资本公积金转增股本预案、2000 年经营方针，以及召开 1999 年度股东大会等。

2000 年 5 月 16 日，唐钢股份召开第二届董事会第二十次会议。会议审议通过以下事项：关于第三届董事候选人的议案、关于修改《公司章程》的议案。

2000 年 5 月 18 日，唐钢股份召开第三届董事会第一次会议。会议选举董事长、副董事长；聘任总经理和高级管理人员。确定第三届董事会成员名单为：王天义、张永昌、刘纯明、刘玉印、孙国平、刘明哲、王子林、刘绍礼、周贺云。选举王天义为董事长、张永昌为副董事长。继续聘任张永昌为公司总经理。根据张永昌总经理提名，决定继续聘任刘明哲、徐向启、李连平为公司副总经理，继续聘任张凯为公司财务负责人，决定继续聘任杨万臣为董事会秘书。

2000 年 7 月 24 日，唐钢股份召开第三届董事会第二次会议。董事、监事、高级管理人员认真学习了上市规则；董事、监事签署了董事、监事声明和承诺。

2000 年 8 月 17 日，唐钢股份召开第三届董事会第三次会议。会议审议通过公司 2000 年度中期报告、2000 年中期不进行利润分配和资本公积金转增股本等事项。

2000 年 11 月 6 日，唐钢股份召开第三届董事会第四次会议。会议审议通过公司重大事项公告、决定召开 2000 年度临时股东大会等事项。

（六）二〇〇一年董事会会议

2001 年 3 月 24 日，唐钢股份召开第三届董事会第五次会议。会议审议通过公司 2000 年度董事会工作报告、2000 年度财务决算、公司 2000 年利润分配预案。

2001 年 4 月 8 日，唐钢股份召开第三届董事会第六次会议。会议审议通过关于申请 2001 年公募增发 A 股的议案、关于公募增发 A 股募集资金投向可行性的议案，以及召开 2000 年度股东大会等事项。

2001 年 5 月 16 日，唐钢股份召开第三届董事会第七次会议。会议审议参与设立北大招商创业投资有限公司的议案，决定作为主要发起人之一，与深圳市北大招商创业投资有限公司等 5 家企业共同发起投资公司。公司以自有资金出资 6060 万元认购 6000 万股，占投资公司注册资本的 20%。

2001 年 7 月 24 日，唐钢股份召开第三届董事会第八次会议。会议审议通过公司 2001 年度中期报告，以及公司 2001 年度中期不进行利润分配，也不进行资本公积金转增股本。

（七）二〇〇二年董事会会议

2002 年 3 月 2 日，唐钢股份召开第三届董事会第九次会议。会议审议通过公司2001年度董事会工作报告、公司2001年度财务决算2002年财务预算、公司2001年利润分配方案、公司2002年度经营方针、公司2001年度报告及摘要。

2002年4月21日，唐钢股份召开第三届董事会第十次会议。会议审议通过关于提名独立董事的议案、关于修改公司章程的议案、公司董事会工作细则、公司“十五”发展规划。

2002年4月25日，唐钢股份召开第三届董事会第十一次会议。会议审议通过公司第一季度报告。

2002年5月13日，唐钢股份召开第三届董事会第十二次会议。会议审议公司监事会提出的关于延长公司2001年公募增发A股决议有效期的提案，决定提交公司2001年度股东大会审议。

2002年8月11日，唐钢股份召开第三届董事会第十三次会议。会议审议通过公司2002年半年度报告、公司2002年中期资本公积金转增股本的方案。

2002年10月27日，唐钢股份召开第三届董事会第十四次会议。会议审议通过以下事项：公司2003年度生产经营计划、公司2003年度固定资产投资计划、二炼铁厂2号高炉大修安排。

（八）二〇〇三年董事会会议

2003年3月22日，唐钢股份召开第三届董事会第十五次会议。会议审议通过以下事项：公司2002年度董事会工作报告、公司2002年利润分配预案、关于独立董事候选人的议案。经公司董事会审核，提名戚向东为公司独立董事候选人。公司2002年度末总股本15.04亿股为基数，用资本公积金向全体股东每10股转增3股。

2003年4月19日，唐钢股份召开第三届董事会第十六次会议。会议审议通过公司2003年度第一季度报告。

2003年8月9日，唐钢股份召开第三届董事会第十七次会议。会议审议通过以下事项：关于董事会专门委员会组成人选的议案、2013年半年度报告。经研究决定，各专门委员会的人员组成如下：战略委员会主任王天义，委员张永昌、殷瑞钰、刘绍礼；审计委员会主任戚向东，委员陈佳贵、孙国平；提名委员会主任殷瑞钰，委员刘纯明、陈佳贵；薪酬与考核委员会主任陈佳贵，委员孙国平、殷瑞钰。

2003年10月25日，唐钢股份召开第三届董事会第十八次会议。会议审议通过公司2003年第三季度报告、关于更换公司财务负责人、董事会秘书的议案。由于工作需要，决定免去张春华财务负责人职务、杨万臣董事会秘书职务。决定聘任张凯担任财务负责人，聘任张建忠担任董事会秘书。

2003年11月6日，唐钢股份召开董事会会议。会议审议通过关于合资组建唐山中厚板有限责任公司的决议，即与上海银晨实业有限公司、香港朝俊有限公司共同出资组建唐山中厚板有限责任公司，建设120万吨宽厚板配套项目。项目总投资8.98亿元，中厚板公司注册资本2.99亿元。唐钢出资额占中厚板公司注册资本的34%。中厚板公司委托本公司全权经营管理。

（九）二〇〇四年董事会会议

2004年3月20日，唐钢股份召开第三届董事会第十九次会议。会议审议通过以下事项：公司2003年度董事会工作报告、公司2003年度财务决算、公司2003年度利润分配预案、公司2003年度报告摘要、公司第四届董事会董事候选人、第四届监事会监事候选人、修改公司章程，合资建设司家营铁矿山等。提名王天义、张永昌、刘纯明、刘玉印、孙国平、周贺云为第四届董事会董事候选人，殷瑞钰、戚向东、许国峰为第四届董事会独立董事候选人。公司第四届监事会监事候选人由公司控股股东——唐山钢铁集团有限责任公司提名郭爱恒、张春华以股东代表身份出任第四届监事会监事候选人。公司董事会决定将上述候选人提交股东大会审议。由公司职代会提名、职工民主选举李燕平为以职工代表身份出任的第四届监事会监事候选人。拟与中国二十二冶金建设公司、唐山市宏文实业集团有限公司、河北滦河实业集团有限公司共同出资组建唐钢滦县司家营铁矿有限责任公司。

2004 年 4 月 22 日，唐钢股份召开第四届董事会第一次会议。会议审议通过以下事项：关于选举第四届董事长、副董事长的议案，会议一致同意选举王天义为董事长、张永昌为副董事长；关于续聘高级管理人员的议案、第四届董事会继续聘任张永昌为公司总经理；经总经理提名，继续聘任刘明哲、徐向启、李连平为副总经理；董事会继续聘任张凯为公司财务负责人、张建忠为董事会秘书；关于调整董事会专门委员会组成人员的议案，即战略委员会主任王天义，委员张永昌、殷瑞钰、孙国平，审计委员会主任戚向东，委员许国峰、刘玉印，提名委员会主任殷瑞钰，委员许国峰、刘纯明，薪酬与考核委员会主任许国峰，委员殷瑞钰、周贺云。

2004 年 8 月 1 日，唐钢股份召开第四届董事会第二次会议。会议审议通过以下事项：公司 2004 年半年度报告、关于在澳大利亚设立合资铁矿山的议案。决定出资 3670 万澳元与武钢集团、马钢股份、沙钢集团和澳大利亚 BHPIOJ 公司共同投资经营西澳洲皮尔巴拉地区津布巴铁矿，经营期限 25 年。

2004 年 10 月 23 日，唐钢股份召开第四届董事会第三次会议。会议审议通过公司 2003 年度报告。

（十）二〇〇五年董事会会议

2005 年 3 月 19 日，唐钢股份召开第四届董事会第四次会议。会议审议通过以下事项：公司 2004 年度董事会工作报告、公司 2004 年财务决算、公司 2004 年度利润分配预案，公司拟以 2004 年年末总股本 19.55 亿股为基数，向全体股东每 10 股派发现金股利 5 元（含税），共拟派发现金股利 9.77 亿元，公司 2005 年度投资计划，决定收购唐山钢铁集团有限责任公司持有的唐山恒昌板材有限公司、唐山钢鑫板材有限公司的股权，决定与国外资本合资组建气体公司，拟定用公司下属氧气厂的实物资产，与英属维京群岛中国气体工业投资控股有限公司合资组建专业气体公司。

2005 年 8 月 20 日，唐钢股份召开第四届董事会第五次会议。会议审议通过公司 2005 年度中期报告。

2005 年 10 月 27 日，唐钢股份召开第四届董事会第七次会议。会议审议通过公司 2005 年第三季度报告。

2005 年 11 月 2 日，唐钢股份召开第四届董事会第八次会议。会议审议通过以下事项：利用资本公积金向流通股股东转增股本的议案；推动公司股权分置改革，由唐山钢铁集团有限责任公司提出动议，经董事会审议后建议以当时流通股总股本 5.66 亿股为基数，以资本公积金方案实施股权登记日登记在册的全体流通股股东转增 2.72 亿股，流通股每 10 股获得 4.81 股的转增股份；关于授权公司管理层办理股权分置改革相关事项的议案。

第二节　监 事 会

1996—2005 年，唐钢监事会根据《公司法》和《公司章程》所赋予的职责，实施内外合规监督，检查公司财务和公司经营状况，重点对公司发展规划、重大项目以及董事会运作规范性、高级管理人员履行职责、内部关联交易等方面行使监督职能，促进了公司规范运作和健康发展。诸位监事列席历次董事会会议和股东大会。

一、监事会构成

（一）唐钢股份第一届监事会（1994 年 6 月—1997 年 6 月）

唐钢股份第一届监事会由 3 位监事组成，设监事会主席 1 人、监事 2 人。郭爱恒任监事会主席，侯存根、冬文礼为监事。

（二）唐钢股份第二届监事会（1997 年 6 月—2000 年 6 月）

唐钢股份第二届监事会由 3 位监事组成，设监事会主席 1 人、监事 2 人。郭爱恒任监事会主席，侯存根、冬文礼为监事。

（三）唐钢股份第三届监事会（2000 年 6 月—2004 年 4 月）

唐钢股份第三届监事会由 4 位监事组成，设监事会主席 1 人、监事 3 人。郭爱恒任监事会主席，侯存根、韩殿涛、冬文礼为监事。

（四）唐钢股份第四届监事会（2004 年 4 月—2007 年 5 月）

唐钢股份第四届监事会由 3 位监事组成，设监事会主席 1 人、监事 2 人。郭爱恒任监事会主席，张春华、李燕平为监事。

二、工作职责

唐钢监事会负责监督检查公司及其所出资企业贯彻执行法律法规以及国有资产监督管理规定的落实情况，监督《公司章程》执行情况，监督公司内部控制、风险防范及预算管理等制度的建立及运行情况。监督公司及其所出资企业重大决策行为；监督公司及其所出资企业重大经营管理活动；监督检查公司及其所出资企业财务状况、资产质量和经营效益；监督检查董事、高级管理人员履行职责情况，对其工作业绩进行客观评价，并提出奖惩、任免建议等。

三、主要会议

1996—2005 年，按照《公司章程》规定，唐钢监事会每年定期或不定期召开会议，围绕落实和执行上次股东大会的各项决议、维护股东权益及公司经营决策等方面开展监督工作，由监事会主席召集和主持。定期会议每年召开 1~2 次，审议监事会年度工作计划及年度监督检查报告等重要事项；临时会议根据需要召开，审议专项监督检查报告、专题监督检查报告等事项。

（一）“九五”期间监事会会议

1996 年以来，唐钢监事会围绕审议监事会工作制度等内容，全面加强对公司依法经营情况的监督。1997 年，监事会共举行 4 次会议，在第二届监事会第一次会议上，选举郭爱恒为第二届监事会主席。1998 年，监事会共举行 4 次会议，分别为第二届监事会第五次、六次、七次、八次会议。第二届监事会第五次会议讨论审议了公司 1997 年度财务决算、1998 年财务预算方案，公司1997年度利润分配方案，公司1998年度配股预案；第二届监事会第六次会议讨论审议了募集资金使用情况；第二届监事会第七次会议讨论审议了公司1998年度中期报告，决定了1998年中期不进行利润分配，也不进行资本公积金转增股本的议案。

1999年，监事会共举行4次会议。分别为第二届监事会第九次、十次、十一次、十二次会议。第二届监事会第九次会议讨论部署了全年监事会工作，提出具体监督措施；第二届监事会第十次会议听取了审计室主任参加国家有关部门组织的监事工作培训情况的汇报；第二届监事会第十一次会议审议了公司年度会计报表和生产经营情况；第二届监事会第十二次会议讨论通过了监事会工作报告，审议了董事会信息披露的有关事宜。2000年，监事会按照《公司章程》的规定，适时召开了监事会议。第三届监事会第一次会议选举郭爱恒为监事会主席；第三届监事会第二次会议审议了公司年度会计报表和经营情况，讨论通过了监事会工作报告，审议了董事会信息披露的有关事宜。

（二）“十五”期间监事会会议

2001年，监事会共举行了4次会议，分别为第三届监事会第二次、三次、四次、五次会议。第三届监事会第二次会议讨论审议了公司2000年财务情况的报告；第三届监事会第三次会议审议了公司公募增发A股符合《上市公司新股发行管理办法》的议案，审议了申请增发A股的议案，审议了关于公募增发A股募集资金投向可行性的议案；第三届监事会第四次会议审议了公司2001年中期报告；第三届监事会第五次会议审议了公司2001年度会计报表和生产经营情况，讨论通过了2001年监事会工作报告。2002年，监事会共举行了4次会议，分别为第三届监事会第六次、七次、八次、九次会议。第三届监事会第六次会议审议了公司2001年度财务报告，审议了利润分配方案；第三届监事会第七次会议讨论通过了监事会工作报告；第三届监事会第八次会议审议了公司2002年上半年经营情况的报告，审议了公司2002年上半年财务报告，讨论通过了监事会决议和公告；第三届监事会第九次会议听取了公司2003年生产经营计划及2003年固定资产投资计划和二炼铁厂2号高炉大修计划。

2003年，监事会共举行了4次会议，分别为第三届监事会第十次、十一次、十二次、十三次会议。第三届监事会第十次会议审议通过了公司2002年度财务报告，2002年度监事会工作报告，关于公司变更固定资产折旧率和坏账准备计提方法的意见；第三届监事会第十一次会议审议了公司2003年一季度报告；第三届监事会第十二次会议听取了公司财务部门关于核销坏账、报废固定资产情况的汇报，审议了公司2003年上半年财务报告；第三届监事会第十三次会议审议了公司2003年三季度报告、公司调整固定资产折旧年限的议案及更换公司财务负责人、董事会秘书的议案。2004年，监事会共举行了4次会议，分别为第三届监事会第十四次会议，第四届监事会第一次、二次、三次会议。第三届监事会第十四次会议审议通过了公司2003年度财务报告，公司2003年度监事会工作报告，公司整体租赁带钢厂的议案，公司前次募集资金使用情况的说明；第四届监事会第一次会议审议通过了选举郭爱恒为公司第四届监事会主席的决议，听取了公司2004年一季度财务状况的报告；第四届监事会第二次会议审议听取了公司2004年半年度报告，听取了财务处关于清产核资情况的汇报，审议了关于设立合资矿山的议案；第四届监事会第三次会议听取了公司第三季度报告，听取了公司关于向中国银行唐山分行申请受信额度的议案。

2005 年，监事会共举行了 4 次会议，分别为第四届监事会第四次、五次、六次、七次会议。第四届监事会第四次会议审议了公司 2004 年度财务报告、公司 2005 年日常关联交易预计情况以及收购唐山钢铁集团有限责任公司持有的唐山钢鑫板材有限公司、唐山恒昌板材有限公司股权的方案，审议通过了公司监事会 2004 年度工作报告；第四届监事会第五次会议审议了公司 2005 年第一季度财务报告；第四届监事会第六次会议审议了公司 2005 年半年度报告、关于核销部分资产损失的议案和关于核销部分坏账损失的议案；第四届监事会第七次会议审议了公司 2005 年第三季度报告。

第三节　内设机构与下属单位

1996—2005 年，在邓小平理论和“三个代表”重要思想指导下，唐钢按照经济转轨的现实需要，结合主辅分离、辅业重组改制，着力推进机构精简，加大职责整合力度，对职能相同或相近的机构进行合并，组织机构大为减少。这一时期，唐钢组织机构的设立、撤并、更名，职能调整与人员划归，始终与体制改革、减员增效同步进行。基于这一重点和方向，撤销学校与公安系统编制，对全公司财务、物资、第三产业、设备检修等业务实行整合统管，多个机关处室实行合署办公，部分新建单位开始实施组织机构的扁平式管理，工程设计、建筑安装、耐火材料、汽车运输等辅助单位随改制更名。此外，唐钢集团与唐钢股份机关处室之间的机构调整，综合考虑两级对口业务处室的职能定位、管理幅度和管控模式，大多集中于经营管理、财务、证券等关联紧密的业务领域，使两级组织架构合理设置，管理效能进一步提高。

一、“九五”时期内设组织机构沿革

1996 年初，唐钢集团共有行政处室 13 个，直属厂、矿、处、所 21 个（内含子公司 6 个）。唐钢股份共有行政处室 9 个，直属厂、矿、处、所 27 个（内含双职能处室 6 个）。

两公司机关　唐钢集团行政处室分别是办公室（党委办公室）、计划处、财务处、集团经营管理处（企业管理处）、规划发展处、安全环保处、矿山部、信息档案处（信息中心）、计划生育办公室、教育培训处、劳动工资处、武装部、离退休职工管理部（老干部管理处）13 个处室。以上处室除矿山部外，均履行两公司专业职能。

唐钢股份设有董事会秘书室、监事会、总调度室、科技处、机械动力处、基建计划财务处、基建技术处、工程管理一处、工程管理二处 9 个处室。以上处室均履行两公司专业职能。

唐钢党委部门分设党委办公室（行政办公室）、组织部（人事处）、宣传部（企业文化部）（履行两公司职能）。

唐钢设置纪律检查委员会（含监察处）（履行两公司职能）。

唐钢设置工会（履行两公司职能）。

唐钢设置团委（履行两公司职能）。

厂、矿、部、处、院所　直属唐钢集团的单位有石人沟铁矿、棒磨山铁矿、庙沟铁矿、司家营试验厂、后屯石矿、炼焦制气厂、耐火材料厂、耐火材料二厂、铸

管厂、建筑安装公司、生活服务总公司、公安处、房地产管理处、设计研究院、医院；子公司包括：自行车有限公司、财务中心、汽车运输公司、技术经济开发公司、海南工贸有限公司、附属企业总公司。

直属唐钢股份的单位有一炼铁厂、二炼铁厂、烧结厂、一炼钢厂、二炼钢厂、电炉炼钢厂、一轧钢厂、三轧钢厂、四轧钢厂、中型轧钢厂、高速线材厂、棒材厂、带钢厂、能源部（一个机构履行两公司职能）、北区动力厂、氧气厂、运输部、原料厂、制修厂、机械制造公司、修建工程公司、供销处、设备材料处、对外经济贸易处、质量管理处、计控管理处（一个机构履行两公司职能）、技术中心（钢铁研究所）。

学校 七十号小学、税钢小学、龙华小学、七十七号小学、河茵小学、张西小学、大庆九号小学、龙华中学、税东中学、石人沟铁矿子弟学校、技工学校、职工大学和党校（除石人沟铁矿子弟学校外，均直属唐钢集团）。

1996—2000 年，唐钢通过组织变革，整合归并机构，优化劳动分工，以达到精简机构、消减层次、提高效能、增加效益的目的。2000 年末，唐钢集团设立职能部门 9 个，二级单位 10 个，子公司 7 个。唐钢股份设置职能部门 11 个，二级单位 24 个（内含双职能处室 5 个）。

（一）一九九六年组织机构沿革

1996 年 1 月 1 日，唐山钢铁集团有限责任公司挂牌成立。2 月 6 日，在唐钢所属石人沟铁矿、棒磨山铁矿、庙沟铁矿、后屯石矿、司家营铁矿试验厂及矿业公司（矿山部）基础上改制为唐钢矿业有限公司。是日，将唐钢集团经营管理处更名为企业管理处（经济研究所），同时将其所属的集团工作科、体改室成建制划入董事会秘书室。董事会秘书室亦称唐钢集团经营管理处，实行一个机构、两块牌子。将计划处负责的经济责任制管理职能及相应人员划入企业管理处。2 月 14 日，公安处、武装部联合成立稽查队。

1996 年 3 月 5 日，撤销供销处，组建供应处和销售处，并将运输部货运及成品管理职能划归销售处。4 月 5 日，组建轧钢（1700 毫米产线）筹建处。4 月，唐钢集团财务处与唐钢股份财务处合并，更名为唐钢集团财务处。7 月 23 日，将职工大学、技工学校合并，组建职工培训中心（职工大学、技工学校）。职工培训中心（职工大学、技工学校）为一个机构、三块牌子。11 月 25 日，撤销房地产管理处，其房产管理及生活服务系统划入生活服务总公司；民建工程管理职能划归工程管理一处、二处两处合并后组建的工程管理处；土地管理、民建合同预算管理及财务管理划入基建计划财务处。12 月 19 日，将耐火材料二厂改制为唐钢耐火材料有限公司。12 月 26 日，将挂靠在劳资处的劳动实业公司与劳资处分离，成立独立二级单位，职能是接收、培训、安置下岗职工。12 月 27 日，调整能源管理职能，将能源部的监测科、节能科及管理职能划入科技处。将能源部的“三电办”及管理职能划入机械动力处。能源部的上述管理职能划出后，将能源部更名为南区动力厂，不再具有双重管理职能。

1996 年 12 月 31 日，将党校与党委宣传部（企业文化部、统战部）合并为党委宣传部（企业文化部、党校、统战部）；将两公司纪委合并为纪委（监事会、监察审计处）；将规划发展处与计划处合并为计划处（规划发展处）；将技术中心（钢研所）由双职能单位划入机关，实行机关化管理；将汽运公司所担负的公司汽车运输计划及业务管理职能划入总调度室，将其汽车技术管理、报废鉴定、外委修理管理职能划入机动处，将费用核算等财务管理职能划入财务处，将新车的采购职能划入设备材料处。

（二）一九九七年组织机构沿革

1997年1月27日，司家营铁矿试验厂降格为副处级单位，划归矿业公司直属管理。1月，将车辆管理、三电管理、节水管理等职能划归机械动力处。2月14日，将轧钢筹建处降格为科级机构，划归计划处（规划发展处）。4月15日，一轧钢厂二车间停产，撤销编制，505名职工分流到三轧钢厂、四轧钢厂等单位。

1997年5月15日，组建证券部，与董事会秘书室合署办公，为一个机构两块牌子。5月16日，自行车有限公司与公安部21局直属企业北京恭安实业发展总公司合作成立唐山8306工厂，与自行车有限公司实行一个机构两块牌子。6月1日，一炼铁厂矿山监装职能划归质量管理处。6月21日，唐钢矿业有限公司正式挂牌运营。6月27日，耐火材料厂亦称耐火材料一厂，并入唐钢耐火材料有限公司。

1997年8月25日，将基建计划财务处的财务管理职能划归公司财务处。将基建计划财务处更名为基建计划处。9月1日，财务处成立教育财务科，取消各学校的财务机构，由其统管公司各学校的财务工作。10月16日，机械制造公司与制修厂合并，组建新的机械制造公司。11月25日，将企业管理处与董事会秘书室合并，同时与唐钢集团经营管理处、证券部、经济研究所为一个机构，实行一个机构五块牌子。12月23日，将质量管理处一炼钢厂、二炼钢厂、电炉炼钢厂质量检验站的炼钢工艺质量监督工作分别划归一炼钢厂、二炼钢厂和电炉炼钢厂管理。12月25日，河北省冶金唐山物资站划归唐钢，唐钢接收干部31人，实行一个机构两块牌子，即河北省冶金唐山物资站（唐钢物资贸易储运公司）。

（三）一九九八年组织机构沿革

1998年3月24日，公安系统实行集中统一管理，内保系统实行属地管理。在公安处机构基础上，实行一个机构两块牌子，即公安处（保卫处），具有执法职能和公司内部治安防范职能。同日，撤销教育培训处，组建普教处（教委办公室），实行一个机构两块牌子。普教处（教委办公室）作为二级单位，对唐钢所属中小学实行统一管理，并行使对职工进行培训的职能。4月，对内部公安保卫体制进行改革，撤销5个公安分处，与二级单位建制相适应组建30个保卫科，另有17个单位设置了专职保卫干事，各保卫科不再由公安处集中管理，隶属于所在单位管理。

1998年5月26日，撤销销售处，改制组建销售公司。改制后的销售公司经营方式是买断、包销唐钢股份钢材产品。7月1日，原隶属石人沟铁矿的魏家井白云石矿由矿业公司直接管理，实行独立核算，自负盈亏。12月20日，根据国家对上市公司的要求，撤销原“一管二”体制的唐钢集团财务处，分别设立唐钢集团财务处和唐钢股份财务处。当年12月30日，撤销唐钢集团财务中心，其结算等业务划归唐钢集团财务处。同日，将证券业务有偿划归河北省证券公司。

（四）一九九九年组织机构沿革

1999年3月26日，成立考伯斯（中国）炭素化工有限公司，成为唐钢历史上第一次与跨国企业合资经营的项目。7月

14日，将原二炼铁厂与烧结厂合并，组建二炼铁厂。7月26日，电炉炼钢厂铁合金车间因唐钢扩建占地而撤销，5号矿热炉停产，设备拆除。

1999年8月17日，撤销计划处，将其生产计划、统计的管理职能划归企管处；将规划、投资计划、轧钢筹建等管理职能划归基建计划处。将企业管理处的董事会秘书室及证券管理职能划出，组建董事会秘书室（证券部），实行一个机构两块牌子。企管处划入计划处的部分管理职能后，实行一个机构四块牌子，即经营管理处（企管处、计划处、经研所）。基建计划处划入计划处的部分管理职能后，重组更名为发展规划处。

1999年8月17日，自行车有限公司与技术经济开发公司合并，组建技术经济开发公司；物贸公司与海南工贸公司合并，组建物贸储运公司。9月，为扩大新产品销售，将技术中心的新产品销售业务全部划归销售公司。12月15日，电炉炼钢厂与机械制造公司合并，组建新的机械制造公司，原电炉炼钢厂更名为机械制造公司电炉铸造厂，与唐钢实行独立承包经营。

（五）二〇〇〇年组织机构沿革

2000年5月10日，将修建工程公司与建筑安装公司合并，组建建筑安装公司。当年6月，成立唐山微尔电子股份有限公司。该公司是在将技术经济开发公司电子公司和计控管理处计算机中心站合并基础上组建。

2000年6月27日，河北冶金职工大学（包括唐钢职工大学和宣钢职工大学）与河北冶金工业学校合并组建河北工业职业技术学院。同时撤销唐钢职工大学，改为河北工业职业技术学院唐钢分院。变动后，职工培训中心仍为一个机构三块牌子，即职工培训中心、河北工业职业技术学院唐钢分院、技工学校。

2000年7月6日，耐火材料公司改制，实行独立运作。7月7日，矿业公司改制为唐钢矿业有限公司，实行独立运作。11月24日，撤销工程管理处和基建技术处，组建唐山三环工程建设监理有限公司，按子公司模式运作。两处室原有的工程质量监督的管理职能划入发展规划处，在发展规划处设立工程质量监督站。12月4日，组建唐钢股份热轧薄板厂。原热轧薄板厂筹建组撤销。

2000年12月28日，组建技术中心，撤销科学技术处。将原科学技术处的科协、专利、保密、全面质量管理等职能与钢研所、档案处、设计研究院合并组建技术中心，承担科技信息、规划设计、科技管理及技术开发等四大管理职能。质量管理处更名为技术监督处，并对管理职能及机构编制进行调整，将原科学技术处的炼铁、炼钢、轧钢、标准等与生产直接相关的技术、管理职能划入技术监督处。成立劳动人事处。

2000年末，唐钢集团设置6个行政管理部门和3个双职能部门，行政管理部门分别是：办公室、监察审计部、人力资源部、资产财务部、生产经营部、发展规划部；双职能部门是：技术中心、保卫部、普教处。唐钢股份设置6个行政部门和5个双职能部门。行政管理部门分别是：企管处（董事会秘书室、证券部）、财务处、劳动人事处、总调度室、安全环保处、机械动力处；双职能部门分别是：供应处、销售公司、设备材料处、技术监督处、计控管理处。

二、“十五”时期组织机构沿革

2001—2005年，唐钢对条块分割、职能相近的组织机构进行系统优化，在辅业改制中剥离中小学和公安等机构，削减了组织层次，使企业机构编制数量降到较低限度。这一时期，共撤并厂处级机构23个，其中2003年压缩厂处级机构13个。

（一）二〇〇一年组织机构沿革

2001年2月20日，将劳动实业公司（再就业服务中心）与技术经济开发公司（自行车有限公司）合并，组建技术经济开发公司（自行车有限公司、再就业服务中心）。4月17日，附属企业总公司更名为金恒企业发展总公司。4月20日，设计研究院改制为具有独立法人资格的唐钢集团设计研究院有限公司。

2001年4月，设立监事会管理办公室和4个子公司监事会，靠挂在审计处。5月25日，将原唐钢集团汽车运输公司更名为汽车运输有限责任公司，将原唐钢集团铸管厂更名为唐钢集团轧辊有限责任公司。7月17日，建筑安装公司更名为唐钢集团建筑安装有限责任公司。7月23日，建筑安装公司改制为公司控股、唐钢股份公司参股的唐钢集团建筑安装有限责任公司。9月21日，由设备材料处在北区设立物资供应站，撤销二炼铁厂和北区动力厂原设相关机构。9月，实施财务机制改革，将各单位财务工作人员划归财务处集中管理。

2001年12月28日，撤销安全环保处，将其安全管理职能划入总调度室，总调度室更名为生产安全处。将机械动力处的能源管理职能、生活服务总公司的爱国卫生、厂容绿化管理职能与安全环保处剩余的环保等管理职能合并，组建能源环保处。将生活服务总公司的房产管理职能、发展规划处的地产管理职能划入资产财务部。将技术经济开发公司的再就业管理职能划入劳动人事处。将机械制造公司与轧辊有限责任公司合并，组建机械制造公司。

（二）二〇〇二年组织机构沿革

2002年1月17日，撤销技术中心所属的信息档案处，其管理职能仍归属技术中心。3月13日，技术经济开发公司、唐山自行车有限公司，与劳动实业公司合并，重组改制为全资子公司唐钢集团技术经济开发有限责任公司。6月3日，将机械动力处与设备材料处合并，组建设备机动处。将生产经营部与企业管理处合并，组建企业管理处（董事会秘书室、证券部）。将普教处与职工培训中心合并，组建教育中心（普教处、职工培训中心）。6月24日，将生活服务总公司更名为生活服务有限责任公司（行政福利处）。

2002年7月24日，与香港昌运航运有限公司就酸洗冷轧工程合资组建唐山恒昌板材有限公司。7月30日，与香港嘉鑫有限公司就镀锌及耐高腐蚀性铝锌合金板、涂层板工程合资组建唐山钢鑫板材有限公司。9月10日，将技术经济开发有限责任公司汽车运输业务及资产、人员，一并划归汽车运输有限责任公司。10月1日，将三轧钢厂调质车间整建制划归技术经济开发有限责任公司。12月16日，成立唐山唐龙新型建材有限公司。

（三）二〇〇三年组织机构沿革

2003年4月18日，将技术中心下属的设计研究院与唐山三环工程建设监理有限公司合并，组建设计研究院有限公司。原三环工程建设监理公司为其下属子公司。将技术中心的科技管理、产品及技术开发、科技信息及档案管理职能与技术监督处的职能合并，组建唐钢集团技术中心，同时行使唐钢股份相应管理职能。

2003 年 5 月 21 日，将河北工业职业技术学院唐钢分院更名为唐山科技职业技术学院，为专科层次的普通高等学校，实施专科层次高等职业技术教育。更名后，仍由教育中心管理。6 月 2 日，河北省劳动和社会保障厅同意河北冶金高级技术学院举办技师学院。同月，将金恒公司汽车队整体转让给汽运公司。7 月 1 日，计控管理处和唐山微尔电子股份有限公司合并重组，改制为新的唐山微尔电子股份有限公司（唐钢股份计控管理处），实行一个机构两块牌子，仍承担原计控管理处职能。

自 2003 年 8 月起，根据省政府授权，唐钢作为省属大型国有企业，由省政府国资委监管。9 月 6 日，组织部与离退休职工管理部（老干部处）合署办公，挂组织部（离退休职工管理部、老干部处）三块牌子。工会、团委、计划生育办公室合署办公，挂工会（团委、计划生育办公室）三块牌子。公安处与武装部合署办公，挂公安处（武装部）两块牌子。将企业管理处的生产经营计划与统计管理职能划归财务处，将财务处更名为计划财务处，企业管理处的剩余职能划归劳动人事处，挂劳动人事处（企业管理处、董事会秘书室、证券部）四块牌子。撤销原料厂，划归供应处，供应处名称不变。二炼铁厂与北区动力厂合并为二炼铁厂。撤销南区动力厂和氧气厂，合并组建成动力厂。三轧钢厂、高速线材厂、棒材厂合并组建棒线材厂。技术经济开发公司与物贸储运公司合并，保留两块牌子。撤销机械制造公司，将轧辊部分划归带钢厂，电炉部分划归技术中心，热电偶部分划归计控管理处，其余部分划归设备机动处。

2003 年 9 月 27 日，唐钢发起合资设立唐山不锈钢有限责任公司。11 月 17 日，与清华大学下属的蓝资科技有限公司共同发起设立唐山蓝资科技有限公司。11 月 26 日，一炼铁厂和二炼铁厂合并组建炼铁厂。同日，发起合资设立唐山钢联焦化有限责任公司。

2003 年 12 月 26 日，根据省市政府批复文件精神，批准 10 所中小学和公安处与唐钢剥离。七十号小学、税钢小学、龙华小学、七十七号小学、河茵小学、张西小学、大庆九号小学、龙华中学、税东中学、石人沟铁矿子弟学校 10 所中小学分别划入路北区、开平区、遵化市。批准原公安处（已纳入公安编制的民警）改制为唐山市公安局钢城分局，与唐钢保卫部合署办公。

（四）二〇〇四年组织机构沿革

2004 年 1 月 1 日，整合后的轧辊公司作为唐钢集团全资子公司整体委托不锈钢公司管理。1 月 16 日，唐钢股份与中国第二十二冶金建设公司、唐山市宏文实业集团有限公司、河北滦河实业集团有限公司共同出资成立以铁矿采选加工销售为主业的唐钢滦县司家营铁矿有限责任公司。

2004 年 1 月 19 日，由于唐钢教育中心七十号小学等 10 所普通中小学和公安处等社会职能与企业实施分离，公司发文撤销公安处和普教处及其下属 10 所中小学校机构编制，将公安处更名为保卫部。

2004 年 3 月 18 日，一轧钢厂更名为冷轧薄板厂，对外仍使用唐山钢鑫板材有限公司和唐山恒昌板材有限公司名称；对外经济贸易处在保持原有名称的基础上，增加进出口分公司名称。

2004 年 3 月 31 日，将原卫生处组织公司接害作业职工的健康检查、组织公司硅肺患者的疗养、职业病防治情况的统计上报、组织高温岗位作业职工的健康检查，组织职工从事饮食、服务的职工健康检查，公共卫生和饮食卫生管理、组织职工无偿献血、制定公司突发性传染病的处置预案等管理职能划归能源环保处，能源环保处挂卫生处牌子，增设卫生防疫科；将原卫生处女职工病普查管理职能划归公司工会女工部；将原卫生处放射装置使用办证及监督检测管理职能划归生产安全处。

2004 年 7 月 12 日，钢城分局挂牌。8 月 2 日，撤销带钢厂，资产整体租赁给不锈钢公司，在职职工由不锈钢公司接收，离退休职工划归轧辊公司。同日，成立运输办公室。运输办公室由生产安全处、运输部及对外经济贸易处、供应处、销售公司和炼焦制气厂等单位组成。

2004 年 9 月 18 日，唐钢股份与上海银晨实业有限公司、香港朝俊有限公司合资建设的唐山中厚板材有限公司注册成立。11 月 16 日，汽运公司改制为以公路货物运输为主业的唐山天马物流有限公司。原唐钢集团汽车运输有限公司名称废止。12 月 3 日，设立唐山钢铁设计研究院有限公司，开始独立运转，将唐钢集团设计研究院有限公司组建改制为唐钢及职工共同持股的有限公司。原唐山钢铁集团设计研究院有限公司名称废止。同年，发展规划处更名为发展规划部。

（五）二〇〇五年组织机构沿革

2005 年 2 月，建筑安装公司改制后，更名为唐山钢铁建筑安装有限责任公司，组建为唐钢及职工共同持股的有限责任公司。6 月 3 日，组建保卫部（武装部），与钢城分局合署办公。保卫部承担原公安处的内部保卫管理职能，武装部管理职能不变。6 月 17 日，耐材公司改制后，名称变更为唐山时创耐火材料有限公司。9 月 15 日，唐山微尔电子股份有限公司清算解散后，恢复原计控管理处职能。

2005 年末，唐钢集团设置生活服务有限责任公司、轧辊有限责任公司等二级单位，设立保卫部（武装部）、教育中心（职工培训中心、唐山科技职业技术学院、河北省冶金高级技工学校、河北冶金技师学院）、技术中心双职能部室，设立矿业公司、技术经济开发有限责任公司（物贸储运公司）、金恒企业发展总公司等 7 个子公司。

2005 年末，唐钢股份共有二级单位 17 个，合资公司 4 个，机关部处室 18 个。

二级单位　炼焦制气厂、炼铁厂、一炼钢厂、二炼钢厂、冷轧薄板厂、四轧钢厂、中型轧钢厂、棒线材厂、热轧薄板厂、动力厂、运输部、教育中心（职工培训中心、唐山科技职业技术学院、河北省冶金高级技工学校、河北冶金技师学院）、医院、生活服务有限责任公司（行政福利处）、技术经济开发有限责任公司（物贸储运公司）、矿业有限公司、金恒企业发展总公司。

合资公司　不锈钢有限公司、唐龙新型建材有限公司、中厚板有限责任公司、滦县司家营铁矿有限责任公司。

机关部处室　办公室（党委办公室、证券部、董事会秘书室）、发展规划部、资产财务部、劳动人事处（企业管理处）、计划财务处、能源环保处（卫生处）、生产安全处、组织部（离退休职工管理部、老干部管理处）、纪委（监察审计部）、宣传部（党校、统战部、企业文化部）、工会（团委、计划生育办公室）；双职能部门为技术中心、保卫部（武装部）、计控管理处、供应处、销售公司、设备机动处、对外经济贸易处（进出口分公司）。

其中技术中心、对外经济贸易处、能源环保处（卫生处）代行唐钢集团职能。

2005年末唐钢股份组织机构图

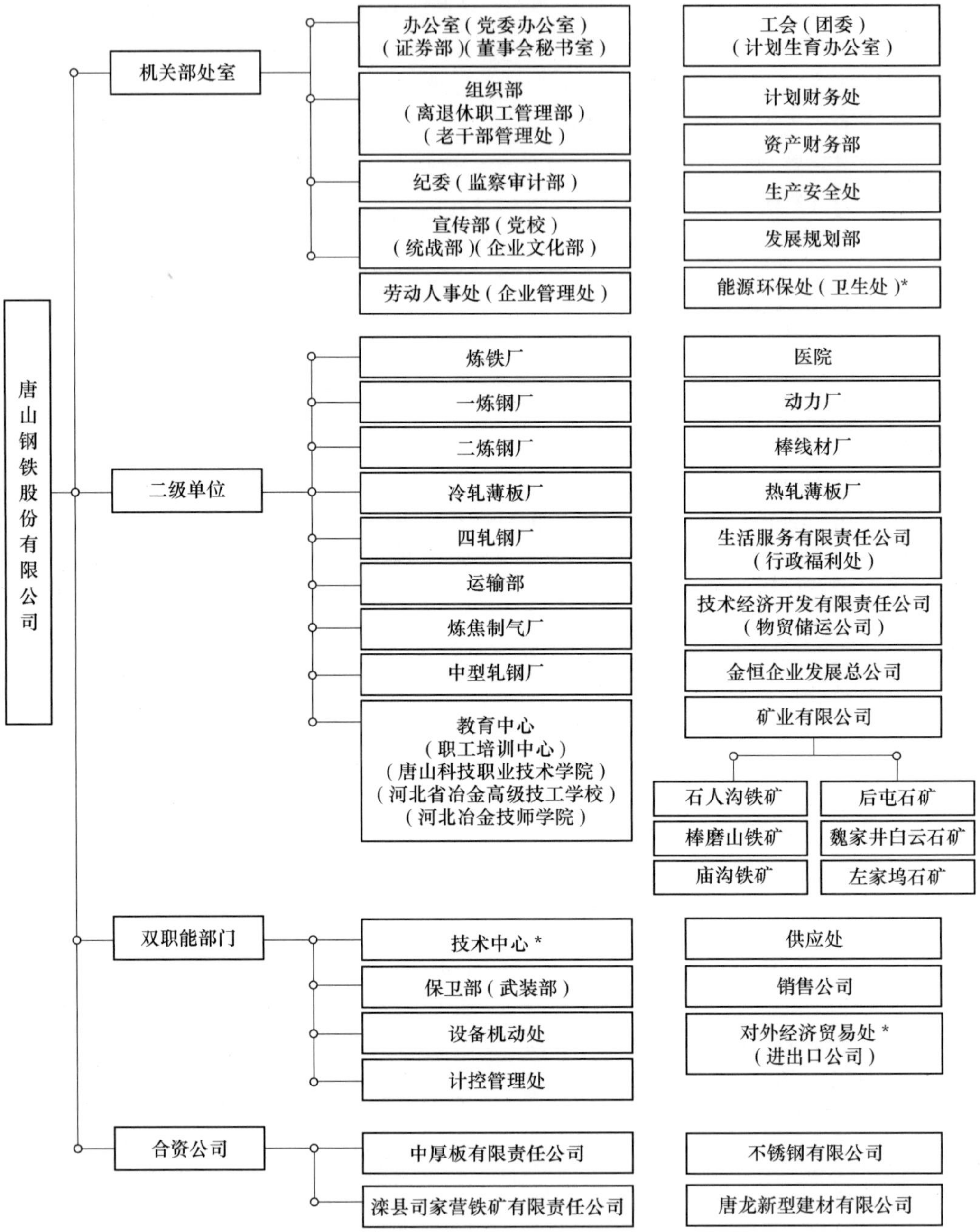

注：带“＊”的单位代行唐钢集团公司职能。

第二章　主要装备与生产设施现状

2005 年末，唐钢共有设备 1.9 万台(套)，统计口径不含不锈钢公司。

一、矿山设备

矿山设备主要包括黑色金属与非金属矿山采选设备，人造块矿设备，炼铁及铸铁管设备。铁矿采矿设备有牙轮钻机 8 台，电铲 12 台，载重汽车 62 辆，推土机 12 台，空气压缩机 15 台，装运机 10 台；铁矿选、洗设备有破碎机 10 台，磨矿机 19 台，磁选机 74 台；石灰石矿设备有石灰石采矿设备潜孔钻机 4 台、电铲 5 台、载重汽车 16 辆、推土机 1 台、空气压缩机 6 台、装运机 5 台，石灰石选、洗设备破碎机 3 台，石灰石煅烧设备竖窑 2 座；白云石矿设备有白云石采矿设备潜孔钻机 2 台、电铲 2 台、载重汽车 3 辆、推土机 2 台、空气压缩机 2 台、装运机 1 台，白云石选、洗设备破碎机 3 台。

人造块矿设备包括铁矿烧结机 2 台，球团竖炉 1 座。

炼铁及铸铁管设备包括高炉 4 座，铸铁机 3 台。

二、炼铁系统

共有烧结机 8 台，高炉 8 座，球团竖炉 1 座，铸铁机 3 台。其中：60 平方米烧结机 5 台（含银钢区租赁 2 台），210 平方米烧结机 2 台，265 平方米烧结机 1 台。8 平方米球团竖炉 1 座。400 立方米炼铁高炉 1 座，450 立方米炼铁高炉 3 座（含银钢区租赁 1 座），银钢区租赁 550 立方米炼铁高炉 1 座，2000 立方米炼铁高炉 2 座，2560 立方米炼铁高炉 1 座。35 米滚轮移动式铸铁机 2 台，60 米双链带滚轮固定式铸铁机 1 台。

三、炼钢系统

共有转炉 7 座，电炉 3 座，LF 炉 3 座，板坯连铸机 3 台、铁水预处理装置 2 套、连续铸坯机 9 台。即：150 吨转炉 3 座；55 吨转炉 4 座。3 公称吨电炉 1 座、5 公称吨电炉 2 座。40 吨 LF 炉 1 座，150 吨 LF 炉 2 座。铁水预处理装置 2 套，单套设计能力 150 万吨。连续铸坯机 9 台，其中：弧式薄板坯连铸机（厚 70～90 毫米、宽 800～1710 毫米）2 台，弧式中宽带连铸机（厚 150～180 毫米）1 台，弧型连续铸坯机（135 毫米×135 毫米、150 毫米×150 毫米、165 毫米×165 毫米）6 台。

四、轧钢系统

中型轧机 1 套，设计能力年产 40 万吨。

小型轧机 3 套，分别是一棒材区和二棒材区小型棒材轧机 2 套，单套设计能力年产 60 万吨；四轧钢厂一车间小型轧机 1 套，设计能力年产 16 万吨。

线材轧机 4 套，分别是高速线材轧机 2 套，单套设计能力年产 35 万吨；三轧钢厂和四轧钢厂二车间普通线材轧机 2 套，设计能力分别为年产 26 万吨和年产 16 万吨。

板坯轧机 7 套，分别是热轧 1810 毫米生产线 1 套，设计能力年产 250 万吨，热轧 1700 毫米生产线 1 套，设计能力年产

250万吨；冷轧单机架生产线1套，设计能力年产60万吨；冷轧五连轧机生产线1套，设计能力年产140万吨；酸洗板生产线1套，设计能力年产140万吨；镀锌板生产线1套，设计能力年产45万吨；彩涂板生产线1套，设计能力年产15万吨。

五、制氧机

共有7台制氧机，分别是1.5万标准立方米/时、2.5万标准立方米/时、2万标准立方米/时、1.7万标准立方米/时、1.55万标准立方米/时、8000标准立方米/时、3200标准立方米/时制氧机各1台。

六、焦炉

共有焦炉6座，分别是5.5米×36孔焦炉4座，单座设计能力为年产36万吨；5.5米×65孔焦炉2座，单座设计能力为年产65万吨。

七、白灰竖炉

直径4米、高20米、容积250立方米的白灰竖炉4座，单座设计能力为36.5万吨/年。

八、麦尔兹窑炉

上、下膛直径分别为2米、5米、高33米麦尔兹窑炉1座，设计能力为10.95万吨/年。

九、发电机

共有发电机12台。TRT发电机6台。其中：1.2万千瓦1台，设计能力为1.05万千瓦时。2.5万千瓦2台，单台设计能力2.19万千瓦时。6000千瓦3台，单台设计能力0.53万千瓦时。汽轮发电机组6台，其中：炼铁厂3台，动力厂3台。

十、锅炉

锅炉10台，其中：炼铁厂7台，动力厂3台。

十一、耐火设备

耐火材料设备共有破碎机12台，混炼机7台，压砖机19台，烧成窑隧道窑1条、烧成窑倒焰窑2座，干燥窑8座，轻质梭式窑1条，梭式焙烘窑3条。

十二、运输汽车

共有汽车674辆。

十三、机车

共有蒸汽机车18辆，内燃机车14辆。

第三章　职工队伍

1996—2005年，唐钢把企业未来发展的战略目标放到“育人兴厂、育才兴厂”上，不断加强职工队伍的思想建设、作风建设、职业道德建设、人才队伍建设，培养了职工良好的职业态度、职业责任感和职业行为习惯，在实践中走出了一条依靠职工队伍建设推动企业发展的道路。十年间，唐钢不断从各大高校、中专、技校引进毕业生，充实职工队伍，加大职工培训教育力度，促进了职工素质的不断提升。

第一节　队伍组成与分布

1996年，唐钢职工人数为52406人。十年间，经过调整、优化，职工人数减少了6300人。至2005年末，唐钢共有职工46106人，其中在岗从业人员36879人；男职工35951人；女职工10155人。生产操作人员29157人，工程技术人员1748人，管理人员2492人，服务人员2996人，其他人员9713人。其中，唐钢股份共有职工28572人，在岗从业人员24084人；男职工22631人；女职工5941人。职工中生产操作人员21011人，工程技术人员1358人，管理人员1587人，服务人员128人，其他人员4488人。

唐钢在人员招聘上，以劳动岗位规范为依据，依托岗位标准、劳动合同，吸引并鼓励符合生产经营需要的专业素质人员来公司就业。人员主要来源有高等院校、职业技术学校毕业生，根据国家有关政策安置的复员转业退伍军人，以及从农村和城镇渠道招收的人员等。十年间，共招录职工8545人，安置复员转业退伍军人1818人，从农村招收74人，城镇招收641人。

1996—2005年唐钢职工人数变动情况一览

表1-3-1　　单位：人

年　份	1996	1997	1998	1999	2000	2001	2002	2003	2004	2005
总增加人数	796	407	1237	987	1002	572	813	1395	555	781
农村招收	36	11	23	4	0					
城镇招收	74	39	59	36	75		65	76	139	78
复员转业军人	53	113	180	93	282	272	244	281	8	292
大专、中专、技工学校毕业生	627	137	969	324	365	223	232	287	154	192
调　入	3	99	3	10	5	15	12	25	82	17
其　他	3	8	3	520	275	62	260	726	172	202
总减少人数	2093	3382	1758	1333	2984	2762	2202	1029	4053	3500

第二节 职工队伍素质

1996—2005年，唐钢重视职工队伍建设，健全完善对人才的开发培养和使用管理，加大思想素质、文化素质和道德素质提升力度，使职工队伍的文化结构与专业素质明显改善，形成了一支综合素质高、作风优良的职工队伍。

一、职工队伍素质

唐钢职工队伍是一支政治文化素质较高、技术结构较好、以中青年职工为主体的现代企业职工队伍。新接收的大学生文化层次高，思想活跃，经过不断的实践经验，逐渐成为生产管理的主要力量。

（一）文化结构

1996年，唐钢管理及专业技术人员总数为9018人，其中大专及以上文化程度4994人，占55.38%；中专文化程度2037人，占22.59%，高中及以下1987人，占22.03%。生产操作人员总数为43388人，其中大专以上文化程度552人，占1.27%；中专技校6900人，占15.90%；高中及以下35936人，占82.82%。

2005年，管理及专业技术人员总数为6452人，其中大专及以上文化程度4481人，占69.45%；生产操作人员中经过高、中等及以上教育的占55.99%。

2005年唐钢管理及专业技术人员文化结构一览

表1-3-2

文化程度	总计	硕士生及以上	本科	大专	中专	高中及技校
人数/人	6452	141	2409	1931	963	1008
百分比/%	100	2.19	37.34	29.93	14.92	15.62

注：表中统计口径不包含不锈钢公司。

2005年唐钢生产操作人员文化结构一览

表1-3-3

文化程度	总计	大专以上	中专	技校	高中	初中	小学	文盲
人数/人	36814	2042	1015	8404	9147	15912	294	0
百分比/%	100	5.55	2.76	22.83	24.85	43.21	0.8	0

注：表中统计口径不包含不锈钢公司。

（二）专业素质

1996—2005年，唐钢坚持尊重知识、尊重人才的方针，注重提高管理及专业技术人员与生产操作人员的专业水平，完善专业技术职务聘任管理，强化竞争激励机制，一批批高素质的管理及专业技术人员在企业生产实践中得到锻炼，提高了职工队伍的整体素质。

2005年唐钢专业技术人员技术结构一览

表1-3-4

项　目	总数/人	占比/%	专业技术职称		
			高级/人	中级/人	初级/人
专业技术人员总数	5840	100	1164	2483	2190
其中：高级职称	1164	19.93	1164		
其中：正高级职称	40	0.68	40		
中级职称	2483	42.52		2483	
初级职称	2190	37.50			2190
工程技术人员	2675	45.80	799	1117	758
农业技术人员	5	0.09	1	2	2
科学研究人员	2	0.03	1	1	
卫生技术人员	769	13.17	98	306	365
教学人员	261	4.47	65	127	69
其他专业技术人员	2128	36.44	200	931	995

注：表中统计口径不包含不锈钢公司。

2005年唐钢生产操作人员技术结构一览

表1-3-5

技术等级	技术操作人员				其　他
	初级工	中级工	高级工	技师	
人数/人	3352	8196	8886	869	15511
占比/%	9.11	22.26	24.14	2.36	42.13

注：表中统计口径不包含不锈钢公司。

（三）年龄结构

1996年，唐钢管理及专业技术人员总数为9018人，其中30岁以下2657人，占29.46%；31~40岁2939人，占32.59%；41~50岁2911人，占32.28%；51~60岁511人，占5.67%。生产操作人员总数为43388人，其中25岁以下10675人，占24.60%；26~35岁13298人，占30.64%。36~45岁13785人，占31.77%；46岁以上5630人，占12.98%。

到2005年末，唐钢管理及专业技术人员总数为6452人，其中30岁以下633人，占9.81%；31~40岁2301人，占35.66%；41~50岁2113人，占32.75%；51~60岁1405人，占21.78%。生产操作人员总数为36814人，其中20岁以下37人，占0.1%；21~35岁11975人，占32.53%；36~50岁23062人，占62.64%；51岁以上1740人，占4.73%。

1996—2005 年唐山钢铁集团有限责任公司及所属企业职工人数情况

表 1-3-6 单位：人

项目＼年份	1996	1997	1998	1999	2000	2001	2002	2003	2004	2005
职工总数	52406	49431	48910	48842	49497	49695	49924	50012	48765	46106
女职工	13283	12174	11697	11691	11803	11937	12052	12089	11161	10155
生产操作人员	36759	34914	34127	33356	32122	30779	30438	30391	30119	29157
学徒	222	55	49	8	2	22	2	3	1	
工程技术人员	2658	2305	2211	2165	2130	2055	1986	2016	1913	1748
管理人员	4342	3900	3612	3511	3276	3227	3111	2980	2723	2492
服务人员	7031	6247	6086	6084	5790	5143	4654	4378	3430	2996
其他人员	1394	2010	2825	3718	6177	8469	9733	10244	10579	9713

第四章　主要指标

1996—2005 年唐钢集团公司生产经营情况一览

表 1-4-1

项目	单位	1996 年	1997 年	1998 年	1999 年	2000 年	2001 年	2002 年	2003 年	2004 年	2005 年	合计
钢	万吨	212.97	238.36	265.50	315.81	381.22	455.20	512.16	608.12	765.83	1006.66	4761.83
生铁	万吨	208.30	235.35	266.48	333.83	415.41	460.55	490.05	582.33	775.79	997.35	4765.44
商品材坯	万吨	197.21	220.04	252.86	302.76	361.32	431.22	500.00	591.20	767.63	955.15	4579.39
其中：钢材	万吨	179.93	207.21	241.13	273.12	322.57	396.85	436.44	553.89	719.99	894.35	4225.48
焦炭	万吨	101.27	105.41	108.92	109.37	111.32	132.77	141.85	144.36	242.03	264.79	1462.09
铁精粉	万吨	120.93	138.96	134.01	134.05	141.42	140.76	147.48	151.86	136.94	127.50	1373.91
销售收入	万元	452751	476568	518237	590346	712144	831710	956549	1486646	2512455	3021495	11558901
利税总额	万元	72002	67582	65995	81537	105659	130135	149679	245698	383108	381382	1682777
利润总额	万元	25099	20747	20839	21583	40237	50113	62935	122063	202673	186535	752824
工业总产值	万元	470941	505788	550212	610556	691752	820526	930374	1421025	2391249	2973366	11365789
从业人员劳动生产率(不变价)	万元/(人·年)	5.26	6.02	7.24	9.87	12.12	14.66	16.82	21.07	28.29	36.71	

注：2005 年统计指标不含中厚板公司。

1996—2005 年唐钢股份公司生产经营情况一览

表 1-4-2

项目	单位	1996 年	1997 年	1998 年	1999 年	2000 年	2001 年	2002 年	2003 年	2004 年	2005 年	合计
生铁	万吨	206.68	234.27	266.48	333.83	415.41	460.55	483.04	545.64	648.87	773.36	4368.13
钢	万吨	212.97	238.36	265.50	315.81	381.22	455.20	512.16	608.12	724.01	870.75	4584.1
商品材坯	万吨	197.21	220.04	252.86	302.76	361.32	431.22	500.00	591.20	705.72	823.34	4385.67
其中：钢材	万吨	179.93	207.21	241.13	273.12	322.57	396.85	436.44	553.89	658.69	781.31	4051.14
销售收入	万元	438004	473267	504889	572621	694662	808325	922149	1416710	2188397	2431661	10450685
实现利税总额	万元	86767	93784	91566	106735	121927	149376	156250	212176	327083	312596	1658260
其中：利润总额	万元	50643	59224	60380	62952	69346	83300	86041	116288	187287	162155	937616
工业总产值	万元	448520	488301	534639	589203	671763	799753	902428	1382307	2201134	2525943	10543991
从业人员劳动生产率（不变价）	万元/(人·年)	8.84	10.03	11.98	14.91	18.00	24.19	27.18	33.09	42.52	49.07	

第二篇

转型升级

1996—2005年，唐钢聚焦转型升级，全力实施“三步走”和“三极支撑”战略规划，着眼于大规模的技术改造、能源环保、计算机技术开发与应用，学习消化并掌握引进国内外钢铁先进技术，铁钢轧三大系统工艺装备实现大型化、连续化、自动化、能耗低、环保好，为国家建设钢铁工业现代化发挥了重要作用。

第一章　技术改造

唐钢“九五”“十五”时期的技术改造紧紧围绕“三步走”和“三极支撑”战略规划，动工兴建了一大批工程建设项目，体现了技术装备的先进性，缩短了与国内外钢铁工业先进水平之间的差距，企业实现跨越式发展，晋升千万吨级“大钢”行列，促进了国家钢铁产业发展和现代化建设。

第一节　“三步走”战略规划实施

20 世纪 90 年代中期，在国内钢铁产品供大于求、企业效益下滑、行业整体面临亏损的严峻形势下，唐钢面临着要不要发展、怎样发展的重大抉择。根据国家钢铁产业政策，在充分听取各方面意见、广泛调研的基础上，唐钢确立了“统一规划、分步实施，量力而行、滚动发展”的指导思想，制定了以调整产品结构为目标，以铁钢轧三大系统技术改造为主要内容的“三步走”发展战略。其要点是通过改造对已有技术装备升级，走内涵发展的道路，提高自我积累和滚动发展能力，使企业实现健康、稳定、协调发展。经省政府批准，唐钢“九五”发展规划以实现“三步走”发展战略为主要内容，全面实施并实现预期目标。

“三步走”发展战略是一个系统考虑铁钢轧总体布局，以淘汰落后装备、调整产品结构为重点的中长期发展规划。在分步实施的项目安排上，始终坚持 4 个基本原则，即：品种质量优先原则、充分发挥综合效益原则、投入最小原则和长短期项目相结合的原则，以实现最佳投资效果。这一战略从制定至完成大体经历了六年时间。1996 年之后，分三步进行系统性技术改造，先后建成 2560 立方米高炉、150 吨顶底复吹转炉、265 平方米烧结机、超薄带钢生产线等一大批项目，使唐钢生产工艺技术取得明显进步，主要设备实现了大型化和现代化，特别是超薄带钢生产线采用了多项前沿轧钢技术，产品结构实现了重大调整，初步形成板、棒、线、型、管并重的产品结构，从而保持了市场竞争优势，在全行业效益大幅下滑的形势下，实现了效益的稳定，年实现利润总额始终保持在全国钢铁行业前列，同时使唐钢达到了铁钢材 500 万吨综合配套生产能力。

“三步走”发展战略的实施，在唐钢发展史上具有划时代的意义，实现了几代唐钢人为之奋斗的目标，成为唐钢发展史上一个重要的历史转折点和走向 21 世纪的里程碑。

一、以 2560 立方米高炉建设为中心的炼铁系统改造

以二炼铁厂 2560 立方米高炉为中心的炼铁系统技术改造是唐钢“三步走”发展战略的第一步，在“九五”“十五”分三步推进发展规划中，是一个承上启下的环节，既为唐钢铁钢 300 万吨配套弥补了炼铁能力的不足，又为下步铁钢 500 万吨整体配套奠定了坚实基础，对企业实现发展规划

目标有着重大意义。

2560 立方米高炉工程 1996 年，二炼铁厂 1 号 1260 立方米高炉自 1989 年 9 月投产已运行七年，进入炉役后期生产。到 1997 年一代炉役寿命结束时，对其大修将不可避免。从减少大修造成的损失和保证生产的连续性、稳定性以及实施改扩建规划的衔接等方面综合分析比较，公司决定大修采取易地方式进行。即在二炼铁厂区内建设 1 座 2560 立方米高炉，以接续 1 号高炉生产。1996 年 10 月 7 日，以唐钢规字〔1996〕280 号文件向冶金工业部呈报《关于 1 号 1260 立方米高炉易地大修的请示》，冶金部以冶发〔1996〕535 号文件批复同意。1996 年 11 月，根据冶金部《关于唐山钢铁集团有限责任公司 1 号 1260 立方米高炉易地大修的批复》精神，省计划委员会与省冶金工业厅联合组织召开了初步设计审查会，工程初步设计通过审查。翌月，省计划委员会与省冶金工业厅以冀计工〔1996〕1086 号文件《关于唐钢二炼铁厂 1 号高炉易地大修工程初步设计的批复》同意项目初步设计。

这一项目由北京钢铁设计研究总院和唐钢设计研究院联合设计，由中国二十二冶金建设公司、唐钢建筑安装公司、唐钢修建工程公司施工。该工程建设的 2560 立方米高炉年产生铁 173 万吨，包括高炉上料系统、高炉本体系统、鼓风机站、喷吹煤粉设施、炉顶余压发电、煤气清洗设施、热风炉工程、粒化渣系统、余压发电工程等，共安装设备 1600 台（套），概算投资 11.49 亿元。高炉采用荷兰霍高文高风温热风炉技术、俄罗斯图拉法高炉水渣粒化技术和陶瓷杯炉底、炉缸，PW 并罐无料钟炉顶板壁结合的软水闭路循环冷却系统、热管式热风炉余热回收系统、75 吨锅炉系统、轴流式静叶可调高炉鼓风机、EIC 机电一体自动控制等一批具有国际先进水平的技术，使高炉总装备水平达到 20 世纪 90 年代国际先进、国内一流水平，并使公司高炉从 1000 立方米级提高到 2000 立方米级，实现了炼铁工艺的飞跃。

此项目于 1996 年 12 月 18 日正式动工，经过设计、施工、设备、供应、生产厂、基建管理等各方的共同努力，于 1998 年 9 月 26 日正式开炉点火，比计划工期提前 3 个月建成投产。2560 立方米高炉的建成，使唐钢的炼铁能力每年新增 170 余万吨。

2560 立方米高炉供返料工程 1997 年 6 月，2560 立方米高炉供返料工程开工，1998 年 9 月 26 日建成投产。项目概算投资 5000 万元，由北京钢铁设计研究总院设计，唐钢修建工程公司承建。主要配套 2560 立方米高炉建设自高炉区至原料场供返料通廊转运站等设施，以及皮带机、给料机等设备。

265 平方米烧结机工程 265 平方米烧结机项目是以 2560 立方米高炉为中心的炼铁系统改造的配套工程。2560 立方米高炉投产后，烧结矿消耗量相应须达到 640 万吨，已有烧结 342 万吨/年的生产能力并不能满足炼铁生产需求。为此，公司决定通过技术改造建设 1 台 265 平方米烧结机提高烧结矿生产能力。

1998 年 3 月 27 日，以唐钢计划字〔1998〕107 号文件《关于报批 265 平方米烧结机烧结室技术改造等 6 项技改工程可行性研究报告的请示》报送省冶金工业厅。1998 年 4 月 1 日，省冶金工业厅以冀冶发字〔1998〕138～143 号请示文件报送省经济贸易委员会。1998 年 6 月 22 日，省经济贸易委员会以冀经贸技〔1998〕322～327 号文件批复同意实施项目可行性研究报告。1998 年 9 月 18 日，省冶金工业厅以冀冶发字〔1998〕355~360号文件报送的审批事项获得省经济贸易委员会批复（冀经贸技〔1998〕509~514号文件），同意初步设计。

此工程主要建设项目包括烧结机主厂房、配料室、混合料系统、主抽风机室、120米烟囱以及机头、机尾除尘系统、190平方米环冷机及通廊、转运站等。项目主体设备为265平方米烧结机1台，设计能力为251.86万吨/年，概算投资2.9亿元，由鞍山冶金设计研究院、唐钢设计研究院设计，唐钢修建工程公司、唐钢建筑安装公司、中国二十二冶金建设公司等施工。烧结机工艺装备完善，节能设备先进，自动化控制系统功能较强，环保设施齐全，具备20世纪90年代末国内一流水平。该工程于1998年3—4月开工建设，1999年10月26日点火投产。该项目的投产，使二炼铁厂直供高炉烧结矿的烧结机总面积增至625平方米，完全满足二炼铁厂3座高炉的生产需要，基本完成“三步走”发展战略的第一步。

2560立方米高炉喷煤工程　1999年3月，二炼铁厂2560立方米高炉喷煤工程开工，1999年10月2日竣工投产，总投资3700万元。工程由唐钢设计研究院设计，唐钢建筑安装公司和唐钢修建工程公司承建，唐钢技术经济开发公司电子公司、二炼铁厂计控室等单位参加电气控制设备及仪表自动化设备的安装调试。主要建设内容包括：煤粉制备及喷吹和相应附属设施、喷煤厂房及干煤棚配套喷煤设备等。布袋收粉器、过滤器下板式运输机、叶轮给料机、煤粉过滤器、中间罐、过滤罐等主要设备系从德国引进的二手设备；煤粉振动筛、氮压机机器配套设备为国内制造。2560立方米高炉喷煤系统建成投产后，高炉吨铁喷煤达150千克，大大降低了入炉焦比，经济效益显著。

二、以两座150吨顶底复吹转炉建设为中心的炼钢系统改造

一炼钢厂易地大修工程是唐钢“九五”期间继二炼铁厂2560立方米高炉建设之后的又一大型重点工程，也是唐钢“九五”“十五”发展规划第二步核心项目。

随着炼钢技术的不断发展，侧吹转炉逐步被国内钢铁企业淘汰，到20世纪90年代，无法适应企业经济效益不断增长的要求和产品激烈的市场竞争要求。为此，公司决定在一炼钢厂建设两座150吨顶底复吹转炉，提高装备技术水平，解决环境污染问题。

1997年11月17日，报经省政府同意，公司以唐钢计划字〔1997〕331号文件《关于一炼钢厂易地大修的请示》，向冶金工业部申请对一炼钢厂进行大修改造。冶金工业部于1997年12月11日以冶发〔1997〕655号文件给予批复，同意这一大修项目，工程建成投产后淘汰一炼钢厂4座6吨侧吹转炉。编制《一炼钢厂易地大修工程可行性研究（代初步设计）》，于1998年2月26日以唐钢计划字〔1998〕52号文件上报冶金工业部，冶金工业部以冶建〔1998〕97号文件给予批复。

鉴于公司进行股份制改造后，唐钢集团不再直接经营炼铁、炼钢、轧钢业务，这些业务全部进入唐钢股份的实际，1998年12月15日，国家冶金工业局以国冶发〔1998〕395号文件同意一炼钢厂易地大修工程由唐钢股份实施。

项目总体工艺路线按照“铁水预处理—顶底复吹转炉—钢水炉外精炼—全连铸”四位一体的结构优化工艺来安排。这一工程由唐钢设计研究院与北京钢铁设计研究总院联合设计。转炉本体由马鞍山钢铁设计院设计、南京机械制造厂制造。项目概算投资9.96亿元，主要建设内容包

括：铁水倒罐站1座、2座公称容量120吨（出钢量为150吨）顶底复吹转炉（炉体全高9525毫米，炉身内径5068毫米，有效工作容积为139.764立方米）、2台8机8流小方坯连铸机，以及相应的给排水、供配电、通风除尘、动力、EIC机电一体自动控制系统等2012台（套）设备，总装机容量3.46万千瓦，建筑面积7.75万平方米，占地面积18.3万平方米，并预留铁水预处理、钢水炉外精炼设施的位置。

此项大修工程于1998年5月18日正式开工，由中国二十二冶金建设公司、唐钢建筑安装公司、唐钢修建工程公司施工。其中，1号150吨转炉及连铸系统于1999年6月29日热负荷试车一次成功，2号150吨转炉于1999年10月20日20时20分生产出第一炉合格钢水，标志着一炼钢厂易地大修炼钢系统一期工程圆满结束。一炼钢厂易地大修工程投入后，不仅使一炼钢厂的装备水平达到了20世纪90年代初国际先进、90年代末国内领先水平，同时加快了唐钢淘汰落后装备的步伐，对进一步改进品种结构、改善产品质量、降低生产成本、不断提高产品市场竞争能力具有重大意义。

三、以热轧薄板工程建设为中心的轧钢系统改造

热轧薄板工程是国家重点工程，也是唐钢在“九五”期间调整产品结构、淘汰落后工艺装备，完成“三步走”发展战略的最后一步的关键工程。经过“七五”“八五”和“九五”以来的技术改造，唐钢铁钢综合生产能力为400万吨/年，但轧材能力经挖潜后仅为330万吨/年，并且在已有8条生产线中含有5条20世纪50—70年代装备水平的横列式、复二重型线材轧机和窄带钢轧机，装备水平低、消耗高，产品主要以型、棒、线材为主。为此，唐钢提出在规模不增加的前提下，建设1套具有国际先进水平的超薄热带生产线。

1998年11月4日，公司以唐钢计划字〔1998〕291号文件向国家冶金工业局呈报《关于轧钢系统易地大修建设超薄热带生产线的请示》。1999年10月，经国务院讨论通过，国家经济贸易委员会、国家计划委员会批准该项目列入第二批财政贴息贷款技术改造计划，并视为立项。2000年8月2日，国家经济贸易委员会以国经贸投资〔2000〕715号文件，将该项目可行性研究报告上报国务院。2000年9月27日，国务院办公会议通过了国家经济贸易委员会《关于审批唐山钢铁股份有限公司超薄带钢生产线技术改造项目可行性研究报告的请示》（国经贸投资〔2000〕715号文件）。2000年11月10日，省经济贸易委员会根据国家经济贸易委员会下发的国经贸投资〔2000〕715号和993号文件的批复精神，以冀经贸投资〔2000〕643号文件《关于唐山钢铁股份有限公司超薄带钢生产线技术改造项目初步设计的批复》，同意该项目初步设计。

超薄带钢工程分两期建设。一期工程主要建设项目包括：薄板坯连铸机1台、辊底式加热炉1座、粗轧机2架、精轧机5架，以及220千伏变电站等公用辅助设施。主要产品为厚度0.8～12.7毫米、宽度850～1680毫米板材。技术工艺水平属国际先进。该项目建成后，年产超薄热轧带钢150万吨，从根本上解决企业产品附加值低和产品结构单一问题。

2001年2月28日，超薄带钢工程正式开工。该项目由北京钢铁设计研究总院和唐钢设计研究院联合设计，中国二十二冶金建设公司、华冶（邯郸）建筑公司、水电部基础工程局（天津）、唐钢建筑安装公司、唐钢金恒发展总公司等单位承建，

项目概算总投资25.2亿元，实际投资19.99亿元，总建筑面积4.6万平方米。该工程于2003年1月29日15时41分全线竣工投产，轧制出唐钢历史上第一卷合格钢板。1月31日，省政府发来贺信，祝贺唐钢超薄热带工程全线一次试车成功。

项目关键技术和设备由国外引进，如主辅传动全交流化、数字化系统，LF钢包精炼炉、薄板坯连铸机、辊底式加热炉、热连轧机组等，其他设备采用引进技术国内制造。工程设备总量2500台（套），总质量1.59万吨，其中引进设备3645吨。由意大利达涅利-日本三菱提供的超薄带钢生产技术是20世纪90年代逐渐成熟的第二代超薄带钢生产技术。连铸机采用长漏斗型结晶器和动态软压下技术，结晶器出口板坯厚度90/70毫米，压下量为20毫米。连轧机由不可逆粗轧机组和精轧机组组成，精轧机采用PC轧机液压厚度自动控制、板型平直度控制，生产线主辅传动电气设备采用全交流化、数字化技术以及多级计算机控制系统。

工程投产后，超薄热带生产线实现半无头轧制和铁素体轧制。2003年3月4日，热轧宽钢带轧机1810毫米生产线首次进行半无头轧制试验，成功地在钢带不间断运行和动态减薄的情况下，通过高速飞剪剪切，连续轧制出3.0毫米优质钢带。此项技术填补了国内空白，成为世界上第三个掌握该项技术工艺的国家。新华社《新华每日电讯》、新华网于3月16日发出通稿，对此进行了报道，国内外几十家媒体进行转载。

超薄带钢一期工程的投产，结束了唐钢无板材历史，对优化产品结构、提高高科技含量、增强市场竞争力发挥重要作用，对公司在21世纪经济技术发展和腾飞产生深远影响。

“三步走”发展战略的实施，使唐钢发展驶入快车道。在57台（套）主体生产设备中，有31台（套）达到国际或国内先进水平，高炉、转炉、轧机等装备水平明显提高；产品结构实现重大调整，企业竞争力显著提高。

附 “三步走”发展战略实施期间基建技改项目

棒材厂改造工程（棒材生产线） 1994年8月，棒材厂改造工程开工，1996年6月11日，轧机区热负荷试车成功，1996年7月23日生产线全线贯通进入试生产阶段。工程投资5.21亿元，由北京钢铁设计研究总院、唐钢设计研究院设计，中国二十二冶金建设公司承建。总建筑面积3.66万平方米。设计能力为年产圆钢、螺纹钢60万吨。主要设备引进意大利达涅利公司生产的18架粗中精轧机，美国通用电气公司全套电气设备，设备总质量3500吨，其中引进设备736吨，装机总容量2.83万千瓦。1998年12月，中国建筑业协会正式颁布，唐钢棒材工程获国家“鲁班奖”。

老区热电联产工程 1994年8月1日，老区热电联产工程开工建设，1996年12月竣工开始试运行，历经2年4个月，累计投资1.2亿元，由北京钢铁设计研究总院设计，唐钢建筑安装公司施工。主要建设内容包括：主厂房、水处理系统、输煤系统、泵站、冷却塔、除灰出渣系统。主要设备有：TG-35/3.82-M锅炉2台；TG-35/3.82-M5锅炉1台；C6-3.43/0.49、6000千瓦汽轮机2台；QF-6-2，6000千瓦、6300伏汽轮发电机2台；电除尘30平方米三电场2台，二电场1台；总装机容量130千瓦。设计能力年产电5850万千瓦时，年产热144.12万吉焦，年创经济效益2315.79万元。

一炼铁厂 3 号高炉易地大修工程 1996 年 3 月，一炼铁厂 3 号高炉易地大修工程开工，1996 年 9 月 30 日竣工投入试生产。项目概算投资 1.04 亿元，主要建设内容包括：有效容积 300 立方米高炉 1 座、年产铁水 25.7 万吨，内燃式热风炉 3 座，干式煤气净化系统，新建和改造原料上料系统，贮矿槽槽下筛分及自动配料系统，水冲渣设施，鼓风机站以及给排水、供配电等设施。投产后，一炼铁厂年产铁水达到 65.7 万吨，提高了公司的生铁产量。

带钢厂一火成材节能改造工程 1996 年 4 月 25 日，带钢厂一火成材节能改造工程开工，1997 年 3 月 5 日热负荷试车成功。项目概算投资 5579.94 万元，由唐钢设计研究院设计，唐钢建筑安装公司、唐钢修建工程公司施工。其建设内容主要包括：主厂房、主电室、主控室、变压器室、水循环系统及辅助设施。共有设备 261 台（套），分别是二立六平精轧机机组、精整机组、收集机组等，总装机容量 6422.45 千瓦。设计年生产能力 15 万吨，改造后带钢长度由 15 米提高到 140～150 米，吨钢节约煤耗 100 千克，降低金属烧损 2%。

庙沟铁矿二期工程 1993 年 9 月，庙沟铁矿二期工程开工建设，1996 年 5 月 22 日投入试生产。由秦皇岛冶金矿山设计研究院设计、华北冶金矿山建设公司施工，建筑面积 6.5 万平方米，新增设备 1099 台（套），总质量 3862 吨。工程完成投资 3.34 亿元，比概算投资节省 1075.9 万元。年处理铁矿石能力由 22 万吨增至 122 万吨。当年，磨机台时能力达到设计水平。

二炼钢厂 4 号 40 吨转炉工程 1997 年 4 月 28 日，二炼钢厂 4 号 40 吨转炉工程动工建设，1997 年 11 月 21 日一次热试成功。该项目由唐钢设计研究院设计，唐钢修建工程公司、唐钢建筑安装公司施工。项目概算投资 4500 万元。投产后二炼钢厂生产能力达到 240 万吨/年。

三轧钢厂一火成材改造工程 1997 年 3 月 1 日，三轧钢厂一火成材改造工程动工，同年 6 月 19 日，实现联动热负荷试车。该工程由唐钢设计研究院设计，唐钢建筑安装公司、唐钢技术经济开发公司、唐钢附企总公司联合施工，总投资 1500 万元。主要项目包括：易地新建连续式推钢加热炉 1 座，新增 ϕ550 毫米×2 轧机 1 列、300 吨剪切机 1 台，新增厂房面积 2016 平方米，主要利用原一轧钢厂二车间旧有设备，另新增设备 74 台（套），总质量 1102 吨。改造后可使用 135 毫米、165 毫米和 88 毫米方坯轧制 ϕ8 毫米、ϕ10 毫米普碳盘条和 ϕ10 毫米螺纹调质钢筋。设计能力为 19 万吨/年。

2 号 1.5 万制氧机工程 1997 年 7 月 2 日，经过裸冷试车，唐钢南区 2 号 1.5 万标准立方米/时制氧机工程投入试生产。此项目系唐钢“九五”期间重点技改工程，投资 1.46 亿元，由唐钢设计研究院设计，中国二十二冶金建设公司、河北省建筑安装公司施工，竣工面积 0.5 万平方米，设计能力产氧量 1.5 万标准立方米/时，于 1994 年 8 月开工建设，1996 年 3 月 1 日开始安装。主要设备由俄罗斯引进。项目投运后，增强了氧气厂保公司冶炼生产所需氧氮的供给能力，同时提高了外销产品液氩、液氮的提取量。

杭氧 6000 标准立方米/时制氧机改造工程 1999 年 7 月，1.7 万标准立方米/时制氧机组开工建设，2000 年 5 月 9 日竣工。项目概算投资 3900 万元，主要建设 1 套空分装置、1 套氧压机。项目由唐钢设计研究院设计，中国二十二冶金建设公司承建，设备由四川空分设备集团有限责任公司提供。改造后，采用分子筛纯化系统，全精馏制氩工艺，达到国内同类型机组领先水平，设计制氧能力 1.7 万标准立方米/时、制氩能力612标准立方米/时。

烧结厂原料场改造工程 1998年6月，烧结厂原料场改造工程开工，2000年8月竣工。概算投资7000万元。主要建设内容包括：新建料条1个；改造堆取料机、传送皮带、转运站、受料槽等。总建筑面积1.2万平方米。

庙沟铁矿球团竖炉工程 1999年7月，庙沟铁矿球团竖炉工程开工，2000年3月竣工，同年8月3日点火试生产。工程投资1700万元，由唐钢设计研究院设计、唐钢建筑安装公司施工。主要产品为酸性氧化球团矿，设计能力36万吨/年。

新高线工程 1999年8月，公司第二条高速线材生产线（高速线材厂二车间）工程开工建设，2000年6月20日竣工。此工程由唐钢设计研究院设计，唐钢建筑安装公司和中国二十二冶金建设公司施工，概算投资9800万元。该项工程主要是利用原二轧钢厂厂房建设年产40万吨高速线材生产线1条及配套附属设施，包括推钢式加热炉1座，粗轧机、中轧机、预精轧机、精轧机共25架及配套设施。

新5万立方米煤气柜工程 1999年11月，新5万立方米煤气柜工程开工，2000年8月4日试车成功投入使用。该工程主要建设内容是拆除2万立方米煤气柜，在原址新建5万立方米威金斯型胶帘干式煤气柜1座，概算投资1500万元，由唐钢设计研究院设计，唐钢建筑安装公司施工。新5万立方米煤气柜柜体直径46米、高41米，内封密结构复杂，采用多项新技术、新工艺、新材料。

一炼钢厂炉外精炼站工程 2000年8月，一炼钢厂炉外精炼站工程开工，2001年12月竣工。概算投资4500万元。工程由意大利达涅利公司设计，唐钢建筑安装公司承建，设备由意大利达涅利公司引进。项目实施后，唐钢拥有炉外精炼设备，提高了钢水纯净度，实现对成分和温度进行微调的功能。

炼焦制气厂1号焦炉易地大修改造工程 2000年8月20日，炼焦制气厂1号焦炉易地大修改造工程开工，2001年2月3日点火烘炉，同年3月30日正式投产。工程建设工期仅222天，且投产当月就达到了月产设计能力，创造焦炉建设新速度。工程概算投资5403万元，由唐钢设计研究院设计、中国二十二冶金建设公司和唐钢建筑安装公司施工。主要建设内容：易地改造36孔5.5米大容积焦炉1座，设计年生产能力36万吨焦炭。1号焦炉易地大修改造工程建成后，炼焦制气厂焦炉总设计生产能力由年产焦炭108万吨提高到144万吨。

2.5万千瓦汽轮发电机组工程 2000年1月，北区动力厂2.5万千瓦汽轮发电机组工程开工，2000年11月竣工。工程由唐钢设计研究院设计，唐钢建筑安装公司及中国二十二冶金建设公司、唐山发电厂施工，概算投资2991.85万元。其中汽轮机型号为C25-3.43/1.0-3；共有34套电气设备，发电机型号为QFW-30-2型，属国内先进水平。设计能力为1.35亿千瓦时/年。

氧气厂技术改造工程 2001年12月，南区2万标准立方米/时制氧机组开工建设，2002年12月22日竣工投产。项目概算投资9821万元，主要项目包括：将原日立6000标准立方米/时空分系统拆除，新建2套VK50-3型离心式9万标准立方米/时空压机系统及配套改造，新建2万标准立方米/时空分系统1套，2万立方米/时氧压机1台、氧气调压站1座及配套设施，由唐钢设计研究院设计，设备由四川空分设备集团有限责任公司提供，中国二十二冶金建设公司、河北省安装工程公司、四川空分低温工程安装有限公司等承建。

日立6000标准立方米/时制氧机迁建改造工程　2002年4月，日立6000标准立方米/时制氧机迁建改造工程开工建设，2002年12月30日机组竣工，2003年投入生产运行。项目概算投资3900万元，由唐钢设计研究院设计，唐钢建筑安装公司、河北省安装工程公司承建。主要项目是将6000标准立方米/时制氧机由氧气厂迁至北区，同时将空分系统由版式流程改为分子筛增压膨胀制冷、新增无氢制氩流程及空气顶冷系统、分馏塔等，北区改造后的8000标准立方米/时制氧机组，氧、氮、氩生产能力8000标准立方米/时、2万标准立方米/时、200标准立方米/时。

滨钢220千伏变电站工程（一期）　2001年9月，唐钢滨钢220千伏变电站工程（一期）开工建设，2003年1月10日建成投入运营，概算投资1.28亿元，由北京国华华北电力工程有限公司总设计，唐钢建筑安装公司和唐山供电公司电建公司施工。项目建设内容主要包括：安装两台合肥ABB公司生产的12万千伏安主变压器，变压等级为220千伏/35千伏。7面平高电气生产的220千伏SF6组合电器，25面厦门ABB公司生产的35千伏高压开关柜及相应配套设施。该工程的建成投运，为唐钢超薄带钢生产线和二棒材生产线发展奠定了基础。

北区焦炉煤气南送工程　2002年3月，北区焦炉煤气南送工程开工建设，2002年9月竣工投产。由唐钢设计研究院设计，中国二十二冶金建设公司、唐山仝泰建筑安装有限公司及唐山开平宏强机械厂施工，概算投资4500万元。北区主要建设1座焦炉煤气加压站，埋设1条由北区至南区的煤气输送管道，管道管径1020×8毫米，长度7478米，管道输送设计压力45千帕。设备采用2台天津鼓风机厂生产的ML84WD型罗茨鼓风机、2台长沙鼓风机厂生产的ARG－500HG型罗茨鼓风机。4座脱硫塔于2003年建成投产，为南区炼钢、轧钢输送洁净焦炉煤气。

棒材厂技术改造工程　2002年3月，棒材厂技术改造工程开工建设，2003年1月15日竣工投产。工程由包头设计研究院秦皇岛分院设计，中国二十二冶金建设公司、唐钢建筑安装公司、唐钢金恒发展总公司承建，概算投资8600万元。主要建设内容是在二炼钢厂三期连铸出坯跨和棒材厂成品跨位置扩建1条全连轧棒材生产线及相应配套设施，主轧线由ϕ650毫米×3、ϕ550毫米×4、ϕ450毫米×4、ϕ330毫米×6共17架轧机组成，另有侧进侧出步进式加热炉1座及辅助设施。主要产品为ϕ16～28毫米螺纹钢，设计能力60万吨/年。

高炉炉渣综合利用工程　2001年12月14日，高炉炉渣综合利用技术改造项目获批立项。2002年1月9日，该项目可行性研究报告经省经济贸易委员会批准。项目利用唐钢炼铁厂的水渣资源，提高固体废弃物再循环利用水平，减少矿渣的积压，建设年产60万吨矿渣粉生产线1条，概算投资8003万元，主体设备为立磨配套设备1套。该工程于2002年6月15日开工建设，2003年3月正式投产，由南京水泥工业设计研究院、唐钢设计研究院共同设计，唐钢建筑安装公司、唐山东方建筑工程公司等施工。项目年产细度为420平方米/千克的矿渣粉60万吨。

加热炉蓄热式改造工程　2002年3月，加热炉蓄热式改造工程开工，2004年5月竣工。这一项目概算投资5500万元，主要建设内容是对高线一二车间、棒材二车间、三轧、中型、四轧加热炉等进行蓄热式改造。由唐钢设计研究院和北京科技大学等联合设计，唐钢建筑安装公司等单位施工。此项工程的建成使用，标志着唐钢加热炉生产工艺实现了历史性进步，彻底结束了加热炉烧油的历史。

庙沟铁矿炼钢冷料基地工程　2002年3月15日，庙沟铁矿炼钢冷料基地工程开工，当年9月22日基地工程1号高炉一次点火成功，11月全面竣工投产。项目概算投资1.16亿元，由唐钢设计研究院设计，唐钢建筑安装公司、唐钢金恒发展总公司、唐钢技术经济开发公司承建。工程主体为2座179立方米炼铁高炉和1台36平方米烧结机及其配套系统。设计能力为年产炼钢冷料生铁40万吨。

老厂区35千伏变电站改造工程　2002年11月15日，公司老厂区35千伏变电站改造工程开工，2003年4月15日竣工投运，项目概算投资6612.50万元，由唐钢设计研究院设计，唐钢金恒发展总公司施工，建筑面积2700平方米。工程对变电站及线路进行了改造。共安装3台40兆伏安三卷变压器，总容量120兆伏安，电压等级为35/10/6千伏，变压器为沈阳变压器有限公司生产。15面35千伏高压开关柜，84面10千伏高压开关柜及相应配套设施建设，开关柜由唐山创元方大公司生产。

第二节　“三极支撑”战略规划实施

党的十六大召开后，唐钢以“三个代表”重要思想和科学发展观为指导，充分考虑国内外钢铁工业发展形势，认真分析冀东地区发展钢铁工业的优势、劣势，研究地理位置、发展空间、发展方向，从提高冀东乃至华北地区产业集中度、加快结构调整出发，于2003年制定“以优化结构、淘汰落后、改善环境、提高效益、建设千万吨级大钢”为目标，以“完善老区、合作周边、加快开发曹妃甸”为主要内容的“三极支撑”发展战略。

“三极支撑”第一极：完善老区。加快老系统技术改造，到2005年完成增量和结构调整任务，形成400万吨薄板和350万吨长材的能力，同时加快企业改革，最大限度地降低费用、提高劳效、增强市场竞争力。第二极：联合周边。以多元产权规范股份制方式，参与地方钢铁企业的联合重组，以合资、合作等形式共谋发展，使唐钢的技术管理优势和民营企业的机制优势有效结合，变竞争对手为合作伙伴，实现双赢。主要合作项目有不锈钢公司、中厚板公司、司家营铁矿等。第三极：加快开发曹妃甸。积极与首钢联合建设1座21世纪现代化钢铁精品基地，总规模1500万吨。其中一期工程970万吨。

“三极支撑”发展战略的提出顺应了当时形势发展的需要。随着国家宏观经济政策调整，国内钢铁行业呈现了快速发展局面，唐钢面临严峻的竞争挑战。随着“三步走”各项工作的全面完成，也使唐钢具备了加快发展的内部条件。根据党的十六大关于国民经济发展的奋斗目标，唐钢制定了到2010年实现销售收入翻两番的发展目标，首次提出了关于分两个阶段建设千万吨级大钢的规划发展思路，于2002年12月提交公司第二十届职代会第五次会议审议通过，并报告省委、省政府。2003年1月，根据省领导在省第十届人民代表大会第一次会议上对唐钢发展的具体要求，经反复论证，对思路进行调整后，编制“十五”后三年和“十一五”发展规划纲要，形成了“完善老区，合作周边，加快开发曹妃甸”的“三极支撑”发展战略。这是唐钢在全面完成“三步走”规划后，又一重大战略决策。

“三极支撑”发展战略是唐钢在全面分析外部环境和内部情况的基础上，作出的审慎决策。从外部条件看，唐山地方钢铁工业发展迅速，形成颇具规模的产业群，但也从市场、资源等方面给唐钢发展带来压力；从内部看，唐钢具有区位优势、资源优势、人才优势，可作为进一步提高质量、增加品种、改善结构、做大做强的良好契机。同时，唐山市经济向沿海发展、开发曹妃甸工业园的发展战略，首钢迁移、唐山地区钢铁工业多元投资，也为唐钢发展提供了客观条件。因此，“三极支撑”发展战略是实现唐钢在“十一五”建成钢铁精品基地战略目标、提高企业核心竞争力、调整战略结构、参与唐山地区钢铁工业整合、促进地方经济发展和经济结构调整的需要，有助于实现地区钢铁工业向沿海转移。

“三极支撑”发展战略是唐钢领导班子集体智慧的结晶，符合党的十六大关于两个“毫不动摇”的精神，符合省市关于钢铁工业的发展规划，符合唐钢实际，也反映了唐钢广大干部职工的意愿。“三极支撑”发展战略的提出，对唐钢在新形势下承上启下、加快发展具有重大历史意义和现实意义。

一、完善老区

加快老系统技术改造，重点是产品结构调整和淘汰落后。唐钢相继将1260立方米、2560立方米高炉分别扩容到2000立方米和3200立方米，建成超薄带钢、冷轧技术改造等结构调整项目，新增热轧平整板、热轧酸洗板、热轧镀锌板与冷轧镀锌、彩涂板等新产品。

（一）高炉扩容改造与配套项目建设

1. 1260立方米高炉扩容及配套改造

二炼铁厂2号1260立方米高炉始建于1993年12月10日，它的建成投产彻底结束了唐钢化铁炼钢的历史。为适应生产不断发展的需要，唐钢决定对2号高炉进行扩容改造，高炉本体由1260立方米扩容到2000立方米。2002年11月15日，唐钢“十五”发展规划重点技术改造项目——二炼铁厂2号高炉停产，开始全面大修。

二炼铁厂2号高炉大修主要建设内容包含多个项目。高炉系统：2号高炉增容，原4座改进型内燃式热风炉改造为3座荷兰霍高文高风温热风炉，引进PW型煤气净化系统；动力系统：新建1台鼓风机，2台75吨锅炉改造，TRT系统更新改造，管网、水系统改造；原料系统：加槽、混匀矿输出改造，烧结机由180平方米改造为210平方米，水渣系统改造，喷煤系统改造。工程概算投资3亿元，应用卢森堡保尔沃特钢冷却壁、美国尤卡碳砖等多项国际新技术、新产品，具备较高装备水平。

这一高炉大修不仅关系到唐钢2003年生产经营目标能否顺利实现，而且关系到唐钢发展规划的落实，意义十分重大。按照唐钢固定资产投资项目经理负责制管理规定，项目实行全员风险抵押，各经理部一次性向唐钢缴纳风险抵押金，确立包干投资、工期、质量、安全、廉政5项考核指标。为此，2001年9月21日，举行二炼铁厂2号高炉大修签字仪式，与各系统项目经理签订了责任状。

为缩短全停产时间，工程首次采用高炉整体推移技术。2002年8月18日，2号高炉新炉体试推移成功，高炉整体推移方案的可行性初步得到了验证。同年12月6日，2号高炉推移就位，推移质量达到4450吨，推移高度34米，推移距离46米，推移质量、推移高度在国内尚无先例。2002年12月24日，高炉开始烘炉，12月31日点火开炉，2003年1月1日11时生产出第一次铁水，高炉投入生产。

此项工程由唐山钢铁设计研究院有限公司设计，唐钢建筑安装有限责任公司、唐钢金恒发展总公司、唐钢微尔电子股份有限公司等施工。此项工程从停产到开炉生产仅用了45天，比最初提出的与国内同类高炉大修停产时间相比最短60天的大修工期提前了15天。炉容由1260立方米扩容为2000立方米，年生产量由原来的100万吨增至170万吨，相应烧结矿设计生产能力由171万吨/年扩大到192万吨/年。1号TRT随高炉进行扩容改造，发电功率由4500千瓦提高到1.2万千瓦，日发电量由原来的8万千瓦时增至15万千瓦时。2号汽轮发电机组改造后风量随之提高了1700立方米/分。

2. 炼铁系统南区淘汰落后、结构调整技术改造项目

唐钢冶炼生产分为南北两个区，大型生产设施主要集中于北区。根据唐钢“十一五”发展规划，技术改造的重点是淘汰落后、结构调整和推进节能环保。按照国家钢铁产业政策关于高炉容积不能小于1000立方米和烧结机面积不能小于180平方米的规定，南区3座400~450立方米高炉和3台60平方米烧结机属于应淘汰装备，并且这些高炉已陆续接近炉役周期，面临系统整体大修或淘汰的选择。因此，唐钢按照国家钢铁产业政策，决定淘汰南区小高炉及小型烧结机，采取易地大修的方式，建设大型高炉及烧结生产线。

此项目新建1台360平方米烧结机及相应的配套设施，新建1座3200立方米高炉及2.5万千瓦高炉煤气余压发电机组、高炉富氧喷煤等配套设施。项目概算投资22.28亿元，按等量置换和工序平衡的要求，建成后年产生铁240万吨。工程由唐山钢铁设计研究院有限公司、中冶京诚工程技术有限公司等设计，中国二十二冶金建设公司、河北钢铁建设集团有限责任公司等施工。该工程于2006年8月3日开工建设，2007年9月8日高炉点火开炉，投入生产。这一项目对于企业节能降耗、改善区域环境质量、推动区域产业结构升级和建设循环经济型企业、提升企业核心竞争力具有重大意义。

（二）热轧薄板技术改造

1. 超薄热带二期工程建设

2000年，经国务院批准，唐钢开始实施薄板坯连铸连轧生产线技术改造工程，并于2003年1月全线竣工，是全国范围内建设的第四条薄板坯连铸连轧生产线。唐钢采用分期建设方式，二期工程是在薄板坯连铸连轧一期工程的基础上，增建1台薄板坯连铸机和1座辊底式均热炉等，使整条生产线最终由一期150万吨达到年产250万吨经济规模。

在一期工程建设中，已为二期工程在场地、公辅设施方面做了预留。因此，该项目充分发挥一期工程的投资效益，通过对热轧产品进行延伸加工，实现板带产品以热代冷，满足市场需求。

二期工程改造后年新增热轧薄板100万吨，其中热轧平整板卷50万吨、热轧酸洗板卷20万吨和热轧镀锌板30万吨。该项目由唐钢设计研究院设计，中国二十二冶金建设公司、唐钢建筑安装有限责任公司、唐山东方建工集团有限公司、唐钢金恒企业发展总公司等共同施工，概算投资3.67亿元。该工程于2003年8月21日破土动工，2004年6月15日热负荷试车成功。

2. 三轧四轧易地大修工程

2004年7月，三轧四轧易地大修工程（即热轧薄板厂1700毫米生产线）开工建设，2005年12月20日，全线贯通热负荷试车成功。该工程由北京钢铁设计研究总院和唐钢设计研究院有限公司设计，中国二十二冶金建设公司、唐钢建筑安装有限责任公司、唐钢金恒企业发展总公司等单

位施工，概算投资14.5亿元。主要建设项目：R7米1机2流板坯连铸机1台、1700毫米轧机系统及配套设施、辊底式加热炉等。主要产品为厚度1.2~12.7毫米、宽850~1550毫米热轧带钢，设计生产能力250万吨/年。该项目创国内外同类工程建设周期最短纪录，标志着唐钢自主创新集成的热轧带钢生产线全面建成投产。

（三）冷轧工程建设

为进一步提高产品深加工比例，将热轧薄板转化为附加值高的冷轧薄板和涂层板，满足市场要求，唐钢决定建设冷轧及带钢表面涂镀层工程，其产品为冷轧薄板和涂镀层板。作为唐山市四大兴市工程之一，此项目是唐钢实现产品结构调整和优化升级，提升企业竞争力，实施“三极支撑”发展战略，保证全面协调可持续发展的重要项目。2003年，原国家经济贸易委员会关于此项目可行性研究报告的请示（国经贸投资〔2003〕156号文件）经国务院批准。2004年2月26日，国家发展和改革委员会以发改工业〔2004〕342号文件下发通知，《国家发展改革委关于审批河北唐山钢铁股份有限公司冷轧及带钢表面涂镀层工程可行性研究报告的请示》（发改工业〔2004〕99号文件）经国务院批准同意，环境影响评价报告书亦经过国家环保总局批准同意。唐钢冷轧工程主要建设五机架酸连轧机组、单机架冷轧机组、连续酸洗生产线、1号热镀锌生产线、2号热镀锌生产线、3号热镀锌生产线、连续彩涂生产线、罩式退火炉、平整机组、重卷机组总计10条主生产线及相应的配套及公用辅助设施，具备230万吨冷轧和热轧深加工产品的生产能力，项目累计投资31.59亿元。

1. 酸洗、冷轧、镀锌、彩涂工程

酸洗、冷轧、镀锌、彩涂工程项目概算投资11.5亿元，包括连续酸洗生产线、单机架冷轧机组、1号热镀锌生产线、连续彩涂生产线4条，分别引进意大利达涅利、法国克莱西姆、瑞典ABB、美国布里克蒙、日本三菱电机等公司的设备和多项专有技术，具有国际先进水平。该项目由中国二十二冶金建设公司、唐钢建筑安装有限责任公司、唐钢金恒企业发展总公司等单位施工。2003年1—2月，项目部先后组成5个团组分别赴意大利、法国、日本进行基本设计审查和设计联络。同年3月，拆除原一轧钢厂全部设备和部分厂房完毕，给冷轧工程腾出场地。该项目于同月6日开工建设。2004年6月30日，彩涂生产线热负荷试车成功；同年7月28日，冷轧机组热负荷试车成功，并创造了同类机组工程建设周期最短的世界纪录；10月25日，酸洗生产线热负荷试车成功；12月30日，镀锌生产线热负荷试车成功，随着第一卷镀锌板顺利下线，酸洗、冷轧、镀锌、彩涂工程全线建成。

酸洗、冷轧、镀锌、彩涂工程设备配置属世界一流水平，其中冷轧生产线主体设备单机架可逆式轧机为国内首台。机械设备的设计和L1.5级硬软件由法国克莱西姆公司提供，日本东芝-三菱电机公司负责EIC机电一体自动控制系统的设计和供货。连续酸洗生产线由意大利达涅利公司总体设计，年生产能力为140万吨，其产品规格厚度为0.8~4.0毫米，宽度850~1680毫米。连续镀锌生产线由意大利达涅利公司总体设计，采用改良森吉米尔连续热镀锌技术，且为冷轧、热轧兼用镀锌机组，其生产的镀锌产品规格为厚度0.3~2.0毫米、宽度820~1650毫米，设计年生产能力为45万吨。该生产线是国内第一条冷热轧基板兼用型带钢热镀锌生产线。

2. 冷轧及带钢表面涂镀层工程

在酸洗、冷轧、镀锌、彩涂工程接近

收尾阶段之时，公司启动实施冷轧及带钢表面涂镀层工程的建设，旨在进一步提高产品深加工比例，满足市场需求。此项工程概算投资 13.43 亿元，由唐山钢铁设计研究院有限公司设计，唐钢建筑安装有限责任公司、中冶京诚技术工程有限公司、阜新建安公司施工。项目主要建设年产 140 万吨冷轧板五机架冷连轧机组，采用法国克莱西姆公司技术；年产 40 万吨 2 号连续热镀锌生产线 1 条，采用法国克莱西姆公司连续热镀锌及美国布里克蒙卧式退火炉技术；全氢罩式退火炉 40 座，年处理能力 80 万吨，设备由奥地利艾伯纳引进；四辊单机架平整机组 1 台，年处理能力 80 万吨，关键设备及电控系统分别由德国西马克公司和 ABB 引进；重卷机组 1 台，年处理能力 20 万吨及相应配套设施，关键设备圆盘剪由德国 GEORG 公司引进，电气设备由美国 EDM 公司提供，其他设备由西安重型机械研究所提供；3 号连续热镀锌生产线采用意大利达涅利公司连续热镀锌及 DCC 全辐射管立式退火炉技术，设计年产量为 40 万吨。

冷轧及带钢表面涂镀层工程于 2004 年 6 月开工建设。2005 年 12 月 20 日，联机改造后第一卷冷轧板顺利下线；2006 年 2 月 18 日，2 号酸洗生产线热试成功；2 月 20 日，2 号镀锌生产线热试成功；2 月 28 日，重卷生产线热试成功；同日，罩式退火生产线热试成功，第一炉退火产品顺利下线。2007 年 3 月 21 日，最后一条生产线 3 号镀锌生产线热试成功，标志着冷轧工程整体竣工投入生产，为唐钢调整产品结构、提高竞争力和经济效益奠定了基础。

到 2005 年底，完善老区项目基本完成，形成了 1000 万吨综合配套能力，特别是建成了冷轧等产品深加工生产线，延长了产业链。

二、联合周边

唐钢以多元产权方式，参与地方钢铁企业整合，相继建设并发展不锈钢公司、中厚板公司、司家营铁矿、钢源炉料公司，整合德胜煤化工公司等单位，新增 200 万吨普通钢、150 万吨中厚板的生产能力，使唐钢铁钢材总体生产能力达到 1500 万吨以上。

联合周边举措采取合资、合作等形式，使唐钢的技术管理优势和民营企业的机制优势有效结合，变竞争对手为合作伙伴，实现双赢。中小钢铁企业是市场经济和宏观经济形势条件下的产物，由于存在低水平重复建设问题，导致产业集中度低、市场调控能力差、市场无序竞争、环境污染等现象。在国家鼓励企业兼并、重组、整合的政策环境下，唐钢决定抓住机遇，通过整合输入先进管理理念，发挥其技术优势、资金优势和人才优势，变竞争对手为合作伙伴，实现互利共赢。这既是省市政府的要求，也是唐钢自身发展的需要。其主要合作项目的建设，与公司南北厂区的产品合理分工，相互补充，增强了企业核心竞争力，对促进唐山地区钢铁工业升级和结构优化，推动地区钢铁工业整合重组，进而实现地方经济健康协调发展发挥了积极作用。

（一）不锈钢公司建设

1. 公司组建

2003 年 5 月，为了应对钢铁行业日益激烈的竞争形势，寻求新的发展空间，按照唐钢“三极支撑”发展战略的要求，原带钢厂在充分调研和科学论证的基础上，借鉴国内外先进企业的管理经验，积极谋求国有资本与民营资本相融合的企业模式，在唐钢的领导和组织下，成功组建了以唐钢集团、开滦（集团）有限责任公司、中国二十二冶集团有限公司、衡水京华制管有限公司、潮州锦丰物资有限公司等5家企业为股东的新型股份制钢铁企业——唐山不锈钢有限责任公司（简称不锈钢公司）。2003年9月27日，不锈钢公司正式成立，取得营业执照，注册资本3亿元，唐钢集团持股比例35%。2005年2月，增资9亿元，注册资本增至12亿元，唐钢集团占股份比例57.5%、开滦（集团）有限责任公司占比2.5%、中国二十二冶集团有限公司占比30%、衡水京华制管有限公司占比7.5%、潮州锦丰物资有限公司占比2.5%。

2. 项目建设

不锈钢工程是河北省调整钢铁产品结构的重点项目，也是唐钢实施“三极支撑”发展战略的重点项目。工程概算投资23.02亿元，从2003年开始至2006年分期建设完成。工程竣工后，调整优化了唐山地区的钢铁产业结构、拉动地方经济，而且填补了河北省空白，使产品辐射华北、东北。

不锈钢公司一期工程建设内容包括原料场、2台90平方米烧结机机组、2座450立方米高炉炼铁系统、1座80吨炼钢转炉及1×4流矩形坯连铸系统和热轧窄带钢搬迁改造及各系统配套的公辅设施。配套建设公辅设施有：1座5万立方米转炉煤气柜、检化验室、全系统电信设施、工排水管网、110千伏变电所、总图运输设施等。后增加原料场受料系统及上料系统、1.2万千瓦热电工程和TRT余压发电工程。概算投资10.33亿元（不含制氧系统）。其中，高炉采用无料钟炉顶、炉缸陶瓷杯、全自动上料系统等技术；烧结采用逆流制粒、快中子测水、连续低温点火等技术；炼钢采用顶底复吹冶炼、转炉溅渣护炉、连铸结晶器调宽等技术，形成年产铁钢120万吨的配套规模。

2003年8月23日，不锈钢公司一期工程破土动工。项目由中冶京诚工程技术有限公司、河北能源设计院等设计，中国二十二冶金建设公司、唐山东方建工集团有限公司、河北省安装工程公司、中冶京唐建设有限公司等施工。一期工程炼铁、炼钢和轧钢系统于2004年6月全面竣工投产。铁钢轧等主要生产工序投产后，相继组织实施高炉喷煤、TRT高炉煤气余压透平发电和热电联产等重点配套工程建设。2004年10月6日，喷煤系统投入运行；TRT工程于2005年1月中旬具备发电条件；热电联产工程于2005年1月下旬投入运行。

2005年3月5日，不锈钢公司二期工程开工建设，概算投资10亿元，建设内容包括550立方米高炉1座、100吨转炉1座、1600毫米板坯连铸机1台、90平方米烧结机1台、110吨LF精炼炉1座、900吨混铁炉1座，35千伏变电站、喷煤、铸铁机、料场、6兆瓦高炉煤气发电机组、TRT发电、道路及其他公辅设施等。项目由中冶京诚工程技术有限公司设计，中国二十二冶金建设公司、唐山东方建工集团有限公司、河北省安装工程公司等单位承建。2005年9月28日，高炉顺利点火出铁；2005年10月1日，板坯连铸机热试一次成功；转炉、烧结机相继达产达效，标志着不锈钢公司整体工艺装备水平迈上了一个新的台阶，形成了年产铁钢200万吨综合配套能力。

截至2005年12月，不锈钢公司成功冶炼Q195L、Q345、S50C、45号钢等钢种，开发135毫米×430毫米、135毫米×510毫米、150毫米×425毫米断面连铸坯。开发宽度272~520毫米、厚度1.8~7.6毫米各规格带钢80余个品种，进一步优化热带产品结构，加大高附加值产品的研制开发和市场开拓力度，有力增强了产品竞争力。

（二）中厚板公司建设

1. 筹建过程

为应对钢铁行业日益激烈的竞争形势，寻求新的发展空间，按照唐钢“三极支撑”发展战略的要求，2003年12月18日，唐钢股份董事会决定，与唐山港陆钢铁有限公司、香港朝俊有限公司共同出资组建唐山中厚板材有限公司（简称中厚板公司），建设120万吨宽厚板配套项目。上述两方一致委托唐钢股份全权经营管理中厚板公司。2004年8月20日，确定合资公司章程、合同；2004年9月10日，获得省商务厅冀商外资字〔2004〕83号文件批复，并领取台港澳侨投资企业批准证书。2004年9月18日，经河北省工商局授权，在唐山市工商局注册成立。

新组建的中厚板公司系外商投资企业。该公司组建后，由于合资方原因，唐山港陆钢铁有限公司撤资，香港朝俊有限公司转让股权；同时与柬埔寨荣丰投资有限公司、河北文丰钢铁有限公司达成合作意向，2005年10月19日经省商务厅冀商外资字〔2005〕134号文件批准，中厚板公司进行了企业重组，完成增加注册资本和股权变更工作。重组后的中厚板公司注册资本为4771.41万美元，出资比例为唐钢股份51%，居于控股地位；柬埔寨荣丰投资有限公司25.12%，河北文丰钢铁有限公司23.88%。

2. 项目建设

中厚板工程是河北省调整钢铁产品结构的重点项目，也是唐钢实施“三极支撑”发展战略的重点项目。总体规模为年产500万吨中厚板材，工程分三期建设。

2004年2月，由唐钢设计研究院有限公司完成《合资建设年产120万吨宽厚板项目可行性研究报告》；2004年8月18日，项目可研报告获得省发展和改革委员会冀发改外资〔2004〕1007号文件批复；2004年5月，由省冶金能源环保研究所完成项目环境影响报告书；2004年6月30日，获得省环境保护局冀环管〔2004〕161号文件批复；2004年8月17日，项目用地获得省国土资源厅冀国土资函〔2004〕251号文件批复。

2004年，中厚板公司一期工程立项。其主要装备为210平方米烧结机1台，1580立方米高炉1座，120吨转炉1座，120吨LF精炼炉1座，3500毫米双机架中厚板轧机1套，110千伏变电站1座和2万标准立方米制氧机1套及相应公辅配套设施。总体项目完工后，具备年产120万吨中厚板的能力。

2004年8月3日，一期工程炼铁系统开工建设，项目概算投资5.2亿元，由唐钢设计研究院有限公司设计、唐钢建筑安装有限公司施工。2006年3月10日，高炉正式点火投产，设计年产生铁120万吨。

2004年9月，一期工程炼钢系统开工建设，项目概算投资2.6亿元，由中冶京诚工程技术有限公司设计，唐钢建筑安装有限公司承建。项目建成后年产钢水120万吨。主要设备转炉由鞍钢集团机械制造公司提供，LF精炼炉由西安桃园设备安装有限公司负责供货。2006年5月，转炉、LF精炼炉分别竣工投产、冶炼成功。

2004年10月，一期工程动力系统开工，主要建设内容包括：110千伏变电站1座、汽轮鼓风机1台（唐钢北区利旧设备）、75吨锅炉1座、高炉循环水泵站1套、烧结泵站1套、炼钢水泵站1套、轧钢水泵站1套、空压机3台，2006年1月全部投入使用。项目建成后，供铁钢轧系统风、水、电、气的使用。

2005年2月，一期工程1号板坯连铸机开工建设，项目概算投资1.2亿元，设计能力年产 120 万吨，由中冶京诚工程技术有限公司设计、承揽施工，并负责设备制造、供货。2006 年 1 月，板坯连铸机热试成功。

轧钢系统是一期工程的最后一个项目。2005 年 11 月 15 日，一期工程轧钢系统开工建设，项目概算投资 7.3 亿元，由中冶京诚工程技术有限公司设计，中国二十二冶金建设有限公司承建。轧钢系统除新建 3500 毫米粗轧机 1 座外，还包括建设 3500 毫米精轧机 1 座、ACC 冷却系统 1 座、3500 毫米十一辊矫直机、冷床 2 座、定尺剪 1 座、双边剪 1 座、切头剪 1 座及相应配套设施。其主体设备由中国二重供货。先进的双机架四辊可逆式轧机生产厚度 5～80 毫米、宽度 2000～3300 毫米的中厚板，产品主要用于钢结构、车、船、桥梁、石油管道、机械制造等行业。

截至 2005 年末，中厚板公司共完成投资额 13.6 亿元。2006 年 8 月 26 日，3500 毫米轧机生产线热负荷试车成功，标志着中厚板公司一期工程全面竣工投产，填补了唐钢中板材产品的空白，也填补了唐山市的空白。

（三）唐银公司建设

1. 公司筹建

2003 年 11 月 20 日，唐钢股份与市开平区银水钢铁厂签订租赁经营银水钢铁厂新建烧结机和高炉的租赁经营合同，并达成了适时成立合资公司的意向。

2005 年 9 月 2 日，市钢铁工业整顿办公室下发市钢整字〔2005〕30 号文件《关于依托唐钢重组开平区钢铁企业的意见》和〔2005〕31 号文件《关于唐钢整合重组开平区钢铁企业改造提升工艺装备的审查意见》，对合资合作予以确认。2005 年 9 月 6 日，市发展和改革委员会以唐发改工业〔2005〕374 号文件形式下发《关于对开平区联合唐钢重组区内钢铁企业改造提升工艺装备的确认意见》。

2006 年 8 月 8 日，唐钢股份与市开平区银水钢铁厂签署合同及章程。是月 24 日，省工商行政管理局下达了企业名称预先核准通知书，确定企业名称为河北唐银钢铁有限公司（简称唐银公司）。同年 9 月 7 日，合资双方按股比将资金划入基本账户。其中唐钢股份注资 3200 万元，市开平区银水钢铁厂注资 1800 万元。是月 8 日，委托唐山瑞达会计师事务所办理了验资手续，出具验资报告。

2006 年 9 月 19 日，唐银公司在省工商行政管理局成功注册，并取得企业法人营业执照，注册资本 5000 万元，唐钢股份占股比 64%，市开平区银水钢铁厂占股比 36%。同年 10 月 6 日，唐银公司创立大会在唐钢会议中心召开，正式挂牌成立。

2006 年 10 月 16 日，唐银公司第一届股东会第二次会议召开。会议通过了变更公司股权结构议案，即唐钢股份减持股份至 51%，市开平区银水钢铁厂增持股份至 49%。

2. 项目建设

为落实唐山市钢铁工业整合，提高钢铁产业集中度，实现唐钢“三极支撑”战略目标和银水集团更大发展，于 2006 年 4 月成立唐钢银水合资项目前期工作领导小组。同年 6 月，经唐钢股份党政联席会批准，成立唐银公司 260 万吨/年钢联项目建设指挥部，并于同年 7 月 3 日召开项目实施方案论证会。

唐银公司 260 万吨/年钢联建设项目主要包括：在原有 450 立方米和 550 立方米高炉各 1 座，2 台 90 平方米烧结机，年产铁水 132.2 万吨，年产 70 万吨窄带钢生产线 1 条的基础上，新建 180 平方米烧结机 1 台（引进豪顿主排风机），1080 立方米高炉 1 座（3 座顶燃热风炉引进俄罗斯卡鲁金技术），120 吨转炉 2 座，65 万吨/年线材（引进瑞典桑德斯打包机）、105 万吨/年棒材生产线各 1 条，2×1.6 万标准立方米/时制氧机（引进美国 COOPER 空压机等）及相关附属配套设施。工程新占地 62.07 万平方米，原有厂区占地 21.27 万平方米，合计占地面积 83.34 万平方米。新建项目概算投资 22.80 亿元。

2006 年 9 月 27 日，新建项目主体工程 1080 立方米高炉基础打桩，同年 10 月 18 日，高炉基础开槽，主体工程建设随即全面展开。该项目概算投资 3.45 亿元，设计年产优质铁水 107.4 万吨。高炉采用全冷却结构、水冷炉底，每座热风炉加热面积 3.78 万平方米。项目由唐山钢铁设计研究院有限公司设计，河北钢铁建设集团有限责任公司等单位施工。2008 年 1 月 28 日，高炉建成投产，标志着唐银公司炼铁工程由基建转向全面生产阶段。

（四）司家营铁矿建设

司家营铁矿有限责任公司（简称司家营铁矿）位于河北省滦县城南 10 千米。司家营铁矿石资源约占冀东铁矿资源的 50%，约 20 多亿吨，矿石品位在 30%左右。

司家营铁矿是唐钢早期规划的铁矿山，属特大型鞍山式沉积质铁矿床。矿区整个矿化带由北向南全长 10 千米，经过勘探后探明北区铁矿石保有可采储量 6.1 亿吨、南区保有可采储量 6 亿吨。按照“总体规划、分期建设”的原则，唐钢规划先期开发司家营矿北区，之后再开发南区。北区开发分二期建设，一期建设规模年采铁矿石 700 万吨、年产含铁 66%的铁精矿 254 万吨。一二期总建设规模为年采铁矿石 1500 万吨，年产含铁 66%的铁精矿 520 万吨。

1. 公司的组建

2003 年 7 月 1 日，滦县政府、唐钢、中国第二十二冶金建设公司、唐山市宏文实业集团有限公司等签署了合作开发司家营铁矿的投资意向书。2003 年 7 月 4 日，司家营铁矿筹建处正式成立。2004 年 1 月 16 日，与中国第二十二冶金建设公司、唐山市宏文实业集团有限公司、河北滦河实业集团有限公司共同出资成立以铁矿采选加工销售为主业的唐钢滦县司家营铁矿有限责任公司，注册资本 2 亿元，其中唐钢股份出资 9000 万元，占注册资金的 45%、中国第二十二冶金建设公司占 25%、唐山市宏文实业集团有限公司占 25%、河北滦河实业集团有限公司占 5%。

2. 项目建设

司家营铁矿北区开发项目列入河北省 2004 年、2005 年重点建设项目计划。为加快司家营铁矿开发进度，唐钢从 2003 年开始抽调专门人员开展项目前期工作。按照项目审批有关要求，省相关主管部门对一期采选工程环境影响报告书、安全设施设计、北区矿山地质环境影响评估报告书、水土保持方案进行评估与审查，并组织了实施方案的咨询论证。2003 年 9 月，筹建处分别委托鞍钢集团鞍山矿业公司研究所和马鞍山矿山研究院进行红矿选矿试验研究，试验结果表明“阶段磨矿、粗细分级、重选—强磁—阴离子反浮选”工艺能够保证司家营铁矿选矿工艺技术指标，成功解决了贫赤铁矿石选矿工艺难题。这标志着司家营铁矿大规模开采的条件已经成熟。

2004 年 2 月 13 日，一期采选工程初步设计通过专家审查。中国冶金建设集团秦皇岛冶金设计研究院为工程设计单位。同年 12 月 20 日，按照《国务院关于投资体制改革的决定》规定，工程项目申请报告正式报送国家发展改革委核准。国家发展改革委委托中国国际工程咨询公司对项目进行评估，并由其出具项目核准评估报告。国家环保总局出具《关于唐山钢铁集团有限责任公司司家营铁矿一期采选工程环境影响评估报告书审查意见的复函》（环审〔2005〕524 号文件）；国土资源部出具《关于唐钢滦县司家营铁矿一期采选工程建设用地预审意见的复函》（国土资预审〔2005〕398 号文件）。滦县建设局和市规划局出具城市规划意见。在项目前期筹建过程中，一期采选工程建设项目获得国家发展改革委核准批复；正式获得采矿许可证，圈定的资源储量为 8.98 亿吨。项目核准文件基本备齐后，资源开发工作按计划有条不紊地进行。

一期采选工程概算投资 19.27 亿元，于 2005 年 3 月 10 日破土动工，2007 年 9 月 27 日正式建成投产。由中冶京诚（秦皇岛）工程技术有限公司设计，中冶京唐建设有限公司、河北钢铁建设集团有限责任公司、唐钢金恒企业发展总公司等单位承建。

由于铁矿石开采带来的高额利润，矿区内出现群采矿点滥采乱挖的现象，造成了资源的严重浪费，对大型矿山建设造成不良影响；司家营铁矿项目的建设，有助于矿产资源的保护。有利于提高曹妃甸钢铁厂国内铁矿供应保障度。唐钢拥有曹妃甸钢铁厂股权又拥有司家营矿的开采权，曹妃甸钢铁厂所需国内矿石除依靠位于唐山迁安的首钢矿业公司外，还依靠司家营铁矿。该铁矿项目的实施，一方面缓解自身原料紧缺状况，降低唐钢对进口矿石的依赖度，提高经营安全性，规避了市场风险；另一方面，随着唐钢棒磨山铁矿和石人沟铁矿可采资源的枯竭，大批矿山职工需要重新安置，有利于矿山人员的安置与稳定。

（五）钢源炉料公司建设

唐山钢源冶金炉料有限公司（简称钢源炉料公司）是由唐钢集团与唐山开平通源冶金灰料厂合作建立的企业，于 2006 年 7 月 25 日揭牌成立，注册资本 4900 万元，唐钢持股 51%。

2006 年 4 月 29 日，唐钢炼钢辅料基地工程批准立项。项目一期工程引进瑞士麦尔兹双膛活性石灰窑关键设备和技术，在市开平区通源冶金灰料厂院内建设 1 条 600 吨/天麦尔兹窑活性石灰生产线及公辅设施，主要包括原料储存及原料筛分、输送系统，石灰窑本体，石灰窑废气除尘系统，石灰储存及原料筛分、输送系统，煤粉磨及烘干系统、液压系统、电气系统及公辅设施等，并预留第二条生产线位置。主要设备有 600 吨/天麦尔兹窑 1 座、煤粉制备 1 套（包括 70 立方米/时煤粉输送）、35 千伏变电站 1 座、风机系统及相关配套设施。工程概算投资 8327 万元，年设计生产冶金石灰 19.8 万吨。该工程于 2006 年 9 月 1 日动工建设，2007 年 6 月底建成投产。由唐山钢铁设计研究院有限公司设计，唐山钢铁建筑安装有限责任公司施工。

炼钢辅料基地工程从瑞士麦尔兹欧芬堡公司引进国际先进的双膛活性石灰竖窑，是并流蓄热式圆形麦尔兹窑，处于世界领先水平。该窑采用带悬挂圆柱体结构耐材设计，不仅减少耐材总质量的 20%～30%，而且减轻了管道清洁上的问题。这种窑型拥有更宽的粒度选择范围，煅烧 30～100 毫米的粒度。同时，该窑的电气自动化系统也处于世界石灰窑领域先进水平，实现基本自动化控制和工艺控制。

从 2007 年 7 月 31 日开始，钢源炉料公司麦尔兹窑生产的优质石灰运往一钢轧厂转炉车间。经检验，石灰活性度达到 350 毫升以上，氧化钙含量在 85% 以上，氧化镁含量在 10% 以下，二氧化硅含量在 1.2% 以下，达到并超过国家镁质冶金石灰特级标准。

炼钢辅料基地工程项目是唐钢贯彻落实科学发展观，以循环经济理念为指导，走可持续发展之路的一项战略举措，对全面提升企业产品市场竞争力发挥了重要作用。

（六）整合唐山德盛煤化工有限公司

2003年10月31日，原唐山德盛煤化工有限公司注册成立，系中型焦化配套企业。该公司生产装置于2004年5月由亚联（香港）国际控股有限公司建成投产，具有年产焦炭90万吨生产能力。该公司一直以来与唐钢保持密切合作关系。本着利益共享、共创辉煌的合作意愿，唐钢与亚联（香港）国际控股有限公司达成合资合作意向，唐山德盛煤化工有限公司（简称德盛煤化工公司）实现增资扩股，唐钢股份出资1.03亿元。2007年1月15日，德盛煤化工公司召开第一届董事会第一次会议，宣布了市商务局对该公司增加注册资本的有关批复，其企业性质由外商独资企业变为中外合资企业。经过增资扩股后，德盛煤化工公司注册资本2.02亿元，其中唐钢股份控股51%，亚联（香港）国际控股有限公司占总股本的49%。2007年1月16日，合资后的德盛煤化工公司在唐钢会议中心举行揭牌仪式。同年，唐钢集团以综管字〔2007〕32号文件批复唐钢股企管字〔2006〕195号文件《关于合资建设唐山德盛煤化工有限公司的请示》报告，同意唐钢股份增资扩股。唐钢控股该公司之后，德盛煤化工公司担负着为唐钢供应焦炭、输送煤气的生产任务。

三、开发曹妃甸

曹妃甸项目是唐钢结合首钢搬迁调整，加快开发曹妃甸，积极与首钢联合建设一座21世纪的现代化钢铁精品基地的重大战略举措，是唐钢实施的“三极支撑”发展战略中的第三极。

（一）公司组建

2004年4月2日，唐钢遵照省领导3月9日与首钢总公司就合作建设曹妃甸钢铁基地达成的共识，报送省发展和改革委员会《首钢、唐钢战略合作协议》。

2005年2月18日，国家发展和改革委员会以发改工业〔2005〕273号文件《关于首钢实施搬迁、结构调整和环境治理方案的批复》，批准结合首钢搬迁和唐山地区钢铁工业调整，在曹妃甸建设具有国际先进水平的钢铁联合企业。2005年10月8日，省政府国资委批复同意王天义、张永昌、李连平任首钢京唐公司董事会董事，郭爱恒、周贺云（职工代表）为监事会监事。

2005年10月9日，首钢和唐钢联合投资组建的首钢京唐钢铁联合有限责任公司（简称首钢京唐公司）正式注册成立。该公司注册资本10亿元，其中首钢持股51%，唐钢持股49%。2005年10月22日，首钢京唐公司成立大会在曹妃甸举行，中共中央政治局委员、国务院副总理曾培炎莅会讲话并为公司揭牌。按照循环经济和绿色制造模式，首钢京唐公司旨在建设科技含量高、经济效益好、资源消耗低、环境污染少、废弃物基本零排放、人力资源优势得到充分发挥的新型工厂，成为具有21世纪国际先进水平的节能环保生态高效型钢铁精品基地。

首钢京唐公司的成立，标志着首钢联合唐钢建设曹妃甸钢铁精品基地项目的正式启动，也标志着首钢搬迁和唐钢“三极支撑”发展战略的实施进入新的阶段。

（二）项目建设

1. 项目简况

在2006年3月14日第十届全国人民代表大会第四次会议上，曹妃甸钢铁基地建设正式纳入国家“十一五”规划。规划纲要提出：结合首钢等城市钢铁企业搬迁和淘汰落后生产能力，建设曹妃甸等钢铁基地。2007年2月7日，国务院常务会议讨论批准了国家发展和改革委员会上报的《关于审批首钢京唐钢铁项目可行性研究报告的请示》，同意结合首钢搬迁，河北省淘汰落后产能，首钢京唐公司在曹妃甸建设年设计能力970万吨的钢铁项目。

首钢搬迁调整和首钢京唐钢铁项目建设，是党中央、国务院以科学发展观统领经济社会发展全局，进行钢铁工业调整，提升我国产业竞争能力的重要战略举措。它的建设有利于落实北京城市总体规划，促进华北和环渤海地区钢铁布局调整，为城市钢铁企业搬迁调整探索了经验；有利于为国内钢铁业提高自主创新能力、发展循环经济提供示范；有利于首钢通过新的载体实现稳定和可持续发展。

首钢实施搬迁调整、在曹妃甸建设现代化钢铁联合企业这一战略举措，始终得到了党中央、国务院领导的亲切关怀。2006年7月29日，中共中央总书记、国家主席胡锦涛考察首钢京唐公司；2007年5月1日，国务院总理温家宝视察首钢京唐公司。建设过程中，吴邦国、贾庆林、曾庆红、黄菊、李长春等中共中央政治局常委和王兆国、刘淇、曾培炎、王忠禹、徐匡迪等党和国家领导人，相继对其视察调研，对项目建设作出重要指示。

首钢京唐公司项目位于唐山市南部渤海湾曹妃甸岛，西距北京市220千米，北距唐山市80千米，临海优势明显，具有面向大海有深槽、背靠陆地有浅滩的天然良港和建厂条件。钢铁厂建设用地来源于滩涂围海造地，不占用耕地资源。项目概算投资677.31亿元，由首钢、唐钢按照各自股权比例分别投资建设。建设内容主要包括：5500立方米高炉2座、7.63米特大型焦炉4座、300吨转炉、2250毫米热轧生产线、2230毫米冷轧生产线等诸多设备及配套设施。当时计划于2008年底和2010年底分两个阶段建成投产。一期工程设计生产规模为年产铁878万吨、钢970万吨、钢材905万吨。项目建成后，主要生产用于汽车、造船、家电、管线等行业用热轧带钢、冷轧带钢、热镀锌板、彩涂板、冷轧硅钢等高端产品。

首钢京唐公司项目建设规模宏大，工艺装备精良，技术先进可靠，体现出4个特点：自主创新，技术先进。项目采用的220余项国内外先进技术中，自主创新和集成创新占2/3以上，总体设备国产化率约占总价值的67%左右，占总质量的90%以上；装备大型，产品一流。项目集中采用国际上为数不多的一系列大型设备，构成了高效率、低成本的生产运行系统，产品规格齐全，质量等级达到国际先进水平；流程紧凑，管理高效。项目设计吨钢占地为0.9平方米，达到国际先进水平。广泛采用世界先进自动化信息技术和现代化企业管理体制，全员劳动生产率可达到1200~1400吨钢/(人·年)，居世界前列；循环经济，环境清洁。项目建成后，吨钢综合能耗达669千克标煤，水循环利用率达到97.5%，吨钢粉尘排放量0.3千克，吨钢二氧化硫排放量0.25千克，主要指标均达到国际先进水平。

2. 施工建设

2005年1月28日，曹妃甸钢铁围海造地工程正式开工，2006年3月31日全面竣工，比总工期提前5个月。此项工程是当时世界上单体吹填面积最大的围海造地工程。该项目一期投资逾 13 亿元，造地面积 1195 万平方米。工程完成后，满足了建设首钢京唐公司一期工程的用地需求。2006 年 12 月 6 日，1 号高炉本体打桩和 1 号焦炉打桩工作结束。

2007 年 3 月 12 日，首钢京唐公司钢铁厂建设项目开工仪式举行，中共中央政治局委员、国务院副总理曾培炎在仪式上宣布项目施工正式启动。其第一个标志性节点项目即 A 焦炉圆满完成工程施工，于 2008 年 4 月 15 日正式点火烘炉。A 焦炉是地基处理完成后第一个土建开工项目。2 号 5500 立方米高炉基础大体积混凝土浇筑于 2008 年 5 月 2 日顺利完工，2250 毫米热轧生产线铁区建设拉开序幕。1 号 5500 立方米高炉于 2008 年 10 月 18 日 16 时 16 分点火烘炉，项目向正式投产迈出关键一步。2008 年 12 月 8 日，铁路交接站与国家铁路正式对接开通，标志着该公司铁路运输正式进入生产运营阶段。是月 10 日 16 时，2250 毫米热轧生产线热试成功，至此具备投产条件，为一期一步项目投产奠定了基础。2008 年 12 月 16 日 10 时 18 分，举行第二冷轧厂项目开工仪式，河北钢铁集团公司副董事长、首钢京唐公司总经理王大义宣布第二冷轧厂工程建设开工。

京唐公司海水淡化项目于 2009 年 2 月调试出成品水，填补了国内空白。是月 2 日，焦化 B 焦炉成功点火烘炉，标志着焦化整体工程建设迈出坚实一步。2009 年 2 月 5 日，1 号 550 平方米烧结机热负荷试车成功，为高炉点火送风创造了条件。2009 年 3 月 8 日，炼铁作业部铸铁机热试成功。是月 13 日 22 时，炼钢 2 号 300 吨脱碳转炉一次热试成功，生产出第一炉合格钢水，并于翌日凌晨实现连铸开浇，生产出合格连铸板坯，冶炼系统自此全线贯通。当年 4 月，焦化 B 焦炉烘炉从采用专门烘炉设备到进入常规蓄热室加热，炉温达到 952 摄氏度。是月底，2 号高炉碳砖开始砌筑，一期二步 2 号高炉施工进入炉体施工新阶段。2009 年 5 月 21 日 9 时，国内最大的高炉——首钢京唐公司 1 号 5500 立方米高炉举行开炉仪式。是月 30 日，炼钢 KR 脱硫系统投入试生产，当日处理的铁水达到工艺设计要求。

（三）唐钢撤股

由于资金投入和股权等方面的原因，已经加入河北钢铁集团的唐钢选择撤出股权。2011 年 9 月 14 日，唐钢董事会审议通过了转让所持首钢京唐公司股权的事项，同意将 49%股权全部转让首钢总公司。

作为承接首钢总公司搬迁的载体，首钢京唐公司从获得国家发改委的批复到一期工程全线建成投产，唐钢共派出 375 名人员，其中管理岗位 213 人、作业岗位 162 人参与建设管理首钢京唐公司，至 2012 年 3 月底，21 人返回唐钢。

首钢京唐公司在唐山的落户，对于唐山而言更重要的影响在于其循环经济的示范效应。以首钢落户曹妃甸为标志，曹妃甸进入大规模开发建设的新阶段，成为河北和唐山构筑沿海经济隆起带的强大引擎。

到 2007 年底，唐钢“三极支撑”发展战略取得重要成果，使公司铁钢材总体生产能力达到 1500 万吨以上。“三步走”战略目标的胜利实现及“十五”三极支撑战略的实施，使唐钢的生产经营实现了跨越式发展。在品种结构上，彻底结束了只能生产普通棒、线和型材的历史，形成优质棒材、线材、型材、板带材及其深加工品种系列，在国内外有较强竞争力的产品结构格局，企业综合实力和创效能力大幅度提升。

附 “三极支撑”战略规划实施期间基建技改项目

冷轧生产线燃料基地工程 2003年，为配套唐钢冷轧生产线燃料供应，满足唐山市煤气需求，兴建唐钢冷轧生产线燃料基地项目。在炼焦制气厂厂区内新建2座65孔5.5米大容积焦炉以及相应的备煤、回收等系统，设计生产能力为年产焦炭130万吨，由化学工业第二设计院和唐钢设计研究院有限公司共同设计，中国第二十二冶金建设公司、东方建筑安装公司、河北省安装公司承建，中国第二十二冶金建设公司承担焦炉主体施工，工程概算投资5.5亿元。项目充分利用已有公辅设施，未另行征地。该工程于2003年3月开始拆迁，4月23日正式开工。2004年1月4日，6号焦炉正式投产出焦，同年4月15日，5号焦炉正式投产出焦。至此，唐钢冷轧燃料基地工程主体焦炉全部建成并按期投产。工程建成投运后，炼焦制气厂新老系统总设计生产能力合计达到年产焦炭274万吨。此项目采取职工入股、公司参股的产权结构，是唐钢对深化企业改革、建立现代企业制度的有益尝试。此工程有效解决了唐钢炼铁高炉焦炭不足的问题，同时解决了新建冷轧生产线所需要的洁净煤气来源问题。

唐钢医院新建十二层病房楼 2003年3月，唐钢医院新建十二层病房楼开工建设，2007年12月底建成，2008年1月8日正式投入使用。项目由唐山钢铁设计研究院有限公司设计，中建二局四公司承建，概算投资4707万元，总建筑面积1.6万平方米，新增床位488个。

棒磨山铁矿炼钢复合冷料工程 2003年初，棒磨山铁矿炼钢复合冷料工程开工建设，2005年9月16日全线竣工投产。主要建设内容为高炉、铸铁机、烧结机及辅助设施，其中建设2座179立方米高炉，工程概算投资1亿元，设计能力为年产生铁40万吨。由秦皇岛冶金设计研究总院设计，唐钢建筑安装公司、唐山嘉恒实业公司承担建设任务。

氧气厂（750万吨铁钢）配套改造工程 2003年7月，氧气厂（750万吨铁钢）配套改造工程开工。由唐钢设计研究院有限公司设计，唐钢金恒建筑安装工程公司、河北省安装工程公司、四川空分低温工程安装有限公司施工，概算投资8975万元。主要项目是将1.5万标准立方米/时空分装置扩容改造为2.5万标准立方米/时空分装置、新增1台2万标准立方米/时氧气透平压缩机并对氧气供应系统进行改造，2004年6月底竣工；新增1台RIK90-4离心式空压机，2004年12月底投入使用。自此，唐钢制氧工艺技术发展为第六代全低压分子筛吸附流程和增压膨胀全精馏提氩技术。2005年末，唐钢供氧能力达到10.37万立方米/时。

2号1.55万标准立方米/时制氧机易地大修工程 2003年8月，2号1.55万标准立方米/时制氧机易地大修工程（不锈钢区1.55万标准立方米/时制氧机组）开工建设，于2004年6月竣工投入生产。项目概算投资9415万元，主要新建1.55万标准立方米/时空分系统1套、1.6万标准立方米/时氧压机1台，离心式空压机1台、6000标准立方米/时活塞式氧压机2台，1.8万标准立方米/时空气透平压缩机1台及其配套设施。由中钢集团工程设计研究院设计，中国二十二冶第二工程公司、河北省安装工程公司、唐山微尔电子股份有限公司承建。

动力厂100吨/天液体贮存气化输送工程 2003年11月，动力厂100吨/天液体贮存气化输送系统工程批准立项，2004年12月建成投入使用。项目概算投资

3147.63 万元，由唐钢设计研究院有限公司设计，河北省安装工程公司、唐钢金恒建筑安装有限责任公司施工。在南区新增 2000 标准立方米/时循环压缩机 1 台、100 吨/天液化装置 1 台、1000 标准立方米/时液氧储罐 1 台、2.5 万标准立方米/时汽化装置 1 套、1000 立方米球罐 1 台；在北区搬迁利旧南区 400 立方米液氮储罐 1 台、80 立方米液氧储罐 1 台、300 立方米/时液氧气化装置 1 套、1.5 万标准立方米/时液氮汽化装置 1 套。

高线二车间搬迁工程　2003 年 7 月，棒线材厂高线二车间搬迁工程破土动工，2003 年 11 月 1 日停产开始拆迁，2004 年 1 月 5 日竣工投产，概算投资 7000 万元。主要建设内容是将高线二车间设备搬迁至高线一车间成品库，新建成品库及配套设施。工程由唐钢设计研究院有限公司设计，中国二十二冶集团有限公司等单位承建。棒线材厂高线二车间搬迁工程是唐钢调整产品结构，优化工艺流程，向千万吨级大钢迈进的一项重要举措。新建成品库对降低物流及生产成本、提升二炼钢厂竞争力创造了条件。

北区煤气综合利用工程　2004 年 4 月，北区煤气综合利用工程开工，2005 年 2 月 1 日竣工投产。项目概算投资 8000 万元，由唐钢设计研究院有限公司设计，唐钢建筑安装公司、唐钢微尔电子股份有限公司施工。主要建设 1 台全烧高炉煤气的 130 吨/时中温中压蒸汽锅炉及 2.5 万千瓦发电机组改造。

动力厂 600 标准立方米/时变压吸附制氢工程　2004 年 7 月 15 日，动力厂 600 标准立方米/时变压吸附制氢工程（酸洗冷轧、镀锌彩涂制氢站工程）开工建设，2004 年 9 月 28 日竣工投入运行，概算投资 610.26 万元。项目由唐钢设计研究院有限公司设计，中国化学工程第十二建筑公司、唐钢金恒建筑安装有限责任公司施工。主要建设项目是 600 标准立方米/时变压吸附制氢装置 1 套，包括 600 标准立方米/时变压吸附氢气分离装置 1 套、650 标准立方米/时焦炉煤气压缩机 1 台、40 立方米氢气储罐 1 座。其设备由四川天一科技有限公司提供。

炼铁厂南区 TRT 发电工程　2004 年 8 月，炼铁厂南区 TRT 发电工程开工，2005 年 6 月竣工。项目概算投资 3850 万元，由唐钢设计研究院有限公司设计，唐山钢铁建筑安装有限责任公司施工。主要建设内容是在 2~3 号高炉分别配置 TRT 发电工程装置，设备型号为 MG3.8-218/150，新建厂房 504 平方米。两套装置发电机功率均为 3000 千瓦，透平机最佳工作点 2700 千瓦。

一钢厂结构调整配套改造工程　2004 年 10 月，一钢厂结构调整配套改造工程启动，2006 年 11 月全部投入使用，概算投资 2.85 亿元。主要建设内容包括：3 号 150 吨转炉及辅助系统，3 号 LF 炉及辅助设施，RH 真空精炼装置等。

2004 年 10 月，一炼钢厂 3 号 150 吨转炉项目开工，2005 年 4 月 17 日竣工投产。项目概算投资 1.31 亿元，由唐钢设计研究院有限公司、鞍山自动化院设计，唐钢建筑安装有限责任公司施工。该项目创出工期 152 天、7 天达产的国内同类工程最好成绩。

2005 年 12 月 26 日，配套 150 吨 RH 精炼炉工程开工建设，2006 年 11 月 25 日热试成功。工程概算投资 1.3 亿元，由上海国冶工程技术有限公司、唐山钢铁设计研究院有限公司设计，唐山钢铁建筑安装有限责任公司、唐钢一钢轧厂等单位承建。工程由合金料加工系统、顶枪系统、真空系统和水处理、离线维修等九大系统组成，采用了具有国际先进水平的真空循环抽气、双工位设置、五级组合真空泵等先进技术。

2006年1月10日，配套150万吨3号LF精炼炉项目开工，同年5月16日热试成功。项目概算投资2165万元，由鞍山热能科技有限公司设计，唐钢金恒企业发展总公司和唐钢技术经济开发公司承建。

老区废水处理改造工程 2004年11月，老区废水处理改造工程开工，2005年6月竣工，概算投资3300万元，由唐钢设计研究院有限公司设计，中通公司施工。该工程是当时国内钢铁企业最大的污水处理系统之一，主要项目有反渗透RO设备、氢离子交换床、钠离子交换床、净化水预处理系统、软化水处理系统及外网配套设施等。设计能力每小时处理废水1700吨。2007年拆除这一水处理系统。

二钢品种转移改造工程 2004年12月10日，二钢品种转移改造工程开工，2006年12月25日全部竣工，概算投资1.26亿元，由唐山钢铁设计研究院有限公司设计，唐山仝泰建设集团公司承建。项目主要建设铁水预处理设施、2号LF炉、3号连铸机及配套设施。

2005年6月27日，二炼钢厂铁水预处理工程完工。主要项目有铁水预处理喷吹脱硫及除尘设施等，概算投资2500万元。设计能力为100万吨/年。铁水预处理设施的投运，实现了对硫高铁水脱硫，确保了入炉铁水含硫成分控制，为品种的开发提供了可靠保证。

2006年1月5日，二炼钢厂将1号45吨LF炉拆除，动工易地建设1座55吨LF精炼炉。此项目经招标由鞍山热能科技有限公司总承包设计、供货及安装，唐山钢铁设计研究院有限公司负责供水供电除尘等辅助系统设计，工程概算投资1440万元，2006年5月31日热试成功。2号LF炉的兴建，实现了钢水成分的微调，为品种的开发提供了保证。

2006年12月22日，二钢轧厂3号连铸机改造工程热试成功。该项目于2005年10月开工，连铸机由意大利达涅利公司总体设计，唐山钢铁设计研究院有限公司配套设计，唐山钢铁建筑安装有限责任公司施工。产品定位从H08低碳钢到77B高碳钢，年设计生产能力120万吨，铸坯断面150毫米×150毫米，设计拉速最高为3.2米/分，外弧半径9米。3号连铸机及配套设施的兴建，实现了连铸机品种钢的浇铸与开发。

干法熄焦工程 2005年5月20日，炼焦制气厂5、6号焦炉干法熄焦工程开工，项目于2006年6月26日竣工投产，概算投资1.73亿元。该工程经省发改委批准备案，由鞍山焦耐院设计，中冶焦耐工程技术有限公司整体承包建设。主要建设内容包括：设计能力为150吨/时干熄焦装置本体（实际最大处理能力达160吨/时）、干熄焦锅炉系统、汽轮发电系统、除盐水站、干熄焦除尘系统，运焦系统等设施。其干熄焦最大处理能力和97%的国产化率居国内首位，是当时国内设计规模最大、国产化率最高、计划建设工期最短的同类项目。

石人沟铁矿开采工程 2000年10月12日，石人沟铁矿露天开采转井下开采立项建议书通过省冶金工业厅审批。项目根据唐钢资金状况分期实施。一二期工程服务于井下-60米、-120米生产，采用双翼对角式通风方式，设计采矿能力130万吨/年，其中一期工程60万吨/年，二期工程70万吨/年。一期工程于2001年7月16日开工建设，概算投资7729万元，主要项目有中央主箕斗井、罐笼副井和南回风井等。工程由中冶京诚（秦皇岛）工程技术有限公司、中国四海工程公司、中国华冶科工集团有限公司等设计，中信重工机械股份有限公司等承建施工。2003年10月24日，二期工程开工建设，概算投资1980万元。

2005年6月，一期工程完工。同年底，井下已具备提升、排水、压气、供风、运输等生产条件；地下车场、中央变电所、计量硐室等必备设施建设完成，一二期工程基建部分基本结束，具备试生产条件。2006年2月27日，一二期工程正式转入生产阶段。

三期工程扩大采矿建设于2005年8月以后陆续开工，与之配套的选矿技术改造工程亦同步建设。项目概算投资4.48亿元（含选矿技改工程），由中冶京诚（秦皇岛）工程技术有限公司、中国华冶科工集团有限公司、山东黄金集团建设有限公司等设计，阿特拉斯科普柯集团、北京安期生技术有限公司、安徽铜冠机械公司等承建施工，到2005年末工程处于基建施工阶段。

第二章　能源与环境保护

唐钢在发展经济的同时，始终把环境保护作为企业生存和发展的基础，坚持贯彻环境保护基本国策和可持续发展战略，以污染物全面达标为主线，以资源综合利用为重点，通过应用先进污染治理技术、淘汰落后生产工艺、推行清洁生产及不断开展深层次的环境综合治理等措施，实现环境效益与经济效益的和谐统一。2005年，唐钢吨钢综合能耗、吨钢可比能耗和新水消耗分别达到713.0千克标煤、696.9千克标煤、5.13吨。污染物综合排放合格率达到96.84%，外排废气达标率100%。

十年间，唐钢按照“节能降耗，保护环境，物尽其用，提高效益”的循环经济理念，重点组织实施的高炉喷煤改造、TRT发电、煤气综合利用、钢坯热装热送和轧钢一火成材改造、蓄热式加热炉改造、废水回收利用、烟尘治理等节能环保技改项目，使唐钢能耗和环保指标显著改善。污染物排放总量控制在地方环保部门下达的总量指标之内，通过ISO14000环境管理体系认证，于“十五”末实现环保效益型工厂目标。

第一节　环境管理与改造

1996—2005年，唐钢环境管理实施标准化、规范化管理，坚持统筹规划、科学组织、稳步推进、突出重点、治管并重原则，通过加强环保制度建设、开展环境认证等工作，深入落实环境保护目标责任制和环保工作“一票否决制”，抓好环保“三同时”，搞好清洁生产试点和推广工作，确保外排废气废水达标率、工业固体废弃物利用率全部达到100%，使环境质量明显改善，企业经济效益进一步提高。

一、环境基础管理

（一）环保制度建设

1997年，重新修订《环境保护目标责任制考核办法》和《环保专业竞赛办法》，加大环境管理监督力度和频率以及污染源治理。1999年，编印《环境保护法律法规和标准汇编》，汇编收录了国家、省、市颁布的环境保护法律法规、行政规章、规范性文件和常用环境标准以及唐钢环保规章制度。2001年，根据《唐山市主要污染物排放总量控制工作实施方案》要求，为巩固“一控双达标”成果，编印公司《主要污染物排放总量控制计划及考核办法》，同时下发《关于进一步强化环境管理监督检查的管理规定》，对所有环保设施及防尘设施按技术规程加强维护和管理。2003年，修改和完善环保管理制度共计14项，并汇编成册下发各单位，发挥了“三分技术，七分管理”的实际效应。

（二）环保体系认证

自20世纪90年代起，重点对环保专兼职人员进行了专业管理的贯标培训。开展环境保护基本国策意识教育，提高全体职工，尤其是各级干部加强环保工作的自觉性和主动性。2004 年，为建立科学的环境管理体系，唐钢开展 ISO14000 环境管理体系认证，完成了环境因素辨识工作，评价出重要环境因素 132 个，重要环境岗位 31 个。2004 年 5 月 28 日，唐钢环境和职业健康安全管理体系被国家认证中心审核组推荐审核，7 月 8 日体系通过认证核准，8 月 16 日北京国金恒信管理体系认证有限公司向公司颁发了环境管理体系认证证书。自此，体系每三年复评一次，每年进行一次监督审核。

（三）环境保护目标管理

自 20 世纪 90 年代开始，唐钢环境保护实行目标管理。1998 年，环境保护奋斗目标是“7846”，即污染物综合排放合格率达到 78%以上，部级清洁工厂累计实现率达到 46%以上。1999 年，环境保护奋斗目标是“8246”，即污染物综合排放合格率大于 82%，冶金清洁工厂累计实现率大于 46%。2004 年，环境保护工作目标是“9398”，即污染物综合排放合格率大于 93%，环保设施完好率、运行率大于 98%。2005 年，唐钢污染物综合排放合格率超过 96%。

二、开展各类环保活动

（一）创建“清洁工厂（车间）”活动

1997 年，部级清洁工厂累计实现率 46.43%。

1998 年，制定并下发《创建“清洁车间”管理实施细则》，在 34 个主要生产单位和辅助生产单位的 109 个车间开展了创建“清洁车间”活动。同时，根据国家环保总局环发〔1998〕366 号文件精神，重点开展了污染源全面达标工作，先后完成轧钢加热炉、动力锅炉掺烧煤气、小型锅炉消烟除尘、鱼雷罐烧修除尘、铁水倒罐间除尘、电炉除尘改造、工业水回收利用等多项环保治理工程。1999 年，纳入创建计划的 152 个车间，有 109 个通过达标验收。当年底，唐钢污染物排放量完成省市政府规定的排污总量控制要求。翌年，清洁车间实现率达 60%。

（二）“一控双达标”活动

2000 年，是所有工业企业实现国务院污染物全面达标排放的最后一年，全国范围内组织开展了“一控双达标”活动，河北省委、省政府下达了“一控双达标”行动攻坚方案。唐钢成立“一控双达标”领导小组，详细制定达标工作实施计划。投入资金 1173 万元，治理各类污染源 29 个，完善各类环保管理制度、基础工作 12 项，按质按量完成了冶金工业“一控双达标”各项任务，包括 25 个有污染源单位的整个公司全面通过河北省、唐山市组织的“一控双达标”验收。其中，污染物排放合格率达 89.47%、工业水重复利用率达到 95.04%、工业废气排放达标率达 99.87%、工业噪声分别按等级要求达到国家排放标准、工业固体废弃物处理率达 100%，取得了环保工作的一大进步。

（三）实施清洁生产

2003 年，认真落实《清洁生产实施方案》，加大主要污染源治理力度，抓好新建项目环保“三同时”，开展废弃资源综合利用，污染物综合排放合格率达到 91%。贯彻《清洁生产促进法》，加大污染源治理力度，强化环保设备的管理和考核，确保污染物排放总量控制在环保部门下达的指标之内。

三、环境监测

1997年2月，唐钢正式使用长周期大气监测仪，使环保监测数据更加真实合理。同年8月，根据省环保局要求，首批安装了环保运行监测仪。是月，公司环保监测站被国家环保总局评为“全国环境监测网络先进监测站”。2003年11月，投资171.29万元购置锅炉烟气在线自动监测器1台。

第二节 环境治理

1996—2005年，唐钢按照一流企业的要求，落实厂区环境建设各项工作。生产作业现场以人、机、料、法、环、信等生产要素有机结合为目标，加强定置管理；办公现场达到清洁、整齐，各种设施完好无损；厂区道路做到清洁、完好、畅通；厂容厂貌达到净化、绿化和美化。

公司从矿山开采到钢材轧制，坚持对每一处污染源配置高效治理设施，及时分析环境治理情况，制定措施并开展攻关，使环境质量不断改善。十年间，开展废水循环利用，建设了58台（套）水处理设备，开展固体废弃物综合利用，以高炉水渣为原料开发了超细粉项目，钢渣、含铁尘泥、氧化铁皮等全部进行回收处理再利用。2005年，污染物综合排放合格率、外排废气达标率分别比1996年提高18.84个和13.14个百分点。废水处理达标率达到100%，用水重复利用率达到92.90%，均比1996年提高1个百分点，新水单耗由1996年的22.89吨降低到5.13吨，降幅明显。2005年，冶金渣综合利用率达到100%。十年间，累计实现综合利用产值12.47亿元。

1997年，共完成环保治理项目14项，总投资473.28万元，全面完成唐钢与市政府签订的《经理环境保护目标责任书》所列全部项目。1999年3月4日，唐钢成立炼铁北区环境污染综合治理攻关组，对北区环境进行综合治理。2000年，审批下达炼焦装煤除尘、二钢二次烟尘和原料厂白灰炉烟尘三项省市烟尘限期治理项目，全年投入1173万元用于治理各类污染源29个。1997—2005年，累计投入1.89亿元新上和改造了35个环保项目。

一、废气治理

1996年12月18日，唐钢对炼铁新区的鱼雷罐烟尘进行治理，使总悬浮颗粒物减少178.6吨/年，符合国家环保总局批示的增产减污要求，此装置于1998年9月26日竣工并投入试运行。1997年9—12月，对锅炉、茶炉实施了大规模的治理改造，共改造燃煤型茶炉44台，累计安装61台多管旋风除尘器；炼焦制气厂新建完善了焦炉煤气净化系统，使外供市区的焦炉煤气中硫化氢浓度降到20毫克/立方米以下。2000年，继续对生活服务总公司管辖的生活小区及市区的19台锅炉开展烟尘和脱硫改造工程，年削减烟尘40吨，削减二氧化硫386吨。2001年，再次对锅炉、茶炉实施了大规模的消烟除尘改造，共改造18台锅炉和39台手烧茶炉。1998年，完成电炉炼钢厂电炉除尘改造、棒磨山铁矿5台锅炉除尘和铸管厂2座化铁炉除尘3项限期治理改造。1999年5—8月，一炼铁厂进行环境治理。主要项目是对300立方米高炉布袋除尘系统进行改造，在5号、10号仓增设螺旋输送机，在烧结机成品仓、西料口及白灰添加口安装了除尘设施。2000年5月，完成炼焦制气厂焦炉煤气除尘工程和二炼钢厂转炉二次烟尘治理工程；

9月完成19台锅炉脱硫除尘改造；10月完成原料厂3座250立方米石灰窑布袋除尘改造、炼焦制气厂焦炉装煤高压氨水喷洒抑尘工程。

2001年11月，完成原料厂1座250立方米石灰窑布袋除尘改造；同年12月，完成一炼铁厂300立方米高炉出铁场除尘。2002年5月，完成二炼铁厂燃料粗破除尘、燃料细破除尘、PYT1转运站除尘和原料取样间除尘4项粉尘治理工程；12月，完成二炼钢厂1~4号转炉二次除尘改造，将除尘风量由原来的25万立方米/时，提高到45万立方米/时。2003年，完成一炼钢厂铁水预处理烟尘治理工程，新建1台处理风量为100万立方米/时、过滤面积1.1万平方米脉冲布袋除尘器，并将铁水倒罐站废气并入该除尘系统。2004年，完成炼焦制气厂5~6号焦炉装煤、出焦地面站除尘工程。2005年，将二炼钢厂1号、4号转炉二次除尘器由处理风量为45万立方米/时、过滤面积为6500平方米脉冲布袋除尘器改为处理风量为60万立方米/时、过滤面积为8500平方米脉冲布袋除尘器，并将过滤面积为6500平方米脉冲布袋除尘器用于铁水预处理和钢水精炼除尘；将一炼钢厂过滤面积为2.2万平方米的转炉二次除尘器12个室改为脉冲布袋除尘器，使除尘器的过滤面积增加9330平方米。

二、废水治理

1996—2000年，唐钢二炼铁厂区主要使用陡河水，用水量为6295立方米/时，外排废水量达1400立方米/时，排放率22.2%。2000年，对废水回收系统分期进行了技术改造，增建1座地下式废水提升泵站，并改造中心供水泵站配水池，增设了改善、软化水质设施。工程投入运行后，水质满足了工艺要求，循环率达98%，一方面改善了环境质量，另一方面降低了生产成本。

2001—2005年，完成二炼铁厂3号高炉粒化渣废水回收，新建2座200立方米钢筋混凝土沉淀池及储水池，并对原有排水管网进行改造；对老区废水深度治理工程实施改造，是当时国内钢铁企业最大的污水处理系统之一。

三、噪声治理

1999年以来，公司对炼铁北区加大噪声治理力度，先后对3号高炉炉顶放散噪声、3号高炉冷风放散噪声、二期矿槽振筛噪声、75吨锅炉风机噪声进行了深度治理，设备噪声消音值达20~45分贝。强化对超细粉生产线噪声治理，建设高6.8米、长150米的隔声墙，2003年10月该生产线通过了省环保局竣工验收；2004年，炼铁厂北区2号烧结机环冷风机噪声治理工程完工，主要建设高9米、长70米的隔声屏障，公司北区的厂界噪声进一步降低；10月，炼铁厂北区小代庄一侧厂界噪声治理工程完工，建设高6.5米、长500米隔声墙一道；2005年，为加强炼铁厂银钢区噪声治理，对4~5号高炉的均压放散噪声、5号高炉煤气减压阀组噪声、高炉鼓风机站噪声、助燃风机噪声进行了治理，并在靠近前屈庄区域建设高20米、长100米的抑尘隔声屏，项目实施后，各设备噪声均降低20分贝以上，隔声屏前后的噪声也降低了6~8分贝。

四、固体废弃物综合利用

十年间，唐钢对固体废弃物综合利用高度重视，不断加强副产品开发利用的组织领导。1999年2月8日，公司召开搞好资源综合利用汇报会，总经理王天义就下一步副产品开发利用作出部署，要求将外排废墟、废物及副产品的开发利用与环保治理有机结合起来，高炉水渣、转炉水渣、矿山尾矿、石灰石石渣、废旧耐火材料等开发利用统一由安环处负责，强调转炉污泥、氧化铁皮、除尘灰、瓦斯泥渣铁等副产品禁止外销。

1999 年，处理转炉炼钢污泥的设备改造完成并投入使用。2000 年，转炉污泥加工产量由年初日产 91.6 吨提高到年末日均产污泥 196 吨，大大提高了污泥的利用水平。2002 年，与新加坡合资建设年产 60 万吨的高炉水渣磨细粉生产线。2004 年，美国海穆公司独资建设了钢渣处理生产线，负责唐钢转炉钢渣处理。2005 年，在炼铁厂北区新建转炉泥浆利用设施，使转炉污泥在烧结生产中得到了有效利用。

五、淘汰落后产能装备

1998 年 5 月，开始一炼钢厂易地大修，4 座 6 吨侧吹转炉陆续停产。1999 年 10 月 29 日，一炼钢厂最后 1 座 6 吨侧吹转炉停产退役，宣告唐钢提前完成淘汰落后的侧吹转炉的任务。2004 年 2 月，原有 1 号、2 号 100 立方米高炉拆除。2004 年 3 月，原有 3 号、4 号 100 立方米高炉拆除。2004 年 6 月 25 日，原有 2 台烧结机拆除。

此外，唐钢还于 2002 年 3 月拆除 1 套炼铁北区制氧作业区 3200 标准立方米/时制氧机组。2004 年 4 月，拆除本部南区制氧作业区 2 号 1.5 万标准立方米/时制氧机组。

第三节　能源管理与节能技术改造

1996—2005 年，唐钢坚持以资源综合利用为重点，抓好高炉煤气、焦炉煤气的回收利用，向循环经济要效益，不断开源节流，完善能源调度管理体系，能源管理水平显著提高。2005 年，吨钢综合能耗完成 713 千克标煤，比 2000 年降低 255.6 千克标煤，比 1996 年降低 460.1 千克标煤，实现了能源生产技术的重大进步。其中 2004 年，一炼钢厂转炉工序能耗达到-0.8 千克标煤/吨，实现了 150 吨转炉负能炼钢。

1996—2000 年，强化煤气、余热、余压以及废弃物的回收利用攻关，以连铸坯热装热送攻关、提高煤气使用率降低油耗，进一步降低了工序能耗。1997 年，75 吨/时锅炉以煤气取代柴油，提高煤气利用率，加强煤气置换，提高炼焦使用高炉煤气量。高炉煤气从 1996 年的 38.89 亿立方米提高到 76.13 亿立方米，提高了 48.9%。1999 年，吨钢综合能耗降低到 1000 千克标煤以下，实际完成 954.4 千克标准煤。

2001—2005 年，开展余压余热利用，对轧钢加热炉实施蓄热式改造，并使余热管网闭路循环，集中供热；强化高炉转炉焦炉煤气回收利用，实现了轧钢加热炉、锅炉全烧煤气，五年累计节油 78 万吨，节煤 323 万吨。期间扩建了 TRT 和热电联产机组。2005 年，发电能力达到 12.45 万千瓦，比 2000 年提高了 1.5 倍，年发电量 7.55 亿千瓦时，自发电量占总用电量的比例达到 21%。吨钢综合能耗达到 713 千克标准煤，吨钢可比能耗达到 696.9 千克标准煤。

一、能源管理

1996—2000 年，能源管理工作重点以煤气利用、节煤节油为重点，以新工艺、新技术的推广应用为指导，降低吨钢综合能耗，强化计量管理，将检斤计量集中管理，制定实施了锅炉不烧油、少烧煤、多烧高炉煤气等多项管理办法。落实连铸坯热装热送攻关措施，确保棒材、高线的热装率达到50%以上。

2001—2005年，能源管理工作重点以余压余热利用为重点，加强各主要工序能源管理，做到了高炉煤气减少放散，转炉煤气提高热值，炼焦煤气提高质量。

能源计量管理得到完善。2004年7月，试行《能源计量结算管理办法》，加强煤气、氧气、氮气、氩气、工业水及蒸汽等计量结算管理。

二、节能技术改造

（一）提高高炉煤气综合利用改造

1998年，在一炼铁厂高炉煤气出口处增建煤气加压站，使煤气出口压力由原4.5千帕提高到12千帕。该装置于2000年12月投入运行，解决了以往高炉煤气除用于热风炉外全部放散的问题，与此同时铺设了相应的高炉煤气管线，将剩余高炉煤气用于3×10吨/时锅炉和轧钢加热炉。轧钢加热炉原用重油作燃料，为利用煤气资源，降低轧钢油耗，对中型厂、高线一车间、高线二车间、三轧厂加热炉增设煤气烧嘴进行掺烧煤气技术改造，实现了油气混烧。2001年和2002年，分别将上述轧钢厂加热炉改为蓄热式，使这几座加热炉实现了全烧煤气的目标。

2000年以前，二炼铁厂高炉所产煤气除二炼铁厂热风炉和北区动力厂75吨/时锅炉使用外，放散率高达11%，每天放散约220万立方米高炉煤气，折合优质动力煤约400吨。为使高炉煤气得到充分利用，对二炼铁厂高炉煤气应用系统分两步进行了技术改造。一是为增加高炉煤气用量，将北区动力厂的4台75吨/时锅炉（设计燃料为60%煤粉+40%高炉煤气）的燃烧器煤气火嘴流通直径扩大，增加总流通面积。同时增设煤气输配管，并对助燃风系统进行了改造，既保证了煤气的输配能力，又保证了高炉煤气的充分燃烧。改造后，每台锅炉煤气使用量增加了2.8万立方米/时，降低了煤气放散率。二是随着北区生产规模扩大，增建了1座130吨全燃高炉煤气锅炉和与之相配套的2.5万千瓦中温中压抽汽式汽轮发电机组，正式投产后每小时燃烧高炉煤气14.3万立方米，从而使北区高炉煤气放散率由7.2%降至1.5%以下，基本实现零放散。

2004年，炼铁厂北区煤气综合利用工程开工，主要建设内容是新增1台全烧高炉煤气的130吨/时中温中压蒸汽锅炉及2.5万千瓦发电机组改造。项目于2005年2月1日竣工投产。

（二）提高焦炉煤气综合利用改造

炼焦制气厂4座36孔焦炉所产焦炉煤气除自己使用外，主要供唐山市民用。在满足市区民用前提下，剩余部分焦炉煤气与二炼铁厂高炉煤气置换，高热值的焦炉煤气送往二炼铁厂区，低热值高炉煤气送往炼焦制气厂，既满足了焦化生产用煤气，又解决了新区锅炉稳燃需要。

2002年，为解决唐钢老区内煤气热值较低的状况，在二炼铁厂高炉煤气与焦炉煤气置换工程的基础上又进行了技术改造，扩大了高炉、焦炉煤气置换量，并将高热值的焦炉煤气送至唐钢老区，输送量36万立方米/天，既实现了焦炉煤气零放散的目标，又将唐钢老区内煤气热值提高到7735千焦/立方米，满足了冶金生产的工艺要求。

（三）带钢厂一火成材节能改造

1996—1997年，对带钢厂一火成材实施节能改造。改造结束后，带钢长度扩增近 10 倍，煤耗与金属烧损大为降低。

（四）TRT 发电技术改造

2000 年，二炼铁厂 3 号高炉建成装机容量为 1 万千瓦的 TRT 发电机组，项目由唐钢设计研究院设计，唐钢建筑安装公司和中国二十二冶金建设公司施工，投资 1200 万元。2003 年 3 月，投资 1200 万元对炼铁厂南区 1 号高炉 TRT 发电机组进行改造，工程属利旧项目，主要设备是北区原 1260 立方米高炉扩容改造前的机组。2004 年 8 月，在炼铁南区 2 号、3 号高炉分别配置 TRT 发电装置，2 套装置发电机功率均为 3000 千瓦。2005 年，组织不锈钢公司实施了 TRT 发电工程建设。2005 年 1 月中旬 TRT 工程具备发电条件。

发电指标创历史纪录。2001 年，北区动力厂 1 号 TRT 发电 2695.35 万千瓦时，3 号 TRT 发电 5370.93 万千瓦时，在全国同类机型的湿式 TRT 中发电量均排名第一。2005 年 8 月 10 日，炼铁厂实现日发电量 200.20 万千瓦时，创日发电量历史最好水平。同月，完成发电量 6059.30 万千瓦时，创月发电历史最好水平。

（五）热电联产技术改造

1996—2005 年期间，唐钢在高炉汽轮鼓风机配套的 3 座蒸汽锅炉建设了 3 台发电机组实施热电联产，并将燃煤锅炉改造成燃烧煤气锅炉，3 台发电机组利用蒸汽带动发电，总装机容量达到 6.2 万千瓦，基本实现高炉煤气不放散。

1996 年 12 月，老区热电联产工程竣工开始试运行。2000 年 7 月，老厂区热电联产改造开工，由唐钢设计研究院设计，唐钢建筑安装公司施工，对 2 号、3 号锅炉进行扩容改造，增置 1 台 6000 千瓦抽凝式汽轮发电机组，对引风系统、给水系统、冷却水系统及供电、自动化仪表系统进行改造。2005 年 1 月下旬，不锈钢公司热电联产工程投入运行。

三、实施变频改造

1997 年，电炉炼钢厂实行“电躲峰生产”，全年少买峰期负荷电 20.8 万千瓦时。2004 年 3 月，对二炼钢厂 1 号、2 号转炉风机改造成功，该风机采用了国内先进的高压变频调速技术。改造后实现吨钢节电 20.9%。

1996—2005 年能源环保指标一览

表 2-2-1

项　目	单位	完成情况									
		1996 年	1997 年	1998 年	1999 年	2000 年	2001 年	2002 年	2003 年	2004 年	2005 年
能源消耗总量（标煤）	万吨	249.79	266.27	276.92	306.79	369.23	394.53	402.57	462.47	569.50	717.74
万元产值能耗（标煤）	吨/万元	8.79	8.58	7.76	6.91	7.04	6.42	5.90	5.52	5.18	5.21
吨钢综合能耗（标煤）	千克/吨	1173.1	1117.3	1043.1	954.4	968.6	866.7	794.8	760.5	743.6	713.0
吨钢可比能耗（标煤）	千克/吨	931.4	916.5	888.5	843.6	854.3	773.3	697.0	712.3	702.6	696.9
污染物综合排放合格率	%	78.00	82.17	80.55	83.78	89.47	91.89	89.77	91.37	95.07	96.84
吨钢新水耗量	吨	22.89	21.60	16.62	12.79	10.35	10.57	8.48	6.96	5.57	5.13
工业用水重复利用率	%	91.90	91.94	92.67	93.27	95.04	92.74	93.02	93.11	92.94	92.90

续表

项　目	单位	完成情况									
		1996年	1997年	1998年	1999年	2000年	2001年	2002年	2003年	2004年	2005年
废水处理达标率	%	99.00	99.99	98.39	99.72	100.00	99.92	99.88	100.00	100.00	100.00
外排废水达标率	%	80.35	79.99	57.42	91.78	100.00	96.49	95.04	100.00	100.00	100.00
外排废气达标率	%	86.86	92.38	94.12	98.78	99.87	99.87	100.00	100.00	100.00	100.00
尘泥回收率	%	100.00	100.00	97.66	100.00	100.00	99.81	99.00	100.00	98.92	98.89
废渣利用率	%	48.89	56.10	49.12	45.91	48.52	46.80	60.30	70.00	73.92	74.56
焦炉煤气利用率	%	99.98	99.59	98.10	99.74	94.79	98.74	99.25	99.54	99.17	100.00
高炉煤气利用率	%	91.34	92.16	91.67	92.13	91.10	95.21	96.4	95.79	91.46	93.4
转炉煤气利用率	%	58.52	74.81	88.43	94.69	100.00	100.00	100.00	100.00	100.00	100.00

注："十五"期间能源消耗指标仍采用原折算系数计算。

第四节　厂容绿化

唐钢紧紧围绕环境管理体系认证和污染物排放总量控制推进厂容绿化，深化厂容厂貌综合治理工作，以退硬还绿、拆旧扩绿、规划建绿的厂容绿化思路，由门面治理向厂区延伸、由道路治理向两侧延伸、由主体车间向辅助车间延伸，努力扩大绿化面积，改善了各项环境指标。这一时期，唐钢每年召开爱国卫生绿化等工作会议，安排部署加强现场管理、清洁车间、改善厂区环境等工作，发动职工和家属掀起环境卫生治理和绿化的高潮，实现环境质量稳步提高。十年间，唐钢绿化面积由115.44万平方米提高至567.30万平方米，绿化率由94.15%提高至98.87%，绿化覆盖率由15.63%提高至28.19%。到2005年末，厂区环境达到净化绿化；厂区道路平坦宽敞，照明良好，达到了冶金系统造林绿化的先进标准。

1996年，规划建设棒材绿地1.2万平方米，在厂前区形成一道绿色景观。1997年，对税钢新楼区进行绿化22000平方米，提升了小区的绿化档次。1998年，对炼铁3号高炉区域进行绿化7000平方米；同时对唐钢老小区进行绿化改造，使小区的绿化走在了唐山市的前列。1999年，拆除老一钢办公楼、宣传部印刷厂后，对2900平方米区域进行绿化，改写了公司办公区没有绿地的历史。2001年，拆除了唐钢广场北公安处平房、行政福利处粮库、金恒印刷厂平房，对9800平方米区域进行绿化，形成了一定规模的绿化景观。2003年，对公司老化的正门西大墙实施"拆墙透绿"，建铁艺栏杆，形成一道内外相应的绿色景观；修整了公司广场老化的地面；在广场建设三基旗杆；对二钢路进行拓宽。全年改造厂区和住宅区绿地4900平方米，新增绿地面积3.55万平方米，栽植各类树木6万余株。2004年，对炼铁南区料场杂料库围墙外建华东道沿线门前建植厂区防护林，唐钢被中国钢铁工业协会绿化委员会授予"全国冶金绿化先进单位"称号。2005年，投资1200万元对高线路、南门路、二钢路、机修路进行拓宽改造；对棒材路、氧气北路、南门路、机修路两侧进行绿化美化，提升了企业形象。

1996—2005 年唐钢集团绿化情况一览

表 2-2-2

年份＼项目	可绿化面积/平方米	已绿化面积/平方米	绿化率/%	覆盖率/%
1996	2774509	2612198	94.15	15.63
1997	2151530	1341972	62.37	8.05
1998	1942593	1404192	72.28	8.51
1999	4275000	4228019	98.90	29.00
2000	4275000	4232390	99.00	29.03
2001	5690175	5637256	99.07	27.67
2002	5705675	5652756	99.07	27.75
2003	5718175	5665256	99.07	27.81
2004	5717588	5665361	99.09	28.01
2005	5737588	5672966	98.87	28.19

第五节　企业形象建设

唐钢组织召开年度企业形象建设工作会议，交流企业形象建设工作经验，部署当年企业形象建设重点工作。这一时期，确立了统筹规划、提高标准、突出重点、分步实施、治管并重的工作思路，以治理生产、生活环境为主线，适当投入、量力而行，狠抓重点项目、重点部位、重点单位的治理与建设。各单位在积极完成公司重点治理项目的同时，制定本单位治理规划，落实治理项目，促进了专业管理在生产现场的落实。通过常态化、长效化企业形象建设，提升了职工整体素质和综合管理水平，塑造了良好的企业环境。

1996 年，以迎接抗震二十周年为契机，集中治理整顿厂容厂貌，清理卫生死角 215 处，清理废墟 1.5 万余立方米。按照净化、绿化、美化要求，对新建棒材厂 1.4 万平方米厂区进行废墟清除，换新土 2.3 万立方米，栽植花草树木，铺设便道 2400 余平方米。对厂区内近 50 千米的铁路沿线全部进行了清理，拆除影响厂容的施工临建简易工棚 40 余间。把爱国卫生工作纳入企业管理重要日程，结合文明生产和定置管理，对生产现场进行全面整顿，现场卫生质量明显提高。1997 年，以整顿和加强现场管理为突破口，与贯彻唐山市《关于推进全市企业形象建设的实施意见》紧密结合，开展“基础管理年”活动，推动企业形象建设取得显著成效。2000 年，以优化现场管理、创建清洁车间、改善厂区布局、美化厂区环境为重点，大力推进公司形象建设，总体水平保持国内同行业中等偏上水平，棒材厂、高线厂、一炼钢厂、二炼钢厂、二炼铁厂、北区动力厂达到同行业先进水平。按照“一平、二净、三绿、四美”要求，全员发动，统一规划，厂区道路平坦、清洁、宽敞，净化工作无杂物、无死角，绿化率达 30%，定置率达 100%。

2001 年，公司企业形象建设重点抓好“五个延伸”，即由公司、厂矿向车间班组和岗位延伸，由面上推进向专业管理延伸，由车间外部向车间内部延伸，由生产单位向机关延伸，由综合形象向重点项目治理延伸。2002 年，制定下发《工作环境管理办法》《重点治理项目及考核规定》《绿化管理办法》《厂容卫生管理办法》等制度，为企业形象建设的开展奠定了基础。各单位按公司要求普遍健全了组织机构，建立起厂、科室、车间三级管理网络，明确了专业分工，修订了检查考核制度，将安全管理、定置管理、环境治理、劳动纪律、工艺纪律等纳入企业形象建设工作之中，明确各岗位的主要职责，形成了上下齐抓共管的管理网络，有力地促进了企业形象建设工作的深入开展。当年，修建西起缸窑路、东至开平界 12 米宽混凝土路面 1135 米及 2 米宽人行便道、雨污水管道、路灯等。2003 年，对二炼铁厂数十个外委施工队驻地进行整治，清理拆除多处临时建筑，对 3 号、5 号路周围进行了治理和美化，对高炉废墟场地和厂区北部输料通廊下废墟进行治理，全厂累计清理物料 9315 吨，清运垃圾废墟近两万吨，完成治理项目 485 处，治理较差环境区域 95 处。当年完成了 53 项治理任务，共计清除垃圾废墟 1.33 万立方米，治理卫生脏乱差点 175 处，修复破损道路 1.72 万平方米。2004 年，对各单位重点部位进行现场督查，治理运输车辆飘洒、溢漏，制定《厂区内运输车辆飘洒、溢漏、违规装载管理办法》《建筑工地现场管理考核细则》，并与各单位签订责任状，有力地促进了企业形象建设各项工作的开展。同年，对氧气北路由 9 米拓宽到 12 米，缓解了交通运输压力；拆除工会俱乐部北二层楼和原一轧厂油库，建设可容纳 116 辆车的停车场。当年共完成 56 项厂容绿化治理项目。共计清理废墟杂物 1.65 万立方米，拆除破旧废弃建筑 12 处，治理卫生脏乱差点 368 处。2005 年，开展厂区和职工生活小区环境治理工作，实施办公区美化工程，拆旧扩绿、道路拓宽取直、架空管网，对机修路、二钢棒材路、南门路、高线路等五条主道进行整修，对道路两侧进行绿化硬化综合治理，共计翻新补修道路 3.66 万平方米，铺便道板 7700 平方米，实现公司主干道路平坦、宽阔、通畅。同期，把现场对标作为企业形象建设的一项重要内容，塑造与千万吨级现代化钢铁企业相适应的企业形象。此外，加强道路修复和清扫，坚持每年一人一树活动，厂区面貌发生较大变化，环境明显改观，形象建设整体水平全面提升，得到了上级党委政府和社会各界的好评。

第三章　计算机技术开发与应用

随着计算机在工业领域的普遍应用，以及通信技术和计算机网络的发展，钢铁企业计算机软件开发与技术发展渗透至重点领域，改变并影响了传统的产销与办公模式。1996—2005 年，唐钢根据技术难易程度，运用不同技术进行软件项目开发和系统研制，在生产控制系统、管理信息系统等开发应用上都有所提高，增强了控制系统自我开发能力，实现了从过程控制向以整体产销系统为代表的管理信息系统的转移。这一时期，唐钢信息化建设从无到有，建成唐钢数据中心和覆盖全唐钢的主干网，开通对外网站与办公自动化系统，产销系统一期工程抓紧建设中，带动了企业发展和技术进步。唐钢相继被评为省级“2000 年度信息化推进先进单位”“2005 年度信息化示范单位”。

第一节　控制系统与信息技术开发

唐钢软件系统开发与应用从生产系统寻求突破。1997 年 1 月 20 日，烧结厂与北京钢铁设计研究总院共同开发的“原料车间计算机控制与管理系统”通过部级鉴定，认定该项目填补了国内原料厂计算机过程控制开发的空白，达到了国际水平。1998 年，技术人员克服困难，自行研制开发唐钢一轧飞剪及冷床 PLC 控制系统，于 1999 年 7 月 22 日正式投入运行。2000 年，运用先进控制理论开发的高线厂加热炉模糊控制系统投入运行，同年 1 月，此控制系统通过省级专家鉴定。

信息系统软件开发知识密集、技术难度高，其研发应用适用于经营管理的工作需要。1997 年 5 月 1 日，唐钢会计电算化系统正式投入使用，开始实行以计算机替代手工的方式进行记账。会计电算化系统采用了使用方便、联网交易、技术先进、投资少的 WINDOWS. NT 网络，仅用时 7 个月完成了硬件设备的安装配置。

在跨世纪之时，攻克高难度计算机技术挑战，实现 2000 年问题平稳过渡。1999 年 12 月，公司顺利完成计算机 2000 年问题（简称 Y2K 问题）工作。经过清查摸底、评估分析、制定应急措施和在线检查测试各个步骤，将全公司 956 台（套）及嵌入日期芯片的电子设备进行逐一检查，对其中存在 Y2K 问题的 362 台（套）计算机设备进行了整改，并实施了 2000 年状态模拟运行和应急演练，较好地解决了各种可能出现的问题，消除了“2000 年病毒”“千年虫”的入侵。

从能源计量领域着手，推广应用信息网络和实时数据库技术。1999 年，唐钢开发建设能源计量网，对氧气、氮气、煤气、工业水、蒸汽等能源介质的计量和统计，实现了厂际间计量数据自动采集与网络化管理。此系统采用美国 OSI 公司 PI（Plant Information）实时数据库，应用了分布采集、集中管理、信息互通的方式。2001 年 1 月，唐钢能源计量网通过省级鉴定。同年 9 月，与太极计算机股份有限公司合作，对系统进行改造，选用 Pcanywhere 软件安装在接口程序中，实现了远程控制和远程唤醒、远程开关机、数据交流和远程文件共享等功能。

第二节　信息化建设

唐钢信息化建设经历了从无到有、循序渐进、不断完善的过程。全面组织信息化建设始于2002年。初期，以基础设施建设为主，主要任务是进行网络建设和系统硬件设施建设。至2005年，先后投资7800万元建成以光纤为主要传输介质，覆盖公司南北区的千兆光纤主干网，为全公司各信息系统的建设奠定网络支持基础。

2002年，唐钢全面步入企业信息化建设的发展进程。在学习借鉴其他企业经验的基础上，依照总体规划、分步实施、积极稳妥、务求实效的原则，开始了信息化建设的尝试和探索。当年初，信息化一期工程通过总体方案审查论证，年内完成一期工程建设，建成唐钢数据中心和覆盖全公司的主干网，包括设备、财务、销售、能源计量等在内的4个子系统，实现了网上数据查询，为企业级应用系统提供了高速数据通道。此项目概算投资1200万元，光缆敷设总长度130多千米。采用千兆以太网技术，主机系统为IBM RS/6000 H85和M85各1台，并采用H交流MP高可用集群多处理系统，核心交换机为1台双引擎的Cisco 6509，二三级交换机为Cisco4006、3550、2950共计112套。出口带宽100兆，与遍布于唐钢的1500余台入网计算机初步形成了一个技术成熟、先进、高效、可扩展的网络平台。

信息化二期工程于2003年7月立项，同年9月开工。项目概算投资871.20万元，于2004年5月完工。项目主要内容包括供应处计算机管理系统建设；能源计量系统完善；物资计量完善；设备资产维护系统；理化数据采集系统建设；网站建设等。这一项目由唐钢设计研究院设计，唐钢微尔电子有限公司施工。项目建成能源、物资等5个子系统与企业网站，促进了唐钢信息化管理水平的提高。其中内部信息网上浏览查询、网站建设，对企业内外信息传递与文化交流产生很大影响。2004年2月，唐钢对外网站和内部信息网正式开通。对外网站网址为http：//www.tangsteel.com。主要内容包括唐钢概况、股份年报、钢铁主业、非钢发展、在线新闻、企业文化、技术进步、管理创新、人才管理、供需信息、公司邮箱等11个版块。内部信息网网址为http：//tg.tgjkc。主要内容包括新闻中心、综合查询、列车时刻表、电话号码查询、资料查询、市场信息、软件下载、法律法规模块等7个版块。当年10月，发布实施《内部计算机网络管理规定》，保证企业内部网络的安全运行。

信息化三期工程于2004年8月立项，项目概算投资726万元。2005年2月，三期工程全部完工。主要建设公司对外网站，建设办公自动化系统、视频会议系统，以及能源计量系统与物资量计量系统的完善。当年9月，正式开通对外视频会议系统。该系统选用挪威泰德（TANDBERG2500）设备，具有ISDN或IP两种接入方式，双流传输功能。

产销系统一期工程是唐钢完成的首个公司级三级管理信息系统。2005年7月，启动产销系统一期工程。该项目覆盖从一炼钢厂到热轧薄板厂的热轧板材的产销管理，通过信息技术手段打通板材生产线从生产到销售的各环节，主要实施系统由计控管理处与北京新思维创业科技有限公司联合研制开发，通过信息技术手段，直接面向订单生产，整合企业销售、技术质量、生产、调度、物料跟踪、合同跟踪、产成品库管理、发货管理、生产实绩收集、主要报表生成等一系列业务，实现热轧板材产品的产销一体化管理。项目概算投资1727万元。这一系统实现了销售、生产、技术质量、库存管理等工序间的实时数据共享，形成了产销一体化的信息管理系统。当年末，该项目建设接近尾声，完成投资1617万元。于2006年3月1日调试（除热轧线外），同年6月10日正式上线运行，标志着信息技术融入唐钢热板生产经营全过程。当年9月4日，该工程通过国内冶金系统验收评审，信息化专家组认定该产销系统达到国内先进水平。

第三篇

企业改革

唐钢深化企业内部改革，以建立现代企业制度为目标，加快公司化改制步伐，组建成立唐山钢铁集团有限责任公司，积极推行股份制改造，唐钢股份股票在深圳证券交易所上市交易；加大主辅分离、辅业改制力度，将自办普通中小学校和公安机构从唐钢分离，移交地方政府管理，对汽运公司、设计院、建安公司、耐材公司和轧辊公司等辅业单位进行分离改制，使辅业单位自主走向社会，成为独立运作的市场主体和法人实体，实现快速发展；深化三项制度改革，建立了有效的激励和约束机制，企业呈现较强活力，逐步在竞争中发展壮大。

第一章　现代企业制度建设

建立现代企业制度，是国有企业特别是国有大中型企业改革的方向，对于解放和发展生产力，搞活大中型企业具有重大意义。从1994年开始，唐钢作为河北省建立现代企业制度试点单位，按照现代企业制度的要求实行规范的公司制改革，积极推进股份制实践，进行主辅分离、辅业改制，深化三项制度改革，通过改革、改组、改造和加强管理（简称三改一加强），加快了企业转换经营机制步伐，初步建立了面向市场经济的现代企业制度，改善了企业的经营状况。

第一节　唐钢改制

唐钢作为特大型钢铁联合企业，成为省内改制的先行单位。在河北省委、河北省政府实施大公司、大集团战略，特别是在组建20家制度先进、功能完善、运作规范、实力雄厚、跨地区、跨行业的大型支柱性企业集团过程中，将唐钢放在了前列。

1994年6月29日，唐山钢铁股份有限公司依法成立，标志着唐钢在建立现代企业制度道路上迈出了可喜的一步。但按照河北省体改委批复的《唐山钢铁（集团）公司建立现代企业制度工作方案》要求，建立现代企业制度的任务并没有全部完成。根据《中华人民共和国公司法》有关规定，唐山钢铁（集团）公司进行公司制改造的途径是将其改建为国有独资的有限责任公司。按照《唐山钢铁（集团）公司建立现代企业制度工作方案》，改建唐山钢铁（集团）有限责任公司作为首要任务，各项工作提前启动，成立了由唐钢主要领导担任正副组长的改制工作领导小组，进行了清产核资，为改建顺利进行奠定了基础。

根据1994年5月河北省建立现代企业制度试点工作会议精神，唐钢被列为全省建立现代企业制度试点单位。《唐山钢铁（集团）公司建立现代企业制度工作方案》于1994年9月上报河北省人民政府并取得批复。1995年3月16日，报送《关于改制组建“唐山钢铁（集团）有限责任公司”的请示》至省冶金工业厅。省冶金工业厅将唐钢改制组建唐山钢铁（集团）有限责任公司意见的函报送河北省经济体制改革委员会（体改委）。同时，分别向省有关部门报送了改制申请报告、改制可行性研究报告和《唐山钢铁集团有限责任公司章程》。1995年9月27日，省体改委以冀体改委〔1995〕3号文件批复同意组建唐山钢铁集团有限责任公司；10月17日，省冶金工业厅批复同意组建唐山钢铁（集团）有限责任公司；12月25日，省国有资产管理局以冀国资企字〔1995〕44号文件批复授权唐山钢铁集团有限责任公司统一经营唐山钢铁集团国有资产，同意唐山钢铁集团有限责任公司统一经营唐山钢铁集团内有关成员企业的国有资产；12月28日，唐山会计师事务所出具了对唐山钢铁集团有限责任公司投入资金的验资报告。

1995年12月28日，唐钢（集团）公司改制为国有独资公司唐山钢铁集团有限责任公司，依法注册取得企业法人营业执照，被授权经营唐钢集团的国有资产。1996年1月1日，唐山钢铁集团有限责任公司挂牌成立。省委副书记陈玉杰，副省长郭世昌，原冶金部副部长林华，市委书记梁志忠，市委副书记宋芳春，市委常委、秘书长祝允林，副市长梁超群，公司党政工领导出席挂牌仪式。

唐山钢铁集团有限责任公司是根据《中华人民共和国公司法》，由唐山钢铁（集团）公司改制的国有独资公司，拥有20亿元注册资本、2个控股子公司、4个全资子公司的国有特大型企业。

唐山钢铁集团有限责任公司的成立，是贯彻落实省委、省政府大公司、大集团战略，实施“四提高一加快”工程，推动企业组织结构调整的重大举措，它标志着唐钢在建立现代企业制度改革中又迈出了重要的一步，为全面实现唐钢“九五”发展目标打下了良好基础，在唐钢发展史上具有重要的里程碑意义。

唐山钢铁集团有限责任公司的成立，为唐钢建立产权明晰、责权明确、政企分开、管理科学的现代企业制度奠定了基础。

第二节 唐钢股份上市及规范运作

20世纪90年代，唐钢股份股票的发行上市，为企业架起了通向资本市场的桥梁，为唐钢的持续发展提供了长期稳定的融资渠道，改善了财务结构，形成良性的资金循环，支持了唐钢快速发展。同时，唐钢股份上市成为公众公司，通过接受各方面的监督，促进了企业资本化规范运作和依法经营，推动了唐钢现代企业管理制度的建立和完善，为企业长远健康发展奠定了制度基础。

一、深交所新股上市

（一）唐山钢铁股份公司创立的基本情况

河北省政府对唐钢的改革和发展高度重视，于1993年曾召开省长办公会议，专题研究唐钢股份制改造问题，确定了“两步快走，尽快实现境内外公开发行并上市”的指导方针。

按照股份制改造方案，唐钢将原有59个二级单位中烧结、炼铁、炼钢、轧钢等26个单位划入唐钢股份，其余仍留在唐山钢铁（集团）公司，并按照市场经济的原则界定了两个公司的经济关系。

1994年6月，省经济体制改革委员会以冀体改委股字〔1994〕38号文件批复同意组建唐山钢铁股份有限公司，冶金工业部以〔1994〕冶体字第243号文件下达审核同意的批复。唐山钢铁股份有限公司于1996年6月29日注册成立。唐山钢铁集团划入唐山钢铁股份有限公司总资产51.52亿元。按1.2元/股发行价折为19.73亿股，溢价额3.95亿元作为唐钢股份公积金。社会法人股和内部职工股也按每股1.2元发行，共募集资金4.70亿元。

唐山钢铁股份有限公司创立时，注册资本23.64亿元，其中国家股19.73亿元，占83.43%，社会法人股3.31亿元，占14.02%，内部职工股6040万元，占2.55%。总资产56.22亿元，其中负债27.85亿元，股东权益28.37亿元。

（二）唐钢股份股票发行、承销和上市流通

唐山钢铁股份有限公司是由唐山钢铁（集团）公司作为唯一发起人，投入其主要生产经营性资产并以定向募集方式注册

成立的股份有限公司。这一时期，唐钢依靠自有资金进行建设，资金存在缺口。唐钢股份国家股所占比例为83.43%，公开募集股份吸纳和控制更大规模的资金，对盘活国有资产有重要意义。

1996年，根据省政府对唐钢股份制改造“两步快走，尽快成为上市公司”的要求和唐钢实际，唐钢股份向省证券委员会提出公开发行A股股票并转为上市公司的申请。1996年10月28日，省证券委向中国证监会正式报送唐钢发行新股的申请材料，省政府、省证券委同时分别行文，推荐唐钢为河北省1996年首批发行股票的企业。

1997年1月22日，省证券委员会冀证〔1997〕8号文件同意向中国证监会上报申请材料；2月25日，省政府以冀政函〔1997〕9号下发通知，同意唐山钢铁股份有限公司向社会公开发行股票；3月18日，中国证监会证监发字〔1997〕69号和证监发字〔1997〕70号文件批复，同意唐山钢铁股份有限公司采用“上网定价”方式发行A股股票。

经深圳证券交易所同意，唐钢股份股票由主承销商国泰证券有限公司通过深圳证券交易所的交易系统，采用“上网定价”方式发行唐山钢铁股份有限公司社会公众股（A股）1.2亿股。每股面值1元，溢价发行价格每股9.22元，发行市盈率为13.36倍。

唐钢股份于1997年3月21日分别在《证券时报》《中国证券报》《金融时报》和《上海证券报》刊登了招股说明书概要。根据中国证监会的批准，唐钢股份1.2亿社会公众股于1997年3月27日在深圳证券交易所，采取上网定价发行方式发行成功，所募资金于1997年4月7日由主承销商国泰证券有限公司全额划转唐钢股份公司银行账户。1997年4月9日，唐钢股份将股票上市申请书呈报深圳证券交易所，申请“唐钢股份”股票在深圳证券交易所上市交易。

经深圳证券交易所审核同意，唐钢股份股票于1997年4月16日在深圳证券交易所挂牌交易。股票名称唐钢股份，股票发行代码0709，当日开盘价16.80元。

1998年1月，唐钢股份入选深圳证券交易所成分股指数样本，树立了唐钢股份大盘绩优股的良好市场形象。2000年3月，唐钢股份2238.12万股内部职工股票全部上市流通。2005年最后一个交易日，唐钢股份股票收盘价为2.41元/股。

（三）唐山钢铁股份有限公司股票上市的组织领导

唐钢股份围绕股票发行方案，针对发行外资股和人民币普通股、土地折股或租赁问题，剥离辅助单位和调整股本、效益预测等问题做了多次论证。为了争取纳入国家新股发行总盘子，唐钢主要领导王天义等多次与中国证监会、河北省证券委员会等领导研究唐钢股票发行问题，使唐钢进入了中国证监会1996年首批发行A股18家备选企业。

唐钢抓紧编制了发行股票的初步方案，经董事会审定后报省证券委。1996年11月21日，正式组建股票发行工作领导小组，唐钢董事长王天义任组长，下设办公室、承销组、资产组，抽调专门人员集中办公，确保申报工作的完成。

争取股票的发行规模、搞好企业的重组。1996年四季度，国家下达了1996年度股票发行规模为100亿元，可以跨年度使用。唐钢股票发行上市领导小组将争取额度作为申报重点，由于竞争激烈，最终获得了1.2亿元的发行额度，这一额度在本年度内是仅次于“辽河化工”的最大额度。

根据国家相关规定，社会公众股的比例必须高于总股本的15%以上，发行1.2亿新股后，总股本必须控制在8亿元以内。对此，唐钢股票发行领导小组提出了对原股本缩股的方案，得到了省证券委的批准，即对原股本按1∶0.285同比例缩股。股东权益没有任何影响，随后按工商管理规定到河北省工商局进行了变更注册。

1996年11月27日，在北京召开唐钢股票发行工作协调会议，会议明确了中介机构职责分工以及申报工作的时间目标和工作进度安排。经唐钢领导和主承销商、河北省证券委等反复协商，确定的发行价格在1997年我国新股发行中是少有的最高发行价之一。

二、上市后融资及回报股东情况

唐钢股份首次配股工作始于1997年11月，至1999年11月结束，历时两年。配股发行总额为4.48亿元，扣除发行费用后，实际募集资金4.39亿元。募集资金全部用于一炼钢厂易地大修改造项目。

唐钢股份增发A股工作始于2001年5月，于2002年10月结束。2002年3月11日，中国证监会证监发行字〔2002〕32号文件《关于核准唐山钢铁股份有限公司增发股票的通知》，同意唐钢股份公司增发不超过1.5亿股的普通股，发行价格为6.06元/股，募集资金总额为9.09亿元。增发募集资金用于唐钢超薄带钢生产线的建设。

在此之前，依据国家关于内部职工股管理规定，2000年3月，唐钢股份内部职工股上市流通。同年6月，唐钢股份以10∶6的比例向全体股东实施了资本公积金转增股本方案。

唐钢股份自上市后，严格按照《公司法》《证券法》和《深交所股票上市规则》等法律法规，秉承厚报股东的理念，始终坚持稳定丰厚的现金分红政策，使股东充分享受了唐钢快速发展带来的经营成果。1997—2005年，累计现金分红42.55亿元，为同期募集资金总额的1.73倍。高比例分红为公司在证券市场赢得了美誉。2005年，唐钢股份被深交所列为红利指数样本股。2006年6月，唐钢股份获得CCTV 2005年中国最具投资价值上市公司50强、最佳投资回报奖第一名。

经过1997年股票首次发行上市、1999年配股和2002年增发，唐钢从证券市场募集资金总额24.64亿元，为企业技术改造提供了有力的资金支持，在公司发展壮大过程中发挥了重要作用。2005年，发行短期融资债券20亿元，有力地支持了重点技改项目的实施。

三、股权分置改革

按照股权分置改革程序，唐钢于2005年10月31日发布《股权分置改革公告》，正式进入改革程序。唐钢股份股票于11月25日停牌。当年12月5日，唐钢2005年第一次临时股东大会暨相关股东会审议通过了《关于利用资本公积金向流通股东转增股本进行股权分置改革的议案》，原流通股每10股获增5.5股，共计向原流通股转增3.11亿股。同期，方案获得省国资委批准。

2005年12月21日，唐钢股份复牌恢复交易，股票发行代码000709保持不变，股票简称由唐钢股份变更为G唐钢，标志着股权分置改革方案实施完毕。唐钢股份总股本由改革前的19.55亿股增至22.66亿股，其中有限售条件的13.89亿股，占61.30%。

四、实施债转股

2000 年 12 月，国家经济贸易委员会以国经贸产业〔2000〕1238 号文件下发《关于同意唐山钢铁集团公司等 96 户企业实施债转股的批复》，同意唐钢集团、宣钢集团整体债转股，债转股共计 35.30 亿元，其中宣钢债转股 14.6 亿元。

此前，于 2000 年 10 月，经省市有关部门推荐，经国家经贸委审查，唐钢与中国华融资产管理公司、中国信达资产管理公司、中国东方资产管理公司三家资产管理公司分别签订《债权转股权协议》，其中中国华融资产管理公司 23.35 亿元、信达资产管理公司 11.74 亿元、东方资产管理公司 3086 万元。经实施债转股，唐钢资产负债率下降 25 个百分点。从 2003 年起，唐钢开始转股债权回购工作，到 2005 年，唐钢（含宣钢）35.3 亿元转股债权基本回购完毕。

五、股本结构

2005 年末，股东总数 16.01 万户，总股本 22.66 亿股，其中：国家股 11.91 亿股，占 52.53%；法人股 1.98 亿股，占 8.77%；流通股 8.77 亿股，占 38.70%。

前十名股东持股情况：唐山钢铁集团有限责任公司 11.58 亿股，占总股本的 51.11%；唐钢工会 9696.49 万股，占 4.28%；唐钢矿业有限公司 7241.70 万股（流通股），占 3.20%；唐山天辰投资有限责任公司 6727.98 万股，占 2.97%；河北省信息产业投资有限公司 3212.30 万股，占 1.42%；唐山钢铁集团金恒企业发展总公司 2602.79 万股，占 1.15%；五矿发展股份有限公司 987.61 万股，占 0.44%；全国社保基金零零一组合 918.35 万股，占 0.41%；中国第二十二冶金建设公司 823.99 万股，占 0.36%；北京宁高投资有限公司 368.22 万股，占 0.16%。

第二章 分离办社会职能与分离辅业

2003年，唐钢贯彻落实国家六部委国经贸〔2002〕267号文件《关于进一步推进国有企业分离办社会职能工作的意见》，依照国家经贸企改〔2002〕859号文件及省委，省政府冀发〔2003〕15号文件《关于加快推进国有企业改革的指导意见》、冀经贸〔2003〕19号文件《关于全省国有企业分离办社会职能工作的实施意见》等有关精神，2003年10月23日，在省政府、省国资委指导下，按照分离办社会—分离辅助—整体改制的思路，制定了公司总体改制方案，并通过省有关部门审查论证。是年11月23日，省政府以冀政函〔2003〕151号文件下达《关于开滦（集团）有限责任公司和唐山钢铁集团有限责任公司分离办社会职能有关问题的批复》，同意将唐钢办社会职能与企业实施分离，将自身所办的10所普通中小学校和已纳入公安编制的唐山市公安局钢城分局移交唐山市，移交623名中小学教职工和93名干警。2003年12月22日，正式将自办普通中小学校和纳入公安编制的唐山市公安局钢城分局从唐钢分离，移交地方政府管理。

唐钢主辅分离辅业改制分流安置富余人员总体方案经冀国资字〔2004〕218号文件批复后，唐钢结合实际情况，于2004—2005年，对汽运公司、设计院、建安公司、耐材公司和轧辊公司5个辅业单位进行分离改制。

第一节 企业办社会职能剥离

2003年，唐钢按照省委、省政府关于国有企业“两增、两减、两分”（即国有企业增效、国有资产增值，减持国有股、减少国企冗员，分离企业办社会职能、分流企业富余人员）的要求，根据省政府《关于开滦（集团）有限公司和唐山钢铁集团有限公司分离办社会职能有关问题的批复》，唐钢将办社会职能与企业实施分离，于当年年底前逐步把所办的中小学校、公安机构移交地方政府管理，包括土地使用权在内的中小学校占用资产全部移交给社会。

一、子弟学校分离移交

按照省委、省政府冀发〔2003〕15号文件《关于加快推进国有企业改革的指导意见》、省经贸委冀经贸企改〔2003〕423号文件《关于推进省属36户重点企业加快改革暨实施“两分”工作的通知》、冀经贸企改〔2003〕422号文件《省属企业分离办社会职能工作程序》的有关要求，唐钢制定了分离自办普通中小学工作方案，以唐钢资财字〔2003〕258号文件《关于企业分离自办中小学工作的请示》，报送市政府。

（一）唐钢分离的学校及人员情况

唐钢自办的七十号小学、税钢小学、龙华小学、七十七号小学、张西小学、河茵小学、大庆九号小学、龙华中学、税东中学、矿业公司石人沟铁矿子弟学校10所普通中小学，截至2001年末，共有教职工623人，其中专任教师481人，管理及后勤人员119人，内退23人，离退休人员316人，离退休人员已全部计入社会统筹；共有8439名在校生，其中在校初中生3188人，小学生5251人。

（二）资产情况

截至2001年末，唐钢10所中小学共有总资产2232.79万元，固定资产原值3154.89万元，净值2171.75万元；截至2003年6月底，拥有总资产2554.32万元，固定资产原值3485.94万元，净值2430万元。

（三）办学经费及支出情况

唐钢自办学校经费来源有两种，一是学杂费收入，二是唐钢以教育经费进行补贴。石人沟铁矿子弟学校经费来源于唐钢集团所属矿业公司提取的教育经费，以及学校向学生收取的学杂费。截至2001年，办学总经费1841.54万元，其中企业补贴1341.77万元，教育费附加返还427万元，学杂费收入72.77万元。

2003年10月21日，市政府国资委办公室以唐国资委办〔2003〕65号文件《关于请求批准唐钢、开滦两户省属企业分离自办中小学校的请示》呈报省政府国资委。期间，市政府国资委办公室组织市财政局、劳动和社会保障局、教育局、人事局、公安局、编制办等有关部门，对唐钢《分离自办普通中小学校工作方案》进行了认真审核，并分别将审核报告、意见和建议呈报省相关部门，同意唐钢将自办普通中小学校进行分离。

按照省属企业分离中小学校属地管理的原则，将七十号小学、税钢小学、七十七号小学、龙华小学、河茵小学、张西小学、大庆九号小学、龙华中学整体移交唐山市路北区管理，将税东中学整体移交唐山市开平区管理，将石人沟铁矿子弟学校整体移交唐山遵化市管理。经费由唐山市财政将河北省划转的支出基数下划给接收学校的县区财政。根据冀机编办〔2003〕102号文件《关于省属企业分离办社会有关问题的通知》要求，2001年以前离退休人员全部移交当地进入社会统筹；在册职工的移交，以2001年底在校学生人数为基数，初中以13.5∶1的比例，小学以19∶1的比例核定教职工编制。本着企业支持教育，有利于学校今后发展的精神，唐钢将截至改制前占有的资产（包括土地使用权）全部无偿移交给当地，划转的资产按规定的审批程序到市或区有关部门办理产权变更（包括土地）手续。

对于分离后学校的办学经费采用与地方财政共担，逐年过渡的办法，过渡期为两年。省财政和唐钢分摊比例为：2003年省财政负担25%，唐钢负担75%；2004年省财政负担75%，唐钢负担25%。过渡期后，省财政负担100%，唐钢不再负担。

2003年12月22日，唐钢正式与唐山市、路北区政府有关部门签订了分离中小学校移交手续，实现了单位、人员、资产隶属关系的变更。

（四）土地情况

市区内除七十号小学、张西小学外的7所中小学占用唐钢土地10.81万平方米，七十号小学占用土地为市属地，张西小学和矿业公司所属石人沟铁矿子弟学校用地未确权。2006年，完成大庆九号小学、河茵小学、龙华中学、龙华小学、七十七号小学的土地分宗转移登记并办理土地使用证。同期，大庆九号小学、河茵小学、龙华中学、龙华小学、七十七号小学、税钢中学、税钢小学进行房产转移登记。

二、公安机构分离移交

2003年，唐钢本着符合国家及河北省有关分离政策，有利于今后钢城分局与唐钢保卫机构协调运作、简化层次和进一步加强唐钢治安管理，维护社会和企业稳定的原则，将已纳入唐山市公安分局的公安人员及职能移交给社会，减轻企业负担。

唐钢制定《分离公安机构工作方案》，以唐钢资财字〔2003〕256号文件《关于企业分离自办公安机构的请示》递交市政府。2003年10月20日，市政府国资委办公室将《关于请求批准唐钢、开滦两户省属企业分离自办公安机构的请示》呈报省政府国资委。期间，市政府国资委办公室组织唐山市财政局、劳动和社会保障局、教育局、人事局、公安局、编制办等有关部门，对唐钢《分离自办公安机构工作方案》进行了认真审核，并分别将审核报告、意见和建议呈报省相关部门，同意唐钢将自办公安机构进行分离。

截至2001年末，唐钢公安处在册职工504人，其中在岗职工399人，内退105人。2001年实际发生总费用984.38万元。2002年发生总经费1227万元，2003年上半年发生总经费615万元。

分离资产：为方便分离后钢城分局工作的开展，将原唐钢公安处在用的14辆公务车中的8辆归其使用，截至2003年6月底，8辆车固定资产原值166.39万元，净资产117.35万元。

核定经费：分离公安机构以2003年、2004年两年为过渡期，以2001年唐钢公安处发生费用为基数，核定钢城分局每年需要的经费总额为322.75万元，按河北省分担比例规定，公安经费在分离过渡期内，2003年唐钢负担75%，即242万元；2004年唐钢负担25%，即80.7万元。

分离后，唐钢为钢城分局提供办公场所，原则上与唐钢保卫机构合署办公。

按照省公安厅、市公安局和唐钢的统一部署，2003年12月22日，唐钢与唐山市公安局正式签订了移交手续，唐钢原公安处已纳入公安编制的唐山市公安局钢城分局从唐钢分离，移交唐山市公安局，93名民警编入人民警察序列，实现了单位、人员、资产隶属关系的变更，其移交前账面国有资产，由河北省政府国资委办理资产划拨和产权变更。

2004年1月19日，根据省政府冀政函〔2003〕151号文件和唐钢劳人字〔2004〕13号文件《关于撤销公安处、普教处机构编制的通知》精神，唐钢公安处正式更名为唐钢保卫部。2004年7月12日，按照唐公联〔2004〕5号文件规定，钢城分局挂牌成立，并正式列入地方政府公安机关序列。

第二节 辅业分离改制

2004年，唐钢以省政府冀发〔2003〕15号《关于加快推进国有企业改革的指导意见》等文件精神为指针，按照省委、省政府关于国有企业“两增、两减、两分”(即国有企业增效、国有资产增值，减持国有股、减少国企冗员，分离企业办社会职能、分流企业富余人员）的要求，根据省政府国资委统一部署，以调整结构、提高效率、增强活力、加快发展为目标，在辅业开展以产权制度改革，建立和规范企业与职工新型劳动关系相结合的企业改制工作，以产权制度改革带动企业经营机制的转变。通过改制，使辅业单位真正走向社会，实现快速发展，成为独立运作的市场主体和法人实体。

2004—2005年，唐钢对汽运公司、设计研究院、建安公司、耐材公司和轧辊公司5个辅业单位进行了分离改制。其中对设计院保留30%股份；对建安公司和耐材公司各保留10%股份；对汽运公司撤出全部国有资产；对轧辊公司国有净资产进行转让。5个单位改制共分离总资产8.16亿元，分流安置各类人员11646人，其中在册职工6251人；与公司解除劳动关系3017人，以国有资产冲抵改制费用7.38亿元。

《唐山钢铁集团有限责任公司主辅分离辅业改制分流安置富余人员总体方案》经冀国资字〔2004〕218号文件批复后，唐钢按照与河北省政府国资委签订的目标责任状，结合唐钢实际情况，将所属汽运公司、设计院、耐材公司和建安公司选定为第一批辅业改制试点单位。2004年9月26日，唐钢以唐钢资财字〔2004〕237号文件《关于汽运公司、设计院等辅业单位改制方案进行论证的请示》呈报省政府国资委。

在主辅分离辅业改制职工安置工作中，建安公司、耐材公司、设计院、轧辊公司严格按照国家和河北省有关政策办事，依法解除、变更、规范劳动关系，坚持公平、公正、公开的原则，坚持改制企业与职工自主、自愿、双向选择的原则，妥善安置原企业职工，维护职工利益，维护企业和社会稳定。

一、汽运公司分离改制

汽车运输有限责任公司（简称汽运公司）是唐钢集团所属的控股子公司，前身是唐钢汽运处。2001年4月29日，转换经营机制，改制为唐钢控股、内部职工参股的有限责任公司，建立了法人治理机构，实现了产权主体、用工形式和分配制度三个多元化的转变，是唐钢二级单位中具有深层次意义的一次改制。2002年，开发公司汽车队合并到汽运公司；2003年5月，金恒发展总公司汽车队整体转让到汽运公司，自此分散到唐钢各单位的公路运输业务整合到汽运公司。

汽运公司改制前注册资本1500万元，其中唐钢出资878万元，占总股本的58.53%；职工出资622万元，占总股本的41.47%。截至2004年6月末，汽运公司资产总额4249.79万元；9月末，共有唐钢在册职工770人。

汽运公司土地面积3.7万平方米。当时，其运输市场主要在唐钢内部，承担着唐钢40%以上的汽车保产运输业务，有车辆383辆，其中工程机械21台，运输车辆362台3380个标准吨位，全部车辆中自留工程机械14台、运输车辆44台；职工购买的工程机械7台、运输车辆318台，这些工程机械和车辆具有800万吨/年的运输能力。2003年，汽运公司实现收入3983万元，实现利润-204.88万元。2004年上半年，实现运输收入2237万元，实现利润-42万元。

汽运公司改制是唐钢精干主体、加快发展的需要，更是汽运公司加快发展的需要。2004年3月，汽运公司组织开展产权制度改革和员工身份置换相结合的企业改制，以期成为独立运作的企业法人。工作目标是在2001年初步改制的基础上，进一步深化产权改革，通过国有资产转让和增资扩股，吸引职工入股，将公司改制为自主经营、自负盈亏的民营化企业。其改制形式是将唐钢以股权、债权等形式投入到汽运公司的国有资产，以及汽运公司当时无偿占用或租用唐钢的部分土地和房屋建筑，按国家政策评估确权后，由经营层和职工整体买断，国有资本全部退出，改制后企业为经营层和职工共同持股的有限责任公司。

唐钢聘请北京京都资产评估有限公司

对汽运公司2004年6月30日的资产进行评估，并出具了资产评估报告，经报请河北省国资委核准，确认评估结果。

2004年10月14日，省国有企业改革领导小组办公室以冀国企办〔2004〕12号文件《关于对唐山钢铁集团汽车运输有限责任公司等2个辅业单位职工安置方案的审定意见》，同意汽运公司职工安置方案。是日，省政府国有资产监督管理委员会以冀国资字〔2004〕490号文件《关于对唐山钢铁集团汽车运输有限责任公司改制实施方案的批复》，同意汽运公司改制实施方案。

按照唐钢总体改制方案，本着国有资本全部退出与职工增资扩股相结合的原则，2004年11月16日，由唐钢汽车运输有限责任公司改制为唐山天马物流有限公司挂牌正式运作。注册资本2458万元，其中经营层持股750万元，占总股本的30.41%，天马公司职工持股1708万元，占总股本的69.59%，成为由经营层和职工共同持股的全民营化的有限责任公司，实现了国有资本全部退出和产权主体多元化，完成了员工身份置换，建立了以产权清晰为基本特征的现代企业制度和规范的法人治理结构。改制后的天马物流有限公司依法设立股东会、董事会、监事会、党委会和工会。公司实行董事会领导下的总经理负责制。

汽运公司改制唐山天马物流有限公司的运营，标志着唐钢贯彻落实国家八部委与省委、省政府关于国有大中型企业主辅分离、辅业改制工作部署取得了首个阶段性进展，成为唐钢完成改制的第一家主辅分离辅业改制的民营化公司。

二、设计院分离改制

设计研究院有限公司（简称设计院）是唐钢集团所属全资子公司。前身为唐钢设计处，于2000年4月改制为有限责任公司。改制后，设计院按照现代企业制度要求，设立了董事会、监事会（唐钢外派）和总经理领导下的经营管理机构，下设3个职能部室和11个生产车间。

设计院改制前注册资本600万元。2004年上半年，实现设计收入1580.55万元，实现利润541.12万元。2004年6月末，设计院共有在册职工346人。截至2004年末，设计院资产总额3326.8万元。

设计院确定的改制工作目标为通过改制，企业实现产权主体多元化，建立有效制衡的法人治理结构，规范职工劳动关系，成为自主经营、自负盈亏、自我约束、自我发展的法人实体和市场竞争主体。其改制形式是将唐钢以股权、债权等形式投入到设计院的国有资产，以及设计院占用的土地评估确权后，70%转让给改制后的企业经营层和职工，设计院改制为唐钢、经营层和职工共同持股的有限责任公司。

2004年10月14日，省国有企业改革领导小组办公室以冀国企办〔2004〕12号文件《关于对唐山钢铁集团汽车运输有限责任公司等2个辅业单位职工安置方案的审定意见》，同意设计院职工安置方案。

2004年10月14日，省政府国资委以冀国资字〔2004〕489号文件《关于对唐山钢铁集团设计研究院有限公司改制实施方案的批复》，同意设计院改制实施方案。

设计院改制后更名为唐山钢铁设计研究院有限公司。2004年12月3日，设计研究院改制为以冶金行业钢铁工程设计为主业的唐山钢铁设计研究院有限公司，注册资本2500万元，其中唐钢出资750万元，占注册资金的30%。企业经营层和职工出资1750万元，占总股本的70%。

唐山钢铁设计研究院有限公司依法组建后，于2004年12月26日挂牌运行，成为唐钢第二家完成辅业改制的单位。截至

2005年末，唐山钢铁设计研究院有限公司拥有固定资产原值2010.86万元，净值1291.11万元。

三、建安公司分离改制

建筑安装有限责任公司（简称建安公司）是唐钢集团所属全资子公司。其前身为1965年成立的唐山市第二建筑公司。2001年，建安公司与唐钢签订为期五年的经营承包责任书，将建安公司改制为市场独立运作的全资子公司。设立了董事会、监事会（唐钢外派）和总经理领导下的经营管理机构，下设5个职能部室和12个专业分公司（厂）。唐钢按照独立运作的子公司对建安公司实施管理和考核。

建安公司改制前注册资本7800万元。2004年上半年，实现产值1.24亿元，实现利润-234.74万元。截至2004年6月，资产总额3.78亿元。2004年9月末，共有唐钢在册职工2974人。唐钢聘请北京中喜资产评估有限责任公司对建安公司2004年6月30日的资产进行了评估。

按照国家八部委，省委、省政府和唐钢主辅分离辅业改制的工作安排，2005年春节前，建安公司改制方案获得河北省政府国资委批复，并完成登记注册。2005年2月，建安公司实施企业整体改制。是月，唐山钢铁建筑安装有限责任公司正式揭牌，成为唐钢集团和改制员工共同参股的混合所有制形式的经济实体。

唐山钢铁建筑安装有限责任公司共募集股本6500万元，其中唐钢出资650万元，占总股本的10%，企业员工出资5850万元，占总股本的90%。通过改制处置国有净资产6497万元，安置各类人员5702人。

唐山钢铁建筑安装有限责任公司的成立，成为继汽运公司、设计院之后，唐钢第三家完成主辅分离辅业改制工作的单位。2005年末，唐山钢铁建筑安装有限责任公司拥有固定资产9070.12万元，净值5292.64万元。2005年，完成施工产值2.14亿元；实现利润560万元，主要经济技术指标创历史最好水平。

四、耐材公司分离改制

耐火材料有限公司（简称耐材公司）是唐钢所属全资子公司，分古冶和丰润两个厂区，土地面积12.89万平方米。古冶厂区原为唐钢第一耐火材料厂，租用面积21.68万平方米，丰润厂区原为唐钢第二耐火材料厂。1996年12月，两个耐火材料厂合并组建耐火材料有限公司。2000年7月，耐材公司实行独立运作，标志着唐钢在建立现代企业制度方面又向前迈进了一大步。

耐材公司改制前注册资本1.2亿元。2004年上半年，实现产品销售收入9340万元，实现利润112.8万元。截至2004年6月末，该公司资产总额2.37亿元，其中流动资产1.57亿元；固定资产原值2.07亿元，净值8712万元。负债总额1.56亿元，全部是流动负债；所有者权益8085万元。资产负债率66%。2004年9月末，共有在册职工1110人。唐钢聘请北京中喜资产评估有限责任公司对耐材公司2004年6月30日的资产进行评估，并出具资产评估报告。

2005年，唐钢把耐材公司改制成为自主经营、自负盈亏、自我约束、自我发展的法人实体，改制后更名为唐山时创耐火材料有限公司。截至2005年5月末，耐材公司拥有固定资产原值1.98亿元，净值8268万元。改制前2005年1—5月，产销率达到102%，实现销售收入1.04亿元。

耐材公司为唐钢第四家完成主辅分离

辅业改制工作的单位。2005 年 6 月 17 日，耐火材料有限公司依法完成改制分离工作。共处置国有资产 6231 万元，安置各类人员 1909 人。改制后更名为唐山时创耐火材料有限公司，注册资本 6000 万元，唐钢出资 600 万元，参股 10%，企业员工出资 5400 万元，占总股本的 90%。在改制方案获得河北省政府国资委批复，募集资金全部到位，产权交易变更完成，工商登记注册完毕后，2005 年 6 月 18 日，唐山时创耐火材料有限公司揭牌运作。

五、轧辊公司分离改制

轧辊有限责任公司（简称轧辊公司）是唐钢集团所属全资子公司。原为 1989 年划归唐钢的唐山市柴油机厂，后更名为唐钢铸管厂。2001 年 5 月 10 日，唐钢铸管厂改制为唐山钢铁集团轧辊有限责任公司，履行工商登记手续，注册资本 5000 万元，成为具有独立法人实体的全资子公司；5 月 25 日，唐钢发文铸管厂更名为轧辊有限责任公司。从 2004 年 1 月 1 日起，轧辊公司交由唐山不锈钢有限公司代管。

轧辊公司主导产品为钢铁生产所需的常法轧辊和离心轧辊，年生产能力 5000 吨，主要供应唐钢本部、不锈钢公司及其他周边钢铁企业。2004 年产销轧辊 4012 吨，其中 60% 销往唐钢本部、不锈钢公司；实现销售收入 9947 万元，实现利润-2561 万元（剔除当期核销不良资产影响，实现利润 37 万元）。截至当年末，轧辊公司账面总资产 8127 万元，全部为国有权益。

2005 年 10 月 25 日，省政府国资委以冀国资字〔2005〕533 号文件《关于对唐山钢铁集团有限责任公司轧辊公司改制实施方案的批复》，同意轧辊公司改制实施方案。由不锈钢公司整体租赁使用或承包经营，双方签订租赁或承包经营协议。根据改制方案，以国有净资产冲抵职工安置费用 1.5 亿元，解决了 1033 名在册职工（2004 年底统计数据）的安置问题。同年 11 月 1 日，省政府国资委印发冀国资字〔2005〕541 号文件《关于唐山钢铁集团轧辊有限责任公司改制项目资产评估核准意见》。当年 11 月 4 日，省政府国资委以冀国资字〔2005〕574 号文件《关于唐山钢铁集团轧辊有限责任公司资产处置方案的批复》，审定批准改制经济行为、资产处置、职工安置等内容。

第三节　精干主体搞活辅助

按照现代企业制度的要求，唐山钢铁集团有限责任公司的成立和河北省政府的经营授权，标志着唐钢的经营方式由单纯商品生产经营的方式转变为商品生产经营和资产经营并举的方式。为此，唐钢加快实施精干主体、放开搞活辅助的改制方案，促进生活服务有限责任公司、技术经济开发有限责任公司等第三产业的发展，对分立的辅助单位进行公司制改制，尽快形成了以产权为连接纽带的子公司。

这一时期，唐钢按照产权、法人财产权和经营权分开的原则对子公司实行资产经营责任制，行使出资者权利，通过资产的优化组合和资本运营实现规模经营，在充分用好国有资产经营权的同时，实现了国有资产保值增值。

一、矿业有限公司公司制改造

矿业有限公司（简称矿业公司）为国有独资公司，是唐钢全资子公司。1996 年 1 月 24 日，唐钢董事会研究决定，在唐钢所属石人沟铁矿、棒磨山铁矿、庙沟铁矿、后屯石矿、司家营铁矿实验厂及矿山部基础上改制组建唐钢矿业有限公司。1996年1月30日，唐钢矿业有限公司依法进行工商注册，注册资本2.7亿元。是年2月6日，唐钢下发文件，明确矿业公司改制组建。1997年6月21日，矿业公司正式挂牌运营。2000年7月1日，矿业公司开始独立运作试运行，成为集团首批推向市场、实行独立运作的全资子公司。于翌年正式运作。

二、生活服务有限责任公司体制改革

生活服务有限责任公司（简称生活公司）是唐钢所属全资子公司，与行政福利处一个机构、两块牌子。先后由唐钢生活处、绿化处、房管处等单位合并演变而来。生活公司内部细分为14个经营项目，同时承担公司住宿职工户籍管理等6项后勤管理职能。对外称生活服务有限责任公司，于2002年组建并履行工商注册手续，注册资本600万元；对内称行政福利处，负责为唐钢集团和唐钢股份提供生活后勤服务项目。2005年4月，提出并实施产业化经营思路，加快培育第三产业对外经营创收项目等。

三、技术经济开发有限责任公司专业化发展

技术经济开发有限责任公司（简称开发公司），是1993年设立的唐钢集团所属全资子公司。1999年8月，与唐山自行车有限公司合并；2001年2月，与唐钢劳动实业公司合并；2002年3月，改造为公司制企业，重组改制为全资子公司唐钢集团技术经济开发有限责任公司，注册资本5400万元。2003年9月，与唐钢物资贸易储运公司（1998年省冶金厅物资站划转企业）合并。2005年4月，提出改制思路，加快开发公司向专业化、规模化、规范化生产经营步伐，推动钢材深加工产业快速发展。

四、微尔电子股份有限公司清算解散

唐山微尔电子股份有限公司（简称微尔电子公司）是唐钢相对控股的股份有限公司。2000年6月，微尔电子公司在技术经济开发公司所属电子公司基础上分离改制组建。当年6月，办理了省工商局营业执照。2003年7月，计控管理处和唐山微尔电子股份有限公司合并重组，改制为唐山微尔电子股份有限公司（唐钢股份计控管理处）。

微尔电子公司清算前总股本2000万元，其中唐钢股份持股520万元，占总股本的26%；唐钢集团持股450万元，占总股本的22.5%；金恒发展总公司和物贸储运公司（唐钢全资子公司）各持股200万元，各占总股本的10%；唐山财通商贸有限公司持股30万元，占总股本的1.5%；职工持股600万元，占总股本的30%。

微尔电子公司组建后，按照唐钢辅业子公司实施管理和考核。截至2004年末，共有在册职工940人。账面总资产5520万元。2004年，实现收入1.34亿元，利润867万元。

按照省政府国资委关于加快推进主辅分离辅业改制的有关要求，2005年4月25日，唐钢将《关于清算解散唐山微尔电子股份有限公司的请示》递交省股份办。按照冀国资字〔2005〕213号文件批复，以及微尔电子公司第二届董事会第三次会议和股东大会审议通过的《清算解散方案》，同意清算解散唐山微尔电子股份有限公司，

遂微尔电子公司在 2005 年 5 月底停止一切经营活动，进入清算期，清算期至同年 7 月 31 日。2005 年 9 月，微尔电子公司清算解散后，恢复为唐钢股份所属的计控管理处，由唐钢股份按双职能单位实施管理。

五、三环公司改制

2002 年 12 月，唐钢将其隶属的唐山三环工程建设监理有限公司（简称三环公司）划归设计院，并按照行业要求实施了产权主体多元化改制。

第三章　三项制度改革

1996—2005 年，唐钢三项制度改革实现了规范化、制度化。其中 2002 年 1 月 1 日正式施行的三项制度改革，范围之广、幅度之大，是唐钢十年来动作最大的一次。不仅在形式上有所突破，基本工资制度由原来的岗位技能工资制改为岗位系数工资制，建立了全员岗位绩效考核体系，制定了各类人员竞争上岗制度，评选了有突出贡献课题组和科技人员，开展了技术带头人和公司专家评选聘任工作，而且触及了人员能出能进、干部能上能下、收入能增能减等多年来困扰国企改革发展的深层次矛盾，三项制度改革向市场化方向迈进。

第一节　改革内容

唐钢于 2002 年 1 月 1 日施行的《劳动用工制度改革方案》《人事制度改革方案》《分配制度改革方案》，改革思路以用工和人事制度改革为基础，以分配制度改革为核心，以激励人的积极性、创造性为目的，稳妥推进改革内容，建立了有效的激励和约束机制。

此轮深化劳动、人事、分配三项制度改革的主要内容包括：完善劳动合同管理，与职工签订新的劳动合同；实施竞争上岗制、岗位系数工资制、干部聘任制、聘任干部公示制；制定《人才管理办法》，健全完善对人才的开发培养和使用管理，初步形成了职工能进能出、干部能上能下、收入能增能减的激励约束机制。

一、劳动用工制度改革

劳动用工制度改革重点是建立健全岗位绩效考核体系，为优胜劣汰奠定基础；强化劳动合同管理，改变单一用工形式，满足多层次需要；构建岗位竞争机制，实行“末位淘汰”，推行“公开竞聘，择优上岗”；强化职工培训，推进职业技能鉴定，逐步实行持证上岗制，规范工种管理，实行多能工制度。

改革方案包括《劳动合同管理及考核办法》《实行竞争上岗、末位淘汰管理办法》《职业技能鉴定工作实施安排》《推行公开竞聘、择优上岗管理办法》《推行多能工制度实施意见》《下岗人员管理办法》《职工休假管理办法》《职工自谋职业有关规定》等 8 项办法和规定。

二、人事制度改革

人事制度改革重点是合理定编，压缩厂处级干部职数，机关处室原则上配一正一副。二级单位原则上职工人数在 1000 人以上的配备领导干部 5~7 人，职工人数在 1000 人以下的配备领导干部 2~5 人。同时在有条件的单位实行党政交叉任职和党群干部兼职；健全干部选拔和任用机制，优化干部结构；完善领导干部考核办法，实行末位调整；建立健全专业管理网络体系，加强技术创新工作；完善专业技术管理系列考核体系，建立竞争机制；加强人才培训与管理；进一步打破干部、工人岗位界限，使人才各显其能、各得其所；对改革产生的富余人员进行妥善安置。

改革方案包括《专业技术管理系列实施细则》，专业技术管理系列岗位设一级专家、二级专家、三级专家、四级专家、高职级、师级、助师级和员级。高职级包括一级高职、二级高职、三级高职、四级高职四个职务；师级包括一级师、二级师、三级师、四级师；助师级包括一级助师、二级助师、三级助师、四级助师。

三、分配制度改革

分配制度改革重点是以岗位系数工资制为主导，坚持竞争上岗、岗变薪易的原则，本着“先改后包”的思路，改革重点是对子分公司实行自主确定工资总额辅以工资指导线制度。为体现向关键岗位倾斜的原则，对主体生产单位实行特殊岗位津贴；对有突出贡献的科技人才、有突出贡献的课题组、专业技术带头人等不同层次的科技人员实行科技奖励，从而对各层次人员形成有效的激励作用。

岗位系数工资由岗位工资、特殊工资和奖金三个单元组成，工资标准划分为行政管理职务系列、专业技术职务系列和操作岗位系列。岗位工资单元由岗位系数和岗位工资基数确定。特殊工资单元包括部分职工享受的反映劳动消耗补偿性的津贴和保留工资。奖金单元按经济责任制考核的综合奖、效益奖和各种单项奖，按年度工资基金总体安排方案考核发放，并根据经济效益指标完成情况适度拉大奖金分配差距。

改革方案配套出台了《职工岗位（职务）与岗位系数对照表》《岗位系数工资制实施细则》《实行实物量工资含量分配的暂行办法》《独立运作子分公司实行自主确定工资总额的暂行办法》《对生产单位的关键岗位实行特殊岗位津贴的实施办法》《奖励科技人才的实施办法》等6个文件。

在薪酬制度改革中，对中层管理人员、科技人员和操作技能人才实施绩效考核，建立动态的绩效考评机制。对企业中层领导，按计划、目标、挖潜增效三档制定考核办法，把中层管理人员的收入与本单位生产经营任务、挖潜增效计划完成程度紧密结合起来，增强了工作的主动性。在深化分配制度改革中，始终坚持四项原则：坚持适当拉开差距原则，坚持与市场接轨原则，坚持兼顾公平原则，坚持正确处理好积累与分配关系的原则。其中实行自主确定工资总额的独立运作子分公司包括炼焦制气厂、矿业公司、机械制造公司、铸管厂、行政福利处、公安处、建筑安装公司、汽运公司、运输部、设计院、河北省冶金高级技工学校、医院等13家单位。

第二节　改革实施过程

自2001年7月28日起，唐钢深化劳动人事分配三项制度改革正式启动，以〔2001〕157号文件下发了《劳动、人事、分配制度改革实施意见》，成立了改革领导小组，下设三个工作组，对改革工作强力推进。2001年8月3日，召开三项制度改革领导小组第一次会议，明确改革思路，制定了推进三项制度改革办法和措施。同年12月18日，在第二十届职代会第四次会议上审议通过了《劳动用工制度改革方案》《人事制度改革方案》《分配制度改革方案》，规定于2002年1月1日起执行。

2001年12月21日，召开劳动人事系统专业会，部署三项制度改革具体事宜。同月22日，经过经理办公会研究审议，通过了三项制度改革方案实施进度安排；26日，三项制度改革方案及具体要求以公司正式文件下发，标志着唐钢大规模三项制度改革由此拉开帷幕。

2001 年 12 月，完成专业技术管理岗位的设置。同月，完善了专业技术管理岗位月考核办法。2002 年 1 月，对子分公司实行自主确定工资总额辅以指导线制度。当年 1 月，完成岗位的划分和界定，设定了技术操作岗序。同年 2 月，根据工资改革运行情况，及时建立健全岗位绩效考核体系和相关制度。2002 年 1 月，制定出各单位新的厂处级干部编制，确定中层干部职数和专职主任师职数；制定了工人到技管岗位的招聘程序和条件，以及《关于科级及一般干部实施公开招聘、竞争上岗的意见》等。

2002 年 7 月，评选出“有突出贡献的课题组”17 个，一等奖课题“公司煤气综合利用与降低轧钢消耗”；有突出贡献的科技人才 32 人，一等奖获得者卢峰、白连臣、李双来。

2002 年 8—11 月，建立理论知识与实际操作考核题库，对在唐钢工作不满 20 年的职工，依据考核成绩对照《岗位绩效考核与用工形式对照表》对号入座，保持或变更合同。当年 10 月，结合劳动用工制度改革，首批试点工种职业技能鉴定工作开始，年内首批车工、电工、烧结看火工、转炉炼钢工 4 个工种的鉴定工作结束。

2002 年，机关和双职能单位共精简处级机构 3 个、科级机构 28 个、人员 718 人。结合机构合并重组，压缩厂处级领导干部职数，采用安排专项工作、改聘专业技术职务、厂内退休三种方式进行了分流。

在分配制度改革方面，自 2002 年起，每年拨款约 650 万元，用于主体生产单位实行特殊岗位津贴，拉开与辅助单位的收入差距。

专家任期制的实行，解决了能上不能下的问题。2002 年，成立专家委员会，下设 6 个专业委员会，同年 3 月，制定《专业技术系列实施细则（专家部分)》，提出聘任一、二、三、四级公司专家的条件、职责及考核办法和待遇规定。在 7 月 25 日的科技大会上，总经理王天义为张鉴湖、王存虎、刘东生、高永春、李双来、卢峰、田万林、王树忠、武士勇、李俊华、赵东升、张建忠 12 名专家颁发了聘书，张鉴湖为三级专家，其他 11 人为四级专家。到 2005 年，共聘任三级专家 8 人、四级专家 66 人、专业带头人 150 人、操作技能专家 16 人。

第四章　公务用车与职工住房制度改革

加强公务用车管理，提高工作效率，杜绝公车私用，减少费用支出，促进廉政建设，成为唐钢深化改革中的一项内容。2004年，唐钢制定下发一系列公务用车改革管理办法，确保了公务用车制度改革各项措施落实到位。依据国家、省、市政策，积极稳妥推进职工住房制度改革，建立起与社会主义市场经济相适应的职工住房制度，实现了住房商品化、社会化，满足了职工不断增长的住房需求。

第一节　公务用车改革

唐钢改革公务用车制度，鼓励厂处级以上干部自购车辆，杜绝公车私用，减少了费用支出。2004年1月5日，印发《公务用车改革实施办法》，适用在职副处级及其以上干部个人购车，并给予一定的行车费补贴，包括保险费、养路费、年检费、燃油费、维修费、路桥费、停车费7项费用，固定补贴部分正处级及以上干部每年补贴1.5万元，副处级干部每年补贴1万元；适当配置公务用车，实行费用包干，确保车改措施落实到位。车改后，各单位与子公司原则保留2～3辆公务车，机关处室保留1辆。富余车辆除公司核定的配置车辆外，各单位、各部门富余车辆一律就地封存，由公司统一查收。富余人员由所在单位自行安置。

根据公司公务用车工作总体安排，2004年8月10日，印发执行《公务用车管理办法》和费用考核指标，严格限定公务用车使用范围，对公务用车实行费用考核。是年9月21日，公司办公室下发《关于公务用车费用考核有关问题的规定》，就费用考核涉及的保险费、燃油供给、修理费用等作出具体规定。截至2004年末，已有188名中层以上干部购车，占车改范围的84%，并清理处置富余车辆193辆，精简司机岗位150个。

第二节　职工住房制度改革

住房问题是职工关注的重大民生问题。解决职工住房问题是唐钢十分重视并抓紧不放的重点工作。唐钢自1994年着手研究职工住房制度改革，从起步到基本完成，先后经历了住房保证金、租售并举、只售不租等多个阶段，实现了从住房实物分配到货币化补贴的新旧两种住房体制转换，使职工住房步入货币化、社会化、商品化的住房新轨道。

唐钢在住房制度改革中注重利用各种媒体进行广泛宣传发动。1996年3月，举办贯彻唐山市房改政策、完善公司房改方案研讨班；4—5月，连续举办多期住房制度改革业务培训班。在此期间，《唐钢报》连续刊发政策解读，就成本价售房问题答疑解惑。1998年12月，《唐钢报》在头版刊发副总经理王子林署名文章《关于唐钢深化住房制度改革的几点说明》。

结合市场规律，唐钢加快推进住房制度改革步伐，保证了职工安居乐业。1996年，唐钢职工住房分配实行租售并举政策。

自下半年起，按照职工工资总额，由职工和企业各提 5%为在职职工积累住房公积金，同时按照市政府统一规定，实行了降低房补和提高住房租金的政策。租住唐钢住房的职工缴交租赁保证金，新房每平方米 200 元，旧房每平方米 80 元，购买唐钢自管公房实行标准价。自 1996 年 1 月起，唐钢按照《唐山市深化城镇住房制度改革实施方案》要求，对职工公有住房的标准租金从每平方米 1.08 元提高到 1.28 元。同时，享受住房补贴的职工亦将冲销补贴 20%，即职工房补下调 20%，标志着唐钢完成深化住房改革的一个重要步骤。1996 年 5 月 24 日，唐钢第十九届职工代表大会第十五次代表团长联席会议审议通过了《深化职工住房制度改革实施办法》《职工住房公积金实施细则》《出售自管公房实施细则》。住房制度改革取得初步成果。

1996 年 11 月，唐山市出台《直管旧公房出售办法》并于同月开始实施。1997 年 6 月，唐钢制定出台《成本价出售自管旧公房暂行办法》，配套发布《成本价出售自管旧公房职工工龄审核管理细则（暂行)》。

1998 年，唐钢职工住房分配实行出售政策标准价和成本价两种售房形式，由职工自行选择，标准价购房职工可进行其住房调换，成本价购房不再予以调换。职工住房售房价格实行经济适用住房价格。1998 年 12 月 2 日，召开住房制度改革工作会议，全面部署住房制度改革工作。同月，下发《深化住房制度改革的几点说明》《自管公房成本价售房暂行办法》《自管小区装饰装修管理规定》。自 1998 年 12 月 15 日起，全省停止住房实物分配，新建、新购住房原则只售不租。为落实全省《关于深化城镇住房制度改革加快住房建设的通知》精神，唐钢坚持住房制度相互衔接，综合配套，平稳过渡的原则，进一步深化职工住房改革，使公司职工住房制度朝着“取消实物分配，逐步实行住房分配货币化”目标发展。

1999 年 4 月 6 日，召开年度分房工作会议，宣布《1999 年度职工住房分配办法》，对新分住房实行成本价出售，只售不租，标志着唐钢住房制度改革进入新阶段。1999 年末，唐钢有自管住宅 20049 套，累计出售 16646 套，占 83%，收回购房款 3.49 亿元。翌年，公有住房出售工作基本完成。

从 2000 年开始，唐钢为购房职工办理住房产权证。至 2001 年 11 月，完成了龙华、七十七号住宅小区的职工住房土地使用证和房屋产权证“两证”办理工作。其他小区陆续办理中。2002 年 4 月 8 日，陆续向 4.9 万名在职职工发放住房公积金专用卡。至此，唐钢住房制度改革进入尾声。

第四篇

供应　销售 国际贸易

1996—2005年，唐钢供应、销售与对外经济贸易工作广拓渠道，与国内外供应商和客户建立起长期稳定的互惠协作关系，为企业建立了完善可靠的供销、进出口保证网络，通过不断加强质量、价格等环节工作，为企业生产经营和挖潜增效作出了贡献。

第一章 供 应

十年间，公司供应业务立足国内，采取措施，满足生产需求，努力降低运输费用，保质保量供应大宗原燃料，实现了盘活降库与挖潜增效的目标。

一、采购的种类

唐钢生产所需的原燃材料的采购供应工作包括四部分：其一，炼铁料主要有：煤炭、焦炭、地方矿粉（不含外矿业务）、球团矿、白云石等原燃材料及高炉基建、大修用耐火材料；其二，炼钢料主要有：生铁、各种合金料、各种耐火材料、石灰等；其三，原料厂生产所用煤炭、石灰石等原料；其四，废钢的采购供应及公司自产废次材坯的回收及销售。另外，唐钢股份（除炼焦制气厂）各单位所用各种油漆化药、润滑油脂、清洗剂等辅料。

二、采购的业务范围与权限归属

1996年7月，供应处收回原一铁厂地方矿粉、球团自采权；1998年10月，地方矿粉、球团自采权划归一炼铁厂；1999年9月28日，原供应处负责的一炼铁厂生产用大宗煤、焦炭等主要物料采购权下放一炼铁厂；2000年10月，原二炼铁厂生产用煤、焦炭、地方矿粉、球团归二炼铁厂自采。

2003年4月，山西美锦、阳光两家焦炭采购由炼铁厂划归到供应处；2004年5月9日，唐钢对原燃料采购实施集中统一管理。收回炼铁系统的煤、焦炭采购权，由供应处统一采购。2004年12月，供应处逐步加强对炼钢单位的辅料管理，对原由二级单位管理的水处理剂、清洗剂、润滑油脂等，采取集中由供应处统一管理，涉及54个品种402个规格，年采购金额7700万元。2005年，公司生产规模迅速向千万吨挺进，先后集中了矿业公司和不锈钢公司的焦炭、喷吹煤、合金和地方精粉的采购权。通过发挥集中采购的规模优势，在降价、保供、保质等方面取得了较好的效果，为建设千万吨大钢和产品结构调整提供有效的保障。当年末，采购规模大幅提高，主要原燃料的保供主渠道日益完善，采购价格得到统一，有效避免了内部竞争，采购成本有效降低，采购物料质量得到进一步提高。

三、降低采购成本

1996年，在市场原燃料全面涨价的情况下，全年实现降低供应成本4609万元，为挖潜增效作出贡献。1997年，对开滦地方煤采购全部实现定点直供。1999年6月12日，铁精粉采购首次实行招标、议标，采购方式由过去供应部门一家确定采购厂家，变为公司矿粉采购议标领导小组集体决策。来自本地区95个单位、58个矿点的矿长、经理前来竞标。2000年4月5日，提出可供子分公司开发的总价值1.7亿元的产品项目。

2001年1月，唐钢首次实行职工代表价格听证会，20名职工代表对大宗原燃材料采购价格运作提出了改进、完善管理的意见和建议。2002年，随着唐钢生产能力的提高，采购的各种原燃辅料也随之大幅度增加，矿粉、合金、球团矿、生铁、石料、溶剂料等主要原燃料的年采购量达到755万吨，当年实际累计借差5578万元，比目标计划减少借差1822万元，资金占用实际月均完成3亿元，外购矿粉进厂质量指标64.5%，实际完成累计加权平均达到66.58%。充分利用买方市场优势，努力降低存货资金占用，全年约降低2亿元。

针对钢铁工业快速发展原燃材料资源日趋紧张的形势，采取有力措施保证生产对原料的需求。2003年，由于生铁、硅锰合金、焦炭、铁精粉、废钢等大宗品种出现近十年来的资源紧张、价格上涨、运输困难的情况，面对原燃料资源紧张的严峻形势，唐钢和国内外供货商建立长期稳定的协作关系，保证了公司生产用料。这一年，唐钢原燃料采购量比上年增加了255万吨，新建热轧薄板、LF炉等项目对原燃料的质量标准要求进一步提高，且对主要大宗品种实行最高限价管理，采购思路由原保供、保质、降低料价，转变为以降低料价为中心的保质保供。当年实现对标创效1.15亿元，其中6种主料1.07亿元，辅料805.9万元。2004年12月，集团下发《关于部分大宗原燃料集中采购的管理办法》，发挥规模采购优势，降低采购成本。通过与国内外供应商联合建矿、建立长期战略伙伴关系等方式，锁定外矿粉、煤炭、焦炭、合金料等资源，确保了正常生产。2005年，积极开发货源，继续稳定供货渠道，加强趋势预测，搞好采购节奏和库存控制，完善招投标措施等，保证原燃料采购供应各项要求的落实。

四、废钢供应与管理

1998年2月，为便于废钢管理，减少被盗流失，唐钢将废钢场地由国各庄迁至南区动力厂35吨锅炉南侧和供应处办公楼北侧，开辟出两块共计1300多平方米的场地，用于堆放废钢。2002年，废次钢材营销实现利润1180.86万元，比计划超额完成利润580.86万元，比目标超额完成利润380.86万元。2003年，废钢销售利润计划650万元，目标700万元，实际完成2791.83万元，超计划2141.83万元，超目标2091.83万元。2005年，销售废次材坯10.33万吨，实现利润1086.89万元，超目标86.89万元。

五、采购总量与金额

1996—2005年，生铁采购总量340.14万吨，采购金额60.43亿元；焦炭采购量2507.54万吨，采购金额187.20亿元；铁精粉采购总量890.83万吨（外购），采购金额25.44亿元；煤炭采购量2740.90万吨，采购金额113.69亿元（统计口径不含2001—2003年烟煤、无烟煤采购金额）；球团采购总量635.71万吨，采购金额29.19亿元；外矿采购量2439.36万吨，采购金额96.50亿元；辅料采购总量2435.94万吨，采购金额10.87亿元。2003—2005年，供应废钢72.05万吨。

第二章 销 售

销售是企业经营过程中的重要环节，是把产品转化为经济效益的增值环节。十年间，唐钢创新营销策略，夯实基础管理，加强直销网点建设，扩大专项代理，与经销商、直供户建立了稳固、互惠、诚信的协作伙伴关系，实现了市场份额和产品价位稳定提升的目标。2005 年，共销售商品材坯 786.24 万吨，平均售价达到 2928 元/吨，产销率和货款回收率分别达到 100.28%和 100.30%。

一、营销策略与基础建设

1996 年 1 月，唐钢率先在全国钢铁企业实行收取承兑汇票营销策略，这一营销策略为公司有计划地组织钢材销售工作和货币回笼提供了保证。当年 11 月，提出“两条腿走路”的营销思路，在稳固专项代理户关系的同时，加大自办公司销售力度，变坐商为行商。1997 年 10 月 6 日，增设销售网点，建立华东、东北、中南、西北四大区域销售办事处，覆盖大半个中国。当年，开展直销和零售业务，扩大专项代理，拓展联销，组织专项产品订货洽谈会，提升产品销量。

1998 年，改革销售体制，组建销售公司，按区域建立驻外销售机构，扩大直销量，改善订货、发运管理，扩大零售业务。当年 6 月，成立现货服务中心。对钢材用量少、品种多的单位实行商店式销售，5 千克起售，24 小时服务。1999 年 9 月，为扩大新产品销售，理顺销售职能，公司将技术中心的新产品销售职能全部划归销售公司。当年，以产销率、货款回收率 100%为销售目标，开发国家重点工程、水毁恢复建设及传统市场以外的盲区，销售网点基本覆盖国内市场。采取批零兼营和商店式的销售方式，增加小额销售业务。继续完善销售系统内部承包管理，充分调动了营销人员工作积极性。

2000 年 4 月 11 日，成立用户服务领导小组，根据钢材品种分为线材、棒材、型材、管带材四个服务小组。2000 年，在对销售网络软硬件、清理陈欠、信息收集和售后服务进行统一管理的同时，强化计划科统一协调产销衔接职责，促进了品种兑现率的提高。2001 年，在巩固传统市场的基础上，强化直销网点建设，设立专卖场，提升售后服务能力，直销用户量质并增。

2002 年，坚持“以效定销”的原则，推进材坯销售工作。针对京津地区线材资源多、竞争异常激烈的状况，采取灵活的营销策略和便捷的供货方式，以区域价格优势保证平均售价的提高。在钢材市场购销两旺的形势下，分别于 5 月、8 月、10 月，召开华北地区建材市场研讨会、中型材用户订货洽谈会、建筑用钢材冬季订货会，促进了与重点客户及潜在客户的合作。2003 年，抓住钢材价格稳步上升的市场机遇，及时调整产品价格和流向，搞好全过程销售服务。特别是热轧薄板达到了市场份额和产品价位稳定提升的目标。

2004 年，坚持“以销定产”，及时根据需求组织生产，实现了产销率和货款回收率 100%的目标。同年 3 月，贯彻计划导向型营销策略，积极推广“二重性”合同管理模式，着力开辟销售渠道，将保价、保量、保运措施逐一落实到人。2005年，坚持“以效定销”和“以销定产”原则，发挥外办网点的优势，扩大直销比例。建立健全重点用户信息档案，推行信誉等级制度，保证了销售渠道畅通稳定。适时制定公司盈利、经销商认可的销售政策，同年6月召开冷轧产品订货洽谈会，确定推行“保证性能、降低价位”的冷轧产品营销策略。全力组织矿用钢、大型角钢等产品合同，提高棒线材传统产品经济效益，Ⅲ级钢筋年销量突破90万吨，高线中、高档品种销售开发上量。

二、市场开发

（一）钢材（坯）市场调研

2000年，设立专业科室并制定《信息传递管理办法》，明确所有销售业务部门均为信息收集机构，由信息服务科统一整理汇总。之后，增加了重大信息及时报告制度，将有价值的信息及时传递到技术中心等职能部门和相关人员，以便于确立产品定位和目标调整。2002—2003年，在热轧薄板产线与冷轧薄板产线投产之前，成立热板市场调研组和冷板市场调研组，为热板、冷板新产品成功上市销售和快速上量奠定了市场基础。

（二）钢材（坯）市场开发

1996年4月，增强对市场的敏感度，提高对价格走势和市场供求量的判断能力，及时适当调价，适当增加转款数量，控制各类合同执行比例，尽可能多销议价材；提高硬线、船角、轻轨等高附加值产品的销售量；同年8月，强攻滞销产品，灵活销售手段，对销路不畅的中型材实施重点突破，千方百计拓展销路，做到产销平衡。是月15日，通过中国核工业华兴建设公司广东岭澳核电站项目供货资格评审，获得供方资格合格通知书，具备参加核电工程项目的招标和全国谈判工作的资格。

北京钢材（坯）市场开发 凭借区位、资源优势，1998年7月，唐钢21MnSi热轧线材在北京地区销量达到1165吨，占北京地区总销量95%，货款回收率100%。是年8月，唐钢6000吨新品种弹簧钢在北京地区销售一空，供不应求。该产品用于汽车弹簧制造。

为三峡工程供货 1997年10月21日，唐钢与中国长江三峡工程开发总公司签订协议，成为三峡二期工程钢材供应定点厂。在5年多的有效协议期间，向三峡工程提供线材、螺纹钢、圆钢、焊管等钢材。是年12月10日，在三峡二期工程钢材订货会上，唐钢钢材订货量居参会11家钢铁企业之首。1998年3月13日，湖北省宜昌市三峡唐钢销售有限公司挂牌成立。该公司是唐钢和河南省博爱县物资局贸易中心联营组建。该公司的成立，为唐钢进一步开拓三峡市场，搞好售后服务奠定了基础。1999年6月，在中国长江三峡工程招标活动中，唐钢再次被确定为下半年主要供货单位之一，供货总量居中标厂第二位。2000年10月，唐钢10、12.5、14、16号角钢打入三峡电力工程。2001年，唐钢创出“三峡角”品牌，为三峡工程提供精品角钢4.91万吨，主要涉及6个规格产品，占三峡工程所用精品角钢总量的三分之一，塑造了唐钢产品品牌形象。

直供特区钢 2000年9月，唐钢与香港中华乐业公司签订2万吨直径16~25毫米螺纹钢筋的销售合同。同年10月，首批3000吨“特区钢”运往香港特区，用于香港特区的基础建设。2003年1月21日，HRB400热轧钢筋完成在香港公务局土木工程署的登记注册，标志着公司Ⅲ级钢筋具备在香港地区进行市场交易和工程应用的资质。

直供“奥运钢” 2001年10月，唐钢采取多项措施，确保500吨45Si2Cr“奥运钢”的质量，满足奥运场馆建设。同期，大规格铌微合金化HRB400螺纹钢用于北京奥运工程的施工建设。

冷轧产品首次打入东北市场 2005年10月28日，唐钢与中国铁路沈阳物资材料厂签下600吨0.5~0.8毫米规格的冷轧板卷销售合同，这是唐钢冷轧产品首次打入东北市场。

启动与长城汽车合作 2005年12月5日，经河北长城汽车股份有限公司确认，唐钢首次为长城皮卡轿车、越野吉普车提供的汽车用钢达到长城汽车公司的技术要求，标志着唐钢生产的汽车用钢达到国内一流水平并成功进入国内汽车用钢市场。

三、钢材（坯）销售工作范围、权限与网络建设

1996年，钢材（坯）销售业务范围不包括原带钢厂产品。1998年5月，改制销售公司时，将原带钢厂钢材产品销售业务划入销售公司。2003年9月，随着不锈钢公司成立，又将原带钢厂销售业务划出。1999年10月，开始全面推行“先款后货”政策，并取消转款抹账销售模式。2000年，启动销售网络系统建设，于2002年正式运行，至此结束了手工签订合同和下达发货单的历史。

四、钢材（坯）产成品出入库管理与材坯发货

从1996年3月起，销售公司产品段负责管理唐钢老区钢材（坯）入库半成品和产成品的收发和出入库管理，并按时编制半成品和产成品统计报表。业务范围不包括原带钢厂、冷板（合资公司），因采用来料加工只负责二级单位间数据结转与传递。

材坯发货量多次创历史纪录。2004年3月16日，唐钢完成材坯发货量2.04万吨，首次突破日发货量2万吨大关，其中自提发货达1.94万吨，创历史最好水平。2005年1月31日，日发货量首次突破3万吨大关，达到3.01万吨，创日发货量历史最好水平。

五、工业销售产值

十年间，公司工业销售产值稳步提升。1996—2005年，公司工业销售产值累计总额1135.99亿元。其中：1996年，工业销售产值47.06亿元；1997年，工业销售产值50.34亿元；1998年，工业销售产值52.54亿元；1999年，工业销售产值61.09亿元；2000年，工业销售产值71.94亿元；2001年，工业销售产值82.18亿元；2002年，工业销售产值93.47亿元；2003年，工业销售产值142.33亿元；2004年，工业销售产值239.52亿元；2005年，工业销售产值295.52亿元。

第三章 对外经济贸易

唐钢进出口业务由外经处（进出口公司）负责。进口业务范畴主要是进口铁矿石及从国外引进的技术、设备、备品备件的经营管理，出口业务涉及钢材、耐火材料等产品的国际贸易。2004 年 11 月，与唐山海关签署信任放行备忘录，是全省首批获此资格的两家企业之一。获此资格后，海关降低了对进口货物的查验次数，进口货物涉及关税、进口环节增值税的在海关开具税款缴款书后，即可先行提取货物，所需税款可在其后 15 天内缴纳。2005 年，通过了全国对外贸易信用 AAA 级评审，属当时国内最高信用等级。全年，进口铁矿石 1027 万吨，首次突破千万吨大关；全年出口钢材 15.28 万吨，创汇 7476 万美元。

一、进口工作

（一）铁矿石进口

1996—2005 年，唐钢和巴西、澳大利亚等国家矿山企业签订长期供货协议，主要进口巴西矿、印度矿、新西兰矿，南非粉矿、澳大利亚矿。同期，签订澳洲航线、巴西航线长期运输合同，低位锁定海运价格，降低外矿采购成本。

1996—2005 年铁矿石进口来源一览

表 4-3-1

铁矿石进口国家	供货企业
澳大利亚	必和必拓、中钢、罗布河、哈姆斯利
巴西	CVRD、MBR
南非	嘉鑫、友汉
印度	来宝、中钢

运输方式采取一程船直送达秦皇岛港和天津港，再经秦皇岛港和天津港由火车或汽车运抵唐钢；一程船转水运输到青岛、烟台、日照、宁波等转水港，由转水港转运至秦皇岛港和京唐港，再由秦皇岛港或京唐港火车运输或汽车运输组织到厂。

2001 年，铁矿石进口国由澳大利亚一国扩展到巴西、印度等多个国家。当年 10 月，与天津港共同举行进口澳矿实现 10 万吨级货轮运输首航卸载清点。天津港 10 万吨级码头的建成投入使用，为公司每年降低运输费 2000 万 ~ 3000 万元。2002 年，进口铁矿石采购运输首次推行招投标。2005 年 5 月，经中国五矿化工进出口商会和中国钢铁工业协会审查，获得铁矿石进口资质，成为我国自 2005 年 3 月 1 日起实行铁矿石进口许可管理制度后，首批获得铁矿石进口资质的企业之一。自此公司铁矿石供应用料更加稳定，更好地满足了生产需要，降低了采购成本。当年 11 月，公司进口矿在曹妃甸港 25 万吨级矿石码头首次试航接卸成功，为曹妃甸港的顺利通航打下了基础。

公司与巴西 CVRD 公司等国外企业在精粉及部分烧结粉供应等方面开展互利合作，铁矿石供应量稳步递增。1999—2000 年，每年进口澳大利亚铁矿石 120 万 ~ 300 万吨。2001 年，进口铁矿石 325 万吨。2002 年，进口铁矿石 474 万吨。2003 年，进口铁矿石 803 万吨。2004 年，进口铁矿石 740 万吨，到厂成本 500 元/吨。2005 年，进口铁矿石 1027 万吨，节约采购资金 1.16 亿元。

（二）设备材料与备品备件进口

1997年，为二炼铁厂进口2560立方米高炉热风炉设备。同年1月，与荷兰霍高文公司签订引进耐火材料合同，涉及金额870万荷兰盾，折合500万美元。同年5月，与俄罗斯重工业出口公司签订引进水渣处理设备合同，涉及金额249万美元。2000年，与DMG财团签订进口超薄热轧带钢生产线成套设备合同，主要包括单流薄板坯连铸机、辊底式加热炉、热轧带钢轧机（7架）、高速飞剪和2台地下卷取机等。2002年，与意大利达涅利、法国奥钢联克来西姆公司、日本新日铁与三菱商社签订项目合同，为冷轧项目进口酸洗产线、镀锌产线、冷轧产线、彩涂产线、单机架产线，合同额3300万美元。2003年，完成一期热轧超薄带钢进口设备项目，进行二期进口项目的技术谈判和商务谈判，与达涅利公司和日本三菱公司签订3份合同，合同金额总计1475万欧元。当年，为冷轧项目签订11份合同，合同金额4369万欧元，同时办理了该项目进口设备的免税事宜，免税额达到1.3亿元。同年，为高炉大修签订4份进口设备合同，合同金额453.6万美元，为公司节省税金1600万元。是年，为氧气厂签订6份合同，合同金额267.4万美元。2004年，进行冷轧及带钢表面涂镀层项目的酸轧联合机组、镀锌机组、轧辊间及电火花引进设备的技术及商务谈判，签订了商务合同，合同金额分别为5035.73万欧元、90450万日元、344.82万美元、147.5万英镑，支付了预付款并开立了信用证。同年，为热轧薄板厂进口1700毫米热轧生产线配套自动化设备及液压设备、氧气厂750万吨改造及1.5万标准立方米/时制氧机改造工程涉及的引进设备项目手续办理完成。这一年，为公司基建技改及合资项目的引进设备办理了多批次的免税手续，涉及热轧薄板厂、冷轧薄板厂、氧气厂改造引进设备等项目共免税2.5亿元。2005年，进口设备项目引进执行合同20个，合同金额9175万美元。包括热轧超薄带钢项目二期工程、冷轧项目、1号高炉大修、炼焦制气厂焦炉及炼铁厂北区烧结专家控制系统等，并办理进口设备免税事项，免税金额达2.5亿元。

二、出口工作

出口工作主要是对唐钢自产产品的出口经营管理，公司每年下发执行生铁、钢坯、钢材、耐火材料等产品的出口工作计划。2000年，省对外贸易经济合作厅批复同意集团增加自产自行车、金属结构等自产机电产品的出口商品目录。十年间，公司出口产品主要销往韩国、日本、意大利、美国等，2004年出口量、创汇总额创历史纪录。

1996—1998年，出口生铁、钢坯量较低。1999年，出口创汇320万美元，其中出口生铁1.01万吨，创汇120万美元；出口钢坯5124吨，创汇80万美元；出口耐火材料800吨，创汇120万美元。2000年，出口生铁10.4万吨，钢坯14.7万吨，钢材1.98万吨，耐火材料366吨，合计出口创汇4285万美元。2001年，出口创汇602万美元。2002年，出口钢材3624吨、耐火材料345吨，及部分自行车和家具产品，共计创汇232万美元。2003年，出口钢材6500吨、耐火材料600吨，共计创汇312万美元。2004年，出口钢材23.50万吨，耐火材料创汇68万美元，共计创汇1.03亿美元。2005年，出口钢材15.28万吨，创汇7476万美元。

三、招商引资工作

组建合资企业。2004 年 3 月 1 日，唐钢与武钢、马钢、沙钢在北京与澳大利亚必和必拓 BHPB 公司共同签约，成立威拉拉矿山公司。该企业每年将向唐钢等 4 家企业提供 1200 万吨铁矿石，其中唐钢投资 3670 万澳元，每年保证向唐钢供矿 350 万吨，到 2005 年运行一年间，为企业提供澳矿粉（块）、MAC 粉（块）共计 434.3 万吨，创效 823.68 万澳元，折合人民币 4900 万元。

第五篇

生产经营与企业管理

本篇重点记述1996—2005年期间唐钢在生产经营和企业管理方面的不断探索，革弊创新，通过生产经营的实践检验，进行调整、改革、完善，逐步总结形成了一整套符合钢铁企业现代化大生产要求，有利于促进生产力发展的经营管理方法和模式，支撑企业走出一条投入少、产出多、经济效益好的发展道路。

第一章 生 产

唐钢生产系统编制实施生产经营作业计划，按月、周、日具体合理地分配到各厂矿、车间、班组，从而保证全公司的生产经营活动顺利进行，做到周保月、日保周、班保日。公司生产安全处和各生产单位科学合理组织生产，加强工序衔接，注重产销结合，坚持以销定产，下力量组织好高附加值钢材的生产，主要产品产量稳步增长，十年累计产铁4765.44万吨，产钢4761.83万吨，产商品材坯4579.39万吨，其中钢材4225.48万吨。其中1999年，铁钢产量双双跃上300万吨台阶，提前一年实现了省委、省政府确定的“九五”发展目标；2005年，产钢1006.66万吨（含不锈钢公司产量），唐钢跻身国内千万吨级大钢行列，比预定的2007年提前完成千万吨级大钢建设任务。

第一节 工作制度与计划管理

唐钢生产系统实行统一调度、分级管理，设立公司、厂矿、车间三级调度，形成了贯通企业全工序、各环节的组织网络。通过昼夜值班制度、交接班制度、班中班后汇报制度、日综合汇报制度等，使企业生产经营的动态活动，得到全面、及时、合理、有效的控制和协调。

公司实行生产系统“两会”制度。自1996年1月1日起，公司实行生产经营协调会和生产调度电话会制度。生产经营协调会每日早7：30在公司总调度室召开，公司主抓生产、经营、财务、设备的领导和有关部门主要领导参加，通报前一日和夜班生产情况，布置当日工作，简称早调会。生产调度会于每日下午召开，主会场设在公司总调度室，分会场在各厂生产调度会场，由各厂逐一汇报安全生产情况及需要公司统一协调解决的问题。“两会”制度一直延续，在公司内部形成了浓厚的生产经营气氛，使生产经营信息传递更加迅速畅通。

坚持每年1—2月召开年度生产调度工作会议，总结上年生产调度工作，部署当年工作。生产安全处（总调度室）运用统筹优化的科学方法，及时协调解决生产经营活动中出现的故障、难点，及时组织各职能部门和生产单位迅速有效地加以解决。各生产单位严格按公司生产指令和生产作业计划组织生产，积极开展各项攻关活动，降低铁水消耗，提高材坯生产水平，搞好品种钢生产，确保公司整体经济效益。每年组织召开生产单位调度工作竞赛评比会，对有贡献、工作出色的单位和个人进行表彰，并给予奖励，形成后进赶先进、先进更先进的局面。搞好调度队伍自身建设，提高调度工作水平。

生产经营作业计划日趋规范完备。生产系统以提高经济效益为中心，编制月、周生产经营作业计划，综合平衡企业产、供、销、运、收等各环节以及设备、技术、质量、经营管理等专业工作，落实经济责任制，实现总体运行方式的不断优化。生产经营作业计划包括产量、品种、规格、质量、大规模设备检修安排、新产品试制、物料平衡、财务指标，以及安全工作和工程进度等，并有必要的保证措施。每月5日召开下月计划的预备会，由有关部门提供相关的数据内容，经总调度室整理后于18日召开月计划方案制定会，23日交公司经理审定。经公司总经理办公会通过后于每月28日以公司文件形式下发；每周四下午召开下周品种计划会，由总调度室根据月计划，制订下周品种计划，征求有关部门、单位意见后于每周五上午下发给有关单位和部门。生产经营作业计划的审查内容共分七项，分别是检查实际完成是否达到计划要求，上年同期比较等；分析计划完成情况和经验教训；找出完成下期计划的有利因素和不利因素；本期计划执行中存在的问题；日计划：调度系统在计划执行后8小时内完成对前一日计划的检查，并填写生产经营日报，提供给公司领导和有关处室掌握公司的生产经营情况；周计划：各专业员和综合计划员在每周一完成上周计划的检查；计划科在每月8日以前完成下属厂矿上月计划执行情况的检查，并作出书面分析；各厂矿每月计划分析在下月5日以前完成并报出。

第二节　生产组织与发展

唐钢生产系统全面及时地掌握全公司产供销运行动态信息，有效控制和协调各项生产经营活动，狠抓调度指挥和工序衔接，搞好稳定均衡生产。生产安全处和各生产单位有针对性地组织生产，不断创出日产、月产、季产历史最好水平，确保全年生产经营计划落实；组织协调新项目达产达效工作；搞好品种生产，提高产品效益；抓好节能降耗、降低成本等各项攻关工作，促进和带动了企业经济效益提高。

1996年，加强生产组织协调，努力遏制生产波动；调整品种结构，增加市场适销对路的品种；提高材坯比，努力增产钢材，减少商品坯；加强硬线、焊条钢、PC钢棒用钢等高附加值品种钢材的生产，优质钢提高到12.2%。全年产生铁208.30万吨，钢212.97万吨，商品材坯197.21万吨，其中钢材179.93万吨。1997年，首次消除暑期生产“马鞍形”。由于多年来公司冬夏两季生产经常性地出现较大波动，导致每年二三月和七八月存在着两次明显的生产低谷，生产技术职工形象地称之为“马鞍形”。是年7—8月，下大力解决暑期生产滑坡问题，加强生产协调指挥，以铁保钢、以铁促钢，创出当年暑期生产历史最好成绩，实现铁、钢、材同步增长。同年，坚持“稳定提高二铁、二钢生产水平，发挥一铁、一钢新增生产能力，以铁钢产量的提高带动公司整体生产水平的提高，实现增产增效”的指导思想，全年产生铁235.35万吨、钢238.36万吨、商品材坯220.04万吨，其中钢材207.21万吨。1998年，生产系统以增产铁钢、确保生产均衡稳定为重点组织生产。前三季度，为解决铁少问题，以增铁为重点，以吨铁吨钢为目标，组织炼钢单位努力降低铁耗，满足轧钢需要。2560立方米高炉投产后，及时把生产组织重点转向加强炼钢和轧钢上来，最大限度多出钢，多成材。这一年，主要产品产量稳定增长，全年产铁266.48万吨，钢265.50万吨，商品材坯252.86万吨，其中钢材241.13万吨，高附加值品种钢材50万吨。

自1999年起，认真贯彻冶金行业控制总量、调整结构、提高效益的有关要求，结合市场调控，以关小限大为重点，带头限产亏损产品、滞销产品。在铁钢产量比原计划有所降低的情况下，实现了生产持续发展，经济效益稳步提高。这一年，贯彻落实国家冶金工业局印发《钢铁工业实施总量控制要点》和全省经济工作会议精神，带头淘汰侧吹转炉装备，压缩长线产品的生产，完成高附加值钢材产量 70.55 万吨，同比增长 61.85%。上半年，在组织好 2560 立方米高炉达产达效攻关的同时，做好新一炼钢厂投产准备工作。针对生产呈现铁大于钢、钢大于材的格局，生产系统狠抓“一快、一保、两增”，即加快 2560 立方米高炉和 150 吨转炉的达产达效，增加钢产量，增加钢材产量，确保钢材产量目标的实现。全年产铁 333.83 万吨，钢 315.81 万吨，商品材坯 302.76 万吨，其中钢材 273.12 万吨。2000 年，贯彻落实国家冶金工业局印发《2000 年钢产量分月进度计划目标和考核的通知》，按月调整钢产量进度。重点搞好二炼铁厂高炉顺行，冶炼系统保持均衡、稳定、高产的良好状态，轧钢系统增加线材、螺纹钢产量，获取更多市场效益。全年产铁 415.41 万吨，产钢 381.22 万吨，商品材坯 361.32 万吨，其中钢材 322.57 万吨。这一年，一炼铁厂以澳矿替代部分铁精粉，生产成本进一步降低。2001 年，产销基本衔接，全年产铁 460.55 万吨，产钢 455.20 万吨，商品材坯 431.22 万吨，其中钢材 396.85 万吨。2002 年，铁和钢日产量在二炼铁厂 2 号高炉大修前分别稳定提高到 1.4 万吨和 1.5 万吨。努力提高轧钢作业率，严格按品种计划组织生产，及时完成了全年生产任务。全年产铁 490.05 万吨，产钢 512.16 万吨，钢产量首次突破 500 万吨大关，生产商品材坯 500.00 万吨，其中钢材 436.44 万吨。2003 年，优化生产组织，努力增铁增钢。加强大修扩容后的达产攻关，努力提高铁产量。妥善安排品种，降低铁耗，根据新的生产组织模式抓好炉机匹配，最大限度发挥转炉能力，钢产量登上 600 万吨台阶，经济效益大幅提高。全年产铁 582.33 万吨，钢 608.12 万吨，商品材坯 591.20 万吨，其中钢材 553.89 万吨。2004 年，主要产品产量稳定增长，钢产量登上 700 万吨台阶。全年产铁 775.79 万吨，钢 765.83 万吨，商品材坯 767.63 万吨，其中钢材 719.99 万吨。2005 年，全年产铁 997.35 万吨，产钢 1006.66 万吨（含不锈钢公司 135.91 万吨），首次突破千万吨大关；商品材坯 955.15 万吨，其中钢材 894.35 万吨；形成板、棒、线、型的品种结构；增加了冷轧及镀锌彩涂等钢材深加工产品，共生产 22 个高附加值钢材品种，其中冷轧用料钢、高强低合金钢、汽车大梁钢、高强度角钢、超高强度抽油杆钢、圆环链钢、小规格Ⅲ级螺纹钢筋等新开发的品种钢占总量的 30%。当年，有 4 个单位 8 项指标达到国内同行业先进水平：一炼钢厂实现全年 3 座转炉不补炉（补炉料零消耗）、2 号转炉最高炉龄达 13664 炉；二炼钢厂钢水成分命中率平均达到 99.5%，5 号连铸机作业率达到 94.1%；热轧薄板厂 1810 毫米生产线全年产带卷 301.12 万吨，带卷合格率 99.98%，轧机成材率 99%；中型轧钢厂日历作业率 87.96%，居全国同行业第一。

第二章　科技创新　质量管理

唐钢以品种开发、质量提升为目标，积极推进科技创新，依托创建的国家级技术中心和博士后工作站，健全科研开发体制机制，使企业品种质量明显改善，创效能力进一步增强，创新能力显著提升。公司先后获得“全国质量效益型先进企业”和“全国质量管理先进单位”称号，被省政府授予“质量管理奖”。热轧带肋钢筋被评为“全国用户满意产品”和“全国质量免检产品”。

十年间，成功开发40U大规格矿用支撑钢、高强低合金钢、汽车大梁钢、集装箱板钢等高附加值产品，2项成果分别获得国家科委“科技进步奖一等奖”和“科技进步奖二等奖”，58项成果获得“冶金科技进步奖”“省科技进步奖”。到2005年，在实现产钢1000万吨目标的同时，形成了板、棒、线、型的产品结构，有140多个品种400多种规格的钢材产品。高线、棒材、线材高附加值产品比例分别达到10.6%、27%、10.1%，板材和新品种钢分别占总量的39%和30%。

第一节　科研管理

1996—2005年，唐钢坚持科技兴企方针，以优化工艺和品种结构、提高质量、降低物耗、节约能源为重点，围绕对标挖潜、提升效益，不断强化科技管理，深入开展技术攻关，广泛采用国内外先进工艺和技术，以自主开发和联合开发相结合方式加快科技成果转化速度，为企业在激烈的市场竞争中发挥技术优势夯实了根基。

一、基础管理与工作机制

科技奖励制度是科技管理的重要组成部分，是尊重知识、尊重人才方针的具体体现。唐钢每年召开科技方面的工作会议，通过表彰科技标兵、科技人才、科技先进工作者及科技工作先进单位、优秀课题组，激励广大职工参与科技工作，用科技引领企业发展。按照《奖励有特殊贡献的科技人才和课题组的实施办法》《奖励科技人才的实施办法》，兑现项目奖励，形成激励机制，助推公司加快技术研发进度与技术积累。

1999年1月21日，成立降耗增效、品种质量、钢材定尺率及负偏差轧制、节能等4个攻关队，围绕生产经营的关键问题，确定80多个攻关项目，并制定了考核与奖励办法。2002年10月11日，举行重点技术攻关课题承包合同签字仪式，是公司第一批重点技术攻关课题实施指标承包，并将此作为落实和深化三项制度改革的重要步骤，首批29项课题有26项确定了承包人。2003年6月27日，对重点技术攻关承包课题首批完成项目进行表彰奖励，同时签订第二批课题合同。2005年，在国家认定的企业技术中心综合排名中，唐钢技术中心排名由2003年的第168位上升至第65位。

二、科研成果

唐钢不断加强科技管理，认真制定实

施科研计划，扎实开展课题承包和技术攻关，并与科研院所合作搞好新技术新工艺的开发研究和应用，在产品结构升级和降耗增效中发挥了重要作用。十年间，共有69个项目通过省级成果鉴定；2项成果分别获得国家科委“科技进步奖一等奖”和“科技进步奖二等奖”，1项成果获得国家机械工业部“科技进步奖二等奖”，1项成果获得国家教委“科技进步奖一等奖”，58项成果获得“冶金科技进步奖”“省科技进步奖”。

1996—2005年通过省级鉴定项目情况一览

表5-2-1

年份	鉴定项目总数	技术水平						
		国际领先	国际先进	国际水平	国内领先	国内先进	国内首创	同行领先
1996	7		2		3	2		
1997	3				2	1		
1998	7		5		2			
1999	8	1	1	1	3		1	1
2000	10				9	1		
2001	11	2	3		4	2		
2002	5		3		2			
2003	4		3		1			
2004	2		1		1			
2005	12	1	6		4	1		

1996—2005年通过省级鉴定科研项目一览

表5-2-2

年份	项　目	承担单位	项目水平
1996	奥士骑YF365系列轻体仿山地自行车	自行车公司	国内先进
1996	转炉全连铸技术推广应用	唐钢	国内领先
1996	100立方米高炉喷吹烟煤技术	一炼铁厂	国际先进
1996	石人沟铁矿内部排岩系统的研究及应用	石人沟矿	国际先进
1996	PC钢筋30MnSiV热轧盘条研制	技术中心 二炼钢厂	国内领先
1996	1260立方米高炉双向自动拨风保护技术	北区动力厂	国内领先
1996	高炉煤气余压TRT发电	北区动力厂	国内先进
1997	物资综合信息系统	棒磨山矿	国内领先
1997	焦炉集气管压力计算机控制系统	炼焦制气厂	国内先进
1997	提高氧气转炉供氧强度的研究	二炼钢厂 钢研总院	国内领先

续表

年份	项　目	承担单位	项目水平
1998	庙沟铁矿选矿工艺流程优化研究	庙沟矿 西安建筑大学	国内领先
1998	三线切分轧制技术的应用与创新	棒材厂	国际先进
1998	唐钢石人沟矿选矿工艺创新及应用	石人沟矿	国际先进
1998	连铸系列保护渣研制	附企耐材 河北理工学院 二炼钢厂	国内领先
1998	强力滚筒截齿	附企综合制修厂	国际先进
1998	石人沟露天矿台阶爆破设计专家系统的研究及应用	石人沟矿 北京科技大学	国际先进
1998	带钢厂一火成材改造达产达效	省冶金厅 唐钢	国际先进
1999	高速线材悬臂式轧机的开发与应用	唐钢	国际先进
1999	1260 立方米高炉综合长寿技术	唐钢	国内领先
1999	高强度耐候焊接钢管	带钢厂	国内领先
1999	ϕ6~10 毫米热轧带肋钢筋	唐钢	国际水平
1999	1 号烧结机控制系统改造	唐钢	国内领先
1999	高速线材电气控制系统开发	唐钢	同行领先
1999	焦化新型固定式铸石篦条筛（推广）	唐钢	国内首创
1999	炼铁烧结过程中智能测水系统	河北理工学院 唐钢	国际领先
2000	棒磨山铁矿超级铁精矿生产新工艺的研究及应用	矿业公司 马鞍山矿山研究院	国内先进
2000	窄带钢生产工艺的优化与创新	带钢厂 河北理工学院	国内领先
2000	宽带钢 310~355 毫米热轧窄带钢的研制开发	带钢厂	国内领先
2000	超薄（≤2.0 毫米）热轧窄带钢的研制开发	带钢厂	国内领先
2000	能源计量网络	计控处	国内领先
2000	铁水称重轨轨道衡计量系统	计控处	国内领先
2000	高线加热炉模糊控制系统	计控处 高线厂	国内领先
2000	265 平方米烧结控制机系统技术改造	二炼铁厂	国内领先
2000	炼铁烧结工艺优化	二炼铁厂	国内领先
2000	ϕ7 毫米螺旋肋热处理钢丝	唐钢	国内领先
2001	冀东磁铁矿烧结成矿规律及在生产上的应用	河北理工学院 二炼铁厂	国际领先

续表

年份	项　目	承担单位	项目水平
2001	24MnSiVTi 圆环链用钢	技术中心	国内领先
2001	16MnV(N) 高强度大规格角钢	技术中心	国内领先
2001	唐钢节能技术综合应用与创新	唐钢	国际先进
2001	唐钢 1260 立方米高炉大型模块技术的应用	二炼铁厂	国内领先
2001	炼铁料场技术改造与创新	二炼铁厂	国内先进
2001	棒材连轧生产系统创新工程	棒材厂	国际先进
2001	H08AE 钢生产工艺优化与研究	唐钢	国内先进
2001	炼钢系统连铸机高效化改造工程	唐钢 连铸研究所	国内领先
2001	铁矿粉造块理论及生产技术、工艺创新	河北理工学院 唐钢	国际领先
2001	棒材热连轧力能参数预报系统	棒材厂 河北理工学院	国际先进
2002	改进烧结矿品质研究与应用	二炼铁厂	国内领先
2002	焦化剩余氨水蒸馏工艺开发与应用	炼焦制气厂	国际先进
2002	唐钢中型厂加热炉蓄热式改造	中型厂	国际先进
2002	金属-氮化物结合滑板	耐材公司	国际先进
2002	45 度顶交精轧机改进与创新	高线厂	国内领先
2003	大转炉（150 吨）-小方坯生产工艺优化与创新	一炼钢厂	国际先进
2003	中小型轧钢企业 CIMS 体系结构及关键技术的研究	棒线材厂 河北工业大学	国际先进
2003	唐钢 LF 炉静止型动态无功补偿应用技术研究	设备机动处 中国电力科学研究院	国际先进
2003	国产棒材打包机的改进与创新	棒线材厂	国内领先
2004	唐钢 2 号高炉大修工程高炉整体推移技术应用与创新	建安公司 设计研究院 炼铁厂	国际先进
2004	高温液体连续测温系统	金恒公司	国内领先
2005	超薄热带生产技术的优化与创新	热轧薄板厂	国际领先
2005	薄板坯连铸用 FTSC 扁平状浸入式水口的研制与应用	热轧薄板厂 技术中心 鞍山东方巨业高级陶瓷有限公司	国际先进
2005	350 吨冷摆剪国产化及改进	棒线材厂 太原矿山机器集团有限公司	国内领先
2005	国产棒材连轧生产线设计创新	棒线材厂	国内先进
2005	铌微合金化 HRB400 热轧钢筋研制开发	技术中心	国内领先
2005	唐钢炼铁原料整体优化	炼铁厂	国内领先

续表

年份	项　目	承担单位	项目水平
2005	FTSC 薄板坯连铸用中碳钢保护渣的研究与应用	技术中心 重庆大学	国际先进
2005	LF 热态钢渣循环再利用技术的开发与应用	一炼钢厂	国内领先
2005	配煤工艺优化与研究	炼焦制气厂	国际先进
2005	唐钢烧结过程智能控制管理系统的开发与应用	炼铁厂	国际先进
2005	唐钢焦化生产工艺综合优化及改造	炼焦制气厂	国际先进
2005	唐钢超薄热带生产线技术集成与自主创新	热轧薄板厂	国际先进

（一）重大科研成果简介

“高速线材生产线开发与创新”成果　这一成果于 1996 年 12 月被国家科学技术委员会（简称国家科委）授予“科技进步奖一等奖”。此前，“高速线材生产线消化、吸收、改进工程”项目被列入省经贸委年度企业重点技术开发第二批项目计划（冀经贸委〔1993〕208 号文件）。该项目结合企业自身特点，对国外引进设备和技术进行消化、吸收、改进，不仅改造了设备的先天缺陷，而且提高了设备的控制水平和设备精度，产品实物质量、各项经济技术指标达到国际先进水平，年创效益 1.47 亿元。这一项目曾获“省长特别奖”“省科技进步奖一等奖”，省级奖项主要完成人分别是：李连平、王秉正、张长顺、霍新、侯振祥、赵爱玲、刘振装、李跃杰、许建桥、李桂芳、刘明哲、史东日、武学泽、李万明、谢启川、李克敏、王宗奎、冯树民、邢福俊、谭铮。

“河北省炼钢连铸技术推广”成果　唐钢是全国十个特大型钢铁联合企业中首家实现转炉钢水全连铸技术的企业。其中一炼钢厂和二炼钢厂分别于 1993 年 12 月 21 日和 1995 年 12 月 8 日实现了全连铸。此后，按照稳定、可靠、准确、协调方针，以连铸为中心，协调各区域间关系，实现了全公司浇铸拉速及周期的稳定。这一成果于 1996 年被授予“省科技进步奖一等奖”；1997 年 12 月被国家科委授予“科技进步奖二等奖”，主要完成人分别是：潘公平、刘凤云等。

该项目采用国内先进的连铸技术，选用大包回转台、振动机构为板簧四连杆式，拉矫机采取单点矫直，拉矫、振动及中包车行走电机均采用变频调速技术，自动控制系统主体设备为西门子产品，应用打结永久衬、锆质复合水口和优质铅碳塞头、硅质绝热板，提高中包寿命 5～12 小时以上。这一项目专注于对国内先进连铸技术的不断优化和持续创新，快速实现了两炉三机的稳定生产，专家评价该方案符合转炉全连铸技术的发展方向。该技术在 20 世纪 90 年代的钢铁企业广泛推广，唐钢引领了业内转炉全连铸技术的进步，在全国炼钢厂生产线中处于领先水平，推动了国内钢铁技术的快速发展。

“超薄热带生产技术的优化与创新”成果　唐钢超薄热带工程是唐钢调整产品结构的核心项目，项目成果获得 2005 年度“省科技进步奖一等奖”“市科技进步奖特等奖”；获得“2006 年度国家科技进步奖二等奖”和“2006 年度冶金科技进步奖一等奖”，其国家级奖项的主要研究人员分别是王天义、徐向启、刘明哲、王秉正、史东日、杨春政、孔庆福、谢启川、万海龙、张洪波。

此成果按照“以薄为主，以热代冷”的设计原则，以唐钢首创的点菜式创新组合方式，集中采用了当时世界冶金生产的前沿技术，实现了多项设备、技术的组合衔接，成功实现了对国外先进技术的消化吸收、自主集成，形成了独具特色的唐钢UTSP超薄热带生产线。在当时世界已有的19条薄板坯连铸连轧生产线中独树一帜。

该项目在国内首家采用直弧形薄板坯连铸机，打破传统技术装备整体引进模式，创造性地将达涅利连铸机、布里克蒙辊底式加热炉、三菱PC轧机等技术优化组合在一起，形成独具特色的唐钢UTSP超薄热带生产线。这一产线以低于CSP技术30%的投资建成，比同类项目减少投资5亿多元，工程设备国产化率达84%，由此打破了CSP技术在中国市场的垄断地位，将国际薄板坯连铸连轧生产流程效率提升到新的高度。

此项目专注于对国外先进技术的不断优化和持续创新，自主开发低碳钢铁素体轧制、不同厚度板坯混合轧制工艺，实现水口、保护渣、漏斗式结晶器再创新以及关键耐火材料国产化，共拥有19项自主知识产权。特别是动态液芯压下技术的应用，实现了连铸机采用90毫米厚度结晶器生产90~65毫米铸坯，唐钢成为世界首家实现灵活可靠改变铸坯厚度的生产企业。另外，热轧超薄带钢半无头轧制技术的成功应用、利用短流程轧机进行铁素体轧制的成功，填补了国内同行业空白，关键附料连铸用保护渣、长水口全部实现国产化，塞棒国产化率达到70%，技术水平达国际先进。专家评价这条集成创新的生产线基本具备第三代薄板坯连铸连轧的技术特征，符合薄板坯连铸连轧的发展方向。

（二）科研成果概况

“九五”期间，公司39项成果获省厅级以上奖项，其中国家科委“科技进步奖”2项、国家教委“科技进步奖”1项，机械工业部“科技进步奖”1项；“省科技进步奖”与“冶金科技进步奖”20项。

1996—2000年科技成果摘录一览

表5-2-3

年份	项目	国家科委科技进步奖	省科技进步奖	冶金科技进步奖	省冶金科学技术奖	省新产品（技术）奖
1996	综合开发应用新技术优化电炉生产工艺		二等奖		一等奖	
1996	石人沟铁矿尾矿高浓度输送		三等奖			
1996	1260立方米高炉生产流程优化及攻关达产项目		二等奖			
1996	奥士骑YF365系列轻体仿山地自行车					三等奖
1996	BD650型全自动捆钢机		二等奖			
1996	YM-1型O2-CO联合分析装置			三等奖		
1996	高速线材生产线开发与创新	一等奖				
1996	转炉全连铸技术推广应用		一等奖			
1997	准沸腾钢连铸生产工艺		三等奖		一等奖	一等奖
1997	100立方米高炉喷吹烟煤技术				二等奖	二等奖

续表

年份	项　目	国家科委科技进步奖	省科技进步奖	冶金科技进步奖	省冶金科学技术奖	省新产品（技术）奖
1997	石人沟铁矿内部排岩系统的研究及应用		二等奖		一等奖	二等奖
1997	PC 钢筋 30MnSiV 热轧盘条研制				二等奖	一等奖
1997	1260 立方米高炉双向自动拨风保护技术				一等奖	二等奖
1997	高炉煤气余压 TRT 发电		三等奖		一等奖	一等奖
1997	河北省转炉连铸技术推广	二等奖				
1998	物资综合信息系统				二等奖	
1998	焦炉集气管压力计算机控制系统				二等奖	二等奖
1998	庙沟铁矿选矿工艺流程优化研究				一等奖	一等奖
1998	提高氧气转炉供氧强度的研究			二等奖		
1998	PC 钢筋 30MnSiV 热轧盘条研制		三等奖			
1998	1260 立方米高炉双向自动拨风保护技术		三等奖			
1999	三线切分轧制技术的应用与创新		三等奖	三等奖		二等奖
1999	石人沟矿选矿工艺创新及应用				一等奖	二等奖
1999	连铸系列保护渣研制				二等奖	
1999	强力滚筒截齿				三等奖	三等奖
1999	石人沟露天矿台阶爆破设计专家系统的研究及应用				一等奖	
1999	带钢厂一火成材改造达产达效		一等奖	三等奖		
1999	高速线材悬臂式轧机的开发与应用		一等奖		一等奖	二等奖
2000	针刺治疗药物中毒性神经性耳聋研究				一等奖	
2000	1260 立方米高炉综合长寿技术		三等奖			
2000	高强度耐候焊接钢管				二等奖	
2000	ϕ6~10 毫米热轧带肋钢筋		三等奖			
2000	1 号烧结机控制系统改造				二等奖	
2000	高速线材电气控制系统开发				一等奖	
2000	焦化新型固定式铸石篦条筛（推广）		二等奖			
2000	炼铁烧结过程中智能测水系统		一等奖			
2000	连铸系列保护渣研制	三等奖				
备注	1996 年，三铰拉杆方柱高刚度轧机研制项目获机械工业部科技进步奖二等奖；电炉煤氧枪助熔技术的推广应用获国家教委科技进步奖一等奖					

“十五”期间，公司 47 项成果获省冶金、省厅级以上奖项，其中“冶金科技进步奖”“省科技进步奖”24 项（包括省长特别奖 1 项）。

2001—2005 年科技成果摘录一览

表 5-2-4

年份	项 目	冶金科学技术奖	省科技进步奖	省冶金科学技术奖	省新产品（技术）奖
2001	棒磨山铁矿超级铁精矿生产新工艺的研究及应用			一等奖	
2001	窄带钢生产工艺的优化与创新	一等奖	二等奖		
2001	宽带钢 310~355 毫米热轧窄带钢的研制开发			一等奖	
2001	能源计量网络			一等奖	
2001	铁水称重轨轨道衡计量系统			二等奖	
2001	高线加热炉模糊控制系统	三等奖	三等奖		
2001	265 平方米烧结控制机系统技术改造			一等奖	
2001	炼铁烧结工艺优化	三等奖			
2001	冀东磁铁矿烧结成矿规律及在生产上的应用		一等奖		
2001	ϕ7 毫米螺旋肋热处理钢丝			二等奖	
2001	焦化新型固定式铸石蓖条筛（推广）				一等奖
2002	24MnSiVTi 圆环链用钢	三等奖			
2002	节能技术综合应用与创新	二等奖	二等奖		
2002	1260 立方米高炉大型模块技术的应用			一等奖	
2002	16MnV(N) 高强度大规格角钢的研制开发	三等奖			
2002	炼铁料场技术改造与创新	三等奖			
2002	棒材连轧生产系统创新工程	一等奖			
2002	H08AE 钢生产工艺优化与研究	三等奖		特等奖	
2002	炼钢系统连铸机高效化改造工程			一等奖	
2002	宽带钢 310~355 毫米热轧窄带钢的研制开发				三等奖
2002	唐钢能源计量网络				三等奖
2002	高线加热炉模糊控制系统				三等奖
2002	炼铁烧结工艺优化				二等奖
2002	高炉煤气回收综合利用技术			二等奖	
2002	炼铁大高炉精炼技术进步			二等奖	
2002	高强度耐候焊接钢管				三等奖
2003	棒材热连轧力能参数预报系统	三等奖	三等奖	二等奖	
2003	改进烧结矿品质研究与应用		三等奖	三等奖	
2003	焦化剩余氨水蒸馏工艺开发与应用	二等奖	三等奖	二等奖	
2003	中型厂加热炉蓄热式改造		三等奖	一等奖	
2003	金属-氮化物结合滑板	三等奖	三等奖	一等奖	
2003	45 度顶交精轧机改进与创新			一等奖	
2003	连铸定径水口快速更换技术			三等奖	
2003	国产双圈打包机的应用与创新			二等奖	

续表

年份	项　目	冶金科学技术奖	省科技进步奖	省冶金科学技术奖	省新产品（技术）奖
2003	大转炉（150吨）小方坯生产工艺优化与创新		二等奖	特等奖	
2004	中小型轧钢企业CIMS体系结构及关键技术的研究	二等奖	二等奖		
2004	LF炉静止型动态无功补偿应用技术研究		三等奖		
2004	2号高炉大修工程高炉整体推移技术应用与创新	二等奖	三等奖		
2005	高温液体连续测温系统			三等奖	
2005	超薄热带生产技术的优化与创新		一等奖		
2005	350吨冷剪国产化及改进		三等奖	二等奖	
2005	国产棒材连轧生产线设计创新			三等奖	
2005	铌微合金化HRB400热轧钢筋研制开发	三等奖	三等奖		
2005	LF热态钢渣循环再利用技术的开发与应用		三等奖		
2005	炼焦配煤新工艺开发应用与优化配煤	三等奖	三等奖		
2005	制丝用非合金钢盘条YB/T 170.1−170.4冶金行业标准			二等奖	
备注	2002年，铁矿粉造块理论及生产技术、工艺创新项目获省长特别奖				

上述两表仅筛选十年间公司所获的重点课题予以摘录，多出自二次文献资料。

三、知识产权管理

唐钢重视知识产权管理，进一步健全知识产权保护管理体制，制定和实施知识产权战略，努力提高知识产权创造、管理、保护、运用能力，专利成果数量、技术含量进一步提升。同步加强知识产权人才队伍建设，形成了一批拥有自主知识产权的技术和产品，增强了产品竞争力。1996—2005年，累计申请专利168件，授权123件，专利实施率达90%以上，居国内领先水平。

突出保护知识产权管理职能。2000年末，原科技处科协、专利、保密、全面质量管理等职能并入技术中心，成立知识产权科；2003年，并入新组建的技术中心。从2003年1月开始，唐钢建立保密和知识产权管理体系，在重新调整唐钢保密机构及组成人员时，增设唐钢知识产权保护管理委员会；制定并实施《保密和知识产权保护制度》《计算机软件管理办法》《保守商业秘密保护知识产权办法》《专利管理办法》《著作权管理办法》《商标管理办法》《保密工作奖惩办法》《科学技术保密规定》《通讯保密规定》《文件资料保密规定》《宣传报道保密规定》《涉外保密规定》《要害部位保密规定》《涉密职工保密规定》《申请成果鉴定、申报专利、公开出版发表论文、专著对外发布提供交流信息资料保密审查制度》《档案查阅、复制与保密制度》。通过实行专利、计算机软件的集中管理模式，规范了公司专利、计算机软件、技术秘密、商标等的申请、实施、转让、奖励、管理程序等具体程序。2004年2月6日，经唐山市及河北省知识产权局逐级推荐、国家知识产权局评审小组评审，唐钢被国家知识产权局确定为第二批全国企事业专利工作试点单位。2005年11月23日，省知识产权局受国家知识产权局委托，组成第二批全国企事业专利试点单位验收小组，对试点单位工作进行考评验收，认定唐钢知识产权工作达到优秀标准，同意唐钢通过第二批全国企事业专利试点单位的验收。

商标管理逐步完善。2001—2005年，制定《商标管理办法》，并依据公司产品特点和需求，分别对钢材产品，铁精粉、耐火材料、自行车、煤化工、环保化工、钢材深加工、电子、软件及自动化工程、水泥等非钢产品，建筑工程、汽车运输及修理、餐饮、金融等服务产品领域的22大类200余种产品，注册了26个商标，保证了企业商标体系的健全。实施商标有偿使用制度，与部分参股单位签订商标有偿使用合同。2003年，公司完成 唐钢 2个商标的续展。同年7月，公司申请注册 商标，并于2005年正式登记注册。

2005年，唐钢集团拥有 2个商标，核定使用商品分别是：纯净水（饮料），耐酸饮料；耐火材料；氧，氮，氩；气体净化剂，工业用软化剂，工业用化学品；洗发剂，洗涤剂；煤焦油、苯，二甲苯，润滑剂，金属建筑材料，金属建筑构件；自行车；办公家具，家具；石灰石，石灰等；服务、资本投资，基金投资，金融服务，金融分析，金融信息，建筑施工监督，机械安装、保养和修理，电器设备的安装与修理，计算机硬件安装、维护和修理；运输，搬迁；金属冶炼，电镀，金属处理，金属铸造等。唐钢股份拥有 唐钢 4个商标，核定在钢材、钢筋、钢坯、铸铁管、金属片和金属板等商品上使用。这一时期，主要钢材产品出厂的标牌、质量保证书、外包装等，均使用 商标。

1996—2005年专利授权统计一览

表 5-2-5

年份	专利名称	类型
1996	低合金及其生产高强度钢筋的方法	发明
1997	高炉灶衬枪	实用新型
	一种牙轮钻钻杆	实用新型
	皮带运输机磁性清扫器	实用新型
	一种篦条筛	实用新型
	三铰拉杆方柱形高刚度轧机	发明
	高炉供风母管双向自动拨风装置	实用新型
	一种高炉炉顶布料装置	实用新型
	高炉喷煤喷枪定位管止回阀	实用新型
	工业用水管道过滤器	实用新型
	一种连铸坯的水冷却装置	实用新型
	烧结台车篦条压紧装置	实用新型
	绕线电机启动调速装置	实用新型
	一种净化焦炉煤气中萘的工艺	发明

续表

年份	专利名称	类型
1998	起重机室外电源滑线防水装置	实用新型
	一种过滤机自动定时排液阀	实用新型
	一种加热炉水梁保温用模板	实用新型
	钢包快速取样装置	实用新型
	腹腰锻炼器	实用新型
	旋转式辊环吊运拆装具	实用新型
	运输皮带自动洒水控制装置	实用新型
	液压油缸载荷平衡锁紧装置	实用新型
	气体去污器	实用新型
	锅炉炉墙密封罩	实用新型
	防烫电焊钳	实用新型
	一种自锁式辊环吊装具	实用新型
1999	连铸准沸腾碳素焊条钢的生产工艺	发明
	端面密封管式结晶器	实用新型
	一种导槽装置	实用新型
	电动执行器现场检测仪	实用新型
	一种线材打包机	实用新型
	高炉炉体冷却器	实用新型
	相变点测试仪	实用新型
	异步电动机复合试验装置	实用新型
	一种液面显示控制装置	实用新型
	一种喷焊复合辊道	实用新型
	固定导流水套式结晶器	实用新型
	一种拆卸辊环用装置	实用新型
	一种熄焦车车厢用加强装置	实用新型
2000	一种集电器	实用新型
	冷剪二次自动启动装置	实用新型
	流化床烟气发生炉	实用新型
	一种吊钩	实用新型
	燃原煤球团竖炉	实用新型
	一种悬臂轧机轧辊轴承	实用新型
	一种高速线材轧机齿轮箱	实用新型
	一种悬臂轧机轧辊轴承端固定装置	实用新型
	一种除尘用文氏管	实用新型
	轧机用防飞溅套筒	实用新型
	棒材连轧机架选择轧制的控制装置	实用新型

续表

年份	专 利 名 称	类　型
2001	一种小型棒材连轧分体活套装置	实用新型
	烧结机台车加强装置	实用新型
	一种钢坯表面清理装置	实用新型
	带钢 90 度自动扭转装置	实用新型
	轧机立辊轴承装置	实用新型
	一种防带钢刮伤装置	实用新型
	一种轧机换辊小车固定装置	实用新型
	推焦杆弹性压辊装置	实用新型
	空气预热器清灰器	实用新型
	一种烧结点火器炉墙修补方法	发明
	股骨颈骨折治疗器	实用新型
	连铸步进翻转冷床推钢装置	实用新型
	一种棘爪式滚筒逆止器	实用新型
2002	悬臂轧机多唇密封装置	实用新型
	一种运焦皮带卸料小车耐磨溜槽	实用新型
	模块式运焦小车耐磨溜槽	实用新型
	一种新型炼铁高炉炉壳	实用新型
	输送机胶带防撕裂装置	实用新型
	一种步进式加热炉炉门提升装置	实用新型
	刮油刮渣机 MTGA 型	实用新型
	高速过滤器 GSL-5 型	实用新型
	防滑砖（一）	外观设计
	防滑砖（二）	外观设计
	一种钢坯卡断剪	实用新型
	45 度顶交线材轧机密封装置	实用新型
2003	加热炉钢坯夹送装置	实用新型
	一种节能供暖装置	实用新型
	滚筒取料机的网络式料耙	实用新型
	螺纹修扣机	实用新型
	控制滚筒轴向窜动的自动调整装置	实用新型
	一种拆卸轧辊轴承的专用装置	实用新型
	连铸坯保温罩	实用新型
	一种轧机立辊快速换辊装置	实用新型
	一种窄带钢的轧制工艺	发明
	快速调试可控硅整流设备的方法	发明
	天车馈送电源装置	实用新型

续表

年份	专利名称	类型
2003	焊管在线自动打防伪标记装置	实用新型
	一种轧制窄带钢用移钢装置	实用新型
	一种管型材料打包装置	实用新型
2004	一种中宽带钢开卷机	实用新型
	一种炼钢增碳工艺及专用增碳剂	发明
	连铸碳素焊条钢加入锰铝铁合金脱氧方法	发明
	钢水包快速拆装水口液压缸装置	实用新型
	高线精轧机齿式离合器	实用新型
	一种连铸中间包水口	实用新型
	上滑板	实用新型
	焊管自动平头装置	实用新型
	下滑板	实用新型
	高频大功率电子管水冷装置	实用新型
	防护服	实用新型
	一种烧结机混合料仓闸门控制装置	实用新型
	一种烧结机柔性密封装置	实用新型
	一种烧结机双重排料闸门	实用新型
	防护服消毒仓	实用新型
	高炉瓦斯泥脱水设备	实用新型
	测定油类物质苯含量用的U型管接受器	实用新型
	高炉整体推移纠偏装置	实用新型
2005	一种减少浇余钢水的钢包	实用新型
	物料运输多流分料装置	实用新型
	一种轧制圆钢成品进口滚动导板	实用新型
	一种物料粒度分离器	实用新型
	一种用于铁素体轧制的抗干扰设备	实用新型
	一种蓄热加热炉	实用新型
	轧钢蓄热加热炉分体燃烧器	实用新型
	轧钢蓄热加热炉整体燃烧器	实用新型
	高炉炉顶煤气温度探测装置	实用新型
	一种运输筛	实用新型
	一种加热炉内运送钢坯的辊道	实用新型
	空气预热炉的双级喷流辐射散热器	实用新型
	一种烧结机台车滑板报警装置	实用新型
	一种测量宽板卷通长宽度的装置	实用新型
	一种推移纠偏装置	实用新型
	干式稀油密封煤气柜活塞积油回收装置	实用新型

第二节　科技协作

唐钢通过创建国家级技术中心和博士后工作站，逐步完善科研开发体制机制，借助科研工作站平台与科技协会积极推进技术交流与合作，开展前沿应用性技术研究，为产学研一体化创造良好条件，为企业长远发展储备技术动力。十年间，与中国工程院、北京科技大学、东北大学、重庆大学、日本北海道大学、河北理工大学等大专院校和科研院所建立了广泛的合作关系，带动了企业科技水平不断提高。

一、科研工作站与科技协会

1999 年 9 月，唐钢被中国工程院产业工程科技委员会聘请为第一批团体成员；2000 年，被国家人事部、全国博士后管理委员会确定为博士后科研工作站，于 2001 年正式挂牌。

1999 年、2001 年，国家经贸委、中国工程院联合组织“企业技术创新院士行”活动，各位院士、专家对唐钢技术创新状况进行全面分析和诊断，为解决唐钢超薄热带的产线建设、产品深加工和清洁生产三方面问题提出指导性建议。2003 年，中国工程院院士、原冶金工业部副部长殷瑞钰来公司作题为《钢厂生产流程中的运行动力学》的学术讲座。

1999 年 11 月 24 日，唐钢科学技术协会被中国金属学会、国家冶金局授予“全国溅渣护炉技术知识竞赛”集体奖。2002 年 3 月 5 日，公司科学技术协会召开第五次代表大会。会议修订了《协会章程》，审议通过科协第四届委员会工作报告，选举产生新一届科协委员会。2003 年 9 月，承办省炼钢、连铸学术研讨会，13 个企事业单位 70 名代表参加了会议。2005 年 8 月，中国工程院产业科技委员会薄板坯连铸连轧技术交流与开发协会第三次交流会在公司召开。

二、产学研合作

唐钢先后与中国工程院、北京科技大学、东北大学、重庆大学、日本北海道大学、河北工业大学、燕山大学、北京钢铁研究总院、连铸技术国家工程研究中心、高效轧制技术国家工程研究中心、冶金工业信息标准研究院、河北理工大学等大专院校和科研院所建立了广泛的合作关系，共同开发研制新产品、新技术、新工艺，逐步形成自主开发创新与产学研相结合的技术创新模式，为唐钢优化生产工艺流程、调整产品结构、提高产品质量、节能降成本起到了积极的促进作用。

1996—2005 年，与河北理工大学合作，对带钢生产工艺优化创新，大幅改善产量、成本等指标，开发出的新产品填补国内空白；与北京钢铁研究总院合作进行超细钢试验，通过细化晶粒的方法，以 Q235 普碳钢为基本成分，试生产成功 400 兆帕级钢筋，为Ⅲ级钢筋批量生产、降低成本奠定了基础；与河北理工大学共同承担冀东铁矿粉造块系列科研项目，项目研究成果经鉴定达到国际先进水平；与连铸技术国家工程研究中心合作开发“唐钢炼钢系统连铸机高效化改造”项目；与北京科技大学渣系研究所研制开发连铸用 KZS-1 型中间包覆盖剂，该产品通过防止钢水二次氧化、吸附钢水中的夹杂物，实现连铸坯质量的提高。

第三节　新产品开发

唐钢充分发挥技术装备优势，着力开发新品种，在“九五”时期将产品范围扩大到机械制造、农机生产等相关行业，线材、棒材、小型材、角钢、矿用钢、轻轨等品种形成了系列化。“十五”期间，随着超薄热带和冷轧薄板产线的相继建成投产，公司生产规模、装备水平、品种质量、创效能力显著增强，为新产品开发与应用提供了有力保证。2005 年，唐钢在实现产钢 1000 万吨目标的同时，全年共开发生产 22 个品种钢，其中板材和新品种钢分别占总量的 39%和 30%。

一、四大系列新产品开发

（一）型材系列

1996—2005 年，唐钢作为国内主要的中型材生产基地，型材产品角钢的质量等级和强度级别均发生了变化，经历了牌号由 Q215、Q235 到 Q235B、Q345B、Q420B 的转变。角钢规格形成 10～20 号等边、12.5/8～20/12.5 不等边系列化生产；U 型钢在 18U、25U、29U 的基础上增加 36U、40U 断面规格；工字钢在矿 9 工、矿 11 工的基础上增加了矿 12 工规格；22～30 千克/米轻轨，牌号 55Q；开发 16 号、20 号槽钢和牌号为 45、ϕ55～95 毫米圆钢，实现了产品系列化、专业化、规模化。其中高附加值产品比例为 10.1%。矿用 U 型钢、角钢国内市场占有率分别达到了 40%、20%以上，进一步巩固了唐钢中型材产品在市场上的龙头地位。

（二）线材系列

1996—2000 年，高线品种主要以 ϕ8～10 毫米 HRB335 盘螺、ϕ6.5 毫米硬线和 ϕ6.5～10 毫米普线为主，还有少量的 H08A 焊条钢和 30MnSi 预应力混凝土钢棒用盘条。自 2001 年以来，公司高线陆续开发 HRB400 盘螺和 ER70S-6 等建筑结构用钢和焊接用钢盘条。焊接用钢盘条当时属于高附加值品种，提升了公司产品结构档次。2005 年末，高线品种有 ϕ8～10 毫米 HRB400 盘螺、ϕ5.5～8 毫米硬线钢、ϕ6.5 毫米 H08A 焊条钢、ϕ8～10 毫米 30MnSiPC 钢棒用热轧盘条、ϕ6.5～8 毫米 TL08 出口拉拔材、ϕ5.5 毫米 ER70S-6 焊丝钢及少量的 ϕ6.5～10 毫米 20Mn2A 圆环链用热轧盘条等。其中高附加值产品比例为 10.6%。

（三）棒材系列

1996—2005 年，棒材品种主要为钢筋混凝土用热轧带肋钢筋和圆钢。圆钢包括普碳圆钢、优碳圆钢、矿用圆环链用钢和抽油杆用钢。钢筋实现了牌号 20MnSi（Ⅱ级钢筋）到铌微合金化 HRB400（Ⅲ级钢筋）的转变，HRB400 也经过了钒微合金化和铌微合金化两个生产过程，主要是为适应市场合金料价格变化降低生产成本而开发。2005 年末，棒材产品品种有 ϕ12～32 毫米螺纹钢筋，牌号为 HRB335、HRB400、HRB400Nb；ϕ16～22 毫米普碳圆钢，牌号为 Q235；ϕ16～32 毫米优碳圆钢，牌号为 45～70；ϕ19～25 毫米抽油杆用钢，牌号为 20CrMoA；ϕ18 毫米矿用圆环链用钢 25MnV。其中高附加值产品比例为 27%。

（四）板材系列

1996—2002 年，公司尚无板带产品。2003—2005 年，公司板带品种包括热轧和冷轧，主要以普通用途钢带为主，这一时期的品种结构特点为：品种规格较少，结构单一，主要是结构用热轧钢带和冷轧钢带，代表牌号 SS400、Q345B、SPHC。这一时期主要抓好板带质量与产品增量，大部分产品以能实现高产能的宽厚规格板带为主。

二、典型产品开发实绩

1996 年，试验出全国首例 H08 品种钢连浇连铸新方法，当年产量达到 2.06 万吨。1997 年，轧制 12.5 号异型槽钢获得成功，填补国内产品空白。同年 12 月，成功开发 130 系列带钢。1998—1999 年，成功开发 HRB335 和 HRB400（钒微合金化）ϕ6 毫米、ϕ8 毫米、ϕ10 毫米钢筋混凝土用热轧带肋钢筋（盘螺），该产品填补了国内空白；1999 年，成功试轧 20/12.5 号不等边角钢，至此实现了角钢产品系列化。2000 年 6 月，钢筋生产形成系列化，产品涵盖Ⅰ级至Ⅲ级 ϕ6～50 毫米的全部钢筋。是年 10 月，开发的 ϕ7 毫米螺旋肋热处理钢丝通过铁道部认证，成为铁路枕轨用钢新产品。

2001 年 9 月 21 日，自主开发 150/90 不等边角钢一次试轧成功。同年 10 月 12 日，16 号槽钢一次试轧成功，公司初步实现槽钢生产系列化。2002 年 4 月，船用 150 毫米×150 毫米日标角钢、325 毫米×2.5 毫米带钢试轧成功。同年 12 月开始与国家电网公司合作开发高强铁塔用角钢 Q420，2004 年 6 月，该品种开发成功。2002—2004 年，对国家电网公司供货产品为真形塔试验用钢、试验线路用钢、示范工程用钢 Q420B。2003 年，研制开发 70S-6 焊丝钢、25MnV 圆环链钢、高档次冷镦钢等 6 个高附加值品种钢。是年 7 月 5 日，ϕ80 毫米与 ϕ85 毫米两种规格圆钢轧制成功。2004 年 3 月 24 日，ϕ90 毫米与 ϕ95 毫米两种规格圆钢一次试轧成功。同年 8 月 18 日，矿 12 号工字钢一次试轧成功，实现公司矿用工字钢产品系列化。2005 年 3 月，开发汽车大梁用热轧钢带、集装箱板用热轧钢带，冷轧用料钢加硼试验取得成功；同年 4 月 22 日，开发 40U 大规格矿用支撑钢获得成功，填补国内大断面矿用支撑钢的空白，成为国内首家实现矿用支撑钢产品系列化、规模化的企业。

1996—2005 年新产品开发一览

表 5-2-6

类别	年份	品种	牌号	规格	技术标准号	主要用途	备注
线材	1996	焊接用钢盘条	H08A、H08E	6.5	GB/T 3429—2002	制作手工焊条	已转产
	1997	预应力混凝土钢棒用钢（PC 钢）	30MnSi	8、10、12	GB/T 24587—2009	建筑结构用钢	已转产
	1998	气保焊丝用热轧盘条	H08Mn2SiA	5.5	GB/T 3429—2002	制作气体保护焊丝	
		钢筋混凝土用热轧带肋钢筋（盘螺）	HRB335	6、8、10	GB 1499.2—2007	建筑结构用钢	已转产
	1999	圆环链用热轧盘条	24MnSiVTi	6.5、8、10	技术条件	矿用链条钢	
	2001	钢筋混凝土用热轧带肋钢筋（盘螺）	HRB400(钒微合金化)	6、8、10	GB 1499.2—2007	建筑结构用钢	已转产
		气保焊丝用热轧盘条	ER70S-6	5.5	Q/TB 101—2014	制作气体保护焊丝	已转产
	2003	预应力混凝土钢棒用钢（PC 钢）	35SiCr	8、10、12	技术条件	建筑结构用钢	
	2004	圆环链用热轧盘条	20Mn2	6.5、8	技术条件	起重链条钢	

续表

类别	年份	品种	牌号	规格	技术标准号	主要用途	备注
型钢	1999	角钢	Q215、Q235	10、18、20号等边和20/12.5不等边	GB/T 706—2008	塔吊、铁塔结构	已转产
		优质碳素圆钢	45	ϕ55~65毫米	GB/T 699—1999 GB/T 702—2004	用作轴料	
	2000	16MnV（N）高强度大规格角钢	Q345、Q390	16号以上角钢	GB/T 706—2008	铁塔结构	已转产
	2001	槽钢	Q215、Q235	16、20号	GB/T 706—2008	建筑结构、铁塔结构	已转产
		角钢	Q235B	150/90不等边	GB/T 706—2008	塔吊、铁塔结构	已转产
		U型钢	20MnK	36U	GB/T 4697—2008	矿山巷道支护	已转产
		优质碳素圆钢	45	ϕ70~75毫米	GB/T 699—1999 GB/T 702—2004	用作轴料	
	2002	角钢	Q235B、Q345B	15号等边	GB/T 706—2008	塔吊、铁塔结构	已转产
	2003	优质碳素圆钢	45	ϕ80毫米、ϕ85毫米	GB/T 699—1999 GB/T 702—2004	用作轴料	
	2004	优质碳素圆钢	45	ϕ90毫米、ϕ95毫米	GB/T 699—1999 GB/T 702—2004	用作轴料	
		角钢	Q420B	10~20号等边	GB/T 706—2008	输变电铁塔结构	已转产
		工字钢	20MnK	矿12工	YB/T 5047—2000 JX007—2008	矿用支撑钢	已转产
	2005	U型钢	20MnK	40U	GB/T 4697—2008	矿山巷道支护	
棒材	1996	钢筋混凝土用热轧带肋钢筋	20MnSi	12、18、20、22、25、28、32、36	GB 1499—1991	建筑结构用钢	已转产
	1997	钢筋混凝土用热轧带肋钢筋	20MnSi	14	GB 1499—1991	建筑结构用钢	已转产
		矿用圆环链用钢	24MnSiVTi	14、18、22	技术条件	矿用链条钢	
	2001	钢筋混凝土用热轧带肋钢筋	HRB400(钒微合金化)	12~40	GB 1499.2—2007	建筑结构用钢	已转产
	2003	抽油杆用钢	20CrMo、30CrMo	19、22、25	技术条件	用于制造抽油杆	
		矿用圆环链用钢	25MnV	18、22	技术条件	矿用链条钢	
	2004	钢筋混凝土用热轧带肋钢筋	HRB400（铌微合金化）	12~40	GB 1499.2—2007	建筑结构用钢	已转产

续表

类别	年份	品种	牌号	规格	技术标准号	主要用途	备注
热轧钢带	2003	结构用热轧钢带	SS400	(1.4~12.0)×(1000~1500)	Q/TB202	建筑用钢结构	已转产
			Q235B	(1.4~12.0)×(1000~1500)	Q/TB202	建筑用钢结构	已转产
			Q345B	(1.4~12.0)×(1000~1500)	GB/T1591	结构用低合金钢	已转产
	2004	冷成型用热轧钢带	SPHC	(1.4~12.0)×(1000~1500)	Q/TB203	冷轧原料	已转产
	2005	冷成型用热轧钢带	SPHD	(1.4~12.0)×(1000~1500)	Q/TB203	深冲用冷轧原料	已转产
冷轧	2005	冷轧低碳钢带(一般用)	SPCC	(0.35~2.0)×(820~1580)	Q/TB303	主要用于建筑、轻工、汽车及一般结构件	已转产
彩涂	2004	连续彩涂钢带(冷成型用)	TDC51D+Z	(0.35~1.2)×(820~1250)	GB/T12754	用于建筑、家电	已转产
冷基热镀锌	2005	连续热镀锌钢带(冷成型用)	DX51D+Z	(0.35~2.0)×(820~1525)	GB/T2518	主要用于成型要求不高的建筑、轻工、汽车及一般结构件	已转产

第四节　技术进步

1996—2005年，是唐钢加强结构调整，加快技术改造，进入历史性转折的重要时期。十年间，唐钢制定了铁钢轧技术改造发展规划并付诸实施，先后完成3号高炉技术改造、钢联焦化建设、低碳拉拔材工艺优化项目等工艺技术改造，用先进的技术替代落后的技术，达到增加品种、降低消耗、提升效益的目的。

一、炼铁技术进步

高炉系统发展围绕冷却、控制技术等进行。1998年，3号2560立方米高炉开炉采用图拉法渣处理系统和板壁结合的炉体冷却形式。同年12月，1号1260立方米高炉大修，采用大型模块炉体冷却形式。2002年，2号1260立方米高炉大修施工中采用了国际先进的高炉本体整体推移技术，大修结束后2号高炉扩容至2000立方米，首次在公司内高炉采用铜冷却壁。同年12月，北区2号烧结机由180平方米改造扩大至210平方米，采用煤气、空气双预热及环冷余热回收新技术，并对主排风机叶轮改造，取消了热筛。2003年，将3号烧结机机尾除尘灰制成小球后配加到2号烧结机混合料中的造球工艺，改善了料层的透气性。2003年，与芬兰罗德洛基公司共同研发烧结过程智能控制管理SPMS系统，2004年用于3号烧结机生产过程控制。

铁前系统焦炉改造满足了生产需求。2003年，新建65孔5.5米大容积焦炉以及相应的备煤、回收等系统，项目于2004年投产后有效解决了新建冷轧生产线所需要的洁净煤气来源问题。2005年，投资兴建的150吨/时干熄焦装置，是省内首个采用干熄焦技术的项目。

二、炼钢技术进步

1999年，一炼钢厂易地大修竣工后，淘汰了落后的侧吹转炉炼钢工艺，取而代之的是150吨顶底复吹转炉炼钢工艺。2000年，以20CrMo钢为突破口，进行了洁净钢生产工艺的探索，通过钢包钢水定氧、钢包加还原渣等一系列工艺，使钢包中钢水氧含量达到了电炉钢产品水平，初步形成了唐钢洁净钢生产的工艺模式。2003年，一炼钢厂铁水预处理装置投入使用，采用单吹颗粒镁脱硫工艺，将铁水中硫脱至0.003%以下，为低硫钢开发生产创造了条件。2004年2月，一炼钢厂在国内百吨以上转炉中率先应用音频化渣技术，稳定了转炉操作，提高了转炉吹炼过程的化渣效果，减少返干、喷溅次数，使一次拉碳率由45%提高到66%，转炉冶炼周期由41.45分钟缩短到37.31分钟。2005年11月，一炼钢厂1700毫米板坯冷轧料钢冶炼工艺研发取得突破，不经过精炼工序试生产冷轧料钢获得成功，连续浇铸冷轧料钢17炉2550吨，钢种命中率和成分合格率均达到100%。

三、轧钢技术进步

（一）棒材技术

1996年10月22日，国内领先的三线切分技术在棒材厂试验取得成功，成为国内首家试验成功此技术的企业。三线切分技术的实施，节省了大量能源，产量提高3倍，年增效益1000多万元。2002年末，唐钢连轧棒材生产线引进巴登四线切分轧制技术。2003年，通过解决精轧机入口处轧件扭转、切分架次出口频繁堆钢、裙板辊道频繁堆钢等问题，摸索轧槽磨损后补偿方法，总结出了四线切分轧制成熟技术，使连轧棒材生产线与三期连铸热装能力匹配，降低了终轧速度，体现了四线切分生产小规格产品的优势，将当时的日产最高纪录、班产最高纪录提升至3066吨、1130.3吨。

（二）热板技术

2003年，薄板坯连铸连轧1810毫米产线的投产，结束了唐钢没有板带产品的历史，填补了公司热轧板带产品的空白，先后开发冷轧用料钢、高强低合金钢用热轧钢带、汽车大梁用热轧钢带、集装箱板用热轧钢带等高附加值产品。实施国家重点项目“973”课题超级钢试验，为热连轧产线试验提供数据。同年3月4日，热轧薄板厂首次进行半无头轧制试验，成功在钢带不间断运行和动态减薄的情况下，通过高速飞剪剪切，连续轧制出3.0毫米优质钢带。此项技术填补了国内空白，成为国内首家掌握半无头轧制技术和成功利用短流程轧机进行铁素体轧制的企业，并使我国成为继日本、荷兰之后，世界上第三个掌握该项技术工艺的国家。在此期间，相继完成热轧薄板黏结、普通结构钢板表面纵裂技术、薄板坯钢水质量控制、热轧薄板力学性能研究、产品表面质量、连铸漏钢率和钢水回炉率、提高连浇炉数、热轧薄板综合成材率与合格率等技术攻关。

消化吸收引进技术，自主开发建设了1700毫米产线。2005年，热轧薄板产量达到301万吨，产品综合合格率达到99.98%，成为当时世界上同类设备达产速度最快、产量最高、轧制规格最薄的生产线。

（三）冷板技术

2005 年，冷轧薄板项目正式投产。冷轧 3 号镀锌线工艺采用改良森吉米尔法、全辐射立式退火炉等技术，彩涂线运用日本新日铁一涂一烘、二涂二烘等生产工艺，实现了轧钢工艺的进步。当年 1 月起，制订《冷轧薄板系统攻关计划》，联合攻关组对冷轧生产开展产量、合格率、成材率攻关，丰富了冷轧深加工产品，促进了酸洗板、冷硬板、退火板、镀锌板、彩涂板等产品的开发，延长了深加工产业链。

第五节 质量管理

唐钢全面加强产品质量管理，认真落实质量控制措施，促进产品质量稳定提高。十年间，在上级质量管理部门实物质量抽检中，公司产品质量全部合格，多种产品成为国家重点工程指定产品，为用户提供了更多的名优产品。

一、体系建设

唐钢不断规范质量管理制度，把提高品种档次和产品质量作为重点目标，加强生产组织和质量过程控制，使质量管理工作逐步向规范化、制度化、现代化管理迈进，质量管理和产品质量水平稳步提高。1998 年 12 月，修订《质量否决权实施办法和质量考核办法》，加大对质量事故、质量异议和违规操作的考核力度。2002 年 12 月，制定实施《技术中心关于重申严格执行标准、制度的通知》《送钢卡片、材坯入库单管理办法》《加强带肋钢筋监督检验抽查管理办法》《热送热装连铸坯的检验规定》《产品的监视和测量管理办法》《加强质量事故预防及重大质量信息反馈规定》《钢材力学性能边缘、异常管理办法》《产品质量异议处理管理办法》《产品标识和可追溯性》等文件。

唐钢质量管理体系完成了由 ISO9002：1994 向 ISO9001:2000 标准的转换。为全面提高产品质量、提升市场竞争力，唐钢从 1996 年开始贯彻实施 ISO9002：1994 质量管理体系文件。1996 年 5 月，总经理王天义在高线产品质量体系发布会上发布高线产品质量手册和程序文件。至此，公司贯标工作进入体系运行阶段。1997 年 12 月 26 日，唐钢质量管理体系通过中国冶金工业质量体系认证中心认证，并获准注册，体系仅覆盖高速线材、棒材产品。1998 年 11 月，国家认证中心现场审核组利用 4 天时间，对公司 21 个单位进行了质量认证现场审核，同时对 3 个单位进行了监督复审。体系扩展了产品覆盖范围，包括热轧盘条、中型材等钢材全部产品。2002 年，按照新版标准 ISO9001:2000 的要求，修订质量管理体系文件，当年 11 月 27 日通过北京国金恒信管理体系认证有限公司（原中国冶金工业质量体系认证中心）认证，体系覆盖了公司所有钢材产品。同年 12 月 30 日，获得质量管理体系认证证书。

2003 年，在质量管理体系的基础上，建立环境和职业健康安全管理体系，整合质量、环境和职业健康安全管理三个体系，于 2004 年 7 月通过国家认证，8 月获得认证证书。

二、创优产品

1996—2000 年，唐钢低碳钢无扭控冷轧盘条被省质量兴省名牌兴企战略领导小组、省经贸委、省质量技术监督局命名为“省重点名牌产品”。ϕ10 毫米预应力混凝土热处理钢筋、矿用 U 型钢、Ⅱ级钢筋、高线普碳盘条、矿山巷道支护用热轧 U 型钢、钢筋混凝土用Ⅱ级热轧带肋钢筋、低碳钢无扭控冷热轧盘条等产品获得“冶金产品实物质量‘金杯奖’”。普碳盘条与Ⅱ级钢筋、低碳钢无扭控冷轧盘条和钢筋混凝土用热轧带肋钢筋，被省用户委员会评为“用户满意产品”；热轧带肋钢筋、低碳钢无扭控冷热轧盘条，被省质量管理协会、省用户委员会确定为“首批用户满意产品”。普碳盘条、钢筋混凝土用热轧带肋钢筋等螺纹钢筋和线材产品被认定为“省名牌产品”。另外，公司开发的30MnSiV热轧盘条，获得“省新产品（技术）奖”一等奖。

2001—2005年，唐钢钢筋混凝土用热轧带肋钢筋被评为“全国质量免检产品”“全国用户满意产品”。碳素结构钢、低合金结构钢热轧钢带、焊管、钢筋混凝土用热轧带肋钢筋、低碳钢热轧圆盘条、热轧角钢等产品被省政府、省质量管理协会用户委员会认定为“省用户满意产品”。热轧角钢、焊接用钢盘条等被评为“省名牌产品”。矿山巷道支护用热轧U型钢、钢筋混凝土用热轧带肋钢筋获“冶金产品实物质量‘金杯奖’”。

1997年，唐钢被省政府命名为“质量效益型先进企业”。1999年5月，唐钢在由中国质量万里行组委会组织、于一季度开展的“质量大家行”活动中，被评为“百日无投诉或投诉处理得好的企业”，是全国冶金行业唯一上榜的企业。同年9月，被中国质量万里行组委会评为“质量大家行”活动示范单位。唐钢相继获得2000年度“全国质量效益型先进企业”和2002年度“全国质量管理先进企业”称号，被省政府授予2000年度、2003年度“质量管理奖”。

1996—2005年唐钢名优产品一览

表5-2-7

奖项证书名称	产 品 名 称	获奖时间
冶金产品实物质量“金杯奖”	ϕ10毫米预应力混凝土热处理钢筋	1996年1月
冶金产品实物质量“金杯奖”	矿用U型钢（ϕ18毫米、25毫米、29毫米、36毫米）	1998年12月
冶金产品实物质量“金杯奖”	Ⅱ级钢筋（ϕ12毫米、40毫米）	1998年12月
冶金产品实物质量“金杯奖”	高线普碳盘条（ϕ5.5毫米、13.0毫米）	1998年12月
冶金产品实物质量“金杯奖”	矿山巷道支护用热轧U型钢	1999年5月
冶金产品实物质量“金杯奖”	钢筋混凝土用Ⅱ级热轧带肋钢筋	1999年5月
冶金产品实物质量“金杯奖”	低碳钢无扭控冷热轧盘条	1999年5月
冶金产品实物质量“金杯奖”	钢筋混凝土用热轧带肋钢筋	2004年1月
冶金产品实物质量“金杯奖”	矿山巷道支护用热轧U型钢	2004年1月
全国质量免检产品	钢筋混凝土用热轧带肋钢筋	2004年9月
全国用户满意产品	钢筋混凝土用热轧带肋钢筋	2004年9月

注：表中仅筛选十年间公司部分优质名牌产品予以摘录，出自二次文献资料。

三、产品认证与产品推荐

认证是产品打入市场的通行证，也是产品质量提升的指导依据。唐钢将产品认证工作摆在突出位置，促进质量管理的进步与市场的开发。1996年，唐钢生产的船用角钢系列，通过中国船级社、秦皇岛船检局“工厂认可”。1998年，唐钢Ⅲ级钢筋通过香港土木工程署质量认证，正式在香港注册，获得销往东南亚6个国家和地区的通行证。1999年8月，公司船用角钢通过挪威船级社（DNV）的“工厂认可”，于2000年6月获得英国劳氏船级社认证证书。2001年3月，研制开发的低合金高强度焊管获国家建设部颁发的新技术新产品推荐证书。2003年10月20日，公司生产的B级船用角钢通过中国船级社CCS“工厂认可”；12月26日，中国船级社正式向公司颁发B级船用角钢“工厂认可”证书。至此唐钢具备大批量生产船用角钢的能力和条件。

第六节　档案管理

公司技术中心档案管理主要负责公司网络信息管理、《唐钢科技》出版发行、全国连铸信息网管理、检索翻译技术资料，以及管理公司党群、行政、经营、生产、技术、产品、科研、基建、设备、财会、新闻等11类档案。1997年6月，唐钢顺利通过国家企业档案工作目标管理考评，成为河北省首家档案管理“国家一级企业”复审认定企业。1998年底，撤销科技图书馆等机构，人员逐步精简。1999年8月，信息档案处对公司22个机关处室的文档归档案卷题目、目录首次全部用计算机处理。2002年，加强超薄热带工程的档案资料收集和归档工作，制定下发《超薄热带工程档案验收标准》，确保竣工工程档案的完整、系统。2005年末，档案馆藏各类档案近8万卷、科技底图12万多张。

第七节　化学分析、物理实验

1996—2005年，唐钢按照国家实验相关认可准则，根据产线中间介质分析测试与产品性能检测需求，不断完善实验室软硬件配置，提高化学分析、物理实验技术水平，保证了产品生产和科研攻关任务的顺利完成。

一、基础管理

2003年1月，原质管处化验室和钢研所化验室合并组成技术中心化验室，担负公司生产和科研攻关的化验分析。同年9月，由技术中心化验室、物理室及与实验室质量管理体系相关的管理科室组成唐钢分析测试中心。2004年5月，公司分析测试中心通过了国家实验室认可委员会（CNAS）的认可，同年8月9日，获得认可证书。公司分析测试中心质量管理、技术能力符合《检测和校准实验室认可准则》（CNAL/AC01：2003）的要求，标志着公司检测技术达到国内一流水平，成为省内国家认可的具备高水平、高精度开展分析检测资格的企业分析测试中心。

二、实验室建设与主要设施

（一）化学分析

1996年，公司化学实验室拥有美国LECO产红外CS仪1台、日本产直读光谱仪3台及炼铁厂喷煤工程配套的煤质分析仪器，具有进出口金属材料商检资格。2004年以来，唐钢引进了瑞士ARL4460型光谱仪、日本导津MXF2300型X射线光谱仪、美国力可TC600光谱仪等先进分析仪器，缩短了分析时间，提高了分析质量和准确度，先后完成《ICP光谱法测定保护渣中氧化镁、全铁、三氧化二铝、氧化锰的含量》《X荧光光谱法测定保护渣中氧化钠、氧化钾、氟的含量》《EDTA容量法测定颗粒镁中镁含量》《红外线吸收法测定低氮低硫增碳剂中的全硫量》《TCH-600氧氮氢分析仪测定冷轧料中氧、氮含量》《ICP光谱法同时测定钢中钒、铌、钛含量》《辉光光谱法测定锌锭和锌铝合金中铝、铁、铅、锡的含量》《ICP光谱法测定铝锰钛镁合金中铝、钛、镁的含量》等分析方法，满足了生产和科研攻关的需求。

（二）物理实验

1996年，公司物理实验室配有JBD-30A低温冲击试验机1台、SGZF-ⅡW电磁式分选仪1台、AG250KNE电子拉伸试验机1台，具有进出口金属材料商检资格。2003年以来，唐钢引进美国Gieeble3500热模拟试验机、德国ZEISS金相显微镜、意大利SUN20电子拉力试验机、美国力可LR-1E洛氏硬度计、荷兰930/971万能硬度计等具有国际先进水平的物理试验设备，先后完成高温热塑性分析、板带热处理试验、零强度和零塑性测试、变形诱导裂纹试验、薄板层流冷却研究试验、冷轧薄板退火工艺研究试验以及电工钢、管线钢高温热模拟试验，为公司生产、质量分析、品种开发、质量攻关提供了可靠的试验保障。

（三）冷轧实验室

2004年4月1日，为适应冷轧项目建成投产，在技术中心组建理化功能合一的冷轧实验室，引进意大利SUN10电子拉伸试验机、美国LV-100AT维氏硬度计、法国ICP电感耦合等离子体发射光谱仪、瑞士自动电位滴定计、美国比表面积分析仪、加拿大膜厚测量仪、美国色差仪、德国光泽度仪、德国可调冲击试验仪等20多台（套）先进的理化检测设备。相继承担彩涂线试车涂料研究、彩涂前期处理化学品研究、镀锌板褶皱缺陷分析、退火板伸率攻关、彩涂用镀锌基板研究、退火板折弯性能攻关等检验任务，保证了冷轧生产和科研攻关任务的顺利完成。

第三章　企业管理

唐钢把企业管理创新摆在生产经营的突出位置，立足企业发展战略与五年规划，从管理思想观念的更新、管理制度的健全、管理措施的落实等方面，全面加强和改进经济责任制考核、现场管理、班组建设、制度管理，探索运用现代化管理手段，持续改进管理流程与方式方法，尽量减少冗余工序和管理环节，不断巩固扩大管理成果，解决影响生产经营管理水平提高的短板，充分发挥各项专业管理的作用，有力促进了“三步走”与“三极支撑”发展战略目标的实现。

第一节　经济责任制考核

唐钢根据内外部生产经营条件和市场环境变化，坚持每年制定经济责任制总体方案，按照责、权、利相结合的原则，以提高经济效益为目的，不断完善责任制管理和考核体系，充分调动各厂矿处室和广大职工的工作积极性，更好地发挥经济责任制的激励保障作用，确保了公司总体经营目标的实现。

1996 年 2 月，唐钢集团经营管理处更名为企业管理处后，负责公司经济责任制考核工作。当年，经济责任制考核由以产量为重点，转为以成本等效益指标为重点，加强对成本、费用、资金占用的考核，实行成本否决，并设立年度效益奖。

资产经营承包考核促进了子分公司整体经营水平的提高。从 1998 年 1 月起，陆续对矿业公司、耐材公司、铸管厂、机械制造公司、电炉厂、物贸公司、技术经济开发公司、生活服务总公司、劳动实业公司、唐钢设计研究院等单位实行资产经营承包考核，由集团资产财务部负责考核。采取工效挂钩方式，一次核定工资总额和利润基数，核定后三年不变；提高对内利、品种、质量异议、生产设备事故的奖罚比重。1999 年，实施资产经营承包考核的子分公司同比减亏增利 2457 万元。2001 年 1 月，与子分公司签订的 3 年资产经营承包责任制执行完毕，8 家单位全面实现总体经营目标。2000 年与 1997 年相比，营业收入增加 18.8%，劳动生产率增加 25.35%，同口径利润减亏 5905 万元。

经济责任制考核与市场经济接轨，向生产经营的深度和广度拓展，其内容、形式、范围都有了新的发展。1999 年，经济责任制按照工序服从的原则，将对上道工序和提供服务单位的产品和服务质量的考核权，细化分解到下道工序和被服务单位，实行逆向考核。2000 年，为强化风险意识，体现重奖重罚，责任与利益对等的原则，制定下发《对厂处级干部年终一次性奖励的实施办法》。从 2002 年起，对各单位实行奖金总额（定员定奖）考核；厂处级管理人员奖金由公司统一考核发放，并将厂处级干部年终考评结果纳入效益奖考核范围。2005 年，在坚持对标挖潜、成本否决的基础上，对质量指标加大考核力度，对不符合唐钢现行产品标准的产品不再计产，并加大了对非计划产品的考核力度。同时坚持定岗定员定奖的原则，完善奖金总额考核办法。在责任制考核单位实行按年初核定的计奖人数计奖，增人不增奖，减人不减奖计奖办法的基础上，承包经营的子分公司也执行按年初核定职工人数核定工资总额基数，增人不增工资总额，减人不减工资总额的考核办法。

第二节　现场管理

唐钢坚持用科学的标准和方法，对生产现场和要素进行合理有效的计划、组织、协调、控制，在生产不断发展、经营规模不断扩大、改革不断深化的时期，公司现场管理工作不断得到加强。每季由企业管理处牵头组织相关管理部门，对被考核单位进行检查，对查出的问题开具现场管理罚款通知单并限期整改，对下次检查时问题未解决的被考核单位加倍罚款。根据随机抽查、各专业检查及季度联查情况，经过现场管理考评会共同评议，唐钢对各单位进行排序，并将联查情况在全公司通报。这一时期，全员现场管理意识有所提高，脏乱差破现象得到遏制，生产现场面貌有了明显改善。

1997 年，开展基础管理年活动，把现场管理作为加强基础管理的突破口，按照经常化、制度化、规范化要求，修改完善公司《现场管理考核细则》，将现场管理工作纳入经济责任制考核。1999 年，积极推广定置管理，同时把现场管理与 ISO9000 认证相结合，现场管理工作进一步制度化、科学化。2003 年，注重各专业管理部门之间的协调联动，使各专业管理在生产现场得到具体落实和密切配合。以质量、环境和职业健康安全整合认证为契机，加大考核力度，各单位制定相应的《工作环境管理办法》和《现场管理考核细则》，对影响产品质量的环境因素进行系统性的识别和控制，使各单位生产作业现场达到符合产品要求的作业环境，公司现场管理整体水平明显提高。2004 年，结合唐山市“创卫”活动，修订完善《现场管理经济责任制》和《对厂内运输车辆飘洒、溢漏、违规装载管理办法》。这一年，公司下达的 56 项重点厂容绿化治理项目全部完成，各单位制定的 530 多项治理项目基本完成。在 2004—2005 年进行的整合认证外审中，未发生因环境治理而产生不符合项，公司现场管理水平上了一个新台阶。

第三节　班组建设

班组是企业从事生产活动的基本单元。1996 年以来，唐钢以高效安全完成各项生产经营任务为目标，加强班组基础管理，不断健全完善班组建设机制，打造先进班组文化，提高班组管理水平和职工队伍素质，增强班组的学习能力、创新能力和实践能力，实现了职工与企业的和谐发展、共同进步，为增强企业核心竞争力筑牢了坚实基础。

每年召开班组建设工作会议，总结部署年度工作。每年制定下发《班组建设工作安排》，明确班组建设工作思路，组建推进班组建设工作委员会，布置班组建设重点工作并安排具体工作，制定班组建设检查考核及奖惩办法。每季度组织对各单位进行联查和不定期抽查，对检查结果以工作简报形式进行通报，及时交流各单位班组建设的有效方法，表彰先进，鞭策后进，努力营造争先氛围，促进各单位班组建设工作的深入开展。定期对各单位班组建设工作进行联查总评，并对单位自查情况进行核实。按照《优秀班组评定条件及程序》评出班组建设优秀班组；按照《班组建设先进单位评定条件及程序》评出班组建设先进单位，通过表彰先进班组和先进单位，激发班组长工作热情。

1997—1998 年，以班组经济核算为重点，组织开展干部包班组活动，进一步加强班组建设，提高班组管理水平。2001 年以来，在对班组建设情况进行充分调查和分析的基础上，制定《班组建设经济责任制》《班组建设考核细则》《优秀班组评定条件及程序》和《班组建设先进单位评定条件及程序》等管理制度，并将班组建设工作分解为班组对标竞赛、班组经济核算、班组设备管理、班组安全管理、班组民主管理和班组建设综合情况分析等 6 个方面 29 项具体规定。

2001 年，以对标和经济核算为主要内容，进一步强化班组建设工作。2002 年，以开展班组经济核算为中心，以落实设备操作规程、工艺规程、安全规程为重点，推行岗位标准化作业。2003 年 1 月，组织召开班组建设经验交流会，进一步增强各单位班组管理意识，开拓班组建设工作思路。在此基础上，有关部门研究进一步强化班组建设的有效方法，广泛征求各方意见，确定了班组建设重点工作。各单位按要求并结合实际情况，制定了具体的工作规划，班组建设工作在全公司 2398 个班组中得到有效落实。多数班组利用 PDCA 循环工作方法，进行班组建设工作分析，通过各阶段工作的环环相扣，提高管理水平。2005 年，公司以创建学习型班组为重点工作，切实提高职工素质。多数单位每季度至少组织一次班组长培训，针对生产经营中存在的问题和难点，进行技术知识培训和管理知识培训。深化班组对标，挖掘管理潜力。各生产单位制定了同炉、同机及厂际间同类班组对标制度，各班组在进行指标对标的同时，还进行管理措施的对标，不断挖掘基层管理潜能。

第四节 制度管理

制度是企业职工共同遵守的行为规范和准则。唐钢注重加强规章制度管理，制定实施《规章制度管理办法》，明确各部门职责及规章制度修订程序，堵塞管理漏洞，使公司各项工作纳入规范化、制度化管理轨道。针对公司改革发展不断深入、一些新工艺新技术新设备相继投入生产，每年对规章制度进行彻底清理，清除不适应公司生产经营的规章制度，杜绝管理重叠、相互矛盾现象，逐步建立起一套条理清晰、内容规范、统一完整的规章制度管理体系，更加适应了企业内外经营环境的变化。十年间，唐钢持续规范制度起草、审核、发布、实施、检查、考核、修订、清理程序及制度修订原则，建立起规章制度从生成到作废的全过程规范的闭环管理网络，使各项工作有章可循。

1996 年，组成二铁服务队，指导修改、归并、完善各项管理制度 232 项，原始记录、台账、报表 329 本，协助其建立制度管理的基本框架。1997 年，在唐钢基础管理年活动中，完成规章制度清理完善工作，共废止规章制度 402 项，对需要补充、修改的规章制度进行完善。2002 年，针对公司规章制度管理现状，修订《规章制度管理办法》，全面开展清理、确认、核对、剔除、修订和完善规章制度和管理标准工作。共清理规章制度、专业管理标准 654 项，其中适用 366 项，废止 288 项；修订制度和标准 162 项，并将其全部输入微机，为实现规章制度管理信息化创造了条件，形成了较为科学、规范、完善的规章制度体系。2003 年，共废止规章制度 116 项、专业管理标准 149 项，新制定或修订规章制度 72 项。2004 年，废止规章制度

88 项、专业管理标准 6 项，新制定或修订规章制度 50 项。2005 年，对全公司规章制度进行清理，其中适用制度 429 项，废止 42 项；适用标准 167 项，废止 20 项，保证了规章制度管理体系的良性循环。

第五节 企业现代化管理

唐钢现代化管理工作坚持与生产经营实际相结合，选题方向围绕挖潜增效重点和工艺技术改进任务，不断优化工作程序，完善工作步骤和方法，推动现代化管理应用领域不断拓宽，现代化管理水平不断提高，有效促进了公司各项工作的开展。每年下发《推进企业现代化管理的安排意见》及上年现代化管理工作总结及当年工作安排，针对生产经营过程中的关键点或薄弱环节，运用现代化管理理论、方法、手段、技术解决企业管理中的问题，促进了经济效益的增长。这一时期，公司被省企业管理现代化创新成果审定委员会评为“2001 年度企业管理现代化创新成果组织工作先进单位”。

一、探索与应用

1999 年以来，从矿山、烧结、炼铁、炼钢、轧钢等主要生产单位到辅助生产单位及部分专业职能处室，全部参与现代化管理方法应用的选题立项，基本贯穿公司整个生产经营全过程，形成了主动运用现代化管理方法，并在生产经营实际中积极探索管理创新的良好态势。每年修订下发《专业系统现代化管理项目表》，对项目的技法应用、效益计算等方面提供具体指导，为现代化管理项目实施起到了促进作用。

2000 年，注重提高管理人员素质，优化企业管理组织结构，围绕改善品种结构，提高产品质量，提升经济效益，开展现代化管理工作，促进企业经营机制转换。2001 年，全公司立项 338 项，完成 199 项成果，其中 81 项成果获奖；举办培训班 11 期，培训 300 余人次。2002 年，学习贯彻重新修订的《冶金企业管理现代化创新成果审定发布办法》，贯彻以专业化管理为重点，以各单位为基础，以挖潜增效工作为主要课题方针，实施低成本战略，积极探索符合唐钢实际、具有唐钢特色的现代化管理模式。2003 年，全公司立项 178 项，上报 156 项成果，其中 144 项成果获奖。2004 年，现代化管理工作以信息化建设为方向，以专业化管理为重点，以管理规范化为基础，以挖潜增效为主要课题，全面推行现代管理、标准化操作，健全完善层级对标管理体系，加大降本增效工作力度，使现代化管理思想全面系统融入企业管理体系。同年 6 月，印发《企业管理现代化成果审定发布办法》。2005 年，认真搞好现代化管理项目的跟踪检查指导工作，对全公司立项的包括安全、设备、财务、科技、综合管理和微机应用等 6 个系统的 232 项现代化管理项目进行跟踪检查。并且有针对性地进行现代化管理知识系统培训，深入各单位组织现代化管理培训班 6 期，培训相关人员逾 300 人次，基本涵盖了主要项目的实施者，指导完成 188 项成果。当年，公司获得“省冶金企业管理现代化成果奖”40 项，“省企业管理现代化创新成果奖”5 项，“冶金企业管理现代化管理创新成果奖”4 项，公司现代化管理工作持续保持在全国冶金行业及全省前列。

二、获奖简况

公司在学习先进管理理论和借鉴先进企业经验的同时，不断尝试探索现代化管理方法，创造了大量成效显著且有推广价值的企业管理成果，获得一批省部级成果奖及国家级企业管理现代化创新成果奖。其中，较具代表性的成果有：

1996 年，公司“成本系统值控制模式”、运输部“运输系统安全管理”项目获得“冶金企业管理现代化创新成果二等奖”。1997 年，公司“系统联动现场管理法”、棒材厂“三高两元循环递进管理法”项目获得“冶金企业管理现代化创新成果二等奖”。1998 年，一炼铁厂“成本企划管理”项目获得“冶金企业管理现代化创新成果二等奖”。1999 年，公司“建立层级对标管理体系，提高企业竞争力”项目获得“冶金企业管理现代化创新成果一等奖”；公司“推广应用工业工程技术加快建立现代企业制度”、一炼铁厂“流程优化管理”项目获得“省企业现代化管理创新成果二等奖”。2000 年，公司“层级对标管理”项目获得“第六届国家级企业管理现代化创新成果二等奖”。该成果当年被中企协收录于《中国企业管理年鉴》。

2001 年，公司“企业整体素质提升战略”成果获得“冶金企业管理现代化创新成果一等奖”；一炼铁厂“以降耗增效为核心的生产优化管理”项目获得“第七届国家级企业管理现代化创新成果三等奖”；三轧钢厂“应用现代化科学管理方法提高产品质量和成材率”项目获得“省企业现代化管理创新成果一等奖”；公司“运用IE 原理实现流程优化”“以降成本为中心的烧结优化配料整理”“带钢厂 MIS 系统”“高线物流管理信息系统”“唐山三环工程建设监理有限公司运用全面计划管理强化工程监督实现唐钢超薄热带工程建设的优质高速”等项目获得“省企业现代化管理创新成果二等奖”。2002 年，公司“生产经营与企业发展良性互动战略”项目获得“冶金企业管理现代化创新成果一等奖”。“节水增效管理工程在唐钢的应用”获得“冶金企业管理现代化创新成果二等奖”。

2003 年 9 月，公司“促进企业滚动发展的优化管理”项目获得“冶金企业管理现代化创新成果一等奖”；同年 12 月，获得“第十届全国企业管理现代化创新成果二等奖”。2004 年，公司“对标管理体系的完善与创新”项目获得“冶金企业管理现代化创新成果一等奖”，“综合运用现代化管理方法降低炼钢工序钢铁料消耗”项目获得“省企业管理现代化创新成果一等奖”。2005 年，公司“构建经济效益指数评价体系提高企业综合竞争能力”项目获得“冶金行业企业管理现代化创新成果一等奖”，同年 11 月，获得“第十二届全国企业管理现代化创新成果二等奖”；公司“物料平衡管理的优化与创新”项目获得“省企业管理现代化创新成果一等奖”。

第四章 财务管理

唐钢贯彻执行企业管理以财务管理为中心，做好经济核算；以资金管理为中心，强化资金收支两条线管理，促进了资金收支良性循环；全员全过程控制成本费用，消化各种减利因素，实现了降耗增效、提升效益；严格执行企业会计制度、会计法及其他财经法律法规，财务管理制度建设进一步加强；建立全面预算管理，企业整体管理水平得到提升。这一时期，计算机改变了公司财务管理中传统手工记账方式，唐钢开通了互联网银行服务，将原财务中心的代发工资业务全部转交中国银行唐钢分理处，顺应了时代进步与企业发展的要求。

第一节 经济核算

唐钢核算体制实行公司和直属厂矿两级核算制。唐钢各单位所有开支全部由各相应管理部门负责集中管理、统一平衡，并负责对外办理资金支付以及对各分公司内部或外部资金的支付。内部结算价格除炼铁厂主料（铁精粉、进口矿、煤、石料）采用实际价结算外，其余均采用计划价进行结算。月底供应采购部门的采购差价按实际价格进行成本还原。

1997 年，恢复内部银行核算（曾于 1994 年取消了内部银行），根据资金管理规定，唐钢集团部分全资子公司及二级单位，内部往来通过内部银行按实际价格进行结算。唐钢集团与唐钢股份之间费用结算按照关联协议，买卖双方以市场价格进行结算。1999 年 12 月，编制内部计划价格手册，汇集了五大类近 2 万种原燃材料、备品备件及各种辅料，依托市场价格制定了内部结算价格。2002 年，唐钢相继对外投资成立控股子公司，各控股子公司每月向母公司报送会计报表，母公司按照统一的会计政策，编制合并会计报表，统一对外报出。2004 年，经省政府国资委同意，分离改制辅业单位，唐钢集团对改制单位按权益法核算资产。

第二节 资金管理

资金管理是财务管理的重要组成部分，是企业发展壮大的重要保障。唐钢严格资金计划管理，每年开展资金攻关活动，开好每月资金平衡会，搞好资金调度，严格控制非生产性支出，压缩超储积压，加强清欠工作，使资金收支形成良性循环，加快了资金周转速度，保证了资金充足与流通顺畅。

一、固定资产管理

十年间，唐钢固定资产核算出现了两种核算管理形式：在唐钢股份母公司、原唐钢集团中的医院、设计研究院（后因改制分离）、职工培训中心、老干部活动中心、行政福利处、炼焦制气厂等沿用原有的二级核算体制：即财务处（计划财务处）以资金形式管理固定资产为一级核算、各二级单位核算以公司拨付所属资金形式下拨固定资产价值，提取折旧，固定资产的增减变动通过财务处（计划财务处）及职能部门批准后进行账务处理；财务处（计划财务处，包括代管机关各单位固定资产账）及其他子分公司采取一级核算。自2005年4月起，矿业公司的棒磨山铁矿、石人沟铁矿从矿业公司核算体系中分离出来，改为唐钢集团二级核算单位。

2001年，按照《企业会计准则——固定资产》规定，以追溯调整方式（调整以前年度未分配利润）提取固定资产减值准备3.57亿元。公司成为省内按当时新会计制度提取资产减值准备的首家单位，为今后提取固定资产减值准备探索出一条行之有效的工作处理程序。此后，提取的固定资产减值准备均在当期损益中核算，十年间共提取资产减值准备5.94亿元。2002年，针对1993年印发的《固定资产目录》中折旧年限一栏与固定资产的实际使用年限相脱节，向唐钢董事会提交关于固定资产折旧年限调整的议案并获通过。通过执行新的固定资产折旧年限，使公司综合折旧率由原来的5.6%提高到6.6%。

在计算机技术与财务应用软件飞速发展的背景下，唐钢固定资产管理上升到数据化、信息化管理的层次。2003年，印发《关于调整固定资产折旧年限的决定》，实施后使唐钢固定资产综合折旧率由6.6%提高到8%。同时，将固定资产编码统一到国标编码，为实现固定资产卡片微机管理奠定了基础。2004年，完成固定资产卡片的微机管理。此举使固定资产折旧提取、资产的验收、处置更加快捷、准确。固定资产卡片的微机管理为公司固定资产管理实现信息共享、以及公司基建改造项目提供了有力支撑。

二、流动资金管理

1996—2005年，流动资金管理沿用公司统一计划、统一平衡、统一调度、分类归口管理和收支两条线的管理方式。各用款单位必须在次月开始前提报资金预算，由财务处（计划财务处）召开资金预算会进行全面平衡、合理调度，保证有限的资金在公司内部的合理配置。

在资金归口管理方面：供应处负责原燃材料、润滑油脂等资金占用；设备机动处负责辅助材料、备品备件等资金占用；生产处负责半成品、在产品等资金占用；成品资金由销售公司负责，货币资金、结算资金、待摊费用由财务处归口管理。矿业公司、炼焦制气及子公司归口管理各自占用的全部资金，利润上缴公司财务处。在日常管理中，加强对资金使用的结构动态监控，按月、季进行定期分析，并将资金指标纳入经济责任制中作为核算奖金的基本参数，降低资金占用，避免了不良资产的发生。

在制度建设与业务革新方面：每年制定《年度资金占用攻关办法》。1997年，下发《关于内部银行双轨制运转的通知》，当年9月1日，公司内部银行改变运行十年的核算方式，从公司会计体系中分离出来，成为独立的核算体系，变单轨制为双轨制运行。双轨制内部银行核算体系简化了唐钢集团、唐钢股份及子公司之间内部核算的会计核算程序，为内部核算单位模拟市场机制，实行资金统一管理提供了较完备的资金环境。是月，原财务中心代发工资业务实现微机联网，首批在35家单位实行了通存通兑。2000年，下发《关于加强清理陈欠以物抵债试行办法》《内部资金管理暂行规定》《加强外部资金结算管理的暂行规定》；同年，下发《关于办理网络结算业务的通知》，贯彻《中国工商银行代理唐钢股份资金网络结算业务管理办法》，做好网络结算业务。2002年，实施《资金归口管理办法》《使用银行储蓄卡发放奖金管理办法》。同年10月，职工奖金改用银行储蓄卡发放。2004年，发布《内部资金管理办法》，建立起内部高效资金调控体系。是年，制定《网上银行实施办法》，实现货币资金集中管理，提高了货币资金使用效率。

三、全面预算管理

全面预算是控制企业日常经济活动的主要依据，是评价和衡量企业生产经营各方面工作的基本尺度。2003年，唐钢在全公司执行全面预算管理体系。当年5月1日，制定实施《资金预算管理制度（暂行）》，对资金预算管理的范围、内容，资金预算管理机构及职责，资金预算管理计划的编制、执行情况、监督考核等作出了具体的规定。通过对企业生产经营过程中资金的注入流出做出预测并进行控制，从而保证各项销售收入及各种费用支出按预算执行，最终保证公司的目标利润实现。

唐钢全面预算管理体系包括销售预算、生产预算、成本预算和现金预算等各个方面。在实行全面预算管理的准备阶段，财务处按资金收支的性质划分预算归口管理部门，并由预算归口管理部门编制本单位归口管理实施细则，报预算管理委员会审批后由预算管理办公室下发各单位执行。

在全面预算管理的实施阶段，年初由归口部门与预算管理办公室共同拟订全年各项归口预算；平时每项资金支出必须由预算归口管理部门审批；每月末预算管理办公室对各单位的实际执行情况进行分析，并通报预算归口管理部门。

通过实施全面预算管理，唐钢资金管理驶入科学、有序的轨道。2005年，实施预算管理，将各项费用进行专业归口管理，对生产经营中的资金流入流出，按年、季、月进行预测控制，并严格控制预算的调整和追加，实现费用和成本的事先控制。

四、融资渠道与银企商三方合作

唐钢融资有银行贷款、债券融资等多种渠道。1996年4月25日—6月13日，发行8000万元企业债券，期限三年，年利率16.2%，用于年增60万吨棒材轧机生产线技改工程。2005年，发行短期融资债券20亿元，分两期执行，每期10亿元，有力地支持了原材料采购与重点技改项目实施。这一年，为解决营销资金周转问题，采取银行、企业、经销商三方资金与物流合作方式，年内共与26家银行、48家经销商签订了三方合作协议，有效利用银行授信额度15.19亿元，并与中信实业银行上海分行及中国民生银行总行建立了战略合作关系，为经销商争取授信额度20多亿元。

五、清产核资

1996年以来，伴随唐钢产能规模的扩大与跨越式发展势头，公司内部基建、技术改造项目建设的全面推进，资产规模呈几何基数膨胀。为摸清家底，唐钢定期进行财产清查工作，保证了企业资产的保值增值。2003年省政府国资委成立后，全面加强对省属企业国有资产保值增值监管。2004年3月1日，根据省政府国资委《关于印发河北省首批省属企业清产核资工作方案的通知》要求，作为省内首批企业，制定落实公司《清产核资工作实施方案》，对工作原则和目标，工作内容和方法，以及时间进度、纪律规定等都提出了明确要求，保证了清查结果真实可靠。

1996—2005 年资产负债一览

表 5-4-1

年份	应收账款/亿元	存货/亿元	固定资产原值/亿元	固定资产净值/亿元	资产总计/亿元
1996	5.65	12.70	78.03	55.53	106.55
1997	8.61	14.45	84.57	58.13	121.62
1998	13.77	19.04	89.53	58.99	132.49
1999	12.94	18.87	104.72	69.67	142.80
2000	7.06	20.48	116.52	77.38	137.81
2001	6.37	20.20	123.80	80.25	148.27
2002	1.65	15.07	124.56	74.92	164.86
2003	0.88	20.36	145.60	88.54	219.37
2004	1.07	31.94	166.54	98.67	277.77
2005	1.14	40.95	210.97	132.79	376.07

第三节 成本费用管理

在市场经济转变和竞争激烈的当下环境中，传统的成本核算已经无法满足工业企业发展的需求。唐钢顺应时代进步，创新并改善企业的成本核算与费用管理方法，使企业调整策略的依据更贴近生产经营实际。加强物料平衡以及对成本要素的控制，严格控制管理费用和财务费用的支出，确保成本指标达到公司目标要求。

一、细化成本核算与费用管理方法

1996—2005 年，唐钢从产品核算的品种上，对炼铁工序、炼钢工序、轧钢工序和辅助生产工序核算品种加以细化，从简单的核算铁、钢、轧综合成本的模式发展到分品种、分规格核算的模式；从计划价成本核算模式向实际价成本核算模式转变，使每个产品的实际价成本都能准确地反映；从综合要素核算模式向明细成本项目核算模式的转变，使每个品种所消耗的具体原料、费用明细构成都能清楚显示；从综合效益核算向分品种的效益核算转变，使品种和规格核算单元最小化，通过细化效益核算，为公司以效定产和以销定产提供准确的依据。

十年间，唐钢陆续规范了各环节的成本管理及核算，使各个环节的成本数据更加真实可靠。其一，炼铁工序含铁料的平衡，在炼铁成本控制中引入金属铁消耗概念；其二，炼钢厂的钢铁料和合金料定额，要求炼钢厂按合理定额分配成本；其三，摸清轧钢厂的实际机时产量，尽量做到各品种规格的成本真实可靠；其四，动力介质的费用分摊，力求使风、水、电、汽的成本得到如实反映。随着公司投资规模的加大，逐步规范和完善各子分公司的成本核算办法。通过提高成本核算的准确度，使公司各品种、各环节的效益水平得到真实反映。

加强财务成本分析的实效性。每月进行财务成本分析，着重分析生产经营中存在的问题、下一步应加强的工作、与行业先进水平的差距、当前面临的形势等重点事项，为公司经营决策提出切实可行的建议。

在制造成本集中控制的基础上，全面实施各项成本、费用管理活动，对占全成本比重10%左右的五项费用加大了管理力度。1996年，继续执行《关于控制费用支出的管理办法》。1998年，深入开展以成本管理为中心的基础管理年活动，实现全员全过程的成本管理。2002年1月，贯彻集团下发《修订管理费用、财务费用分摊办法有关事项的通知》，根据单位性质不同分两种方式进行"两费"分摊。从2003年开始，每年都制定五项费用攻关计划，对五项费用开展专业攻关活动，五项费用累计降低额达到3亿元。成本管理幅度加大后，公司所有费用都是从计划的制订、费用支出、完成情况的分析、兑现奖惩等方面入手，严格进行控制。

合理利用国家政策，提取并利用技术开发费。唐钢连续5年整理技术开发与创新项目的费用预算构成，组织申报材料，计提并使用技术开发费用15.6亿元，有力支持了唐钢新产品开发和新项目建设。

二、成本核算网络化和电算化

1997年5月1日，会计电算化系统通过省财政厅验收，唐钢正式实行以计算机替代手工记账。财务处和各生产厂实现了成本核算电算化，把财务人员从以前繁重的成本核算工作中解脱出来，每月各二级单位的计划价成本数据通过网络，直接传输到财务处，财务处在此基础上还原汇总，提高了核算效率，使财务人员把更多精力转向财务分析和财务管理工作中，提高成本核算效率和核算精度。

三、编制生产经营计划

1996—2005年，唐钢每年编制生产经营计划，这一计划是集产、供、销、成本、利润、资金运作为一体的全公司生产经营大纲。生产经营计划编制遵循先进性和可行性原则，编制思路得到公司各单位的认可，充分调动了广大干部职工的积极性。十年间，平均每年都实现成本降低额6亿元以上，2005年利润总额提高到18.65亿元，2005年产品销售收入达到302.15亿元。

随着市场经济的发展，企业面临市场的压力不断加大。公司以效益最大化为中心，加大结构调整力度，包括炼焦配合煤结构、炼铁炉料结构、炼钢冷料结构和合金料结构、轧钢品种和规格结构不断调整优化，确保向市场要效益。全公司生产经营各个环节的结构调整都纳入了年度生产经营计划、挖潜增效计划和重点项目攻关计划，各单位、各部门也将结构调整工作纳入日常管理持续进行完善。

第四节　会计制度

2000年1月，为了统一会计政策，便于编制合并会计报表，在省国企中率先执行《唐钢股份会计制度》。2001年，执行国家财政部《企业会计制度》，唐钢成为省内首家执行《企业会计制度》的国有企业。为宣贯执行《企业会计制度》，组织了全公司范围内的学习培训工作，为新会计制度的全面落实打下了基础。2004年，相继印发制修订各类制度，编制发布《内部财务制度汇编》，汇集了公司有关资金管理、成本管理、会计核算、电算化管理、会计档案管理等方面的管理办法。

第五章　发展规划与工程管理

唐钢根据国家经济建设指导方针和钢铁产业发展政策，结合企业的实际情况，适时编制企业发展规划，经过“九五”“十五”的编制与实施，实现了跨越式发展，进入千万吨级大钢的行列。

第一节　发展规划

1996—2005年，唐钢主体规划主要负责公司冶炼和轧钢系统中长期发展规划和工程项目的前期工作。包括两方面内容：一方面是主体各专业基本建设和技术改造工程项目建议书，可行性研究报告的编制和报审；另一方面是参与工程项目方案研究和考察活动，协助受委托设计单位落实项目基础资料和工程外部条件等。

一、“九五”发展规划

唐钢“九五”发展规划的指导思想是认真贯彻落实党的十四届五中全会精神，努力实现两个根本性转变；全面贯彻落实省“四提高一加快”工程，提高结构优化效益，工序、工艺及品种结构达到先进水平；提高规模经济效益，合理配置生产要素，实现集约化经营，做到规模、速度、效益同步增长；提高科技进步效益，技术装备水平、产品质量和技术含量明显提高。努力建设现代企业制度，实施大公司大集团战略，建设一业为主，多业并举，产业、金融、贸易一体化，在国内外市场有较强竞争实力的大型企业集团。

总体发展目标是到2000年，钢产量300万吨、铁产量304万吨、钢材产量330万吨、销售收入110亿元，国有资产增值率年均递增8.38%。实现总体目标的主要措施是深化企业改革，转变经营机制，坚持改革、改组、改造有机结合，提高经济增长的质量；加快实施500万吨改扩建规划，集中财力建设1700毫米冷轧产线，完成老区轧机一火成材改造，加快科技进步和新产品开发，提高规模经济和结构优化效益；拓展集团经营领域，形成合理的产业结构；面向两个市场，提高产品的市场占有率，扩大对外开放，招商引资，改造现有企业，发展新兴产业；加强企业管理，提高现代化管理水平，建立与现代企业制度相适应，与国际惯例接轨的科学管理体制。

“九五”期间，唐钢实施“三步走”发展战略，实现跨越式发展，初步形成板、棒、线、型并重的产品结构，年生产能力达400万吨。

二、“十五”发展规划

1999年3月22—26日，组织开展的“企业技术创新院士行”活动，有两院院士3名、工程院院士5名，中科院院士1名及知名专家学者参与了唐钢“十五”发展规划思路设计。

唐钢“十五”发展规划于1999年第三季度上报国家冶金工业局和省市有关部门。2000年2月23日，国务院总理朱镕基视察唐钢，与国家经济贸易委员会、劳动和社会保障部、发展计划委员会、办公厅、政策研究室、冶金工业局的领导，以及河北省、唐山市、唐钢的领导，共同研究了唐山地区钢铁工业结构调整思路，原则是充分发挥唐钢现已形成的铁、钢工序先进的生产能力，更新改造唐钢的轧钢系统，调整品种结构，带动唐山地区乃至华北钢铁工业结构调整，形成以唐钢为中心的钢铁精品基地。据此，唐钢确定了“十五”钢铁业发展战略是全面完成“三步走”发展战略，实施“钢铁板材精品基地”建设，彻底实现铁—钢—材工艺装备水平和产品结构的全面升级。

“十五”期间，唐钢发展总目标概括为“一二三四五”。“一”是建设一个环境达标、可持续发展，在国际、国内市场有竞争能力的现代化钢铁企业。“二”是抓好两项重点工作，即深化、完善“层级对标管理”和建设超薄热带及深加工项目。“三”是达到三个一流，即装备一流、产品一流、效益一流。“四”是实现四个翻番，即销售收入翻番、利润翻番、劳动生产率翻番、职工年均收入翻番。“五”是进入全国工业企业50强。具体指标：销售收入2005年达到160亿元，环境保护实现“一控双达标”；实现利润2005年达6亿元。

钢铁主业发展规划的发展思路是充分发挥现已形成的铁、钢工序先进的生产能力，更新改造轧钢系统，调整品种结构，全面完成“三步走”发展战略，实施钢铁“精品基地”建设，实现铁、钢、材工艺装备水平和产品结构的全面升级。主要产品产量目标是到2005年，铁产量496万吨、钢产量516万吨，钢材产量469万吨。非钢产业发展规划目标是非钢领域子分公司全面实现扭亏为盈；非钢领域初步完成老企业的结构调整任务，耐材公司发展成为国内综合实力最强、工艺装备一流的耐火材料生产企业，其他老产业走出困境，成为公司新的增效点；跻身高新技术产业，培育一个高科技上市公司。非钢产业方案是选准项目，增加投入，发展壮大矿业、耐材、机械制造、建筑工程、冶金设备修理、焦化等产业，实现老产业结构优化，提高产品竞争力和市场占有率；加快培育电气自动化工程及电子、环保、钢材产品深加工等高新技术产业，带动非钢产业结构调整和优化；介入现代金融领域，申报成立财务公司或投资控股金融企业，完善集团的融资功能，参与证券投资和风险投资，发展间接投资业务。全面实施科技兴企战略，开发具有自主知识产权的技术和产品，创出一批市场认可的名牌产品，提高竞争能力；以市场为导向，调整产品结构，提高产品实物质量。

“十五”规划制定了多项保证措施。加强企业文化建设，重塑“自强、奋进、创新、奉献”的唐钢精神，营造健康向上的文化氛围。深化企业改革，转换经营机制，缩短管理流程，推行以效率和效益为中心的“全过程在线管理”，职能部门的工作重心逐步向生产经营一线转移。加强企业管理，不断完善层级对标体系，确定以层级对标为核心的管理模式。

“十五”期间，唐钢以结构调整为重点，对企业实施了全方位的技术改造，建成“三步走”战略关键工程超薄带钢生产线及其产品深加工工程、冷轧一期工程、一炼钢3号转炉及结构调整配套改造工程、2560立方米高炉喷煤系统改造工程、1号1260立方米高炉扩容改造、二棒材工程。同时，按照“节能降耗，保护环境，物尽其用，提高效益”的循环经济理念组织实施TRT发电、煤气综合利用、钢坯热送和轧钢一火成材改造、蓄热式加热炉改造、废水回收利用、烟尘治理等节能环保技改项目，使唐钢能耗和环保指标显著改善。

唐钢主要生产经营指标实现持续增长，2005年唐钢进入千万吨级大钢的行列，实现销售收入302亿元、利税38亿元和利润19亿元，超额完成“十五”发展目标，为企业持续发展奠定了坚实基础。

第二节　计划管理与工程合同管理

计划管理与工程合同管理是否有效到位，直接影响所有施工项目的实施和最终目标的顺利实现。唐钢加强施工计划管理，全面统筹施工计划，动态管理施工进度，确保施工目标实现；规范工程合同签订与合同履行等程序，为提升项目管理质量奠定了基础。2005年，基建技改计划投资23.95亿元，实际完成投资17.66亿元，新增固定资产4.27亿元。

一、计划管理

1996—2000年，唐钢实施重点技改项目共计231个，总投资61.8亿元。其中二轧钢厂改造工程、1号高炉易地大修工程、烧结厂265平方米烧结机工程、一炼钢厂易地大修工程、炼焦制气厂1号焦炉易地大修工程、一炼钢厂炉外精炼工程为国家首批重点技术改造工程，其余为公司内部下达的一般技改项目。

2001—2005年，累计实施技改项目共计210个，总投资96.1亿元。其中超薄带钢技术改造、超薄带钢深加工技术改造、冷轧及带钢表面涂镀层工程、炼焦制气厂干熄焦工程为重点国债项目。一炼钢厂铁水预处理技术改造、唐钢酸洗冷轧镀锌彩涂工程、北区焦炉煤气南送改造项目、棒材厂技术改造项目、南区废水回收技术改造项目、唐钢企业信息化改造项目等为省重点技改项目，其余为公司内部技改工程。

投资控制方面，着重在项目建设方案优化上下功夫，通过方案的优化、比选实现项目投资严控。1996—2000年，实施阶段严格各工程设计及设计变更管理，加强现场签证控制，有效控制了工程超支现象，总计节约投资约0.8亿元。1997年，印发《基建技改工程外委实施细则》；2000年，下发《关于改进基建技改管理工作的几项规定》，对1997年印发的《固定资产投资项目前期工作管理办法》中的部分条款作出修订。2001—2005年，结合工程建设管理的实际情况，制定了相应的管理办法，总计节约投资1.3亿元。于2003年4—12月分别下发《关于严格控制工程投资管理办法》《固定资产投资项目设计管理工作若干规定》《固定资产投资前期工作管理办法补充规定》等具体办法和措施，使工程项目投资控制有章可循。

技术资料管理，保证了唐钢重点技术改造项目的顺利实施。1996—2005年，合计接收施工图纸、资料、设备清单、设计变更等约70万套。

此外，2000年6月28日—7月31日，清理整顿外委项目，巩固“四集中活动成果”。分自清阶段、集中清理阶段、完善制度阶段三个阶段进行，取得了预期成效。

二、工程合同管理

1996—2005年，累计签订工程合同1030份，合同履约率达100%。

1996年，随着工程造价市场化的加快，为合理控制工程造价，按照国家的有关规定，对由施工单位采购的据实调价材料价格进行了严格的控制，实行《工程材料价格管理办法》。2000年，编制《工程预算综合单价》，并开始实施，6年间根据市场价格的变化不断对此制度进行补充修订。根据国家法律法规，于2003年12月31日印发《工程建设项目施工招标投标办法》，以保证工程质量，提高投资效益。以上这些措施的实施，简化了预算工作的环节，大幅度降低了工程投资，缩短了建设工期，工程投资降低额约为总投资额的15%。

第三节 工程质量监督与工程预算管理

1996—2005年，唐钢依据国家法律、法规和工程建设强制性标准，对责任主体和有关机构履行质量责任的行为以及工程实体质量进行监督检查，保证了所有建设项目的工程质量与投运后的达产达效。2005年12月20日，唐钢酸洗冷轧镀锌彩涂工程经国家工程建设质量奖审定委员会审定，获得“2005年度国家优质工程银质奖”。

十年间，先后对一炼钢厂易地大修工程，新高线工程，超薄带钢生产线技术改造工程，酸洗、冷轧、镀锌、彩涂工程，超薄带钢续建及深加工工程，炼焦制气冷轧燃料基地工程，冷轧及表面涂镀层工程，唐钢1700毫米轧机工程，265平方米烧结机重点项目工程进行了工程预算的编审。共计编审9项重点项目工程预算21亿元，节约投资3.53亿元，编审71项技改项目工程预算4.22亿元，节约投资1.04亿元。

第四节 地产管理

唐钢土地资产总面积2024.51万平方米，其中生产经营类用地1919.56万平方米，住宅用地104.95万平方米。分别为：南主厂区214.01万平方米，北主厂区186.73万平方米。路北区457.47万平方米，路南区12.16万平方米，开平区395.65万平方米，古冶区61.55万平方米，丰润区75.63万平方米，滦县27.63万平方米，迁安317.50万平方米，遵化270.19万平方米，青龙274.39万平方米，北戴河1.65万平方米，海南460平方米。

第六章　设备管理

1996—2005 年，唐钢着力加强设备管理，落实点检定修和日常抽查制度，降低设备事故和故障停机时间。抓好设备与物资采购，组织落实设备大中修、检修及基建工程现场保驾，降低设备维修费与项目投入费用，做到精细管理、优质服务、保证供应，实现了设备与工程安全良好运行。2000 年 12 月，公司被中国设备管理协会授予“第五届全国设备管理优秀单位”称号。

唐钢设备管理实行二级管理，在各生产厂与子分公司设置设备科。每年召开设备管理（机动）工作会议，安排部署设备管理各项工作。开展降低维修费用与采购费用攻关，狠抓节约用电等各项工作，确保设备系统安全、可靠运行。对发生的设备典型事故予以通报。每年对设备管理先进单位和个人进行表彰。

第一节　设备大中修

十年间，唐钢组织实施一炼钢厂、二炼钢厂、一炼铁厂、二炼铁厂、高速线材厂等二十几家主体生产厂的各项设备大中修及检修工作，项目多集中于转炉大中修、高炉停产大修、白灰炉检修等项目。由于时间紧、工期长、难度大，设备系统全线跟踪服务，全力保驾各个项目。在费用控制方面，执行冶金部《钢铁企业检修工程预算定额》等文件。加大现场急需的机加工产品开发和攻关力度，保证产品工期、质量和售后服务，同时制定应急保障措施，确保了大中修及检修项目的工期和质量。

1996 年，先后组织对氧气厂杭氧 6000 标准立方米/时制氧机组、日立 6000 标准立方米/时制氧机组、一炼铁厂竖炉与 1 号烧结机、二炼钢厂 1 号转炉、二炼铁厂 2 号高炉、高速线材厂线材轧机、一轧钢厂一车间 ϕ400 毫米小型轧机与 650 毫米开坯轧机等设备进行大修。在当年上半年二炼铁厂等 6 家主要生产厂大修中抓住订货、发货、运货三个环节跟踪服务，设备材料计划订货达 7.29 万台（套、件），钢材有色金属 604.2 吨，电缆 53.6 千米，木材 36 立方米，为加速工程进度创造了条件。1997 年，对一炼铁厂竖炉与 3 号炉、二炼钢厂二期连铸、烧结厂 2 号机等设备进行大修。当年 5 月，对 15 万立方米煤气柜进行检修，设备管理系统全线压上，在现场跟踪服务，确保了工期节点。1998 年，对二炼钢厂 1 号转炉与 3 号转炉、一炼铁厂 24 平方米烧结机、三轧钢厂线材轧机、氧气厂 1.5 万标准立方米/时制氧机组、棒材厂轧机等设备进行检修。在重点检修项目现场服务中，抓紧抓实四个供应站的物资接收、查验、清理、倒库等任务。通过强化管理、挖潜增效，完成货运量 6.59 万吨，货物周转量 230.38 万吨，安全行车 35.46 万千米。1999 年，二炼铁厂 1260 立方米高炉全年停产大修，对三轧钢厂、一炼铁厂、四轧钢厂等设备进行大修。1999 年 12 月—2000 年 1 月，在高速线材厂为期 22 天的中修组织中，设备材料做到提前准备，施工过程跟进服务，确保了工程圆满完成。2000 年，优质高效完成带钢厂、一炼铁厂 1 号炉与 5 号炉、一炼钢厂 1 号与 2 号除尘系统、中型轧钢厂等设备大修任务。当年 9 月，重点技改项目二炼钢厂一期连铸高效化改造工程提前完工，设备性能在全国同类机型中领先。

2001 年，组织落实带钢厂热带车间、氧气厂 1.5 万标准立方米/时制氧机组、四轧钢厂一二车间等设备大修。2002 年，组织三轧厂、高线厂一车间、原料厂麦尔兹窑等大修。同年，二炼铁厂 2 号高炉大修由于准备充分，工作得力，于翌年元旦出铁，整个工期比原计划提前 15 天。2003 年，组织进行原料厂 3 号 250 立方米白灰炉、南区烧结机、中型厂等大修。2004 年，组织进行四轧钢厂一车间、棒线材厂二棒、二炼钢厂转炉扩容改造、一炼钢厂 2 号转炉等检修工作。2005 年，安排棒线材厂一线检修、供应处原料车间麦尔兹窑、四轧钢厂二车间等 7 厂 13 次大中修，计划工期 105 天，实际检修工期 92 天，共检修 2348 项，项目完成率 100%。特别是炼铁 1 号 1260 立方米高炉改造大修，2 月 24 日开工，3 月 28 日点火，实际工期 32 天，创造了全国同类型高炉大修工期最短纪录。

第二节　物资采购和备品备件管理

唐钢坚持每年制定物资采购计划目标，不断强化计划采购与招投标管理，开展优质物资保供活动；对借差进行攻关，降低资金占用和采购成本；根据各单位备件消耗和设备制造周期，严格控制订货数量与订货价格，减少中间订货环节，同时加强备品备件产品验收管控和库房货品管理，企业费用支出大为减少。

一、物资与设备采购

深入扎实开展借差攻关。1996 年，外购材料借差 5018 万元。1997 年，通过加强管理，层级对标，严格考核，借差大幅度降至 2467 万元。同年，在 2560 立方米高炉工程物资采购中，从摸清单项和分项工程概算入手，对周期长的非标及标准设备，采取招标、议标等方式，盯紧炉皮板等发货出厂环节，前 11 个月共签订合同 78 份，总计 325 台（套），合同金额 1.38 亿元，比概算节省 3000 万元。1998 年，外购材料借差实现 1500 万元。当年，在设备和辅料采购中，围绕外购材料借差进行攻关，1 月实现借差下降 100 万元，6 月实现借差下降 244.8 万元。1999 年，对 5000 余种材料、191 种设备、11 种机电产品等生产用料实行招投标采购，共节省资金 1480 万元，实现贷差 3000 万元。2000—2004 年，实现贷差 2000 万～6000 万元。2005 年，实现贷差 5537 万元，超额完成 1787 万元。

从严外采，规范设备招标管理，保证设备与备件质量，降低大量外购成本。2000 年，贯彻执行公司年度《减少外委外购攻关办法》，对降低汽车修理外委、备件外采费用，增加设备材料内采等管理内容严格控制，减少对外费用支出。当年，会同设计单位对投标方进行评标议标，货比三家、公平竞争，实行催交监制，保证按工期网络节点交货；组成现场服务队，对设备运送、安装、调试等环节全过程服务并监控。在一炼钢厂大修工程中，招标议标 30 次，节约采购成本 800 万元，采取金属材料替代、减少运输中间环节等措施共节约费用 304 万元，在电缆、运输带、水泥等大宗材料采购中降低费用 188 万元。2001 年 10 月，改革物资管理体制，对辅料实行统一管理。由设备材料处牵头负责，在继北区物资供应站成立后，到年底相继成立四个物资供应站，实现了全公司辅料集中统一管理，对减少资金占用，降低辅料消耗有较好效果。在年度辅料招标会上，对钢丝绳、运输带、电机、电控柜等四大类物资372个品种进行现场开标，强化了招标管理监督。2003年，在组织热轧薄板厂电机、电器备件招标工作中，10家电器厂和电机厂参加招投标，重点电器件价格分别下浮了16%~50%。2004年，物资采购供应中实行责任追究制度，严把进货渠道，对关键物资和材料实行一级采购，规定不得通过中间商供货。2005年，完成设备采购2984万元，维修辅料采购3.2亿元，采购资金支出和主机占用均完成公司下达的目标。

二、备品备件及库房管理

1996年初，唐钢对原有20个库房进行了有效调整、重新规划，清整出场地8000平方米，倒运钢材2000吨，为公司重点工程物资服务开辟出了快捷通道。同年6月，清理在库区非法居住达20年之久的6户简易房住户，净化了库区环境。1997年10月，举办库房保管员岗位业务技术知识竞赛，为唐钢以1260立方米高炉建设为重点的各项工程保驾护航、提供优质服务。2001年9月，对库存物资进行彻底清查，共清查超储、积压、报废、盘亏等各类不良物资3.01亿元。2003年11月，制定《物资回收管理办法》，千方百计扩大回收源，并将回收指标层层分解，逐级落实责任。对闲置的报废设备、生产换下来的旧物资，做到及时回收、及时入库，及时做好整理、分类、保管工作。全年完成回收指标并创效400万元。2004年，贯彻落实公司《基建技改项目积压报废物资管理办法（试行）》《基建技改项目积压报废物资管理办法实施细则》，统一管理基建技改项目积压报废物资，防止浪费、积极利库；4月，增建辅助成品库工程完工。库房为轻钢结构，建筑面积7132平方米。2005年，完成备件采购4.29亿元，备件消耗总量为2.16万吨，备件贷差完成4155万元，挖潜3750万元。

第三节　设备管理

唐钢加强设备管理，认真落实点检定修制度，设备完好率、主要设备可开动率达96%以上，设备泄漏率1%以下，设备故障时间、事故次数明显减少，未发生重特大级设备事故，保证了设备稳定运行，为企业发展提供了可靠保证。坚持每年对各单位电气设备所在房屋、厂房内外电气设备防雨、防雷电、电缆隧道、设备防雷及接地设施、高低压线路、高低压站室通风、电气设备绝缘等情况进行全面排查，消除隐患。加强对特殊工种的培训，定期检查持证上岗情况，提高了操作人员的安全意识和专业素质。

一、管理活动

1996年，在17个主体厂开展“保设备安全运转”竞赛活动。当年加强设备基础管理，完善设备规程，建立健全了设备运行与点检记录，确保了设备安全运行。首次将维修费指标分解，加大二级厂考核力度，全年节约维修费2000万元，备件占用资金同比减少2600万元，订货减少3200万元，修旧利废金额达646万元。同年4月，强化服务基层思路，组织开展用户评价活动，重点围绕设备管理、服务质量、工作效率、设备材料质量等问题征求意见。

1997年，千元产值设备维修费55.7元，吨钢设备维修费118.4元，吨材设备维修费136.1元，事故故障停机率4%，备件资金周转天数316天。1998年3月，在19个主体厂开展“创设备无事故，保稳定顺行”活动。强化专业点检，严格定修管理，加大考核奖惩，设备综合完好率、主要设备开动率等指标创出“九五”以来最好水平，一季度设备故障停机时间比同期降低261.11小时。2000年，开展“红旗设备”专项竞赛，各单位从提高全员保设备安全运行的自觉性入手，制定实施严密措施加强设备管理，实行全员点检制度，确保设备安全、稳定、长周期连续运转。经过评定，一炼钢厂1号连铸机等19个单位29台套设备获得“红旗设备”称号。2001年，棒材厂等单位实行操检合一和设备包保组制度，做到提前预防，初步实现检修套件化、离线化。

2002年，及时消除设备隐患，保障关键设备零故障运行，设备完好率达到97.9%。2003年，针对机械、电气关键设备加大技术改造革新力度，整治设备隐患，设备完好率达到97.7%。同年7月，对110名压力容器操作工、135名锅炉工、216名水处理工、41名压力焊工和1500名天车工进行了培训，保证了特种设备的正确使用和操作的安全性。2004年，建立健全特种设备技术档案，制定应急措施和救援预案。这一年，坚持以设备安全运行为中心，大力开展“特种设备安全管理年”活动，实现了重大设备事故为零的目标，设备使用率100%，完好率达到97.8%。在加强特种设备管理工作中，对锅炉、压力容器、压力管和起重设备进行检查，对运行中出现的事故进行分析并制定措施，解决了运行中存在的各种隐患。对唐钢各种规格的1000台天车、289台锅炉、905台压力容器、8.56千米压力管道进行了登记注册，做到账物相符、规范化、系统化。审核59台压力容器的资料，安装验收39台，办理使用证61台，换证76台，办理报废手续122台。2005年，以设备安全运行为中心，对各单位电气设备进行防雨、防高温检查，发现并整改隐患130处。

二、备品备件加工制作

2003年10月，设备系统强化机加工产品的质量管理，保证产品工期、质量和售后服务，重点把“三检制”与巡检、抽查相结合，设专职检查员在材坯料进车间和成品出车间两环节严查，补充制定了工序产品质检标准，促进了机加工新产品、新项目实现攻关目标。同年11月，设备机动处机制公司结晶器车间搬迁启动，由唐钢北门外迁至设备机动处库区，于2004年5月搬迁完工。同月，购置6920型数控镗铣机床投产，投资891万元。2005年，为炼铁厂加工制作60平方米烧结机成套设备和一炼钢厂扇形段备件等；加强结晶器产品开发，自主研发成功165×165钻石锥度铜管。

三、设备计算机网络化管理

1999年，成立设备材料处计算机网络化管理领导小组，开始制定工作规划。2001年，计算机网络化管理首次在金属、机电、库管三个科室试运行。2002年5月，设备系统全面推行计算机网络化管理工作，在建设局域网的基础上，完成了局域网系统的硬件更新和通讯网络的改造，大幅度提高了网络速度和工作效率。此后，将4个物资供应站列入计算机网络化管理之列，实现了公司辅料系统计算机监控和管理，完成了各供应站库存管理系统及通讯设计。

第七章　安全生产管理

唐钢认真贯彻党中央、国务院关于搞好安全生产的一系列重要指示，按照《安全生产法》要求，坚持“安全第一，预防为主”的安全生产方针和环境保护的基本国策，围绕生产建设中心，全面落实安全责任制，实施安全和职业卫生目标管理贯标，努力将风险控制在目标范围内。十年间，以强有力的组织保证体系促进了安全生产工作上水平，实现了重大设备、重大交通、重大火灾事故为零的奋斗目标，千人重伤率、千人负伤率同比下降，安全生产各项指标好于国家一级企业考核标准。其中安全生产奋斗目标自2003年开始实现跨越式进步，年度千人负伤率由多年的4‰降至2‰，标志着公司安全管理工作迈上新台阶。

第一节　目标管理与体系建设

搞好安全生产工作不仅是一项重大的经济工作，也是一项严肃的政治任务。针对不同时期安全生产形势，唐钢把安全生产摆在头等大事位置，毫不松懈地加强目标管理，建立并完善职业健康安全管理体系，着力在领导到位、逐级负责、严字当头、强化基层上下功夫，推广应用现代化安全管理方法，形成了唐钢“181”安全管理模式等特色经验与做法，推动安全生产管理不断进步。

一、安全生产与职业卫生目标

1996—2002年，安全生产奋斗目标为“5041”，“50”即工亡、重伤、重大设备、重大交通、重大火灾五种重大事故为零；“4”即年度负伤率小于或等于4‰；“1”即争创全国冶金企业安全生产（管理）一流水平。2003—2005年，安全生产奋斗目标为“5021”，“50”即工亡、重伤、重大设备、重大交通、重大火灾五种重大事故为零；“2”即年度负伤率小于或等于2‰；“1”即争创全国冶金工厂安全管理一流水平。

1996—2005年，职业卫生指标为“8095”，即80为粉尘浓度合格率大于或等于80%；95为除尘设备完好率、运行率大于或等于95%。

二、职业健康安全管理体系建立、认证和持续改进

（一）体系认证与建章立制

唐钢不断强化安全管理，把建立健全规章制度作为重要基础性工作抓紧抓好。1997年，对以《安全生产责任制》为中心的12项安全生产管理制度和8项安全管理考核制度和管理办法进行了全面修订，汇编成册，正式下发执行，为安全管理制度规范化、标准化、科学化奠定了基础。1998年5月，推行“0123”安全管理模式，即实现重伤以上事故为零；每项施工工程制定一个专项安全互保措施；对施工项目实现设施与主体工程同时建设、与单项工程同时竣工验收的“两个同时”；在施工过程中必须做到技术措施、安全措施

和领导责任“三到位”。经过多年实践，摸索总结出具有唐钢特点的“181”安全管理模式，于1997年获得“冶金部创新成果一等奖”。

按照《GB/T 28001—2001 职业健康安全管理体系》规范，公司于2003年3月开始建立职业健康安全管理体系。该体系包含18个要素，即总要求、职业健康安全方针、对危险源辨识风险评价和风险控制的策划、法规和其他要求、目标、职业健康安全管理方案、结构和职责、培训意识和能力、协商和沟通、文件、文件和资料控制、运行控制、应急准备和响应、绩效测量和监视、事故事件不符合纠正和预防措施、记录和记录整理、审核、管理评审。该体系建立和运行的基本思想是事故预防和持续改进，标志着公司安全管理开始与国际标准接轨。

为通过国家有关部门的注册认证，公司及各单位进行了危险源辨识、风险评价和风险控制。辨识出低度风险389类、1.05万项，中度风险182类、600项，高度风险66类、175项，重要岗位247个，建立起文件化管理体系。唐钢制定职业健康安全管理程序文件16份，公司级安全作业文件26份。各单位制定二级作业文件407份，应急救援预案105个。建立了体系的记录系统，产生职业健康安全管理记录26项。对生产作业现场进行了整顿。当年，完成了安全辨识和文件编制任务。翌年，运行职业健康安全管理体系。

自2003年起，根据一体化管理体系整合的原则，对质量、环境和职业健康安全管理三大体系进行整合。编写质量、环境和职业健康安全管理手册1部，编制质量、环境和职业健康安全三合一程序文件12份，环境和职业健康安全二合一程序文件8份。评价出高度风险33类129项，中度风险74类524项，低度风险2.1万项。确定重要岗位261个，主要事故种类36种。2004年5月28日，公司环境和职业健康安全管理体系被国家认证中心审核组推荐通过认证。审核组认定，公司管理体系符合GB/T 24001环境管理体系和GB/T 28001职业健康安全管理体系标准、运行有效，推荐唐钢通过环境和职业健康安全管理体系认证。同年7月8日，公司环境和职业健康安全管理体系通过国家认证。是年8月16日，由北京国金恒信管理体系认证有限公司向唐钢颁发了环境和职业健康安全两个认证证书。两大体系与先期通过认证的质量管理体系整合一起运行，标志着唐钢的整体管理水平迈上了新的台阶。

（二）体系的持续改进

通过认证后，唐钢重点抓好体系运行，建立定期内审、年度管理评审、注册资格审核的监督机制，构建持续改进的安全管理模式以及自觉遵守安全法律法规适应市场经济运行的管理体系，实现了由安全管理模式向职业健康安全管理体系的转变，由安全指标控制向安全目标、指标、管理方案综合控制转变，由危险源点管理向低、中、高度安全风险管理的转变，由无事故应急救援体系向建有事故应急救援体系的转变。

2005年，是公司全面运行职业健康安全管理体系打基础的一年。基于体系程序文件、作业文件在体系运行中的重要作用，组织各单位对程序文件和公司级作业文件进行了适用性评审。对8份安全和环境二合一文件、16份安全单项文件、26份公司级作业文件进行了修改完善。各二级单位对676份厂级作业文件进行了评审和修改，使其更具实用性和可操作性。指导各单位开展全方位、全过程的危险辨识和风险评价活动，在此基础上，确定具有高度风险的A级危险源33类、138项，中度风险的B级危险源67类、558项，低度风险的C、D级危险源389类、10531项，并对189项安全生产法律、法规、标准、国际公约作了适用性判别。督促各单位对作业现场不断进行安全整治，年内对职业健康安全管理体系进行了两次内审，提出观察项问题60多项，并全部整改完毕。

三、工作机制

唐钢加强对安全管理的组织领导，根据需要调整安全生产委员会成员。坚持每季度召开安全生产委员会全体会议和安全生产工作会议。举行年度安全生产工作会议，总结上年安全生产工作，部署当年安全生产工作，并以此作为公司行政1号文件下发贯彻执行。及时总结部署安全工作并根据责任制规定按月份和季度进行严格考核。通过“安全生产月”等活动，把安全管理标准与要求落实到基层、贯彻到岗位。利用每周一次的班组安全活动日，进行常态化职工安全教育工作。

四、责任制落实

1996年，继续贯彻公司《安全生产责任制》。2000年，组织车间主任开展安全述职报告活动，促进基层安全生产逐级负责制的落实。2001年，全面推进安全生产逐级负责制的落实，在上年开展车间主任安全述职报告的基础上，实行厂长、厂长级安全述职报告制度，进一步强化了各二级单位厂长（经理）抓安全工作的风险意识和责任意识。2002年，抓好领导安全责任制的落实，公司与各单位签订安全生产责任状，把安全任务指标分解到各单位。在各单位行政一把手中实施安全风险抵押金制度，提高了各单位行政一把手主动抓好安全工作的积极性。组织各单位行政一把手和主管厂矿长进行安全述职，提高了领导安全责任意识。

五、班组安全建设

每年坚持开展“三组”达标活动。自1996年起，公司按照省冶金厅颁发的《安全标准化班组标准》，持续组织开展安全合格班组、安全标准化班组和优秀安全班组“三组”达标活动。先后涌现出一炼铁厂高炉车间高昌利炉前小组、二炼钢厂转炉车间邓绍光炼钢小组、中型轧钢厂乙班加热炉小组、运输部工厂站甲班0518机车组等一批优秀安全班组。当年，全公司2760个生产班组中，安全合格班组975个，占比35.3%；安全标准化班组1669个，占比60.5%；不合格班组116个，占比4.2%；实现了预定目标。此后，每年安全合格班组占班组总数的97%~99%，安全标准化班组占60%~75%，实现了达标率计划指标。通过创造性开展班组岗位危险预知等活动，全公司安全合格班组、安全标准化班组指标均高于省厅下达的考核标准。

每年深入开展安全管理QC小组活动，集中各方力量提高内在质量、多出成果。坚持每年举行安全管理QC小组成果发布会。1996年，召开第十二次安全管理QC小组成果发布会。每年组建安全管理QC小组300~400个，实施成果200~350项。深入开展安全管理QC小组立项攻关活动，选取与安全生产密切相关的急难课题300~400项进行攻关，同时结合安全实际，开展20~40项安全管理现代化成果的推广与运用。

第二节　安全教育培训

唐钢及各单位全面贯彻落实“安全第一，预防为主”的安全生产方针，认真执行《企业职工劳动安全卫生教育管理规定》，始终坚持做好安全教育工作。运用多种形式，通过安全板报展、安全演讲和安全知识竞赛等，多种渠道广泛宣传国家安全生产法律法规、标准要求及安全知识，组织各级各类人员的安全教育培训，不断提高全员安全生产意识和安全技术素质。

十年间，公司一贯抓好常规安全教育，保证新入厂工人、换岗换工种人员、实习代培人员、外用工、轮换工三级安全教育面达到100%。持续开展以“四我”“三不”为主要内容的安全意识教育和学、背、用安全规程活动，通过组织开展“安全生产周”“安全生产月”和“百日安全生产无事故”等活动，提高职工全员自我防护意识和遵章守纪自觉性。加强生产、设备、交通、消防等方面安全教育，把安全制度落到实处。

1996年，把提高职工全员安全素质，强化安全教育贯穿全年工作始终。制定《“九五”期间安全教育工作年度计划纲要》，并付诸实施。举办厂矿长安全管理资格培训班2期，培训45人并取得资格证书；新入厂工人三级安全教育1203人，换岗工人1370人，主要岗位工人安全教育2.93万人，培训班组长、安全员3802人。抓好特种作业人员的培训与考核，特种作业人员发证1921人，复审2528人。开展以“遵章守纪，保障安全”为主题的“安全生产周”和“安全生产月”活动。1997年，结合“全国安全生产周”活动，在公司以“加强管理，保障安全”为主题的“安全生产双月”活动中广泛开展全员安全教育活动。1998年，把安全教育的视点放在厂、车间两级领导、重点岗位和特种作业人员上。对47名尚未取得职业安全卫生管理任职资格的厂长（经理）和专职安全管理干部进行资格考试，使其持证上岗。组织1566名科级以上管理干部的安全管理知识普及考试。强化安全技能教育，对1311名煤防、煤气岗位作业人员进行煤气安全知识考试，对3864名特种作业人员组织了复审考试，对1674名新增特种作业人员进行培训取证，保证了持证上岗率100%。

1999年，集中开展三次全员性安全教育，认真开展以“安全、生命、稳定、发展”为主题的“安全生产月”和以“庆国庆、迎回归、保安全”为主题的“百日安全无事故”活动。坚持重心下移，利用两个月时间对38个单位的560多名车间主任进行专门培训与考试，为巩固强化基层安全负责制打下基础。2000年，组织认真学习宣传江泽民总书记对安全工作的一系列重要批示，结合事故案例，开展“四我、三不”教育和“我为安全献一计”活动，起到了教育大家，警示自己的作用。按照国家经贸委颁发的标准，进行特种作业、危险性较大岗位职工的安全知识与资格培训，为考试合格的691人颁发合格证，并对4160名在岗人员进行复审。

2001年，深入开展“全员安全教育培训年”活动，采取分层次、分类别进行不同内容的安全教育培训。对厂长（经理）和车间主任等行政领导，主要进行党和国家领导关于安全生产的一系列重要指示和国务院《关于特大安全事故行政责任追究的规定》等法规政策教育；对各级专兼职安全管理人员主要开展了以各类安全管理标准、制度以及各项安全管理规定、各工序安全规程为主要内容的教育培训；对全体岗位职工则以学、背、用安全规程为主，辅以剖析典型事故案例，进行遵章守纪教育，对特殊工种岗位人员进行职业安全规程培训，使其做到持证上岗。2002年，全面开展以“抓预防、强基础、上水平、保安全、保稳定、促发展”为内容的“安全基础管理年”活动。将学习宣传贯彻当年颁布实行的《安全生产法》作为安全教育的重点，印制《安全生产法》3000 多册，发放各单位科级以上干部和所有班组，使职工初步掌握安全生产法律知识，提高职工安全法律意识。

2003 年，确立为唐钢“安全普法年”。为此，加大学习宣传贯彻安全生产法律法规的力度，在全公司范围内普及安全生产法律知识，广大职工受到法律权利和义务教育。成立应急救援机构，针对不同的事故类型，制定相应的应急救援预案，在全公司构筑了事故预防防线和事故应急救援防线。年内先后对 284 名新工人进行了四级安全教育，对 464 名新增特种作业人员进行上岗前安全培训、考核、取证工作，对 5578 名在岗特种作业人员进行复审考试，对 300 多名煤气岗位职工进行煤气设备安全操作、燃爆、中毒事故抢险救灾教育。这一年是唐钢企业文化建设年，根据企业文化建设年总体要求，继续完善安全管理制度，组织开展好以“实施安全生产法，人人事事保安全”为主题的“安全生产月”活动。2004 年，围绕唐钢开展的“特种设备安全管理年”活动这条主线，组织开展宣传贯彻《特种设备安全监察条例》和蒸汽锅炉、压力容器安全技术监察规程和起重机安全监察规程的一个条例三项规程活动。当年各单位在岗的 4014 名电工、3730 名起重工、110 名厂内机车驾驶员、45 名登高架设工、397 名锅炉工、510 名压力容器工、20 名矿山作业工共计 1.25 万名特种设备作业人员全部持证上岗。通过开展特种设备安全管理年活动，使公司特种设备从安装、使用、检测、维修、改造直到报废全过程，都在科学的安全管理之中。同期，重点对特种作业人员进行了以安全技能教育为主要内容的教育培训，指导各单位举办特种作业人员培训班 31 期，对 3000 多名在岗特种作业人员进行了复审，对 800 多名新增特种作业人员进行了培训。在同年 6 月开展的主题为“以人为本，安全第一”的“安全生产月”活动中，组织了万人安全答卷、安全演讲比赛，参加了市安全咨询日活动。

2005 年，是唐钢“反习惯性违章管理”年。开展辨识习惯性违章行为活动，归纳出炼铁系统常见习惯性违章行为 12 项、炼钢 18 项、轧钢 28 项、起重作业 39 项、煤气作业 19 项及其他方面 52 项，编印成册。组织职工学习公司《典型习惯性违章行为及纠正》和《典型习惯性违章事故案例》，提高职工辨识违章和反事故能力。

第三节 安全生产检查

唐钢贯彻执行公司、厂矿、车间、班组、岗位五级安全检查制度，坚持“谁检查、谁签字、谁负责、边检查、边整改”的原则，做到综合性安全检查与季节性安全检查相结合，领导带队专业检查与群众性安全自查相结合，普遍性安全检查与专业性安全检查相结合，日常安全检查与节假日安全检查相结合，实施动态性安全检查管理，及时发现解决生产过程中存在的问题。公司级安全大检查每季度进行 1 次，并根据季节变化和不同时期特点，如新年及春节期间、高温雨季、秋冬之交等节点有针对性地全方位开展安全检查；加强基建技改和设备检修工程的安全检查与管理，重点控制高处坠落、触电、起重伤害和煤气中毒四类事故，促进了项目施工与检修工作的顺利进行。

1996 年，坚持以岗位工人和班组自查为主的五级安全检查制度，共组织公司级安全大检查 4 次，按照《安全检查考核细则》对各单位安全工作作出定量评价。注重加强持续9个月的大中修工程安全管理和危险源点分级控制管理，实现了以安全保质量、保工期的预定目标。1997年，按照公司《现场管理达标标准》，加强大中修工程安全管理检查。狠抓事故隐患的限期治理，全年共整改各类事故隐患4690项，整改率达98.60%。

1998年，现场安全管理以扼制“三违”为突破口，认真执行扼制“三违”处罚规定，习惯性违章作业同比下降56%，伤害事故明显减少。针对煤气回收利用增多的实际情况，对煤气系统进行全面整顿，作业现场基本达到制度齐全，设备、设施处于良好受控状态。1999年，强化监督检查，以五级安全检查为手段，组织职工学习重新修订的《厂纪手册》，突出双休日劳动纪律检查，为扼制事故发生起到了促进作用，习惯性违章作业同比下降46.7%。坚持把建设项目和大中修工程安全管理作为重点，通过规范制度、落实责任、开展互保，保证工程顺利完成。突出煤气安全管理重点，制定《煤气安全管理办法》，编制《煤气安全管理检查验收标准》，规范了6项基础管理制度和8项必备台账，完成煤气设备实施涂色、编号、输送管道标明煤气种类、流向等基础工作，256名煤气岗位作业人员取得安全上岗资格证，控制了煤气事故的发生。

2000年，以全国第十次“安全生产周”为契机，在“安全生产双月”活动中，广泛开展“岗位危险预知”活动。对各单位岗位预知活动进行规范，除标明各岗位可能导致的主要伤害因素外，还制定了相应的防范措施以及防护技能，并做到熟练应用。不断加大“反三违”管理力度，把“三违”的60种表现扩大到100种，并对处罚力度进行相应调整，力求使三违现象控制到最低点。开展设备安全大检查，有针对性地对锅炉、压力容器、煤气柜、煤气管道等进行重点检查和技术处理，实现了重大设备事故为零的目标。2001年，深入开展安全技术攻关活动，把科技攻关模式运用于安全管理。下发《关于开展安全技术攻关活动的安排意见》，组织有关部门分别确立了“煤气安全综合管理”“电气安全”“起重机械技术”“厂内交通安全管理”以及“防火、防爆安全技术”等5项攻关项目，确立与安全生产紧密相关的59项攻关课题，收到预期效果，确保了公司五项重大事故为零的目标。

2002年，开展反习惯性违章作业和消除事故隐患两项安全专项治理活动。重点组织占岗位职工90%的青工开展自查，查出习惯性违章现象3000多项，帮助职工鉴别、分清习惯性违章与标准化作业的界限，反习惯性违章作业取得阶段性成果。对各单位所立73项安全攻关课题进行审核，确定56项技术较成熟、应用价值较高的课题展开安全技术攻关，并圆满完成既定任务，消除了一批事故隐患。积极主动为大中修和基建技改工程安全保驾，关口前移、加强安全检查、措施落实，共查出整改各类问题730项，纠正违章作业人员390人次，有效遏制了人身伤害事故的发生，以二炼铁厂2号高炉和超薄热带为代表的大中修和基建技改工程实现了安全施工。2003年，把开展反习惯性违章作业和消除事故隐患专项治理作为强化安全管理和安全生产的一项长效、重要措施，严格执行《关于强化安全管理扼制“三违”处罚规定》，并将检查结果作为安全竞赛考核的重要依据。

2004年，把特种设备安全作为重要内容，加强特种设备的安全检查，督导各单位对920台起重机、117台锅炉、719台压力容器、35部电梯全部进行了安全技术检验。提前介入检修安全管理，每日组织参加检修单位的安全负责人对检修现场进行安全检查，做到安全措施不落实不准施工，事故隐患不消除不准施工，没有防范措施不准施工，全年设备检修工程实现无重伤以上的目标。2005 年，在“反习惯性违章管理年”活动中，认真开展反习惯性违章检查，在严格执行扼制“三违”处罚规定的同时，对习惯性违章行为实行连带责任考核。开展以“查安全领导、查安全制度、查危险源监控、查安全措施、查事故隐患、查安全整改”为主要内容的“百日安全无事故”活动，广大职工特别是各单位厂矿、车间两级领导安全生产意识进一步增强。同年 5 月，公司以“七查、七抓、七反”为主要内容，组织开展安全生产专项整顿活动，促进了安全生产逐级负责制的落实与安全管理网络的健全。

第四节　职业卫生管理

唐钢认真执行国家《职业病防治法》等政策法规，坚持从源头防治职业危害的原则，执行“革、水、密、风、护、管、教、查”职业卫生八字方针（革，即技术革新；水，即湿式作业；密，即密闭尘源；风，即通风除尘；护，即个体防护；管，即加强管理；教，即职业卫生培训；查，即职业卫生检查），落实综合防尘、防毒、防物理性危害措施，为职工提供符合国家职业卫生标准的作业条件。

一、工作制度

每年组织各有尘毒单位认真学习《尘肺病防治条例》《劳动法》等有关法律法规，加强自主管理法律意识；每半年对各二级厂矿的安全员进行职业健康知识培训，不定期到车间进行职业病防治宣传，并使该项工作由点到面广泛展开。年初公司与各有尘毒单位逐级签订《尘毒治理目标责任书》，将其作为年度安全考核的重要内容之一，从以法治厂、严格执法的角度强化尘毒治理力度；把职业卫生工作作为厂（矿）长、经理任期目标进行考核。加强防尘和放射源的检查与考核，对发现的问题进行了整改，有效控制了职业病危害。对基建技改工程严格执行职业安全卫生“三同时”办法，对新建项目进行了职业安全卫生评价管理和安全专项验收，从紧从严控制了新尘毒危害源的产生。定期组织对粉尘作业人员、尘肺人员、高温作业人员及接触一氧化碳作业人员体检，保护了职工身体健康。

二、主要工作

1996 年，把劳动、安全、卫生“三同时”作为劳动保护的一项重要工作，制定执行《生产性建设项目“三同时”管理办法》与《“九五”期间职业卫生治理规划》，狠抓“九五”起步第一年。制定实施《防尘经济责任制考核办法》，并与各有尘毒危害的单位签订《尘毒治理目标责任书》，组织开展尘毒治理竞赛活动。先后完成 9 项除尘改造技术攻关项目，取得良好效果。1997 年，以尘毒治理为重点，在强化职工全员防尘意识教育的同时，加强检查监测和除尘设备管理与维修，保证除尘效率，控制超标点。开展防尘竞赛，严格按《防尘经济责任制考核办法》兑现奖惩。年度平均粉尘浓度合格率为 83.6%，除尘设备“两率”为 96.2%，全面实现年初制定的工作目标。在考核力度大、治理难度大的情况下取得明显成效。

1998 年，继续以治理尘毒危害为重点，认真贯彻河北省《尘肺病防治办法》。坚持治理与管理并重原则，加强治理项目的进度，强化防尘意识教育。下力量维护好除尘设备，使其充分发挥除尘效率。按照公司《防尘经济责任制考核办法》加大考核力度，对新增职业病的单位除严格考核，并提取职业病发生费，用于职业危害治理。1999 年，在全公司范围内以创建“清洁车间”“清洁工厂”活动为契机，加强职业卫生管理活动，工业废气排放达标率 95.03%，厂界噪声达标率 87.5%，岗位粉尘浓度合格率 82.3%，除尘设备“两率”95.5%，均达到职业卫生管理的目标要求。

2000 年，狠抓尘毒治理，保护职工身心健康。不断增加资金和技术进行综合治理，在改善职工生产条件的基础上，坚持监督检查和监测，使岗位粉尘合格率达到 84.8%，除尘设备“两率”达到 98.2% 的较好水平。2001 年，加强岗位职工职业健康检查和职业病治疗工作，对接尘的 6235 名职工、高温岗位 6912 名职工，煤气岗位 2180 名职工分别进行了体检。

2002 年，公司贯彻落实《职业病防治法》，全年粉尘浓度合格率、除尘设备“两率”分别为 84.7% 和 97.6%。当年，开展有毒有害化学品生产、销售和使用专项整治，提高劳动者自我保护意识和自我保护能力。2003 年，对粉尘作业岗位污染超标隐患进行治理，给职工创造安全健康的环境。发布公司《职业健康管理程序（第一版）》。当年，公司粉尘浓度合格率、除尘设备“两率”分别为 84% 和 98.1%。

2004 年，执行《建设项目（工程）劳动安全卫生监察规定》《建设项目（工程）劳动安全卫生预评价管理办法》，使项目职业安全风险和尘、毒、噪、高温、辐射等危害因素控制在安全法律法规许可的范围内。2005 年，积极开展职业卫生监测治理工作，在 500 多个应测点中，对 75 个经常性超标尘点进行治理，有 30 个尘点达标。同时，进一步加强职业卫生管理，保证粉尘浓度合格率达标，控制危害因素，保护了职工身体健康。

附　1996—2005 年唐钢工亡事故简况

1996 年 7 月 4 日，唐钢技校实习生于继承，男，19 岁。在一炼钢厂 4 号炉下清炉坑时，东挡渣墙护板突然倾倒将其砸伤致死。

1996 年 8 月 12 日，烧结厂二烧车间烧结组普工杨念生，男，23 岁。在拨开三层电梯层门欲乘电梯时，跌入电梯井道，摔伤致死。

1996 年 11 月 25 日，修建工程公司机运队汽车司机刘东发，男，32 岁。在更换自卸车卸缸油作业时，车厢起斗后，刘东发用一直径较小圆钢插入定位孔中，固定车斗，圆钢弯曲，车斗落下，将处在车厢与大梁间进行换油作业的刘东发头部、胸部压伤致死。

1997 年 9 月 10 日，烧结厂皮带工李瑞宝，男，31 岁。在清扫皮带机机尾部卫生时，不慎触及皮带机运转部位，被皮带机卷入绞伤致死。

1997 年 11 月 30 日，建筑安装公司第二工程处钢筋工陆荣海，男，48 岁。在冷拉机进行 25 钢筋冷拉作业时，指挥不懂安全技术的民工打卡具，使两块卡具受力不均，运转时卡具飞出，击中陆荣海头部太阳穴处，经抢救无效死亡。

1999 年 9 月 4 日，南区动力厂煤防站甲班组长张顺增，男，35 岁。去 10 吨 3 号锅炉二层平台烧嘴处取样时，从吊装孔坠落，摔伤致死。

2000 年 3 月 22 日，一炼铁厂机修车间动力工段电工孟栋梁，男，23 岁。在高炉东变压室安装 107 线路避雷器时，发生触电事故，经医院抢救无效死亡。

2000 年 8 月 21 日，二炼钢厂天车车间天车工范亦兵，男，31 岁。在接班后上天车检修设备时，从 18 米高的天车上坠地，擦伤、摔伤腰部和头部，经抢救无效死亡。

2000 年 11 月 27 日，四轧钢厂二车间钢材库库管工冯津来，男，50 岁。在指挥天车用吊线材卷撞击未关严的路用车皮门时，站位不当，被撞在车皮上，经抢救无效死亡。

2000 年 12 月 9 日，二炼钢厂天车车间乙班天车组出渣跨 1 号天车司机刘继义，男，46 岁。2 号天车司机陈少杰在无人指挥情况下，擅自进行抓渣作业，将重约 12T 的热渣罐刮翻，致使大量热渣泼洒在潮湿地面上引起爆炸，将刘继义烧烫于驾驶室内死亡。

2003 年 9 月 5 日，带钢厂热带车间丙班副班长董秋生，男，33 岁。在换精轧辊作业时，被别在工作辊吊环中的 3/4 英寸钢管头击中左侧颈动、静脉血管，经抢救无效于次日死亡。

2003 年 12 月 19 日，建筑安装公司维修工刘宝德，男，47 岁。在冷轧薄板厂施工工地检修混凝土搅拌机时，踩翻搅拌机观察孔盖，坠入搅拌机内被搅致死。

2004 年 2 月 25 日，动力厂热电车间 35 吨 3 号锅炉检修后引煤气准备生产，煤防工王宝林、翟学民、董亚飞 3 人应打开 3 号锅炉煤气阀门引气，但错将 1 号锅炉煤气阀打开，煤气外溢造成王希纯等 5 人不同程度煤气中毒，其中王希纯（男，38 岁）因重度煤气中毒抢救无效死亡。

2004 年 7 月 5 日，四轧钢厂轧钢工常亿兴，男，36 岁。在轧机尚未停稳的情况下换辊作业，被惯性作用下仍在转动的轧机连接轴绞伤致死。

2005 年 4 月 5 日，四轧钢厂一车间成品组吊钢工艾立国，男，49 岁。在成品组用龙门吊车吊装钢材时，吊钢用的钢丝绳突然断裂，被吊钢材下落砸在正从下面（接听手机电话）路过的艾立国身上致死。

2005 年 5 月 1 日，冷轧薄板厂酸洗车间焊机辅助工韩庆来，男，23 岁。在焊机进行自动焊接时，在不停机的情况下，靠近了移动旋转剪，被移动的旋转剪北部机头绞挂住衣物，绞带入焊机缝隙中挤压致死。

第八章　计量　通讯　自控工程

随着电子技术水平的不断进步，计量、通讯等技术随之快速发展，给企业生产管理与控制带来了方便与快捷，数据的安全性、实时性、准确性得到提高。1996—2005年，唐钢在计量检测、自动化仪表检修、自动控制工程施工、测控产品开发等工作上开发运用新技术，计量检测仪表由模拟向数字化、衡器由机械向全电子化、控制由分散向集中化、数据由分离向网络化转变，满足了企业生产经营的需要。

第一节　制度建设

计控专业在执行原有15项管理标准的基础上，1995—2005年期间制定了11项计控专业管理办法和规定，主要包括《计控专业外委工程管理办法》《能源计量管理办法》《煤气计量结算管理办法》《电话安装使用管理规定》《关于移动电话的管理规定》《进、出厂物资计量异议处理（暂行）规定》和《厂际间转移物资计量异议管理（暂行）规定》《计量器具分类管理办法》《计量检斤票据管理办法》等。这些管理办法与规章制度的发布实施，进一步完善了计控专业管理体系，促进了计控专业管理工作的开展。

第二节　计量管理

1996年2月1日，唐钢将原属质量管理处、烧结厂等单位管理的进出厂和厂际间计量检斤衡器共27台统一划归计控管理处，至此公司主要进出厂和厂际间计量衡器实行集中统一管理。十年间，公司检定设备由模拟显示仪表发展到智能数字显示仪器，提高了检定工作的精度和速度。大中型衡器全部更新换代，实现全电子化，计量灵敏度得到提高，故障率进一步降低。能源、物资计量网络建设，保证了计量数据的准确性和实时性，促进了能源、物资的平衡调度，有利于企业成本核算。

一、标准计量器具的配置与检定

标准器具配置与量值传递业务是测量体系建设的重要内容。1996—2002年，运用YT93与YJ66型电压源、YJ98电流源、浮球式一等2～40千帕压力计、补偿式一等0～2500帕微压计等标准仪器，对唐钢所有数字表，交直流电压、电流源，低微压仪器、仪表进行检定。2003年，新增可见光区透射标准滤光体、化学用干涉滤光体、酸度计等标准仪器，对唐钢所有化学用风光光度计、酸度计进行检定；同年，新增ZJ-9703Y多功能工频电量测试仪，对唐钢所有单相、三相电能表进行检定；2004年，新增检定电偶用WRPB-2二等、WRPB-1一等标准铂铑10-铂热电偶。

二、衡器的配置与改造

物资计量方面，20世纪90年代唐钢开始对原有机械衡进行全电子化改造，到1998年全面完成。1995年，计算机开始应用于衡器控制。

1996—2005 年，唐钢所有大中型衡器全部更新换代。进出口大型汽车衡均采用了代表国际先进水平的梅特勒-托利多公司的产品，其中，100 吨 SCS-100 型 8 台，150 吨 SCS-150 型 13 台；生产车间依据使用要求，安装了各种型号的大型车间衡器 34 台；安装 100 吨 GCU-100 型、150 吨 GCU-150 型电子轨道衡各 3 台，600 吨 GCU-600 型电子轨道衡 1 台。

1996 年 4 月，唐钢主要进出厂和厂际间计量衡器全部实现电子化，达到国内领先水平。1997 年 10 月 1 日，计控管理处与承德五岳公司共同开发研制的国内首台机道式动态铁水罐轨道衡在唐钢一炼铁厂南门投入使用。2005 年，唐钢所有电子汽车衡、电子轨道衡及其他类型电子衡器全部实现计量物资网络控制，实现了程序统一编制录入、数据网上传输、车皮重量自动锁定、数据集中修改、票据集中打印等功能。在此基础上，2006 年 1 月 1 日，通过进一步完善物资计量网络，实现了企业内部车间衡器计量程序全部联网。

三、能源、物资计量网络建设

1999 年，唐钢开发建设能源计量网络管理系统，计量对象包括唐钢内部所有涉及厂际间结算的各种能源介质，主要是煤气、氧气、氮气、氩气、蒸汽、压缩空气、深井水、工业水和深度处理的废水等。2001 年 9 月，与太极计算机公司合作，对系统进行了改造，选用 Pcanywhere 软件安装在接口程序中，实现了远程控制和远程唤醒、远程开关机、数据交流和远程文件共享等功能。

物资计量领域设置网络管理系统。2000 年，唐钢局部实现物资计量网络化管理。2005 年，南北区主要计量衡器实现网络管理，实现了程序统一编制录入、数据网上传输、车皮重量自动锁定、数据集中修改、票据集中打印等功能，保证了计量数据的准确性，促进了计量工作水平的不断提高。

计量衡器的电子化、物资计量的网络化，为唐钢物资计量全面实现计算机管理提供了必要条件，物资计量管理日臻完善。

第三节　通讯管理

1996—2005 年，唐钢通讯业务基本以电话安装及维护维修为主。在此期间，唐钢通讯系统的改造升级实现了企业信息的便捷沟通，业务开展更为顺畅。

1996 年，唐钢通讯采用光缆和电缆传输，其中光缆长度为 130.56 千米，电缆长度为 519 千米；机房分南北两个大站和三个小站，总容量为 5832 门。当年对 20 世纪 70 年代的通讯设施进行了更新改造。2002 年，南北站交换机改造升级工程开工建设，原西门子交换机更新为华为交换机，主要设备有华为 CC08 数字程控交换机、综合楼远端模块及乐通公司配线架。该工程由厂家和计控管理处共同施工，在不中断通讯的情况下，实现了交换系统的顺利割接。至此交换机总容量为 7000 门，采用中国 7 号信令，通过光缆与网通、电信、联通、移动和铁通等各大运营商直连，可为唐钢提供更加周全的业务服务。

2002 年 11 月中旬，南区电话总机更新改造通过唐钢审批。2003 年 1 月 13 日—2 月 16 日，为配合唐钢冷轧项目建设，组织实施电话总机改造工程，华为多功能数字局间交换机在公司投入使用，工期仅用 34 天。该套通讯设备可以提供用户语言管理功能、附载网络光缆，连接简单，布局合理规范，增加了电话数据网络服务功能。设备容量为 1 万门，是解放初期公司通讯设备容量的100倍；华为多功能数字局间交换机实现了快捷准确的电脑查号，提高了唐钢通信网络的汇接能力，使端局无人值守成为可能，反映了通讯技术的时代进步。

2004年3月6日，唐钢北区电话总机改造工程顺利完成。本次改造利用南区总机的华为CC08综合业务数字局用程控交换机，在北区更换一套2000线的华为CC08型SMИ远端模块局，与南区总机完成统一出局、统一功能、统一计费管理，实现了数据信息汇接交换传递和端局无人值守，节省人力资源。改造后的总机具有汇接能力强，传输数据快，可传输图像等优点，大大提高了工作效率。

第四节 自控工程建设

1996年，自动化仪表业务由以前从事单纯的仪表检定检修，逐步开始承担仪表大、中、小修及仪表安装工程。2001年，对一炼铁厂、二炼铁厂、一炼钢厂、二炼钢厂、动力厂等单位仪表工实施统管后，在搞好现场仪表维修服务的基础上，开始较大规模承接唐钢内部改扩建电气、自动化仪表安装工程。

2001—2005年期间，先后完成炼焦制气厂4号焦炉，北区2号高炉扩容改造、一炼铁厂400立方米、450立方米高炉自动化仪表安装工程，冷轧薄板厂自控系统设计、安装、调试工程，氧气厂2.5万标准立方米/时制氧机配套改造仪表、电气工程，中厚板公司自动化仪表、计量等近50个工程项目。

第五节 电子产品研制与开发

十年间，唐钢专业技术人员在做好维修服务和工程项目建设的同时，组织开展电子产品的研制、开发业务，主要产品有KS-602、KS-604、KB-602型快速测温系列热电偶，KQY-604型快速钢水、铁水取样器，工业用WR系列装配式热点偶、WZ系列装配式热电阻、WREK、WRNK、WRCK系列铠装热点偶、WZPK系列铠装铂电阻，多功能数字显示表、万用表、开关柜等系列产品。

第九章　运　　输

唐钢运输任务由运输部、生产安全处及对外经济贸易处、供应处、销售公司和炼焦制气厂等单位共同承担。按照生产经营计划，编制实施年度、月度运输生产计划，多措并举提高车辆利用率，按时保质组织完成生产运输、原料运输与部分销售运输任务。其中，铁路运输及商品材坯的发货等任务由运输部承担，依靠内燃机车、蒸汽机车及各种汽车服务保产于公司生产经营。通过装备更新与实施技术改造升级，以内燃机车替代部分蒸汽机车，公司铁路运输控制实现了网络化、现代化。这一时期，运输作业逐步实现了由服务保产型向保产经营型的转变。2005 年，实现安全运输生产 21 周年无工亡事故，创全国冶金运输行业安全最好成绩。

第一节　运输方式

唐钢铁路与公路分布在厂区各个区域。十年间，厂外运输主要采用铁路、公路、水路三种方式，厂内运输则通过铁路、道路两种方式完成生产经营任务。

一、厂外运输

（一）铁路

1996—2005 年，唐钢厂内专用铁路线路与国铁北京路局唐山站共有南、北两个交接口，南口与唐山南站接轨，在南站新石场办理唐钢到发货物交接；北口在贾庵子站场与唐钢办理到发货物交接，并由运输部机车担负取送车作业。

（二）公路

南区：唐钢北门与建华东道相通；原一炼铁厂西门、机修门、唐钢西门与滨河路相通；唐钢南门与钢厂道相通；唐钢东门与国矿路相通。

北区：唐钢北区西门、北门与银河路相通。

（三）水路

沿京沈高速（京港高速）到达京唐港，沿津唐高速到达天津港。

二、厂内运输

（一）铁路

厂内铁路下设五个车站，分别是厂前站、炼铁站、屈庄站、工厂站、东部站。

厂前站是口岸站，位于炼铁厂北区西部，与天津铁路分局的贾庵子站接轨，北与唐遵线、唐北站方向衔接，南与炼铁站方向相连。铁路总长 27.58 千米，其中铺线 25.3 千米、道岔 50 组。

炼铁站是专业车站，位于炼铁厂北区院内，与屈庄站、厂前站接轨。铁路总长 20.54 千米，其中铺线 17.8 千米、道岔 60 组。

屈庄站是中间站，位于南北区之间铁水运输专用线上。铁路总长 10.18 千米，其中铺线 9.5 千米、道岔 15 组。

工厂站既是专业站又是口岸站，位于南区北部。铁路总长 21.3 千米，其中铺线 18.7 千米、道岔 57 组。

东部站是专业车站，作业以调车为主，位于唐钢南区东部。铁路总长 36.8 千米，其中铺线 31.5 千米、道岔 116 组。

此外，中厚板公司车站前期筹备工作于 2005 年 12 月结束，铁路线路具备开通条件。

（二）道路

2005 年末，唐钢南北厂区道路总面积为 31.96 万平方米，总长度为 22.75 千米，宽度范围为 6～75 米，主路辅路合计 51 条。其中北区道路面积达 19.40 万平方米，长度 13.78 千米，宽度范围为 7～12 米，有 1 号路、2 号路、加油站路等 24 条路。南区道路面积达 12.56 万平方米，长度 8.97 千米，宽度范围为 6～75 米，有氧气北路、高线路、北门路等 27 条路。

第二节　装备更新与改造

唐钢结合生产发展实际与计算机网络技术的应用，顺利实施运输装备更新与改造，对机车、铁路线与铁路信号设备进行革新，适应了生产现场运输作业的需要。多举措推动无线电调车系统的升级换代，通过铁路信号计算机网络化与联锁系统的应用，机车及车辆日常维护与检修的精细化，为运输设备长周期稳定运行打下了良好的基础。

1996—2005 年主要运输设备一览

表 5-9-1

指标	单位	1996 年	1997 年	1998 年	1999 年	2000 年	2001 年	2002 年	2003 年	2004 年	2005 年
准轨蒸汽机车	台	27	27	31	31	31	31	31	21	25	18
准轨内燃机车	台								8	9	14
铁道普通车辆	辆	403	406	406	406	414	406	405	470	472	471
铁道特种车辆	辆	144	150	153	150	176	164	154	206	190	207
铁道装卸机械	台	30	30	30	30	30	33	33	25	25	25
铁道线长度	千米	128.16	128.16	128.55	128.55	141.76	195.37	185.94	187.19	127.69	133.23
汽车总台数	台	1736	1696	1504	1479	1360	1198	1374	967	657	596

一、机车与铁路线

机车　1996 年，有蒸汽机车 25 台，蒸汽吊车 2 台，其中上游型机车 21 台，建设 A 型机车 2 台，建设 B 型 2 台。1998 年，减少建设 A 型机车 1 台。1999 年，购入蒸汽机车 6 台，其中上游型 5 台，建设 A 型机车 1 台。2001 年，购入上游型蒸汽机车 1 台。2002 年，减少建设 A 型蒸汽机车 1 台；首次购入内燃机车 8 台，实现了唐钢铁路牵引动力由蒸汽向内燃的历史性跨越。2003 年 5—7 月，8 台内燃机车相继投入使用。2004 年，蒸汽机车减少 6 台，其中上游型 4 台，建设 B 型 2 台。2005 年，购置 200 吨鱼雷罐型混铁车 9 辆，投资 3000 万元；购入内燃机车 5 台。

铁路线　1998 年 9 月 25 日，2560 立方米高炉下铁路线竣工，铁路全长 2000

米。同年10月2日，全长3000米的铁水东进线路竣工，起点为料场道口，终点为二炼钢厂倒罐间。是年底，随着新一钢站建成，公司铁路线路总长为116.6千米，其中铺线102.5千米，道岔303组。

2002年底，随着热轧薄板厂的建设，铁路线路相应改造，铁路线路总长为114.5千米，其中铺线100.4千米，道岔298组。2003年11月28日，贾庵子银水铁水线竣工通车，线路总长1.5千米，首创轨道铺设新纪录。2004年2月，配合公司新项目建设，进行了南区2号高炉及烧结机铁路、冷轧酸洗彩涂铁路、二钢后出渣线铁路重型化改造等11项较大规模的新建、拆除改造工程，共拆除7组、新铺设道岔15组，工程线路总长5.5千米，投资2200万元。

2004年4月，对炼铁厂南区烧结线、工厂站20道线、贾庵子工业公司4号炉卸车线、北区原料线等4条卸车线路实施改造，共延长铁路线2.15千米。2005年12月，中厚板公司车站前期筹备工作结束，铁路线路具备开通条件。随着唐钢冷轧和热板等项目的工程建设，对铁路线路实施相应改造，公司铁路线路总长为116.4千米，其中铺线102.8千米，道岔298组。

二、铁路信号设备

1996年，在路北区北工房首装铁路信号设备计算机联锁控制系统，大大降低了设备故障率。1998年，为适应北区二炼铁厂3号高炉建设需要，对运输部炼铁站进行计算机联锁改造，后逐步推广到厂前站。2001年11月，公司实现铁路信号微机网络化，继炼铁站、厂前站完成铁路信号微机联锁改造后，工厂站也完成微机联锁改造。至此，公司80%的铁路线实现了信号微机联锁及调度系统微机网络化远程监控。自2004年起，随着三四轧改扩建、冷轧厂、一炼铁厂扩容改建和3200立方米高炉等工程的相继建设，运输部西部站、一钢站、东部站配套铁路信号室内控制设备实现了由原6502电气集中控制向计算机联锁设备控制的更新换代。同期，铁路运输调度监督系统进一步完善与发展。DX-378G型无线调车系统的使用，对保证行车安全发挥了明显优势，具备了故障显示功能、信息回馈功能及黑匣子功能。2005年3月，全面实现铁路信号计算机联锁。

三、机车及车辆检修

十年间，唐钢不断提高机车及车辆检修能力，实现了蒸汽机车洗修、架修不出厂，完成简易大修；内燃机车实现了辅修、小修、大轮修，并逐步过渡到中修不出厂。

1996年9月，完成72辆焦炭专用车技术改造，全年节省运费52.3万元，减少购置车辆费用406.98万元。1997年9月，首次自行完成机车厂修任务。1998年11月，完成5辆加拿大鱼雷罐罐车的国产化改造。2005年1月，用时两年全部完成内燃机车小轮修和大轮修。

到2005年，累计完成蒸汽机车洗修156台次，架修9台次，内燃机车年辅修22台次，大轮修年9台次，小修年23台次。车辆年检修轮对200条，普车240辆，鱼雷罐混铁车48辆。

第三节 主要指标

1996年，厂外运输量为1959万吨，厂内运输量为2849万吨。十年间，唐钢运输系统通过强化管理、深挖潜力、层层分解指标、努力降本增效等多种形式，机车作业效率大幅度提高。到2005年末，厂外运输量达到4166.2万吨，厂内运输量达到

4061.01万吨，铁路货物周转量24579万吨公里；总费用完成1.63亿元，实现内利1350万元，比挖潜目标多完成1810万元；实现五种重大事故为零。

1996—2005年厂内外运输量完成情况一览

表5-9-2

年份＼运输量	厂外/万吨		厂内/万吨	
	铁路	公路	铁路	公路
1996	812	1147	1255	1594
1997	1018	575	1029	1926
1998	812	1147	1255	1594
1999	1241	858	1165	2292
2000	1291	1133	1268	1933
2001	1438.68	1166.63	1364.75	1246.34
2002	1570.69	951.61	1273.96	1738.15
2003	1600.89	1194.84	1287.55	2075.78
2004	1550.65	1998.48	1678.12	2262.27
2005	1878.96	2287.24	1919.42	2141.59

第十章　劳动人事管理

围绕企业生产建设和发展需要，唐钢有计划地对劳动力资源进行合理配置，精简机构和人员，压缩外用工，同时着力做好职工招聘、培训、使用、考核、激励等工作。自2002年起，执行以岗位系数工资制为主导的薪酬制度，形成了有效的激励作用。建立健全职工养老保险体系，调动职工积极性，发挥职工潜能，为企业创造价值，给企业带来效益，确保公司生产经营各项目标任务的实现，全员劳动生产率不断提高，从业人员劳动生产率由1996年的5.26万元/人，增至2005年的36.71万元/人。

第一节　劳动与人事管理

1996年以来，唐钢紧密结合对标挖潜、主辅分离辅业改制，扎实稳妥推进劳动计划、劳动组织与人事等方面管理，从根本上解决职能业务交叉、分工过细、效率低下问题，压缩编制定员，降低人工成本，建立内部劳动力市场，安置富余人员至新项目，实现了增产不增人，同时加强外用工管理，节约劳务费用，从业人员劳动生产率进一步提高。

到2005年，共聘任三级专家8人、四级专家66人、专业带头人150人、操作技能专家16人、高级技师67人、技师573人、助理技师568人，形成了近1500人的人才队伍。

一、劳动力资源规划部署与制度建设

1996—2005年，唐钢每年编制劳动力资源平衡计划和技校生及复退军人分配计划。按照精干、高效原则，从严核定机构定编，实行操检合一和多能工管理制度。先后完成了130人的财务集中管理、150人的物资供应集中管理和生活后勤集中管理工作。

1996年6月，完成“九五”规划中劳动力资源规划的制定、组织、实施工作，制定劳动工资计划中的职工人数计划、劳动力资源平衡计划，以及具体的劳动力资源招收分配计划。2001年，提出对财务、辅料供应、自动化及生活后勤系统工作实施集中管理意见。2002年，编制《“十五”人力资源规划》，提出了部分伤退顶工子女分配计划及复退军人分配培训计划。配合三项制度改革工作，提出了《“十五”后三年机构精简规划》。

1996年，印发《劳务工管理办法》《劳务工管理办法实施细则》。1997年12月，制定《关于职工犯渎职罪错误的处理规定》，修订完善了《厂纪条例及实施细则》。当年，下发《下岗人员管理办法》。2000年，下发《关于工种管理及整顿的通知》。2001年4月18日，在第二十届职工代表大会第九次代表团长联席会议上审议通过《厂内退休管理办法》，每年拨款400万元用于内退职工增资。2002年，出台《关于再就业服务中心部分下岗职工顶替外用工的实施意见》《清理、顶替外用工管

理办法》《劳务费管理实施细则》等规定。2003年，与职工重新签订了劳动合同；制定实施《关于奖励优秀管理人才的实施办法》《操作技能专家评选实施细则》；下发《技术操作岗管理办法》。是年，唐钢利用“非典”时期的特殊环境，对外雇队、外用工使用情况进行全面调查，修改完善了1997年版《“三外”项目管理办法》，下发新版《外委项目管理办法》。2005年4月5日，下发《劳动合同管理有关问题的暂行规定》。同年，制定《内退人员返岗管理办法》，为满足部分职工返岗愿望开辟了途径。

每年举行工作会议安排重点工作。在2004年1月9日召开的劳动人事暨班组建设工作会议上，要求重点做好劳动人事基础管理工作，促进人事档案管理规范化，推进信息化建设；深化劳动、人事、分配制度改革；开展定员对标挖潜，加强、改善和优化劳动组织，严格控制外用工，进一步提高劳动效率。

二、精简机构

1995年末至2001年，唐钢历经7次较大的精简机构、精干人员运作，共计撤并处级机构11个，压缩科级机构321个，精简定编16843人。2001—2005年，压缩厂处级机构23个、科级机构156个，减员安置3407人。在提高劳动效率和提升员工素质的同时，实现了对岗位职工的有效激励。

1997年8月31日，精简机构、节劳挖潜工作结束。共精简科室146个，撤并车间12个；机关编制精简794人，工人岗位定员挖潜2663人。实行岗位包干制，主体岗位实际减员257人，人员得到妥善安置。当年办理病退职工3125人，工伤退休111人，正常退休24人，厂内退休961人，共精简编制定员7133人，实现人员负增长5825人，年末职工总数降为49683人，实现了年初提出的“年末职工总数降至5万人以下”的目标。

1998年1月7日，召开减员增效攻关会议，提出加大机构改革和精简力度，进一步减轻公司冗员压力，强化劳动力资源集约管理，全面提高全员劳动生产率。1998年6月，技管人员和工人岗位精简工作全部结束，共精简编制定编3889人。分流下岗职工2910人，其中转岗安置1241人，办理病退、厂内退休1669人。

2001年，公司机关及各二级单位共计压缩科级机构57个，减员安置1352人，包括技管人员202人，工人1150人。2002年，压缩处级机构3个，压缩科级机构28个，减员安置718人，其中技管人员250人，操作人员468人。2003年，压缩处级机构13个，压缩科级机构67个，减员安置961人，其中技管人员218人，操作人员743人。2004年，压缩科级机构4个，减员安置376人，其中技管人员204人，操作岗位人员172人。“十五”期间，针对精简下来的人员，唐钢通过优化和培训，为公司冷轧生产线、热轧1700毫米生产线项目及中厚板公司、不锈钢公司、棒材二线、65孔焦炉项目筹措生产技术骨干及劳动力2160人。

三、压缩外用工

“九五”“十五”时期，唐钢大幅压减外用工。1996—2005年，共计清理压缩外用工3719人，节约劳务费1205万元。

“十五”时期，制定实施压缩外用工管理办法与措施，为企业节约了大量的劳务费用。在此期间共计清理外雇队20个，压缩外用工1573人，节约劳务费949.1万元。2001年，共计清退外雇队10余个，节约劳务费支出568万元。2002年，共有

56名下岗职工在6个生产单位进行试岗，其岗位以双向选择的方式由下岗职工顶替，有36人顶替外用工36人，共清退外用工120人，节约劳务费支出51万元。2003年，共清理9个外雇队，压缩外用工184人，节约劳务费约130万元。2004年，压缩外用工427人，节约劳务费约200万元。

四、职工再就业管理与主辅分离单位人员优化分流

唐钢加强再就业管理与服务，挖掘公司劳动力资源潜力；做好主辅分离改制企业的职工安置，变更或者规范劳动关系，使职工劳动就业更具保障。

（一）职工再就业管理

1996年12月26日，唐钢将挂靠在劳资处的劳动实业公司分离，成立独立二级单位，职能是接收、培训、安置下岗职工。1997年6月6日，下发《下岗人员管理办法》，实行了厂内退休等有关优惠政策，进一步拓宽了下岗职工再就业和富余职工分流主渠道，至年底共分流安置1990人。2001年12月，再就业中心从技术经济开发公司划入公司管理，挂靠到劳动人事处，负责接收、培训、安置下岗人员，在册职工1234人。划归公司层面后，加大管理力度，尤其加强对劳动合同期限的管理，解除了职工后顾之忧。下岗进入再就业服务中心的人员一律签订一年期劳动合同，合同期满不再续签。截至2005年末，先后安置下岗人员686人，其中职工主动与公司解除劳动合同167人。

（二）主辅分离单位人员优化分流

1996—2005年，对矿业公司、汽运公司、技术经济开发公司、物贸公司、耐材公司、建筑安装公司、轧辊公司、行政福利处、三环监理公司、微尔电子公司等10家主辅分离或实行公司制改造的单位14191人进行了安置分流。

2004—2005年，按照国家政策法规，与分离到合资企业（包括不锈钢公司、司家营铁矿、中厚板公司、蓝资科技公司）的1969人规范了劳动关系。根据省政府关于国有企业主辅分离辅业改制有关政策，依法变更劳动合同3278人，其中汽运公司517人、设计研究院292人、耐材公司846人、建安公司1354人、轧辊公司269人。

五、人事管理

人才录用、培养、激励多样化。1997年5月29日，唐钢制定下发《关于加速培养和造就科技人才队伍的实施意见》，建立了专业技术带头人队伍。当年，采取公开招聘方式，6次在合同制职工中以竞争上岗的原则，为自行车有限公司、销售处、报社及各小学择优招聘技管人员47名，为急需单位配备了缺口人员；对91名优秀人员进行了低职高聘。2000年1月21日，印发《研究生培养与管理办法》，分为全脱产、半脱产定向委培硕（博）士研究生，在职人员以同等学历申请硕士以上学位（含研究生课程进修）、社会统招研究生和自费研究生。2004年5月15日，发布《人才管理办法》，坚持长期培养与短期重点培养相结合，不断拓宽人才培养渠道。2005年，按计划录用了70余名公司急需专业的大学生和研究生。

实行专家任期制。2002年3月，唐钢制定《专业技术系列实施细则（专家部分）》，提出聘任一至四级公司专家的条件、各级专家的职责及考核办法和待遇规定。专家任期制的实行，解决了能上不能下的问题。2004年，第一批三四级12名专家任期届满，按照《人才管理办法》全

部解聘，重新组织评聘。2005 年，聘任三级专家 8 人、四级专家 66 人。在三四级专家中，兼任处级领导职务的有 2 人，兼任科级职务的 55 人，专职专家 17 人。

组织专业技术管理人才评聘。1997 年 12 月，唐钢加强对专业技术职务聘任工作的管理，对各专业技术岗位进行评价，经职改领导小组审定，公司共设置高级岗位 826 个，中级岗位 3281 个。在聘任管理上实行了三种控制模式，即对机关、各主体单位和主要辅助单位实行岗位控制；对科教、卫生等科技密集型单位实行指标控制；对分公司、子公司实行比例控制。同时实行竞争上岗、择优聘任专业技术职务，除正常聘任外，对优秀者实行低职高聘，全年共高聘高级职务 36 人、中级职务 51 人。2002 年，施行《专业技术管理系列实施细则》，当年聘任一批助理技师、技师、高级技师、操作技能专家、专业带头人。2004 年，从各单位推荐的 237 名专业带头人候选人中，评出专业带头人 158 人；同时评出操作技能专家 16 人、高级技师 67 人、技师 573 人、助理技师 568 人。2005 年，聘任专业带头人 150 人、操作技能专家、高级技师、技师、助理技师人数保持不变。

打破岗位界限。2001—2005 年，岗位设置以定员编制为基础，对应设置在技术管理岗位和操作岗位上，不设置专职岗位，为人才在各个岗位成才创造条件。技能人才可申报技师、高级技师、操作技能专家，也可申报专家，打破了科技管理岗位与操作技能岗位的界限，为操作技能人才施展才能提供了制度保证。管理人才亦可申报专家，但对所占比例作了必要限制（50%）。

第二节　薪酬管理

1996—2001 年，唐钢执行的薪酬分配制度系 1992 年唐钢第十八届职代会第九次会议通过的《岗位技能工资制试行方案》。自 2002 年起，执行《分配制度改革方案》，以岗位系数工资制为主导的薪酬制度，体现了向关键岗位、创值贡献大的岗位倾斜的原则，对各层次人员形成了有效的激励作用。

一、职工工资与晋级

（一）岗位技能工资制管理

1996 年，唐钢继续执行 1993 年实施的岗位技能工资制，分设岗位（职务）工资、技能工资、年功工资、特殊工资、效益工资、奖金六个单元；继续执行 1994 年发布的年功工资具体发放标准，采取分档递增的办法，工龄 1～10 年的标准为 1.6 元/年，工龄 11～20 年的标准为 1.8 元/年，工龄 21 年及以上的 2.0 元/年；把倒序的岗位工资（工人 13 岗至 1 岗，管理技术人员 20 岗至 1 岗）调整为正序的岗位工资（1 岗至 19 岗），岗位工资标准 38～315 元。1997 年，提高岗位工资标准到 38～387 元。1999 年，提高岗位工资标准到 38～542 元，并进行了技能工资升级。2000 年，提高岗位工资标准到 38～576 元，并进行了技能工资升级。2001 年，提高岗位工资标准到 38～729 元。

（二）岗位系数工资制管理

2001 年 12 月 18 日，唐钢第二十届职代会第四次会议审议通过了《分配制度改革方案》。2002 年 1 月 1 日，唐钢实行了岗位系数工资制。岗位系数工资制是对岗位技能工资制的继承和发展，既继承了以往的岗位评价原则，又打破了固有的分配模式，对促进企业发展、稳定职工队伍起到了积极作用。

岗位系数工资制由岗位工资、特殊工资和奖金三个单元组成。技能工资单元超130元部分作为保留工资；取消了原年功工资单元，作为保留工资部分，计发标准为8元/年。岗位工资由岗位系数乘以1.0岗位系数值所得。2002年，1.0岗位系数值为144元；2003年，1.0岗位系数值为165元；2004年，1.0岗位系数值为190元；2005年，1.0岗位系数值为220元。

二、津贴、补贴管理

根据唐钢第二十届职代会第四次会议通过的《2002年度工资基金总体安排方案》，自2002年起，对主要生产单位关键岗位实行特殊岗位津贴，实行按月支付，与单位的成本指标挂钩，分三档考核。提高了技师、高级技师津贴。把肉价补贴、燃料补贴、粮价补贴、物价补贴、自行车补贴、书报费用于工资改革，纳入了岗位工资，取消了上述补贴。改革了乘坐车制度和职工取暖费暗补变明补等福利制度。

在聘任助理技师、技师、高级技师、专业带头人的基础上实行津贴制度。津贴标准为：助理技师仍执行原定津贴标准；技师每月津贴60元；高级技师每月津贴100元；专业带头人每月津贴300元。

三、奖励考核管理

奖励制度与约束制度并行。1997年4月17日，唐钢套改了浮动岗位工资标准，每月人均增资10元，并严格与经济责任制考核挂钩。1997年，共有34个单位（次）因指标未达要求，按月停止执行浮动岗位工资标准。2000年，为强化风险意识，体现重奖重罚，责任与利益对等的原则，制定下发了《关于对厂处级干部年终一次性奖励的实施办法》。从2002年起，对各单位实行奖金总额（定员定奖）考核；厂处级管理人员奖金由公司统一考核发放，并将厂处级管理人员年终考评结果纳入年度效益奖考核范围。按照经济责任制和对标挖潜目标的实施办法，对科级及以上管理人员加大考核力度和奖金分配力度，实行了年度效益奖；为调动销售人员积极性，加大了奖励考核力度，销售人员实行超价分成；设立科技奖励基金，用以奖励有突出贡献的科技（管理）人才、有突出贡献的课题组、专业技术带头人，为技管人员充分发挥技术特长创造良好环境。

建立健全专家奖励与考核。自2002年起，一二级专家分别享受公司经理级、副经理级的月奖金标准，三级专家的月份奖金，按完成计划、目标、挖潜指标三档分别对应单位人均奖的2倍、5倍、8倍，四级专家对应1.5倍、3.0倍、4.5倍。一至四级专家、专业带头人的年度效益奖分别享受经理级、副经理级、正处级、副处级、正科级年度效益奖的60%；兼任科级及以上职务的各级专家就高享受年度效益奖。2004年12月，制定《专家年度考核办法（试行）》，明确考核内容与标准、考核程序与方法，评出优秀、较好、一般、较差四个档次，兑现奖惩。

对科技人才的奖励力度不断加大。1999年1月，制定下发《关于印发<奖励有特殊贡献的科技人才和课题组的实施办法>（试行）的通知》。2000年3月，召开奖励有特殊贡献的科技人才和课题组大会，对17名有突出贡献科技人才予以表彰奖励，有3个课题组各获奖金2万元。2003年5月，对完成第一批技术攻关承包课题的9个课题组分别给予0.5万~5万元的奖励。当年12月，召开2002年度有突出贡献的课题组和科技管理人才表彰会，对19个课题组和37名科技、管理人才予以表彰奖励，分别是：一等奖课题组2个，各获奖金10万元；一等奖科技（管理）人才3

名，各获奖金3万元。2004年6月，召开科技暨人才大会，对评选出的19个有突出贡献的课题组、38名有突出贡献的科技管理人才予以表彰和奖励，16名工人被聘为操作技能专家，其中3人获得有突出贡献的科技管理人才一等奖，各奖励3万元。2005年10月，发布奖励决定，共评出有突出贡献的课题组22个，其中一等奖1个，奖励“超薄热带生产技术的优化与创新”课题10万元；有突出贡献的科技管理人才35名，其中一等奖5名，各奖励3万元。

第三节 社会保险和公积金

唐钢严格执行国家法律法规政策，加强社会保险和公积金管理，保障职工特别是职工退休后的权益，减少职工后顾之忧，以此吸引人才，增强企业凝聚力和竞争力，激励职工工作积极性和创造性，促进了企业和谐发展。

一、基本养老保险

1996年，唐钢下发《关于核定职工缴费工资的通知》，贯彻《唐山市城镇企业职工养老保险暂行规定》，从当年1月1日起实行职工养老保险个人账户制度。1997年，唐钢下发《关于核定1990—1995年缴费工资的通知》，组织各单位申报核定了所有在册职工1990—1995年6个年度缴费工资，为基本养老保险制度的落实、保障职工退休后的生活奠定了基础。根据省市相关政策，唐钢适时调整职工养老保险个人缴费比例，1998年1月由原3%调整为4%、1999年1月调整为5%、2001年1月调整为6%、2003年1月调整为7%、2004年1月调整为8%。

二、住房公积金

1996年，唐钢下发《深化职工住房制度改革实施办法》，建立职工住房公积金制度，坚持按照“个人存储、单位资助、统一管理、专项使用”的原则。职工住房公积金由唐钢在职职工个人及公司各按职工上年度12月的工资总额（岗位工资、技能工资、年功工资三项工资之和加68.5元固定补贴）的5%逐月交纳和存储。住房公积金归职工个人所有，存入职工个人公积金账户，职工住房公积金的缴交率及交纳额度根据职工工资增长状况适时调整。当年印发《职工住房公积金实施细则》。2003年12月，下发《关于调整职工住房公积金基数的通知》，自2004年1月起调整在职职工住房公积金缴交基数，为上年12月职工岗位工资、技能工资、年功工资三项之和加奖金。

三、补充养老保险金

企业补充养老保险是企业在国家统一制订的基本养老保险之外，在履行了缴纳基本养老保险费义务之后，专门为本企业职工建立的附加保险。2004年12月，唐钢下发《关于增加补充养老保险金的通知》，为在册职工增加1个月基础工资的补充养老保险金，职工储蓄0.1个月基础工资的个人储蓄性养老保险。为离退休人员增加1个月统筹退休金的补充养老保险金。在册职工涉及46736人，企业补充养老保险金5428.6万元，个人储蓄补充养老保险金542.86万元；离退休人员涉及16715人，发补充养老保险费1191.3万元。

四、基本医疗

1997年，唐钢下发《关于医疗费报销的暂行规定》，加强劳保医疗经费的管理，控制医疗经费过度增长，保证职工、家属基本医疗需要。2001 年，成立医疗保险领导小组和医疗保险管理中心，主要负责唐钢医疗保险政策的制定，协调各部门工作，领导、组织医疗保险工作的实施，进一步做好公司医疗保险制度改革工作。

2004 年 3 月 1 日，唐钢参加唐山市基本医疗保险，全公司在册职工参保人数 46252 名，退休人员 16054 人，合计 62306 人。2004 年 8 月 1 日，唐钢金恒企业发展总公司集体合同制职工全部参加了唐山市职工医疗保险。2005 年末，唐钢在册职工参保人数 41541 名，退休人员 16798 人，合计 58339 人。

五、工伤保险

唐钢从 2004 年 1 月 1 日起参加唐山市工伤保险，缴费按唐山市核定公司工资总额的 1.3%缴纳。2004 年 8 月 1 日，金恒企业发展总公司集体合同制职工全部参加了唐山市职工工伤保险（工伤保险缴费从 1 月 1 日实行）。

六、特殊群体管理

2002 年，唐钢兑现因工致残职工一次性伤残补助金。因工致残离退休职工和内退职工已经省（市）劳动鉴定委员会鉴定为伤残等级一至十级的，均列入兑现一次性伤残补助金范围。全公司发放人数为 3661 人，兑现金额 3094.2 万元。

2005 年，为在册工伤职工发放一次性伤残补助金。把 2003 年 12 月 31 日以前发生工伤，已经省（市）劳动鉴定委员会鉴定为伤残等级一至十级的在册工伤职工（不含内退职工）列入发放一次性伤残补助金范围。全公司发放人数为 1495 人，兑现金额 1353.99 万元。

第四节　职工培训

唐钢按照“九五”“十五”职工教育培训规划和每年职工教育培训计划纲要的要求，通过举办各级各类培训，提高了管理干部、技术干部及基层生产管理者的业务能力，增强了基层操作与技术职工的技能水平。在多数二级单位内部设立教育中心或培训中心，充分发挥内部培训师资作用。坚持以内部培训为主，外部送培为辅的原则，有计划、有步骤、全方位开展各类职工培训。十年间，累计完成职工培训 23.74 万人次，其中培训干部 4.48 万人次，培训工人 18.79 万人次。

在此期间，职工培训重点不断调整优化，满足了不同岗位的培训需求。根据《关于工人培训安排意见》的精神，把工人岗位培训的重点转移到实施“考试应知理论、考核应会操作”上来。1997 年 3 月 21 日，唐钢工人技术培训纳入考核工作计划。1998 年 10 月，经河北省人事厅批准，唐钢建立计算机应用能力等级培训、考核站，与河北省人事厅联网。同年 11 月，接受国家冶金企业质量认证评估，通过 ISO9002 质量认证系统职工培训审核。

唐钢坚持开展对特种作业人员、危险性较大岗位职工安全知识与资格的培训、考试、发证、复审工作，使特种作业人员 100%持证上岗，素质和技能达到国家对特种作业人员规定的标准。每年对接收的退伍军人进行上岗前专业培训。培训时间为 3 个月或 1~2 年不等。

一、“九五”时期职工培训

“九五”期间，唐钢坚持“以内部培训为主，外部送培为辅”的原则，采取

“分散自学、集中辅导、统一考试、合格发证”的方法，组织开展职工岗位资格培训、技术等级培训、适应性培训，发挥了教育培训对企业发展的推动作用。

1996年3月18日，公司青工技术培训学校开学，进一步加强了青工岗位培训。由团委青工部负责日常工作，开设一炼钢厂、二炼钢厂、烧结厂等十余个试点分校，聘请有理论有实践经验的工程师和工人技师担任教员，分系统、有计划地对公司20个工种的青工进行1个月专业技术知识培训。当年还举办了司磅人员等业务培训班。1997年，针对电工、钳工、焊工、仪表、轧钢等工种，采取脱产和业余形式进行培训，并组织了应知应会考核。在当年12月举行的17个技术工种的技术等级培训考试中，有153人考试不合格，被下浮一级工资。这一年，还举办了计算机、自动化专业技术培训及管理干部和技术干部专业技术知识培训。

1998年7月，公司委托天津商学院为公司培养财会专业人员的专升本科班开学，招生95人，学制2年，生源为公司在职财务人员。当年，还举办营销人员岗位等培训班。1999年，组织班组长岗位资格、技术等级培训，完成关键岗位高炉、转炉、轧钢、制氧、汽轮机等6个专业的技术培训，组织炼钢工、天车工、电工、仪表工等14个工种17批次赴邯钢三炼钢厂、鞍钢自动化有限公司进行培训。

二、“十五”时期职工培训

进入“十五”时期，唐钢职工教育培训工作紧紧围绕生产经营目标和新建项目配员需要，着眼点放在新知识、新技术、新工艺普及上，加大职工培训考核力度，推进职业技能鉴定制，加速培养高精尖和复合型人才，构筑了唐钢新世纪人才工程。

通过召开教育专题会议及经验座谈会，制定相关实施意见，明确工作思路与重点，指导下一步教育培训工作开展。2002年2月28日，召开教育工作会议，提出充分利用和开发各种教育和培训资源，培养更多的生产技术操作能手；开展继续工程教育，为科技人员更新知识创造有利条件。2004年8月11日，召开职工教育培训工作经验交流会，提出以贯彻实施《人才管理办法》为契机，加大职工教育培训工作力度，为“人人都可以成才”搭建平台；健全和完善职工教育培训组织网络体系，努力形成职工教育培训齐抓共管的良好局面；把职工教育培训的着眼点，放在促进现有人力资源的开发上；立足于贴近生产，切合实际，针对技术攻关和工艺创新，增强实战性和实用性，努力做到职工教育培训常抓常新；通过建立和完善制度，形成“上挤下压”态势，构筑职工教育培训的长效学习机制。2005年，制定《进一步加强教育培训工作的实施意见》，以提高职工岗位工作能力和工作业绩为重点，建立全员培训机制，促进职工素质的提高；培养企业内部师资队伍，使管理者都能成为培训者，努力创建学习型组织，不断提升内部自我培训能力。

2001年，举办“十五”期间首期优秀班组长暨师资等多个培训班。2002年，举办2000版ISO9000质量体系认证标准转换培训讲座，增强了质量管理人员对认证知识的深入了解和系统掌握。2003年11月6日，首次举办保密和保护知识产权培训班。培训围绕公司保守国家秘密办法、公司保守商业秘密保护知识产权办法、公司商标管理办法、公司专利管理办法、知识产权基本知识、公司计算机软件管理办法和专利文献检索等内容进行了讲解。2005年7月7日，邀请北京科技大学两位教授为有关科技人员、技术工人骨干进行炉外精炼技术培训。培训内容主要包括炉外精炼技术概况、发展过程与特点等基础理论知识及炉外精炼工艺、技术等。当年8月16日，新接收大学毕业生短期培训班开学，50名非公司主体专业的应届大学毕业生在唐山科技职业技术学院集中参加冶金知识培训，培训后分配到主体生产厂。是年11月29—30日，在炼铁北区职工素质培训中心举办培训班，特邀北京科技大学冶金生态系两位教授主讲高炉喷煤技术。

1996—2005年唐钢职工教育培训一览

表5-10-1

指标名称	1996年	1997年	1998年	1999年	2000年	2001年	2002年	2003年	2004年	2005年
培训人数/人次	20428	23427	19434	17530	17684	13975	17491	27103	38730	41586
干部/人次	2500	3975	1886	1843	1636	3690	4596	5209	5282	14175
工人/人次	17928	19452	17548	15682	16038	10285	12895	21894	28680	27512
培训率/%	38.93	47.21	40.21	35.08	35.52	28	35	54	65	96
工人培训率/%	41.36	47.18	25.63	24.23	22.07	24	57	52	72	74

第五节　职业技能鉴定

职业技能鉴定根据国家《劳动法》规定并结合公司劳动用工制度改革，将职工职业技能由企业技术等级考核转向社会化管理，是实施职业资格证书的基础。唐钢加强和改进职业技能鉴定工作，促进劳动力资源有效开发与合理配置，提高了职工技术素质。

一、“九五”时期职业技能鉴定

1996年，唐钢根据国家劳动部、河北省劳动厅开展职业技能鉴定的指导意见，做好相关工作。1998年，取得相关职业（工种）国家职业技能鉴定资质，与所有单位一样，鉴定等级只包括初级、中级、高级3个等级，考核内容由理论和实际操作两部分组成。同年，筹备组建唐钢国家职业技能鉴定所。在总结职工技术等级培训、考核经验的基础上，逐步将技术等级考核工作转移到职业技能鉴定上来。

20世纪90年代，计算机在生产应用与日常管理中日益普及。按河北省人事厅要求，从1998年起，对管理和专业技术人员进行计算机应用能力等级培训与考核，2000年前50岁以下的管理和专业技术人员要通过计算机应用能力初级考核，2002年内中高级管理和专业技术人员要通过中级考核。考试成绩作为各类人员申报、晋升相应职称的必备或参考条件之一。为此，经省培训考核办公室批准，唐钢在七十号小学建立了计算机应用能力等级培训考核站。1998年12月下旬，进行了首次计算机应用能力等级考试。

2000年6月，在技术工人中开展技师、高级技师的考评，共有20个工种参评。其中高级技师的设置突出生产一线，突出工艺复杂生产岗位、突出大型稀有设备、突出高技术的原则推进完成。

截至2000年末，高技能人才共有11553人，占职工总数的23.21%。其中高级工10634人，技师662人，高级技师257人。

二、“十五”时期职业技能鉴定

根据国家劳动和社会保障部推进职业资格证书和职工持证上岗方面的制度，唐钢在深化工人岗位培训工作中，着手开展职业技能鉴定的推广工作。2001 年，制定下发《职业技能鉴定工作实施办法》等文件。是年 9 月，成立唐钢特有工种职业技能鉴定站，技能鉴定站设在职工培训中心。成立了国家职业技能鉴定领导小组，相关培训、考核工作得到初步开展。经政府主管部门批准，唐钢获得了通用工种和冶金行业特有工种的鉴定资质，纳入了国家职业技能鉴定证书制度体系。

2002 年是唐钢实施职业技能鉴定制度的第一年。是年 3 月，确定了“十五”期间 11 个工种为职业技能鉴定试点工种。为确保鉴定质量，根据《国家职业技能标准职业技能鉴定规范》和生产实际，编制了辅导丛书和题库，有 69 人经考试取得了 11 个工种的由国家冶金行业职业技能鉴定指导中心颁发的证书。是年 10 月，首批试点工种职业技能鉴定工作开始。组织对电工、车工、转炉炼钢工、烧结看火工等四个工种 2263 人进行了职业资格培训和职业技能鉴定。

2003 年，依据国家《职业标准编制技术规范》，在冶金行业率先编制特有工种职业标准，用时半年完成炼铁工、高炉炉前工、转炉炼钢工、连铸工、轧钢工、加热工、焦炉调温工等 7 个冶金特有工种技师、高级技师职业标准。据此，还特别组织有关专家编写高炉炉前工、转炉炼钢工、连铸工、加热工、轧钢工等 5 个工种技师、高级技师职业技能培训教材，此举填补了国家空白，得到国家冶金鉴定指导中心和河北省劳动和社会保障厅的首肯。

根据国家劳动和社会保障部颁布的技师社会化考评标准，2005 年 10 月 15 日，由公司和河北省劳动和社会保障厅综合职业培训中心共同组织，在唐山科技职业技术学院技能鉴定中心举行河北省通用工种技师社会化考评，共有 554 名技术工人参加考评。是年 11 月 26 日，唐钢 7 个冶金特有工种技师企业内考评拉开帷幕，通过率达 69.4%。这一举措是唐钢在河北省乃至全国率先推行冶金特有工种企业内技师考评，为职工打造了晋升之阶，拓宽了成才道路。2005 年 12 月 23 日，出台《职工持证上岗管理办法》，这是继 1997—1999 年公司开展全员技术等级考核后，在全公司范围内首次开展的大规模技能鉴定。

截至 2005 年末，公司高级技能人才 9755 人，占工人总数的 26.50%，其中高级工 8886 人，技师 869 人。

第十一章　对标挖潜管理

第一节　双增双节

唐钢“七五”期间开展的“双增双节”活动到“八五”期间纵深推进，自“九五”时期开始进入总结收尾阶段，之后转入层级对标管理阶段，贯穿挖潜增效各类攻关活动。1996年1月，对“双增双节”活动进行总结表彰。根据上年制定的“双增双节”活动责任书，公司共完成增效点526个，增效额2.4亿元。按照挖潜增效目标和实际完成比例发放506万元效益奖。是年2月，召开“双增双节”活动经验交流会，烧结厂、二炼钢厂等5个单位总结“八五”期间的工作经验，全公司累计通过开展“双增双节”活动增收6.15亿元。其中原燃材料消耗节约3.4亿元；可控费用开支节约2184万元；由于产量增加，相对节约固定费用1.68亿元；治理“三外”节支2202万元；“一体两翼”承包创效益6350万元；增产、增销、增收57.35亿元。其中，产品价格提高增收25.57亿元；增销、调整产品结构等增收17.03亿元；增收创效益14.75亿元，为国家和地区经济发展作出了重要贡献，并于上年获得“全国节能先进企业”称号。

在“双增双节”活动中，公司上下层层签订包保责任状，逐级落实责任。根据形势发展，及时调整“双增双节”工作机构，将“双增双节”办公室挂靠于财务处。财务处对直属各单位每月成本完成情况进行总结，找出成本管理方面的问题，及时提出改进措施。公司对“两费”计划外开支项目实行“一支笔”审批制度，严格落实主管领导责任。这一时期，把抓成本管理放到重要位置，通过全员开展的“向成本要效益、以成本促管理”宣传教育活动，增强了干部职工降成本、增效益的紧迫感和责任感，形成了全员参与企业管理的新局面，掀起了“双增双节”新高潮。从严落实材料采购、原燃材料消耗、费用定额、质量、销售等成本控制措施，加大成本考核力度，奖惩指标由原10%提高到30%，实行重奖重罚。活动中，公司根据生产经营目标的变化和市场形势变化，及时调整工作计划和考核标准，按照市场需求安排生产，增加适销对路产品，坚持以销定产、以销保产、以销促产，积极扩大销售。同时，加强货款回收工作，积极清理“三角债”，开展清仓查库，突出抓好管理措施落实取得预期成效。

借鉴邯钢经验，推行二级目标任务分解责任制。注重从内部挖潜入手，坚持每年对各项指标进行优化。一级分解是对“双增双节”计划确定的重要指标按系统、按专业归属分解到职能处室；二级分解是各职能处室根据一级分解指标，把挖潜增效的主攻方向和目标分解到二级单位，同时将归口指标按专业量化到每个科室、每名管理人员；三级分解是各单位依据职能处室分解给本单位的指标，提出落实措施，细化分解到车间、工段、班组和岗位。通过三级目标任务的分解，把过程控制的权力与责任交给每位职工，公司生产经营、计划采购、技术、质量、销售等环节的

“双增双节”得到全程有效控制。

第二节　学习邯钢经验

邯钢经验简称“模拟市场核算，实行成本否决”，其基本内涵是模拟市场价格核算，将成本与效益挂起钩来，将效益与分配挂起钩来，并以成本否决为杠杆，充分调动了广大职工当家理财、精打细算、加强管理、深挖潜力的积极性，进而达到个人增收、企业增效的目的。20 世纪 90 年代，邯钢经验取得巨大成功，迅速成为冶金战线学习的榜样。1996 年初，国务院发出批转邯钢经验的通知，全国上下迅速掀起了学邯钢的热潮。此时冶金行业正面临行业利润水平从上年的 114 亿元降至 44 亿元的困境，河北省在全国学习邯钢之前就在推广邯钢的经验。在此背景下，唐钢把学习邯钢经验作为企业抓改革、促管理、增效益、上台阶的必由之路，坚持从转变观念入手，找准位置突破，结合实际攻坚，做到踏踏实实、真抓实干学邯钢。

从宣传教育入手，全面落实学邯钢的具体措施。抓好两级领导班子学习，加大宣传力度，先后刊发《邯钢行》系列报道，同时走出去、请进来，扎扎实实学邯钢，加速各级领导干部观念转变，对照邯钢经验找准差距突破口。公司成立由主要领导挂帅，有关领导和处室参加的“学邯钢、抓管理推进委员会”。委员会下设办公室，坚持定期对二级单位检查、考核学邯钢情况。直属各单位成立学邯钢领导小组，全面加强对学邯钢工作的领导。活动初期，由主要领导带队，组织财务、计划、劳资、科技、企管等部门负责人赴邯钢学习，各单位和有关处室也组织了对口学习。邯钢职工当家理财报告团两次来唐钢传授经验；召开副科级以上干部“学邯钢、抓管理、挖潜力、增效益”动员大会，对学邯钢工作进行全面部署，确保邯钢经验有计划、有重点、分阶段推行。1996 年，分批次举办厂处级干部学习邯钢经验培训班，再次动员、强力推进活动深入扎实开展。

注重建立健全工作制度，确保学邯钢经验常态化、长效化开展。围绕加强标准化管理、强化班组建设、健全定额指标体系、提高质量水平、完善信息管理、健全规章制度、严肃劳动工作纪律、抓好现场管理等工作，完善制度夯实基础。组织百名机关干部深入基层，重点对二炼铁厂、二炼钢厂的基础管理、制度落实情况进行具体帮助和现场指导服务。1996 年，强化经济责任制管理，加大成本、费用、资金的考核力度。始终坚持突出三个原则：总体效益原则，即当公司整体效益下降时，各单位和处室的奖金按不同比例下浮，把市场压力直接传递给职工；不讲客观原则，即不论什么原因，只要没有完成产量、质量、品种、成本计划，就要按规定否决奖金；拉开档次原则，即提倡多作贡献，多劳多得。根据这个原则，成本完不成计划时，否决奖金 100%，完不成目标时，否决基数奖 50%。当年，共有 21 个单位 60 次未完成指标被否决，促使职工更加认识到个体与整体、岗位与单位的关系，做到小处着手、大处着眼，公司职工提合理化建议 2 万多条，降成本达 1.2 亿元。深入开展“比指标、找差距、上台阶、创一流”活动，把公司生产经营目标逐层分解落实到职工岗位，通过公司、厂、班组岗位三级分解方式，形成一级保一级、系统保整体的局面，职工做到了有家可当、有财可理。1997 年，将学邯钢与抓管理、挖潜力相结合，与资本运营相结合，与扭亏增盈相结合，扎扎实实促转变，在困难条件下公司累计挖潜增效额超过 2 亿元。其中烧结厂学邯钢经验成效显著，把占成本 80%

的各种主料、燃料消耗、动力、制造费用、工人工资 5 个成本项目分解成具体指标，进行纵向、横向分解，全厂各岗位共分解指标 6839 项，每个岗位职工对各项费用指标由过去的“花完算”转变为“算完花”，当年全厂降成本 5600 万元。

唐钢学邯钢的经验证明，在建立社会主义市场经济的过程中，国有企业完全可以找到广阔的用武之地，关键是面向市场，适应市场，开拓市场，提高企业的整体素质，方能增强市场竞争能力。

第三节　层级对标

激烈的市场竞争，实质上就是同质产品的成本竞争。1996—2005 年，唐钢以先进企业为目标，以经济学、管理工程学和博弈论等科学管理理论为依据，结合自身实际创建了层级对标管理体系，实施全方位、立体化的对标管理，把对比指标降成本作为生产经营的中心环节，通过与先进企业在生产经营、成本、技术等方面展开对标，不断学赶先进，加快进步速度，尽最大努力消化钢材降价等减利因素，使得各项经济技术指标不断改善。十年间，该管理法获得国家级企业管理现代化创新成果二等奖，并两次召开对标管理现场会向全国冶金行业推广。“九五”期间，公司实现利税年平均增长 11.8%，利润年平均增长 15%，在全国同行业中实现了高速增长。“十五”期间，生产经营管理连续上台阶，钢产量从 2000 年产钢 381 万吨一跃到 2005 年 1006 万吨，挖潜增效额从 2000 年 1.5 亿元提高到 2005 年 6.45 亿元，实现了跨越式发展。

唐钢提出了“进步慢了就是落后”的管理思想，在全体职工中树立了“层级对标，学赶先进”的观念，建立了层级对标组织机构和保证体系，制定了层级对标工作制度、工作程序及准则，创建了层级对标信息网，形成了以层级对标为指导的技术及管理攻关立项机制，以整体效益最佳为原则和目标的系统优化机制。

一、主要涵义

层级对标体系是一种以人为中心，以企业内部组织机构为基础框架，从发挥全体员工积极性、主动性和创造性的角度出发，选择适当的竞争目标，以技术经济指标对比的方式，通过科学管理深挖内部潜力，最终实现企业生产力诸要素的优化匹配，从而促进企业市场竞争力不断提高的一种科学实用的方法体系。层级对标体系本身具有多元化、立体化、动态性、智能性等特征。

二、建立与实施

层级对标体系以建立对标系统为先导，以指标考核控制系统的运行为保证，通过指标优化完成系统的运作，对各项具体指标进行科学的分析处理，以达到优化的目标。十年间，唐钢每年组织不同层次的对标管理座谈会、分析会、经验交流会，树立正反典型，做到学赶有计划、有措施、有目标。在原生产经营部设立了公司对标办公室，专门负责公司对标计划的编制、组织指导公司各单位的对标工作，按月、季、年汇总分析对标资料，为公司领导生产经营决策提供国内外信息。各对标单位按公司要求成立了对标领导小组，设专人负责对标工作，技术、财务等参与对标工作。对生产经营、成本管理等方面对标工作常抓不懈。

1996 年以来，唐钢逐步形成并不断完善了以总经理为顶端的层级对标网络体系。具体工作程序和职能包括由总经理总体布置每年度的对标工作；总会计师统筹规划，综合协调开展工作；主管经理各负其责。

为遵循体系运行经济性原则，公司具体业务归口财务处，从而保证了层级对标体系的工作内容切实围绕成本控制中心，业务流程向各系统辐射，由分系统向下一层级系统的控制环节和控制点逐级传递。

在层级对标方法上，唐钢采取横向按炼铁、炼钢、轧钢等主要大工序进行；纵向按公司、职能部门、二级单位 3 个层次进行；范围包括与同行业先进水平，与本单位、本部门历史最好水平对比。横向主要查找各工序的成本差距，进而找出降低成本的重点和挖潜增效的主攻方向；纵向主要查找部门、单位各项技术经济指标的差距及对成本、效益的影响及具体环节，并系统收集信息，提高对比的全面性。在开展对标活动中，加大指标分解落实力度，采取逐级检查验收的方式，重点加强车间以下各层的分解落实工作。加大经济责任制考核力度，强化成本否决。公司对成本指标按两档考核，成本完不成计划时，否决奖金 100%；完不成目标时，否决奖金基数奖 50%。对费用单位和机关处室，完不成费用计划时，每超出 1%，扣基数奖 5%。对资金占用指标，资金占用额超计划时，按超出额度应付利息的 1~2 倍扣奖。

三、实施内容

唐钢采取走出去、请进来的方法，深入开展层级对标。十年间，对标工作经历了 4 个阶段。初始阶段，以技术指标为重点与邯钢开展炼铁工序指标竞赛活动，实际上是个别工艺环节与其他先进企业的对标；发展阶段，以技术经济及成本指标为重点，铁、钢、轧主要生产工序与同行业先进单位进行对标；标准化阶段，此阶段对标范围进一步扩大，除铁、钢、轧主体生产工序外，主要辅助单位也参加对标，并规范了对标标准；全方位系统化对标阶段，主要生产工序、主要辅助单位、主要处室参加对标工作，并建立了对标体系。

四、实施效果

层级对标使唐钢成功渡过了“九五”全行业面临亏损、企业生产经营最困难的时期。通过层级对标体系，各项技术指标不断优化，强化了企业管理基础工作，标准化、计量、信息、规章制度、职工教育、班组建设及现场管理等各项工作水平普遍提高，为管理工作的科学化奠定了基础。通过系统地开展对标工作，公司找到了降成本方面的差距和潜力，降低了各项费用支出，取得了巨大的经济效益，使盈利水平走到了行业前列。低碳钢高速无扭控冷热轧盘条、热轧带肋钢筋、U 型钢等产品保持了冶金产品实物质量“金杯奖”称号，公司获得“河北省质量奖”，主要技术经济指标和财务指标逐年攀升，企业的竞争力明显增强。

第四节 挖潜增效

1996—2005 年，唐钢将挖潜增效作为控制生产成本、减少内耗的一项重要举措，将对标挖潜增效贯穿生产经营全过程，深入开展以“学先进、比指标、降成本、增效益”为主要内容的层级对标挖潜活动。干部职工克服“指标到顶”“潜力挖尽”思想，坚持与先进企业对标找差距，狠抓挖潜增效计划的贯彻落实，不断拓展挖潜增效新思路、完善挖潜增效新举措，努力消化各种减利因素，降低产品成本，提高生产效率，各项指标不断改善，成本持续降低，提高了企业竞争力和经济效益。“九五”期间每年吨钢降本达到 100 元/吨以上，“十五”期间累计降低成本 41 亿元。

2005年，在83项对标指标中，有14项进入行业前5名。

一、工作机制

1996—2005年，唐钢每年根据市场的变化及公司生产经营实际，组织有关部门对企业内外减利因素及内部各方面的潜力进行深入分析，反复测算，广泛征求意见，制定出挖潜增效计划。每年二三月召开挖潜增效动员大会进行全面部署，总结表彰在公司生产经营建设发展等各项工作中作出突出贡献的先进集体和先进个人，宣布当年挖潜增效计划，按照《挖潜增效奖励办法》和各单位挖潜增效计划完成情况进行总结奖励。与各部门、各单位签订挖潜增效责任书，明确公司各分管领导、各部门、各单位挖潜增效任务和所承担的责任，纳入经济承包责任制，做到有计划、有检查、有考核、有管理、有总结、有奖惩。定期组织挖潜增效纵深行、成本潜力分析研讨会和大讨论等活动，不断增强干部职工危机感、紧迫感，认真做好挖潜增效指标分解工作，落实挖潜增效任务，发动职工总结经验，查找不足，制定整改措施，促进对标挖潜活动的深入开展，推动企业全年目标任务实现。

二、主要工作

十年间，唐钢坚持挖潜增效，把对比指标降成本作为生产经营的中心任务，不断消化钢材降价等减利因素。1996年，一炼铁厂、电炉炼钢厂、一轧钢厂、高速线材厂等单位在原目标的基础上提高产量，主体厂、辅助生产单位和外围单位采取降低原燃料采购价等23项技术和管理措施，当年增加效益1.05亿元，实现利润同比增长15.69%，在全国十大钢中位居第6位，比上年前移1位。1997年，面对上游产品涨价、市场竞争激烈的不利局面，公司确定了以增产降耗、增收节支为重点的“十大项目”攻关和攻关包保责任体系，开展全方位、多层次的攻关活动，其中二级单位降低成本、节约开支、增加盈利合计增效1.02亿元；通过资本运作和“还高贷低”等降低财务费用增效6226万元；消化电费涨价增效2532万元。全公司完成和超额完成挖潜增效计划的共有32个单位，占总数的74%。1998年，以大力降低成本为中心，根据指标完成情况和形势变化，三次调整、补充和完善挖潜增效计划。开展“学先进、比指标、上台阶”活动，多次组织有关单位和部门到邯钢、首钢等先进企业对标，查找差距，围绕重点、难点制定了11项攻关计划强化攻关，节能降耗创历史最好成绩，吨钢综合能耗、吨钢可比能耗大幅度下降，节能效益达1.06亿元。1999年，贯彻全国冶金工作会议精神，提高职工对限产增效的认识，组织开展“成本潜力分析研讨”活动，坚持与邯钢等先进企业对标，加强潜力分析，克服“指标到顶”“潜力挖尽”意识。开展系统降本攻关活动，及时调整优化指标，加强系统内部各环节的平衡与分析，降低消耗，减少浪费。加强废弃物综合利用、“二外”管理和贷差控制，完善物料管理，促进了挖潜增效任务的完成。当年铁钢轧生产单位降本增效1.47亿元，辅助单位创收节费增效9583万元。2000年，着力消化外部市场大宗原燃料涨价因素，加大对采购原燃材料、技术指标的挖潜，努力做好各项指标的综合平衡工作，挖潜增效额比下达的计划指标增加4733万元。

2001年，深入开展对标挖潜活动，坚持把对标作为降低成本的重要措施，组织各单位、各专业从企业效益综合指标、主要产品技术经济指标、处室专业指标三个层次，与行业内20家重点及地方骨干企业开展对标。根据形势变化及时修订挖潜增效计划，开展以节能降耗为重点的攻关活动，落实喷煤、煤气回收利用、钢坯热送热装和增加发电量、提高循环水利用率等攻关措施，促进各项消耗降低。加强采购招标工作，降低采购成本，全年共消化涨价因素2.3亿元，较公司下达的计划指标提高60.30%。2002年，把对标工作从主体单位延伸到辅助单位和职能处室，并增加对标内容，通过各项技术经济指标的进步，促进成本降低。组织开展煤气、蒸汽和废弃物回收利用及轧钢降油耗攻关，增加发电量、降低氧气等动力介质消耗和降废减损等一系列节能降耗措施全面落实，原燃料、设备、备件采购供应成本进一步降低。全年共消化涨价等各种减利因素5.19亿元。2003年，完善对标体系，狠抓降成本攻关。全年挖潜增效额比计划增加1.23亿元。强化资产经营承包责任制管理，做好棒磨山铁矿炼钢冷料基地、石人沟铁矿露天转井下开采、庙沟铁矿高炉喷煤改造、竖炉煤气改造以及平板加工、草支架项目的生产建设，使减亏增效工作取得新成果。矿业公司、耐材公司等9个子分公司全面完成公司下达的挖潜增效任务，公司实现了扭亏增盈目标，扣除投资收益以后，全年实现利润1亿元以上。2004年，积极适应市场变化，两次组织制订挖潜增效计划，及时修订各单位挖潜增效指标，完善对标制度，强化对标措施，将83项指标纳入对标体系，其中23项为综合指标，60项为分项指标。当年末，公司确定的83项主要技术经济指标，有65项取得明显进步，其中53项在同行业排序中位次前移。2005年，为消化不利因素，努力实现1000万吨钢的目标，及时制定了产品结构优化奖励办法，下发《2005年四季度挖潜增效任务及实行特殊奖励的通知》，引导主体生产厂紧跟市场需求，降低费用支出，生产适销产品。同时确定11项重点攻关项目，继续抓好83项重点指标的对标工作，努力缩小与先进企业的差距。是年，完成挖潜增效额比计划指标增加2.45亿元。

三、挖潜增效大会

1996年，唐钢将之前历年召开的双增双节大会更名为挖潜增效大会，每年在俱乐部召开。十年间，公司召开挖潜增效大会10次，下达挖潜增效计划目标总额19.9亿元，完成挖潜增效任务总额28.77亿元。

1996年挖潜增效动员大会暨责任书签字仪式　1996年4月4日，唐钢召开1996年挖潜增效动员大会暨责任书签字仪式。公司总经理王天义与9位副总经理签订落实挖潜增效计划责任书，公司9位副总经理又分别与所分管的53个有挖潜增效指标的单位和部门领导签订责任书。大会下达了1996年1.81亿元的挖潜增效计划和实现利税9.2亿元的全年奋斗目标。

1996年度挖潜增效总结暨1997年挖潜增效动员大会　1997年2月26日，唐钢召开1996年度挖潜增效总结暨1997年挖潜增效动员大会，对公司1996年挖潜增效工作进行总结，宣布1996年通过挖潜增效增加效益1.05亿元，对1997年公司挖潜增效工作进行部署，下达当年1.13亿元的挖潜增效计划。总经理王天义等公司领导分别与分管单位领导签订1997年挖潜增效责任状。

1997年度总结表彰暨1998年挖潜增效动员大会　1998年2月6日，唐钢召开1997年度挖潜增效总结表彰暨1998年挖潜增效动员大会。公司总经理王天义对1997年生产经营情况进行总结，对1998年挖潜增效工作进行部署。会议宣布1997年公司实际挖潜增效额2.02亿元，使公司在发生各种减利因素2.47亿元后，全年实现利润2.05亿元，下达当年1.26亿元挖潜增效计划目标。公司领导与分管单位对口签订1998年挖潜增效责任书。公司党委书记张永昌对搞好1998年工作提出要求。

1998年度总结表彰暨1999年挖潜增效动员大会　1999年2月23日，唐钢召开1998年度挖潜增效总结表彰暨1999年挖潜增效动员大会。公司总经理王天义对1998年生产经营情况进行了总结，对1999年挖潜增效工作进行部署。会议宣布1998年公司完成挖潜增效额2.09亿元，下达公司当年1.92亿元挖潜增效计划目标。公司分管领导与分管单位对口签订1999年挖潜增效责任书。公司党委书记张永昌对抓好1999年挖潜增效工作提出具体要求。

1999年度总结表彰暨2000年挖潜增效动员大会　2000年2月18日，唐钢召开1999年度挖潜增效总结表彰暨2000年挖潜增效动员大会。公司总经理王天义对1999年生产经营情况进行总结，对2000年挖潜增效工作进行部署。会议宣布1999年公司完成挖潜增效额3.63亿元，下达当年1.03亿元挖潜增效计划目标。公司分管领导与分管单位对口签订2000年经营目标责任书。公司党委书记张永昌对抓好2000年工作提出具体要求。

2000年度总结表彰暨2001年挖潜增效动员大会　2001年2月14日，唐钢召开2000年度总结表彰暨2001年挖潜增效动员大会。公司总经理王天义对2000年挖潜增效工作进行简要总结，对2001年挖潜增效工作进行部署。会议宣布2000年公司完成挖潜增效额1.5亿元，下达当年1.06亿元挖潜增效计划。会议宣读了《关于"十五"期间对子分公司实施资产经营责任制管理与考核的决定》。公司分管领导与分管单位签订了2001年挖潜增效和承包经营责任书。公司党委书记张永昌对抓好2001年工作提出要求。

2001年度总结表彰暨2002年挖潜增效动员大会　2002年2月26日，唐钢召开2001年度总结表彰暨2002年挖潜增效动员大会。公司总经理王天义对2001年挖潜增效工作进行简要回顾，部署2002年公司挖潜增效工作。会议宣布了2001年公司完成挖潜增效额1.72亿元，各子分公司创利节费0.19亿元，下达公司当年2.61亿元挖潜增效计划。公司党委书记张永昌对抓好2002年工作提出要求。

2002年度总结表彰暨2003年挖潜增效动员大会　2003年2月18日，唐钢召开2002年度总结表彰暨2003年挖潜增效动员大会。公司总经理王天义对2002年挖潜增效工作进行总结，部署2003年公司挖潜增效工作。会议宣布2002年公司完成挖潜增效额3.11亿元，比公司下达的挖潜增效指标提高19%，下达公司当年2.07亿元挖潜增效计划目标。公司党委书记张永昌提出要求。

2003年度总结表彰暨2004年挖潜增效动员大会　2004年2月18日，唐钢召开2003年度总结表彰暨2004年挖潜增效动员大会。会议对公司2003年生产经营情况进行总结，部署2004年公司挖潜增效工作。会议宣布2003年公司完成挖潜增效额3.3亿元，下达公司2004年3.02亿元挖潜增效计划。公司总经理王天义就开展好2004年挖潜增效工作提出要求。公司党委书记张永昌讲话。

2004年度总结表彰暨2005年挖潜增效动员大会　2005年2月18日，唐钢召开2004年度总结表彰暨2005年挖潜增效动员大会。会议对公司2004年生产经营情况进行总结，部署2005年公司挖潜增效工作。会议宣布2004年公司完成挖潜增效额3.9亿元，下达公司当年3.99亿元挖潜增效计划目标。公司总经理王天义简要回顾公司2004年工作，就开展好2005年挖潜增效工作提出要求。公司党委书记张永昌讲话。2005年，实际完成挖潜增效额6.45亿元。

第十二章 职工生活

唐钢每年初召开生活后勤系统工作会议，总结上年生活后勤系统工作，部署本年度重点任务，表彰先进集体和先进个人，在公司报纸刊登年度生活后勤系统服务明星光荣榜。十年间，公司改进和提升生活后勤管理，提高服务效率和工作质量，努力做好超薄热带等重点项目的生活服务，全心全意为职工生活办实事、做好事。

第一节 后勤服务

十年间，唐钢关爱职工生活，着眼于强化基础管理，加快完备职工食堂与浴室基础硬件设施，一并提升综合服务水平，全力做好通勤班车服务、液化气销售、职工住宅建设、生活小区综合治理等工作，强化宿舍宾馆化管理，满足职工生活需求，获得广大职工的广泛好评。

一、职工食堂与浴室

随着公司生产的迅速发展，20 世纪 90 年代后期，加大职工食堂与浴室设施建设力度，并对生活后勤系统实行精细化管理，职工满意度进一步提升。这一时期，食堂数量略有减少，保持在 14~16 个。更加注重改良菜单，增加品种，物美价廉饭菜使职工吃得放心、安心、舒心。2001 年 10 月，一炼钢厂占地面积 2719 平方米的浴室和占地面积 906 平方米、容纳千人就餐的职工食堂正式投入使用。2003 年 3 月，位于“七一”广场北侧的原公司回民食堂搬迁至金恒公司福祺商店重新开业。同年 8 月，对北区 6 个浴室汽水换热器进行供热改造。2005 年末，共有 14 个职工食堂、9 个职工浴室。

“九五”期间公司食堂情况一览

表 5-12-1

食堂＼年份	1996	1997	1998	1999	2000
数量/个	16	16	15	15	16
占地面积/平方米	13560	13560	13060	13060	13160
工作人员/人	263	249	237	219	216

“十五”期间公司食堂情况一览

表 5-12-2

食堂＼年份	2001	2002	2003	2004	2005
数量/个	15	15	14	14	14

续表

食堂 \ 年份	2001	2002	2003	2004	2005
占地面积/平方米	12661	12661	11833	11833	13033
工作人员/人	238	221	216	187	164

此外，公司食堂管理曾发生一起事故，多年来被生活后勤系统职工以例为鉴、引以为戒。1997 年 11 月，原料厂食堂发生 81 名职工食物中毒事件。事件发生后，市政府及公司领导极为重视，及时到现场部署相关工作。经公司医院 3 天紧急抢救，使中毒职工痊愈出院。事件的主要原因是食堂管理不善，操作人员误将亚硝酸钠当白糖使用所致。

“九五”期间公司浴室情况一览

表 5-12-3

浴室 \ 年份	1996	1997	1998	1999	2000
数量/个	10	10	10	10	10
占地面积/平方米	6152. 8	6152. 8	6152. 8	6152. 8	6152. 8

“十五”期间公司浴室情况一览

表 5-12-4

浴室 \ 年份	2001	2002	2003	2004	2005
数量/个	9	9	9	9	9
占地面积/平方米	4414	4414	4414	4414	4414

二、职工宿舍

十年间，唐钢人均宿舍面积达 14~23 平方米。1996 年，唐钢单身宿舍面积 7. 27 万平方米。同年 9 月，公司在东三楼和银泉招待所启动清理单身住宿人员工作，于当年 10 月底将腾出的 50 多套房间重新粉刷，向符合住宿条件的双职工发放临时住宿证，解决了新婚无房职工的生活困难。同年 12 月，公司住宿职工阅览室订购 40 余种杂志、13 种报刊，进一步丰富活跃住宿职工业余文化生活。2000 年，单身宿舍面积 3. 39 万平方米。2003 年，公司职工宿舍在增加大学生入住以来，加大了对宿舍宾馆化管理，为单身职工住宿提供良好的环境。将宿舍原有的铁制窗更换成塑钢窗，为宿舍安装电脑组合床，服务人员定期对宿舍进行保洁。2005 年末，共有职工宿舍 393 间。

这一时期，唐钢还拥有家属宿舍，每户平均面积达 49~53 平方米。1996 年，家属宿舍面积 91. 39 万平方米。1997 年，家属宿舍面积 95. 42 万平方米。1998 年，家属宿舍面积 98. 24 万平方米。1999 年，家属宿舍面积 107. 82 万平方米。2000 年，家属宿舍面积107.69万平方米。

三、通勤班车

1996年以来，公司通勤班车年接送职工上下班97万多人次，年均安全行车180余万千米。1999年，通勤班车运行202万千米。2004年，为改善职工乘车条件，公司投资新购34辆沈飞、黄海大客车，于9月1日正式投入运行，同时加大对司乘人员文明礼貌及优质服务方面的教育，为职工提供满意服务。2005年末，共有通勤车38辆，开通33条通勤线路，分别是公司北区—市内各小区通勤线路8条，公司南区—古冶区通勤线路18条，公司北区—古冶区通勤线路5条，张西—后屯石矿通勤线路1条、公司北区—税钢小区通勤线路1条。其中古冶区线路包括唐家庄、赵各庄、林西、范各庄等通勤线路。

四、液化气销售

十年间，随着职工生活水平的不断提高，唐钢大部分小区已入网市煤气公司的管道煤气，液化气销售除正常供应部分散户居民外，与北京科技公司联合开发利用民用液化气生产“金火焰”工业燃气，并在中厚板材有限公司设燃气供应站，更好服务公司生产。每年采购供应液化气约2000吨。

五、职工住宅建设

唐钢关注职工的住房需求，致力于为职工打造安居工程。1996年，职工住宅面积达98.66万平方米。至2000年，职工住宅面积达111.08万平方米。十年间，累计投资逾4亿元，兴建住宅约17.86万平方米。大庆九号小区、河湾小区、钓鱼台小区、河茵北小区等职工住宅小区相继竣工并投入使用，解决了职工住房方面的生活难题。

1998年11月，河湾小区5栋18层钢筋混凝土框架结构住宅楼竣工，小区共715个单元，建筑面积6.32万平方米，投资1.33亿元。同年12月，相继投资480万元和1173万元，建成税东小区1栋6层内浇外砌结构住宅楼和河茵北里小区8栋6层内浇外砌结构住宅楼，分别设96个、224个单元，建筑面积分别为5370平方米、1.3万平方米。是年12月14日，河茵北职工住宅小区正式开工建设，1999年12月竣工，小区建筑面积约8万平方米，投资9960.27万元。1999年12月，钓鱼台小区2栋22层剪力墙结构高层住宅楼竣工，建筑面积3.36万平方米，项目投资5710万元。是年，建成钓鱼台5号楼。2002年12月，首次与唐山市兴盛房地产开发公司联合以优惠价格向公司职工出售建筑面积9.28万平方米都市阳光小区商品房。

六、生活小区综合治理

唐钢定期召开生活小区综合治理工作现场会，公司领导在提出要求的同时，带领有关部门、单位的负责人及职工代表，对税钢、祥和里（张西）、龙华里（龙华）、河茵里（河茵）等各小区文化生活设施建设及绿化、硬化、美化状况进行巡视检查，并现场办公。1998年10月26日，唐山市居民小区环境卫生综合治理现场会在唐钢召开，市委副书记陈满、副市长王玉梅及有关部门、各地区和有关企事业单位的领导出席会议。与会者参观了唐钢龙华小区综合治理现场。1999年8月4日，公司在职工住宅小区综合治理工作中成绩显著，被市委、市政府荣记振兴唐山集体二等功1次。

1996年，房地产管理处与行政福利处合并之后，相继成立各小区物业管理所，负责职工自管小区的维修管理和花草树木管理。1997 年 7 月，在各生活小区设立了抢修队，全天候为住户提供维修服务。同年 12 月，公司税钢小区、钢北里（七十七号小区）、张西小区被评为唐山市一类住宅小区。2001 年 9 月，税东住宅小区健身活动试点投入使用。2002 年 6 月，为 7 个居民小区安装户外健身器材 67 件。2003—2004 年，率先在全市实行生活垃圾袋装化管理，对各自管生活小区楼房垃圾通道全部封闭，为居民提供了良好的居住环境。

做好职工住宅小区煤气与供热服务。2000 年，公司河茵北里、河茵住宅小区职工生活煤气开始供气。2001 年 12 月，启动税钢住宅小区管道煤气工程，于 2002 年 6 月正式供气点火，共有 4040 户居民用上了管道煤气。此工程由唐山市煤气设计院设计，市煤气公司施工，投资 785 万元，主要项目是煤气调压站设备安装及管网施工。至此，公司自管小区能够通煤气的全部与市煤气公司联网，职工家中均使用了管道煤气。2003 年 1 月，七十七号小区集中供热工程完工，与市热力公司并网正式供热，此项目于上年 11 月开工，工程投资 246 万元，主要是新建 1 座 136 平方米热力站及管线连接。2004 年 11 月 5 日，公司自管的龙华、河茵、河茵北里职工住宅小区集中供热工程完工，开始供热。该工程被市政府列为 2004 年度为民办好事 10 项工程之一，共铺设地下管线 1700 多米，投资 1500 万元。

第二节 宾馆与休养所

唐钢共有 2 家宾馆、2 处休养所，在做好内部接待的同时，启动实施外部服务工作，既保护职工身心健康又为公司增创效益。

一、唐钢宾馆

唐钢宾馆坐落于唐山市路南区新华东道 28 号，背靠建国路电子一条街，占地面积 8826.6 平方米，楼高 50.7 米，地上 13 层，地下 2 层。

唐钢宾馆原名为唐钢招待所，于 20 世纪 90 年代开业。1996 年 8 月 20 日，取得营业执照。1997 年 4 月，唐钢宾馆被评为“省级卫生宾馆”。2000 年 12 月—2001 年 2 月，经市旅游局对硬件服务设施及软件服务水平审检测评，确定其达到二星级宾馆标准，并予以授牌。2001 年 11 月，进行投资改造。2003 年 12 月 31 日，被省旅游局评为“三星级宾馆”。2005 年 8 月 26 日，市旅游饭店服务技能大赛选拔赛在唐钢宾馆举行。

二、北戴河休养所

1996—2005 年，北戴河休养一所坐落于河北省秦皇岛市北戴河区联峰路 93 号，占地面积 9843.6 平方米。北戴河休养二所坐落于河北省秦皇岛市北戴河区崔各庄东南角，占地面积 6608.54 平方米。

北戴河休养所服务对象从劳模拓展至更多职工群众，成为综合性职工疗休养机构。公司每年下发《年度北戴河休养所接待休养员有关事宜的通知》，休养所每期接待休养员 100~200 名，休养对象为公司在职职工和退休职工，每期休养时间为五天，含往返时间，每期每人一次性交伙食费 30 元，公司每人每日补贴 14 元。

2003 年，公司投入资金加盖休养所前楼顶，增加会议厅、活动厅和休养职工就餐大厅，每个房间增添了彩电、空调设施，改善了休养职工的环境。2005 年，公司北戴河职工休养所改造完工，主要项目是前厅平台加层，扩大餐饮、会议场所。

三、驻京联络处（北京唐钢宾馆、北京办事处）

1996年，唐钢驻京联络处位于北京市东城区南颂年胡同，距首都机场25千米，距北京站6千米，占地面积约2000平方米。内设客房36间，其中12间带独立卫生间，24间不设独立卫生间，96张床位，餐厅1个，无营业执照，仅用于公司内部接待，解决公司进京职工的食宿问题，年营业收入约10万元。1997年2月21日，参照冶金系统驻京办事处住宿管理办法，下发《关于驻京联络处住宿收费有关规定的通知》，标准间每床位30元/日，中高间每床位40元/日，高档间床位60元/日。1997年10月，唐钢驻京联络处被评为“北京市卫生先进单位”。

1998年11月23日，唐钢驻京联络处房屋产权归属唐钢。2003年10月1日，唐钢驻京联络处更名为北京唐钢宾馆。2005年10月8日，北京唐钢宾馆更名为北京办事处。2005年末，对内称谓北京办事处，对外称谓北京唐钢宾馆。

2000年，南颂年胡同整体拆迁。同年8月25日开始租用东四十一条三十一号院民航招待所四层，用以解决新址落成前的职工进京接待；当年8月23日原址停止使用。2003年1月驻京联络处装修工程完工，投资1468万元。同年10月1日，驻京联络处搬迁重建工作完成，投入试运营，迁址于东四十条桥西海运仓仓夹道7-3，四层建筑面积2768.41平方米，比原址新增1305.21平方米，占地面积2800平方米，内设客房38间、床位100余张，容纳20人会议室1个、餐厅1个，具备住宿、餐饮、小型会议等接待条件。

2004年8月，取得营业执照，开始对内对外双向接待营业，2004年8月—2005年8月，营业收入约40万元，年入住率约20%。2005年，因业务需要添置机动车1辆。

第十三章　综合管理

唐钢综合管理包括文秘、调研、接待联络、外事活动、公文处理、印章管理、会议组织、办公用品、法律事务管理等工作。办公室全面负责综合管理，既是外界了解唐钢、认识唐钢的一个重要窗口，也是上情下达、承上启下的中枢机构。十年间，办公室充分发挥职能部门的服务、参谋、调研、监督、协调、办事六大功能，督促检查公司重要决策部署的贯彻落实，公司领导批示的转达和催办落实，全心全意为基层服务、为职工群众服务，各项专业管理逐步向规范化、专业化发展。

第一节　文　　秘

1996—2005 年，办公室秘书工作主要负责唐钢党政工作报告、年度工作总结、重要会议的领导讲话，日常党政重要文件、报送上级的重要综合性材料的起草，以及会议纪要的整理等。1998 年 12 月之前，秘书一科主要负责党委秘书事务，秘书二科主要负责行政秘书事务。

一、综合文字起草

1996 年，参与起草制定公司《关于建设高素质干部队伍的规划》。1997 年，完成全国冶金行业学邯钢经验交流会上题为《放下架子学邯钢，扎扎实实促转变》的经验介绍等重要材料起草工作。1998 年，完成公司领导班子建设工作会议领导讲话、第八次党员代表大会党委工作报告等重要会议材料起草工作。1999 年，完成公司纪念五四运动 80 周年暨群英表彰会上领导讲话、全国冶金行业成本对标挖潜经验交流会上领导所作的经验介绍等重要会议材料起草工作。2000 年，完成国务院总理朱镕基来唐钢视察时公司领导汇报等材料起草工作。2001 年，完成全国冶金工业规划工作会议上领导欢迎致辞等重要会议材料起草工作。2002 年，完成公司宣传思想工作会议上领导讲话等重要会议材料起草工作。2003 年，完成超薄热带全线一次试车成功的贺信、国家级技术中心揭牌仪式讲话稿、超薄热带生产线竣工投产暨冷轧项目奠基开工仪式讲话稿、建厂 60 周年纪念活动暨首届唐钢企业文化节开幕式讲话稿、改革与发展厂处级干部培训班上讲话稿等重要会议材料起草工作。2004 年，完成公司宣传思想暨企业文化建设工作会议上领导讲话、唐山钢铁设计研究院有限公司揭牌庆典和创立大会上的讲话等重要材料起草工作。2005 年，完成首钢京唐钢铁联合有限责任公司揭牌仪式上领导致辞等重要材料起草工作。

二、信息调研

1996—2005 年，根据上级党委政府要求和唐钢工作需要，《唐钢信息》共出刊 764 期、《工作简报》共出刊 629 期、《要情快报》共出刊 124 期。其中《唐钢信息》主要向省国资委办公室、唐山市委信息中心、唐山市政府信息处报送；《工作简报》面向唐钢内部，信息来源于各二级单位和机关部室；《要情快报》主要是搜集唐钢生产经营、安全生产、信访稳定等方面的即时信息，及时整理报送唐钢党政主要领导。公司获得“2004年度中钢协信息工作先进单位”称号。2005年3月，获得“全省国资系统信息工作优胜单位”称号。

第二节 办公事务管理

1996—2005年，唐钢制定完善行政管理方面的制度，做好外事活动、公文处理、印章管理、会议组织及办公用品、事务用品和印刷品费用控制等专业管理工作，使内外管理更加统筹协调。

一、外事活动

十年间，以外事活动制度为指导，每年派出国团组17~25批40~180人次，接待国外专家、学者、客商40~500人次。2004年4月26日，执行省政府外事办公室制定的《因公护照收缴、管理暂行规定》。

1996—2005年，相继接待新加坡贸易与投资考察团，以埃塞俄比亚人民代表院副议长佩特罗斯·奥兰戈博士为团长的议会访华团，墨西哥、阿根廷、智利、玻利维亚、乌拉圭、厄瓜多尔、秘鲁等七国驻华使节，巴基斯坦钢铁考察团及英国克莱德集团公司执行董事、中英贸易协会副主席比尔·汤姆森，韩国浦项制钢社社长姜昌五，美国钢铁制造商协会会长托马斯·丹杰莱克及韩国钢铁企业考察团，瑞典钢铁代表团，德国和瑞士企业家代表团，加拿大阿尔戈钢铁公司总裁以及韩国大宇国际株式会社社长李泰镕等外国友人。

二、公文处理

公文是实施领导、履行职能、处理公务的文书和工具。唐钢不断提高公文处理质量和办文效率，规范公文办理程序，实现了公文办理的科学化、规范化。1996年，继续执行国务院1994年施行的《国家行政机关公文处理办法》；自2001年起，执行修订后的《国家行政机关公文处理办法》。十年间，公文处理执行1992年6月公司下发的《公文处理管理标准》，公文处理的内容包括发文处理和收文处理。处理程序为机要综合科（综合科）人员收文清点无误后，填写公文处理表，附原件1份送办公室（党委办公室）主任批示。批文由办公室（党委办公室）主任承担。2002年，对公文用纸进行规范，自同年1月1日起，公文用纸一律采用A4型纸。

三、印章管理

唐钢办公室负责公司党政印章的管理和使用。1996—2005年，唐钢加强党政印章的管理和使用。明确机构变动时印章停止使用制度，指导各单位、部门及时将旧印章交回办公室封存或销毁，启用新印章。印章管理执行1992年7月唐钢下发的印章管理标准。使用机关部门印章由部门领导审核批准，使用领导名章，经本人审核同意。1996年，启用唐山钢铁集团有限责任公司印章，继续使用唐山钢铁股份有限公司、中共唐山钢铁股份有限公司委员会印章。2003年9月23日，办公室下发相关文件，进一步加强刻制新印章和废止旧印章的管理工作。

四、会议组织等工作

1996年以来，综合科（机要综合科）负责总经理办公会或党委会主要领导召集、主持的各种重要会议的组织，以及月中例会、月末例会等会议内容、时间、地点、材料的落实等工作。专业会议的会务工作由主管部门负责，办公室给予协助。大型会议活动由牵头部门组织会务组，提出会务实施方案，抽调有关人员，分工负责。2002年，为强化制度落实，严明工作纪律，公司党委办公室、办公室联合下发《关于重申补充几项制度的通知》，进一步严格领导干部外出请销假制度，建立健全党政领导通讯联络制度，进一步严格会议制度。

此外，办公室还承担领导办公室和大小会议室的管理和服务工作，负责机关各部室的报刊、信件、公函的收发、传递以及全厂报刊征订的组织工作；担负着机关办公用房调配及办公用品、事务用品和印刷品费用的专业管理。

第三节　接待工作

1996—2005年，唐钢按照接待工作流程做好日常接待，为到公司考察、参观、学习、交流、洽谈业务的上级领导、友好人士、兄弟单位以及外国客商提供服务。每年接待量在500批、5000人次左右。2003年12月9日，下发《招待费管理办法》，进一步强化接待业务管理，规范接待行为，有效控制接待费用开支。

一、主要接待工作

1996年，做好全国总工会副主席腾一龙、冶金工业部部长刘淇、国防大学副校长王厚卿中将、河北省副省长陈立友、冶金工业部副部长王万宾等领导的接待工作。1997年，做好河北省人大常委会副主任李永进、首钢总经理罗冰生、冶金工业部部长刘淇等领导的接待工作。1998年，做好冶金工业部副部长王万宾、中国农工民主党中央副主席李蒙、国家培训司副处长张天白、河北省军区司令员陈玉田、省长叶连松的接待工作。1999年，做好河北省省长钮茂生、副省长郭世昌、省人大常委会副主任郝延华、河北省冶金工业厅厅长付双建、国家人事部副部长步正发、企业干部司司长张志鸿的接待工作。

2000年，做好国务院总理朱镕基、国务院副总理温家宝视察接待工作，做好河北省政协副主席赵燕、河北省委书记王旭东、河北省省长钮茂生、国家冶金工业局局长蒲海清、副局长单亦和等领导的接待工作。2001年，做好中国钢铁工业协会党委书记、副会长吴建常，中华全国总工会副主席倪豪梅等领导的接待工作。2002年，做好河北省委常委、常务副省长郭庚茂，河北省副省长付双建、辽宁省副省长刘国强等领导的接待工作。2003年，做好河北省委书记白克明、副省长付双建，河北省委副书记刘德旺，河北省委常委、宣传部长张群生等领导的接待工作。2004年，做好全国人大常委会委员、全国人大财经委副主任委员贾志杰、郭树言，河北省委副书记刘德旺等领导的接待工作。2005年，做好中共中央书记处书记、中纪委常务副书记何勇，中共中央政治局委员、国务院副总理曾培炎，中共中央委员、十届全国政协常委、全国政协经济委员会副主任阎海旺，河北省委常委、政法委书记车俊等领导的接待工作。

二、公务车管理

1996—2005年，公司印发《公务活动安全行车规定》，明确规定公务车使用范围和审批权限，审批程序，业务管理部门。下发《车辆保养、维修规定》，在维修费、燃油费、路桥费等费用方面提出了严格要求。2004年1月，公司启动公务用车改革后，配置的公务用车实行费用包干。2004

年8月10日，下发《公务用车管理办法》，控制费用。对炼铁厂、生产安全处等37家厂处级机构的99辆车实行规范管理。同年9月21日，下发《关于公务用车费用考核有关问题的规定》，对保险费、燃油供给、修理费用等作出明确要求，严格按公司下达的指标控制使用。

办公室公务车主要服务于公司领导、来唐钢的宾客以及重要生产经营活动。1996年初，办公室小车队共有37辆车，驾驶员40~50人。2005年末，共有41辆，车型为红旗、奥迪、金杯面包，商务车、皮卡等，驾驶员34人。

第四节　法律事务管理

1996年以来，开展法制观念教育和经济法律知识教育，协助宣传部门大力推进"三五""四五"普法工作，举办公司级法律知识竞赛3次；法律知识培训10期；提供法律事务咨询1000余次；办理各类诉讼案件50余起、非诉讼法律事务80余起。

1999年1月—2000年12月，加强合同管理，总结掌握全公司各单位合同管理现状，以制定新的合同管理办法。2004年4月27日，下发《案件管理办法》《合同管理办法》，维护企业合法权益。同日，下发《加强法律事务工作的实施意见》，要求实现两个到位，即人员到位、职责到位。在计划财务处、资产财务部、发展规划部、劳动人事处（企业管理处）、技术中心、供应处、设备机动处、销售公司、进出口分公司、炼铁厂、炼焦制气厂以及集团所属各子分公司设立专兼职法律事务代表。翌月，对合同章和委托代理人资格进行了一次清查，按业务归口、分级管理要求重新登记。2005年，郭爱恒兼任唐钢总法律顾问，聘期为2005年1月28日—2007年1月28日。

第十四章　审　　计

唐钢内部审计紧紧围绕公司生产经营总目标和挖潜增效任务开展工作，以审、帮、促作为工作指导方针，运用事前、事中、事后审计相结合的工作方法，较好地发挥了改善经营管理、提高经济效益等监督与服务职能。这一时期，针对公司主辅分离改制、生产水平上千万吨及基建技改项目多、投资大、任务重的特点，建立健全监审制度、扩延监审范围、加大监审力度，挽回了大量经济损失，助推了企业健康有序发展。

第一节　审计范围和制度

唐钢设立的审计机构属于内审性质的组织机构。1996—2003 年，审计范围为公司所属厂矿、子分公司、控股经营单位，所属学校、医院等履行社会职能的单位，以及所属工会组织的工会经费。2003 年 12 月，公司剥离所属中小学，此后不再承担学校的审计工作。

根据《审计法》《关于内部审计工作的规定》等国家法律法规，公司依照现代化企业管理要求，相继建立健全经济责任、固定资产投资等方面的审计制度。审计室人员始终抓住各子分公司月、季、年财务审计和设备大中修项目审计不放松，实现了审计工作经常化。各子分公司年终效益奖兑现、设备大中修项目付款均依法依规接受审计监督后进行结算。实施审计项目后，在规定时间内出具审计报告。在管理方面，着重审计工作程序统一、表格样式统一、报告格式统一，实现了审计工作的规范化。

1996 年 1 月，健全行政干部离任接任管理制度，印发《行政正职离任经济责任审计规定》，客观公正地对行政主要领导任期内各项经济指标完成情况进行评价，为考核任用干部提供依据。1997 年 9 月，制定《厂（矿）长任职期间经济责任审计规定》，强化对厂（矿）长任职期间所在单位的经济责任履行情况进行监督、评价和鉴证。1999 年 3 月，对固定资产投资项目实施开工前审计制度，加强项目前期管理，控制投资规模，提高投资效益，制定《固定资产投资项目开工前审计暂行办法》。2005 年 4 月，制定下发《内部审计工作条例》，进一步加强公司各单位自我约束、自我监督机制，并针对新增合资单位情况作出新的规定，实现了审计工作制度的有效化与长效化。

第二节　审计业务

十年间，唐钢审计部室认真履职尽责，严格落实公司离任审计、任期内审计、工程项目审计和主体厂矿财务收支审计等规章制度，完成审计项目 824 个，提出专业建议 1100 余条，参加招投标 570 人次。

这一时期，对于炼铁、炼钢、轧钢、矿山、炼焦等单位的审计，重点落实原燃材料消耗与库存的真实性、生产与库存数据的真实性，促进了原燃材料的计量、验收、盘点工作的规范，杜绝了因亏吨导致的潜亏现象。持续加强费用指标的审计力度，有力保障了公司经营目标的实现。工程项目审计着眼于项目立项批复、招投标、合同条款执行、内部规定执行、甲方材料供应款及时扣回、实施范围等重点环节，揭示发现的问题，提出纠正建议，降低了工程成本，减少了企业经营管理漏洞。财务审计确定成本大户、利润大户、对外应收款大户、独立经营业务较强的单位作为年度必审单位，对费用单位及对公司效益影响较小的单位实行抽审制。

1996 年，完成审计项目 86 个，查出和纠正各种违纪金额 1390.09 万元、损失浪费金额 36.26 万元、账务差错 1954.88 万元，增效 217.4 万元。1997 年，完成审计项目 72 个，查出和纠正违纪金额 6041.05 万元、损失浪费金额 371.6 万元、账务差错 710.22 万元，提出建议 210 条。1998 年，完成审计项目 60 个，查出并纠正违纪金额 2786.96 万元、账务差错金额 592.06 万元，提出建议 163 条，挽回经济损失 918.11 万元。1999 年，完成审计项目 70 个，查出并纠正违纪金额 3007 万元，账务差错金额 2596.47 万元，提出建议 192 条，挽回经济损失 282 万元。2000 年，完成审计项目 63 个，查出并纠正各类违纪问题 20 项，违纪金额 1700 万元，账务差错 275 万元，提出建议 190 条，挽回经济损失 377 万元。

2001 年，完成审计项目 50 个，提出建议 136 条，挽回经济损失 62.19 万元。2002 年，完成审计项目 98 个，工程审计总额 2.52 亿元，挽回经济损失 610 万元。2003 年，完成审计项目 109 个，提出建议 136 条，挽回经济损失 5177 万元。这一年，领导干部调整较为集中，多措并举用时 3 个月保质保量完成对 12 个单位的离任经济责任审计，创历史最好水平。2004 年，完成审计项目 129 个，提出建议 162 条。查出并纠正违纪金额 1603.33 万元，核实账务差错 810 万元，核实不良资产 6322.92 万元。这一年，对公司物流管理情况、设备大中修项目预决算管理情况实施审计调查，为健全内控制度打牢基础。2005 年，完成审计项目 87 个，查出并纠正账务差错 1097.91 万元，违纪金额 1450.3 万元，人为调剂成本 1273 万元，问题金额 2.86 亿元，提出建议 4 条。这一年，全过程跟踪中厚板工程招投标业务，充分发挥了审计前置的监督作用。鉴于汽运公司（唐山天马物流有限公司）、唐山钢铁设计研究院有限公司、唐山钢铁建筑安装有限责任公司、唐山时创耐火材料有限公司相继改制，为使公司所有资产不受损失，审计人员坚持每季度必审制度不放松，及时解决相关问题，保证了公司资产的安全完整。

第六篇

党群工作

国有企业党组织充分发挥作用、有效落实党和国家的重大方针政策，掌稳把牢国有企业的政治方向。1996—2005年，唐钢各级党组织在党的十四大、十五大、十六大精神指引下，深入贯彻落实毛泽东思想、邓小平理论、“三个代表”重要思想、科学发展观，全面推进党群各项工作，着力抓好思想政治工作和精神文明建设，加强领导班子、基层党组织和党员队伍建设，发挥了党组织的政治核心作用、党支部的战斗堡垒作用和党员的先锋模范作用，为唐钢在不同历史时期战胜困难、科学发展提供了坚强保证。

第一章 党 委

这一时期，唐钢党委坚持把提高企业效益、增强企业竞争力、实现国有资产保值增值作为各项工作的出发点和落脚点，突出抓好思想建设、组织建设、作风建设和制度建设，扎实推进党的特色活动，全面深化纪律检查，不断加强对群团、统战、信访、武装、保密等工作的领导，作出了显著成绩。十年间，多次获得省市委、省市国资委党委“先进基层党组织”等称号。唐钢多次被评为“全国思想政治工作优秀企业”，连续多年被评为“全国模范劳动关系和谐企业”，被省市命名为“文明单位”。

第一节 组织机构

党委组织机构的设立、撤并、更名始终与行政机构的调整同步进行。1996—2005年，唐钢党委不断健全组织机构设置，加强党组织的自身建设，适应了不同形势的发展需要。

一、党委领导机构设置

（一）中共唐山钢铁集团有限责任公司委员会（1996年1月—2005年12月）

这一时期，中共唐山钢铁集团有限责任公司委员会设书记1人、副书记2~4人。

书　记 王天义（1996年1月—1997年7月）
张永昌（1997年7月—2005年12月）

副书记 刘纯明（1996年1月—2005年12月）
刘玉印（1996年1月—2005年12月）
王天义（1997年7月—2005年12月）
姬藏舟（2003年9月—2005年12月）

（二）中共唐山钢铁股份有限公司委员会（1996年1月—2005年12月）

这一时期，中共唐山钢铁股份有限公司委员会设书记1人、副书记2~3人。

书　记 王天义（1996年1月—1997年8月）
张永昌（1997年8月—2005年12月）

副书记 刘纯明（1996年1月—2005年12月）
刘玉印（1996年1月—2005年12月）
王天义（1997年8月—2005年12月）

二、党委组织机构沿革

1996 年 5 月，唐山钢铁集团有限责任公司和唐山钢铁股份有限公司两公司党委部门机构合并，同时履行两公司党委部门的职能。1999 年 9 月 1 日，经中共唐山市委批准，中国第二十二冶金建设公司党组织隶属关系由唐山钢铁集团有限责任公司党委划归唐山市委管理。

这一时期，唐钢党委隶属于中共河北省委和中共唐山市委双重领导，并由中共唐山市委委托市委工交工委管理。

2005 年末唐山钢铁集团有限责任公司党委组织机构图

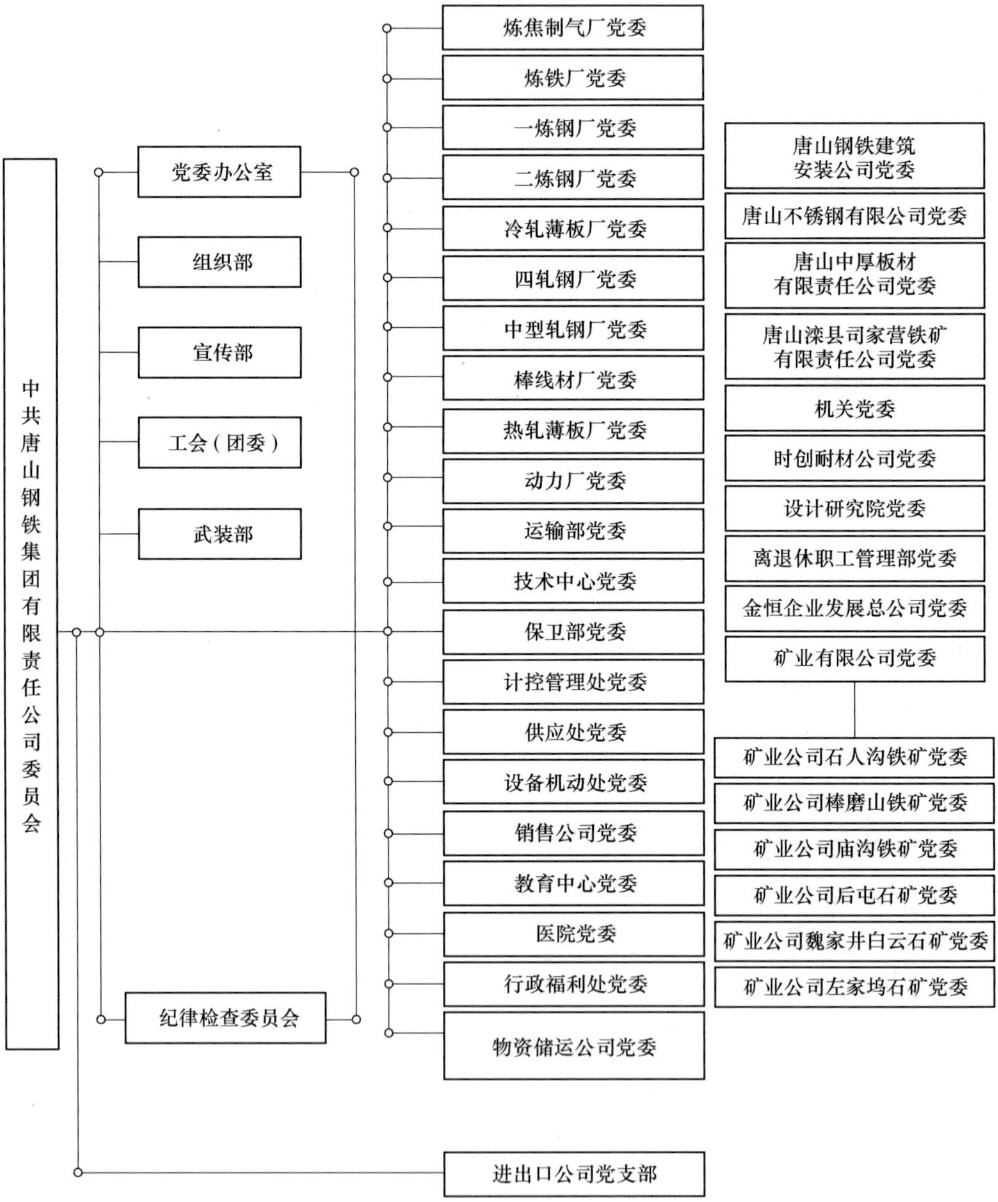

（一）一九九六年党组织机构设置

1996年初，中共唐山钢铁（集团）公司党委下设20个直属党委，2个直属党总支，11个直属党支部。设党委办公室、组织部、宣传部（统战部）、工会、纪委等职能部门。中共唐山钢铁股份有限公司党委下设26个直属党委，党总支1个，党支部1个。

（二）二〇〇五年党组织机构设置

到2005年末，中共唐山钢铁集团有限责任公司党委下设31个直属党委，1个直属党支部，416个基层党支部，1036个党小组，共有党员11286名。设党委办公室、组织部（老干部处）、宣传部（统战部、党校）、工会、纪委等职能部门。

1. 直属党委

炼焦制气厂党委、炼铁厂党委、一炼钢厂党委、二炼钢厂党委、冷轧薄板厂党委、四轧钢厂党委、中型轧钢厂党委、棒线材厂党委、热轧薄板厂党委、动力厂党委、运输部党委、技术中心党委、保卫部党委、计控管理处党委、供应处党委、设备机动处党委、销售公司党委、教育中心党委、医院党委、行政福利处党委、物贸储运公司党委、金恒企业发展总公司党委、矿业公司党委、唐山钢铁建筑安装公司党委、唐山不锈钢有限公司党委、唐山中厚板材有限责任公司党委、唐山滦县司家营铁矿有限责任公司党委、机关党委、时创耐材公司党委、设计研究院党委、离退休职工管理部党委。

2. 直属党支部

进出口公司党支部。

三、工作机制

唐钢党委每年召开党委工作会议，定期召开全委会、常委会、党政联席会、政工例会，研究部署工作重点、解决难点问题。在年初下发上一年度工作总结与本年度工作纲要，每月中下旬印发下月工作要点，及时有效部署党委重点工作，围绕生产经营中心搞好党委工作安排的落实。

十年间，严格执行《直属党委工作管理标准》《基层党支部工作管理标准》《发展党员工作管理标准》《党员工作管理标准》《党费管理标准》。

第二节　党委重大部署

坚持和依靠党的领导是国有企业独有的政治优势。唐钢党委全面贯彻落实党中央、省市委要求，围绕“讲学习、讲政治、讲正气”为主要内容的党性党风教育、“三个代表”重要思想学习教育、民主集中制学习教育、保持共产党员先进性教育等部署落实党的各项工作，把党的政治优势、组织优势和群众工作优势，转化为企业的竞争优势、创新优势和科学发展优势，在企业生产经营建设和改革发展稳定工作过程中发挥了把方向、管大局、保落实的作用。

一、“三讲”教育

1999年，按照党中央《关于在县级以上党政领导班子、领导干部中深入开展以“讲学习、讲政治、讲正气”为主要内容的党性党风教育的意见》和省市委的要求，以厂处级以上党政领导班子、领导干部为重点，在广大党员中深入开展以“讲学习、讲政治、讲正气”为主要内容的党性党风教育。活动分为搞好学习发动、开好民主生活会和认真整改阶段。

2000年，结合“三讲”教育在唐钢领导班子及成员中开展了“四集中”活动。

领导班子成员认真学习文件，开展自查自纠，广泛征求群众意见，反复查找工作问题和不足并制定落实整改措施。深入开展警示教育活动，认真剖析胡长清、成克杰等典型案例，教育警示广大党员干部认真查找纠正自身的不足，保持了廉洁自律的优良传统和作风。

二、“三个代表”重要思想学习教育

2001年，按照省委安排，在唐钢领导班子及成员中开展“三个代表”重要思想学习教育活动。当年9月，唐钢党委制定下发《关于在厂处级领导班子及成员中开展“三个代表”重要思想学习教育活动的实施意见》。两级领导班子在学习文件、提高认识的基础上，认真总结工作，广泛征求意见，围绕影响公司和本单位改革发展的突出问题，开展批评与自我批评，制定整改方案，基本达到了省委提出的“四新”要求。

三、民主集中制的贯彻落实

2003年，按照省委和省国资委党委部署要求，唐钢党委成立以党委书记张永昌、总经理王天义为组长的领导小组，扎实开展民主集中制学习教育活动。12月，制定下发《关于贯彻民主集中制的实施意见》。重申了加强民主集中制建设的重要性，从坚持民主集中制方式、干部选任贯彻民主集中原则等六方面，进一步规范了领导班子议事规则和重大问题决策程序。2004年，在对《实施意见》修订的同时，组织各单位查找问题174个，解决现实问题85个，建立和完善制度103个，促进了民主集中制的完善和落实。通过活动开展有效提高了领导班子成员贯彻执行民主集中制的自觉性，树立了长期贯彻民主集中制的意识，建立了坚持民主集中制的长效机制，增强了领导班子的凝聚力和战斗力。

四、保持共产党员先进性教育活动

唐钢党委在2005年7—11月集中开展了保持共产党员先进性教育活动。活动分学习动员、分析评议、整改提高三个阶段进行，全公司各基层党委、416个党支部和10864名党员参加了活动。各级党组织运用多种形式和方法开展先进性教育。在采用座谈讨论、专题辅导和到革命圣地参观等方式学习的同时，通过下发光盘、报纸和电视开辟专栏、举办先进典型演讲会等形式加大教育力度。分层次为党员干部和职工上党课或作形势任务报告，举办了6期厂处级领导干部、专家和后备干部培训班。

在分析评议阶段，开展了保持共产党员先进性标准要求大讨论，制定了76个不同岗位、不同层次党员保持先进性的标准要求，使党员分析评议和制定整改有了具体参照标准。在整改提高阶段，共召开各类人员参加的座谈会128场次，发放调查表3124张，征求意见1768条，经过梳理形成十方面68条具体意见并制定整改措施。构建了保持共产党员先进性长效机制。先后出台《深化党建工作检查考核机制的意见》《加强党员学习教育工作的意见》《扩大党内民主保持党员民主权的意见》《关于权力公开运行的实施办法（试行）》《关于贯彻落实〈建立健全教育、制度、监督并重的惩治和预防腐败体系实施纲要〉的实施意见》《关于健全完善各级党组织联系服务群众工作的意见》等6项制度。保持共产党员先进性教育活动的开展，使党员的党性观念和素质得到提升，增进了领导班子团结，促进了领导班子建设水平的提高。

活动中各单位领导班子采取民主生活会的形式，对照自查分析存在问题892项，逐步落实整改；解决了职工关心的问题276项，为职工群众办实事776件次，进一步密切了党群干群关系，提高了党组织的威信。此轮集中性活动结束后，唐钢党委将其纳入日常党建任务常抓不懈。

第三节　第八次党代会

1998年3月30日，中共唐山钢铁集团有限责任公司向中共唐山市委员会呈报《关于召开中共唐山钢铁集团有限责任公司第八次代表大会的请示》。中共唐山市委组织部于1998年4月6日予以批复，同意于1998年5月召开第八次代表大会和大会议程。

1998年5月30—31日，中共唐山钢铁集团有限责任公司第八次代表大会召开。出席大会的代表共338名，代表唐钢集团公司9600名党员。30日上午第八次党代会开幕，听取党委、纪委工作报告。大会指导思想是以邓小平理论和党的十五大精神为指导，深入贯彻“抓住机遇，深化改革，扩大开放，促进发展，保持稳定”的方针，认真总结上届工作，研究确定下届的工作任务和目标，动员各级党组织和广大党员为公司“两个文明”建设再上新台阶而努力奋斗。

大会听取了唐钢党委书记张永昌代表第七届党委会所作的题为《高举邓小平理论伟大旗帜，加强党的建设，推进改革发展，为建设现代化新唐钢而努力奋斗》的工作报告和纪委书记郭爱恒代表纪律检查委员会向第八次代表大会作的工作报告。

5月31日，中共唐钢第八次代表大会闭幕。大会审议并通过关于中共唐钢第七届委员会工作报告的决议和关于纪委工作报告的决议，按程序经无记名投票选举产生中共唐山钢铁集团有限责任公司第八届委员会，由27名委员组成，选举产生中共唐山钢铁集团有限责任公司纪律检查委员会，由15名委员组成。

6月1日，中共唐钢第八届委员会举行第一次全体会议，选举产生第八届党委常委9名，其中党委书记1名，副书记3名，张永昌任书记，王天义、刘纯明、刘玉印任副书记。全会通过了《中共唐钢委员会关于加强党委自身建设的决议》。同日，中共唐山钢铁集团有限责任公司纪律检查委员会举行第一次全体会议，选举产生纪委常委7名，其中纪委书记1名，副书记2名，郭爱恒任书记，刘明远、孙宗涛任副书记。

中共唐山钢铁集团有限责任公司第八届委员会委员一览

（共27名，按姓氏笔画排序）

王子林　王天义　王树生　孔庆福　田志平
冬文礼　刘中振　刘玉印　刘纯明　刘明哲
刘绍礼　孙国平　纪　纯　李连平　杨万臣
轩维印　沈鹤庭　张永昌　张亚旺　张道存
张毅刚　郁成林　周贺云　赵宝桐　徐向启
高天祥　郭爱恒

中共唐山钢铁集团有限责任公司第八届纪律检查委员会委员一览

（共15名，按姓氏笔画排序）

于金山　牛印奇　刘明远　刘淑银　孙宗涛
孙振起　李万明　杨双林　陈银湖　孟　力
侯存根　高秘苓　郭爱恒　曹喜庆　韩殿涛

第二章　组织建设

在国有企业中坚持党的领导、加强党的建设在唐钢生产经营建设和改革发展稳定中得到充分体现和切实加强。1996—2005年，唐钢党委始终坚持融入企业生产经营这一中心任务，不断加强和改进党的组织建设，规范组织发展、加强领导班子建设、强化以党支部“达标创先”为基础的基层党组织建设，把党的建设贯穿于思想建设、组织建设、作风建设和制度建设各方面，走出了一条具有时代特点、符合国有企业实际的党建工作新路子。

第一节　组织发展

唐钢党委以《中国共产党发展党员工作细则》为指导，全面加强组织建设，规范党员发展工作，认真贯彻“坚持标准、保证质量、改善结构、慎重发展”的十六字方针，把发展党员的重点放在第一线，增加生产骨干党员人数，发展党员质量进一步提高。

1996年，着重解决无党员班组和班组长不是党员问题，发展党员中一线职工占比达90%；1997年，把生产一线的积极分子入党作为重点，全年发展新党员中有一线职工193名；1998年，扩大生产骨干中的党员力量，发展新党员中一线职工占比达60%；1999年，发展新党员中一线职工占比达71%，党员空白班组由上年的25.08%下降到22.05%，党员班组长比例达到41.21%，入党积极分子占职工总数比例达到3.76%；2000年，党员总数达到10228名，其中在职党员8044名；2001年，减少党员空白班组5个，党员班组长的比例达到45.2%，同比上升一个百分点；当年7月下发《关于进一步加强党员发展工作的意见》。2002年，党员班组长比例较上年上升2.1个百分点，空白班组比例较上年下降了1.69个百分点；2003年，发展新党员中生产一线人员占72.79%。

唐钢党委加强对入党积极分子及新党员的培养教育，确保了新党员发展的质量，党员年龄结构和分布情况得到了明显改善。十年间，共发展党员4186名，其中生产一线人员3036名，占党员发展总数的72.5%，发展35岁以下青工党员2700名，占党员发展总数的64.5%，无党员班组从1995年的23.9%降至2005年的19.58%。

1996—2005年党员、发展党员基本情况一览

表6-2-1　　单位：人

年份	总计	正式	预备	性别		民族		年龄					发展数
				男	女	汉族	少数	35岁以下	36~45岁	46~55岁	56~60岁	61岁以上	
1996	13633	12964	669	11752	1881	13271	362	3420	4447	3341	1039	1386	562

续表

年份	总计	正式	预备	性别		民族		年　龄					发展数
				男	女	汉族	少数	35 岁以下	36～45 岁	46～55 岁	56～60 岁	61 岁以上	
1997	13372	12717	655	11503	1869	12990	382	3540	4100	3093	925	1714	399
1998	13325	12684	641	11469	1856	12951	374	3561	4125	3106	936	1597	540
1999	10167	9650	517	8832	1335	9978	189	3045	2988	2649	554	931	429
2000	10228	9802	426	8832	1396	10030	198	2983	2924	2742	560	1019	364
2001	10434	9964	470	8986	1448	10229	205	2955	3030	2536	718	1195	401
2002	10707	10245	462	9208	1499	10496	211	2866	3218	2592	735	1296	396
2003	10996	10548	448	9424	1572	10780	216	2722	3482	2638	762	1392	400
2004	11060	10625	435	9557	1503	10839	221	2512	3811	2526	793	1418	419
2005	11286	10865	421	9724	1562	11061	225	2380	4199	2371	803	1533	389

第二节　厂处级领导班子建设

唐钢党委贯彻落实省市委、省国资委党委关于领导班子建设的决策部署和要求，高度重视厂处级领导班子思想作风建设，重点学习上级与公司重要会议精神、社会主义市场经济理论、邓小平理论、“三个代表”重要思想和科学发展观，促进了厂处级领导班子政治素质的不断提高；按照部署开展批评与自我批评；不断密切党群、干群关系，转变工作作风，促进了各项工作的深入开展。

唐钢党委注重加强厂处级领导班子制度建设，紧紧围绕党的民主集中制这一根本制度，建立健全各项制度，为厂处级领导班子建设提供了制度保障。1996 年 1 月，继续贯彻执行上年制定的《关于厂处级领导班子贯彻执行民主集中制的若干规定》。2001 年 2 月，制定下发《关于加强厂处级领导班子建设的意见》。就如何提高领导班子政治和专业素质，增强领导班子的凝聚力，强化制约机制，深化干部制度改革，抓实后备干部队伍建设等工作提出了具体要求。

党的十六大以后，呈现党的制度系统化、党建工作科学化的特点。2003 年，对厂处级领导班子考核中的有关规定进行修订，在继续做好民主评议领导干部的同时，突出效益重点，加大经营业绩考核力度。及时将考核情况进行反馈，对优秀领导班子进行了表彰和奖励，对考核较差的领导班子进行了帮教和调整。2004 年，制定对厂处级领导班子年度考核办法方面的相关文件，考核体系由业绩指标、公司领导评价、民主测评三部分组成，根据得分评为优秀、较好、一般、较差四个等级。2005 年，进一步完善厂处级领导班子考核机制，坚持日常考察和年终考核相结合，正确评价各个领导班子。年终对 26 个单位和 10 个处室的领导班子进行了全面考核，有 11 个领导班子被评为优秀。

第三节　基层党组织建设

唐钢党委始终把基层党组织建设作为固本强基工程加以推进，加强基层党委建设，落实党委工作制度，开展党支部“达标创先”活动，促进了党支部工作水平的提高，打造了坚强的战斗堡垒，增强了基层党组织的创造力、凝聚力和战斗力。

一、基层党委建设

十年间，唐钢党委按规范程序组织基层党委换届改选，促进了基层组织规范发展壮大。注重加强以民主集中制为重点的党委工作制度的指导与落实，规范了重大问题决策。组织基层党委做好生产经营和深化改革过程中的思想政治工作。开展“树职工干部形象”等活动，落实“三会一课”等组织生活。监督管理基层党委贯彻党管干部原则，严格选人用人，营造了优良的党风。

二、基层党支部建设

在基层党支部建设中，继续开展以“五有”为主线的党支部达标创先活动，深化“321”工程和“三过硬”党支部等活动，夯实了基层党组织建设的根基。

（一）以“五有”为主线的党支部达标创先活动

在以“五有”为主线的党支部达标创先活动中，确定实施了“分段达标、逐步提高”的工作思路。活动从1991年开始，三年为一达标阶段，把生产经营建设作为党支部工作的主战场，将其难点作为活动重点，每段集中解决基层存在的主要问题，在逐段爬坡中不断提高党支部建设水平。

经过三年的打基础阶段，于1994年进入第二阶段，即破难点阶段。1996年，配套活动制定落实《深化达标创先活动，建设“三过硬”党支部的意见》及达标评分标准，加强党支部建设成果考核，按照评分标准，每季检查考核一次，保证了达标创先活动的深化。当年，突破了车间行政向支委会报告工作、支委会向全体党员报告工作的难点。

1997年进入第三阶段，即抓重点阶段，努力加强党支部班子、党员队伍和职工队伍建设。1998年，深化“321”工程和“三过硬”党支部活动。1999年，总结推广了4个党委抓党支部建设和12个党支部加强自身建设的经验，把生产经营成果作为衡量基层党支部战斗堡垒作用的重要标准。

2000年进入第四阶段，即全面建设阶段，认真探索党支部工作的新方法新路子，总结推广党支部达标创先的经验。2001年，下发《开展以“五有”为主线的党支部达标创先活动的意见》，促进了广大党员为党支部“五有”建设与公司限产增效任务作贡献。2002年，实现了“有一个真抓党支部建设的党委、有一个胜任的党支部书记、有一个团结战斗的支部班子、有一支好的党员队伍、有一套发挥战斗堡垒作用的制度”目标。

2003年，加强活动的检查考核，坚持5个一票否决，即完不成生产经营任务、发生重大事故、党支部班子不团结、党员违纪、职工犯罪率超标。2004年，各基层党支部达标率达到97.63%，有52个党支部被评为公司“优秀党支部”。

2005年，巩固和扩大达标创先活动成果，有力推动了达标创先活动取得实效。活动以“巩固成绩，落实制度，提高水平”为中心，查找党支部建设中存在的问题，组织基层党支部积极参与生产技术难点重点问题攻关，为加快公司发展、建设千万吨级大钢作贡献。当年末，唐钢416个党支部有408个党支部达到建设标准，占党支部总数的98%。

（二）党支部书记培训教育

1996—2005年，唐钢党委每年采取多种形式对专兼职党支部书记（党支部委员）进行培训，有效地提高了他们的业务素质和实际工作能力。对专兼职党支部书记培训内容主要包括政治理论、管理知识和党建业务培训，每期培训人数达70~200余人。

第四节 党员队伍建设

唐钢党委坚持党员日常思想政治教育，结合生产经营目标任务，增强了党员的党性观念。在党员中先后开展了“学邯钢、转观念，围绕效益作贡献”“三争先”“三带三保”“一学三创”“四创一旗”等党内特色活动，使广大党员在生产经营、技术攻关、工程建设等各项生产经营实践中充分发挥了先锋模范作用。

一、党员教育

1996—2005年，唐钢党委利用党课和党小组日，开展各类党员教育活动，并在报纸、电视台开辟专题，宣传优秀党员事迹，引导党员保持党的先进性，通过自身素质和能力的提高，增强党组织的战斗力。党员教育内容包括党的思想理论、方针政策、社会主义市场经济理论、现代科技知识和经济管理、“两个条例”等知识。这一时期，组织党员学习邓小平理论、“三个代表”重要思想、党的十五大精神等内容，收看《邓小平》《党的基础理论》电视片等；学习上级与唐钢党委重大决策部署；把党员责任与岗位职责、班组任务结合起来开展教育，加深党员对工作责任与企业目标的认识。

二、党员特色活动

十年间，唐钢党委连续开展了“三带三保”“党员先锋岗”“党员示范岗”“党员责任区”等活动，调动了党员完成公司全年生产经营任务的积极性、创造性，使党员的先锋示范作用得到较大发挥。

1996年，开展“学邯钢、转观念，围绕效益作贡献”活动，开展“争创党员先锋岗”“党员示范月”“三学两做一带头”竞赛活动，基本形成了党员保本岗、党小组保班组、党支部保车间、党委保单位的责任共保体系。自1997年起，连续三年开展了“三争先”活动。同期，开展了机关包单位、干部包班组工作，机关党员干部作风进一步转变。2001年，为纪念建党80周年，开展了颂扬党的丰功伟绩、万名党员手拉手、党建理论征文研讨、缅怀革命先烈等活动。2003年，广泛开展“一学三创”（即学习党的十六大精神，创高产、创高效、创品牌）“一个党员一面旗帜”和“抗非典、保生产、迎七一、作贡献”等活动。2004—2005年，深入开展“四创一旗”（即创新、创优、创先、创效和一名党员一面旗）等活动，激励了广大党员积极争做各条战线实践“三个代表”重要思想的带头人。

三、党员日常管理

（一）年报统计

1998年，为适应形势需要，党员和党组织信息统计由手工统计改为电脑程序统计；2001年，统计系统升级为2001版；2005年，统计系统再次升级为2005版。

（二）党费和党组织活动经费管理

2004年9月，研究制定《党组织活动经费归口管理实施细则》，对党组织活动经费的用途、管理程序、监督检查考核等作出了明确规定。

第五节 干部队伍管理

唐钢党委不断完善干部管理机制，着力加强干部培训教育力度，充实锻炼后备干部，进一步优化了干部队伍结构，使干部队伍的政治素质、年龄结构、文化结构与专业结构有了明显改善和提高。

一、干部学习教育

唐钢党委每年举办各级各类领导干部理论研修班，培训内容包括市场经济条件下社会主义理论和经济管理知识等，涉及科学管理、财务、工商管理、法律等业务。其中每期厂处级与后备干部参加的培训人数达110~350人，每年举办3~7期，多在党校进行。部分学习活动安排了形势任务教育和党风廉政建设教育。通过不断加强领导干部培训教育力度，提升了领导干部队伍的整体综合素质。

干部学习教育活动围绕生产经营工作实际与企业发展需要。1996年4月，深入开展“三学、三查、三克服、一坚持”活动。2004年，在领导干部培训中开设了网络电子商务和树组工干部形象等课程。2005年，组织管理创新知识培训班、循环经济知识培训班、专家研讨班、钢铁需求转变专题培训班等，适应了领导干部不断增长的知识需要。

二、厂处级干部制度建设、任免调整与考核

（一）制度建设

唐钢党委下大力气打造过硬厂处级干部队伍，全力抓好管理制度建设这一根本保障。1996年3月，下发《关于厂处级干部管理工作的几项规定》，对新提拔的厂处级干部实行试用期制、代理制，明确了对因身体健康原因，不能坚持正常工作的，可退出一线协助工作，以及其他管理规定。2001年4月，制定下发《关于实行厂处级领导干部任前公示制的意见》，进一步完善了厂处级领导干部的选拔任用制度，扩大了干部工作中的民主，强化了对干部选拔任用工作和对领导干部的监督。2004年11月，印发《厂处级领导干部选拔任用工作暂行规定》《厂处级领导干部管理若干规定》《厂处级领导干部公开选拔、竞争上岗工作暂行规定》《厂处级领导班子及领导干部年度考核办法》等文件，进一步规范了厂处级领导干部选拔、任用、考核等管理。

2005年3月，整理印发《厂处级领导干部管理及党建工作有关文件的汇编》一书，系统整理了1993年以来操作性、指导性较强的文件共计39份，包括干部管理、党组织管理、出国人员管理及党风廉政建设及专家考核管理等内容。

（二）任免与调整

在干部选拔任免中，唐钢党委注重领导干部的日常考察和年度实绩考核，坚持择优聘任、能上能下的原则，不断改善领导班子的配备和结构。十年间，共调整厂处级干部659人次，提拔35岁以下年轻干部17人。

2002年，落实《人事制度改革方案》，对所涉及单位1945年底以前出生的处级正职和1947年以前出生的处级副职共计18人进行了分流。2003年，继续精干厂处级领导干部队伍，在1946年底以前出生的正职和1948年底以前出生的副职退出了现职，同时对厂处级领导班子进行了调整，在岗厂处级干部由291人下降到234人。到2005年末，厂处级干部共计221人，其中正职78人，副职143人。

1996—2005 年厂处级干部任免、调整一览

表 6-2-2 单位：人

项目/年份	提拔干部人数	调整干部人次	离岗休养人数	退休人数
1996	14	102		18
1997	66	82		65
1998	9	84		14
1999	0	57	4	0
2000	17	41	14	2
2001	3	25	3	4
2002	1	54	18	11
2003	1	139	56	4
2004	5	39	25	11
2005	6	36	0	24

（三）年度考核

唐钢党委每年进行一次厂处级干部考核，与领导班子考核同时下文安排落实。2005 年末，对 170 名厂处级干部进行了全面考核，55 名干部被评为优秀。

三、干部规划与组织人事干部制度

唐钢党委分阶段制定实施中长期干部队伍规划，使干部队伍结构和综合素质有了较大改善。1996 年 11 月，制定下发《关于建设高素质干部队伍的规划》，提出了今后五年唐钢干部队伍建设的主要任务。规划实施后，至 2001 年干部队伍结构进一步优化，科级以上干部 2035 人，其中厂处级以上干部 350 人；本科及以上有 2460 人，其中硕士生及以上 111 人。

注重组织人事部门自身建设，更好地发挥党委管干部、管党员、管人才的职能作用。2001 年 7 月，制定下发《关于加强组织部门干部监督工作的实施意见（试行）》，明确了组织部门干部监督工作的任务和内容，就加强对厂处级领导班子和领导干部的监督、对选拔任用干部工作的监督、对独立运作的子公司干部选拔任用工作的监督以及加强组织部门对厂处级领导班子和领导干部的监督作用作出了具体要求。2004 年 6 月，印发《组织人事干部行为规范》《组织人事干部工作纪律》《组织人事干部工作承诺》等文件，对规范组织人事干部行为、提高工作质量和效率作出了明确要求和规定。

四、后备干部管理

唐钢党委按照干部“四化”方针和德才兼备标准，结合领导干部队伍现状和公司发展需要，加强对后备干部的培养锻炼，使后备干部队伍知识、年龄、专业结构得到进一步改善。

后备干部管理制度不断完善。2002 年 10 月，下发《关于加强后备干部工作的规定》，从后备干部的配备要求、素质条件、选拔程序、管理规定、培养等方面作出了具体规定。

按照重点培养、全面发展的原则，有计划、有针对性地加强后备干部培养，采取委培、轮岗锻炼、助理制、推荐优秀技术人员出国培训等方式，不断提升后备干部综合能力。1996 年，安排 22 名后备干部在厂处级助理岗位上进行实践锻炼。1997 年，安排 34 名后备干部在厂处级助理岗位上进行实践锻炼。选送 9 人就读北京科技大学、东北大学、北京医科大学研究生。2000 年，选送 32 人就读研究生班，35 人到北京外国语大学深造培训。2001 年，选送 6 名干部攻读工商管理硕士。2004 年，推荐 6 人在国内外进行高层次深造。结合机构调整充实综合素质较高的后备干部 185 人。2005 年，共有厂处长助理 180 人，后备干部 33 人，确保了干部队伍后继有人、正常交替。

五、干部档案、出国审查管理

2001 年 1 月，印发《关于进一步加强对出国人员进行教育和管理的意见》，就出国人员的审批、教育及管理工作作出了明确规定。2004 年 11 月，印发《因公出国(境)人员审查管理办法》和《因私出国(境)人员审查管理办法》，对因公出国(境)人员实行严格审批程序、严格备案把关等措施，从源头上加强了党政领导干部出国（境）管理。

加强干部档案管理日常工作，不断提高科学管理水平，更好地为干部工作服务。到 2005 年末，共建立全公司厂处级干部和公司机关干部档案 1743 份，做到了规范管理和有效利用。

第六节　离退休人员管理

唐钢党委全面落实离退休人员政治、生活“两项待遇”，让离退休干部职工实现了“六个老有”，即老有所养、老有所医、老有所为、老有所学、老有所教、老有所乐。2005 年末，唐钢有离退休干部 3721 人，其中离休干部 276 人，退休干部 3445 人，退休工人 13878 人。

一、基础管理

公司离退休人员多居住在 13 个生活小区，本着人性化、方便就近的原则，在集中居住的生活小区建立 13 个离退休干部党支部、3 个退休职工活动站、5 个退休职工活动室，总建筑面积 5400 平方米。

2002 年 8 月，对原离退休管理规定进行了修订，印发《离退休职工管理办法》。对离退休干部管理实行分级负责制，对公司主体厂矿（含公司机关）的离退休干部实行统一管理，对外围矿山、子公司及独立核算单位的离退休干部由单位自行管理。对公司劳动人事处批准办理退休手续的工人（含退职）实行宏观管理，公司内退职工由各单位自行管理。

二、落实“两项待遇”

唐钢党委重视落实离退休人员政治、生活“两项待遇”工作。坚持及时传达上级文件和会议精神，定期组织离退休党员过党组织生活，阅读文件和政治学习；节期走访慰问离退休人员、为高龄离退休人员祝寿，组织疗休养等活动，将关心关爱措施落实到了离退休人员的心坎上。

（一）落实政治待遇

在政治待遇方面，坚持组织政治学习和通报情况制度，每年为离退休干部订阅刊物、参与企业庆祝纪念等活动。1996—

2005年，有组织有领导地发挥离退休人员作用。采取走出去、请进来等形式，不定期组织离退休人员到唐钢参观回访，征求他们的意见，听取他们的建议，充分发挥“老唐钢”的余热。支持离退休人员到唐山市老年大学学习，报销部分学费，办好了各项涉及离退休职工切身利益的事情。十年间收到离退休人员合理化建议600余条。

（二）落实生活待遇

按规定落实离退休人员生活待遇，让其感受来自党和政府的暖心政策。坚持住院探视制度，并做好老干部病危及去世后的善后处理工作。1996年9月，唐钢制定实施《退休职工互助补充医疗保险储金会暂行条例》，筹集医疗保险金25.5万元，解决了部分离退休职工就医难、费用高问题。自2000年7月起，唐钢离退休职工养老金实现社会化发放。这一时期，根据上级政策，按时为离退休职工调整了养老金比例。离休干部患病医药费实报实销。2002年，按照冀办字〔2002〕21号文件要求，提高部分离休干部护理费标准，抗日战争时期及以前参加革命的离休干部每人每月由100元提高到150元；解放战争时期参加革命的厅局级且年满70周岁的离休干部护理费标准调整为每人每月100元；解放战争时期参加革命且年满70周岁的离休干部护理费标准调整为每人每月51元。2005年初，贯彻省政府国资委转发《关于印发河北省省直企事业单位离休干部医疗费统筹管理暂行办法的通知》文件精神，执行费用筹集及标准等规定。当年8月，调整离休干部护理费标准，对长期生活完全不能自理的离休干部、抗日战争时期及以前参加革命的离休干部护理费标准调整为每人每月200元，解放战争时期参加革命的离休干部护理费标准调整为每人每月120元。

在节日期间，即时组织座谈会和走访慰问活动。对离退休干部年满70周岁、75周岁分别祝寿一次，年满80岁以后每年祝寿一次。

三、组织文体活动

唐钢在职工住宅小区活动站和活动室分别建立了管理服务网，下设120个退休职工管理小组，开展内容丰富多彩的文体活动。坚持按年、季、月制定计划安排，每月对各活动站（室）活动情况进行检查评比。建立实施文体活动奖励制度，凡是参加省、市文体活动获奖者，给予适当奖励。

在硬件设施方面，为满足离退休干部职工开展文体活动的需要，1999年5月，税东退休职工活动站投入使用，使用面积850平方米。1999年7月，张西活动室投入使用，使用面积130平方米。2002年9月，国家劳动和社会保障部蔡振洪司长和河北省劳动和社会保障厅有关领导一行12人，来唐钢六十八号小区离退休职工活动站参观，给予了高度评价。

十年间，在充分利用文化活动场地设施的基础上，根据离退休干部职工的兴趣爱好，相应成立了老年合唱团、老年评剧团、老年京剧团、老年舞蹈团、老年书画、老年模特、老年裁剪、老年门球、老年摄影、老年园艺、广场舞等十几个门类、近百个老年业余团队。以此为载体，离退休职工坚持参加各项活动，愉悦了身心健康，让晚年生活更丰富。同时，积极参加风采展示和比赛，多次在国家、省、市各级比赛中获奖。1996年9月，在湖北省孝感市举办的第三届全国工人运动会上，唐钢离退休职工太极柔力球代表队获得优异成绩并获体育道德风尚奖，展示了钢城离退休职工的风采。

第七节 关工委工作

1995年8月，唐钢党委调整了关心下一代工作委员会成员，由刘纯明担任主任。唐钢关工委日常工作挂靠在离退休职工管理部，实现了“一保障、双纳入、三同步”。即唐钢党委每年下拨活动经费，保障了组织活动、日常学习和总结表彰经费；纳入了党委工作议事日程、纳入了年终考核评比内容；实现了同步检查、同步总结、同步表彰。十年间，关工委认真组织老同志进行关心教育下一代工作，使老干部、老战士、老专家、老教师、老模范等离退休老同志，支持和帮助青少年成长成才，发挥了“五老”作用，使其老有所为、发光发热。2003年8月，退休教师张秀茹获得“省关心下一代工作先进个人”。

第八节 扶贫救灾

1999年3月2日，唐钢将扶贫工作领导小组调整为公司扶贫救灾工作领导小组。自此进一步加大扶贫工作力度，更好地开展扶贫工作，帮助了云南贫困地区实施智力扶贫，为国家贫困地区的经济发展作出了贡献。

一、“九五”时期扶贫救灾

1997年4月，选派4名干部到张家口赤城县挂职扶贫，同时研究制定《到贫困村挂职扶贫人员管理办法》。同年10月，唐钢职工向河北省冶金特困企业职工捐款34.65万元。

云南“智力扶贫” 1997年10月6日，唐钢与云南省镇沅县和平乡、者东乡实施对口扶贫，向两乡捐赠20万元，支持开发建设，并在驻京办事处举行了欢迎云南镇沅县新学员暨扶贫捐赠仪式。同期经省教委批准，出资40万元在唐钢教育培训中心为镇沅县培养经济管理中专班学员38名。1998年10月31日，云南班学员在欢送会后返乡。云南班的成功举办，是公司启动扶贫工作计划中“智力扶贫”的一项亮点工作。1998年12月16日，工会主席周贺云带队到镇沅县进行慰问，共捐赠慰问款15万元，衣被3.5万件；1999年9月，继续开展扶贫捐款和“1+1”捐资助学活动，由公司扶贫办牵头共捐助云南省镇沅县贫困生488名。2000年9月23日，云南省镇沅县县委书记伍中华一行五人来到唐钢，把印有“真情扶贫铸春秋”锦旗献给公司，衷心感谢唐钢三年来的鼎力相助。

支援长江流域灾区 1998年8月，广大职工向长江流域灾区伸出援手，奉献爱心113.97万元，捐衣被5万多件。是月21日，唐钢总经理王天义代表全体职工及家属专程参加国家民政部、文化部在北京人民大会堂举办的“携手筑长城”大型赈灾义演晚会，通过晚会向灾区人民捐赠款物320万元。同年9月1日，为支援灾区人民重建家园，捐赠灾区规格为18毫米和25毫米螺纹钢共800吨、焊管200吨。

二、“十五”时期救灾

2003年5月9日，向唐山市抗击“非典”工作捐款370万元，其中有职工自发捐款20万元。2005年1月19日，在由唐山市红十字会、文化局、广电局联合举办的“为印度洋地震海啸灾区捐款献爱心”

活动中，公司领导带头捐款，广大职工积极踊跃，共捐款38.1万元。

第九节　机关党务

唐钢机关党委紧密围绕公司党委重点安排，落实“三会一课”制度，以转变机关工作作风、全面为生产经营服务作为工作重点，加强党支部建设，开展各类迎庆纪念与竞赛活动，引导广大党员干部深入生产车间，服务职工群众，推动和促进了专业职能作用的发挥。

1996年，组织发动16批次、500名干部职工，在高炉中修期间参加高炉砌体用砖倒运任务，用时16个昼夜倒运600余吨。1997年，组织观看“香港回归图片展”达100人次，《红岩魂》展览250人次，同时开展“迎回归、庆七一”知识竞赛活动，共收到答卷860余份，占机关总人数的68.25%。1999年12月，对所属23个党支部争创“三过硬”党支部进行了检查验收。2000—2005年，组织机关党员积极开展“三保三带”等活动，服务冷轧及带钢表面涂镀层工程、棒材厂技术改造、南区废水回收技术改造、整体信息化改造等工程现场，解决了生产经营与发展建设现场工作的实际问题。

第三章　宣　　传

1996—2005年，是社会主义市场经济体制与国有企业改革不断深化的重要时期，也是我国钢铁工业调整结构、快速发展的重要时期。面对不同形势，唐钢党委从解放思想、转变观念入手，坚持以马列主义、毛泽东思想、邓小平理论、“三个代表”重要思想和科学发展观为指导，深入扎实开展政治理论学习，不断加强和改进思想政治工作，以建设“四有”职工队伍为目标，积极开展精神文明建设和思想道德建设，不断增强职工队伍凝聚力，使广大干部职工的思想观念较好地适应了公司改革改制发展的需要，有力推动了公司各项目标任务的完成。十年间，唐钢曾被评为“全国思想政治工作优秀企业”。1998年，唐钢被省委宣传部、组织部、企业工委及省经贸委、省总工会授予“省思想政治工作优秀企业”称号。

这一时期，形成了较为完备的工作制度与管理机制。唐钢党委每年召开宣传思想工作会议，总结部署年度工作，表彰先进集体和先进个人，下发全年宣传思想工作纲要。开展经常性思想政治工作，对改革分配制度、改革管理体制、减员增效等与职工个人利益密切相关的问题和生产经营建设中的思想认识问题，加强对职工的思想引导，广泛宣传公司政策制度与加快改革发展的重要性、艰巨性，把解决思想问题与实际问题结合起来，保证了各项工作的顺利开展。2000年，制定《关于加强和改进思想政治工作的实施意见》，进一步完善政工例会、职工思想分析、政治理论教育、厂处级干部培训、政工队伍培训、思想政治工作研究和经验交流、政工干部深入基层调查研究和思想政治工作检查考核等制度。2001年，针对思想政治工作特点，修订印发《思想政治工作和精神文明建设基本制度》，规范了思想政治工作内容、方法和措施。每年分系统召开年度思想政治工作研讨会。

第一节　政治理论学习

唐钢党委不断加强思想政治建设，采取学习文件与辅导讲座相结合，集中学习与自学相结合等形式，积极组织广大干部职工特别是两级领导班子成员认真学习毛泽东思想、邓小平理论、“三个代表”重要思想、科学发展观等政治理论，学习领会党的十五大、十六大以及历次重大会议精神，提高对搞好国有企业、巩固党的执政地位重要意义的认识，深化对落实科学发展观、构建社会主义和谐社会、发展循环经济重要意义的认识，使广大干部职工及时深刻理解党和国家不同阶段和历史时期的路线、方针和政策，为公司科学确定发展目标和发展重点，实施“三步走”和“三极支撑”发展战略，提前建成千万吨级大钢，实现较好较快发展奠定了思想政治基础。

一、工作机制

唐钢党委宣传部在制定全年政治理论学习计划的基础上，坚持每季度下发一次学习安排和思考讨论题，编制或指定学习材料。每半年组织一次联查，并把联查情况通报全公司；每年组织一次理论学习经验交流会，有计划地宣传和推广一批学习典型；各单位严格按照计划安排组织党委中心组和干部职工进行政治理论学习，做到有记录、有笔记、有考勤，确保政治理论学习取得实实在在的效果。

二、业务分述

1996 年，按照党的十四届六中全会总体部署，在“讲学习、讲政治、讲正气”活动中，组织学习党的理论知识，坚定政治方向、政治立场，坚持真理、坚持原则，坚持同一切歪风邪气和各种腐败现象作斗争。1997 年，组织学习江泽民总书记在邓小平追悼大会上所致悼词和《告全党全军全国各族人民书》《邓小平伟大光辉的一生》三篇重要文章，进一步增强职工队伍的政治坚定性。及时组织学习党的十五大报告等，研究如何实现更好更快发展，为全面落实公司生产经营改革建设任务奠定坚实的思想基础。1998 年，重点学习邓小平理论和十五大精神。全年集中辅导 9 次，召开学习研讨会 12 次，举办中层以上干部培训班 5 期，培训 700 多人次。重点组织学习九届全国人大一次会议《政府工作报告》、江泽民总书记讲话等内容，准确把握国企改革的基本原则、指导思想。1999 年，加强对党的十五大、十五届四中全会精神学习的组织、管理与指导，克服了单纯依靠增产增加效益的思想、强化依靠挖潜提高效益的观念；克服了依赖市场情况好转、等待钢材价格回升的思想，树立了发挥优势、积极主动的竞争观念；全员营销观念得到巩固，形成了各项工作争一流的良好局面。当年，组织开展以“三讲”为主要内容的党性党风教育活动中的学习发动。2000 年，根据公司党委下发的《关于认真学习深入贯彻江泽民总书记“三个代表”重要思想的通知》要求，组织学习江泽民同志“三个代表”重要思想等政治理论和加快经济发展的各项方针政策，深刻理解“三个代表”重要思想的精神实质，提高自身思想政治素质和工作能力。

2001 年，组织学习党的十五届五中、六中全会精神，学习社会主义市场经济等理论，着力解决影响阻碍企业生产经营、改革发展的思想观念问题。按照党中央《关于在国有大中型企业领导班子及成员中开展以“讲学习、讲政治、讲正气”为主要内容的学习教育活动的意见》要求和省委安排，组织公司领导班子成员开展“三讲”学习教育活动，达到了预期目的。按照提高生存能力、谋划企业发展、深化内部改革、加强党建工作、贯彻依靠方针等 5 个专题，公司领导撰写 16 篇体会文章，并辑印成册，对指导唐钢各项工作和长远发展起到了重要作用。2002 年，组织党员干部重点学习江泽民“七一”讲话、党的十六大报告，两级领导干部与时俱进的发展观念、建设千万吨级大钢的观念明显增强。2003 年，组织学习贯彻党的十六大、十六届三中全会及胡锦涛总书记“七一”重要讲话、省委六届四次全会精神，深化学习内容，增强了改革发展、市场和挖潜增效意识。2004 年，组织学习党中央和国务院加强宏观调控、深化国有企业改革的一系列政策措施，进一步明确加快国有企业改革发展、加强党的建设的重要意义。2005 年，结合保持共产党员先进性教育活动，组织学习党的十六届四中、五中全会精神，使广大党员充分认识到构建和谐社会、发展循环经济，积极促进“三极支撑”发展战略的实施、加快结构调整、推进主辅分离辅业改制等工作的重要性和紧迫性。

第二节 形势任务教育

唐钢党委不断强化形势任务教育，使全体党员和职工群众对不同经济形势和企业发展形势的长期性、复杂性和严峻性有清醒的认识和充分的准备，增强战胜困难、完成任务的信心和决心，教育职工牢固树立竞争意识、忧患意识，树立进步慢了就是落后等基本理念，引导职工进一步认清形势、明确责任，统一思想、激发干劲，主动投身生产建设、改革发展和挖潜增效活动，将公司的各项目标要求落到实处，凝心聚力完成公司生产经营各项任务。

一、工作机制

十年间，唐钢党委宣传部根据需要编写形势任务教育宣讲提纲，开展全员形势任务教育活动，内容涉及冶金行业生产经营形势、钢材市场竞争形势、公司阶段性重点工作和措施要求。组织职工深入开展各类大讨论活动。组织公司领导、相关处室负责人、厂矿领导、办公室主任、技术科长、企管科长、财务科长、专业技术人员和一线职工参加以挖潜增效教育为主要内容的生产经营研讨活动，活动分炼铁、炼钢、轧钢、辅助、矿山、子分公司等系统进行。将各单位具有较强指导性的挖潜增效理论成果与经验性论文在《唐钢报》（《新唐钢》）上刊登，供单位与职工学习借鉴，起到了营造氛围、比学赶超的作用。

二、业务分述

1996—1997年，在职工中开展“深入转变观念、搞好生产经营”大讨论和“生存与发展”大讨论。广泛宣传邯钢经验和公司及各单位开展学邯钢抓管理的好做法，为搞好指标分解挖潜增效创造良好环境。1998—1999年，开展“认清形势，增强紧迫感和危机感，确保实现下半年挖潜增效目标”大讨论、成本潜力分析等一系列研讨活动，把着眼点放在认清形势、统一思想、研究对策、狠抓落实上，引导职工正确认清形势，消除思想障碍，保持良好的精神状态，促进全年目标任务的完成。2000年，组织开展“如何搞好限产增效、如何面对位次后移，解放思想、更新观念”大讨论，认真查找公司的发展思路、管理思想等与国家的方针政策、经济发展要求和市场形势之间的差距，技术经济指标与先进企业指标之间的差距，教育引导职工克服畏难情绪和小进即满等消极思想，广泛对标找差距，为在限产条件下提高经济效益提供了思想保证。

2001年，以增强忧患意识、增强竞争观念，调动职工积极性为目的，广泛宣传“十五”发展规划，开展以爱党、爱国、爱社会主义为主题的“四观”“四信”“五种精神”主题教育等活动，使广大职工的思想进一步统一，观念进一步转变，生存的危机感、发展的紧迫感和搞好工作的责任感进一步增强。2002年，围绕落实公司生产经营目标，组织开展挖潜增效形势任务宣传，重点围绕“应对挑战、加快发展”“挖潜增效车间班组纵深行”活动，教育引导动员一线职工总结经验，查找不足，制定整改措施，促进对标挖潜活动的深入开展。组织进行“抢抓机遇、增产增效、深化对标、加快进步”主题教育。2003年，围绕全面实现全年奋斗目标，推动公司更大更快发展，组织开展“实现大发展，我们怎么办”大讨论，进一步调动和激发广大职工建设新唐钢、奉献新唐钢的积极性和创造性。2004年，围绕对标挖潜，加快结构调整，组织开展“谋划新发展，实现新突破”大讨论，增强职工做好本职工作的责任感，促进挖潜增效工作深入开展。2005 年，针对钢材市场变化和生产经营中心工作，组织开展“居危思进、加快发展”大讨论，推动对标挖潜经验总结和宣传推广，引导职工正确认识市场形势和公司的目标措施，积极主动做好工作，促进全年目标任务的落实。4—5 月，根据国资委党委要求，在广大干部职工中开展了“形势政策学习教育”活动。同年 4 月，在全公司开展“学习发扬 1 号高炉大修精神”宣传教育活动。

第三节　精神文明建设

唐钢党委加强职工精神文明创建，广泛开展理想信念教育，引导广大干部职工牢固树立正确的世界观、人生观和价值观，激励职工爱岗敬业、无私奉献。开展思想道德教育，加强社会公德、职业道德和家庭美德建设，提高职工道德水平与职业素质。坚持开展宣传先进模范事迹、“季评学雷锋十佳职工”、争创文明职工等文明建设活动，引导广大职工学赶先进，树新风、作贡献。

一、工作机制

按照省市文明办要求，组织开展精神文明建设活动。修订完善《职工道德行为规范》。挖掘选树道德文明先进集体与先进个人，从不同侧面展现唐钢人昂扬向上的精神风貌，发挥了典型引路作用。深入开展创建文明单位、文明班组，争创文明职工等活动。

自 20 世纪 90 年代初开始，经各单位层层推荐，公司党委宣传部认真评选，每季度评选一次学雷锋十佳职工，通报全公司，以此大力弘扬雷锋精神和“自强、奋进、创新、奉献”的唐钢精神，形成了以“季评学雷锋十佳职工”为载体的“岗位学雷锋、行业树新风”等群众性活动，将企业精神文明建设引向深入。1996—1998 年，连续三年将上一年度学雷锋十佳职工事迹编印成《雷锋精神在唐钢》小册子，下发基层车间、班组供职工学习。十年间，共评出“十佳”职工 400 余人次，推动了公司“两个文明”建设。

二、业务分述

公司党委宣传系统以深化唐钢精神教育为主线，开展理想信念和党史厂情教育，激发职工工作热情和攻坚干劲，使精神文明建设在各条战线和各个岗位蓬勃开展。1996—1997 年，以岗位责任为核心，在职工中建立岗位职业道德规范，制定实施《职工岗位职业道德规范》。共收录 44 个厂矿、处室的一句话岗位职业道德规范 3700 余条，并印刷成册。1996 年，结合纪念党的生日、国庆、抗震 20 周年等活动，在职工中开展爱党、爱国、爱社会主义、爱厂、爱岗教育。1997 年 12 月，公司授予马金亭“临危不惧、忠于职守的好职工”称号后，结合“学雷锋、树新风，爱唐钢、做主人、作贡献”活动，组织开展向马金亭学习活动，形成全体职工学先进、赶先进、争先进的良好风气。

1998 年，广泛深入开展向“职工的好公仆、领导干部的好榜样”张道存学习活动，举办马金亭、张道存先进事迹巡回报告会，将学习马金亭、张道存，争做好公仆的“双学”活动引向深入，激发职工争先意识和工作积极性，促进职工队伍素质的提高。1999 年，按照党中央对处理“法轮功”问题的部署，在职工中进行科学思想和健康文化宣传教育；结合北约轰炸中国驻南使馆、新中国成立 50 周年、迎接澳门回归等重大事件，开展爱党、爱国、爱厂教育等，激励职工奋力拼搏，为国添彩、多作贡献。2000 年，开展多种形式的精神文明创建活动，加强爱国主义、集体主义、社会主义和艰苦奋斗精神教育以及爱岗敬业和职业道德教育，开展文明厂区、文明小区、文明单位、文明班组、文明岗位创建等活动，精神文明建设力度不断加大。

2001 年，组织开展“学习卢峰，争做优秀科技工作者”活动。大力推行唐钢职工行为规范和职业道德规范。制定《窗口文明竞赛活动考核办法》，推动窗口文明竞赛活动规范化。2002 年，贯彻落实党中央《公民道德建设实施纲要》和省市《公民道德实践活动实施意见》等精神，制定下发《关于开展职工道德建设实践活动的意见》，在公司广大职工中掀起职工道德建设实践活动热潮，提高职工队伍的道德水平，推动公司“两个文明”建设。2003—2005 年，搞好以“崇尚职业道德，争做优秀职工”为载体的多种形式的精神文明创建活动。深入宣传公司各条战线的先进典型，激励职工树立爱岗敬业、无私奉献精神；在此期间，结合防治“非典”工作，积极引导职工讲文明、讲卫生、讲科学、改陋习、树新风，培育职工良好工作与生活习惯，提高企业文明水平。

第四节　职工思想政治工作

唐钢职工思想政治工作始终坚持正确的政治方向，积极探索不同形势下加强和改进职工思想政治工作的途径和办法，开展各类主题鲜明的研讨活动，不断提高职工思想政治工作的针对性和实效性，取得了一批思想政治工作经验和成果。十年间，公司各级政研组织共开展研讨活动 588 次，撰写论文 2986 篇，并选择有较高价值的论文在内外媒体上刊登，起到了互相学习、共同提高的作用。公司政研会多次获得“全国政研会工作奖”“全国冶金系统优秀政研会”“省优秀研究会”称号。

一、机制与制度

根据工作需要与人员变动情况，公司职工思想政治工作研究会对理事会进行调整，公司党委副书记任会长。每年下发思想政治工作研究课题，组织论文撰写工作。召开公司政研会年会。积极承担省、市政研会研究课题，受到上级政研会表彰，并在行业引起广泛关注。经常性开展思想调研与生产经营研讨，编制调研报告。

二、理论阵地

《探索与创新》由党委宣传部主办编辑。这一理论阵地结合唐钢企业改革、生产经营和建设发展实际，兼顾思想性、指导性、针对性和可读性，为广大职工提供了理论学习载体，从版面内容到栏目设置随着形势的变化而更新，做到与时俱进。1996 年 1 月—2003 年 6 月，共发行 30 期 6.2 万册，刊登论文 1080 篇。2003 年 7 月停刊。

三、业务分述

“四个一”活动广泛开展、深入人心。1996 年，改进政治研究工作，强化服务保证作用，紧密配合公司中心工作，深入开展“四个一”活动，即确定一个调研专题、形成 1 份有分量的调查报告、组织召开 1 次对实际问题有直接推动作用的研讨会、总结推广 1 个好经验和对本单位思想政治工作有 1 个改进创新的方法。活动共形成调研报告 36 份，选树先进典型 69 个，收集新办法、新点子 80 多个，有力促进了挖潜增效活动深入开展。1999 年 7 月，进一步深化“四个一”活动，将其作为思想政治工作为生产经营服务的一种有效形式，给予重视和支持，制定“四个一”计划并由专人负责；同时召开研讨会，围绕质量攻关、技术改造、成本管理、深化内部改革等方面进行，确保活动取得实效。

围绕企业内部改革改制、服务保障生产经营，开展思想政治研究工作，取得良好效果和诸项成果。1996 年，张亚旺、曹文明撰写的《以转变观念为突破口，促进学邯钢活动不断深入》一文被全国冶金政研会大钢学组评为一等奖。1997 年，组织开展思想政治工作为生产经营服务研讨交流活动。42 个单位的 2860 名职工参加研讨，交流经验 126 篇，撰写调研报告 36 份。1998—2001 年，针对精简机构、减员增效、工资奖金分配、住房制度改革等与职工个人利益密切相关的问题开展思想政治研究，理顺职工情绪，保证各项改革的顺利进行。2002 年，做好增产增效和深化改革过程中的思想政治研究工作。宣传深化劳动用工、人事和分配制度改革的必要性，及时开展职工思想调查和解惑释疑工作。2003 年，深化生产经营和改革中的思想政治工作，深入宣传深化国有企业改革的重要意义和政策措施，及时解决分离企业办社会工作中各种思想问题，促进了改革工作的顺利进行。2004 年，通过调研组织制定《主辅分离辅业改制的宣传思想工作方案》，广泛宣传党和国家的方针政策，提高广大职工对公司改制的思想认识，特别是对改制单位实行了职工思想动态报告制度，及时了解掌握职工思想变化，超前做好工作。2005 年，积极开展理论研讨，在公司内部报刊开设《理论与实践》《学四中全会精神，促企业更快发展》等专栏，刊发学习体会和研讨文章，提高对党的方针政策的理解，增强贯彻落实的自觉性。集中开展改制单位的职工思想调查，对改制单位不同岗位、不同群体职工组织问卷调查，对问卷中反映出的问题进行归纳分析；深入各单位召开座谈会，征求职工对加强改制中的宣传思想工作、稳妥推进改制工作的意见建议。是年，一批优秀政研成果受到奖励，其中“依靠职工，把握政策，积极稳妥推进企业改制工作”成果被评为“省冶金企业改革与调研优秀成果一等奖”。当年，在省级以上报刊发表各类调研报告、理论研究文章 36 篇。

第五节　党校工作

教学安排方面，公司党校每年春秋季节组织厂处级干部培训班 2 期，后备干部培训班 2 期，党支部书记培训班 1 期，发展对象培训班 1 期，曾与首都经济贸易大学合作开展研究生学历教育。1996—2005 年，公司党校举办中层干部培训班 35 期，培训 1000 人；举办后备干部培训班 10 期，培训 800 余人；举办党支部书记培训班 10 期，培训 1000 余人；举办党员积极分子培训班 12 期，培训 4600 余人。

第四章　纪检监察

1996—2005 年，唐钢以贯彻落实党的十四大、十五大、十六大和中央纪委历次全会精神为统领，坚持教育、管理、监督并重，全面加强领导干部廉洁自律教育，积极构建与市场经济和现代化企业管理相适应的惩治和预防腐败体系，卓有成效地开展了党风廉政建设工作，为公司实现“三步走”和“三极支撑”发展战略目标营造了和谐稳定的内部环境。这一时期，唐钢纪检监察工作融入了经营管理，服务于企业生产建设与改革发展，促进了公司管理水平与经济效益的同步提升。

第一节　机构沿革

1996 年 5 月，唐钢集团与唐钢股份纪委机构合并，同时履行两公司纪检、监察职能。

一、领导机构设置

（一）中共唐山钢铁集团有限责任公司纪律检查委员会（1996 年 1 月—2005 年 12 月）

书　　记　郭爱恒（1996 年 1 月—2005 年 12 月）

（二）中共唐山钢铁股份有限公司纪律检查委员会（1996 年 1 月—2005 年 12 月）

书　　记　郭爱恒（1996 年 1 月—2005 年 12 月）

截至 2005 年末，唐钢直属二级单位设立纪委 26 个，专兼职纪委书记 26 名；共有专兼职纪检监察人员 73 名。

二、工作机制

每年召开年度纪检监察工作会议、党风廉政建设和反腐败工作会议，通报情况，总结工作，分析形势，部署工作，表彰先进。每年下发年度纪检监察工作安排意见，每月下旬下发月度纪检监察工作要点；节前转发省市纪委、省国资委纪委、集团纪委有关廉洁自律方面的通知文件，制定下发唐钢有关元旦、春节等期间严格遵守廉洁自律规定方面的通知。

第二节　领导干部廉洁自律

唐钢把领导干部廉洁自律作为加强党风廉政建设的重点任务来抓，加强领导干部廉洁自律学习教育，落实廉洁从业制度，认真开展领导干部廉洁自律活动，增强了广大党员干部廉洁从业的自觉性。立足抓早抓小，从抓关键环节入手，建立健全有效的领导干部廉洁自律机制，为企业生产经营和改革发展提供了作风保证。

1996—2005年，累计向各级干部、重点岗位人员发放廉洁教育信函2.19万件次，受教育人数达1.76万人次；9次邀请市检察院工作人员为公司厂处级领导干部、后备干部、重点岗位工作人员讲授法制课，有1.5万多人参加了法纪教育；与公司各单位领导班子成员和重点岗位工作人员廉洁勤政谈话达到4226人次；对新提拔的厂处领导干部全部进行了廉洁谈话和廉洁承诺。

一、廉洁自律制度与执行

党的十四大后，在逐步建立社会主义市场经济体制的过程中，更加重视党性党风的制度建设与有效执行。1996年，唐钢各级党组织和纪检监察部门着重抓好中纪委对企业领导干部提出的四项要求和个人收入申报、礼品登记、招待费使用情况向职代会报告等三项制度的落实。1997年，制定《贯彻党中央、国务院〈关于党政机关厉行节约制止奢侈浪费行为的若干规定〉的实施意见》和《关于领导班子成员廉洁勤政的规定》。同期制定《关于移动电话的管理规定》，对领导干部住宅电话费进行限额管理和监督检查。同年，封存违规配置的小汽车13辆，清理公款购买和公款支付通话费的移动电话74部。

1998年，以贯彻党政机关厉行节约制止奢侈浪费行为精神中的8条规定和公司制定的6条措施为重点，修订领导干部住宅电话、办公电话、移动电话使用管理制度，落实领导干部报告个人重大事项、提职上岗前廉洁自律谈话、业务来往中礼品上缴登记和招待费使用情况向职代会报告等制度。1999年，贯彻落实中纪委三次全会精神，深入开展“纠风”工作，领导干部自觉抵制腐败行为。贯彻市纪委《领导干部廉政档案规范管理办法》，执行内容规范、形式统一、管理严格、运用准确的标准。2000年，制定实施《关于贯彻落实中纪委四次全会对国有企业领导干部提出的“五项要求”的实施细则》《厂处级领导班子和领导干部廉洁自律考察办法》，加强对领导干部廉洁从业监督检查。2001年，根据党中央和省市委的有关规定，针对职工群众在“三讲”学习教育活动中提出的意见，向党员干部提出了9条廉洁自律要求，制定《实行党风廉政监督员制度的规定》《党风廉政建设工作巡视制度》和《规范厂处级领导干部廉洁自律专题民主生活会实施办法》。

党的十六大以后，特别是随着《中国共产党党内监督条例（试行）》的颁布实施，明确了党内监督的性质、地位、作用和制度措施。2002年，健全完善《领导干部报告个人重大事项实施细则》，强化对领导干部的审计监督，使广大领导干部自觉做到自省、自重、自警、自励。2003年，按照中纪委二次全会对国有企业领导人员的要求，制定《重申领导干部廉洁勤政几项纪律》《诺廉述廉评廉考廉制度实施办法》。2004—2005年，认真学习贯彻中纪委五次全会精神，严格执行《中国共产党党员领导干部廉洁从政若干准则（试行）》《国有企业领导人员廉洁从业若干规定（试行）》，及省政府国资委对省属国有企业领导人员提出的廉洁自律有关规定，努力使其成为领导干部廉洁从业的行为准则。

二、廉洁自律教育

唐钢各级党组织和纪检监察部门认真贯彻党的十五大提出的“一靠教育，二靠法制”和“教育是基础，法制是保证，监督是关键”的指导方针，坚持把廉洁自律教育提在首位，针对腐败现象多发部位和环节，以科级以上干部和“三管六外”人员为重点，盯紧管人、管钱、管物岗位以及外委、外采、外销、外雇、外运等人员，突出抓好防腐保廉教育、党纪政纪条规教育、正反典型教育。扎实开展“四集中”（集中学习、集中查纠、集中评议、集中整改）和“学查评改”（认真学习文件、搞好对照检查、开展集体评议活动、抓好整改）等专题教育活动。通过廉洁勤政谈话、警示教育、党纪知识考试、党风讲评、观看廉政影视片等有形载体，以及公司有线电视、报纸、橱窗、板报等，广泛宣传党纪政纪知识和廉政典型，营造了廉洁从业、自省自律的氛围。

以党的十四大为标志，全党反腐败工作全面推进，廉洁自律教育在反腐倡廉中发挥了基础性作用。1996 年，认真学习贯彻中纪委六次全会精神，教育领导干部以身作则，廉洁自律，严格要求自己，时刻注意检点自己的言行，以高尚的道德情操，为广大党员和干部树立好的榜样。以党的十五大为标志，全党反腐败工作突出标本兼治。公司廉洁自律教育为领导干部筑起了思想道德和党纪国法两道防线。1997 年，认真组织学习《党员领导干部廉洁从政若干准则》。1998 年，广泛开展党风讲评，在党员干部中组织“倡俭反奢，增收节支”教育实践活动。1999 年，认真学习《关于 1999 年国有企业领导干部廉洁自律工作的意见》，结合实现国有企业三年改革与脱困目标，联系生产经营实际，重点学习领导干部廉洁自律工作的主要任务、基础性工作和几点要求。2000 年，认真学习党和国家领导人江泽民关于从严治党的重要讲话和中纪委四次全会精神，深入学习党和国家领导人邓小平关于党风廉政建设和反腐败的重要论述，教育引导党员干部特别是领导干部把廉洁自律作为思想作风建设的主要内容落到实处。公司领导班子认真开展党风廉政建设“四集中”活动，同时结合“五项要求”开展活动。2001 年，围绕贯彻中纪委五次全会精神，开展“保廉洁、促改革、促发展”专题教育。2002 年，利用一个月时间，以李真、丛福奎等重大案件作为反面教材开展警示教育活动。2003 年，开展“四个一”教育活动，引导党员干部充分吸取程维高等违纪违法的教训。2004 年，组织开展两个《条例》，使领导干部树立正确的权力观，坚持做到立党为公、执政为民。2005 年，贯彻中纪委五次全会精神与党中央印发的《建立健全教育、制度、监督并重的惩治和预防腐败体系实施纲要》，重点学习教育预防腐败这一核心内容。

十年间，每年组织各单位领导班子和厂处级领导干部召开以廉洁自律为主题的民主生活会。先后 7 次安排召开领导干部廉洁自律专题民主生活会，引导大家认真开展自查自纠，共自查自纠各类问题 2316 项，制定落实整改措施 2059 项。

三、权力公开运行与监督约束机制

这一时期，唐钢党务公开和权力公开力度逐步加大，公开内容和形式进一步规范，监督保障措施更加有力。

1999 年，以建立企业内部公开机制和监督制约机制为重点，解决职工群众关心的重要问题，以扩大企业民主、实施依法治厂的依靠职工群众推进企业廉政建设为目的，制定了公开方式和内容，公开程序和时间等项目。

针对市场经济条件下反腐倡廉工作出现的新情况新问题，唐钢从维护党纪政纪的严肃性入手，强化权力约束制度的建立。2005年，开展权力公开运行工作，绘制了公司八大管理系统职权运行程序流程图，其中编制职权目录278项，规范职权230条；制定实施《关于权力公开运行实施办法（试行）》，使公司各项权力运行更加规范。

第三节　党风廉政建设责任制

1999—2005年，唐钢建立健全党风廉政责任制，不断调整优化责任范围及工作分工，落实定期检查考核责任，促进了党风廉政建设各项工作的开展。这一时期，基本形成了党委统一领导、党政齐抓共管、纪委组织协调、职能部门各负其责、依靠干部职工积极参与的党风廉政建设局面，促进了企业和谐健康发展。

唐钢贯彻落实党中央、国务院于1998年11月发布的《关于实行党风廉政建设责任制的规定》，在1999年制定印发了《党风廉政责任制实施办法》《党风廉政责任制考核办法》。之后，每年根据领导班子调整与业务分工，明确领导班子成员党风廉政建设的责任范围及具体工作分工，形成了一级抓一级，层层抓落实的工作机制。

这一时期，唐钢不断探索在社会主义市场经济体制下逐级落实党风廉政责任的有效方法和途径，坚持从源头上预防和解决腐败问题，形成了具有唐钢特色的反腐倡廉制度与工作机制。每年进行一次党风廉政建设考核，并与领导班子考核、民主评议、民主测评领导干部等结合落实讲评，强化廉政责任的落实。2003年，推行党风廉政监督员制度，拓宽了党风廉政建设责任落实的监督渠道。2004年，加大考核力度，对落实责任制不认真、职工群众有意见，特别是对出现严重问题的单位，及时提出批评，组织整改。2005年，重新聘请42名党风廉政监督员，形成了排查廉政风险的监督合力。

第四节　信访与案件查处

在纪律审查工作中，唐钢严肃查处违法违纪案件，把贪污贿赂、以权谋私、失职渎职等违纪违法案件，以及职工群众反映强烈、普遍关心的问题作为重点，对照党纪条例，做到有案必查，有错必纠。十年间，累计查处违法违纪案件325起，处分党员干部320人，收缴赃款84.69万元，挽回经济损失428.97万元。

1996年，立案查处违法违纪案件31起，其中大案要案6起，结案25起，有34人受到党纪政纪处分，移交司法机关处理5人，收缴违纪金额33.4万元，挽回经济损失56.35万元。1997年，立案查处51起，其中大案要案9起，结案43起，29名党员干部及管理人员受到党纪政纪处分，移送司法机关处理2人，挽回经济损失34.74万元。1998年，立案45起，结案33起，有28人受到党纪或政纪处分，查出违纪金额5.2万元，挽回经济损失43万多元。1999年，受理群众举报55件次，立案查处22起，结案18起，有9人受到党纪或政纪处分，挽回经济损失30万元。2000年，受理职工群众举报94件次，立案41起，结案39起，有29人受到党纪政纪处分，为公司挽回经济损失60余万元。

2001年，受理群众来信来访118件次，立案46起，有37人受到党纪政纪处分。2002年，有23人受到党纪政纪处分，挽回经济损失160万元。2003年，受理职工群众来信来访87件，立案查处违法违纪案件35起，有24人分别受到党纪政纪处分或法律追究。2004年，受理职工群众来信来访65件，立案查处违法违纪案件17起，有15人分别受到党纪政纪处分或法律追究，为公司避免经济损失150余万元。2005年，受理职工群众来信来访66件，立案查处违纪案件12起，正在调查核实准备立案的5起，有12人受到党纪政纪处分或其他处理，为公司挽回或避免经济损失120多万元。

第五节　效能监察

在深化国企改革、企业迅速发展的形势下，唐钢效能监察涉及的领域日益广泛，承担的任务日益繁重。监察部门紧紧围绕生产经营和挖潜增效工作实际，积极探索市场经济条件下反腐倡廉工作的特点和规律，建立健全企业内部监督机制，充分发挥效能监察职能作用，加大从源头上预防和治理腐败的力度，实现了促管理、增效益的目的。

一、建章立制

1996—2005年，唐钢贯彻执行《效能监察实施办法》《效能监察成果核定的有关规定》，落实《进一步加强物料项目管理稽核工作的意见》《关于以降低成本增效益为中心进一步加强对采购和招投标工作监督的意见》等文件精神。针对技改工程项目多、投资大的实际，制定实施《关于开展公司基建技改重点工程监察的办法》，积极推动实行以保工期、保安全、保投资、保质量、保廉洁为主要内容的项目经理负责制，签订保廉责任状。针对原燃材料采购问题，派员进驻进料现场，促进了采购部门制定实施《大宗原燃材料采购管理办法》《地方铁精粉招标、议标采购实施细则》等制度，实行了全程监控。十年间，唐钢效能监察立项708项，提出改进建议1356条，帮助建章立制810项，避免和挽回经济损失2.08亿元，增加经济效益4.75亿元。

二、专项治理

唐钢效能监察专项治理紧紧围绕物料进厂、工程建设、辅业改制、合资合作、财务管理和落实经营目标等内容，加大监督检查力度，完善了经营管理的薄弱环节，促进了企业健康发展。

1996年，结合公司生产经营实际，对北区球团矿以及有关工程等项目开展效能监察。1997年，针对公款吃喝玩乐现象，对公司各单位开办的179个经济实体和中小学收费进行了专项检查，并针对存在问题进行了整改，纠正退还违纪金额49.62万元。1999年，加强对地方铁精粉等物料进厂环节的监察管理，严格招标、议标采购专项监察。2000年，在北区进料计量验质的稽核工作中，在保证质量和计量真实和遏制弄虚作假损害公司利益行为两个方面发挥积极作用，全年因不合格铁精粉合同挽回损失达892万元。2001年，通过开展效能监察，堵塞管理漏洞94个，制定整改措施210项。2002年，重点抓好二炼铁厂2号高炉大修等项目的专项监察。2003年，严格超薄带钢深加工技术改造、冷轧一期项目等重点工程招投标监督管理，保证了经营管理的规范化、制度化。抓好子分公司改制分流和合资合作项目国有资产的监督，保证国有资产保值增值。2005年，围绕辅业改制开展效能监察，保证了国有资产和职工利益不受侵害。在曹妃甸大钢项目中实施“阳光工程”，创建了跨地区合作预防的工作模式。同期，与市检察院联合开展预防职务犯罪工作。

第五章 统一战线

唐钢坚持党对统一战线的领导权，贯彻落实党的“长期共存、互相监督、肝胆相照、荣辱与共”基本方针，把加强党的领导和发扬社会主义民主有机结合起来，不断加强联系指导民主党派、非党知识分子、民族、宗教、侨务、对台宣传等工作，始终保持稳定、团结、和谐的政治环境，充分调动了各界人士在企业生产经营中的积极性和创造性，为服务生产经营大局、实现公司目标提供了多方支持。

第一节 基层组织

1996年以来，唐钢统一战线不断发展壮大，在不同历史时期，建立完善工作体制与制度，开展富有成效的工作，发挥了统一战线成员的优势和作用，汇聚了企业发展进步的广泛力量。

一、民主党派简况

截至2005年末，共设民革唐钢支部、民盟唐钢支部、民建唐钢总支、民进唐钢支部、农工党唐钢支部、九三学社唐钢基层委员会等6个民主党派组织，其成员分布在公司各岗位。

二、机制与制度

坚持每年对统战工作进行总结，表彰活动先进个人和先进朋友对子。每年进行一次民族政策执行情况检查，促进了统战工作的深入开展；对在岗少数民族职工有关情况进行调查了解，有针对性地解决问题，提升了统战工作的有效性。协调在唐钢的各民主党派组织的换届工作。每年圣诞节、元旦前夕向职工港澳台及海外亲属赠送贺卡，增强祖国亲和力；每年举行各界职工庆国庆迎中秋茶话会。九三学社唐钢基层委员会等民主党派成员组织医疗专家，为公司离退休职工进行健康咨询服务。1996年，健全和完善情况通报会、党派联席会、各界人士意见建议答复、党员领导干部与党外人士交朋友、民族政策执行情况检查等各项统战工作制度。2000—2002年，制定实施《关于做好“三胞”探亲接待工作的意见》。

第二节 主要活动

1996年6月，在各界人士中开展“我为挖潜增效献一策活动”，针对公司和本单位生产实际和挖潜增效中的重点难点，发挥智力密集优势，组织献计献策，充分发挥统战工作在企业生产经营中的作用。1997年，紧密围绕公司中心工作和生产经营任务，组织各界人士开展“我为唐钢作贡献”竞赛活动。活动中涌现出13个统战工作先进集体、1个先进民主党派基层组织、14个先进联系小组和35名先进朋友结对子、交朋友。组织“三胞”眷属参加市“迎回归知香港爱中华”知识竞赛，并获一等奖。是年11月，省国有企业统战工作经验交流会在公司召开，公司党委统战部在会上介绍“立足企业实际，开展民族工作”的典型经验。1998年，公司被省民族宗教事务厅、省体育运动委员会评为“1995—1998年度省民族体育先进集体”。1998年7月和1999年10月，分别组织开展“发挥各界人士作用，调动各界人士积极性，为挖潜增效作贡献”专题研讨交流活动，进一步调动各界人士挖潜增效出力献策的积极性。1999年，协助在唐钢的各民主党派组织换届改选，走访民主党派成员所在单位征求意见，了解情况；组织医务界统战人士到矿山开展咨询服务；组织“迎澳门回归”知识竞赛；按市侨办要求，在公司范围内对归侨、侨眷登记造册，核发归侨、侨眷身份证。同年12月，举行庆祝澳门回归联谊会。2000—2002年，在各民主党派和各界人士中开展“我为唐钢作贡献，献良策、攻难关、创效益”活动。党外人士于2001年提建议820条，采纳314条，确立攻关项目89项，完成65项。组织少数民族职工参加市第十届少数民族体育运动会。

2001年12月25日，民盟唐钢支部召开成立大会。2002年1月31日，公司归国华侨联合会进行换届。根据唐山市侨联章程，结合公司实际，在充分酝酿协商、广泛征求意见的基础上，产生了新一届侨联。是日，公司少数民族知识分子联谊会换届。2004年，根据中央统战部的要求和省市委统战部的统一部署，在两级领导班子、党委统战部及相关处室和全体统战干部中开展以创建“五家”统战部门和建设“五型”干部队伍为主要内容的“树统战干部形象、建党外人士之家”集中学习教育活动，进一步增强统一战线的凝聚力、向心力，带动了各项工作上水平。2005年，深入开展“我为唐钢作贡献”活动，鼓励各界人士为加快公司发展贡献力量。当年，组织开展归侨侨眷为印度洋海啸灾区捐款等活动。

第六章　工　　会

1996—2005年，唐钢工会在公司党委与上级工会的正确领导下，按照公司党委安排部署，坚持围绕中心、服务大局，以贯彻实施《劳动法》为主线，充分发挥工会组织各项职能，不断推动工会改革和建设，深入开展劳动竞赛、技术比武、合理化建议等活动，全面加强民主管理工作、参与企业改革改制，及时进行主人翁教育，开展各类文体活动，职工利益得到较好维护、积极性得到进一步调动，服务保障了企业快速发展。十年间，公司保持了“全国模范职工之家”荣誉，多次被全国总工会、省总工会授予“女职工工作先进集体”称号。各专项工作多次受到省总、市总的表彰。

第一节　机构沿革

根据唐钢机构隶属关系与管理权限的不同，唐钢工会划分为唐山钢铁集团有限责任公司工会委员会、唐山钢铁股份有限公司工会委员会。

一、组织机构

（一）唐山钢铁集团有限责任公司工会委员会（1996年1月—2005年12月）

工会主席　周贺云（女）（1996年1月—2005年12月）

（二）唐山钢铁股份有限公司工会委员会（1996年1月—2005年12月）

工会主席　周贺云（女）（1996年1月—2005年12月）

2004年，根据唐山市总工会文件精神，唐钢所属2所中学、7所小学工会组织关系从公司工会划归所在市区工会管理。2005年，唐山天马物流有限公司（原唐钢汽运公司）工会组织关系划归路北区总工会管理。

截至2005年末，设公司工会1个，厂级工会30个，车间分会403个，工会小组3015个，专职工会干部98人。

二、工作机制

唐钢工会每年于年初下发上一年度工作总结与本年度工作纲要，每月下旬印发下月工作要点，每季召开工会主席例会，每年召开工会工作会议，及时部署工会重点工作，将组织开展劳动竞赛、技术比武、劳动保护、总结推广先进操作法等群众性经济技术创新活动融入企业中心工作，关心和维护女职工特殊权益，形成了送温暖、暑期双服务、疗休养、扶贫解困长效机制。每年召开职工代表大会，将涉及公司发展和职工利益的重大决策，交职代会审议表决。坚持厂务公开，推进集体合同履行。组织动员职工积极参与民主管理、民主监督，保障职工主人翁地位和权益，保持了和谐的劳动关系。

第二节　组织建设

唐钢工会紧密围绕党政中心工作，适应改革发展要求，打造工会工作特色，积极探索不同形势下群众工作的有效方法，不断加强工会组织建设、规范会员基础管理，发挥了工会组织的凝聚力和战斗力，在生产经营建设和改革发展稳定中起到积极作用。2004 年，被省国资委、省总工会四部门授予“劳动关系和谐企业”称号。2005 年 12 月，被省劳动和社会保障厅、省总工会、省企业家协会授予“AAA 级劳动关系和谐企业”称号。

一、会员发展

1996 年以来，唐钢工会不断加强会员会籍管理工作。2002 年，制定下发《关于加强工会会员会籍管理的办法》，强化对基层工会会员档案、会员教育、会员权利的维护和会员管理制度工作的考核，进一步规范了基础管理工作。到 2005 年底，唐钢职工入会率达到 100%。

二、规范化管理

唐钢工会认真贯彻落实“组织起来、切实维权”工作方针，坚持把开展“建家”活动作为加强工会自身建设，提升基层活力的有效载体，每年根据企业实际重新修订“建家”方面的实施意见，把工会主要工作纳入“建家”考核标准，把完成生产经营任务和挖潜增效指标作为各单位“建家”考核的先决条件，实现了加强工会组织建设与推动企业发展的统一。

1997 年 6 月，制定下发《关于加强车间工会建设的意见》《车间工会创先达标考核办法》，在车间工会深入开展以创建高标准小家为主线，以履行十项职责为重点的车间工会“达标创先”活动，进一步提升基层工会活力。2001 年 6 月，制定下发《关于加强工会小组建设的意见》，开展争创“五好”工会小组活动，制定“生产任务完成好、民主管理好、安全生产好、精神文明好、组织建设好”五条标准，加强对工会小组工作的规范化管理，用 3 年时间，让公司 3300 多个工会小组实现了“五好”标准。是年 7 月，开展季评“十佳工会小组长”活动，促进了争创“五好”工会小组活动的深入开展。2004—2005 年，重新修订《开展“建家”活动的安排意见》，把工会主要工作纳入“建家”考核内容；制定下发《关于进一步深化车间工会“达标创先”活动的意见》，力促基层工会组织在企业生产经营活动中发挥更大作用。

三、工会代表大会

1998 年 11 月 28—29 日，召开唐钢工会会员第二十次代表大会，大会应到代表 409 名，实到代表 399 名。工会主席周贺云代表第十九届工会委员会作了题为《贯彻“依靠”方针，发挥工会职能，团结动员全体职工为实现唐钢发展目标而奋斗》的工作报告。大会审议通过《工会第十九届委员会工作报告的决议》《工会第十九届委员会财务工作报告的决议》和《工会第十九届经费审查委员会工作报告的决议》。选举产生了唐钢工会第二十届委员会委员 29 名、经费审查委员会委员 7 名，工会常务委员会委员 9 名，其中主席 1 名，副主席 2 名。推选产生了经费审查委员会主任 1 名。周贺云当选为工会主席。

四、干部配备与培训教育

1996 年以来，唐钢两级工会组织健

全，公司和二级单位独立设置工会机构，公司和厂工会主席都按同级党政副职配备，并且进入同级党委班子。在实际工作开展中，依据有关法律规定，对重大事项及时履行民主程序，健全工作机构，理顺工会组织关系，在企业改革发展稳定中发挥了服务保障作用。

唐钢工会以创建学习型工会组织为目标，把提高工会干部素质作为加强工会组织建设的重要内容，不断加强工会干部培训工作。2004 年，制定下发《关于加强工会干部教育培训工作的通知》，在培训范围、培训形式和培训内容等方面进行积极尝试。共举办 21 期专兼职工会干部培训班，有 1695 人次参加培训，107 人次参加了上级工会举办的适应性岗位培训。2005 年，培训工会干部 1900 多人次。

第三节　民主管理

唐钢民主管理坚持“依靠”方针，建立健全工作机构和工作运行机制，贯彻落实省《职代会条例》，坚持和完善以职工代表大会为基本形式的民主管理、民主监督制度，不断深化厂务公开工作，充分发挥职工代表价格听证会和经理联络员的作用，切实保障职工合法权益，有效提高了民主管理水平。

十年间，唐钢工会结合企业实际，制定实施多项民主管理制度，并对职代会职权做了相应调整，完善集体协商、签订集体合同制度和职工董事、监事制度，形成完善的民主管理制度体系。1996—1997 年，紧紧围绕“学邯钢、抓管理、挖潜力、增效益”活动，从现代企业制度试点实际出发，积极探索工会工作运行与民主管理新机制。1996 年，制定公司《依靠职工办企业的规定》，为职工行使知情权、参与权、监督权提供了保证。2003—2005 年，以深化民主管理，规范操作程序为重点，贯彻《省职工代表大会条例》，制定《创建星级职代会达标实施办法》。改制单位重点审议企业改革方案，使职工代表充分表达意愿，保证了改制工作的平稳进行。各基层单位完善了职代会报告、职工代表巡视、民主评议干部、职工代表培训等保障制度，在丰富完善企业民主管理的内容和渠道上不断改进创新，取得显著效果。2004 年 12 月，公司工会被省总工会授予“星级职代会”称号。

一、职工代表大会

职工代表大会制度是职工通过民主选举代表，在企业内部行使民主管理权力的制度。1996—2005 年，唐钢共召开 11 次职代会，审议并通过《1996 年企业改革与管理工作要点》《“九五”发展规划》《职工违纪处理细则补充规定》《房改实施方案》等议案 100 余项，同时每年围绕职工代表大会中心议题，组织职工代表谏言献计，提出提案、建议。提案工作委员会对提案、建议进行认真分析、归纳、整理、立案，及时转交相关领导和部门，并抓紧落实，增强职工民主参与和民主监督意识，保障了职工的合法权益和主人翁地位。

唐钢第十九届职工代表大会第三次会议　1996 年 2 月 8 日，唐钢召开第十九届职工代表大会第三次会议暨 1995 年度总结表彰大会。共有 632 名职工代表出席会议。会议听取并审议通过公司董事长、总经理王天义向大会所作的《行政工作报告》。《报告》明确提出“九五”发展的指导思想和到 2000 年的总体发展目标，大会表彰了 1995 年度先进集体和先进个人。审议通过《1996 年企业改革与管理工作要点》《“九五”发展规划》《职工违纪处理细则补充规定》等议案。

唐钢第十九届职工代表大会第四次会议　1997年2月4日，唐钢召开第十九届职工代表大会第四次会议暨1996年度总结表彰大会。共有587名职工代表出席会议。公司董事长、总经理王天义向大会作《行政工作报告》，会议确定了1997年生产经营目标，审议并通过11项议案。

唐钢第十九届职工代表大会第五次会议　1997年12月2日，唐钢召开第十九届职工代表大会第五次会议。共有556名职工代表出席会议。公司董事长、总经理王天义作《行政工作报告》。大会审议通过《行政工作报告》《1998年生产经营计划》《1998年经济责任制方案》《“九五”“十五”发展规划设想及1997—1998年实施方案的说明》《1997年财务预决算和1998年财务预算的报告》《职工违纪处理条例补充规定》《十九届四次职代会提案征集处理情况的报告》《1997年业务招待费使用情况的报告》《1998年工资基金总体安排方案》《职工福利费1997年预决算和1998年预算》《公益金使用情况的说明》等11项议案。

唐钢第二十届职工代表大会第一次会议　1998年11月30日，唐钢召开第二十届职工代表大会第一次会议。共有407名职工代表出席会议。公司董事长、总经理王天义作《行政工作报告》。大会审议通过《行政工作报告》《1999年生产经营计划》《1999年经济责任制总体方案》《非钢产业发展规划草案》《1998年财务预决算和1999年财务预算的报告》《1998年业务招待费用使用情况报告》《十九届五次职代会提案征集处理情况的报告》《1999年工资基金总体安排方案》《职工福利费1998年预决算和1999年预算》《1998年、1999年公益金使用情况的说明》等11项议案。

唐钢第二十届职工代表大会第二次会议　2000年1月14日，唐钢召开第二十届职工代表大会第二次会议。共有378名职工代表出席会议。公司董事长、总经理王天义作《行政工作报告》。大会审议通过《行政工作报告》《2000年生产经营计划》《2000年固定资产投资计划》《1999年财务预决算和2000年财务预算》《2000年经济责任制方案》《1999年业务招待费使用情况报告》《2000年工资基金分配方案》《职工福利费1999年预决算和2000年预算》《公益金使用情况说明》等9项议案。

唐钢第二十届职工代表大会第三次会议　2000年12月26日，唐钢召开第二十届职工代表大会第三次会议。共有372名职工代表出席会议。公司董事长、总经理王天义作《行政工作报告》。大会审议通过《行政工作报告》《“十五”规划纲要》《关于2000年财务预决算和2001年财务预算的报告》《2000年业务招待费使用情况报告》《2001年生产经营计划》《2001年经济责任制总体方案》《2001年度工资基金总体安排方案的说明》《职工福利费2000年预决算及2001年预算》《关于2000年公益金使用情况及2001年公益金使用情况的说明》等9项议案。

唐钢第二十届职工代表大会第四次会议　2001年12月18日，唐钢召开第二十届职工代表大会第四次会议。共有376名职工代表出席会议。公司董事长、总经理王天义作《行政工作报告》。会议确定了2002年经营方针和经营目标，审议通过《行政工作报告》《劳动、人事、分配三项制度改革方案》等11项议案。

唐钢第二十届职工代表大会第五次会议　2002年12月25日，唐钢召开第二十届职工代表大会第五次会议。共有382名职工代表出席会议。公司董事长、总经理王天义作《行政工作报告》，会议确定了

2001—2010年发展的总体思路，审议通过《行政工作报告》《企业文化建设三年规划》《2003年经济责任制总体方案》《2003年工资基金总体安排方案》《2002年财务预决算和2003年财务预算报告》《2002年公益金使用情况和2003年公益金使用安排说明》《2002年职工福利费决算和2003年职工福利费预算》《2002年业务招待费使用情况报告》《2002年职工教育培训计划纲要》《2003年度生产经营计划》等10项议案。大会号召广大职工，为到2010年比2000年销售收入翻两番，建成千万吨级大钢，使唐钢成为有较强竞争力的现代企业集团而努力奋斗。

唐钢第二十届职工代表大会第六次会议　2003年12月23日，唐钢召开第二十届职工代表大会第六次会议。共有331名职工代表出席会议。公司董事长、总经理王天义作《行政工作报告》。大会审议通过《行政工作报告》《2004年工资基金总体安排方案》《2003年职工福利费决算和2004年职工福利费预算》《2003年公益金使用情况和2004年公益金使用安排说明》《参加唐山市企业职工基本医疗保险实施方案》《职工参加补充医疗保险管理暂行办法》等11项议案。会议简要回顾2003年工作，提出了"三极支撑"发展战略及2004年经营方针、经营目标和主要任务。

唐钢第二十届职工代表大会第七次会议　2004年12月28日，唐钢召开第二十届职工代表大会第七次会议。共有318名职工代表出席会议。公司董事长、总经理王天义作《行政工作报告》。大会确定了2005年经营方针和任务，审议通过《行政工作报告》《2005年工资基金总体安排方案》《2005年度生产经营计划》《2005年经济责任制总体方案》《2004年财务预决算和2005年财务预算报告》《2004年公益金使用情况和2005年公益金使用安排说明》《2004年职工福利费决算和2005年职工福利费预算》《2004年业务招待费使用情况报告》《2005年职工教育培训计划纲要》等9项议案。

唐钢第二十届职工代表大会第八次会议　2005年12月31日，唐钢召开第二十届职工代表大会第八次会议。共有296名职工代表出席会议。公司董事长、总经理王天义作《行政工作报告》。大会审议通过《行政工作报告》《2006年度生产经营计划》《2006年经济责任制总体方案》《2006年度工资（福利）安排方案》《2005年财务决算和2006年财务预算》《2005年公益金使用情况和2006年公益金使用安排说明》《2005年职工福利费决算和2006年职工福利费预算》《2005年业务招待费使用情况报告》《"十一五"职工教育培训规划》《2006年职工教育培训计划》等10项议案。

二、厂务公开

1998年，全面推行厂务公开工作。在认真总结公司多年民主管理工作的基础上，制定《关于厂务公开、民主监督的实施意见及专项工作公开实施细则》，并于1999年1月21日以公司党政名义正式印发。这一《实施意见》先后被省、市总工会转发。各基层单位相继制定完善相应的实施办法，成立领导机构和工作机构，形成党委领导、行政负责、工会监督、职工参与的工作格局。同期，制定下发《重大事项决策公开实施细则》《生产、经营、建设、改革等计划方案执行情况公开实施细则》等18项厂务公开实施细则。诸项举措把生产经营、改革发展和涉及职工切身利益的重大事项作为厂务公开的重点，保障了职工对企业重大问题的知情权，助推了"依靠"方针的落实，使民主管理取得进展。

1999年3月，设置长41米包括16项内容的厂务公开专栏向职工展出。厂务公开专栏的实施有效推动了基层民主政治建设。2001年1月，分别召开钢材销售和大宗原燃料采购价格听证会，20名职工代表参加会议听取汇报，并提出改进和完善管理意见。这是实行厂务公开制度后，组织职工参与管理和监督的又一举措。是年3月，制定实施进出厂物料价格听证会制度，当年共组织价格听证会18次，有效进行了民主监督，此举标志着唐钢厂务公开工作由公开结果向公开过程转化。2002年，公司共评议厂处级领导260多名。2003年，总结推广一炼铁厂、建筑安装公司等单位的先进做法。当年4月，唐钢被全国总工会授予“全国厂务公开先进单位”称号。2004年，职工对厂务公开满意率达96%以上。2005年，各级工会组织职工代表巡视222次，邀请职工代表参加行政例会338次，开展对照检查67次，发现问题20项，全部进行了整改。不断增强厂务公开针对性，进一步深化厂务公开工作。当年，共设厂务公开栏320块，累计公开内容527项，召开听证会95次，对120项内容进行了听证。

三、集体合同

依法签订集体合同，维护职工劳动权益。1995年8月，唐钢签订首轮集体合同。之后，1～3年续签一次。1999年8月，组织续签集体合同。2001年4月，开展以检查集体合同落实情况为重点的“劳动法律监督检查月”活动，职工对集体合同落实情况满意率达98.6%。2003年8月，续签第四轮集体合同。当年，开展“劳动法对照检查月”活动。十年间，唐钢先后被全国总工会、省部评为“集体合同建制工作先进单位”。

四、经理联络员制度

1997年5月，唐钢建立经理联络员制度，聘请50名职工代表为经理联络员，并颁发了聘书。制定《经理联络员手册》，每年进行一次调整。2000年，聘请的41名经理联络员受到表彰。至2001年8月，经理联络员共计反馈“热点”问题2000余件次，受到职工欢迎，同时成为公司重大决策的重要依据。2004年8月，印发《经理联络员管理办法》，明确了经理联络员的条件、职责、权利、活动制度、信息反馈渠道及信息处理程序，联络员的诸项意见、建议为公司领导决策提供可靠依据。2005年4月，对经理联络员队伍调整，为17名经理联络员举行聘任仪式。

第四节　职工劳动

唐钢积极发挥工会组织在企业生产经营活动和履行劳动保护工作中的协助监督检查作用，为职工生命安全和身体健康保驾护航。围绕抓竞赛、推创新、学技术、展才能，开展劳动竞赛、技术比武、总结推广先进技术操作法等活动，激发职工创造活力，团结动员广大职工为企业发展建功立业。这一时期，公司工会被省总工会授予“经济工作先进单位”“创业立功先进单位”称号。

一、劳动保护

1996年，修订完善《劳动保护监督检查员职责条例》，把工会劳动保护监督检查工作重点放在车间与班组。在全公司范围内大力宣传推广一炼铁厂炉前组长高昌利“三查四定五不准班组安全管理法”。1997年，高昌利班组被全国总工会授予“全国安全生产先进小组”称号，“三查四定五不准班组安全管理法”被收录在全国总工会编纂的《工会劳动保护工作》培训教程。同年8月28日，全国钢铁企业劳动保护工作第十三届年会在唐钢召开，唐钢工会以《结合企业安全生产实际、不断强化维护职能》经验材料在会上交流。从1998年起，以参加全国总工会“安康杯”竞赛为契机，以“劳安杯”竞赛为内容，以争创“安全卫士”为重点，在二级单位坚持开展群众性自查整改活动，将工会劳动保护工作与企业安全生产紧密结合，充分发挥三级工会劳动保护监督检查职能作用，促进了“三个条例”的落实与企业安全生产。截至2005年末，公司连续八年获得“全国‘安康杯’竞赛优胜单位”称号。

二、劳动竞赛

唐钢工会以加快企业改革发展为中心，广泛开展“振兴唐钢”立功竞赛、“‘九五’效益杯”竞赛等活动。竞赛种类主要包括厂际竞赛、生产班组小指标擂台赛、技术经济指标上台阶攻关竞赛、新建技改工程攻坚达产竞赛和增加品种提高质量专项攻关竞赛等。

1997年1月10日，下发《关于在振兴唐钢立功竞赛活动中设立“安全卫士”特别奖的实施细则》。1998年，围绕生产经营中心，针对不同时期不同单位的生产经营重点，先后开展创首季开门红、时间任务双过半、创暑季生产最好水平、决战一百天，誓保全年目标实现等厂际立功竞赛活动，深入开展千组万岗挖潜增效纵深行活动。当年，修订《生活后勤系统立功竞赛考核办法》，定期组织职工代表进行巡视，做好生活后勤系统的问题整改。1999年，以落实挖潜增效计划为核心，把影响制约效益的成本、消耗、质量、品种和生产总量等经济技术指标，作为立功竞赛的重点考核内容，厂际竞赛进一步活跃，各厂内部竞赛不断深化。同时，及时开展提高包装质量竞赛、促销立功竞赛、节能增效立功竞赛等专项活动。2000—2005年，相继完善以动态考核“成本、品种、质量、产量、设备运行、安全”六大经济技术指标为主要内容的厂际竞赛管理体系，创新完善铁钢轧主要生产工序班组小指标竞赛奖励机制，着力组织短距离、见效快的“节能增效”等劳动竞赛活动，在重点项目中开展“三保”立功竞赛，参与创造了炼铁厂北区“1号高炉大修精神”，为实现千万吨级目标作出积极贡献。

三、职工技术比赛

唐钢工会每年坚持举办职工技术比赛，到2005年共举办19届职工技术比赛，技术比赛工种主要有铁钢轧常设工种，车钳电等通用工种和主辅生产厂（矿）高技术含量工种，比赛成绩由理论考试和实际操作两部分构成。截至2005年，技术比赛产生技术状元144名，优秀技术能手253名，技术能手355名。有128人获得市、省级技能竞赛状元、标兵、能手称号；6人次获得全国技术能手；3人获得全国钢铁行业技术能手；以职工名字命名的公司先进技术操作法59项。

2001年，创新完善比赛考核奖励机制，将参赛职工平时工作业绩分值记入比赛总成绩。2002年，公司劳动、人事、分配三项制度改革后，对技术比赛获奖选手改为一次性奖励，对前六名分别奖励5000元、3000元、2000元、1500元、1000元、800元，给予进入实际操作决赛的选手奖励200元。2004年，在《人才管理办法》中，对公司及公司以上技术比赛获奖选手在评聘技师、高级技师、操作技能专家等技术职称方面作出规定，符合具体条件的可破格评聘。

多次承办、参加上级举办的职工职业技能竞赛。2002 年 5 月，承办“唐钢杯”首届全国钢铁行业职业技能竞赛，比赛设高炉（1000 立方米以上）炼铁工、转炉（100 吨以上）炼钢工、高线轧机调整工、计算机、推焦车司机五个工种，唐钢参赛选手在全国 48 家钢铁企业参赛者中脱颖而出，共夺得转炉炼钢工、高线轧机调整工和推焦车司机三个工种状元，夺得团体总分第一名。2003 年 6 月，全省钳工大赛在唐钢举行，冷轧薄板厂一参赛职工，被授予“省钳工标兵”称号。2004 年 6 月，第二届全国冶金行业职业技能大赛在昆钢举办，63 家钢铁企业参赛。唐钢代表队获得团体第五名。2005 年 9 月，承办省职工职业技能竞赛转炉炼钢工、高线轧机调整工技术比赛。唐钢职工有 6 人参赛，获得技术比赛状元 2 人、技术能手 3 人。

四、总结推广先进技术操作法

1998 年 3 月，唐钢制定《先进技术操作法管理条例》。截至 2005 年，共举办九届总结推广先进技术操作法活动，以主创者名字命名了 59 项先进技术操作法，涉及铁前、炼钢、轧钢和供辅等各个系统，推动了唐钢工艺技术进步，促进了公司整体操作水平的提高和生产建设的发展。有 11 项先进技术操作法被授予“市经济技术创新成果”称号，其中 3 项先进技术操作法被授予“省经济技术创新成果”称号。

此外，这一时期，每年下发年度合理化建议活动安排，以“十佳百优”为载体，大力开展群众性“一化三技”等主题活动，围绕影响和制约挖潜增效目标落实的因素和生产经营的难点，推进全员开展合理化建议活动，全公司每年共提合理化建议 5 万~6 万条，实施 1 万~2 万条，为企业创造了可观的经济效益。

第五节　宣教文体

唐钢工会坚持全心全意为职工服务的宗旨，采取文件学习、座谈交流，研讨培训、专家讲座、征文演讲等多种方式，宣传方针政策、党政部署与工会重点工作，提高广大职工的思想政治素质与道德文化素质。公司俱乐部、游泳池、图书馆等文体设施服务基层、面向职工，经常性组织开展职工文体活动，丰富职工业余文化生活，通过职工喜闻乐见的健身活动、知识竞赛、摄影活动等载体，团结凝聚职工，构建了和谐劳动关系。

一、宣教工作

唐钢工会围绕公司生产经营目标，利用板报、橱窗、标语等宣传阵地，深入开展挖潜增效形势任务教育，转变职工思想观念，动员职工为企业出力献策作贡献，发挥了工会组织在“两个文明”建设中的作用。1996—1999 年，广泛开展“学邯钢、抓管理、挖潜力、增效益”宣传活动。1999—2000 年，围绕公司限产增效目标，广泛开展转变思想观念，深入挖潜增效形势任务教育。2001—2005 年，配合公司党委开展的解放思想大讨论活动，举办演讲、征文板报展等多种形式的宣传教育活动，动员职工认清形势、明确任务，培养爱岗敬业的主人翁意识。

十年间，工会宣教工作组织开展“决战百天，工会好新闻”征集评选、职业道德教育等系列活动，满足了形势发展的需要与职工的精神文化需求。1996 年 11 月 15 日，召开“三双”活动经验交流会，即双学、双爱、双评（学理论、学先进；干部爱职工、职工爱企业；评最佳公仆、评爱企业职工），共享12家单位在建立内部稳定协调的劳动关系、融洽和谐的干群关系和提高职工队伍整体素质方面的经验做法。1998年，开展生产经营形势答题竞赛与形势任务大讨论活动，贯彻公司党代会精神和公司半年工作会议精神；开展职业道德方面的知识讲座、征文、文艺汇演、美术展览等活动。1999年4月，组织公司职工代表开展“我为实现挖潜增效目标献一计”活动。共有336名职工代表参加，共提各种建议467条，其中20条被评为最佳建议。2003年7月，组织职工参加全国职工学习党的十六大精神答题竞赛活动，有15312名职工参加，唐钢获得“优秀组织单位奖”。组织“车间分会主席谈职工思想工作”征文活动。当年，针对主辅分离、辅业改制需要，辑印下发改制文件汇编。2004年，高扬爱国、爱厂、爱岗、创新奉献的主旋律，宣传改革改制的重大意义。2005年，广泛开展“创建学习型企业、争做知识型职工”活动，涌现了“百佳学习型班组、百佳学习型职工”。培养选树先进典型郑久强在职工中产生了深刻影响。

公司工会图书馆为职工借阅书籍、开展读书活动提供了诸多便利。20世纪90年代，藏书3万册，工作人员10名。国庆期间，举办大型新书展活动。1996年9月，工会图书馆被全国总工会授予“全国工会系统文明图书馆”称号。1998年12月，工会图书馆被省总工会授予“十佳图书馆”称号。2000年8月，唐钢工会被省总工会授予“职工读书活动先进集体”称号。2001年，评选“刻苦读书、岗位成才”十佳职工，促进了职工技术业务素质的提高。2003年4—7月，在图书馆闭馆时期对6万余册文学、科技藏书和1万多册期刊进行整理、消毒，有效防治了“非典”疫情。

二、体育工作

1996年以来，唐钢工会认真贯彻落实国务院颁布的《全民健身计划纲要》，广泛开展全民健身活动。坚持每年举行职工篮球、乒乓球、羽毛球、棋类、游泳等多项竞赛，两年举办一次田径大众体育运动会。为方便社区职工健身，投资30万元在河茵、税东和张西等七个小区安装户外健身器材68件（套）。

1998年，唐钢被全国总工会授予“全国职工体育工作先进单位”称号。2001年，被全国总工会授予“申奥运亿万职工健身活动先进单位”称号；被国家体育总局授予“全国群众体育工作先进单位”称号。2003年，“非典”期间及时将《健康手册》和健身器材发放到职工手中，组织开展各种体育活动，为战胜“非典”、促进生产起到了积极作用；开展“五万职工健身四季行”活动。2005年，唐钢被全国总工会授予“全国亿万职工迎奥运健身活动月先进单位”称号。当年保持了省部级“先进体育单位”称号。十年间，唐钢职工在参加全国、省、市各项体育比赛中，共获得10枚金牌。

三、职工文化活动

十年间，唐钢工会共组织进行大型群众性文艺活动30多次，开展职工喜闻乐见的活动数十次，公司职工广泛参与其中。每年举办春节文艺联欢会暨慰问公司劳模文艺晚会。同期，公司业余艺术团每年到庙沟铁矿、棒磨山铁矿、石人沟铁矿进行巡回慰问演出，丰富矿山职工生活。

1996—1999 年，组织职工业余艺术团定期到唐钢所属 7 个住宅小区进行巡回演出，举办职工卡拉 OK、舞会、电影等文娱活动，开展“周末大乐园”活动，活跃和丰富职工住宅小区的业余文化生活。1996 年 5 月，开展纪念抗震 20 周年系列活动。举办美术、书法、摄影展览 22 场次，歌咏演唱会 38 场次。1997 年，举办大合唱比赛，庆祝香港回归，40 多家单位 5000 多人参加。同年，公司合唱团参加唐山市迎香港回归大合唱比赛，获得一等奖。1998 年，创作并排演了独唱《年轻的妈妈》、诗朗诵《大雁情》、独唱《炼钢工情怀》、京剧联唱《赞劳模张道存》、对唱《爱在筑炉》等一批反映公司生产生活场景的文艺节目。同期加强自管小区文化建设，是年 3 月，陆续将张西、税东、大庆 9 号等 6 个唐钢自管小区文化站向职工家属开放，提高了职工文化活动水平。1999 年，以庆祝新中国成立 50 周年，迎澳门回归为契机，组织了美术、书法、摄影展和祖国颂大合唱比赛、诗歌演讲比赛等活动。

2000 年，组织“我为挖潜增效作贡献”巡回演讲、庆“五一”职工文艺汇演。2001 年，举办“唐钢明天更美好”综艺联欢会。2002 年 9 月，举办“钢城十佳”歌手大赛活动、“送温暖”专场文艺演出。2003 年，组织“应对挑战、加快发展”文艺汇演；举办“今日唐钢摄影展”，出版发行《唐钢画册》；举办“钢城夕阳红”才艺展、“钢城家家乐”综艺比赛和“抗击非典”专场文艺演出等活动，庆祝唐钢建厂 60 周年。2004—2005 年，举办“劳动者之魂”舞蹈大赛，组织“迎国庆钢城金秋”“迎新春庆佳节”职工文艺汇演，举办“颂祖国、赞唐钢”职工才艺展示赛，开展“今日唐钢”职工摄影及职工美术书法展等活动。

第六节　职工权益

唐钢工会深入基层、深入群众，了解职工疾苦与困难，为职工办实事、解难事、做好事，使其感受工会大家庭的温暖。加大对职工生活保障工作的投入力度，通过组织节期慰问、帮困济难、大病救助、金秋助学等活动，为职工排忧解难。十年间，共有 96062 人获得困难补助，589 人获得大病补助，11865 人获得职工互助储金应急借款和补助，累计补助金额 1276.49 万元。

一、生活保障工作

送温暖工程　1996 年以来，唐钢坚持开展节期走访慰问活动，十年间共拨款 1168.78 万元，慰问范围从离退休职工、工亡、震亡职工遗属、长休职工、困难职工等，扩大到对省级以上离退休劳动模范、一线生产骨干等多层次人员。

唐钢工会不断加大对职工生活保障工作投入力度，及时给予困难职工关心和照顾，多解燃眉之急。1997 年，筹集资金 100 万元，成立了职工送温暖基金会。1998 年，对基金会章程进行了修订，专门针对患大病职工及家属的困难给予大额补助。同时建立健全以“困难补助”“送温暖基金”和“职工互助补充保险储金”三项帮困基金，实现了对困难职工多层次、多渠道救助，增强了职工抗御特殊风险的能力。这一年，职工互助补充保险储金达 550 万元，为 1513 名困难职工借款 115.6 万元，实施补助 460 人次。1999 年，向二级单位下拨困补经费 122 万元，补助 9913 人次，补助金额 96.07 万元。建立并坚持帮扶措施和联系制度，定期走访，及时解决实际问题，特困职工总数由年初的46户减少到30户，有16户基本脱贫，实现年初确定的脱贫目标。2000年，在全国钢铁企业工会职工生活保障工作会议上，介绍了《深入实施送温暖工程努力为职工排忧解难办实事》的成果经验。2001年，完善特殊困难和困难职工“两档、两卡、一员、一书”管理机制，进一步明确了帮扶责任与工作机制；开展“三互助”活动；职工互助补充保险储金为1050名职工借款194.7万元。2002年，被省总工会评为“实施送温暖工程先进单位”。2003年，坚持领导结对帮扶，加大解困力度；把特困标准由195元提高到200元，由原来补助职工本人，改为按实际人口补助；投入20万元资金用于专项抗击“非典”。2005年，重新制定《职工困难补助办法》，成立困难职工帮扶中心，建立特殊困难和困难职工动态档案，制定帮扶救助措施，定期对其进行走访慰问，给予困难补助，并协助困难职工办理社会低保、减免学费、减免房租等，多次开展“捐款献爱心”活动，为困难职工解决了诸多实际困难。当年，两级工会对6679名生活遇到困难的职工补助108.45万元。职工互助补充保险储金总额近420万元，为156名困难职工借款35万元。

暑期“双服务”活动　1997年起，每年坚持开展暑期“双服务”活动，为一线职工提供坚实的后勤保障，共为一线职工增拨防暑降温费178.16万元，为职工添置空调、微波炉、冰柜等设施，改善了职工的生产作业环境。坚持开展对生活后勤单位食堂、浴室、班车、医疗科室进行服务、卫生等情况的监督巡视，有效提高了后勤系统的服务质量和服务水平。2005年，为近3万名职工购置了餐具，统一办理了购饭卡。

职工疗休养　每年定期选送劳动模范、生产骨干、技术人员到外地休养，1996年以来，先后共选派33877名骨干职工到桂林、大连、厦门等地进行休养。每年5—9月安排职工到北戴河休养，极大调动了一线职工的积极性。

“金秋助学”活动　2002年，开展“金秋助学”活动，对困难职工子女上学进行救助。截至2005年底，共有305名困难学生受到助学资助，金额30.63万元。

二、工会普法工作

唐钢工会全面贯彻“组织起来，切实维权”的工作方针，积极推进依法治会，做好法制宣传教育工作。1998年，成立工会法律服务中心，为职工提供法律帮助。加强劳动争议调解，处理争议案件16起，调解率100%。2001年，在全国实施“四五”普法的第一年，唐钢工会注重提高广大职工法律素质，制定“送法进企”活动计划，广泛开展职工劳动权益、劳动保护政策等学习宣传，共有3.57万名职工参加知识竞赛答题考试，进行了决赛。2003年，职工普法率达91%。

2001—2005年，唐钢法律工作领导小组每年调整充实一次，有成员15人，基层共设有22个法律工作领导小组。到2005年底，唐钢各基层单位设有22个劳动争议调解委员会，有劳动争议调解专兼职人员503人，共调解劳动争议案件76起。唐钢被劳动和社会保障部、全国总工会、中国企业联合会、中国企业家协会授予“2005年度全国优秀劳动争议调解组织”称号。

2001年，唐钢工会被省总工会评为“‘三五’普法先进单位”。2003年12月，唐钢工会被省总工会评为“学法用法先进单位”。2006年1月，唐钢分别被省市总工会评为“‘四五’普法先进单位”“‘四五’普法先进集体”。

三、工会财务、经审工作

十年间，唐钢工会严格预决算制度和财务审批手续，使工会经费更好地服务中心，服务工会建设。工会经审工作通过年度审计、换届审计、离任审计等，强化监督检查，保证了工会资产和经费的合理使用，多次被省总工会授予“先进经审单位”称号。

第七节　女工工作

唐钢女工委员会围绕生产经营中心，开展形式多样、富有特色的专项巾帼建功竞赛活动，使女职工素质不断提高；维权工作进一步深入，较好发挥了半边天作用。唐钢工会女工委员会在1996年、1997年、2003年、2004年分别被全国总工会授予“女职工先进集体”称号。1997年，公司工会女工部被省妇联授予“巾帼文明示范单位”称号。1996—1998年、2002—2004年，唐钢连续多次被省总工会授予“女职工先进集体”称号。

一、组织建设

2002年3月7日，组织召开唐钢第三次女职工代表大会暨庆“三八”总结表彰大会。公司150名女职工代表和部分先进女职工集体和个人代表参加会议。大会表决产生了公司第三届女工委员会，公司工会女职工部长刘秀荣当选公司女工委员会主任。

十年间，各基层单位女工委均按期进行改选，健全完善了女职工组织。

二、女职工劳动保护与权益维护

唐钢认真贯彻落实《女职工劳动保护规定》《妇女权益保障法》等法律法规，逐年加大女职工职业健康、卫生保健以及劳动保护工作力度，有效维护了广大女职工的合法权益和特殊利益。十年间，每年掌握女职工“三期”人员底数，执行女职工五室管理标准，坚持妇女病体检工作，女职工参检人数达30628人次，普查率保持较高水平，为女职工身体健康构筑防线。公司女职工维权工作在全国总工会、省市总工会有关会议上介绍经验。

1998年，在《唐钢报》开辟《女职工劳保法律》专栏，举办了女职工劳动保护规定知识竞赛。2000年，健全完善女职工四级维权网络，开展女职工劳动保护和母婴保健知识普及活动，不断深化女职工维权意识。2003年，在“非典”期间组织开展“讲文明、讲科学、讲卫生、革陋习、树新风”和“不让非典进我家”等活动。2003年，制定下发《女职工及未成年人保护管理程序》。2005年6月，在女职工中开展以“关爱特殊困难女职工，关爱单亲女职工，关爱困难职工子女”为主题的“姐妹献爱心月”活动。期间，组织走访慰问单亲、困难女职工家庭345户，与困难女职工结成帮扶对子260个，发放慰问金3.2万余元，同时还为24名困难职工子女每人给予500元助学金。

三、巾帼建功竞赛

1996—2000年，广泛开展适合女职工特点的“学绝技、练绝招、争当岗位明星”“赛挖潜、比效益，赛技术，比技能，赛服务质量，比服务水平”等专项巾帼建功竞赛，推进以保全勤、保安全、保生产、保优质、多贡献为主要内容的“奉献在‘三八’竞赛”与以爱企业、爱岗位、尽职责、多奉献为内容的“创优竞赛”等综合性巾帼建功竞赛活动，广泛开展做一件有意义的实事、提一条有价值的合理化建议、搞一项小革小改、奉献一个工时、节约100元的“五个一”活动。

2001年，在女职工班组中制定下发《争创巾帼建功示范岗活动安排意见》，有120多个“三八”班组或站室参赛，涌现出40多个成绩突出的班组或站室。选树扎根班组、爱岗敬业的高线厂女职工何玉华，并下发《关于向何玉华同志学习的决定》，号召广大女职工以先进为榜样，立足岗位建功立业。2002年，开展“优秀女职工标兵”“好夫妻”“好母亲”“好妻子”评选活动，加强对女职工典型的学习宣传。2004—2005年，围绕唐钢“三极支撑”发展战略，积极开展“谋划新发展，实现新突破”大讨论、“女职工素质达标”等活动，实施“女职工建功立业工程”，开展“冲刺一千万，立足岗位作贡献”女工专项竞赛。两级工会组织帮助女科技人员和女职工班组成立创新创效小组126个，女职工提出合理化建议3800多条，小革小改修旧利废468项，创效610余万元。

四、其他活动

1996年以来，唐钢工会发挥女职工技术协会作用，扎实开展以学文化、学理论、学法律、学技术、学管理、学科学为内容的“六学”活动，鼓励女职工提高自身综合素质，争做知识型女职工，增强其解决生产难题的能力和竞争上岗的能力。定期聘请技术人员举行技术讲座、业务培训，女职工受训率达90%。成立女工天车技术学会，组织女工天车学会、化验学会、护理学会开展技术培训、技术交流、现场演示等活动，为女职工提高素质创造条件。坚持每年举办女职工技术比赛，促进了女职工技术素质的提高。

十年间，公司坚持抓好女职工“四自”意识教育，开展“争创钢城好家庭、敬业奉献好夫妻”等评选活动。1999年，开展“迎回归、颂祖国、爱唐钢”知识竞赛。2001年，开展“科学文明进我家”系列活动；组建了女子健身俱乐部，在省职工大众体育观摩展示会上进行表演获得成功。2002年，举办“事业、婚姻、家庭”征文活动。2003年，组织召开女职工学习十六大精神座谈会，举办了硬笔书法赛、集体跳绳赛和“手足情”四人跳活动。2004年，举行征集女工“金点子”活动。2005年，开展“居安思危、加快发展”大讨论，组织女工开展了“维权宣传日”和“岗位奉献月”活动。

第七章　共　青　团

唐钢共青团组织在唐钢党委领导和上级团组织指导下，紧密围绕企业党政中心工作，坚持党建带团建，创新共青团工作思路和方法，不断加强和改进共青团组织的思想、政治、组织和作风建设，制定完善团的各项管理制度，广泛开展青年文化建设和青年活动，开发青年人力资源，实现了建功与育人并举和服务唐钢与服务青年的协调统一，充分发挥了党的助手和后备军作用。1998 年、1999 年，唐钢团委先后被授予“省先进团委”“省五四红旗团委标兵”称号；2002 年，被团中央确立为“2000—2002 年度全国五四红旗团委创建单位”；2003 年，被团中央授予“全国五四红旗团委”称号。

第一节　机构设置与组织建设

唐钢团委积极建立与企业改革改制相适应的团组织管理、考核评价和工作运行机制，逐步形成依靠党建带团建，在巩固中发展，在适应中创新的工作局面。深入开展“五四红旗团委”“五四红旗团支部”创建活动，不断加强基层团组织建设，完善团的各项组织制度，推进团员推优入党等重点工作，提高各级团干部素质，促进了公司共青团工作整体水平的提高。

一、机构设置

根据唐钢机构隶属关系与管理权限的不同，唐钢团委划分为中国共产主义青年团唐山钢铁集团有限责任公司委员会、中国共产主义青年团唐山钢铁股份有限公司委员会。

（一）中国共产主义青年团唐山钢铁集团有限责任公司委员会（1996 年 1 月—2005 年 12 月）

书　记　纪　纯（1996 年 1 月—1999 年 7 月）

负责人　史绍辉（1999 年 7 月—2001 年 4 月）

书　记　史绍辉（2001 年 4 月—2005 年 12 月）

（二）中国共产主义青年团唐山钢铁股份有限公司委员会（1996 年 1 月—2005 年 12 月）

书　记　纪　纯（1996 年 1 月—1999 年 7 月）

负责人　史绍辉（1999 年 7 月—2001 年 4 月）

书　记　史绍辉（2001 年 4 月—2005 年 12 月）

二、工作制度与队伍建设

唐钢每年组织召开共青团工作会议，确定团的工作指导思想和任务，提出共青团工作年度目标要求。重新完善两级组织目标管理制度和工作保证措施，规范并建立了公司团委、二级团委、基层团支部逐级考评的三级考评体系，使“五四红旗团委”“五四红旗团支部”创建活动做到逐层考核、分级管理。十年间，举办团支部书记培训班10期，轮训基层团干部700余人；不定期组织专职团干部培训8次，共有41名团干部通过上岗考试走上各级团的领导岗位。建立团员人才信息档案，公司共青团员队伍整体素质明显提高。

1996年，加强对基层团组织科学化、规范化、系统化管理与考核，对各直属单位团组织实施双向反馈工作制度，促进共青团工作开展。1997年，公司共青团工作会议提出培养一支有理想、有道德、有文化、有纪律的“四有”青工队伍。1999年，制定实施《团支部目标管理考核方案》《团支部月度工作例会制度》《双向反馈制度》《团费收缴与活动经费挂钩考核制度》《奖励经费制度》等管理文件，提升了唐钢共青团工作制度化管理水平。2001年7月，组织24名专职团干部参加中央团校举办的提高团干部素质培训班。2002年1月，唐钢团委全委扩大会议提出，以服务企业发展大局、服务青工成才为着力点，深化“五四红旗团委（支部）”创建活动和青工创新创效活动，努力培养“四有”青工队伍，为唐钢的改革发展再立新功。是年4月，举办团干部岗位技能大比武，通过演讲、才艺展示、团活动设计等竞技，调动团干部学习技术、钻研业务的积极性。2003年4月，下发唐钢青年状况调查问卷并撰写调研报告。2004年，修订完善唐钢团委与二级单位团委工作职责，保证了共青团工作的规范化开展。2005年，召开共青团工作理论研讨会和共青团推优工作交流会，进一步加强基层组织建设。

三、团员推优入党

1996—2005年，唐钢共青团组织共向党组织推荐2098名优秀团员作为党的发展对象和积极分子，有708人加入党组织。截至2005年底，公司共青团员总数5906人（含唐山科技职业技术学院在校生共青团员），其中职工共青团员2756人。

第二节 历次团代会

十年间，根据共青团实际工作的需要，先后召开共青团唐钢第十五次代表大会、共青团唐钢第十六次代表大会，圆满完成大会各项任务，有力促进了团的组织建设。

一、共青团唐钢第十五次代表大会

1998年5月14—15日，共产主义青年团唐钢第十五次代表大会召开，出席大会的代表220名，代表唐钢5634名团员。大会听取并审议通过第十四届团委会所作的题为《高举邓小平理论伟大旗帜，团结带领唐钢青年为实现跨世纪宏伟目标而努力奋斗》的工作报告；大会总结了公司第十四次团代会以来唐钢共青团工作，确定今后三年共青团工作的基本任务；审议通过《团结带领全体青年为唐钢跨世纪发展建功立业》的决议；选举产生共青团唐钢第十五届委员会。共青团唐钢第十五届委员会有37人，其中常委5人，纪纯当选为书记，史绍辉当选为副书记。

共青团中央、共青团河北省委和有关部门团委发来贺电或贺信，向大会表示祝贺。

二、共青团唐钢第十六次代表大会

2002年10月30—31日，共产主义青年团唐钢第十六次代表大会召开，出席大会的代表200名，代表唐钢4173名团员。大会听取并审议通过第十五届团委会所作的题为《以“三个代表”重要思想为指导，着力开发青年人力资源，为实现唐钢“十五”宏伟目标而奋斗》的工作报告；大会全面总结十五次团代会以来唐钢共青团工作，提出了今后三年的工作目标和任务；审议通过《关于团结带领全体青年为实现“十五”发展目标建功立业的决议》；选举产生了由35名同志组成的共青团唐钢第十六届委员会，其中常委3人，史绍辉当选为书记。

共青团河北省委，鞍钢、武钢、宝钢等企业团委分别发来贺信或贺电，向大会表示祝贺。

第三节 主要工作

唐钢团委结合企业改革发展实际，根据企业不同时期中心工作，在广大团员青年中进行理想信念教育和形势任务教育，扎实开展“青年文明号”“青年岗位能手”评选活动，深入推进“青安杯”竞赛、“青工创新创效”和“青年安全生产示范岗”等活动，积极组织参与社会活动，做好青年安全生产工作，着力提高青工素质，争做新世纪“四有”青年，在公司生产经营各项工作中发挥了积极作用。

一、团员青年思想教育

唐钢团委发挥团组织优势，组织各级团组织和广大团员青年认真学习马列主义、毛泽东思想、邓小平理论、“三个代表”重要思想和科学发展观，以培养有理想、有道德、有文化、有纪律的“四有”青工队伍和新世纪、新唐钢、新青年、新风尚的“四新”教育为主题，以迎接新中国成立50周年、建团80周年、五四运动80周年纪念日和其他重大活动为契机，不断加强对广大团员青年的理想信念教育、革命传统教育和形势任务教育，进一步增强团员青年爱党、爱国、爱企的热情，引导团员青年树立正确的世界观、人生观、价值观，在公司生产经营和改革发展中建功立业。

1996年以来，紧紧围绕生产经营中心，以爱岗敬业教育为重点，加强团员青年思想政治教育，全面提高青工素质，调动广大团员青年的生产工作积极性。1997年6月，组织喜迎香港回归、庆“七一”爱国颂党活动，在青工中开展爱国主义教育等系列教育活动和“百尺长卷寄深情”活动，使广大青工将爱国激情落实到热爱本职、扎实工作的具体行动中。1998年，开展学习马金亭，做高素质新型钢铁青年活动。将学习马金亭活动与青工思想教育结合起来，在全体青工中形成立足岗位、无私奉献、人人争当青年岗位能手的良好氛围。1999年6月，开展“兴科技、促挖潜、保增效”系列活动，集中开展“统一思想，坚定信心，为挖潜增效再作贡献”专项思想教育。是年7月，在省冶金职工思想政治工作研究会青年学组年会上，唐钢团委选送的5篇论文分获一二等奖。2000年6月，唐钢团委被省委宣传部、团省委授予“青年思想政治工作优秀单位”

称号。当年7月，组织召开座谈会，学习江泽民总书记在中央思想政治工作会议上的重要讲话精神；12月，召开唐钢青年理论学会年会，共收到论文68篇。2001年3月，启动“新世纪、新唐钢、新青年、新风尚”教育活动，号召广大青年争做唐钢“十五”规划的宣传者，落实“十五”规划的排头兵。当年9月，组织召开学习“三个代表”重要思想扎实推进共青团工作研讨暨2001年青年理论学组年会，要求适应企业发展要求，创新团的工作。2002年4月，以激发广大团员青年爱党、爱国、爱厂、爱岗热情，为实现唐钢“十五”规划和全年挖潜增效目标贡献力量为宗旨的“让团徽在钢城闪光”系列活动在各级团组织和广大团员青年中全面启动。2003年2—3月，在青工中广泛开展“实现大发展，我们怎么办”大讨论活动，并于4月举行实现大发展与提高青工素质专题研讨活动。2004年3月，组织开展“挖潜增效，冲刺七百万，支撑唐钢一片蓝天”青年大讨论。2005年5月，广泛开展“发扬炼铁厂1号高炉大修精神，青春奉献在唐钢、岗位成才在唐钢、建功立业在唐钢——青春唐钢行”活动；7月，在全体青工中开展学习郑久强、岗位成才，迎接挑战、勇当先锋活动。自当年9月起，按照省国资委团委、团市委《关于增强共青团员意识主题教育活动实施方案》的部署和要求，在全体团员中开展增强共青团员意识主题教育活动。

这一时期，深入开展同“法轮功”的斗争，组织开展“马克思辩证唯物主义，历史唯物主义再教育”活动、组织“揭批法轮功歪理邪说座谈会”“崇尚科学、反对迷信”万人签名等活动。

二、青工岗位评先与创新创效

唐钢各级团组织积极开展以青工为主体，以引导青年学习新知识、新技能为基础，以推进企业技术创新为重点的争当“青年岗位能手”、争创“青年文明号”和青工创新创效等活动，提高青工创新能力，最大限度开发青年人力资源，发挥青年人才作用。十年间，涌现出运输部1127机车组等3个国家级“青年文明号（生产线）”、王兰玉等2名“全国青年岗位能手”；热轧薄板厂轧钢部轧钢作业区等多个省级“青年文明号（生产线）”；段如刚、刘键等多名职工成为“省杰出青年岗位能手”和“省青年岗位能手”，李连平等多名职工获得“省五四青年奖章”。

十年间，深入开展争当争创“青年文明号”、争当“青年岗位能手”活动。“青年文明号”活动始自1994年，1996年以后为第三阶段，主要是普及、深化、提高。这一时期，“青年文明号”的申报、考核、命名、表彰、奖励逐步做到规范化、制度化，各级团组织和广大青年用实际行动诠释了“敬业、协作、创优、奉献”的精神内涵。同期，开展以岗位训练为重点的“青年岗位能手”活动，建立35周岁以下青工花名册和青工技术培训档案，制定季度、年度培训计划和目标，建立青工技术比武全过程档案；突出创新创效活动内容，分工种对青工进行职业道德和技术业务培训；规范拜师学技活动，使其更加科学化、制度化，出现了“高师带高徒”“隔行拜师傅”等做法，有效提高了青工的技术水平。

唐钢青工创新创效活动始自1999年。1999年8月，唐钢被团中央、国家冶金工业局确定为国家级青工创新创效活动试点单位；9月，开展以“技术创新、管理创新、营销创新、服务创新”为主题的青工创新创效活动。10月，被团省委确定为省青工创新创效活动试点单位。1999年12月，唐钢科协青年工作者协会成立（简称青科协）。作为唐钢团委领导下的青年职工自愿结合开展群众性科技活动的社会团体，其业务受唐钢科协的指导。唐钢青科协为引导青工立足岗位、刻苦钻研，积极参与科技实践和理论探索，更好发挥青年科技人才的智力优势提供了平台，为科技兴企注入了活力，促进了青工创新创效活动的开展。2000 年 9 月，在全国冶金系统青年职工创新创效活动推进大会上，唐钢团委以多媒体电脑演示的形式发布公司青工创新创效工作成果。2001 年，公司青工创新创效活动紧扣创效抓创新，确保创新成果转化。注重与挖潜增效、攻关立项重点相结合；与青工岗位相结合，突出青工创新创效活动的普遍性和群众性；与争创“青年文明号”、争当“青年岗位能手”、创建“青年文明号生产线”和“青年岗位示范区”活动相结合，以点带面，推动活动整体开展。是年 3 月，唐钢被团中央、全国青联命名为“中国青年科技创新行动示范基地”，标志着唐钢青年科技行动进入了一个新的发展阶段。2002 年 4 月，在省企业青年创新创效活动现场推进暨企业青年共青团工作研讨会上，公司团委获得“2001 年度省企业青年职工创新创效活动优秀组织单位”称号，公司的 1 项创新创效项目获得一等奖并进行了多媒体发布。是年 8 月，组织召开唐钢青科协 2001—2002 年会暨创新创效优秀成果表彰会。对 10 个青工创新创效活动优秀组织单位和 48 项优秀成果进行表彰和认定。2003 年，以青工创新创效特色立项活动为重点，在团员青年中扎实开展技术创新、管理创新、营销创新和服务创新活动，当年实施特色立项 113 项，实现效益近 6000 万元。是年 10 月，组织召开唐钢首届企业文化节青工创新创效活动总结表彰及成果展示会，87 个创新创效立项成果分别获一、二、三等奖和提名奖。

2004 年，共青团中央、劳动和社会保障部、国资委等向全国发出实施“青工技能振兴计划”的号召，带动了公司青工创新创效活动的蓬勃开展。当年 7 月，唐钢青工创新创效立项表彰暨青科协年会提出，广大青工必须认清形势，抓住机遇，努力成为知识面宽、业务精、一岗多能的高素质职工。全年共举办轧钢、炼钢等系统 7 场青工创新创效特色活动立项技术指导会，累计实施并获得 104 项成果。2005 年，举行焦、铁、钢系统青工交流活动，促进了厂际间关键工序和重要岗位青工创新创效经验的学习实践。

三、青年安全生产

唐钢团委紧紧围绕企业安全生产目标，以创建青年安全生产示范岗活动为载体，以强化安全生产监督管理为抓手，不断深化“青安杯”竞赛活动，发挥了“两岗”作用，实现了青工安全意识、安全素质、安全技能的不断提高，促进了企业安全工作的开展。十年间，唐钢连续多年被评为全国冶金系统“青安杯”竞赛优胜单位和优秀组织单位，多个集体被评为“全国冶金系统青年安全生产示范岗”和“省青年安全生产示范岗”。2003—2005 年，公司团委连续三年获得“‘青安杯’竞赛夺杯单位”称号。

在青工中广泛开展安全专项教育系列活动，做好青安岗岗员的补充、调整、教育和培训工作，提高青工安全生产素质。1996 年，深入开展“青安岗”活动和“青安杯”竞赛，组织开展查找身边习惯性违章活动，积极推进合理化建议活动，及时发现和避免多起人身伤害事故、设备事故和生产事故，为公司安全工作作出了积极努力。是年 1 月，组织开展“四反在本岗”夜间巡查活动，更好发挥青安岗职能作用，保证青工节期安全生产。1998—

1999年，组织开展团委包厂、团支部包车间、团员青年结安全互保对子，“青年岗位安全警示牌”和“我为安全献一计”活动，为“青安杯”竞赛增添了活力。2001年5月，以“安全生产，青年争先”为主题，大力开展创建青年安全生产示范岗活动。2002年6月，公司团委会同生产安全处对上年度首批命名的25个青年安全生产示范岗进行复审；7月，召开第二批青年安全生产示范岗命名表彰大会，对10个青年安全生产示范岗进行命名表彰。2003年8月，在第三批青年安全生产示范岗命名暨示范岗结对子活动经验交流会上，向18个青年安全生产示范岗授牌。至此，公司级青年安全生产示范岗达53个，结成安全竞赛对子160个，遍布全公司各单位。2004年4—6月，围绕“百日安全无事故”活动，在各级青年安全生产示范岗中开展“学、查、带”活动。将53个青年安全生产示范岗分成4组，进行参观学习，交流经验，查找不足，发挥了现场生产“安全哨兵”作用。2005年6—9月，在查找和纠正身边典型习惯性违章行为活动中，将13个工种的184条典型习惯性违章行为及正确操作规程印刷成册发放到青工手中。

四、青年挖潜增效活动

十年间，唐钢各级团组织紧紧围绕企业生产经营目标任务，以“学先进、比指标、挖潜力、增效益”为主要内容，将青工特色活动与挖潜增效活动相结合，组织广大团员青年积极参与挖潜增效活动，激发团员青年立足岗位深入挖潜增效的积极性，促进了挖潜增效工作的深入开展。

1996年，在青工中开展“我为挖潜增效作贡献”系列活动，使唐钢3万多名团员青年把完成挖潜增效计划，确保实现9.2亿元目标作为振兴唐钢的最好行动。是年2—5月，组织炼铁新区团员青年开展“联手保铁劳动竞赛”，为保铁增效作贡献。1997年1月，进一步深化挖潜增效活动，确定工作思路，寻找新的增效点。开展“五小”活动和科技攻关活动，进一步规范修旧利废活动，使之由团组织的群众性行为成为行政行为。1998年7月，结合公司开展的“认清形势，增强紧迫感和危机感，确保实现下半年挖潜增效目标”大讨论活动，在青工中开展“企业有困难团员青年怎么办”大讨论，引导广大青工进一步认清形势，明确责任，为目标实现献计献策献力。2000年，在营销系统开展青工营销创新活动，并于11月召开座谈会，要求营销战线青工树立大营销观念，为提高经济效益发挥生力军作用。2002年，组织开展“学技术、强素质，为公司挖潜增效作贡献”活动，在青工中掀起学技术、用技术热潮，促进青工队伍整体素质提高。2004年，广泛开展“立足岗位降成本、青年先行促挖潜”主题活动。2005年9—12月，围绕公司实现千万吨目标，在团员青年中开展了“冲刺千万作贡献，岗位建功当先锋”主题活动。

五、青年文化活动

十年间，唐钢团委以拓展青年素质，服务青年成才为宗旨，坚持开展丰富多彩、形式多样的文化活动，活跃青年文化生活，陶冶青年情操，培养青年文化人才，使广大团员青年的团队意识得到提高，与唐钢共奋进、同发展的信念更加坚定，增强了企业凝聚力，丰富了企业文化建设内涵。

1996—2005年，共举办三届青年文化艺术节，不仅丰富了青年职工的文化生活和企业文化建设内涵，同时在科技、体育、文化、艺术等方面涌现出一批青年人才。其中2001年4月举办的第七届青年文化艺术节，突出新世纪、新唐钢、新青年、新风尚“四新”主题，通过健康向上、适合青年特点的各种活动，宣传公司生产经营形势和任务，用美好前景教育引导广大青工立足唐钢、扎根唐钢、奉献唐钢，积极做实施唐钢“十五”规划的排头兵。开幕式之际，团中央、团省委发来贺电。

六、青年志愿者服务

唐钢团委把开展青年志愿者服务与弘扬企业精神结合起来，开展一系列扎实有效的志愿者服务活动。公司青年志愿者服务总站下设服务分站 36 个，服务队 355 支，拥有青年志愿者骨干 4500 余人，形成了运转有序的三级活动网络。广大青年志愿者大力弘扬“奉献、友爱、互助、进步”的志愿者精神，本着立足企业，面向社区、面向社会的原则，深入厂区为企业、为职工服务，深入社区开展帮孤助残、红领巾一条街环境保护、法律咨询、义务导医等活动，为社区居民提供青年志愿服务，充分展示了唐钢青年的良好形象。这一时期，在遵化东旧寨镇兴建唐钢五虎岭希望小学，在大庆市兴建唐钢希望图书馆。2001 年 3 月，公司青年志愿者服务总站被团省委授予“省十大杰出青年志愿者服务集体”称号；被团中央、中国志愿者协会评为“中国百个优秀青年志愿者服务集体”。

公司志愿者服务活动突出主题，彰显特色。1997 年 3 月，贯彻落实党的十四届六中全会精神，进一步建设“凝聚力工程”，唐钢青年志愿者行动推出新措施，围绕主题开展“奉献一天劳动报酬”主题活动，为困难职工集资购买生活必需品；“请让我来帮助你”温暖主题活动，对唐钢各居民小区有困难的职工有针对性地开展家务、医疗、维修等服务；“勇担生产中的急、难、险、重任务”奉献主题活动，组织青年志愿者在艰巨任务面前勇挑重担作贡献。同时下发青年志愿者服务协议书。是年 9 月，按照团中央关于“希望工程”总体部署，开展“希望工程最后一次劝募”活动，并发出“捐出几元钱，献上一份爱”的倡议。1997 年 11 月 13 日，在遵化市东旧寨镇建成唐钢第一所希望小学——五虎岭希望小学。2000 年，组织团员青年为贫困地区捐物 2 万余件，捐书 2300 余册，在“保护母亲河行动”中捐款 2.68 万元，购买“希望工程”明信片 1340 套，价值 2 万余元。

把青年志愿者活动打造成共青团工作品牌。从 2000 年开始，国家把每年 3 月 5 日作为“中国青年志愿者服务日”，公司团委在每年 3 月开展“青年志愿者服务月”系列活动，进行为一线职工服务，为奉献者服务，为社区服务的“三服务”活动，充分展示唐钢青年良好的精神风貌。这一时期，公司青年志愿者服务总站参与为市陶博会志愿服务活动，与市康复村联合开展“轮椅乘凤凰，喜看新唐山”活动；围绕公司生产建设和职工生活，组织青工到社区、老干部活动中心等地开展修车、理发、修理电器、法律咨询等活动；发放形势任务宣传单等活动。在“非典”期间，积极宣传抗击“非典”的政策和知识，组织青年志愿者慰问“抗非”一线医护人员，36 名青年志愿者与 18 名医护人员结成对子，上门服务 130 多人次。公司青年志愿者服务活动多次被国家、省市媒体宣传报道，获得了团中央、中国志愿者协会与团省委的充分肯定。

第八章　武　　装

唐钢党委坚持党管武装原则，武装系统认真搞好民兵整组工作，加强民兵组织建设，制定实施《关于进一步加强党管武装工作的决定》，落实民兵军事训练，按时保质保量完成上级征兵任务，开展各具特色的民兵参建活动，为公司生产经营和挖潜增效作出贡献，发挥了维护稳定工作中的卫士作用。常态化开展国防教育，做好拥军优抚和人防工作，加强武装系统自身建设，民兵基层建设符合“五有”标准达95%以上。十年间，公司民兵团被北京军区树为“民兵团标兵”，被中国人民解放军总参谋部、总政治部授予“民兵基层工作先进单位”称号。1999年、2000年、2003年，被省委授予“党管武装工作先进单位”称号。2005年，获得“2004年度国家安全人民防线建设先进单位”称号。

第一节　组织建设

唐钢党委认真贯彻落实《国防法》《民兵工作条例》，紧密结合生产经营实际，遵循“巩固成果、突出重点、狠抓落实、全面提高”工作思路，抓好民兵组织整顿工作。坚持每年召开民兵工作会议，总结上年工作，表彰年度民兵预备役工作先进单位和先进个人，部署当年民兵工作重点。省军区、唐山军分区领导多次来公司检查验收民兵整组工作。先后在一炼铁厂等基层单位召开民兵基层建设现场会。自1998年公司被省军区确定为城市民兵工作改革试点以来，公司武装系统围绕党管武装、武装机构、民兵组织、政治教育、军事训练、队伍管理、保障措施等方面，积极创造条件，协调各方力量，狠抓试点各项工作落实，为城市民兵工作改革积累了经验。

一、民兵整组

坚持每年搞好民兵组织整顿工作，使民兵工作做到组织、政治、军事“三落实”。2005年，共编组民兵营23个，民兵连187个，共有民兵8433人，其中基干民兵1400人，普通民兵7033人，民兵占职工总数18.1%。

二、预备役建设

1996年3月—2005年4月，根据上级军事部门要求，搞好年度预备役人员登记工作，共登记预备役退伍军人3650人，地方预备役技术人员4880人，预备役军官64人。1997年7月，公司63名预备役军官根据中央军委、河北省军区、唐山军分区命令，分别被授予大校、中校、少校、大尉、中尉、少尉等不同层级的预备役军衔。

公司民兵预备役工作多次获得上级表彰。1996年10月9日，由国防大学副校长王厚卿中将为团长的国防大学省军区系统干部进修班学员来唐钢参观见学，对结合改革和生产建设开展民兵预备役工作给予高度评价。2002年，被中国人民解放军总参谋部、总政治部授予“全国基层民兵预备役工作先进单位”称号。

三、武装干部学习训练

1996—2005 年，共有 310 名武装干部参加唐山军分区和唐钢组织的军事训练。1998 年 9 月—2000 年 7 月，26 名武装干部通过石家庄陆军指挥学院函授自学考试，取得毕业证书。

第二节　主要工作

公司武装系统围绕生产经营任务和挖潜增效目标，加强民兵训练，深入开展以实施“民兵号”系列工程为主要载体的民兵参建工作，提高民兵预备役工作水平，为公司“两个文明”建设作出了贡献。以贯彻平战结合为方针，以强化人防基础为重点，进一步提高综合防护能力，顺利完成战备、训练、抢险救灾和维护社会稳定等各项任务。加强国防教育，搞好征兵优抚和人防工作，确保人防工程平时用得好，战时用得上。这一时期，相继获得“先进基层武装部”“训练先进单位”“民兵军事训练综合成绩优秀单位”等称号。

一、民兵训练

十年间，每年进行队列等军事科目的训练，并按照唐山军分区下达的民兵训练任务，累计训练各类专业技术民兵 2100 人，其中民兵高炮手 720 人，指挥分队人员 80 人，民兵应急分队 1200 人，均取得了优良成绩。

1999 年 7 月，唐山军分区在唐钢召开科技练兵现场观摩会，与会人员现场观摩了唐钢民兵高炮指挥射击协同训练演示。2001 年 8 月，民兵高炮分队参加河北省组织的保障主力军团作战快速动员实战演习，被省军区授予“在河北省快速动员民兵演习成绩优异”称号，并通报表彰。同年，被河北省委、省政府、省军区授予“先进基层武装部”称号。2002 年 7 月，民兵高炮连代表省、市参加北京军区比武竞赛活动，公司武装部被省军区评为“训练先进单位”，被北京军区评为“民兵军事训练综合成绩优秀单位”；公司民兵高炮连被省军区评为“军事训练标兵单位”。2005 年 10 月，民兵应急分队参加北京军区组织的猛虎-05 战役演习阅兵，出色完成任务。

坚持每年开展学生军训工作。根据河北省《关于在技工学校学生中开展军训试点》精神和唐山军分区部署，1996—2005 年，累计训练唐钢教育中心（唐山科技职业技术学院、河北省冶金高级技工学校）学生 6692 人，经考核和检查评比均取得优良成绩。

二、武器管理

按照上级军事机关《关于民兵武器管理规定》，认真坚持遵守武器管理规章制度，实现管理工作标准化、维护保养制度化，使武器管理达到“四无”标准。2005 年，实现连续 44 年无事故。

三、民兵参建

1996—2005 年，唐钢党委坚持把企业的中心作为民兵工作的中心，企业的难点作为民兵工作的重点，企业的需要作为民兵的责任，动员组织民兵深入开展以“民兵号”为载体的“八一”杯竞赛、民兵安全哨、民兵护厂巡逻、完成急难险重突击任务等活动，组织退伍军人开展“学科技、强素质”和“争当退伍军人优秀班组长”等活动，民兵参建活动的覆盖面和影响力不断扩大。十年间，“民兵号”立项创效实现 5186 万元，民兵安全哨避免各类事故 1120 起。

每年制订民兵参建工作计划，并狠抓计划落实。制定下发年度民兵“八一”杯、民兵安全哨竞赛方面的考核细则，加大对武装工作的考核检查力度，对一些检查项目进行量化。定期召开民兵参建工作经验交流暨实现全年目标动员会。1996年，公司向广大民兵提出爱岗敬业、奋发进取的要求，开展“四兵”活动，即完成生产任务的标兵、双节技改的标兵、安全生产的标兵、稳定企业的标兵。在“八一”杯竞赛和安全哨活动中，每年提出合理化建议 1.45 万~1.75 万条，实施 6000 余条，实现技术革新 40~70 项，修旧利废 350~650 项，捡废钢 1000~3000 余吨。民兵安全哨活动每年指挥哨兵 1400~1500 余人。

1996 年 2 月—2002 年 8 月，武装部与公司原公安处联合成立稽查队期间，为维护生产秩序和保护经济利益作出突出成绩。各民兵组织根据本单位生产经营实际成立民兵护厂巡逻小分队，配合有关部门组织民兵护厂、护矿、护库、护路，为公司的生产经营建设发挥了民兵卫士的作用。

四、国防教育

唐钢党委坚持在民兵预备役人员中开展以爱国主义为核心的国防教育，主要结合民兵整组进行民兵形势、任务教育；结合军训进行民兵使命及优良传统教育；结合征兵进行国防法规、形势战备以及革命英雄主义教育。2002 年，被省委、省政府、省军区授予“省国防教育工作先进单位”称号。2004 年，对公司国防教育展室资料图片进行更换，使之进一步完善和提高。十年间，先后有企业职工、民兵、中小学生接受国防教育 6500 人，接待上级军地领导和有关部门参观检查 12 批次 520 人。

五、征兵优抚

根据市政府征兵命令，1996—2005 年期间唐钢武装系统共完成 1423 名新兵征集任务，保证了兵员质量，实现了“三无”，达到了接兵部队、征集单位、新兵家长“三满意”。对入伍的唐钢职工子女，在服役期间给予优待金待遇，对立功和评为优秀士兵的给予奖励，并以唐钢文件下发执行。

唐钢党委从讲政治、保稳定的高度，认真做好拥军优抚工作。自 20 世纪 80 年代恢复征兵工作以来，每年下发征兵工作通知，召开年度新兵入伍欢送会，为应征新兵颁发入伍通知书。在公司报纸三版开设《征兵宣传教育提纲》《兵役与国防知识》等专栏。先后制定实施《关于优抚工作若干问题的规定》《企业青工入伍待遇问题的规定》等优抚制度和措施。公司各级优抚组织认真贯彻落实党和国家拥军优抚政策及公司有关规定，为优抚对象排忧解难办实事，激发和调动了优抚对象立足岗位搞生产，建设唐钢作贡献的积极性，为公司和谐稳定、市争创“双拥模范城”作出贡献。在省军区、唐山军分区领导来公司检查指导拥军优属工作时受到赞誉。2002 年 7 月，被省委、省政府、省军区授予“拥军优属先进集体”称号。2006 年，停止征兵工作。

六、人防工作

唐钢人防工作以邓小平理论和“三个代表”重要思想为指针，落实科学发展观，贯彻“平战结合、为民造福”的方针，认真执行党中央、国务院、中央军委《关于加强人民防空工作的决定》，高标准落实各项工作任务，完善《公司人口疏散地域规划》，修订《公司生产区域防空袭预案》；不断加强职工人民防空法规的学习教育，增强职工的国防观念；按照全市城市防空任务，抓好人防专业分队的组建和训练，提高人防专业分队执行任务的能力；加大公司人防工程和防空警报器的维护管理力度，提高平战结合的防护能力，成为省市人防先进工程、达标优秀工程和省级维护管理先进单位，充分发挥了人防工程的社会效能，使公司人防工作水平不断提高。

自 1997 年 1 月起，贯彻落实《人民防空法》，学习贯彻十二字方针，加快人防改革步伐，使人防工作不断取得进步和发展。2001—2005 年，对公司贾家山人防指挥所布展人防教育宣传画廊内容，完善电气、照明、除湿等设备，更换了桌椅设施，室内进行了改造和装修。

十年间，公司人防工作获得一系列荣誉与好评。1996 年 11 月，公司人防工程受到省检查团好评。同年，被省人民防空办公室授予“省人民防空系统先进集体”。2000 年 6 月，省人防办主任于桂林来公司视察地下人防工程时指出，唐钢人防工程达到全国一流水平。同年 7 月，国家人防办副主任王胜利来公司视察时称赞“唐钢人防工程是全国企业的一面旗帜”。

第九章 信访维稳

信访维稳工作是构建和谐企业的基础性工作。唐钢立足于有效预防、解决问题、化解矛盾，全面排查不稳定因素，认真处理职工群众的来信来访，倾听职工群众的意见、建议和要求，运用咨询、教育、协商、调解、听证等方法，依照法律和政策办事解决实际问题，特别是因企业改制、周边关系等引发的一系列历史遗留问题，确保不发生信访老户进京上访，不发生越级非访，不发生赴省、市集体访，不发生有影响的个人负面事件，促进了企业和谐稳定。2005 年，公司被评为“2004 年度省政府国资委所出资企业信访稳定工作先进集体”。

第一节 信访管理

唐钢党委始终坚持把信访稳定工作摆在突出位置，健全完善领导组织机构，督办查办信访案件，协调做好周边关系，维护了企业与社会的和谐发展。1996 年，继续贯彻执行国务院 1995 年颁布的《信访条例》。2000 年，印发公司《信访工作管理办法》。自 2005 年 4 月起，贯彻执行国务院修订版《信访条例》。

领导组织机构进一步健全。1997 年 10 月，成立地方关系协调领导小组，加强对周边关系协调处理工作的组织领导。2003 年 10 月 16 日，因机构变动，调整信访工作领导小组。2004 年 9 月 9 日，成立企业改制信访稳定工作领导小组。

做好职工来访接待，把好信访稳定关口。2000 年，在 12345 市长公开电话工作中，上级单位以纸质交办函的形式开始向唐钢公司转交办职工群众反映的问题。十年间，处理职工来信 60~120 封，接待职工来访 430~1260 人次，处理率达 100%。

坚决与“法轮功”邪教组织作斗争，做好“法轮功”及邪教人员的教育转化及稳控工作。1999 年 7 月，深入贯彻落实党中央《关于共产党员不准修炼“法轮大法”》及国家民政部做出取缔法轮大法研究会的决定。同年，实行条块结合，对一般练习者一帮一，对重点练习者五帮一，坚决防止其上访或串联。2000 年，对法轮功人员采取五帮一、办学习班、个别交谈等多种形式教育转化，粉碎“法轮功”邪教组织的反扑，有 31 名“法轮功”顽固分子受处罚。印发《关于对“法轮功”顽固分子进京滋事的处理规定》。2001 年，加强与“法轮功”邪教组织的斗争，445 名“法轮功”习练者中有 415 人转化，先后抓获 23 名顽固分子，实现了法轮功分子进京滋事、当地滋事事件为零的双目标。2002—2004 年，加强与“法轮功”邪教组织的斗争，耐心细致开展教育转化工作，实现省市委提出的“三个零指标”的要求。2005 年，实行信访首问负责制。着力做好改制过程中的信访稳定工作，对改制单位实行职工思想情况报告制度，保证职工队伍的稳定和改革的顺利进行。

第二节 协调周边关系

理顺协调企业与地方的关系。十年间，通过调处周边村（居）民因征地等问题引发的各类上访事件、参加涉及周边关系问题的各类相关会议、签订年度或一次性周边关系经济合同等活动，理顺协调企业与地方的关系。1999 年 6 月、2001 年 11 月，两次集中开展清理协调地方关系所签各类协议、合同活动，查明历史遗留问题缘由，妥善解决问题，规范涉及地方关系的各类协议、合同管理，维护企业权益和正常的生产经营秩序。

第十章 治安保卫

唐钢公安保卫在公司党政的领导和上级公安机关的业务指导下，始终坚持严打方针，认真及时查处各类案件，严厉打击各种犯罪活动，做到严格执法、按章管理，千方百计保驾服务生产经营，实现了从单纯的监管向管理与服务相结合的转变，使公司政治稳定、治安秩序良好、法制环境规范、职工安居乐业、生产经营和谐稳定。这一时期，钢城分局划归地方公安机关建制序列，公司调整理顺保卫部与市公安局钢城分局办公关系，使二者各负其责、联动配合；全方位搞好刑事侦查、治安管理、政治保卫、交通管理、消防管理、经济护卫等工作。截至2005年，公司连续19年未发生政治案件，未发生重大治安灾害事故，未发生破坏事故；连续27年未发生重大火灾，刑事案件发案率控制在1%以内。

十年间，公司多次获得“省治安防范先进单位”称号。1996年12月，被省公安厅授予“安全防范先进单位”称号。1997—2000年，公司连续4年被省公安厅评为“加强企业保卫工作优秀单位”。2000年11月、2002年11月，两次被省公安厅授予“企业治安防范优秀单位”称号。2004年6月，获得“全国冶金（公安）保卫工作先进单位”称号。

第一节 体制与制度

十年间，唐钢经营体制和管理模式不断发生变化，公司公安保卫管理体制与各项工作制度做出相应改革和调整，积极参与主辅分离、辅业改制，更好地为唐钢发展提供有力支持、服务和保障，在打击犯罪、整顿治安、维护稳定、保卫经济建设中发挥了重要作用，维护了企业良好的治安秩序。

一、治安体制

1998年3月，唐钢对公安系统实行集中统一管理，内保系统实行属地管理。当年4月，对内部公安保卫体制进行改革，撤销直属公安分处，仅保留第一公安分处，各保卫科不再由公安处集中管理，划归所在单位管理。2001年8月，公司90余名干警参加了市公安局举办的“企业民警授衔培训班”，为公安体制改革做好充分准备。2002年12月，根据省公安厅和市公安局的指示精神，公司公安体制改革进入实质性阶段，完成企业民警授衔的各项申报工作。2003年12月，原公安处（已纳入公安编制的民警）改制为唐山市公安局钢城分局，与唐钢保卫部合署办公。

二、工作制度

唐钢高度重视公安保卫工作，从维护厂区稳定的大局出发，加强对公安保卫工作的领导。根据治安形势变化和人员变动情况，及时调整公司治安综合治理委员会、国家安全工作领导小组等成员。公司领导担任组织机构主任或组长，负总责、亲自抓，在公司大范围的严打整治活动和反盗窃斗争中担任行动总指挥。每年举行公安保卫工作会议，召开综合治理工作会议，总结部署年度工作，表彰先进集体和先进个人。坚持谁主管谁负责原则，层层签订治安综合治理责任状，落实治安综合治理领导责任制。开展“打黑除恶”等专项行动，加强各项防范措施，不断净化公司周边治安环境，杜绝或减少各类案件的发生。举办法制教育培训班。召开治保会工作经验交流会。

十年间，唐钢先后制定《内部治安综合治理管理标准》《维护内部治安见义勇为奖励办法》《治安综合治理一票否决权办法》《重点易发案部位评定细则》《治安管理经济责任制》《预防和处置群体性事件的工作预案》《外雇队流动人口治安管理实施细则》《职工爱厂护厂奖励办法》《爆炸物品管理规定》《爆破安全规程实施细则》《矿山炸药生产安全规程实施细则》《要害部位保卫工作实施细则》《防火管理标准》《防火安全检查、火灾隐患整改、火灾事故调查处理细则》《火灾事故处理预案》《厂区道路交通管理标准》《厂区道路交通违法行为处罚规定（暂行）》《机动车驾驶员违章处罚规定》《保卫部工作职责》等管理制度，使治安防范、消防战斗、剧毒化药管理、交通管理等工作走上规范化轨道。

在自身队伍建设方面，于2004年5月中旬制定出台《首问责制》，旨在打造一支“政治坚定、纪律严明、作风优良、业务精通、执法公正”的公安保卫队伍，更好地为公司生产、为公司职工服务。

第二节 主要工作

唐钢公安保卫系统坚持打防并举，从严遵守《刑事诉讼法》《行政处罚法》，进一步强化群防群治措施，集中力量严厉打击以盗窃为主的刑事犯罪活动，认真开展治安综合治理工作，完善治安防控设施，加强工程现场治安管理，落实门卫出入管理制度，堵塞各种漏洞，防止物资流失，为公司生产经营创造良好的治安环境。加强正规化建设，牢固树立执法为民思想，锻造一支政治坚定、作风过硬、敢打必胜的钢城铁军队伍。坚持不懈抓好消防交通管理，保障了公司消防交通安全形势的持续平稳。

一、刑事侦查

唐钢刑事案件侦破工作认真贯彻“打防结合、预防为主”方针，紧密结合厂区治安实际，有针对性地组织开展了各项严打整治专项斗争。十年间，严厉打击以盗窃为重点的各类违法犯罪活动，共破获各类刑事案件477起，涉案价值500余万元，其中捣毁了李成凯犯罪团伙和董立安、姜宝利等盗窃团伙，受到了市公安局和公司的表彰。通过各项严打行动和刑事预防措施的有效落实，有力地震慑了违法犯罪分子，维护了公司内部稳定，取得良好的社会反响，为企业挽回了经济损失。

1996年以来，以公安处刑警大队为龙头，唐钢连续组织破大案、抓逃犯、打团伙的“铁拳行动”。1997年2月，刑警大队集中精力突破，抓获持枪盗窃犯罪嫌疑人陈某等5人，一举侦破1995年作案的特大团伙盗窃积案。1999年6月，破获了“案号3·15”特大盗窃案，打掉利用机动车盗窃的犯罪团伙，挽回经济损失20.3万元。

2000年7月，公安处组建“110”指挥中心，下设特警大队，做到有警必接、有难必帮、有险必抢、有灾必救。翌月，仅用7天破获一起带有黑社会性质的重大绑架案，4名犯罪嫌疑人均被逮捕归案，受到市公安局和公司表彰。当年9月，公司公安处、路北公安分局、开平公安分局联合召开公捕大会，对犯罪嫌疑人分别执行公开逮捕。2001 年，通过摸索破案规律并与厂区治安管理实际相结合，推行刑事案件预防跟踪考核，使公司厂区重特大刑事案件发案率同比下降 89.9%，一般刑事案件发案率控制在市综治委考核指标以下。

2002 年 1 月—2003 年 3 月，连续组织开展 9 场严打整治战役。战役以打黑除恶为龙头，以打击团伙盗窃、利用机动车盗窃、入室盗窃犯罪为重点，解决了厂区治安和职工安全感问题。2003 年 12 月，仅用 18 个小时破获一起化名并外雇司机盗窃公司外销钢材 40 余吨、价值 16 万元的特大盗窃案。从 2005 年 4 月起，开展打击“两抢一盗”犯罪专项斗争。当年，与钢城分局联动，打掉盗窃团伙 8 个，抓获偷摸等不法人员 420 人，缴获钢铁、矿石等 506.5 吨，为公司挽回直接经济损失 139.72 万元，实现了年初制定的综合治理工作目标。

二、治安管理

1996 年以来，公司治安管理工作稳步推进，在规范各类制度的同时完善了治安管理软硬件建设。截至 2005 年末，唐钢共有重点易发案部位 751 处，全部落实“人防、物防、技防”三防措施；结合厂区实际推行警务区管理模式，强化基层治安基础建设，建立健全基层治保会 336 个、基层民调组织 366 个，建立工人护厂队 38 个，有 900 多名工人坚持巡逻护厂。

始终加强要害部位设施建设，定期进行检查，一贯做好危爆、化学物品的安全管理，确保公司无治安灾害事故发生。1996 年 9—11 月，建设公司通讯报警塔，使公司的通讯接收能力达 40 千米范围，总塔高 55.15 米，主要警卫目标包括财务中心、财务处、机动处等要害部位和贵重用品存放点，要害部位监管设施更加完备。2000 年 9 月，闭路电视监控系统投入使用，唐钢南、北区主要出入口实现了全天候电视监控。2002 年，按照国务院颁布的《危险化学品安全管理条例》的规定，危险化学品安全监督管理职能由公安处划归公司生产安全处。当年 9 月，唐钢投资 500 万元，在重点要害部位和易发案部位安装了红外线报警装置和自动报警灭火装置。2005 年末，重新确定要害部位 126 处，其中一级要害部位 7 处、二级要害部位 16 处、三级要害部位 103 处，要害部位上岗人员 2016 人。

在加强生产保卫工作规范化管理、严格落实规章制度的同时，认真做好生产大中修及施工现场的安全保卫工作。1996—2005 年，参加 1260 立方米高炉扩容及配套改造工程、炼铁系统南区淘汰落后结构调整技术改造工程、超薄热带二期工程和公司各二级单位大中修等施工现场的保卫工作，防止了治安灾害事故的发生，保证了生产建设的顺利进行。

此外，2004 年 4—5 月期间，公司贯彻落实省市禁毒工作电视电话会议精神，组织开展为期 40 天的对吸毒人员集中收戒专项行动，有效遏制因吸毒人员诱发的刑事、治安案件的上升势头。

三、政治保卫

唐钢公安保卫系统认真贯彻执行上级公安机关、安全保卫部门工作部署，加强隐蔽战线斗争。强化对职工维护国家安全的宣传教育，开展调查研究、专案侦查，及时搜集情报信息，有效地维护了公司政治稳定。1996—2005 年，共接待外宾 2400 多人，办理审批因私出国（境）人员 1525 人，未发生违规办理、涉外及危害国家安全案件。

1997年1月，被省公安厅授予“政治保卫业务先进单位”称号。

四、消防与交通管理

每年度举行交通消防安全工作会议，总结上年工作，部署当年任务。做好交通消防工作的指标分解落实，完善保证措施，确保不发生问题。抓好交通管理基础设施建设，以反违章、压事故为中心，努力降低违章和事故发生率；每年10月下发《开展“119”消防宣传月活动安排》；建立交通消防安全事故应急救援体系，制定和完善应急救援预案；把消防管理的重点放在生产工艺流程、重点工程项目的建筑审核及重点防火部位的检查和隐患整改上；做好一年一度的春运、车辆和驾驶员检审、车辆保险续保等专项工作，实现重大有责交通事故为零和厂内交通安全畅通。

（一）消防管理

唐钢消防系统深入贯彻落实国家《消防法》与《省实施<消防法>办法》等法律法规，狠抓基础档案管理和专兼职防火队伍、义务消防组织建设，加强消防设施建设，深入开展消防安全宣传与专项检查活动，及时整改消除火灾隐患。十年间，共接出警320次，为各单位应急送水420车约2520吨，现场监护25次共150余人次，执行突发任务11次。至2005年，公司连续19年被市政府授予“消防工作先进单位”称号。

1996—2005年，唐钢8个一级重点防火部位、7个二级重点防火部位、137个三级重点防火部位未发生一起火灾事故。这一时期，公司加大消防安全工作力度，每年举办防、灭火培训班，举行消防演练，从根本上整治火险隐患。对煤气柜、油库、制氧机、液化石油气站等重点消防保卫部位治安隐患大排查中发现的较大火灾隐患，定人、定时间、定整改方案，落实责任、落实资金、限期解决，经有关部门按国家消防规范标准进行验收合格，火险隐患全部消除。十年间，公司消防系统先后参与一炼钢厂结构调整配套改造工程、中厚板公司建设、不锈钢公司建设等重点工程施工现场的消防安全管理，确保了工程建设的顺利进行。督办了向国家交验工程的各种建审、验收手续，把好了火灾隐患源头关。

（二）交通管理

公司交通管理工作始终坚持“安全第一、预防为主”的方针，充分发挥监督检查职能作用，全面加强交通安全宣传教育，扎实开展“反违章、压事故”“共创文明车队，保安全运行”等争先创优竞赛活动，认真组织交通安全检查和机动车及驾驶人员的检审工作。根据厂区道路环境，设置完善交通标志设施，针对公司产量上升、公路发货量剧增的实际，集中力量加强交通环境治理，确保道路畅通。依法妥善处理厂区内发生的道路交通事故、铁路伤亡事故，维护了公司内部交通秩序安全。十年间，公司未发生重特大道路交通事故，一般交通事故呈现逐年下降态势。1996—2003年，唐钢连续被评为“市交通安全先进单位”。2004年，相继被市、省命名为“交通安全先进宣传示范企业”。

五、经济护卫

1996年，公司经济警察大队编制428人，下辖直属分队3个，属地分队23个。2000年1月，经公司批准，经济警察大队与门卫护厂大队合并，统称为经济警察大队，负责公司厂区巡逻防范、门禁管理，成品物资、物品出门的检查、查验收票任务。同年6月，重新制定出入厂门规则，完善物资出入厂管理。2003年，经省公安厅批准，经济警察大队改制为经济护卫大队，编制增加到643人，有直属中队5个，属地分队36个。经济护卫大队直属中队担负着公司5个大门4个道口门的门禁管理任务。2005年，经济护卫大队结合门卫管理实际，实行“一人一证”“一车一杆”“双人验票查车”等制度，树立了唐钢良好的企业形象，维护了公司财物和职工的人身财产安全。

六、治安综合治理

唐钢治安综合治理工作在市综治委和公司综治委的领导下，各单位组织机构健全、工作到位，各部门协同配合、齐抓共管，为公司发展创造了良好稳定的治安环境。坚持于每年初由公司党政主要领导与二级单位签订治安综合治理责任状，多举措使治安综合治理工作有计划、有检查、有考核、有总结、有奖惩，走上了制度化、规范化轨道。在职工队伍中广泛开展“四五”“五五”普法宣教，于每年12月组织开展法制宣传周活动，通过深入细致的法制教育，职工遵纪守法意识不断提高。抓好矛盾纠纷排查调处，做到预防为主、教育疏导、依法处理、防止激化。调动和发挥群防群治的积极作用，深入开展群众性反盗窃斗争。全面落实创建“诚信平安唐钢”实施方案，为创建和谐企业奠定了基础。

坚持群专结合，打防并举，充分发挥公安保卫部门的骨干作用，不间断地组织开展群众性反盗窃斗争，取得显著效果，盗窃案件发案率和职工犯罪率连年下降，稳定了厂区治安秩序。1998年8—10月，公司集中组织开展群众性反盗窃斗争。成立公司反盗窃斗争领导小组，公司党委副书记刘玉印、副总经理王子林任组长。先后召开了4次工作调度会，领导小组成员靠前指挥推进反盗窃各时段行动。9月，在市公安局、路北区人民检察院支持下，组织召开反盗窃斗争公开捕处大会，对16名犯罪嫌疑人公开捕处。是月，在带钢厂组织召开治安封闭式管理现场会，及时推广带钢厂治安防范经验。各项措施的推进，确保了群众性反盗窃斗争向纵深发展。2004年8—12月，组织第二次大规模群众性反盗窃斗争。公司召开动员大会，董事长、总经理王天义要求反盗窃斗争必须常抓不懈，副总经理王子林作动员报告。同年12月，《唐钢报》全文刊发公司党委副书记刘玉印在群众性反盗窃斗争总结大会上的讲话。这次为期近5个月的群众性反盗窃斗争，狠抓严打、严防、严治、严控4个环节，一批治安混乱部位得到有效整治，为公司挽回经济损失60.84万元。

从2004年开始，全面开展为期三年的创建社会安全工程活动。自2005年1月起，公司进一步优化生产发展环境，发布《创建诚信平安唐钢三年规划》，建立健全“打、防、控、疏”基本体系，较好解决突出的治安问题，职工群众的安全感进一步增强，治安形势呈现良好势头。

第十一章　史志编纂　机要　保密

1996—2005 年，唐钢党委做好史志编纂、机要、保密工作，综合记述唐钢发展历程大事要事，科学管理机要文件，保护了国家秘密和企业秘密。

第一节　史志编纂

《唐钢大事记》作为简明叙述记载史实的公务文书，通常每五年编辑 2 册。1996—2005 年，编辑出版《唐钢大事记》四册，653 千字，照片 75 幅。1999 年 11 月，编辑出版《唐钢大事记（1995—1997)》。2001 年 3 月，编辑出版《唐钢大事记（1998—1999)》。2004 年 2 月，编辑出版《唐钢大事记（2000—2002)》。2007 年 3 月，编辑出版《唐钢大事记（2003—2005)》。四册书均由冶金工业出版社出版。

1997 年 12 月，公司被省委党史研究室评为“省党史工作先进单位”。此外，按年度上报《中国钢铁工业年鉴》《河北国资年鉴》《河北企业年鉴》《唐山年鉴》《中共唐山年鉴》等涉及唐钢部分的史志材料工作。

第二节　机要

1996—2005 年，机要管理内容主要包括向公司领导呈送、向直属单位和部处室分发上级领导机关及公司内部的文件、公函等，并负责文件的拟办、转递、催办、借阅（当年的)、立卷、归档工作，涉密文件统一管理归档。唐钢每年收到国家冶金工业部（国家冶金工业局)、中国钢铁工业协会及河北省、唐山市党政机关的挂号件、简报、信息、机要件以及各单位上报信息、材料近 0.6 万~1 万份。于每年初整理公司内部发文、总经理办公会记录等重要文件，并按时归档移交信息档案处(科）保存。1997 年 8 月 28 日，制定《机要交换站工作制度及考核办法》，全公司机要交换站共分七组，于 9 月 8 日起施行后，机要交换工作有序、安全、可靠管理。2004 年 3 月，加强机要交换工作，强化机要员和交换员保密管理。

第三节　保密

唐钢党委保密委在上级党委保密委和省市国家保密局的正确领导下，紧紧围绕生产经营和企业改革，深入推进保密制度建设，持续加强保密教育，未发生失密泄密现象，为企业持续健康发展提供了强有力的保障。

一、制度建设

十年间，唐钢党委保密委员会按照上级保密委员会和保密部门要求，落实保密规章制度，加强和改善唐钢保密办管理工作。1999 年 1 月 22 日，执行《领导干部保密责任制实施办法》，要求领导干部自觉接受保密监督，模范遵守保密准则。2003

年1月，下发《保密和知识产权保护制度汇编》。制度汇编分三层文件体系共19项管理制度，主要特点是明确了知识产权是唐钢的无形资产；明确了专利奖励与利益分配；实行对知识产权保护工作的动态管理；将保守商业秘密和保护知识产权有机结合，形成有效的知识产权保护机制。至此形成由保守国家秘密、保守公司商业秘密和保护公司知识产权三个体系构成的保密制度体系。

二、主要工作

唐钢党委保密委每年下发上年保密工作总结和当年保密工作要点。坚持每月安排部署保密工作，将保密重点工作纳入了公司党委每月工作要点。

1996年，实现重大失泄密事故为零，全体涉密人员教育不少于四次，受教育面100%，职工受教育面85%，出国人员保密教育率达100%，保密组织健全率100%，三密文件保密率100%，上级下发的文件、资料执行月检查、季清退，清退率100%；揭发举报、办案保密率100%，实现对国家秘密、企业秘密事项定密率100%的目标。是年，确定保密要害部门部位77项，配备涉密岗位人员616人，企业秘密在岗人员1370人。1997年，文书保密办公室、科技保密办公室等6个专业保密办公室照章办事，加强对外开放中的保密工作，在与澳大利亚柯波尔公司合资项目谈判前，专门制定保密方案，制定主谈人员不与外方单独接触的规定。

1998年，贯彻冶金工业部《关于加强涉外保密工作的通知》。在《保密法》颁布十周年之际，连续刊登8期保密办编写的保密知识文章，出板报60多块。将保密法律法规学习纳入“三五”普法教育，组织200人参加全国保密知识竞赛，全年组织领导干部学习保密知识达850多人次，组织涉密人员学习保密知识达2600余人次。

2001年，组织717人参加保密工作学习测验；做好筹建中的热轧薄板厂图纸资料保密；54台接入国际互联网的计算机通过审查批准不涉密，杜绝失泄密事件的发生。2003年1月13日，建立行政保密机构，党委、行政分设保密委员会，实行一个机构两块牌子，两个保密委员会下设1个知识产权管理委员会、1个保密委员会办公室和8个专业保密办公室。2003年4月，执行《密码工作条例》，加强保密、密码工作，贯彻“两个绝对确保”；11月，首次举办保密和保护知识产权培训班。2004年5月，确定要害部门、部位37个；当年8月下发《关于在关键涉密岗位人员中签订〈保守商业秘密保护知识产权合同〉和对重点秘密事项保密给予奖励的规定》。2005年3月，学习贯彻《省“四五”保密普法检查实施办法》《省“四五”保密普法检查验收标准》，四五月间通过省“四五”保密普法检查验收。

第七篇

文教卫生

1996—2005年期间唐钢企业文化建设、各类教育、医疗卫生、计划生育管理随着生产经营的需要逐步发展和完善，为舆论引导、氛围营造、职工素质提升、健康保健服务、调动职工积极性发挥了重要作用。十年间，公司文教卫生工作紧跟时代步伐，促进生产发展，做到企业文化有特色，各级干部和广大职工的素质有提高，职工医疗、预防、保健有保证，计划生育和妇幼保健有作为。

第一章 企业文化建设

唐钢把加强企业文化建设作为提升企业核心竞争力，实现企业可持续发展的重要内容，按照突出重点、整体推进的工作思路，扎实有效开展工作。“十五”时期，企业文化建设纳入公司整体发展规划，制定实施《企业文化建设三年规划（2003—2005）》，建立企业形象识别（CIS）系统，着力培育唐钢精神，弘扬企业理念，规范企业标识，塑造企业形象，形成以“坚持发展、持续创新、奉献精品、服务社会”为宗旨，以“进步慢了就是落后”为理念，以“自强、奋进、创新、奉献”精神为主要表现形式的唐钢特色企业文化。在此期间，开展企业文化建设年活动，举办建厂60周年纪念活动，开展学习型企业创建活动，积极培育“四有”职工队伍，使企业保持了旺盛的生机和活力。充分利用内部与外部媒体，报道新成果、新典型和新纪录，激发了职工劳动热情，大大提升了企业、品牌和产品知名度。唐钢被评为“2001—2002年度省企业文化建设先进单位”。

第一节 识别系统

2002年，唐钢全面谋划企业文化建设工作，成立以公司总经理、党委书记为主任委员的企业文化建设推进委员会，下设6个工作小组和企业文化建设协调办公室。制定《企业文化建设三年规划》，从导入CIS识别系统、完善制度文化、美化绿化环境、创建学习型企业、开展文化活动等方面提出具体要求、方法、措施和时间进度。唐钢党委和行政于2003年1月联合下发通知，在全员中组织开展征集经营理念和厂徽、厂旗、厂歌活动。在企业文化建设年活动中，规范唐钢标识，广泛开展唐钢精神、唐钢经营理念、发展史、学习型企业建设等宣传教育，将企业文化建设提升到新水平，为促进唐钢又好又快发展提供了精神动力和文化支撑。

一、理念识别（MI）系统

经营理念是企业文化的核心，是企业组织的基本思想和信念。2003年，唐钢从年初开始作品征集活动，共征集理念作品190多件。是年6月，经评选审定，确定企业经营理念为“进步慢了就是落后”。为健全唐钢企业理念系统，围绕唐钢发展目标，形成广大职工的共同意志和追求，引导广大职工为唐钢的发展目标贡献智慧和力量，在广泛征集公司价值观念的基础上，着力提炼企业经营理念以及质量、管理、生产、安全、环保、销售服务等方面的价值观念。2005年，继续完善理念识别系统，结合公司历史和发展前景，对公司理念进行归纳整理，形成企业精神、企业目标、企业宗旨和八个基本理念，3月编发《企业理念识别系统》（征求意见稿），并进行深入阐释；印制宣传图示，在厂区显著位置悬挂；开展学习贯彻企业理念活动，引导职工认知理念、实践理念。强化企业精神教育，开展向“热爱唐钢、岗位成才”的炼钢工郑久强同志学习等活动，促进了企业“三极支撑”战略目标的实现。

附　理念识别系统

企业目标：培养一流队伍、奉献一流产品、创造一流效益，建设一个环境优美、可持续发展、在国际国内市场有竞争力的现代化钢铁企业

企业宗旨：坚持发展、不断创新、奉献精品、服务社会

唐钢精神：自强、奋进、创新、奉献

企业基本理念：进步慢了就是落后

企业发展理念：与员工和谐进步，求更快更好发展

企业管理理念：全员全过程对标，以无限的创造力开发有限的资源

企业安全理念：安全就是一切

企业人才理念：人才就是未来

企业营销理念：用户中心、诚信双赢

企业质量理念：质量就是产品的生命

企业科技理念：领先一步

企业环保理念：最大化综合利用　高标准改善环境

二、视觉识别（VI）系统

建立具有企业特色的视觉识别系统，确保企业形象的整体性、知名度和影响力。2003年1月，唐钢征集厂徽、厂旗、厂歌活动开展后，广大职工积极参与，共征集到厂歌作品20多件、厂徽作品130多件、厂旗作品40多件。经过审定，是年6月，确定厂歌为《振兴中华做栋梁》；厂徽为在原厂徽基础上修改完善而成；厂旗为正面印有厂徽图案的蓝色矩形旗。6月10日，下发《关于标识物品和企业形象有关事宜的规定》，对企业标识物品的使用与管理进行规范，有利于公司树立良好的企业品牌形象。

（一）唐钢中英文名称

中文全称：唐山钢铁集团有限责任公司

英文全称：Tangshan Iron & Steel Group Co.，Ltd.

中文第一简称：唐钢公司

英文第一简称：Tang Steel Company

中文第二简称：唐钢

英文第二简称：Tang Steel

（二）唐钢厂徽

图案的主体部分是由“唐钢”两字的汉语拼音“T”“G”和“唐钢”的中英文简称组成，具有鲜明的唐钢个性，同时寓意唐钢与世界接轨。“T”象征由转炉的故乡发展成具有高科技、现代化装备水平的特大型钢铁联合企业。“G”由变形的“U”和“I”组成，寓意唐钢以产品多样化带动产业多样化，发展势头生机勃勃。

内弧形象征棒材、线材、管材等产品。外弧形象征以板材为基础，拓展出更大的发展空间。二侧翅膀含义为一个象征科技，一个象征管理，表示唐钢依靠科技进步与加强管理，参与市场竞争，实现新的腾飞。红色寓意红红火火、蒸蒸日上，蓝色表示有广阔的发展空间和创建环保型企业，黄色表示企业的开拓与腾飞。整个图案寓意为唐钢在龙头产品——板材的引领下，带

动新产品新产业，不断发展壮大，实现新的腾飞。

（三）唐钢厂旗

唐钢厂旗的底色为天蓝色，正中央为唐钢厂徽。其规格按等同于国旗规格的大小制作。厂旗底色为天蓝色，寓意为创建环保型企业，象征着唐钢走新型工业化道路和广阔的发展空间。

（四）唐钢厂歌

唐钢厂歌是在原厂歌曲谱上重新填词，同时保留原词中精华词句。主旨展示唐钢的发展历程、唐钢的风采和形象、“自强奋进创新奉献”的企业精神。歌名为《振兴中华做栋梁》。

此外，对唐钢企业标准色及其他标识性图案的使用，公司对外宣传及公司礼品的制作和使用也作出了规定。

三、行为识别（BI）系统

1998—2000 年，制定《职工行为规范》，广大职工通过《职工行为规范》《职工岗位职业道德规范》“两个规范”的学习和运用，讲道德、讲大局、讲服务、讲贡献，规范操作，尽职尽责蔚然成风。

第二节　主要活动

唐钢紧密结合加快发展第一要务和生产经营中心，以深化唐钢精神教育为主线，积极落实企业文化建设任务，不断丰富企业文化内涵。围绕凝聚力工程、新中国成立 50 周年、建厂 60 周年等主题，开展形式多样的企业文化活动。以年为届分别举办职工大众体育运动会和职工群众歌咏大会，推动群众性文体活动蓬勃开展，呈现有声有色、精彩纷呈的局面。

一、扎实推进“凝聚力工程”

1996—1997 年，按照冶金部党组要求，结合唐钢实际情况，组织开展并加大力度稳步推进“凝聚力工程”建设活动，制定《关于“凝聚力工程”建设实施纲要》，按照“凝聚力工程”中的 6 项子工程、20 条作业线要求，对子工程进行细化分解，制定实施细则，确定责任处室和时间进度。成立“凝聚力工程”建设领导机构，建立联席会议制度和检查考核制度，把加强领导班子建设，全心全意依靠职工办企业，利益共同体建设作为“凝聚力工程”的实施重点。以形象工程为突破口，开展以塑造唐钢形象为主题的系列活动，重点开展职业道德教育，涌现出一批先进集体和个人，“凝聚力工程”建设取得重要成果。此项活动的开展，对于公司顺利实施“九五”计划、向跨世纪宏伟目标迈进具有重要意义。

二、组织开展庆祝新中国成立 50 周年系列活动

1999 年，在报刊、电视开设专栏，宣传新中国 50 年来在各方面所取得的伟大成就；宣传唐钢在生产建设、科技进步、职工生活等方面发生的巨大变化，展望建设现代化新唐钢和祖国社会主义现代化建设的美好前景，激励职工奋力拼搏，多作贡献。

以多样化活动迎庆新中国成立 50 周年。举行 1200 人参加的“纪念新中国成立五十周年迎庆仪式”；组织各界人士参加庆国庆迎中秋茶话会；征集新中国成立以来唐钢历史上的 50 件大事；开展“与共和国同行”征文等活动。将公司各单位部门举办的庆国庆大合唱、歌咏

比赛、文艺汇演等制作成电视专题片进行播放等。

三、隆重举行纪念唐钢建厂 60 周年暨首届企业文化节

2003 年 9—10 月，举办纪念唐钢建厂 60 周年暨首届企业文化节，激发职工爱党爱国爱厂热情和爱岗敬业、无私奉献精神。系列活动主要内容有：开展纪念建厂 60 周年专题征文活动；组织“跨世纪飞跃”——唐钢发展成就系列报道；以“激情燃烧的岁月”为主题进行电视访谈；举办“峥嵘岁月 我心飞翔”电视节目主持人大赛；举办职工运动会；制作职工胸章；以“跨世纪的飞跃”为主题，开展唐钢 60 年发展展览活动；召开“辉煌 历程 前景”唐钢建厂 60 周年座谈会；组织“我看唐钢新变化”系列参观活动；制作唐钢发展 60 周年电视宣传专题片，印制唐钢宣传画册；举办“唐钢改革与发展”主题论坛；开展唐钢“青年创新创效”成果观摩展示活动；举办“唐钢沧桑”摄影展等 13 项活动。

是年 9 月 30 日，在公司“七一”广场举行建厂 60 周年纪念活动暨首届企业文化节开幕式。中国钢铁工业协会、省政府、省政府国资委、市委市政府领导、在唐钢工作过的领导、唐钢离退休老领导及各界人士代表共计 1400 多人出席开幕式。公司董事长、总经理王天义发表讲话。公司党委书记张永昌主持大会。公司原党委书记李树清代表老领导讲话，开滦集团党委书记、董事长杨中代表来宾讲话。公司党委副书记刘纯明宣读《公司关于命名表彰“唐钢功臣”的决定》，与会领导为 16 名全国劳动模范和“全国五一劳动奖章”获得者颁发金质奖章和荣誉证书。公司老领导陈立友、黄墨滨共同为“唐钢 60 年发展展览”揭幕。公司党委副书记刘玉印宣读《公司关于命名“唐钢厂史教育基地”的决定》，公司老领导殷瑞钰、唐山市常务副市长张国栋为各基地颁发了牌匾。公司老领导苏锋、王大名为部分单位颁发《唐钢沧桑 60 年》画册。

活动期间，中国钢铁工业协会，省政府，省政府国资委，市委、市政府，唐山三友集团，分别向唐钢发来贺信表示祝贺。10 月 30 日，公司在“七一”广场举行建厂 60 周年纪念活动暨首届企业文化节闭幕式，公司离退休老领导以及公司领导、各单位领导和职工代表 1200 余人参加闭幕式。

四、其他文化活动

2004 年 2 月，确定当年企业文化建设以创建学习型企业为核心，构建机制，为实施“三极支撑”发展战略服务。2005 年，开展征集岗位格言活动，激励职工以岗位格言严格要求自己。是年 6 月，开展企业文化建设专题调研和学习型车间（班组）创意征集活动，共征集各类调查和创意 42 篇。十年间，公司还举办职工田径运动会、今日唐钢摄影竞赛、迎新春摄影展览、综艺联欢会、歌咏大会等各类活动，寓无形文化于有形文化载体。

第三节　新　　闻

1996—2005 年，唐钢新闻报道坚持以党和国家的路线方针政策为指导，坚持正确的舆论导向，服务企业、服务职工，突出企业特色，及时反映公司生产建设、改革发展变化和职工的精神风貌，充分发挥宣传、教育、引导、鼓劲作用，树立了良好企业形象、提升了社会影响力。

一、内部自办媒体

截至2005年末，唐钢党委开设内部宣传媒体平台3个，分别为《唐钢报》（《新唐钢》）、唐钢有线电视台、《唐钢班组必读》。

（一）《唐钢报》（《新唐钢》）

1996年，《唐钢报》为每周出版四刊。每周一、二、四、五出版，四开四版。2002年，唐钢报编辑部与唐钢有线电视台合并为新闻中心。是年1月，《唐钢报》改为周三刊，每周一、三、五出版，仍为四开四版。2003年1月，《唐钢报》更名为《新唐钢》，仍为周三刊。

1996—2005年，《唐钢报》以邓小平理论、“三个代表”重要思想、科学发展观和党的路线、方针、政策为指南，以宣传时事政治、服务生产经营、传播文化知识、提升职工素质为宗旨，坚持以在“两个文明”建设中所取得的成绩为主要报道内容的办报方向，在生产经营、挖潜增效、深化改革、建设发展中，起到了舆论引导、鼓劲加油的作用。十年间，共出版1791期，第1623~3413期。期间，唐钢报社四次获得“中国企业报先进报社”称号。

此外，唐钢报社办公地点于1998年2月由公司西楼三四层迁移至河东路3号（原房产处院内）办公楼三层。

（二）唐钢有线电视台

唐钢有线电视台坚持以科学的理论武装人，以正确的舆论引导人为原则，以服务公司生产经营、服务职工群众为中心，及时传播党的方针政策、行业信息、形势任务等，每年播发新闻1400多条。1996—2005年，有40多条电视新闻在全国、省、市媒体获奖。唐钢有线电视台为每周三次播出。

1997年8月，唐钢电视台拍摄的专题片《企业我们生存的家》，在中国冶金职工行为规范电视片评审会上被评为一等奖；同年9月28日，唐钢电视台台标正式上网播出，结束了1985年建台以来无台标的历史。1998年9月，唐钢电视台在河北省首届“大天力杯”企业文化宣传工作评选活动中，被省委宣传部、省企业文化研究会评为“优秀广播电视台”。

1996—1999年，投资614.65万元对税钢、钢建、靶场、四十九号、河茵、九号高层、税钢新建、七十一号、七十号、六十八号等10个小区进行闭路安装和线路改造。到1999年末，电视终端户达到2万多户，唐钢职工收视36套电视节目。十年间，累计投资411.86万元用于购买、维修、更新电视设备等，保证电视系统正常运转。

（三）《唐钢班组必读》

《唐钢班组必读》为32开32页，每月一期，共出版120期。

二、外部主流媒体

1996—2005年，唐钢各级党组织向市级以上电台、电视台、报刊等外部媒体发稿并被采用3400多篇，其中在中央电视台播发6篇专题新闻，在《人民日报》刊登4篇稿件。1997年，获得“全国64家行业报好新闻一等奖”。1998年，获得“全国冶金好新闻一等奖”。2002年，获得“省好新闻二等奖”。其中2000年，接待国家及省、市新闻记者采访80余人次，累计为新闻媒体和上级有关单位提供宣传材料200余份，在市级以上新闻媒体发稿985篇。2004年6月，制定《对外宣传工作管理制度》，规范了外宣工作。

第二章　教　育

唐钢全面贯彻党和国家的教育方针政策，按照公司“十一五”“十二五”时期教育规划和年度教育计划，积极发展幼儿教育、中小学教育、职业教育，形成了较为完整的办学体系。这一时期，教育系统围绕职工子弟培养、职工学历再教育等教育工作重点，着力提高教学质量和管理水平，激发企业办学活力，创建了诸多教研成果与办学特色，发挥了企办教育服务地方经济和社会发展的功能。幼儿教育、中小学教育为儿童多元智能和健康人格的培养打下良好的基础，职业教育为公司和区域经济发展输送更多优秀人才，实现了教育价值、经济价值、社会价值相统一，走在了全市同类教育的前列，赢得了广大家长、教育主管部门和社会各界的充分肯定。2003 年 12 月，在深化国有企业体制改革的基本框架下，公司剥离企业办社会职能，将中小学普通教育移交市、区政府。

第一节　幼儿教育

幼儿园是幼儿的第二个家。唐钢贯彻实施《幼儿园管理条例》《幼儿园工作规程》等法规性文件，着力推动幼儿教育的发展和教育质量的提高，为职工子女与外招幼儿提供适合发展的学前教育，促进幼儿体、智、德、美诸项全面发展，使幼儿在天真、活泼、幸福的氛围中健康成长。十年间，幼儿园开办数量有所降低，素质教育水平不断提高，为幼儿进入小学阶段的教育创造了良好环境。

一、开办与关停简况

1996 年，公司开设龙华幼儿园、税钢幼儿园、张西幼儿园、七十七号幼儿园、河茵幼儿园、自行车厂幼儿园、税务庄幼儿园、六十八号幼儿园、七十号南幼儿园、七十号北幼儿园、南门幼儿园等 11 所幼儿园。1997 年 9 月，大庆九号幼儿园竣工，建筑面积 2099 平方米，占地面积 3517 平方米。当年，撤销七十号北幼儿园。1998 年 6 月 15 日，大庆九号幼儿园正式开园。1999 年 9 月 8 日，公司厂内托儿所与南门幼儿园合并。2000 年 3 月，公司因拓宽马路将南门幼儿园拆除并撤销，该园管护幼儿分别由各幼儿园接收。2001—2004 年，先后关停六十八号幼儿园、税务庄幼儿园、河茵幼儿园、自行车厂幼儿园。2005 年，公司保留龙华幼儿园、税钢幼儿园、张西幼儿园、七十七号幼儿园、大庆九号幼儿园、七十号幼儿园等 6 所幼儿园。

“九五”期间公司开办幼儿园情况一览

表 7-2-1

年份	1996	1997	1998	1999	2000
幼儿园数量/所	11	11	12	12	10

续表

年份	1996	1997	1998	1999	2000
入园人数/人	1336	1296	1181	1193	1094
占地面积/平方米	29182	29182	32699	32699	28939

注：以上幼儿园所统计口径不含高炉车间托儿所、厂内托儿所。

“十五”期间公司开办幼儿园情况一览

表 7-2-2

年份	2001	2002	2003	2004	2005
幼儿园数量/所	9	9	9	7	6
入园人数/人	1123	1128	969	1020	877
占地面积/平方米	27020	27020	27020	23420	20500

注：以上幼儿园所统计口径不含高炉车间托儿所、厂内托儿所。

二、幼教活动与特色成果

唐钢所属各幼儿园遵循幼儿教育的基本规律，坚持以游戏为基本活动，本着“一日生活中渗透教育”的原则，开展启发式教学，让幼儿主动学习并参加活动。注重提升幼教职工专业素质，相继开展继续教育培训、骨干教师培训、学科带头人培训和全员英语培训等。2000 年 1 月，组织 30 多名幼师到市第五幼儿园参加珠脑算培训学习，为公司幼儿园普及推广珠脑算教育做好准备。2001 年 10—12 月，开展满意在我园系列活动。2002 年 1 月，组织幼师参加路北区教委组织的英语培训，为开展幼儿英语教学进行课堂充电；当年 3 月，87 名幼儿教师全部通过区教委组织的授课资格考试，将幼儿英语教学纳入日常教育教学活动。

在饮食方面，各幼儿园以质为主、货比三家，为幼儿定制“三餐一点”，注重幼儿营养均衡，当日食谱不同于前一日，每逢节假日制定聚餐食谱。2003 年“非典”闭园期间，每日对所属幼儿园内的活动室、寝室、玩具等场所物品进行消毒；开园后，高标准搞好幼儿卫生保健，防止幼儿病从口入，保证了幼儿健康成长。

高度重视幼儿文体工作，组织开展符合幼儿身心健康发展的各类活动。十年间，多次举办庆“六一”幼儿文艺汇演，以文娱节目为幼儿庆祝节日。1996—2002 年，公司举办第 13 至第 19 届幼儿运动会。2002 年以来，开展争创“温馨家园”活动，定期对教育教学、卫生保健等各方面进行检查，组织开展各类评比活动，各幼儿园积极争先进位，营造了家园文化氛围。

争创省级一类、二类幼儿园，办园质量和水平不断提高，优质学前教育资源得到扩充，赢得了幼儿家长、教育主管部门和社会各界的充分肯定。1999 年 3 月 10 日，河茵幼儿园被市教委（经省教委授权）批准为省一类幼儿园。1999 年 12 月 14 日，大庆九号幼儿园晋升为省二类幼儿园。2005 年末，公司各类幼儿兴趣班同比增加，各幼儿园全部达到省一类、二类幼儿园所标准。

第二节　中小学教育

唐钢贯彻执行国家教委下发的《九年

义务教育》全日制学校课程计划，由教育培训处（普教处、教委办公室）对各中小学行使管理职能，对其人财物实行统一管理；教学业务受上级教育部门指导。小学学制为6年，中学学制为3年。这一时期，兴建大庆九号小学，解决了职工子女就近上学问题；停办东工房小学。以树名师、创名校为目标，多举措不断提升师生素质，开展特色教学研究，总分优秀率、重点校升学率等指标持续优化，促进了地方基础教育的发展。

一、中小学简况

1996年1月，唐钢共有中学2所、小学8所，分别是龙华中学、税东中学，七十号小学、龙华小学、七十七号小学、河茵小学、张西小学、东工房小学、税钢小学、石人沟铁矿子弟学校，分布于唐山市路北区、开平区和遵化市。各中小学设有普通教室、音乐教室、图书室、阅览室、仪器室、实验室、少先队活动室、微机室、电教室、阶梯教室、科技室、合班教室、舞蹈室和卫生室等设施，拥有教学仪器、电教设备及文体器材，每所学校藏书0.5万~1万余册。各中小学根据工作需要设校长、副校长、党支部书记，下设教导处、总务处和教研组等机构。

大庆九号小学系公司开办的第9所小学，于1997年9月1日揭牌。该小学位于唐山市路北区大庆九号小区内，由公司设计研究院设计，建成教室12间、合班教室2间，设有美术室、微机室、图书室、阅览室、仪器室、实验室、科技活动室、音乐教室等设施，当年共有教职工23人，5个年级9个班、学生300多人。

1998年3月9日，东工房小学因该区域唐钢职工住宅搬迁后生源不足停办，学生划归到唐山市二村小学，教师补充到公司各小学。至此，公司所辖小学总数为8所。

截至2001年底，共有在职教职员工623人（其中内退23人），离退休人员316人。2003年12月22日，唐钢正式与市、区政府有关部门办理了分离龙华中学、税东中学、七十号小学、税钢小学、龙华小学、七十七号小学、张西小学、河茵小学、大庆九号小学、石人沟铁矿子弟学校等10所普通中小学的移交手续。

公司中小学占地面积、建筑面积情况一览

表7-2-3

学校名称	占地面积/万平方米	建筑面积/万平方米
七十号小学	0.88	0.41
税钢小学	1.21	0.44
东工房小学	0.69	0.25
七十七号小学	0.73	0.11
龙华小学	1.14	0.31
河茵小学	0.86	0.44
张西小学	0.77	0.32
大庆九号小学	0.49	0.27
石人沟铁矿子弟学校	0.8	0.11
龙华中学	2.92	1.26
税东中学	2.7	0.68

二、教研与管理

唐钢教育系统建立健全工作制度，组织各中小学承担并完成日常教学任务，形成科学有效的教学管理机制。公司及所属各中小学每年举行庆祝教师节系列活动，并就搞好学校的教育改革、素质教育及提高教学质量等问题征询意见和建议。1996年1—3月，公开招聘小学教师。经过层层选拔和专业考试，有15名应聘者通过审查，经培训上岗教学，充实了中小学教师队伍。1997年9月1日，取消各学校的财务机构，由公司统管各学校财务工作，重新制定学校系统财务管理程序，规范了学校收费管理办法。1998—1999年，各中小学教师加强“三字一画”、普通话基本功岗位练兵与考核，以此提升教师队伍专业素质。2001年，税东中学被确定为市数学特长实验学校，面向全市招收应届小学品学兼优的毕业生。当年3月，在龙华小学、龙华中学、税东中学开始实行寄宿制教育。到2002年，3所学校共招收寄宿制学生825名。寄宿制教育促进了唐钢教育资源的合理配置和有效利用，提高了教学水平和教育质量，解决了部分职工特别是矿山职工子女上学无人照管的后顾之忧，受到了社会关注与好评。

素质教育收获成果，促进了中小学生全面发展。1997—1998年，七十号小学被市教委命名为“素质教育示范学校”，成为全市厂企学校中唯一获得此项荣誉的学校。1997年7月，龙华小学在全省小学生足球赛中获得第三名。当年11月，龙华小学成为唐山市第一所足球学校，市体委、市体校、唐钢教育培训处领导共同为足球学校揭牌。1999年3月，税钢小学教师张辉在素质教育进课堂现场会中获奖，《生命的意义》一课获得省级观摩课奖。2000年7月，在9所学校中开展“新世纪我能行”活动，力求培养学生的自理能力，达到德、智、体全面发展目的。2001年8月，代表河北省参赛的唐钢七十号小学四年级学生高瑞彤获得全国青少年花样游泳比赛第八名。2002年4月，唐钢青少年科技教育基地揭牌仪式在高线厂举行，为培养中小学生的科技兴趣创造了更好条件。

初升高录取成绩斐然。1997—2002年，龙华中学、税东中学共有3000余名学生毕业，毕业率达95%～99%；总分优秀率、重点校升学率等指标在所属市区名列前茅；有600多名学生考入唐山一中、唐山二中等省市级重点学校。2002年、2003年，龙华中学有26人、42人考入唐山一中。2002年，税东中学有12人考入唐山一中。公司党委领导为此专程赴两所中学贺功。

支持学有余力的拔尖学生参与学科竞赛。2000年5月，龙华中学在全国中学生奥林匹克竞赛中创佳绩，初三年级在数学竞赛项目中有5名学生被录取；物理竞赛项目有4名学生被录取；化学竞赛项目有1名学生被录取。在当年的全国中学生英语能力竞赛中，龙华中学有18名学生获奖。其中特等奖1名、一等奖7名、二等奖5名、三等奖5名。同年9月，龙华中学在河北省数学夏令营决赛中，夺得1金、1银、3铜的佳绩，名列河北省同类学校首位。

在教学实践中自主承担教育科研重点课题。龙华中学先后承担2项国家级科研项目——JIP教学实验、和谐教育实验，在面向学习型社会、构建人文校园实践中进行有益探索。JIP教学实验被列为教育部重点课题，于2001年启动实施。2002年，全国中学生JIP工作委员会确定龙华中学作为第二次全国评估会主现场，在当年10月举行的评估会上向来自全国各地的300

多位教育专家进行成果展示，受到与会领导和专家的一致好评。作为国家教育部重点课题，和谐教育实验于 2002 年 5 月获批立项，以培养学生“四会”能力为目标任务，在当年全国中学和谐教育专题讨论会上，龙华中学作《在活动中促进学生的和谐发展》典型发言。在历时 3 年的教学实验中取得瞩目成绩，被评为“全国和谐教育先进单位”，在 2003 年第一届全国“和谐杯”优质课大赛中获奖。

三、其他

校园文化丰富多彩。1996 年 8 月，龙华小学校歌在“世纪之声全国歌曲大赛”评选中获银奖。1997 年 10 月，税钢小学“纪念碑讲解小分队”被团中央命名为“全国万只优秀雏鹰假日小队”。1998 年 7 月，举办首届“祖国在我心中”雏鹰夏令营活动，公司所属 7 所小学、2 所中学的 100 名师生参加活动。1999 年，匈牙利青少年代表访问团来公司交流。同年 9 月，张西小学获得“全国队报金奖学校”称号。1999 年 12 月，七十号小学“红领巾电视台”开播。2000 年 6 月，7 所小学开展保护母亲河活动，捐款 3146.24 元、植树 629 棵。2001 年 11 月，各中小学千余名学生代表参加宣誓签名，启动唐钢中小学生环保大行动。2002 年 1 月，税东中学与空军某分队联合成立“军地共建服务队”，开展军地共建活动。

千方百计挖潜增效为企业分忧解难。1996 年 7 月，税东中学节能材料厂开发研制成功硅镁铝复合保温涂料和高树脂岩棉管两种新产品。经过一炼铁厂 3 号高炉易地大修和一轧钢厂二车间大修工程试验后获得成功，填补了唐钢内部保温材料生产的两项空白。2001 年 1 月，普教处分别与所属 2 所中学、7 所小学签订了挖潜责任状。各学校围绕唐钢下拨的 1121 万元专款制定实施了分解、细化、承包、考核责任目标并顺利完成挖潜增效任务。

2002 年，龙华小学、龙华中学获得“省冶金行业先进学校”称号。

第三节　职业教育

唐钢全面贯彻党的教育方针与《河北省在职职工教育条例》《河北省专业技术人员继续教育暂行规定》，落实公司“九五”“十五”时期职业教育的总体安排，加强职业教育教学管理，健全完善职工继续教育、学历教育的体制机制，既为职工补充新知识、学习新理论、增加新技能创造了良好条件，又为社会培养输送各类专门人才。“十五”期间，按照国家《关于企业科技人员继续教育暂行规定》，加速培养高精尖和复合型人才，重点开展科技与管理人员继续教育，把给予学习机会作为职工福利与奖励，着重提高其业务素质和岗位能力，为公司培养了符合发展需求的科技与管理人才。2002 年 9 月，河北省冶金高级技工学校获得“全国职业教育先进单位”称号。

一、学制、专业与课程设置

唐山科技职业技术学院招收高中毕业生的教学班，学制为 2 年或 3 年；河北省冶金高级技工学校招收初中毕业生的教学班，学制为 3 年。

每年 6 月，唐钢职工大学成人高考复课班招生。招收对象为参加成人高考的理科考生，开设语文、政治、物理、化学等课程。为给公司青工创造良好的复习条件，对成人高考复课班的教学工作进行了调整，增加复课时数，并购进部分成人高考专用复习教材供学生选用。

技校教学专业根据需要不断调整。1996年，开设炼铁、炼钢、轧钢专业。1997年，开设炼铁、炼钢、轧钢、车工专业。2000年，开设炼铁、炼钢、轧钢、车工、电工、钳工专业。2003年，开设冶炼、轧钢、制氧、数控、电工、钳工、焊工、仪表及自动化8个专业。2004年，开设冶炼、轧钢、制氧、仪表、电钳、钳焊、数控、财会、旅游管理9个专业。2005年，设有炼铁、炼钢、轧钢、钳工、焊工、车工、焦化、冶金电气设备维修、旅游与饭店管理9个专业。

2000年，随河北工业职业技术学院的组建，撤销唐钢职工大学，改为河北工业职业技术学院唐钢分院，在继续招收技校生、举办职工中专、成人业余大专班、脱产大专班的同时，面向河北省招收参加高考且进入录取分数线的高中毕业生。这一年，河北工业职业技术学院唐钢分院始办高等职业教育。2001年、2002年，开设会计、计算机、经贸、旅游、文秘、机电一体化6个专业。

专科层次教学专业日趋多元化。2003年1月，改建唐山科技职业技术学院后，作为省属全日制专科层次普通高校，学院在办学能力、办学规模、办学水平、师资队伍等方面取得较大发展。共开设冶金工程、金属材料工程、机电一体化、数控技术及应用、网络技术与信息处理、计算机及应用、工业仪表及自动化、贸易经济、工业会计、旅游与酒店管理等10个专业，建立炼铁、炼钢、数控编程、PLC、多媒体教室、多媒体语音室、数控实训室、财会模拟、计算机维修、网络实验及网络控制等实验室，为学生掌握操作技能，培养应用型、技能型人才创造了条件。2004年，增设金属材料专业。2005年，开设冶金技术、材料工程技术、煤炭深加工与利用、制冷与冷藏技术、机电设备维修与管理、机电一体化技术、数控技术、自动化生产设备应用、会计、旅游管理、经济信息管理、计算机网络技术、计算机应用技术、计算机多媒体技术、网络系统管理等15个专业，其中重点专业5个。

二、特色教学与管理

唐钢职业教育以规范管理为基础，从能力培养入手，贯彻“工学结合”的职教思想，不断创新人才培养模式，确保人才培养质量，打造了不同层次的学科品牌特色。1997年8月，美国艾奥瓦州西艾奥瓦社区技术学院院长罗伯特·达恩克博士、研究室主任欣迪·陈来唐钢技校考察交流。同年9月，为落实国务院扶贫办公室及冶金部相关工作部署，职工培训中心为云南镇沅县举办经济管理班进行智力扶贫，社会反响良好。

每年5—6月，唐钢技校毕业生均需参加“双证”考试。“双证”考试是技校教学改革的一项重要举措，通过对学生的技能操作和理论知识分别考核，根据成绩颁发三级工或四级工等级证书和毕业证书。1999年，唐钢技校被河北省列为首批入网单位，接入互联网，并设计了首页。同年6月，省冶金教育协会技工学校分会第十三届年会在唐钢技校召开。

加强职工继续教育，帮助职工进行知识更新、补充、拓展和能力提高，职工队伍整体素质得到提高。作为公司加快人才培养和提高职工素质的一次尝试，2003年6月，唐山科技职业技术学院应氧气厂委托开设全职专科班，学制3年，51名学员均为氧气厂青年职工，接受系统的制氧专业技术学习与培训。2004年，公司出台《人才管理办法》后，开辟了不同岗位人员的多种成才通路，当年由各单位组织职工参加专科学历教育近400人。2005年，公司选送90名在岗职工参加钢铁冶金、金属压力加工和机电一体化等3个专业的业余专升本学历教育；二炼钢厂230人参加冶金大专班考前辅导、棒线材厂110人参加金属材料加工以及机电一体化大专班考前辅导。

开展联合办学，实行资源共享、优势互补，拓宽了办学途径。2001年11月，经河北省教委批准，河北工业职业技术学院唐钢分院和东北大学联合办学，成立东北大学唐山函授站。2004年6月，经省教委审核批准建立北京科技大学唐山函授站。2005年9月，与市第一职专集团、开平职教中心、武安职教中心、滦南职校联合办学，进行5年制大专培养和技校生委培工作。

三、招生与毕业生简况

1996年，成人大专层次招生31人，毕业142人。技校层次招生391人，毕业361人。1997年，成人大专层次招生12人，毕业107人。技校层次招生358人，其中委培生88人，顶工班22人，毕业734人。1998年，成人大专层次招生37人，毕业82人。技校层次招生312人，毕业367人。1999年，成人大专层次招生49人，毕业31人。技校层次招生301人，其中定向生115人、非定向生143人、委培生43人；共毕业学生384人，其中定向生351人、委培生33人。

2000年，首次从省内应届高中毕业生中录取学生，共计招生专科层次325人。技校层次招生162人，毕业344人。2001年，专科层次共招生231人，成人大专层次招生51人。技校层次招生161人，毕业302人。2002年，专科层次共招生279人，成人大专层次招生47人。技校层次招生468人，毕业生270人，其中定向分配生115人。

2003年，专科层次招生222人。技校层次招生517人，毕业319人。开设全日制大专班28个，在校学生643人；成人大专教学班11个，在校学生159人；技校班28个，在校学生1146人。2004年，专科层次招生456人。技校层次招生1537人，毕业159人。开设全日制大专班22个，在校学生678人；成人大专、短期培训教学班19个，在校学生1063人；技校班53个，在校学生2522人；在校学生总数4263人。2005年，专科层次招生1060人，技校层次招生1293人，毕业465人。开设全日制大专班39个，在校生1727人；成人大专教学班22个，在校生814人；技校班25个，在校生2883人。

1996—2000年，共计完成继续教育4658人次；学历教育911人。至“九五”时期末，公司职工高中以上文化程度人数占比达53.31%，其中大专以上文化程度人数占比达12.30%。2001—2005年，共计完成学历教育培训1136人。至2005年末，公司具有高中以上文化程度的人数占比达58.69%，比“九五”期末提高5.38个百分点。

四、自学函授学习情况

1996年，公司有1008人参加自学函授学习，281人自学函授学习毕业。1997年，478人参加自学函授学习，115人自学函授学习毕业。1998年，705人参加自学函授学习，240人自学函授学习毕业。1999年，2685人参加自学函授学习，255人自学函授学习毕业。2000年，692人参加自学函授学习，198人自学函授学习毕业。2001年，256人参加自学函授学习，224人自学函授学习毕业。2002年，248

人参加自学函授学习，231 人自学函授学习毕业。2003 年，235 人参加自学函授学习，222 人自学函授学习毕业。2004 年，246 人参加自学函授学习，214 人自学函授学习毕业。2005 年，230 人参加自学函授学习，245 人自学函授学习毕业。

五、学校晋级与校区建设

唐钢技工学校于 1996 年晋升为省重点技校，1998 年晋升为国家重点技工学校；2001 年，被国家劳动和社会保障部批准为高级技工学校，并更名为河北省冶金高级技工学校。2003 年，被河北省劳动和社会保障厅批准成立河北冶金技师学院，成为全省首批 6 所试点技师学院之一。同年，改建唐山科技职业技术学院。

2005 年 2 月，租赁启新中学，建立北校区。主要进行技校学生的培养；同年 12 月，租赁启新小学，建立电、钳、车专业实习、实训基地，满足了学校办学和公司技能鉴定的工作需要。是年，实验楼、宿舍楼工程完工，建筑面积分别为 5992 平方米和 5384 平方米，均为 5 层钢筋混凝土框架结构。

第三章　医疗卫生

随着企业的发展壮大，唐钢积极承担属地基本医疗和公共卫生服务任务，重视并抓好医院建设，从单纯的职工医院、国有企业的福利性质向市场竞争谋求发展转变。十年间，唐钢医院规模不断扩大，医护人员、功能科室及医疗设备设施相应增加，在为企业内部职工提供优质医疗服务的同时向社会开放，弘扬救死扶伤精神，促进了地方卫生事业的发展进步。心血管内科、神经内外科、血液肿瘤科、骨科、普外科等专业具有较强的技术实力，在肾移植、血液透析、烧伤等方面的技术跻身全市先进水平行列。1998 年 8 月 24 日，唐钢医院被省精神文明建设委员会批准为首批全省窗口行业“文明服务三星级单位”。2000 年 8 月 28 日，经市卫生局批准，唐山市肾移植透析中心在唐钢医院挂牌成立。2002 年 6 月，唐钢医院社区卫生服务中心被省卫生厅确定为“全省首批全科医生社区培训基地”。经过 48 年的发展，唐钢医院成为一所集医疗、教学、科研、预防保健、急救为一体的综合性国家二级甲等医院，系全市医疗定点医院。

第一节　医　　疗

唐钢医院广泛开展同种异体肾移植、心脏直视手术、冠状动脉造影、经皮冠状动脉成形加支架手术、射频消融术、经皮冠状动脉成形术、冠状动脉搭桥术、血液病治疗、肿瘤放化疗等高难度医疗技术项目。其中胰肾联合移植、非体外循环下小切口心脏搭桥手术、造血干细胞移植治疗恶性淋巴瘤等填补了省市同类医疗技术的空白。这一时期，医政管理、执业行为日趋规范，医疗设备进档升级，医学研究与临床实践不断取得成果与进展。

一、医疗技术

1996—2005 年，唐钢医院相继组建心外科、血液肿瘤科、消化内科、泌尿科、核磁室、导管室、窥镜室，临床专业科室设置更加系统。泌尿科自 2000 年成为唐山市肾移植透析中心以来，开展肾移植手术 220 例，成功率达 98%以上，肾移植数量在全省各大医院中占首位，吸引国内外的肾病患者前来就诊，胰肾联合移植术填补了省内空白。心内科广泛开展心脏介入治疗，完成冠状动脉造影、冠状动脉成形、射频消融 300 多例。心外科积极开展心脏手术，小切口体外循环心脏手术填补了唐钢医院的空白，累计手术 80 多例。烧伤科积累了丰富的救治烧、烫、电击伤的临床经验，成功救治各类病人近万人，烧伤治疗技术居全市先进行列。2003 年，血液肿瘤科在全市率先开展造血干细胞移植术，该技术处于省内领先水平。

二、医政管理

唐钢规范医疗工作制度与诊疗流程，取得执业资格，提升医疗服务水平，保证管理规范与医疗安全。1999 年 8 月，唐钢医院实现了临床、医技、门诊、急救收费微机网络化管理，为适应医疗制度改革和现代化医疗管理奠定了基础。1998 年 10 月，开通抢救危重病人和重大工伤病人的绿色通道，遇发生紧急情况无需办理入院即可直接进入手术室，实施紧急救治，为抢救患者赢得宝贵时间。1999 年 10 月 7 日，公司向省卫生厅递交唐钢医院申请执业登记注册书。2000 年 5 月 25 日，省卫生厅以冀卫医字〔2000〕第 75 号文件予以批复，同意对唐钢医院申请医疗机构执业登记注册的事项。2004 年 3 月 1 日，唐钢医院被确定为全市基本医疗保险定点医院。2005 年 6 月，龙东 365 医疗救助中心在唐钢医院揭牌成立，为广大居民发放医疗爱心卡，实现了对地区居民救医的经常性救助。

三、医疗设备

唐钢不断引进先进新型医疗设备，加快医疗设备的更新换代。1997 年 10 月 15 日，投资 480 万元购进日本东芝螺旋 CT 扫描仪并投入使用。1999 年 10 月，建立导管室。2001 年 10 月，投资 145 万元建成呼吸、神经内科监护室。2002 年 7 月 19 日，增设的心血管外科、血液肿瘤科、核磁室开诊，其中核磁室设备从荷兰引进飞利浦 1.5T 超导核磁共振机，投资 1500 多万元。

2005 年末，拥有固定资产原值 1.11 亿元，净值 4507.7 万元，共有设备 362 台(套)。主要设备有：奔驰牌矿山救护车 1 辆，荷兰飞利浦 Intera1.5T 超导核磁共振机 1 台及 V-5000 血管造影机 1 台，日本进口全身螺旋 CT 机 1 台，美国惠普 5500 型彩色超声诊断仪 1 台，脑电地形图机 1 台，豪华型 18 座高压氧舱 1 套，荷兰 Redactron 悬浮床 2 台，德国西门子 900c 呼吸机 2 台，法国 TA · EMA 呼吸机 3 台，300A 呼吸机 2 台，荷兰飞利浦中央心电监护装置 4 台，日本光电遥测中央监护仪 4 台，惠普中央监护系统 1 套，美国安捷伦中央监护系统 1 套，以色列 Direx 体外冲击波碎石机 1 台，日本东芝 B 超 1 台，日立全自动生化分析仪 2 台，中科院万倍显微镜 1 台，德国 Karl Storz 宫腔镜 1 套，日本欧林巴斯纤维支气管镜 1 套，电子肠胃内窥镜 2 套，德国 Stora 鼻窦镜 1 台，北京万东 800maX 光机 1 台，C 型 X 光机 1 台，美国柯达 CRX 光机 3 台，德国手术台 2 台，手术灯 2 台，莱卡显微镜 1 台。

四、典型救治与医学研究

对疑难病症进行深入细致的医学研究与临床实践，取得诸项成果。1996 年 7 月 18 日，唐钢医院与河北医科大学签订了教学医院协议。1997 年 2 月，历时 18 天抢救死亡率高达 90%以上的多脏器功能不全综合征、成人呼吸窘迫综合征工伤职工患者取得成功。同月，实施全推板切除复位手术取得成功。同年 10 月，抢救烧伤 50%、三度烧伤面积超过 40%、合并休克症的 4 岁女孩患者取得成功，对这一等级烧伤程度的儿童成功抢救在华北尚属首次。1999 年，成功治疗 1 例 1.5 岁烧伤面积 44%烧伤患儿，获得社会广泛好评。当年 1 月，首例垂体瘤手术成功；3 月，首次采用颈前入路治疗颈椎病取得成功；6 月，对 2 例巨大肾囊肿患者进行超声介入性治疗取得成功，成为全市继工人医院后第二家掌握此项技术的医院；9 月，开展再生障碍性贫血、慢性粒细胞性白血病、急性粒细胞性白血病、真性红细胞增多症等血液病治疗，并取得良好效果，填补了公司血液病治疗的空白。2000 年，成为全市范围内首家采用骨髓活检塑料包埋技术治疗血液病的医院。是年，首例冠状动脉造影加支架手术成功。同年 8 月，首例射频治疗快速心律失常病人取得成功；11 月，首例起搏器植入手术取得成功；11 月 10 日，进行 4 例肾移植手术，创全市单日医疗救治的先例。当年，开展脑卒中早期康复治疗，减少致残率，为患者及家属减轻负担，提高了患者生存及生活质量，使患者更好地回归社会。

2001—2003 年，开展休克期切痂的临床研究，成功治疗大面积烧伤患者 15 例，并总结出了无监测条件下休克期切痂的临床指标，填补全市该类医疗领域空白。2001 年 2 月，实施食管支架、肾穿活检新技术取得成功。2002 年 1 月，开展腋下小切口心脏室间隔缺损修补术取得成功，填补了市医疗技术空白。同年 8 月，成功开展右颈动脉内膜剥脱术及锁骨下动脉架桥术高难度手术，填补市医疗技术空白。2003 年 3—4 月，在全市首次使用自体外周血干细胞移植对患有急性白血病患者进行治疗并获得成功，填补了全市医疗同类项目空白。当年，开展先天性心脏病房间隔缺损、室间隔缺损、动脉导管未闭的封堵治疗，使患者免除了开胸手术的痛苦。2005 年，研究的“造血干细胞移植治疗缺血性心肌病心力衰竭”成果开辟了心衰治疗的新途径；6 月，实施“异基因干细胞移植治疗白血病科研项目”获得成功，该项目填补了省内医疗技术空白。

十年间，积累了大量救治成批伤员的临床经验。1998 年，成功救治 100 人成批食物中毒患者；多次成功抢救 10 人以上成批一氧化碳中毒；2004 年，成功抢救 30 多人成批交通事故伤员；在 2005 年“12・7”刘官屯矿难救治过程中，因抢救及时、治疗合理得到省市领导的充分肯定。

第二节 卫　　生

1996 年，唐钢卫生处与医院为同一个机构，挂卫生处牌子，编制为卫生科、卫生防疫科、职业病防治所、妇幼保健科、保健科等科室。2004 年，卫生处并入能源环保处，由卫生防疫科负责日常工作。

这一时期，公司卫生系统工作人员及时向省卫生监督局上报唐钢职业病危害因素，将职业健康体检情况通过直报形式向省 CDC（疾病预防控制中心）、国家 CDC 上报。在开办职业病防治所的基础上，先后成立社区卫生服务中心和体检中心，为唐钢职工和广大患者提供便捷服务。

一、职业病防治

（一）简况

唐钢医院职业病防治所占地面积 1.1 万平方米，建筑面积 2549 平方米，分设职业卫生科、尘肺科（设有 30 张床位）两个区域，共有医务人员 30 人。该所拥有高千伏 X 光机、自动洗片机、心电图机、全细胞分析仪、721 分光光度计、ZPP 分析仪、半自动血生化分析仪、电测听仪、肺功能仪、脑电图机、B 超、血流变分析仪及部分康复理疗仪等。职业卫生科主要负责唐钢职工的职业健康体检工作、放射卫生管理工作、职业病危害因素的申报及职业健康体检情况的网络直报工作。尘肺科主要负责唐钢各种职业病的康复治疗工作。1996 年 3 月，唐钢医院职业病防治所获得“省放射卫生防护先进单位”称号。

（二）职业健康体检

定期组织对公司接触有毒有害作业职工进行职业健康体检，每年体检率达 95% 以上。十年间，对接触粉尘作业职工累计拍照 5 万～6 万人次，检出尘肺患者约 500 例；高温作业职工体检 5 万～6 万人次；一氧化碳、苯（甲苯、二甲苯）、铅作业职工体检5000余人次，检出职业病10例；接触噪声职工体检累计3000~4000人。

（三）职业病治疗

对已确诊的职业病患者实行分级管理，开展职业病治疗人数占职业病患者总数80%以上。尘肺科病房收治住院病人1000余人次，门诊每年约5000余人次，使职业病患者得到及时医治，延长了寿命。

根据尘肺病人的特点进行不同方法的治疗。对于年龄较大（60~90岁）、长期住院（部分患者常年住院）的患者，在努力改善住院环境的同时加强病人的心理护理，争做患者的贴心人。

多次派医务人员以进修学习、短期培训等各种形式提高业务水平，掌握国内外职业病诊治先进技术，并应用于临床实践。积极与各医学院校和科研机构联合开展科研活动，多篇论文在国家级刊物发表。

二、一线职工医疗保健

2005年底，随着公司生产厂矿的发展，一线职工医疗保健范围包括厂区职工小伤、小病医疗及意外伤害事故的现场早期抢救护送与高温防暑等工作，分设深入车间班组送医送药并建立职工医疗档案的厂区保健站4个，有医务人员43人，其中主治医师5人、医师2人、护理人员36人。

三、职工健康体检

坚持开展职工健康体检工作，摸清职工患病情况，为做好治病防病和改善作业环境提供可靠依据。定期对职工开展全员、全方位的健康查体活动，主要涉及职业病、工伤鉴定、妇女病普查三大方面。2005年4月，为搞好职工医疗保健服务工作，唐钢医院成立体检中心，完成主要生产厂职工体检2万余人次。

四、社区卫生与妇幼保健

2001年1月，成立唐钢医院社区卫生服务中心。在龙华小区、七十号小区、税东小区、张西小区设立4个社区卫生服务站，服务范围6.4平方千米，辖区共有7个居民委员会，服务总人口2.76万人，建立了3987户家庭健康档案，居民健康调查表8069份。为1080名0~7岁儿童建立了计划免疫保健卡，每年定期进行乙肝、百白破、麻疹、脊髓灰质炎、乙脑、流脑的预防接种、接种率均达98%以上。为3岁以下儿童建档980份，3岁以上儿童体检、建档1020人，并支持开展儿童生长发育评估、体弱儿童管理以及辖区产后妇女访视工作。2001年11月，市路北区钓鱼台街道办事处唐钢医院社区卫生服务中心被评为“省级示范单位”。

五、放射卫生管理

公司成立放射卫生管理办公室，由专人负责管理，制定实施《放射性同位素及射线装置管理细则》《放射卫生综合监督管理目标》等规章制度，建立健全各类放射档案，并将所有档案实现微机化管理，监督管理全面加强。使用许可证办证率达100%，防护知识培训率达98%，健康体检率达100%。

六、疫情防控

打赢抗击“非典（传染性非典型肺炎）”战役。2003年春季，“非典”病毒开始席卷全国，3月世界卫生组织将此疾改称严重急性呼吸系统综合征（SARS）。在这场突如其来的重大灾难中，唐钢依靠科学抗击“非典”疫情取得胜利。4月21日，召开紧急会议，部署“非典”防治工作。公司总经理王天义从落实“三个代表”重要思想的高度对抓好“非典”防治工作提出了要求；副总经理王子林传达了中共中央办公厅、国务院办公厅关于切实做好非典型肺炎防治工作的通知及省政府防治“非典”电视电话会议精神，对公司“非典”防治工作进行部署。是月23日，召开“非典”防治工作领导小组会议进行再部署。之后，防治工作领导小组到食堂、学校等场所检查消毒情况。自当年4月下旬起，实行每日报告“非典”防治工作和紧急报告疫情制度；同月23日，设立防疫消毒督导组，开展预防消毒工作；4—5月，使用消毒液约3000千克，消毒面积100万余平方米；5月1日，为维护内部治安秩序稳定及有效控制“非典”疫情，开始实施人员、车辆凭证入厂制度；同期，唐钢医院成立发热门诊，并全力以赴保证预防“非典”物资供应；5月9日，向全市抗击“非典”工作捐款370万元，其中职工捐款20万元；5月19日，召开“非典”防治工作领导小组会议，强调“非典”防治工作绝不能放松；5月28日，在公司月末例会上，总经理王天义、党委书记张永昌要求，想方设法夺取“非典”防治工作和生产经营双胜利，特别注意防止疫情反弹；结合“非典”防治工作，对外雇队、外雇工进行全面清理，至6月中旬，用时半月清理外雇队54个，涉及人员1160人；开展环境集中整治活动，当月中旬，完成重点治理项目11项，治理死角死面35处，清理垃圾废墟7300吨；5—8月，开展抗击“非典”文艺作品征集活动，共收到各类体裁文艺作品30余篇。7月11日，召开抗击“非典”斗争先进集体先进个人总结表彰大会，授予一炼铁厂等20个单位“抗击‘非典’斗争先进集体”称号，授予杨建林等102名职工“抗击‘非典’斗争先进个人”称号。当月，一炼铁厂被省委、省政府授予“预防‘非典’先进单位”称号。

此外，2004年2月，召开防治禽流感工作会议，讨论通过了《关于加强高致病性禽流感预防工作的紧急预案》，全公司全方位做好高致病性禽流感预防工作，为职工健康设立了有效预防的安全屏障。十年间，卫生系统严格落实疫情防控工作制度与措施，消除了各类疾病发生与传播的隐患，维护了企业正常的生产经营秩序和社会的和谐稳定。

1996—2005年医疗卫生指标情况一览

表7-3-1

指标名称	单位	1996年	1997年	1998年	1999年	2000年	2001年	2002年	2003年	2004年	2005年
医疗卫生人员	人	862	792	787	774	776	768	754	734	712	688
其中：卫生技术人员	人	804	739	735	721	733	743	730	695	675	652
医院	所	1	1	1	1	1	4	4	4	4	4
门诊部	个	2	2	2	2	2					
保健站	个	16	16	16	16	16	16	16	14	12	12
职业病防治所	个	1	1	1	1	1	1	1	1	1	1
医院床位	张	558	558	559	559	559	570	606	606	437	418
职业病防治所床位	张	80	80	70	70	70	70	70	70	74	74

续表

指标名称	单位	1996 年	1997 年	1998 年	1999 年	2000 年	2001 年	2002 年	2003 年	2004 年	2005 年
休养院床位	张	10	10	10	10	10	10	10	10	14	14
医疗费用	万元	4147	4168	4798	4825	5524	1706	1698	1454	3247	3743
其中：医药费用	万元	1994	2056	2693	2496	2604	1213	1098	1025	2462	2947

第四章 计划生育

唐钢认真贯彻落实国家“九五”“十五”人口规划和有关计划生育方针政策，严格执行《省计划生育条例》，积极探索不同形势下企业计划生育的管理途径与服务模式，确保公司年度人口与计划生育有限责任目标的实现。十年间，唐钢先后被国家计划生育协会、全国企业计划生育协会、全国冶金计划生育协会和省计划生育协会评为“计划生育工作先进单位”。

第一节 计划生育管理

唐钢不断加强和深化人口与计划生育管理，健全完善计划生育各项规章制度，规范业务流程，助推人口和计划生育工作法治化进程，为国家和地区控制人口增长、稳定低生育水平奠定了基础。2005 年，调整计划生育委员会成员，主任王天义、张永昌。

坚持以人为本，转变计划生育工作模式与管理手段，提高计划生育管理水平。每年召开计划生育工作会议，总结上年工作，部署当年任务。1996 年 1 月，唐钢执行《1996 年度计划生育工作经济责任制》，将流动人口正式纳入考核。下发《关于对流动岗位职工计划生育的管理规定》，从组织领导、管理权限、考核内容与奖惩办法等方面作出具体规定。将计划生育工作融入《标准化班组考核细则》之中，作为合格班组、标准化班组、先进班组的考核评比条件。1997 年 8 月，下发《关于一孩管理工作的几个问题》《审批生育指标规范》等规范性文件。1998 年 11 月，对流动职工计划生育工作管理形成“312”格局，即分三个类型，签订 1 份计划生育协议书、发 1 份联系函，每年进行两次普查，实现了规范化管理。1999 年，下发《关于独生子女托费、学费报销暂行规定》《关于实行流动职工计划生育目标管理责任制的通知》等管理性文件。2004 年，针对新的《婚姻登记条例》实施后出现的情况，进一步完善计划生育数据库，重新设置全员数据库、附属企业数据库和流动职工数据库。唐钢推行医改制度后，制定下发《医改后职工及家属计划生育医药费管理办法》。为 2.5 万名独生子女职工增补独生子女父母奖金，独生子女父母奖金由原来的 5 元/月提高到 10 元/月，为 114 名退二胎职工落实了 1000 元/人奖励。针对出生人口男女性别比升高问题，下发《综合治理出生人口性别比升高有关管理制度》，采取多项措施综合治理出生人口性别比升高问题。2005 年，是唐钢计划生育工作基础管理年，制定《独生子女父母奖金费用归口管理细则》《关于落实独生子女父母奖励有关问题的规定》。在资金紧张的情况下，发放独生子女父母奖金 285.6 万元，发放退二胎奖励 14.95 万元，调动了广大职工参与计划生育的积极性。修订《医改后职工及家属计划生育医药费管理办法》，重新编制《计划生育管理程序册》，进一步规范了计划生育基础管理和工作流程。是年 7 月，组织进行计划生育工作考核验收。重点查看男女生育规划账、一孩账、育能妇女普查账、重点人员家访账、职工调入调出账、流动职工管理账和“三生”服务记录等七类基础管理台账，促进了公司计划生育基础管理工作进一步提升。

第二节　计划生育指标

十年间，唐钢坚持每年两次组织对育能女职工和重点户男职工家属进行普查普访，普查率均达到100%；男女职工计划生育率、一孩领证率、综合节育率均达100%。1996年，女职工晚育率为92.8%，比市下达计划提高32.8%，女职工无大月份引产。856名职工实行晚婚，74名职工退二胎指标。1997年，女职工晚育率99.16%，女职工晚婚率93.95%，分别比市下达的计划指标提高39.16%和33.95%。1998年，279名女职工实行晚育，女职工晚育率96.67%。同时，590名职工实行晚婚，102名职工主动退二胎指标。1999年，晚婚率达到93.5%。2001年，有478名职工实行晚婚，222名女职工实行晚育，84名职工退回二胎生育指标。2003年，男女职工计划内生育448人。2005年，男女职工计划内生育655人，全面完成市委、市政府下达的计划生育各项指标。

第三节　计划生育宣传与服务

唐钢坚持深入开展计划生育法律法规的宣传，规范职工生育行为；采取多种形式，向职工普及人口理论、基本国策、生育政策、生殖健康等知识，提供生产、生育、生活“三生”服务；传播新型生育文化，开展婚育新风进万家活动，为公司发展营造了良好的人口环境。十年间，在党和国家《关于全面加强人口和计划生育工作统筹解决人口问题的决定》《关于控制我国人口增长问题致全体共产党员、共青团员的公开信》发表纪念日，公司每年集中举行宣传活动，有力推动了唐钢人口和计划生育工作水平的不断提高。

1996年，组织学条例、懂政策、知国情、明责任等宣传活动，以座谈会、印发宣传品、咨询服务等形式对新入厂青工进行婚前教育、系统培训。是年10月，在全国冶金企业计划生育协会华北片第五届会议上，唐钢介绍了《加强流动岗位职工计划生育管理，确保人口与计划生育有限责任目标的完成》经验，受到广泛好评。1997年，及时报道在贯彻计划生育政策当中的典型，宣传工作取得突破，全年在各类报刊、电台、电视台共刊播计划生育稿件106篇。1998年3月，在唐钢计划生育委员会全委会议上，确立了以服务为主线，以提高人口素质为中心，以满足职工需求为重点的工作思路。一批年富力强，热爱计划生育事业的大中专毕业生，加入到计划生育工作队伍。提出“四结合、四为主”教育方法。即普遍教育与个别教育相结合，以个别教育为主；会上教育与会下劝导相结合，以劝导为主；厂内教育与登门服务相结合，以登门服务为主；对职工教育与对其爱人五访五问相结合，以五访五问为主。1999年，在婚育新风进万家活动中，不断拓宽思路，改进方法，形成了“三新三进三到家”宣教服务格局，即宣传新风尚、新知识、新典型；宣传内容进厂矿、进车间、进班组；宣传内容送到家、避孕药具送到家、优质服务做到家。是年5月，在广钢召开的全国冶金系统计划生育工作会议上，唐钢介绍了《以服务为主线搞好新时期计划生育工作》的经验。这一年，唐钢还建成50平方米婚育文化长廊，承办了市婚育新风文艺汇演等宣传活动。

2001年，随着计划生育工作由行政命令管理型向优质服务管理型的转变，唐钢

“双普”工作形成“1531”服务模式。即贯穿一条主线（以服务为主线）、做到五个坚持（坚持普查时间、坚持规范登记、坚持做好规划外孕情的补救工作、坚持普查率100%、坚持落实稳定性节育措施）、划分三个层次（将普查服务对象划分为普通管理层、特殊管理层、重点管理层，采取不同的服务方式）、突出一个重点（突出对流动职工重点管理层的管理）。2002年，宣传贯彻公布实施的国家《人口与计划生育法》及相关法律法规，以读报、演讲、文艺演出、知识竞赛、举办培训班、流动展牌等多种形式掀起学法热潮，并在全省与全国举办的学习《人口与计划生育法》知识竞赛中分获一等奖和优秀奖。2003年，拓宽计划生育服务领域，在对6000多名职工进行计划生育需求调查的基础上，确定公司计划生育服务工作以人人有一个健康的身体，人人有一个美满的婚姻，人人有一个幸福的家庭为目标，开展优生优育等四项服务。2004年，开展“关爱女童成长、关心母亲健康”活动，引导职工克服重男轻女观念，对规划内怀孕职工随时跟踪服务，确保顺利生育。2005年7月，组织参加全市“婚育新风进万家，奖励扶助送真情”人口知识竞赛活动。

第八篇

基层单位

任何单位都有其发端、演变和发展过程。本篇重点记述 1996—2005 年期间唐钢各基层单位组织机构沿革、生产发展、装备现状、经营状况，记录了这一时期各单位名称变更、机构变化、人员编制、工艺和技术改造、主要设备产能、生产经营数据和重要事件等。

第一章　主体生产单位

本章记录1996—2005年期间唐钢管辖炼焦制气厂、炼铁厂、一炼钢厂、二炼钢厂、冷轧薄板厂、四轧钢厂、中型轧钢厂、棒线材厂、热轧薄板厂、动力厂、运输部等11家主体生产单位的基本情况和历史沿革。

第一节　炼焦制气厂

炼焦制气厂系为唐钢炼铁和轧钢系统提供冶金焦炭和焦炉煤气的生产单位。同时，承担向唐山市提供民用与工业用管道煤气的生产任务。

一、基本情况

炼焦制气厂位于唐山市丰润区大八里庄南部，西靠唐遵铁路和京唐公路，距唐山市区10~15千米。厂区总面积为64.48万平方米，其中考伯斯（中国）炭素化工有限公司占地面积2.73万平方米，炼焦制气厂与唐山钢联焦化有限责任公司共同使用面积61.75万平方米。2005年末，炼焦制气厂建筑面积7.46万平方米。

1999年3月，唐钢与考伯斯公司以炼焦制气厂焦油车间为主体，共同投资成立考伯斯（中国）炭素化工有限公司，设计年加工焦油能力为10万吨。考伯斯公司占60%股份，唐钢占40%股份，成为唐钢历史上第一次与跨国企业合资经营的项目。2003年11月，唐钢冷轧生产线燃料基地工程采取职工持股、公司参股的方式，注册成立唐山钢联焦化有限责任公司，注册资本2.6亿元，其中唐钢工会（钢联焦化）持股占82.36%股份，唐钢集团占9.97%股份。在经营管理方面，炼焦制气厂与唐山钢联焦化有限责任公司实行统一生产经营、财务独立核算模式。

2005年末，炼焦制气厂下设14个科室、9个车间，共有39个工段，201个班组。全厂共有职工2272人，其中男职工1845人、女职工427人；中共党员431人，共青团员157人；干部共有188人，其中厂处级干部7人、科级干部59人；干部中技术干部81人，其中高级职称43人、中级职称29人；管理干部82人；党群干部25人。工人2084人，其中技术工人317人，其中高级技师1人、技师31人。职工中有硕士研究生3人、大学本科66人、大学专科139人、中专99人、高中（技校）982人、初中及以下983人。

二、生产发展

（一）实施工艺技术改造

在装置产能方面，2001年炼焦制气厂焦炉总设计生产能力由原年产焦炭108万吨提高到144万吨。2004年，全厂新老系统总设计生产能力合计达到年产焦炭274万吨。

在优化工艺方面，2003年实施提高轻苯精制加工能力的技术改造，苯精制系统加工能力由9300吨/年提高到2.34万吨/年。2005年1月，新建1台高效垂直筛板型脱苯塔，代替原脱苯塔、脱水塔和两苯塔，吨轻苯蒸气消耗由 2.0 吨降到 1.4 吨。

在环境保护与能源利用方面，1997 年实施煤气脱硫改造工程，将城市民用煤气与工业用煤气分流，采用美国专利戈尔过滤器处理硫泡沫。同年 6 月投入试运行，9 月下旬煤气硫化氢含量降至 20 毫克/立方米以下，达到国家城市民用煤气标准。2005 年，采用碱法—氨法相结合的工艺进行煤气脱硫，提高了脱硫效果，降低了纯碱消耗；采用硫泡沫压滤处理工艺取代连续熔硫工艺，硫泡沫压滤机投入使用后，取得了简化工艺、减少设备故障、改善操作环境、节约能源的效果。

2002 年 11 月底，唐钢北区焦炉煤气南送项目投运，4 号焦炉由烧焦炉煤气改烧高炉混合煤气，3~4 号焦炉加热全部改烧高炉混合煤气，为唐钢高炉等系统每日提供 30 万立方米的优质焦炉煤气。

（二）主要产品产量

1996 年，生产焦炭 101.27 万吨，硫酸铵 2531 吨，粗苯 9681 吨，焦油 4.59 万吨，外送煤气 2.03 亿立方米。1997 年，生产焦炭 105.41 万吨，硫酸铵 2680 吨，粗苯 7119 吨，轻苯 2918 吨，焦油 4.77 万吨，外送煤气 2.13 亿立方米。1998 年，生产焦炭 108.91 万吨，硫酸铵 2808 吨，粗苯 2353 吨，轻苯 8512 吨，焦油 4.95 万吨，外送煤气 2.18 亿立方米。1999 年，生产焦炭 109.37 万吨，硫酸铵 2786 吨，轻苯 1.11 万吨，焦油 4.99 万吨，外送煤气 2.07 亿立方米。2000 年，生产焦炭 111.32 万吨，硫酸铵 2796 吨，粗苯 1322 吨，轻苯 9584 吨，焦油 4.91 万吨，外送煤气 1.95 亿立方米。2001 年，生产焦炭 132.77 万吨，硫酸铵 1.60 万吨，焦油 5.74 万吨，外送煤气 2.15 亿立方米。2002 年，生产焦炭 141.85 万吨，硫酸铵 1.83 万吨，焦油 5.33 万吨，外送煤气 2.53 亿立方米。2003 年，生产焦炭 144.36 万吨，硫酸铵 1.78 万吨，焦油 6.01 万吨，外送煤气 3.25 亿立方米。

2004 年，炼焦制气厂与唐山钢联焦化有限责任公司合计生产焦炭 242.03 万吨，硫酸铵 2.58 万吨，轻苯 3187 吨，焦油 9.82 万吨，外送煤气 4.78 亿立方米。2005 年，合计生产焦炭 264.79 万吨，焦油 11.48 万吨，硫酸铵 3.12 万吨，轻苯 2.77 万吨，外送煤气 5.64 亿立方米。

三、主要设备与经营状况

2005 年末，炼焦制气厂拥有固定资产原值 4.45 亿元，净值 1.16 亿元。共有设备 130 台（套），总质量 2.8 万吨。主要设备有 4 座 5.5 米 36 孔大容积焦炉，设计生产能力为年产焦炭 144 万吨。唐山钢联焦化有限责任公司拥有固定资产原值 6.30 亿元，净值 5.32 亿元，主要设备有 2 座 5.5 米 65 孔大容积焦炉，设计生产能力为年产焦炭 130 万吨。

炼焦制气厂与唐山钢联焦化有限责任公司技术装备处于行业比较先进的水平，焦炭设计生产能力合计达到 274 万吨/年，整体规模达到全国焦化行业前列，其他主要产品包括煤气、焦油、硫酸铵，轻苯等，设计生产能力分别为：外送煤气 6 亿立方米/年、焦油 12 万吨/年、硫酸铵 3.5 万吨/年、轻苯 3 万吨/年。2005 年，炼焦制气厂完成考核利润 3675.30 万元，焦炭成本 895.35 元/吨，唐山钢联焦化有限责任公司实现利润总额 4172.32 万元，实际每股分配利润率为 10%。

第二节　炼铁厂

炼铁厂系唐钢生产烧结矿和生铁的首

道工序厂，同时为公司北区提供动力介质，是唐钢最大的主体生产单位。

一、基本情况

炼铁厂由原烧结厂、原二炼铁厂、原北区动力厂和原一炼铁厂合并组成。原烧结厂、原二炼铁厂、原北区动力厂位于开平区贾庵子村北，东毗开滦荆各庄矿采煤波及线，西临唐遵铁路贾庵子车站，西南2千米处有陡河流过，北依京山铁路，距唐钢本部7千米。原一炼铁厂位于唐钢本部，东邻原唐钢原料厂，南接热轧薄板厂，西靠路北区滨河路，北至建华东道。

1999年7月，二炼铁厂与烧结厂合并，组建二炼铁厂。2003年9月，二炼铁厂与北区动力厂合并为二炼铁厂。同年11月，原一炼铁厂与二炼铁厂合并组建炼铁厂。

2005年末，炼铁厂下设科室12个、车间31个、工段138个、班组397个；其中南区下设科室8个、车间10个、班组153个。共有职工8013人，其中男职工6397人、女职工1616人；中共党员1498人、共青团员190人。干部566人，其中厂处级15人、科级219人；干部中技术干部374人，其中高级职称60人、中级职称182人；管理干部374人；党群干部39人。工人7447人，其中技术工人1963人，其中高级技师41人，技师221人。职工中在职7436人、内退577人。职工中有博士生1人，硕士研究生16人，大学本科312人，大学专科565人，中专149人，高中4089人，初中及以下1820人。

二、生产发展

（一）实施工艺改造和装置大修

1996年，公司南区原1号高炉西侧新建的300立方米高炉竣工投产。1998年，二炼铁厂2560立方米高炉建成投产。同年，一炼铁厂竖炉由8平方米扩容为10.57平方米。1999年，二炼铁厂265平方米烧结机工程建成投产。2000年2月，二炼铁厂1号1260立方米高炉，在停产大修14个月后恢复生产，3月生产出第一炉铁水。

1996年，北区动力系统锅炉总能力405吨/时，自备发电机3台，发电机总容量2.1万千瓦。2000年，建成3号TRT发电机组，机组日平均发电量19万千瓦时；建成唐钢第一座130吨大型锅炉。

2002年12月，二炼铁厂2号高炉大修改造工程点火，创同类高炉推移工程新纪录。2003年7月，南区第一座450立方米高炉投产。2003年12月，烧结新技术在唐钢2号烧结机上应用，使2号烧结机利用系数从1.08吨/平方米小时提高到1.3吨/平方米小时。银钢区5号550立方米高炉于2004年11月投产。

2004年2月，原有100立方米1号、2号高炉拆除；2004年3月，原有100立方米3号、4号高炉拆除；同年6月25日，原有2台烧结机拆除。

经过近一年的攻关，南区采取烟煤、无烟煤混合喷吹技术，烟煤配比由20%~30%，提高到2005年2月的50%。

2004年5月，南区第二座450立方米高炉点火开炉。2005年3月，北区1号高炉大修工程竣工后，炉容由1260立方米扩容为2000立方米，年生产量由原来的100万吨增加到170万吨，创造了高炉推移距离、高度、重量、工期4项全国纪录。当年，南区3座高炉采取富氧鼓风技术，在提高生铁产量的同时，为提高煤比创造了必要条件。

（二）主要产量

1996年，产铁206.68万吨。其中一炼铁厂44.66万吨，二炼铁厂162.02万吨。1997年，产铁234.27万吨。其中一炼铁厂63.11万吨，二炼铁厂171.16万吨。1998年，产铁266.48万吨。其中一炼铁厂69.15万吨，二炼铁厂197.33万吨。1999年，产铁333.83万吨。其中一炼铁厂69.66万吨，二炼铁厂264.17万吨。2000年，产铁415.41万吨。其中一炼铁厂70.54万吨，二炼铁厂344.87万吨。

2001年，产铁460.54万吨。其中炼铁厂南区77.02万吨，炼铁厂北区383.52万吨。2002年，产铁483.04万吨。其中炼铁厂南区82.68万吨，炼铁厂北区400.36万吨。2003年，产铁545.64万吨。其中炼铁厂南区94.53万吨，炼铁厂北区451.11万吨。2004年，产铁648.87万吨。2005年，产铁773.36万吨。北区高炉利用系数3.531，合格率99.97%，喷煤比129.73千克/吨，综合焦比512.97千克/吨，风温1129℃，入炉品位58.37%。其中南区1~3号高炉实现产铁182.85万吨，高炉利用系数3.854，合格率99.96%，喷煤比147.07千克/吨，综合焦比506.60千克/吨，风温1137℃，入炉品位58.58%。

1996年，发电量7965万千瓦时；1997年，发电量9023万千瓦时；1998年，发电量11018万千瓦时；1999年，发电量10992万千瓦时；2000年，发电量14305万千瓦时；2001年，发电量36851万千瓦时；2002年，发电量38640万千瓦时；2003年，发电量42628万千瓦时；2004年，发电量45752万千瓦时；2005年，发电量60197万千瓦时。

三、主要设备与经营状况

2005年末，炼铁厂北区拥有固定资产近38亿元，净值14亿元，共有设备11141台（套），总质量5.325万吨。南区拥有固定资产原值6.18亿元，净值3.71亿元，共有设备9496台（套），总质量约14万吨。全厂共有高炉7座，其中北区1260立方米高炉1座，2000立方米高炉2座，2560立方米高炉1座，南区400立方米高炉1座、450立方米2座；60平方米烧结机3台，210平方米烧结机2台，265平方米烧结机1台；8平方米竖炉1座；北区TRT发电机组3台，南区TRT发电机组3台，汽轮发电机组3套，锅炉7台。统计口径不含银钢区租赁设备。

第三节　一炼钢厂

一炼钢厂系唐钢主体生产单位，主要采用转炉炼钢为下游轧钢工序生产提供合格的钢坯。

一、基本情况

一炼钢厂位于唐钢主厂区西南部。

2005年末，一炼钢厂下设科室5个、车间9个、班组56个。全厂共有职工1226人，其中男职工970人、女职工256人。中共党员238人，共青团员178人。干部116人，其中厂处级干部6人、科级干部37人、技术干部54人，其中高级职称15人、中级职称49人，管理干部50人、党群干部3人。工人1064人，其中技术工人498人，高级技师20人、技师95人。职工中有硕士研究生13人、大学本科53人、高中（技校）生488人、初中及以下354人。以上统计数据不含厂内退休217人。

二、生产发展

（一）产品沿革与工艺改造

1996—2002年，一炼钢厂主要产品是供三轧、四轧、高线、棒材厂生产所需的断面135毫米×135毫米、165毫米×165毫米普碳、低合金连铸钢坯及高线轧制用H08A与H08E钢、抽油杆焊管20CrMoA钢、硬线钢和45Si2Cr钢等品种。2003年1月，热轧薄板厂投产后，主要冶炼SS400、SS330、SS400C，SPHD、SPHC集装箱热轧板卷与高强度低合金钢等钢种。2005年，主要冶炼普通碳素结构用热轧钢带、热轧碳素钢带、汽车结构用热轧钢板和钢带、用于一次模具冲压成型的热轧深冲用低碳钢板和钢带、供冷轧板生产用的碳素钢板和钢带及耐大气腐蚀用热轧钢板、耐大气腐蚀焊接用热轧钢板等钢种。

1996年，随着公司"九五"改革步伐的加快，一炼钢厂在稳定小转炉全连铸生产的基础上，对1号立式连铸机实施易地改造，与一炼铁厂300立方米高炉实现同步生产，年产量突破65万吨大关。1997年，实现单炉对单机生产模式，尝试连铸浇H08钢工艺创新。

1999年，一炼钢厂150吨1号、2号转炉先后热负荷试车成功投入生产。2000年，对1号连铸机实施高效化改造，连铸生产能力较原来提高了25%~31%。2001年，全厂首座钢包精炼炉和真空精炼炉相继实现一次热试成功，为实现"三步走"发展战略中的最后一步——热轧薄板的顺利投产达产奠定了基础，标志着唐钢无精炼历史的结束。2003年5月，创出薄板钢水转浇8机8流小方坯连铸技术，杜绝了因非正常停浇造成钢水回炉的事故；8月，转炉工序能耗达到-0.8千克标煤，成功实现了150吨转炉负能炼钢，且连续10个月实现负能炼钢。2004年，转炉平均出钢温度由1662.06℃降低到1650℃。

2005年4月，3号转炉建成开始点火烘炉；7月，1号板坯连铸机一次热负荷试车成功，年设计能力生产宽850~1500毫米、厚度在150~180毫米的板坯230万吨。同年10月，在国内率先运用热态钢渣循环再利用技术工艺，使炼钢生产工艺获得新突破，每年创造直接效益2000多万元，减少钢渣排放2.4万余吨。当年11月，3、4号连铸机平均拉速从9月的3.9米/分提高到4.4米/分后，创造当时世界板坯连铸生产最快速度。在生产截面90毫米连铸坯时，每月可增加产量近4万吨。2005年底，1号转炉炉龄达到12376炉，在实现万炉生产不补炉后，吨钢耐材消耗由原来的5元/吨钢降低到0.1元/吨钢。

（二）主要生产指标

1996年，产钢45.64万吨，钢铁料消耗1120.96千克/吨。1997年，产钢60.53万吨，钢铁料消耗1117.5千克/吨。1998年，产钢65.66万吨，钢铁料消耗1119.19千克/吨。1999年，产钢72.17万吨，钢铁料消耗1118.08千克/吨。2000年，产钢130.28万吨，钢铁料消耗1098.75千克/吨。2001年，产钢184.52万吨，钢铁料消耗1099.51千克/吨。2002年，产钢215.96万吨，钢铁料消耗1090.98千克/吨。2003年，产钢286.25万吨，钢铁料消耗1087.29千克/吨。2004年，产钢363.73万吨，钢铁料消耗1088.12千克/吨。2005年，产钢465.53万吨，其中品种钢394.40万吨，钢铁料消耗1088.27千克/吨；转炉冶炼周期35.69分钟，平均炉龄13664炉，产品综合合格率99.93%，成本降低率0.21%。

三、主要设备与经营现状

2005年末，一炼钢厂共有固定资产20.44亿元，净值14.83亿元。共有各种大型设备112台（套），设备总质量1.26万吨。主要设备有：150吨顶底复吹转炉3

座，钢包精炼炉 3 座，真空精炼炉 1 座，铁水预处理设施 1 座，代表国内先进水平连铸机 4 台。

第四节　二炼钢厂

唐钢二炼钢厂是公司主体生产单位，在实施品种转移和对标挖潜工作基础上，冶炼钢种不断增加，消耗逐年降低。

一、基本情况

二炼钢厂位于公司南区院内，北邻武装部，南接供应处，西靠唐山市建筑陶瓷厂，东至棒线材厂。1997 年 12 月，质量管理处二炼钢厂质量检验站的炼钢工艺质量监督工作划归二炼钢厂管理。

2005 年末，二炼钢厂下设科室 8 个、车间 11 个、班组 178 个。全厂共有职工 2525 人，其中男职工 2229 人、女职工 296 人；中共党员 499 人，共青团员 326 人。干部 119 人，其中厂处级干部 6 人、科级干部 55 人；技术干部 71 人，其中高级职称 19 人、中级职称 33 人；管理干部 30 人；党群干部 18 人。工人 2406 人，其中技术工人 880 人，其中高级技师 4 人、技师 63 人。职工中有研究生 1 人，大学本科 22 人，大学专科 313 人，中专 137 人，高中（技校）1693 人，初中及以下 359 人。

二、生产发展

（一）实施工艺技术改造

1996 年，二炼钢厂开始试制四孔氧枪；完成 2 号、3 号转炉合金料上料系统改造工程，适应了转炉扩容和全连铸生产节奏的要求。1997 年，实施铁块和废钢搭配入炉装入工艺，当年铁水消耗完成 1005.33 千克/吨；一二三期连铸定尺率同比提高了 9.09%、3.11% 和 11.1%。从当年 6 月起，钢包底吹氩工艺正常运转，底吹率达到 80% 以上，对钢水质量的提高起到重要作用。在上年四孔氧枪试验的基础上，在 3 个炉座上全面推广；在三期连铸试验中间包涂抹料，累计试验 20 个中包，每包平均浇铸时间为 5.97 小时，平均中包寿命为 13.15 炉/包；产连铸坯 5558 吨，创历史最好水平；4 号 40 吨转炉投产后，全厂生产能力达到 240 万吨/年。

1998 年，运用硅锰合金代替锰铁配料的新方案，对转炉—连铸系统降温提速进行攻关，通过在一浇钢跨增设钢包吹氩精炼站及连铸机改造等活动，降低消耗、提高拉速。当年，铁水消耗完成 996.49 千克/吨，同比降低 8.84 千克/吨；命中率由原来的 92.6% 提高到 95.6%，硬线钢命中率由上年的 85.4% 提高到 90.7%；溅渣护炉技术得到推广应用。4 号连铸机增流改造工程热负荷试车成功，由原来 4 机 4 流改为 5 机 5 流，新增生产能力 11.5 万吨。1999 年，对 2 号连铸机结晶器进行改造，即通过采用抛物线锥度铜管和改进结晶器结构形式，达到了提高拉速和质量的目的；为提高脱氧效果与钢坯质量，于 7 月开发并试验硅铝钡钙复合脱氧剂，同年 9 月底推广使用；9 月 H08 钢种冶炼转移到二炼钢厂生产，该钢种在短时间内就达到了规模生产水平，全年共生产 1.2 万吨。二炼钢厂转炉精炼站建成投产，炉后增建钢包在线烘烤装置，在二期连铸钢水通廊上建 1 座吹氩喂丝均温精炼站，新建化验室并购置快透光谱分析仪等化验设备；6 台连铸机全部实现自动定尺；与机械制造公司共同开发的结晶器抛物线锥度铜管正式投产，加快了公司连铸高效化进程；自行设计的计算机网络辅助调度系统投入使用；2 号连铸机端面密封型和固定导流水套式结晶器试验成功；钢包在线烘烤技术试验成功；二炼钢厂至棒材厂连铸坯热装热送工程竣工投入使用。

2000年，组织降低出钢温度项目攻关，由1705℃降低到1693℃；配合公司的热装热送工作，热装率完成50%以上；减少大角开裂废品攻关，大角开裂率由原来的12%降低到2%以下；组织H08、24MnSiVTi等产品冶炼工作。2001年，在转炉试验并推广使用自流补炉料、多面体挡渣球、出钢口塞、钙基复合脱氧剂等新产品；实施提高转炉炉龄、转炉小指标等攻关，终点碳合格率、喷溅率、平台温度合格率等指标明显改善。

2002年，转炉平均炉龄10090炉，为上年平均炉龄的2.4倍；合金料消耗大幅度降低；推广6号机定径水口快速更换技术，中包平均寿命达到62.5炉/包，最高连浇炉数突破100炉；减少供中型角钢料退废，组织保护渣对比试验，制定“三稳定一兼顾”的操作方法，对结晶器结构进行优化，重新设计了导流水套；对结晶器足辊开口精度进行控制，对浇钢轧制过程中废品情况进行全面跟踪，有效控制生产波动与产品质量；转炉出钢温度完成1647℃。2003年，首个扩容炉壳投入使用，相关改造包括炉衬砖改造、钢包扩容、废钢斗扩容、天车改造等，转炉容量由50吨提高到60吨；12月，5号连铸机采用快速更换中间包工艺，创下连浇100小时257炉的历史最高纪录；全厂年产量突破300万吨。

2004年，转炉炉龄取得突破性提高，居全国中小转炉领先水平。全年平均炉龄达到20996炉，其中9月19日2号转炉停炉，炉龄达到21908炉，年钢水成分命中率平均达到99.2%，5号连铸机采用换包工艺连续浇铸457炉（HRB335），均创历史新高；同年开始采用全程底吹工艺，整体质量水平进一步提高。2005年，整体出钢口平均寿命达到540炉，最高达到820炉，居同行业领先水平；3号机断面由135毫米改为150毫米获得成功，当年产钢74.3万吨；5号连铸机作业率达到94.1%，创历史新高，居全国方坯连铸领先水平；10月，1号机供中型、2号机供三四轧热送开始实施，成为公司新的利润增长点。

（二）主要生产指标

1996年，产钢156.05万吨，钢铁料消耗1089.70千克/吨。1997年，产钢167.55万吨，钢铁料消耗1086.71千克/吨。1998年，产钢191.38万吨，钢铁料消耗1097.17千克/吨。1999年，产钢236.69万吨，钢铁料消耗1094.54千克/吨。2000年，产钢245.56万吨，钢铁料消耗1089.19千克/吨。2001年，产钢264.93万吨，钢铁料消耗1084.73千克/吨。2002年，产钢290.44万吨，钢铁料消耗1086.09千克/吨。2003年，产钢315.17万吨，钢铁料消耗1091.57千克/吨。2004年，产钢355.10万吨，钢铁料消耗1090.06千克/吨。2005年，产钢400.56万吨，钢铁料消耗1088.95千克/吨；平均炉龄达到12229炉，一期连铸合格率99.67%，二期连铸合格率99.47%，三期连铸合格率99.85%。

三、经营状况与主要设备

2005年，二炼钢厂拥有固定资产原值8.45亿元，净值3.34亿元；共有设备209台（套），总质量1.95万吨，有加料炼钢、一期、二期、三期连铸装备，炼钢设备有55吨顶吹转炉4座，全弧形连铸机5台，其中1、2号机为一期连铸，生产165毫米×280毫米、160毫米×225毫米、165毫米×165毫米三种规格连铸矩形坯和方坯，年设计能力为60万吨。3号机为二期连铸，生产135毫米×135毫米方坯，设计能力为22.5万吨/年，5号机和6号机为三期连铸，生产的产品规格为135毫米×135毫米、165毫米×165毫米两种方坯，设计能力为65万吨/年。全厂生产能力超过设计能力。

第五节　冷轧薄板厂

冷轧薄板厂是唐钢具有冷轧和热轧深加工能力的主体生产单位。

一、基本情况

冷轧薄板厂位于唐钢本部主厂区南部，东邻消防队驻地，西靠技术中心（原钢研所），南依动力厂循环水池，北接棒材路。占地面积16万平方米，厂房建筑面积12万平方米。

冷轧薄板厂前身是一轧钢厂。1997年4月，一轧钢厂二车间停产，撤销编制。2002年7月、12月，与香港嘉鑫有限公司合资组建唐山钢鑫板材有限公司，与香港昌运航运有限公司合资组建唐山恒昌板材有限公司，注册资本分别为3614万美元和1446万美元。2004年3月，一轧钢厂更名为冷轧薄板厂，对外仍使用唐山钢鑫板材有限公司和唐山恒昌板材有限公司名称。2005年5月，唐钢集团将持有的唐山钢鑫板材有限公司75%的股权及唐山恒昌板材有限公司75%的股权全部转让给唐钢股份。

2005年末，冷轧薄板厂下设科室6个、车间6个、工段8个、班组64个。全厂共有职工1003人，其中男职工833人、女职工170人；有中共党员224人、共青团员190人；干部286人，其中厂处级干部6人、科级干部63人；技术干部218人，其中高级职称39人、中级职称58人；管理干部58人；党群干部10人。工人905人，其中技术工人216人，其中高级技师5人、技师33人。职工中有研究生10人，大学本科225人，大学专科28人，中专13人，高中（技校）413人，初中及以下314人。

二、筹建过程

2000年3月，唐钢提出冷轧及热轧深加工应与超薄带钢工程同步开始项目前期准备。自此，由唐钢设计研究院有限公司、技术中心、发展规划处、对外经济贸易处的技术人员组成并依托原单位的冷轧及热轧深加工前期工作组正式开始工作。

2001年4月，在北京组织中冶四大设计院和部分专家参加唐钢冷轧项目讨论会；7月，冷轧及热轧深加工两个项目建议书形成初稿；11月，冷轧项目组在公司会议室向公司领导及主要厂处级领导汇报了国内市场现状和预测、主要生产机组的工艺特点和发展趋势、国内兄弟企业现状和发展计划、唐钢建设冷轧及深加工的优势、方案等5个题目，经过讨论，公司确定唐钢冷轧及深加工项目“小规模起步，统筹规划，分步实施，滚动发展，首期兼顾热轧深加工产品的发展战略”的实施计划。在项目组提供的8个方案中遴选A2方案，即先上1条连续酸洗机组，1套单机架可逆轧机，1条冷热兼用连续热镀锌机组和1条彩涂机组。唐钢冷轧及深加工工程由此进入实际操作阶段。

2002年1月，冷轧前期工作组和技术谈判组正式成立；6月，合资建设酸洗冷轧工程和合资建设镀锌彩涂工程可行性研究报告通过省环境评估。是月，与香港昌运航运有限公司合资建设酸洗冷轧生产线工程，与香港嘉鑫有限公司合资建设镀锌及耐高腐蚀性铝锌合金板、涂层板工程可行性研究报告正式上报省发改委；当月，合资建设项目可行性研究通过专家论证，并获得省发改委批复；9月，冷轧一期工程项目与外方意大利达涅利、法国克莱西姆、日本新日铁、日本三菱商社、美国布里克蒙等签订合同；12月30日，举行一轧钢厂ϕ250毫米轧机退役暨钢鑫、恒昌板材有限公司揭牌仪式。2003年8月，冷轧薄板厂组建工作结束。2004年3月，唐钢下发机构编制文件，将一轧钢厂正式更名为冷轧薄板厂。

三、生产发展

2004年，冷轧薄板厂商品材产量达到2500吨。其中冷硬产品1400吨，彩涂产品1100吨。彩涂、冷轧、酸洗、镀锌生产线顺利投产。2005年，商品材产量达到16.47万吨。其中酸洗产品3.18万吨，冷硬产品2.87万吨，连退产品9.82万吨，冷基镀锌0.61万吨。

2005年末，彩涂、冷基镀锌、单机架、酸轧联机、热基镀锌、酸洗、重卷平整、罩式退火8条生产线相继建成投产，部分生产线建设周期或调试速度创国内外先进水平。当年，加工总量41.15万吨，入库总量16.47万吨，综合合格率83.38%，成材率91.85%。

四、主要设备与经营现状

2005年末，冷轧薄板厂固定资产原值17.50亿元，净值17.02亿元；共有设备1018台（套），总质量1.31万吨。冷轧产品成功打入上海、山东、广东及京津等市场，并受到用户的好评，为唐钢创造了可观的经济效益。

第六节　四轧钢厂

唐钢四轧钢厂是公司主体生产单位，主要生产螺纹钢和盘条，产品质量通过国家ISO9000认证。

一、基本情况

四轧钢厂位于唐山市路北区缸窑路东侧，与唐钢北渣山、一级料场、备件库毗邻，周边与唐山市第六中学接壤，占地面积12.94万平方米。

2005年末，四轧钢厂下设科室12个、车间3个、班组63个。全厂共有职工997人，其中男职工842人，女职工155人；厂内退休62人；中共党员121人，共青团员213人。干部139人，其中厂处级干部5人、科级干部34人；技术干部23人，其中高级职称7人、中级职称19人；管理干部17人；党群干部3人。工人858人，其中技术工人721人，高级技师6人、技师30人。职工中硕士研究生4人、大学本科42人、大专10人、中专12人、高中（技校）632人、初中及以下96人。

二、生产发展

1996年，四轧钢厂生产钢材45万吨。1997年，生产钢材44.83万吨。1998年，生产钢材49.76万吨。1999年，生产钢材57.89万吨。2000年，生产钢材64万吨。这一年，四轧钢厂主要生产指标在全国同行业居领先水平。其中二车间油耗、设备完好率、工人劳动生产率均居第二名。

2001年，生产钢材70.33万吨。2002年，生产钢材79.79万吨。2003年，生产钢材90.07万吨。2004年，生产钢材85.99万吨。2005年，生产钢材86万吨。同年3月6日，四轧钢厂和技术中心承担的由135方坯改用150方坯生产ϕ25毫米螺纹钢工艺优化项目取得成功，当年生产此产品38.95万吨。

三、生产经营状况

2005年末，四轧钢厂固定资产原值0.84亿元；固定资产净值0.35亿元。设备总质量5650吨，其中一车间2250吨，二车间3400吨。设备装机容量16280千瓦，其中一车间6600千瓦，二车间9680千瓦。一车间主要产品为ϕ22毫米、ϕ25毫米螺纹钢，年产量38.3万吨；二车间主要产品为ϕ6.5毫米、ϕ8毫米盘条，年产量41.4万吨。两个车间产品曾获得省优称号，产品质量均通过国家ISO9000认证，产品销往全国各地。

第七节　中型轧钢厂

唐钢中型轧钢厂系公司生产中型及大型钢材的主体生产单位。

一、基本情况

中型轧钢厂位于唐钢南区中东部，东邻运输部铁路线，西靠二炼钢厂，北接供应处（原原料厂），南邻棒线材厂（原三轧钢厂）。

2005年末，中型轧钢厂下设科室4个、车间4个、工段2个、班组39个。共有职工879人，其中男职工717人，女职工162人；中共党员148人，共青团员72人；干部67人，其中厂处级干部3人、科级干部28人；技术干部26人，其中高级职称9人，中级职称17人；管理干部26人；党群干部15人。工人812人，其中技术工人160人，其中高级技师1人，技师15人。中型轧钢厂职工中有硕士研究生3人、大本3人、大专39人、中专10人、高中（技校）173人，初中及以下651人。

二、生产发展

1996年，生产钢材14.78万吨，钢坯40.57万吨，其中商品坯5.83万吨。1997年，生产钢材15.07万吨，钢坯31.53万吨，其中商品坯6.81万吨。1998年，生产钢材15.55万吨，钢坯30.76万吨，其中商品坯7.37万吨。

1999年，生产钢材20.69万吨，钢坯33.8万吨，其中商品坯14.39万吨。是年3月，20号等边角钢试轧成功。当年4月6日，20/12.5不等边角钢试轧成功，至此实现了角钢产品系列化。同年，ϕ55毫米、ϕ60毫米、ϕ63毫米、ϕ65毫米圆钢和70号方坯及290毫米板坯试轧成功。2000年，生产钢材21.45万吨，钢坯32.1万吨，其中商品坯9.91万吨。

2001年，生产钢材30.11万吨，钢坯27.43万吨，其中商品坯6.83万吨。10月17日，试轧36U型钢获得成功，标志着中型厂已形成U型钢产品系列化，成为全国唯一生产厂家。2002年，生产钢材38.91万吨，钢坯9.16万吨，其中商品坯4.23万吨。2003年，生产钢材43.56万吨，钢坯4.81万吨，其中商品坯4.81万吨。7月6日，ϕ80毫米、ϕ85毫米圆钢试轧成功。

2004年，生产钢材44.04万吨，钢坯6.07万吨，其中商品坯6.07万吨。3月，一次试轧成功ϕ90毫米、ϕ95毫米两种规格的圆钢，形成了圆钢从ϕ50~95毫米规格的系列化。8月18日，轧制矿用工字钢系列最大规格矿12号工字钢取得成功。

2005年，生产钢材44.57万吨，钢坯7.1万吨，其中商品坯7.1万吨。4月，与技术中心开发40U大规格矿用支撑钢获得成功，填补了国内大断面矿用支撑钢的空白，成为国内第一家实现矿用支撑钢产品系列化、规模化的企业。同年11月21日，首次为用户生产13.5米定尺的200×200×24毫米角钢获得成功，此规格角钢系国内标准中最大规格。当年，全厂材坯合格率99.97%，其中材99.97%，坯100%；成材率96.41%，其中材96.25%，坯97.43%；综合电耗48千瓦时/吨，其中材49.11千瓦时/吨，坯41.07千瓦时/吨；日历作业率87.96%，全国同行业（型钢生产）第一。

三、经营状况与主要设备

2005年末，中型轧钢厂拥有固定资产原值1.32亿元，净值2349.51万元。共有设备95台（套），总质量3890吨。主要设备有蓄热式加热炉、ϕ650毫米轧机1架、ϕ630毫米轧机3架等。主要产品有矿用钢、轻轨钢、40U型矿用支撑钢、200×200毫米角钢等。轧机设计能力40万吨，实际生产能力50万吨。

第八节　棒线材厂

棒线材厂是唐钢建筑钢材的主体生产单位，其产品广泛应用于国家重点建设工程，其生产的普碳盘条被评为“河北省名牌产品”，低碳无扭控冷热轧盘条被国家冶金工业局授予冶金产品实物质量“金杯奖”。

一、基本情况

棒线材厂位于唐钢主厂区中部和东部，于2003年9月由三轧钢厂、高速线材厂、棒材厂合并组建而成。

2005年末，棒线材厂下设科室6个、车间10个、班组89个。共有职工1671人，其中男职工1439人、女职工232人；中共党员358人，共青团员221人。干部221人，其中厂处级干部5人、科级干部91人；技术干部173人，其中高级职称48人、中级职称97人；管理干部33人；党群干部15人（兼职9人）。工人1450人，其中技术工人1096人，高级技师13人、技师112人。职工中硕士研究生5人、大学本科72人、大专149人、中专43人、高中（技校）1097人、初中及以下305人。

二、生产发展

（一）三轧钢厂

1996年，三轧钢厂产量22.22万吨。1997年，产量16.88万吨。当年6月，三轧钢厂一火成材改造投产后使用135毫米、165毫米和88毫米方坯轧制ϕ8毫米、ϕ10毫米普碳盘条和ϕ10毫米螺纹调质钢筋。1998年，产量20.04万吨。开发生产的ϕ8毫米、ϕ10毫米小螺纹热轧钢筋获得成功，该产品填补了国内空白。1999年，产量22.34万吨。2000年，产量30.48万吨。研制开发的ϕ7毫米螺旋肋混凝土用预应力钢丝通过铁道部专家组的资格评审。2001年，产量36.25万吨。2002年，产量39.3万吨。

（二）棒材厂

1996年7月13日，棒材厂工程轧制出第一批成品钢材，是月与意大利达涅利公司和美国通用电气公司共同签字验收，当年产量11.66万吨。1997年，产量49.9万吨。1998年，产量68.56万吨，同年开发生产ϕ16毫米、ϕ20毫米、ϕ25毫米、ϕ28毫米、ϕ32毫米、ϕ36毫米、ϕ40毫米等7个规格的优质碳素圆钢，填补了公司新产品开发空白。1999年，产量77.01万吨。2000年，产量75万吨。2001年，产量

80.79万吨。2002年，产量92.64万吨。

生产工艺技术：这一时期，棒材厂ϕ16毫米、ϕ18毫米、ϕ20毫米螺纹钢等产品的二线切分轧制取得成功；ϕ16毫米、ϕ18毫米普碳圆钢二线切分轧制成功，填补了国内圆钢切分生产的空白，并且使吨钢成本降低30元；成功改进ϕ14毫米螺纹钢筋三线切分导卫装置，解决了切分导卫粘钢问题。2000年，焊接无头轧制改造工程投运后，新增生产能力5万吨/年，成为国内首次应用无头轧制设备的企业。2003年1月，第二条全连轧棒材产线投入生产后，年产60万吨，产品规格有ϕ16~28毫米螺纹钢，实现100%热坯直供直装。同年，尖端轧制工艺——四线切分技术获得成功，应用于生产，其节能供暖装置、高速线材导槽、加热炉钢坯夹送装置、45°顶交线材轧机密封装置、钢坯卡断剪5项科技成果获得国家专利。

（三）高速线材厂

1996年，高速线材厂产量44.22万吨。1997年，产量44.87万吨。1998年，产量46.85万吨。1999年，产量48.83万吨。2000年，产量62.16万吨。2001年，产量98.11万吨。2002年，产量108.55万吨。

这一时期，高速线材厂成功开发生产ϕ6.5~12.5毫米普线、硬线、焊线。其中ϕ8~10毫米大盘重螺纹钢填补省内空白。完善ϕ6.5毫米H08轧制控冷工艺，改善了线材表面质量和内在性能，使ϕ6.5毫米H08产品创出国内名牌。

（四）棒线材厂

2003年，棒线材厂产量288.88万吨。2004年，产量337.79万吨。2005年，产量351.95万吨，7月成功开发ϕ5.4毫米硬线。

生产指标创优：2004年1月8日，棒线材厂二线搬迁投产。当年5月，棒线材厂高速线材生产线作业率创国内先进水平。其中二高线作业率为87.35%，居全国第一位；一高线作业率87.16%，居全国第二位。2005年，高线生产线由135毫米方坯改用150毫米方坯生产低碳拉拔材工艺优化项目取得成功，产品性能合格率达到98.55%。

三、经营现状与主要设备

2005年底，棒线材厂拥有固定资产原值12.26亿元，净值4.57亿元。共有设备285台（套），总质量1.39万吨。棒线材厂有棒材生产线2条、高速线材生产线2条、三线材生产线1条，涉及步进梁式加热炉、一棒材轧机和一线材轧机，二棒材轧机和二线材轧机等。主要产品有ϕ14~50毫米圆钢、ϕ12~40毫米螺纹钢，具备100万吨生产能力；一线材年设计能力为35万吨，实际生产能力达到55万吨，主要产品有ϕ6.5~12毫米普碳盘条、硬线盘条、焊条钢、ϕ6.5毫米H08Mn2Si。二高线设计能力为35万吨，实际生产能力达到60万吨，主要产品有ϕ6.5~12毫米普碳盘条、硬线盘条、焊条钢，ϕ8~12毫米螺纹钢。三线材生产线是唐钢早期的线材生产线之一，为复二重式轧机，生产ϕ8~10毫米普线、ϕ10毫米螺纹钢，设计能力26万吨，年生产能力达到45万吨。

第九节　热轧薄板厂

热轧薄板厂是唐钢主体生产单位，其产线以建设低投入、运行低成本、产品高质量、经营高效益为特点，提高了公司在激烈市场竞争中的综合实力。

一、基本情况

热轧薄板厂位于唐钢主厂区中部，东邻棒线材厂（原高线厂），南与一炼钢厂钢水接收跨、浇铸跨相连，西依贾家山，北接原一炼铁厂。生产线总长度为405米。

2000年3月，热轧薄板筹建组成立。当年12月，组建热轧薄板厂，原热轧薄板厂筹建组撤销。2005年末，热轧薄板厂下设6个部、3个工段、5个作业区、25个班组。共有职工393人，其中男职工370人、女职工23人；有中共党员68人，共青团员105人。干部188人，其中厂处级干部5人，科级干部34人；干部中技术干部167人，其中高级职称21人；管理干部17人；党群干部4人。工人205人，其中技术工人190人，其中高级技师4人、技师22人。职工中有博士生2人、硕士研究生7人、大学本科167人、大专21人、高中（技校）193人、初中及以下3人。

二、筹备与建设过程

2001年1月6日，超薄热带工程项目举行中外设计开球会。2月28日，超薄热带工程一期工程正式开工。同日，召开由国外专家、国内设备合作制造厂及公司设计、基建等有关部门单位负责人参加的第一次超薄热带工程中外设计协调会。第二、三、四次协调会分别在当年的5月、9月、12月召开。

超薄热带工程分两期建设：一期工程于2001年开工，二期工程于2003年8月开工，一二期工程分别于2003年、2005年建成投产。2001年12月，超薄热带工程铁路改造工程竣工，工期6个月。2002年12月，超薄热带产品检验系统竣工，工程于当年9月开工。1700毫米热轧生产线产品定位考虑和UTSP（超薄热带生产线）互补。

三、生产发展

热轧薄板厂有1810毫米生产线和1700毫米生产线。1810毫米生产线品种为普通结构用钢、冷成型用钢、低合金高强度结构钢。1700毫米生产线轧制钢种为低碳钢、中碳钢、低合金钢、管线钢，年设计生产能力250万吨。

2003—2005年，热轧薄板厂累计加工量548.73万吨，成品材528.15万吨。其中2003年，加工量55.24万吨，成品材55.24万吨；2004年，加工量191.59万吨，成品材190.61万吨；2005年，加工量301.9万吨，成品材282.3万吨；合格率为99.98%，电耗为102.75千瓦时/吨，煤气消耗为101.47立方米/吨，钢材成材率为99.06%，轧机作业率为88.70%，堆钢率为0.02%。

第十节　动　力　厂

动力厂系为唐钢各厂供应风、水、电、蒸汽和氧、氮、氩等各类介质的生产单位。其所属车间、站、机组分布在公司各厂区。

一、基本情况

动力厂由动力区和氧气区组成。动力区办公地点位于公司主厂区东南部，东毗唐钢南门，西至销售公司，南接钢厂道，北靠冷轧薄板厂，建筑面积1580平方米；氧气厂南区生产车间东依技术中心特钢试验厂原址，西与二炼钢厂三期连铸车间隔路相望，南至铁路运输小型专线，北达氧气北路，办公建筑面积1275平方米。

1996年12月，唐钢调整能源管理职能，将能源部的监测科、节能科及管理职能划入科技处；能源部的三电办及管理职能划入机械动力处。上述管理职能划出后，能源部更名为南区动力厂，不再具有双重管理职能。2003 年 9 月，南区动力厂和氧气厂合并组建动力厂。

2005 年末，动力厂下设科室 8 个，生产车间 11 个，班组 92 个。全厂共有职工 1431 人，其中男职工 1016 人、女职工 409 人；有中共党员 240 人、共青团员 116 人；共有干部 125 人，其中厂处级干部 5 人、科级干部 51 人；干部中技术干部 44 人，其中高级职称 14 人、中级职称 23 人；管理干部 21 人；党群干部 4 人。工人 1306 人，其中技术工人 533 人，高级技师 11 人，技师 48 人。职工中有硕士研究生 4 人，大学本科 64 人，中专 62 人，高中（技校）645 人，初中及以下 656 人。

二、主要职责

（1）负责公司内高压供电、配电线路的安全管理。

（2）承担燃气的日常调度、煤气储存、输配送，组织氧、氮、氩气（液）体生产、储存、输送。

（3）做好热电联产、生产用水的处理和供应、南区污水处理及主排水沟的管理以及所辖各系统设备设施的检查、维护、检修工作。

三、生产发展

（一）动力系统

1. 供电

“九五”时期，全公司年内用电量最高负荷 14.81 万～24.5 万千瓦，年内用电量平均负荷 13.48 万～19.6 万千瓦。“十五”时期，全公司年内用电量最高负荷 24.53 万～44.6 万千瓦，年内用电量平均负荷 21.98 万～41.29 万千瓦。2000—2005 年，南区 110 千伏变电站改造结束，新增 4 号变压器，容量为 4 万千伏安，直供炼钢厂 LF 炉 2.8 万千伏安变压器；滨钢 220 千伏变电站一期改造项目投运，增加 2 台 12 万千伏安变压器，解决了热轧薄板厂用电问题；老厂区 35 千伏变电站改造完工后投运，新增 3 台 40 兆伏安三卷变压器，总容量 120 兆伏安，电压等级为 35/10/6 千伏；新北站二期项目 3 台 4 万千伏安主变压器投运；南 110 千伏变电站投运，增加 2 台 6.3 万千伏安变压器，解决了冷轧薄板厂用电问题；滨钢 220 千伏变电站二期改造投运，增加 1 台 12 万千伏安变压器，解决了热轧薄板厂新增 1700 毫米生产线用电问题；对老东 110 千伏变电站进行易地搬迁，增加 3 台 6.3 万千伏安变压器。2005 年，输送电 46.6 千伏安/时。

2. 供水

“九五”时期，新一钢循环水系统建成后，主要供给一炼钢厂转炉和配套的精炼炉用水；对南区废水实施回收改造，减少了废水外排量。“十五”时期，配合 1810 毫米热轧薄板生产线和 3～4 号连铸机，投入配套循环水系统；改造一炼钢厂、二炼钢厂转炉除尘水系统；投入 1700 毫米生产线循环水系统。南区废水回收与处理技术改造后，废水回收处理能力明显提升。2005 年，完成工业水 4283 吨/年；净化水 1909 吨/年；深井水 895 吨/年；自来水 421 吨/年。

3. 煤气、蒸汽和发电

“九五”时期，南区热电联产 35 吨锅炉、汽轮机、汽轮发电机、三电场电除尘器交付生产，新增总装机容量 1.2 万千瓦。“十五”时期，增加 1 台发电机组，2000 年装机容量达到 1.8 万千瓦，年发电量 1.19 亿千瓦时。2004 年，1～2 号锅炉改成全燃煤气锅炉。

1997 年，全厂自发电量 1880 万千瓦时；1998 年，自发电量 3093 万千瓦时；1999 年，自发电量 6701 万千瓦时；2000 年，自发电量 8283 万千瓦时。2001 年，自发电量 12553 万千瓦时。2002 年，自发电量 13320 万千瓦时。2003 年，自发电量 11794 万千瓦时。2004 年，自发电量 11772 万千瓦时。2005 年，自发电量 15319 万千瓦时。

“九五”时期，相继对南区供热管网、供暖实施改造。关掉小锅炉。1996 年以后，随着能源综合利用，加大节能和环保投入，对炼钢、炼铁的副产品转炉和高炉煤气进行回收，作为炼钢烤包、轧钢加热炉的能源。转炉煤压站、5 万立方米转炉煤气柜、10 吨锅炉的交付生产，为企业取得良好经济效益。“十五”时期，对南区煤气管网实施改造、1 号锅炉进行改造，确保了动力系统安全经济运行。2005 年，完成高炉煤气 112414 万立方米/年，转炉煤气 72570 万立方米/年。

附 唐钢南北区动力系统产量主要指标

1996 年，公司动力系统全年自发电量 7967 万千瓦时，用水量 53824 万吨，新水 4051 万吨。1997 年，自发电量 1.08 亿万千瓦时，用水量 50671 万吨，新水 4287 万吨。1998 年，自发电量 1.42 亿千瓦时，用水量 53197 万吨，新水 3229 万吨。1999 年，自发电量 1.77 亿千瓦时，用水量 53303 万吨，新水 3266 万吨。2000 年，自发电量 2.26 亿千瓦时，用水量 54760 万吨，新水 3202 万吨。2001 年，自发电量 4.95 亿千瓦时，用水量 51373 万吨，新水 2531 万吨。2002 年，自发电量 5.19 亿千瓦时，用水量 53216 万吨，新水 2425 万吨。2003 年，自发电量 5.44 亿千瓦时，用水量 51138 万吨，新水 2682.64 万吨。2004 年，自发电量 5.75 亿千瓦时，用水量 56370.92 万吨，新水 3243.31 万吨。2005 年，自发电量 7.6 亿千瓦时，用水量 62153 万吨，新水 3702 万吨。

（二）氧氮氩氢生产系统

1. 制氧生产

1996 年，公司消耗氧气 23087.60 万立方米。1997 年，氧气系统南区 2 号 1.5 万标准立方米/时制氧机建成投产；2000 年，南区 1 套四川空分产 1.7 万标准立方米/时制氧机投产，公司消耗氧气 29955 万立方米；2002 年 12 月—2004 年 6 月，南区 1 套 2 万标准立方米/时制氧机、北区 1 套改造后的 8000 标准立方米/时制氧机、1 套搬迁至不锈钢公司改造后的 2 号 1.55 万标准立方米/时制氧机相继投入使用；1.5 万标准立方米空分装置改造为 2.5 万标准立方米空分装置。自此，唐钢制氧工艺技术发展为第六代全低压分子筛吸附流程和增压膨胀全精馏提氩技术。2005 年末供氧能力达到 10.37 万立方米/时。

2. 工艺技术改造

1996 年 7 月，氧气厂对 1 号 1.5 万标准立方米/时制氧机进行技术改造，对空压机中间冷却器进行国产冷却器芯的改造。改造后，空压机加工空气量每小时增加 4000 多立方米。1998 年 9 月，对 1 号 3200 标准立方米/时制氧机进行技术改造，增加提精氩设备和透平增压膨胀机，其中粗氩塔属当时国内外先进工艺，改造后氧气产量由原 2500 立方米/时提高到 3300 立方米/时。

3. 其他

1997—2002 年，氧气厂 2 台氮压机（V_W-32/15 型）交付生产，压缩能力 32 立方米/分；650 立方米/时、400 立方米/时球罐交付生产；与一炼钢厂易地大修工程配套的氧气管网合口；迁移2套120立方米氧气球罐，1套1000立方米氧气球罐交付生产。2000—2004年，氧气厂70吨/天液化设备交付生产；100吨/天液体贮存气化输送系统交付生产；酸洗冷轧、镀锌彩涂制氢站投入运行。

附 公司氧气与氮气产量指标

1996年，生产氧气22904万立方米，氮气21719万立方米。1997年，生产氧气23751万立方米，氮气25539万立方米。1998年，生产氧气24386万立方米，氮气30372万立方米。1999年，生产氧气27756万立方米，氮气34422万立方米。2000年，生产氧气30055万立方米，氮气37731万立方米。2001年，生产氧气33801万立方米，氮气59086万立方米。2002年，生产氧气37066万立方米，氮气66885万立方米。2003年，生产氧气44862万立方米，氮气103380万立方米。2004年，生产氧气51981万立方米，氮气111692万立方米。2005年，生产氧气80125万立方米，氮气72219万立方米。

四、经营状况与主要设备

2005年底，动力厂拥有固定资产原值63443.64万元，净值40857.7万元；共有设备957台（套），总质量925吨。

动力区主要生产设施有浊环水泵9台，供水量为5998立方米/时；净化水泵3台，供水量为3402立方米/时；深井水泵7台，供水量为1215立方米/时；高炉冷却水供水泵3台，供水量为6060立方米/时；废水回收泵3台，供水量为1455立方米/时；陡河水用轴流泵3台，供水量为5040立方米/时；冷轧一期循环水供水泵8台，供水量为5256立方米/时；冷轧二期循环水供水泵4台，供水量为3168立方米/时；镀锌泵4台，供水量为4680立方米/时；废水深度处理净化水系统清水泵3台，供水量为1980立方米/时；反渗透系统供水泵3台，供水量为450立方米/时；软化系统供水泵3台，供水量为1440立方米/时；冷轧废水处理含酸碱废水输送泵3台，送水量150立方米/时；浓铬废水输送泵2台，送水量1立方米/时；稀铬废水输送泵2台，送水量16立方米/时；含油废水输送泵3台，送水量37.5立方米/时；废油输送泵2台，输送量36立方米/时。4座大型变电站：35千伏变电站6台主变，额定容量为240兆伏安；11万站4台主变，额定容量为171.5兆伏安；22万站3台主变，额定容量为360兆伏安；南11万站2台主变，额定容量为126兆伏安。锅炉3台，总额定产汽量105吨。汽机3台，总输出功率18兆瓦。发电机3台，总发电量18兆瓦。5万立方米威金斯煤气柜2座。

南区大型制氧机4套：1号空分装置KDONAr-15000/17000/350、2号空分装置KDONAr-25000/20000/915、3号空分装置KDONAr-17000/10000/615、4号空分装置KDONAr-20000/20000/750。北区配套制氧机：空分装置KDONAr-3200/3200/70、KDONAr-8000/20000/300各1套。不锈钢区配套制氧机：KDONAr-15500/15000/560型空气分离装置1套。中厚板区配套制氧机：KDONAr-20000/30000/700型空气分离装置1套。

第十一节 运输部

唐钢运输部是承担公司各项铁路运输任务的单位，服务保产于钢铁生产，并向运输经营要效益。

一、基本情况

运输部位于唐钢东部，院内占地面积1.49万平方米，总建筑面积3.96万平方米，南北厂区相距10千米。

2005年末，运输部下设7个科室、20个车间站段、128个班组。共有职工2217人，其中男职工1804人、女职工413人；有中共党员441人，共青团员170人；干部100人，其中厂处级干部6人，科级干部58人；技术干部37人，其中高级职称1人，中级职称18人；管理干部63人，党群干部4人。工人2117人，其中技术工人650人，技师26人。职工中有硕士研究生1人、大学本科38人、大专137人，中专38人、高中（技校）874人、初中及以下1129人。

二、基本任务

（1）负责唐钢铁路运输及商品材坯的发货工作。

（2）负责编制铁路运输计划及铁路运输相关的管理工作。

三、生产发展

1996年，完成铁路运量1723.77万吨，货物周转量8218.72万吨·千米。1997年，完成铁路运量1650.47万吨，货物周转量8180.83万吨·千米。1998年，完成铁路运量1758.34万吨，货物周转量9256.18万吨·千米。1999年，完成铁路运量1968.83万吨，货物周转量12452.91万吨·千米。2000年，完成铁路运量2099.76万吨，货物周转量13729.91万吨·千米。2001年，完成铁路运量2298.10万吨，货物周转量15520.66万吨·千米。2002年，完成铁路运量2337.70万吨，货物周转量16534.22万吨·千米。2003年，完成铁路运量2404.52万吨，货物周转量17424.79万吨·千米。2004年，完成铁路运量2657.90万吨，货物周转量19824.54万吨·千米。2005年，完成铁路运量3199.64万吨，货物周转量24578.55万吨·千米。

四、经营状况与主要设备

2005年末，运输部拥有固定资产原值5.2亿元，净值2.22亿元。共有设备4375台（套）。主要设备有：内燃机车12台，蒸汽机车18台，全部为上游型；蒸汽机吊车1台；各种车辆595辆。其中鱼雷混铁车54辆，梨型铁水车36辆，平车140辆，敞车51辆，砂石车133辆，矿煤车79辆，自翻车28辆，百吨专用车14辆，渣罐车54辆，铁路全长116.4千米，道岔298组。

2005年，运输部总费用完成16290万元，实现内利1350万元，比挖潜目标多完成1810万元；千人负伤率完成0.51，比目标下降87.3%；万吨事故率完成0.00094，比目标下降90%，实现五种重大事故为零。

第二章　辅助后勤单位

本章记录1996—2005年期间唐钢管辖技术中心、保卫部（武装部）、销售公司、供应处、计控管理处、设备机动处、对外经济贸易处（进出口分公司）、教育中心（职工培训中心、唐山科技职业技术学院、河北省冶金高级技工学校、河北冶金技师学院）、唐钢医院等9家辅助后勤单位的基本情况和历史沿革。

第一节　技术中心

唐钢技术中心系由原钢研所、科技处、信息档案处、技术监督处（质量管理处）、机械制造公司特钢试验厂重组而成，是集科研、产品开发和工艺、技术、质量、科技、信息档案、知识产权管理于一体的双职能部门。2002年12月，唐钢技术中心被原国家经贸委、财政部、税务总局和海关总署联合认定为国家级企业技术中心，并于2003年3月举行国家级企业技术中心挂牌仪式。2005年，在国家认定企业技术中心的综合排名中，唐钢技术中心排名由2003年的第168位上升至第65位。

一、机构沿革

1996年初，技术中心设处级干部3人，下设7个专业研究室、4个管理科室、6个工人班组，有干部68人、工人38人。质量管理处下设13个科室、22个驻生产厂质量检查站，有班组121个，全处共有职工1227人，有干部138人、工人1089人。科技处设处长1人、副处长3人（其中1人兼任科协副主席），下设冶炼科、轧钢科、科技计划科、标准科、专利科（兼专利事务所和科技保密办公室）、科协办公室、全面质量管理办公室、焦耐科等8个科室，有干部48人。信息档案处（信息中心）设处长1人、副处长1人，下设复制技术科、档案指导科、档案管理科、翻译科、信息科等5个科室，有干部37人。电炉炼钢厂下设6个科室、4个车间、2个工段，有班组102个；全厂共有职工1124人，有干部122人、工人1002人。

1996年12月，将技术中心（钢研所）由双职能单位划入机关，实行机关化管理。1997年6月，一炼铁厂矿山监装职能划归质量管理处。1998年7月，技术中心销售科更名为科研生产销售科，适应新品种钢科研、生产、销售一体化管理需要。1999年9月，为扩大新产品销售，理顺销售职能，将技术中心新产品销售业务全部划归销售公司。同年10月，将一炼铁厂原材料检化验职能由质量管理处划出至一炼铁厂。当年12月，电炉炼钢厂更名为机械制造公司电炉铸造厂。

2000年12月，撤销科技处，原科技处的科协、专利、保密、全面质量管理等职能与钢研所、档案处、设计研究院合并组建技术中心；质量管理处更名为技术监督处，原科技处的炼铁、炼钢、轧钢、标准等与生产直接相关的技术、管理职能划入技术监督处。2002年1月，撤销信息档案处，其管理职能划归技术中心。

2003年4月，划出设计研究院，技术

中心的科技管理、产品及技术开发、科技信息及档案管理职能与技术监督处的职能合并，重新组建技术中心，行使唐钢集团、唐钢股份两公司相应管理职能。当年9月，将机械制造公司电炉铸造厂作为特钢试验厂并入技术中心。

2005年末，技术中心设处级干部8人，下设9个专业科室，7个管理科室，24个站、室、车间，共有班组124个；全中心共有职工1137人，其中男职工618人、女职工519人；中共党员177人，共青团员48人；有干部244人，其中技术干部162人，管理干部74人，专兼职党群干部15人；工人893人，其中技术工人428人。职工中有硕士研究生22人、大学本科140人、大专143人、中专41人，中技318人、高中253人、初中以下364人。

二、基本任务

（1）贯彻落实党和国家有关科技、质量方面的方针政策，推进科技进步，提高公司产品质量。

（2）组织制定唐钢科研开发计划。

（3）组织科研课题立项、实施、成果鉴定及推广工作。

（4）负责新产品、新材料、新技术的开发和推广应用。

（5）负责在线产品质量管理工作，制定各项质量管理制度，对进厂炼钢用原料、出厂产品的质量检验和判定。

（6）负责对各生产厂的技术、质量指标进行统计分析和考核。

（7）负责用户对产品质量异议的处理工作。

（8）负责唐钢知识产权管理、信息管理、档案管理。

（9）负责唐钢科协工作。

附 电炉炼钢产量

电炉炼钢产品主要为铸钢件、铸铁件和铁合金。1996年，完成产量11.25万吨。1997年，完成产量10.25万吨。1998年，完成产量8.44万吨。1999年，完成产量6.95万吨。2000年，完成产量5.38万吨。2001年，完成产量5.75万吨。2002年，完成产量5.63万吨。2003年，完成产量6.69万吨。2004年，完成产量5.17万吨。2005年，完成产量4.66万吨。

第二节 保卫部（武装部）

保卫部（武装部）是公司治安防范、交通管理、消防管理、门禁管理、要害部位与剧毒化药管理，以及人防管理、民兵军事训练、拥军优属、国防教育等双职能部门。

一、机构沿革

（一）公安处（保卫处）

保卫部前身系公安处，是经省政府、省公安厅批准的企业内保机构。1996年初，公安处设处长1人、政委1人、副处长3人，下设办公室、党办室、综合治理办公室、刑警队、治安科、经警大队、生产保卫科、政治保卫科、法制科、交通队、消防支队、渣山派出所、门卫护卫队等13个科、队、室、所，7个直属公安分处、20个属地管理的公安分处、室，共有干警218人。同年2月，公安处、武装部联合成立稽查队，有干警4人。1997年，直属科室增至14个，有干警139人；属地管理的公安分处由20个调整为21个，有干警83人。

1998年3月，公安系统实行集中统一

管理，内保系统实行属地管理。在公安处机构基础上，实行一个机构两块牌子，即公安处（保卫处），具有执法职能和公司内部治安防范职能。同年4月，撤销5个公安分处，保留第一公安分处，在二级单位组建30个保卫科，另有17个单位设置专职保卫干事，各保卫科不再由公安处集中管理，隶属于所在单位管理。下设机关保卫科、一分处、稽查队等16个科、队、室、分处、所。2000年1月，党办室、行政办公室、综合治理办公室“三办”合一，设立综合办公室；经警大队与门卫护厂队合并，组建经济警察大队，科室压缩至13个，干部由92人减至74人。当年7月，组建110指挥中心。

2001年8月，界定钢城分局管辖区域为市区内唐钢各厂矿围墙5米范围以内、银河路涉及唐钢路段和钢厂道涉及唐钢南区的路段，北渣山治安派出所划归钢城分局，钢城分局拥有部分户籍管理权，唐钢外矿职工户口、暂住人口和集体户口归分局管理。

2002年，结合公安机构改革，裁减人员73名，撤销稽查队建制。年内为适应新体制相应成立指挥处、政治处和7个派出所（保卫科）。

（二）武装部

1996年初，武装部设部长1人、副部长1人，下设作训科、政工动员科、人防科3个科室，有干部15人、工人26人。1997年4月，撤销人防科，作训科改为作训人防科。1998年1月—2002年8月，有干部3人、工人9人。2003年，武装部部长兼任保卫部政委，机构与人员保持不变。

（三）保卫部（武装部）

2003年9月，公安处与武装部合署办公，挂公安处（武装部）两块牌子。同年12月，省市政府批准原公安处93名被授衔民警从唐钢分离，编入人民警察序列。批准唐山市公安局钢城分局与唐钢保卫部合署办公。保卫部（钢城分局）设部长1人、政委1人、副部长3人，下设指挥处、政治处、刑警大队、巡警大队、治安科、法制科、政治保卫科、生产保卫科、消防支队、交通队、经警大队、北渣山派出所、北区派出所、机修路派出所、棒材路派出所、钢厂道派出所、办公区派出所、外围派出所等18个科级机构，干部定编95人。

2004年1月，唐钢发文公安处更名保卫部。当年7月，钢城分局挂牌。2005年6月，组建保卫部（武装部），与钢城分局合署办公。考虑唐钢保卫部与市公安局钢城分局合署办公的实际，保卫部（武装部）设部长、党委副书记（局长）1人，政委、武装部长、党委书记、工会主席1人，副部长（副局长）2人；下设综合办公室（政治处、综合治理办公室）、治安科（治安科）、消防科（消防科）、交通科（交通科）、生产保卫科、政工动员科、作训人防科、巡防大队（巡警大队）、门卫大队（经警科）、北区保卫科（北区派出所）、机修路保卫科（机修路派出所）、棒材路保卫科（棒材路派出所）、钢厂道保卫科（钢厂道派出所）、渣山保卫科（渣山派出所）、新古保卫科（新古派出所）、石人沟保卫科（石人沟派出所）、棒磨山保卫科（棒磨山派出所）、（刑警大队）、（法制科）、（国保科）等20个科室，此处括号内设置机构属于钢城分局；定编98人。2005年末，对保卫部（武装部）机构编制进行调整，暂实行过渡期编制。设部长1人，政委、武装部长、党委书记1人，副部长1人；下设综合办公室、生产保卫科、政工动员科、作训人防科、巡防大队、门卫大队共6个科室；定编11人。

二、基本任务

（1）认真落实国家《企业事业单位内部保卫条例》和唐钢规章制度，全力维护公司治安秩序，确保生产经营顺利进行，确保企业职工的安全。

（2）根据公司部署，负责制订公司保卫工作计划并组织实施。

（3）制定公司保卫工作专业管理规章制度、办法和标准。实行重大事情和突发事件及时向公司和公安机关报告制度。

（4）开展调研工作，掌握敌、社、厂情动向，同非法组织开展斗争；掌握职工思想动态，配合公司有关部门预防和劝阻群体事件的发生。

（5）负责辖区保卫工作，指导各单位做好治安防范工作和治安专项治理工作。同时注重发挥基层治保会作用，实行群防群治。

（6）负责要害管理，监督检查各单位做好要害保卫工作。

（7）负责重点建设工程大中修项目的安全保卫组织工作。

（8）负责易燃易爆、化学危险品的管理，监督检查各单位对上述危险物品的生产、保管、运输使用情况。

（9）负责对消防安全的管理工作，监督检查并指导各单位做好消防安全工作。

（10）负责厂区交通安全管理，配合公安交管部门调处交通事故。

（11）负责公司厂门警卫管理，严格公司门禁制度。

（12）配合公安机关对刑事案件、危害国家安全案件和治安案件调查摸底。

（13）配合公安机关对破坏、破坏嫌疑事故和重大治安灾害事故调查摸底，参与调查重大责任事故。

（14）配合公安机关做好中央首长、外宾及重要会议、大型集会等活动的安全警卫工作。

（15）协同有关部门齐抓共管，做好治安综合治理工作。

（16）加强民兵组织建设，实现民兵工作“三落实”，负责军事训练、国防教育、武器管理、兵员征集。

（17）组织民兵参建发挥作用。

（18）担负战备值勤、做好抢险救灾、拥军优抚和人防工作。

（19）护厂防范，搞好防空，维护辖区治安稳定。

第三节　销售公司

唐钢销售公司是销售国内钢材、管理部分产成品出入库的双职能部门。

一、基本情况

销售公司主体办公楼位于唐山市钢厂道16号，原唐钢职工大学办公楼A段1~3层，建筑面积2500平方米；产成品库区位于唐钢运输部西侧，占地面积4.02万平方米。

销售公司的前身为供销处。1996年3月，撤销供销处，组建销售处，并将运输部货运及成品管理职能划归销售处。1998年5月，撤销销售处，改制组建销售公司。改制后的销售公司经营方式是买断、包销唐钢股份钢材产品。2000年，设立微机室、清欠办公室、信息服务科等科室，分别对销售网络软硬件、清理陈欠、信息收集和售后服务进行统一管理。2005年，清欠办公室改名为合同监管科，增加合同监管职能。

2005年末，销售公司下设科室14个、驻外办事处12个、车间1个、工段1个、有班组23个。共有职工574人，其中男职工440人、女职工134人，含厂内退休127人；有中共党员141人，共青团员21人；干部138人，其中厂处级干部6人、科级干部38人；技术干部130人，其中高级职称8人、中级职称45人；管理干部5人；党群干部3人。工人436人，其中技术工人104人，有技师3人。职工中硕士研究生9人、大学本科62人、大学专科50人、中专17人、高中（技校）35人、初中及以下401人。

二、基本任务

（1）负责市场调研并配合技术中心等部门确定产品定位。

（2）负责唐钢股份正品钢材（坯）和协议品的国内销售工作。

（3）负责唐钢股份南区钢材（坯）产成品出入库管理。

第四节 供应处

唐钢供应处是承担公司炼铁、炼钢等各种原燃材料的采购供应业务的部门，具有管理和服务双重职能。

一、基本情况

供应处办公地点位于公司西门北侧铁道附近。其原料厂区域位于公司北门，生产公司炼钢用石灰；原料站位于公司院外北门东，是生铁、合金等物料接收、仓储、发运的车间；废钢站位于公司院内东门附近，是为炼钢采购供应废钢的车间；北区供应站主要是为高炉大修采购耐材制品，地点位于炼铁厂北区院内。

供应处前身系供销处。1996年初，供销处设处级干部8人，下设26个科室、49个班组。同年3月，由原供销处分开，成立供应处。2003年9月，撤销原料厂，划归供应处管理。

2005年末，供应处下设5个科室、12个车间、46个班组。有职工1050人，其中男职工840人、女职工210人，中共党员239人，共青团员22人；干部63人，其中处级干部7人，四级专家1人，科级干部29人；技术干部26人，其中高级职称10人，中级职称28人，管理人员37人，党群干部3人；工人987人，其中技术工人164人，高级技师3人、技师17人。职工中有研究生1人，研究生结业2人，大学本科19人、大专104人、中专46人、高中（技校）365人、初中及以下513人。

二、基本任务

（1）负责唐钢炼铁、炼钢等各种原燃材料的采购供应管理工作。

（2）进行市场调研、价格趋势预测，为制定采购策略、降低采购成本服务。

（3）深化对标，做好国有大型企业、唐山周边企业、集团内部三级对标工作，力争采购价格处于市场中间偏下。

附 油砖产量

1996年，完成产量3782吨。1997年，完成产量3574吨。1998年，完成产量4237吨。1999年，完成产量3650吨。2000年，完成产量2144吨。2001年，完成产量2317吨。2002年，完成产量2657吨。2003年，完成产量1112吨。

白灰产量

1996年，完成产量17.63万吨。1997年，完成产量22.04万吨。1998年，完成产量23.99万吨。1999年，完成产量30.2万吨。2000年，完成产量29.29万吨。2001年，完成产量32.8万吨。2002年，完成产量34.44万吨。2003年，完成产量41.77万吨。2004年，完成产量41.28万吨。2005年，完成产量33.1万吨。

第五节 计控管理处

唐钢计控管理处是公司计量、通讯、计算机管理的辅助后勤单位。

一、基本情况

计控管理处位于唐山市路北区钢厂道14号，东邻销售公司，西接工商银行唐山市分行唐钢支行，南至钢厂道，北靠冷轧薄板厂。

唐山微尔电子股份有限公司是在技术经济开发公司电子公司和计控管理处计算机中心站合并基础上组建，于2000年6月获得省工商行政管理局颁发的营业执照，注册资本2000万元，总股份2000万股，分别由唐钢集团、唐钢股份等法人单位和本单位职工持股。取得机电安装、计算机系统集成、智能建筑设计等多项工程建设资质，通过河北省认证的高科技企业。2003年7月，唐山微尔电子股份有限公司（唐钢计控管理处），实行一个机构两块牌子，仍承担原计控管理处职能。同年9月，将撤销的机械制造公司热电偶部分划归计控管理处。2005年9月，唐山微尔电子股份有限公司清算解散后，恢复原计控管理处职能。

计控管理处机构设置与人员构成适应生产发展的需要。1997年3月，计控管理处北区计控车间成立。2001年10—12月，唐钢将二炼铁厂、北区动力厂、一炼铁厂、二炼钢厂、南区动力厂等单位的自动化专业人员成建制划归计控管理处，实现了唐钢自动化专业集中统一管理。

2005年末，计控管理处下设科室5个，车间12个，班组51个。共有职工944人，其中男职工425人、女职工519人；中共党员145人、共青团员78人；干部187人，其中处级干部5人、科级干部29人；技术干部136人，其中高级职称15人、中级职称59人；管理干部38人、党群干部13人；工人757人，其中技术工人289人、高级技师3人、技师11人。职工中有硕士研究生15人，大学本科93人，中专10人，高中（技校）634人，初中及以下107人。

二、基本任务

（1）负责唐钢物资的检斤、计量及仪表、自动化装置、衡器设备、计算机、通讯等专业管理工作。

（2）负责唐钢计量器具的检定、维修工作。

（3）负责工艺过程控制及在线计量检测新技术开发工作。

（4）负责自动化仪表检修、网络集成和信息化建设、自动控制工程施工、测控产品开发等。

第六节 设备机动处

唐钢设备机动处系承担全公司设备管理、大中修管理、备品备件采购、仓储管理、机加工等工作任务的双职能部门，是在合并设备材料处、机械动力处基础上整合机械制造公司等职能统一演变而来。

一、基本情况

设备机动处位于唐山市路北区东工房11段，南与东工房居民生活区毗邻，北与开滦矾土矿相连，西接唐山天马物流有限公司，东至开平区国各庄，库区占地面积27.71万平方米，办公区域0.44万平方米。

设备机动处前身为设备材料处、机械动力处。1996年初，设备材料处设厂处级干部7人，下设科室19个，车间、工段、队3个，班组38个，共有职工624人，其中干部180人、工人444人。机械动力处设处长1人、副处长4人，下设锅炉容器科、机械技术科、电气技术科、计划检修科、工业建筑管理科、设备管理科、起重机械科、办公室、财务科、计划科、外协科、库房管理科等12个科室，有干部90人、工人70人。

1996年12月，划入汽运公司车辆采购职能。2001年9月，在公司北区设立物资供应站，撤销二炼铁厂和北区动力厂原设相关机构。

2002年6月，设备材料处与机械动力处合并组建设备机动处。2003年9月，划入机械制造公司设备备品备件加工制作等职能。

2005年末，设备机动处下设科室24个，车间4个，班组28个。共有职工719人，另有347名职工内退。其中男职工394人，女职工325人；中共党员282（含内退75人）人，共青团员13人；共有干部171人，其中厂处级干部10人，科级干部46人；技术干部165人，其中高级职称47人，中级职称87人；管理干部156人；党群干部18人；工人548人，其中技术工人282人，其中高级技师3人，技师15人。职工中有博士生1人，研究生7人，大学本科82人，大学专科55人，中专20人，高中及以下554人。

此外，设备机动处（机加工厂）于2003年1月通过ISO9001：2000认证。

二、基本任务

（1）负责唐钢生产大中修、基建、技改项目设备材料供应管理。

（2）负责制定、审核唐钢设备材料需求计划及设备选厂、监制、购进、验收、仓储、发送全过程管理。

（3）负责唐钢内部设备材料使用管理，保证采购、订货、供货及时；负责储备及消耗定额。

（4）负责唐钢各单位废旧物资回收和处理。

（5）负责制定唐钢设备管理规划和规章制度。

（6）负责唐钢特种设备综合管理、检修管理、机械、电气、锅炉、压力容器、工业建筑等专业管理工作。

（7）负责组织唐钢内部设备管理经验交流及职工业务培训。

（8）负责唐钢生产单位设备备品备件的加工制作、生产单位设备大修工程件、急加工件抢修，成套设备组装制作。

三、生产经营状况

2005年末，设备机动处拥有固定资产原值总额1.51亿元；净值总额0.5亿元。当年，各项指标完成情况：电费支出完成12.59亿元，水费支出完成4673.48万元，节支226.52万元。备件资金占用实际完成3.91亿元。辅料资金占用完成6876万元。贷差完成5537万元，其中备件贷差完成2763万元，辅料贷差完成2774万元。维修费完成9.89亿元。机加工内利完成53.67万元。

第七节　对外经济贸易处（进出口分公司）

唐钢股份对外经济贸易处、唐钢集团进出口分公司系同一机构，两块牌子，对外经济贸易处作为对内职能处室名称，进出口分公司则用于对外履行业务职能，承担公司从国外引进技术、设备，办理铁矿石进口业务和钢材出口等业务管理。

一、机构沿革

1996年初，对外经济贸易处设处长1人、副处长2人，下设6个科室，分别是报运科、计划财务科、进口科、出口科、外事管理科和国际合作部，有干部51人。2003年，对机构设置重新调整，下设出口科、项目科、原料科3个科室。

2004年，对外经济贸易处增加进出口分公司名称。2005年末，对外经济贸易处设处长1人，下设出口科、项目科、原料科，有干部23人、工人3人，财务科5人为公司计划财务处派驻人员。

二、基本任务

（1）负责唐钢铁矿石的进口（约占所需铁矿石总量的80%），钢材出口工作，参与对外联络、洽谈、咨询及国际市场信息反馈和产品宣传工作。

（2）负责公司引进项目的综合协调工作，组织并参与引进项目的评估、立项、谈判、签约及合同的执行，唐钢涉外技改项目的谈判、招标以及备品备件的采购。

（3）负责外国专家来唐钢进行设备安装、调试的现场服务工作和外宾、外商来访及技术交流的组织接待工作。

（4）负责公司出国人员出国手续的办理和对出国人员进行外事纪律教育工作。

第八节　教育中心（职工培训中心、唐山科技职业技术学院、河北省冶金高级技工学校、河北冶金技师学院）

唐钢教育中心（职工培训中心、唐山科技职业技术学院、河北省冶金高级技工学校、河北冶金技师学院）是集职业教育、职工培训、应用研究、技术开发和职业技能鉴定于一体的综合职业教育基地，分脱产、业余、函授、短期培训等多种授课形式。教育中心（职工培训中心）由教育培训处、普教处、教委办公室演进而来；唐山科技职业技术学院由唐钢职工大学、河北冶金职工大学唐钢分校、河北工业职业技术学院唐钢分院演进而来；河北省冶金高级技工学校、河北冶金技师学院由唐钢技工学校演进而来。

一、基本情况

由教育中心（职工培训中心）负责管理的唐山科技职业技术学院（河北省冶金高级技工学校、河北冶金技师学院）位于唐山市路南区警钢路68号，坐落于女织寨乡，学校占地面积16.2万平方米，总建筑面积6.44万平方米。

教育中心前身为教育培训处。1996年初，教育培训处设处长1人、副处长1人，下设管理科、培训科、教研科、公安室4个科室，有干部18人、工人4人。1998年3月，撤销教育培训处，组建普教处（教委办公室）。

职工培训中心于1996年7月由职工大学、技工学校合并组建而成，编制机构为职工培训中心（职工大学、技工学校），其中职工大学与河北冶金职工大学唐钢分校继续沿用同一机构、两块牌子。

河北工业职业技术学院唐钢分院起始设置：2000年6月，河北冶金职工大学（包括唐钢职大和宣钢职大）与河北冶金工业学校合并组建河北工业职业技术学院。同时撤销唐钢职工大学，改为河北工业职业技术学院唐钢分院，即职工培训中心（河北工业职业技术学院唐钢分院、技工学校）。

普教处党委与职工培训中心党委先行合并为教育培训中心党委：2001年1月，公司党委常委扩大会研究决定，普教处（教委办公室）党委与职工培训中心（河北工业职业技术学院唐钢分院、技工学校）党委合并，组建教育培训中心（普教处、教委办公室、河北工业职业技术学院唐钢分院、技工学校）党委。

职工培训中心机构变动：2001年7月，原教务科、实习科、总务科编制改为教务处、学生处、总务处、技能培训部、成人培训部、基础部、冶金工程系、财经系、机电工程系、计算机工程系、招生办公室。当年9月，在职工培训中心成立唐钢特有工种职业技能鉴定站。

教育中心起始设置：2002年6月，将普教处与职工培训中心合并，组建教育中心（普教处、职工培训中心）。

唐山科技职业技术学院初始设置：2003年5月，将河北工业职业技术学院唐钢分院更名为唐山科技职业技术学院，为专科层次的普通高等学校，实施专科层次高等职业技术教育。更名后，仍由教育中心管理。下设党委书记1人、院长1人、副院长2人。

普教处及其所属学校机构撤销：2003年12月，普教处所属10所中小学与唐钢剥离。2004年1月，由于10所普通中小学与企业实施分离，普教处及其下属10所中小学校机构编制撤销。

技工学校历经更名与增挂牌子：2001年5月，唐钢技工学校改建为国家高级技工学校，更名为河北省冶金高级技工学校；2003年6月，加挂河北冶金技师学院牌子，成为全省首批6所试点技师学院之一。

2005年末，教育中心（唐山科技职业技术学院、河北省冶金高级技工学校、河北冶金技师学院）教职工总数252人，其中男职工124人、女职工128人；共有干部159人，设党委书记1人，主任（院长）1人、副主任（副院长）2人，科级干部14人，有专任教师130人。专任教师及管理人员高级职称66人，中级职称72人；工人60人，其中技师2人。内退职工33人。教职工中有研究生30人、大学本科129人、大学专科以下14人。

2005年末，学院固定资产总值5480万元。经劳动和社会保障部批准建立的特有工种职业技能鉴定所和通用工种职业技能鉴定站，具备开展150多个行业特有工种和通用工种的初、中、高级职业技能鉴定的资质与能力。

二、基本任务

（1）全面贯彻党的教育方针、政策、法规。

（2）依托唐钢，以职业教育加快发展为契机，加快唐山科技职业技术学院和河北省高级技工学校建设。

（3）根据公司发展建设需要，负责编制公司职工培训和职业技能鉴定年度计划，并组织实施。

（4）负责审批公司各二级单位、机关部室举办的培训班教学计划，办理职工参加学历教育、外委培训的审批手续。

（5）负责兄弟院校参观唐钢、安排学

生实习和为其他企业代培的接待工作。

（6）负责教育工作的调查研究，总结交流经验。

（7）负责起草上报教育相关工作的请示、报告、文件和统计报表。

第九节　唐钢医院

唐钢医院系为公司职工及为附近社区居民提供医疗、保健、防疫和健康体检的专业医疗机构，是综合性国家二级甲等医院。

一、基本情况

唐钢医院坐落在唐山市东北部，东邻缸窑路，西靠陡河东岸。主院区占地面积4.59万平方米，建筑面积3.1万平方米。分院占地面积0.54万平方米。1996—2004年，医院与卫生处属同一机构、两块牌子。2004年，卫生处划归能源环保处。

2005年末，唐钢医院下设职能科室12个；医疗科室25个；保健站12个；社区服务中心1个（社区服务站4个），床位418张。全院共有职工688人，其中男职工182人，女职工506人，有中共党员256人，共青团员10人；干部582人，其中厂处级干部5人、科级干部65人；干部中技术干部544人，其中高级职称80人，中级职称251人，管理干部24人，党群干部16人；工人106人，其中技术工人28人。职工中有硕士研究生9人，研究生班结业110人，在读研究生16人，大学本科194人，大学专科176人，中专184人，高中（技校）73人，初中及以下60人。上述人员统计口径中不含厂内退休229人。

二、基本任务

（1）为公司职工提供健康体检服务。

（2）为全市职工基本医疗保险参保人员及唐山市新型农村合作医疗参合农民提供救治服务；并为全市多家企业提供工伤救治服务；为附近社区提供医疗、保健、防疫服务。

（3）接收河北医科大学、华北煤炭医学院、石家庄医学高等专科学校、唐山职业技术学院等高校在校生的实习、教学任务。

（4）开展医疗技术新项目和医疗科研。

第三章 子分公司

本章记录1996—2005年期间唐钢管辖矿业有限公司、技术经济开发有限责任公司（物贸储运公司）、生活服务有限责任公司（行政福利处）、金恒企业发展总公司等9家子分公司的基本情况和历史沿革。

第一节 矿业有限公司

矿业有限公司系唐钢全资子公司，由原矿山部改制而成，是以采矿加工、炼铁为主业的主要原料生产基地。

一、基本情况

矿业有限公司位于唐山市路北区钓鱼台北楼小区内，北邻唐山市路北区朝阳道。

1996年1月30日，唐钢矿业有限公司依法进行工商注册，注册资本2.7亿元。1997年1月27日，司家营铁矿试验厂降格为副处级单位，划归矿业公司。1998年7月1日，原隶属石人沟铁矿的魏家井白云石矿由矿业公司直接管理，实行独立核算、自负盈亏。2000年7月1日，矿业公司成为首个试行独立运作的子公司。2001年4月，经唐钢集团批准，矿业公司铁精粉、球团、石英石粉等产品进入外售市场。

2005年，矿业有限公司内设5个职能部室，下辖石人沟铁矿、棒磨山铁矿、庙沟铁矿3座铁矿，后屯石灰石矿、魏家井白云石矿、左家坞石灰石矿3座辅料矿山和1个汽运分公司。共有在册职工4814人，其中男职工3901人、女职工913人，中共党员777人，共青团员21人；干部412人，其中厂处级干部22人、科级干部140人。技术干部126人，其中高级职称30人，中级职称45人，管理干部268人，党群干部18人；工人3671人，其中技术工人1631人，高级技师9人、技师45人。职工中有硕士研究生3人、大学本科145人、大专213人、中专249人、高中（技校）1478人、初中及以下1998人。

二、工业储量与生产经营状况

（一）工业储量

1996年，石人沟铁矿、棒磨山铁矿、庙沟铁矿（露天磁铁矿）累计铁矿矿量1.39亿吨；1997年，铁矿矿量1.34亿吨；1998年，铁矿矿量1.31亿吨；1999年，铁矿矿量1.27亿吨；2000年，铁矿矿量1.23亿吨；2001年，铁矿矿量1.19亿吨；2002年，铁矿矿量1.14亿吨；2003年，铁矿矿量1.10亿吨；2004年，铁矿矿量1.06亿吨；2005年，铁矿矿量1.03亿吨。

（二）生产经营状况

1996年，生产原矿307.92万吨，铁精粉120.93万吨。1997年，生产原矿380.93万吨，铁精粉138.96万吨。1998年，生产原矿365.51万吨，铁精粉134.01万吨。1999年，生产原矿327.15万吨，铁精粉134.05万吨。2000年，生产原矿304.86万吨，铁精粉141.42万吨。2001年，生产原矿312.07万吨，铁精粉140.76

万吨，球团矿 18.26 万吨。2002 年，生产原矿 313.11 万吨，铁精粉 147.48 万吨，生铁 5.50 万吨，球团矿 18.85 万吨。2003 年，生产原矿 329.43 万吨，铁精粉 151.86 万吨，生铁 36.69 万吨，球团矿 33.01 万吨。2004 年，生产原矿 323.12 万吨，铁精粉 136.94 万吨，生铁 79.82 万吨，球团矿 37.02 万吨。2005 年，生产原矿 331.61 万吨，铁精粉 127.50 万吨，生铁 85.73 万吨，球团矿 38.50 万吨，铁精粉综合品位达到 66.77%。实现销售收入 15.25 亿元。

附 石人沟铁矿、棒磨山铁矿、庙沟铁矿、后屯石灰石矿、魏家井白云石矿、左家坞石灰石矿简况

附一 石人沟铁矿

一、基本情况

石人沟铁矿位于遵化市西北部兴旺寨乡境内。2005 年，地下矿石探明储量为 2.5 亿吨，铁矿品位为 31.33%。

1996—2005 年，石人沟铁矿科级单位由 28 个减少到 17 个，在岗职工精减 56%。到 2005 年末，石人沟铁矿下设科室 11 个，车间（队）6 个，工段 11 个，班组 38 个。全矿共有职工 802 人，其中男职工 626 人，女职工 176 人；有中共党员 149 人；干部 130 人，其中厂级干部 5 人、科级干部 32 人；干部中技术干部 70 人、管理干部 37 人、党群干部 6 人；工人 672 人，其中技术工人 310 人。职工中有大专及以上文化的 77 人，中专文化的 26 人，高中文化的 538 人，初中及以下文化 157 人。

二、生产发展

1996 年，生产原矿 103.43 万吨，生产铁精粉 37.43 万吨。1997 年，生产原矿 114.11 万吨，生产铁精粉 37.62 万吨。1998 年，生产原矿 100.03 万吨，生产铁精粉 33.55 万吨。1999 年，生产原矿 85.33 万吨，生产铁精粉 37.26 万吨。2000 年，生产原矿 56.86 万吨，生产铁精粉 38.51 万吨。2001 年，生产原矿 58.94 万吨，生产铁精粉 35.79 万吨。2002 年，生产原矿 50.05 万吨，生产铁精粉 40.05 万吨。2003 年，生产原矿 59.33 万吨，生产铁精粉 42.20 万吨。2004 年，生产原矿 81.88 万吨，生产铁精粉 40.36 万吨。2005 年，生产原矿 85.74 万吨，生产铁精粉 29.71 万吨。

（一）采矿生产改造

1. 露天开采

1996—2004 年，石人沟铁矿继续实施露天大型设备开采。2004 年 3 月，露天开采结束，大型开采设备电铲、牙轮钻撤出采场。该露天矿于 1975 年 7 月 1 日投产，历时 29 年 9 个月，共采出矿石 2801 万吨，生产铁精粉 1070 万吨。为了回收露天坑底和边帮残矿启动小型设备开采和硐采。到 2005 年，共计采出矿石 120 万吨，起到了调剂供矿的作用。

至 1996 年，形成铁矿石开采原矿量 110 万吨/年生产能力。1997 年 8 月 11 日，对原露天采矿境界计划进行修改，将坑底标高由零米提高到 16 米。1999 年，形成铁矿石开采原矿量 50 万吨/年生产能力。

2. 井下开采

为充分开发利用地下深部矿产资源，实现矿山可持续发展，申请露天转井下开采。该项目由矿业公司委托秦皇岛冶金设计研究总院进行了可行性研究，省冶金厅于 2000 年批复立项。露天转井下开采项目分期分批

实施。一期工程、二期工程分别于2001年7月、2003年10月开工，同期建设南风井、北风井。一、二期工程服务于井下-60米、-120米生产，采用双翼对角式通风方式，设计采矿能力130万吨/年，其中一期工程60万吨/年，二期工程70万吨/年。到2005年末，井下具备提升、排水、压气、供风、运输等生产条件。从2004年开始，一、二期工程陆续产出品位26%的副产矿石月26吨，对当期生产发挥了重要的补充作用。2005年，露天转井下开采三期工程开工，扩大地下采矿规模至200万吨。

此外，石人沟铁矿于2002年11月—2003年9月对地下开采生产用炸药技术实施改造，使之成为适合井下开采使用的小直径药卷乳化炸药生产线。

(二) 选矿生产改造

1996年，矿石选矿处理原矿量110万吨/年，选矿铁精粉生产量40万吨/年。同年4—10月，实施选矿工艺流程理顺改造。1997年2月，开始选矿半自磨实验。同月10日，尾矿高浓度输送第二条管路建成投入使用。是年7月，排水系统试水成功，为雨季安全生产创造了条件。1998年，选矿铁精粉生产量144万吨/年。1999年11月，自行设计施工的选矿车间尾矿排矿延伸管路竣工投运。

2000年5月，全矿精矿品位平均保持68.06%以上，继续保持全国领先水平，2000年一季度居全国第一位。

2004年，实施选矿生产用水改造，有效解决了水源井水位下降供水困难问题，减少装机容量400千瓦，实现了采场露天坑底排水的综合利用和选厂生产用水零排放。2005年，启动选矿技术改造，其目标是由粗破—自磨—球磨工艺转变为粗破—中细碎—二段球磨工艺，符合现代选矿工艺发展趋势。

三、矿量、设备与生产经营状况

2001年，铁矿矿量8521.77万吨；2002年，铁矿矿量8385.69万吨；2003年，铁矿矿量8259.56万吨；2004年，铁矿矿量8114.50万吨；2005年，铁矿矿量7984.63万吨。

2005年，石人沟铁矿共有设备1225台（套），分别是1200×1500型粗破碎机1台，ϕ5500×1800磁选机3台，ϕ2700×3600型二次球磨机3台，CYT750×1800磁选机18台，CTB1050×2400磁选机6台。拥有固定资产原值2.11亿元，净值6371.14万元，完成产值1.88亿元，实现利税1973.46万元。

附二　棒磨山铁矿

一、基本情况

棒磨山铁矿位于河北省迁安市夏官营镇。1996年12月2日，注册成立唐钢矿业有限公司棒磨山铁矿，这一营业执照于2005年5月26日注销。

2001年铁矿品位为34.95%，2005年铁矿品位为33.95%。

2005年，棒磨山铁矿下设8个科室、10个车间、76个班组、1所职工医院。共有职工1388人，其中男职工1079人，女职工309人；中共党员252人，共青团员4人；干部107人，其中厂处级干部4人、科级干部35人；技术干部66人、管理干部32人、党群干部9人；工人1281人，其中技术工人475人。职工中有大专及以上文化96人、中专文化62人、高中文化218人、初中及以下文化1012人。

二、生产发展

1996年，生产原矿149.93万吨，生产铁精粉 65.45 万吨。1997 年，生产原矿 151.59 万吨，生产铁精粉 65.34 万吨。1998 年，生产原矿 143.17 万吨，生产铁精粉 61.58 万吨。1999 年，生产原矿 120.45 万吨，生产铁精粉 57.44 万吨。2000 年，生产原矿 137.61 万吨，生产铁精粉 63.83 万吨。2001 年，生产原矿 141.74 万吨，生产铁精粉 65.79 万吨。2002 年，生产原矿 148.55 万吨，生产铁精粉 67.78 万吨。2003 年，生产原矿 147.16 万吨，生产铁精粉 68.33 万吨，合格生铁 8975 吨，烧结矿 9511 吨。2004 年，生产原矿 121.17 万吨，生产铁精粉 54.94 万吨，合格生铁 40.12 万吨，烧结矿 52.00 万吨。2005 年，生产原矿 122.19 万吨，生产铁精粉 55.65 万吨，合格生铁 42.33 万吨，烧结矿 46.90 万吨。

1996—2005 年，铁精矿品位保持在 67.83%~68.2%之间。采选系统实现利润 1.47 亿元。

（一）采矿生产

1996—2000 年，棒磨山铁矿相继对 5 台电铲及 1 台钻机进行大修。2000 年 7 月，采用 6 千伏高压电缆接头硫化技术，确保了安全生产，降低了成本。2001 年，开始使用 DJQ 炮孔间隔器，使爆破质量得以改善，降低了大块率和炸药单耗。2005 年 3 月，对采场边坡进行清理，降低了浮石、小滑块对采场设备、车辆、人身的伤害。

（二）选矿生产

1996 年初，重点对过滤排液系统进行攻关，自行设计研制了过滤机自动定时排液控制器，获得国家实用新型专利。同年 10 月，建成尾矿库回水工程及排洪工程，使调节库容管线与南部放矿管对接，年节约水资源 100 万立方米。同期，对尾矿放矿系统进行改造，将原坝上放矿管 D194 改为 D219 无缝钢管，总长 3 千米，实现了尾矿周边放矿，保证了坝体安全。1997 年 11 月，超级精矿工程竣工投产，生产能力 2 万吨/年。

2001 年，用可调试高频细筛替换原 GPS-1400-3 型高频细筛。改造完成后，磨机台时量提高 3.8%。9 月，对二段磨机衬板换型，由原锰钢衬板改为磁性衬板，改造后可节电 10%，钢球消耗降低 20%；对选矿一系列分及设备进行自动化控制系统安装使用，投产后自动控制比人工控制提高台时处理量 5.2%，磨矿效率提高 8%。

（三）炼铁生产

2003 年，炼铁系统投入生产。当年 11 月，1 号高炉开炉产出第一炉铁水，12 月，2 号炉开炉点火成功。2004 年 7 月，喷煤生产线正式投产，使高炉利用系数进一步提高，焦比降低，产生了较好的经济效益。

2005 年 3 月，喷煤斗提上料系统将斗提运输改为皮带运输。同年 9 月，3 号铸铁机、火车机车等投运生产，解决了制约高炉不能正常出铁和出铁跑大流的生产难题；10 月，增上了 2 座高炉炉顶成像系统，为操作高炉提供了直接分析炉内气流的判断手法。

（四）烧结生产

棒磨山铁矿烧结生产系统始建于 2003 年，同年 12 月正式投产。2004 年 3 月，烧结各项经济技术指标均达到或超过公司要求水平。

2004 年 3 月，对四辊破碎机给料机构进行改造，将给料机头滚筒改为磁滑轮，弥补了原永磁除铁器除铁效果差的不足。同期进行强化烧结剂代替硼酸试验，并于年底正式应用强化烧结剂，使烧结矿产质量进一步提高；将静电除尘系统的除尘灰双螺旋输送机改为小水封拉链，解决了双螺旋输送机易堵造成放灰不正常问题。2005年2—8月，在烧结原料中配加了新西兰海砂，使烧结矿转鼓指数提高0.76%，解决了单一自产铁精矿烧结造成物料结构简单、烧结性能差的问题。同期在原料中加入布袋除尘灰，节约成本达100余万元。

三、矿量、设备与经营现状

至2001年，棒磨山铁矿矿量878.39万吨；2002年，铁矿矿量662.40万吨；2003年，铁矿矿量511.40万吨；2004年，铁矿矿量393.80万吨；2005年，铁矿矿量315.07万吨。

2005年末，棒磨山铁矿拥有固定资产原值4.3亿元，净值1.68亿元，采选系统实现利润1.47亿元，炼铁系统实现利润1323万元。共有设备2100台（套）。主要设备有：牙轮钻机3台，4立方米电铲5台，40吨贝拉斯14台，PEJ1200×1500型粗碎机1台，PYB2200型标准圆锥破碎机1台，PYD2200型短头圆锥破碎机2台，磨矿机6台，磁选机21台，179立方米炼铁高炉2座，布袋除尘器2套，热风炉6座，中速磨1台，36平方米带式烧结机1台，给料机13台，混料机2台，单齿辊破碎机1台，34平方米带式冷却机1套，多管除尘器、电除尘器各1套。

2005年，采选系统实现利润14710.42万元，炼铁系统实现利润1323万元。

附三　庙沟铁矿

一、基本情况

庙沟铁矿位于秦皇岛市青龙满族自治县东南部牛心山乡柏树村境内，南依国家级风景旅游区——祖山森林公园，与秦青公路及秦皇岛市区相连，距秦皇岛市区45千米。占地面积277万平方米。

2005年末，庙沟铁矿下设9个科室、10个车间、9个工段、80个班组。共有职工1402人，其中男职工1168人、女职工234人；中共党员192人，共青团员11人。干部77人，其中厂处级干部4人、科级干部34人；技术干部37人，其中高级职称4人，中级职称19人；管理干部37人；党群干部3人；工人1284人，其中技术工人514人，高级技师3人，技师13人。职工中有硕士研究生1人、大学本科27人、大专56人、中专171人、高中（技校）419人、初中及以下687人。

二、生产发展

1996年，庙沟铁矿生产原矿54.56万吨，生产铁精粉18.05万吨。1997年，生产原矿115.23万吨，生产铁精粉36.01万吨。1998年，生产原矿122.30万吨，生产铁精粉38.88万吨。1999年，生产原矿121.37万吨，生产铁精粉39.35万吨。2000年，生产原矿110.40万吨，生产铁精粉39.08万吨。2001年，生产原矿111.40万吨，生产铁精粉39.18万吨。2002年，生产原矿114.51万吨，生产铁精粉39.65万吨。2003年，生产原矿122.94万吨，生产铁精粉41.33万吨。2004年，生产原矿120.07万吨，生产铁精粉41.64万吨。2005年，生产原矿123.69万吨，生产铁精粉42.14万吨。

1996年5月，自行设计增设的北排土场，可排岩160万吨，年节约运费710万元。1997年4月，对铁矿大小选厂进行嫁接改造，吨矿降低成本0.73元。1998年4月，在选矿车间Ⅰ、Ⅱ系列安装应用了磁力脱水槽工艺，提高了精矿品位。

同年10月，正式开采南山头，进入两

个采区同时开采阶段。2000 年 8 月，8 平方米球团竖炉点火试生产，主要产品为酸性氧化球团矿，年产酸性烧结球团 36 万吨。2001 年 3 月，庙沟铁矿选矿厂三段磨矿工程投产。同年 11 月，箭杆排洪项目投入生产后，为庙沟铁矿低水平面开采提供了保障。2002 年，炼钢冷料基地 2 座 179 立方米炼铁高炉和 1 台 36 平方米烧结机及其配套系统投产，年产炼钢冷料 40 万吨；2003 年 9 月，配套喷煤装置建成投入生产序列。

2004 年 8 月，实施选矿陶瓷过滤机改造，采用世界上最先进的固液分离技术，投产后精矿水分由原来的 12% 下降到 8.5%。2005 年 5 月，实施增铁降硅选矿工艺改造，原矿处理能力提高 3.31 吨/时，精矿品位由 63.7%提高到 65.2%。

三、设备与经营现状

至 2001 年，庙沟铁矿矿量 2486.02 万吨；2005 年，铁矿矿量 2004.70 万吨。2001 年，铁矿品位为 30.58%；2005 年，铁矿品位为 30.92%。

2005 年末，庙沟铁矿拥有固定资产原值 7.19 亿元，净值 4.69 亿元，共有设备 2333 台（套）。主要设备有：4 平方米竖炉 4 座，2 台 ϕ3200 造球盘，210 立方米炼铁高炉 2 座和 1 台 36 平方米烧结机。

2005 年，完成采剥总量 504.47 万吨；实现考核利润 9237.71 万元，较公司目标 8605.5 万元增利 632.21 万元。

附四　后屯石矿

一、基本情况

后屯石矿位于唐山市开平区后屯村，占地面积为 109 万平方米，建筑面积为 2.07 万平方米。石灰石矿品位 53.22%。

2005 年末，后屯石矿下设科室 5 个、车间 3 个、班组 21 个。共有职工 343 人，其中男职工 271 人、女职工 72 人；中共党员 52 人，共青团员 8 人；干部 35 人，其中厂处级干部 4 人、科级干部 13 人，技术干部 16 人，其中高级职称 3 人、中级职称 5 人；管理干部 13 人，党群干部 6 人；工人 308 人，其中技术工人 143 人，高级技师 3 人、技师 4 人。职工中硕士研究生 1 人、大本 14 人、大专 19 人、中专 15 人、高中（技校）71 人、初中及以下 223 人。

二、生产发展

1996 年，生产石灰石成品矿 20.63 万吨，采剥总量 67.66 万吨。1997 年，生产石灰石成品矿 20.62 万吨，采剥总量 62.77 万吨。1998 年，生产石灰石成品矿 23.08 万吨，采剥总量 65.19 万吨。1999 年，生产石灰石成品矿 23.95 万吨，采剥总量 63.61 万吨。2000 年，生产石灰石成品矿 22.31 万吨，采剥总量 66.22 万吨。2001 年，生产石灰石成品矿 23.94 万吨，采剥总量 56.39 万吨，生产白灰 13.06 万吨。2002 年，生产石灰石成品矿 22.04 万吨，采剥总量 54.75 万吨，生产白灰 11.02 万吨。2003 年，生产石灰石成品矿 30.24 万吨，采剥总量 73.48 万吨，生产白灰 13.94 万吨。2004 年，生产石灰石成品矿 32.77 万吨，采剥总量 77.78 万吨，生产白灰 13.41 万吨。2005 年，生产石灰石成品矿 33.16 万吨，采剥总量 79.70 万吨，生产白灰 13.41 万吨。

1996 年初，后屯石矿主要生产 40～90 毫米石灰石成品矿，保证原料厂的原料供应。1998 年 12 月，300 立方米白灰竖窑投产，所产白灰全部供二炼铁厂作炼铁辅料。1999 年 12 月，第二座 300 立方米石灰竖窑工程投产，年产 0～3 毫米粉灰 7 万吨。2 座竖窑的设计生产能力为 480 吨/日。2000

年，白灰生产设计能力达 18 万吨/年。同年 12 月，石灰粉生产线投入生产序列，当年白灰粉碎加工系统能力增强。

三、设备与经营现状

2005 年末，后屯石矿拥有固定资产原值 4046.5 万元，净值 1803.6 万元，工业总产值完成 2775 万元。共有设备 244 台（套），总质量 1586.76 吨。主要设备有 QUD20 电铲 5 台，破碎机 5 台，KQ150 潜孔钻机 3 台，K256 克拉斯运矿车 8 台，300 立方米竖窑 2 座。

2005 年，利润完成-494.5 万元。成品矿单位成本累计完成 35.24 元/吨，白灰单位成本累计完成 198.63 元/吨。

附五　魏家井白云石矿

一、基本情况

魏家井白云石矿位于河北省遵化市魏家井村东，矿区面积 3968 平方米，是唐钢白云石辅料生产基地。2000 年 3 月 24 日，魏家井白云石矿注册成立。白云石矿品位 21.96%。

2005 年底，魏家井白云石矿下设科室 3 个、车间 3 个、班组 11 个。共有职工 198 人，其中男职工 161 人、女职工 37 人；中共党员 28 人；干部 11 人，其中科级干部 4 人，技术干部 3 人，中级职称 3 人；管理干部 6 人，党群干部 2 人；工人 187 人，其中技术工人 73 人。职工中有大专 8 人、中专 2 人、高中（技校）25 人、初中及以下 163 人。

二、生产发展

1996 年，生产白云石成品矿 20.10 万吨，采剥总量 26.04 万吨，白云石原矿 26.04 万吨。1997 年，生产白云石成品矿 20.83 万吨，采剥总量 27.61 万吨，白云石原矿 27.61 万吨。1998 年，生产白云石成品矿 18.30 万吨，采剥总量 26.62 万吨，白云石原矿 26.62 万吨。1999 年，生产白云石成品矿 21.32 万吨，采剥总量 23.51 万吨，白云石原矿 21.22 万吨。2000 年，生产白云石成品矿 32.94 万吨，采剥总量 37.28 万吨，白云石原矿 34.54 万吨。2001 年，生产白云石成品矿 44.90 万吨，采剥总量 54.73 万吨，白云石原矿 47.69 万吨。2002 年，生产白云石成品矿 37.12 万吨，采剥总量 48.98 万吨，白云石原矿 41.44 万吨。2003 年，生产白云石成品矿 51.70 万吨，采剥总量 65.43 万吨，白云石原矿 56.82 万吨。2004 年，生产白云石成品矿 65.78 万吨，采剥总量 80.71 万吨，白云石原矿 70.95 万吨。2005 年，生产白云石成品矿 65.98 万吨，采剥总量 79.28 万吨，白云石原矿 71.69 万吨。

1998 年 3 月，形成 0～3 毫米石粉 40 万吨/年的生产能力。2003 年 11 月，将 320 千瓦锤式破碎机电机更换为 450 千瓦锤式破碎机电机；2 号皮带电机、减速机由 KWZQ650 改为 KWZQ800；改造圆振动筛由单层改为双层。供电累计增容 375 千瓦。矿山生产设计能力达到年产 70 万吨。2005 年末，白云石矿已形成生产 0～3 毫米石粉 70 万吨的年生产能力，产品主要供应炼铁北区和南区内部使用。

三、设备与经营现状

2005 年末，魏家井白云石矿拥有固定资产原值 3266.85 万元，净值 1911.67 万元；共有设备 171 台（套）。工业总产值完成 1388 万元。

附六　左家坞联营石灰石矿

一、基本情况

左家坞联营石灰石矿位于唐山市丰润

区左家坞镇境内，占地24.97万平方米，总投资1000万元，矿石储量为480万吨，年生产能力20万吨，设计开采年限为24年。产品供炼钢、炼铁之辅料。

2005年末，左家坞联营石灰石矿下设7个科室、3个车间、6个班组。共有职工109人，其中男职工80人、女职工29人，中共党员17人。干部17人，其中厂级干部3人、科级干部14人，党员干部11人。工人92人，其中技术人员12人。职工中有大专及以上文化1人、中专3人，高中34人、初中及以下71人。

二、生产发展

1996年生产石灰石27.87万吨，1997年生产石灰石29.19万吨，1998年生产石灰石22.34万吨，1999年生产石灰石24.83万吨，2000年生产石灰石24.34万吨，2001年生产石灰石23.69万吨，2002年生产石灰石16.57万吨，2003年生产石灰石23.42万吨，2004年生产石灰石21.24万吨，2005年生产石灰石8.79万吨。

在采矿生产方面，至2005年末左家坞联营石灰石矿共开采矿石325万吨，保障了公司辅料的供应。

采矿破碎筛分部分，至1997年2月共处理矿石145万吨，生产40~90毫米大碴65.25万吨，20~40毫米中碴58万吨。年处理矿石20万吨。1998年，新上1条石粉加工生产线，将20~40毫米中碴全部加工成石粉。

三、主要设备与经营状况

2005年末，左家坞联营石灰石矿拥有固定资产原值600万元，设备8台（套）。主要设备有D-80钻机2台，600×900破碎机1台，400×600破碎机1台，锤磨机2台，提升机2套，设计能力为年生产成品矿25万吨，即0~3毫米石粉12万吨，40~90毫米大碴13万吨。

2005年，完成产值750万元，利税65万元。

第二节　技术经济开发有限责任公司（物贸储运公司）

技术经济开发公司系唐钢集团所属全资子公司。技术经济开发公司（物贸储运公司）分为钢材深加工、化工综合、修建、商贸储运系统，主要产品有板带钢剪切配送、金属包装材料、打包钢带、焊管、调质钢筋、铝锰合金、净水剂、缓蚀阻垢剂、润滑油、环保设备、建筑五金件、聚氧酯胶辊、电线电缆等，总资产2.01亿元。

一、基本情况

技术经济开发公司位于唐山市体育馆道11号，东毗文化北路、西邻建设路，北靠建华东道、南邻体育馆道，占地面积39.63万平方米，建筑面积约9万平方米。其中技术经济开发公司大院，占地面积15.47万平方米，与对外经济贸易处、档案处同在一处地点办公；物资站办公区占地面积0.62万平方米。

历经多次机构重组与内部整合。2001年2月，劳动实业公司（再就业服务中心）与技术经济开发公司（自行车有限公司）合并，组建技术经济开发公司（自行车有限公司、再就业服务中心）。2001年12月，将再就业管理职能划归劳动人事处。2002年3月，技术经济开发公司、自行车有限公司，与劳动实业公司合并，重组改制为全资子公司唐钢集团技术经济开发有限责任公司。注册资本5400万元。2002年9月，将技术经济开发有限责任公司汽车运输业务及资产、人员，一并划归汽车运输有限责任公司。2003年9月，技术经济开发公司与物贸储运公司合并，保留两块牌子。

2005年末，技术经济开发公司下设7个科室，20个经济实体。共有职工614人，其中男职工469人、女职工145人；中共党员204人；干部198人，其中厂处级干部6人、科级干部41人；技术干部48人，其中高级职称6人、中级职称51人；管理干部150人。工人416人，其中技术工人223人，其中高级技师1人、技师7人。职工中有硕士研究生1人、大学本科49人、大学专科95人、中专54人、高中(技校)168人、初中及以下247人。

拥有多项经营资质与许可证书。1998年1月，技术经济开发公司被省建委核定为设备安装工程施工二级企业并颁发资质证书。1998年7月，技术经济开发公司取得市劳动局颁发的锅炉修理改造许可证书；是月，取得省劳动厅颁发的起重设备安装修理安全认可证书。1999年末，技术经济开发公司电子公司获得国家专项工程设计资质证书并正式挂牌对外营业。2000年6月，技术经济开发公司电子公司与计控管理处计算机中心站合并，成立唐山微尔电子股份有限公司。

二、系统简况

技术经济开发公司按照《公司法》要求，规范自身运作，依托唐钢、服务唐钢，发展工业生产，全力开发和生产钢铁以外的高附加值产品、服务内部产品，承揽检修安装工程和工业加工、机械设备制造业务，开展商贸、储运和营销业务。

(一) 钢材深加工系统

围绕主业产品结构调整，通过内部整合、项目带动，延长产业链，加快向钢材深加工方向转型发展。这一时期，全力打造钢材深加工主体产业，形成了由原有焊管厂、调质车间和2003年后新上项目板材加工厂、金属包装材料厂、高强打包钢带厂组成的发展格局。该系统主要是对唐钢钢材产品进行深加工，特别是对热板、冷板进行深加工，主要产品产销有板带剪切配送、板卷包装材料、高强打包钢带、高频焊管等。

1. 板材加工厂

2003年3月，唐钢第一条热轧板卷数控横切平板线建成投产，年生产能力10万吨。自此，这一生产线配合超薄热带产品进行深加工和配送销售，按照“十五”规划向钢材深加工方向转型发展。其生产的热轧板卷开卷矫平剪切加工配送产品，主要面对社会销售，5月纳入内部考核，当年创效110万元，2004年创效327万元，2005年创效595万元，成为内部第一创效大户。

2. 金属包装材料厂

2004年6月，冷轧板卷包装材料生产线建成投产，年产10万套包装圈、5万套包装盒、5万套侧护板，满足了唐钢冷轧板卷及彩涂板、镀锌板等包装需要。主要生产冷轧板卷包装材料，面向唐钢并承担冷轧板卷的包装服务业务，2005年创效60万元。

3. 高强打包钢带厂

2004年6月，高强打包钢带生产线建成投产，作为行业内第一条采用感应加热方式经淬火、回火生产的生产线，形成了年产高强打包钢带600吨、中低强度打包钢带1900吨生产能力。主要生产高强、中低强度打包钢带，面向唐钢和社会两个市场销售，当年创效 60 万元，2005 年创效 50 万元。

（二）化工综合系统

化工综合系统由化工厂、润滑油厂、办公设备厂、铸造厂、综合加工厂组成。主要生产唐钢内服产品，产品包括水处理药剂、润滑油、铁合金等。2002 年，唐钢发文通知各单位使用技术经济开发公司生产的豪棒牌系列洗涤用品。化工综合系统 2003 年创效 289 万元，2004 年创效 248 万元，2005 年创效 300 万元。

（三）修建系统

修建系统主要由建安分公司、机修厂、北区检修队、环保设备厂、胶辊厂组成。主要承接唐钢内的设备检修安装工程、土建工程、金机加工业务。拥有机电安装工程施工总承包二级资质、房屋建筑施工总承包三级资质和起重设备、锅炉管道制作安装修理资质及多项专业施工安全许可证。该系统依托唐钢滚动发展，形成了一支可独立承接工程的专业化队伍，并以驻厂检修保驾、服务一流赢得了较高的信誉。2003 年创效 278 万元，2004 年创效 210 万元，2005 年创效 266 万元。

（四）商贸储运系统

由原物资站和商贸分公司组成。物资站原为河北省冶金唐山物资站，于 1997 年 12 月划归唐钢，作为登记注册的国有企业，具有较为完备的物资经销储运设施和经营金属材料、建材等物流能力。商贸分公司系唐钢所属分公司，于 1998 年 8 月工商登记注册，主要经营唐钢的钢材产品和原燃料采供业务。该系统加强市场营销，扩大线材等销售业务，开拓原燃料采购业务，巩固销售网络与渠道，对主体市场销售形成了有力的支持和优势互补，不断提高资金使用效率和经济效益，2004 年实现营业收入 36940 万元，利润 367 万元。

附　主要产量

1996 年，开发公司完成生铁 1.63 万吨，完成焊管 5000 吨、预应力钢丝 226 吨、焊丝 208 吨。1997 年，完成生铁 1.08 万吨，完成焊管 4881 吨。1998 年，完成焊管 941 吨，金属制品 240 吨。

1996 年，制造自行车整车 7.35 万辆。1997 年，制造自行车整车 4.57 万辆。1998 年，制造自行车整车 1.26 万辆。1999 年，制造自行车整车 1.16 万辆。2000 年，制造自行车整车 0.94 万辆。2001 年，制造自行车整车 0.65 万辆。2002 年，制造自行车整车 1.17 万辆。2003 年，制造自行车整车 0.67 万辆。

三、经营状况

技术经济开发公司（物贸储运公司）以加快发展壮大钢材深加工产业为主体和方向，以冷热板加工配送为龙头，以附带检修、化工类等为辅助，横向走出去联合，纵向加快整合延伸，实现企业更好更快发展。2005 年末，拥有固定资产原值 7965 万元，净值 4932 万元；共有设备 721 台（套），总质量 1.34 万吨。

技术经济开发公司（物贸储运公司）按科工贸为一体的方向滚动发展，2003 年开始向钢材深加工方向整合转型发展。2005 年，共实现销售收入 79218 万元；技术经济开发公司完成利润-1292 万元，物资站完成利润-285 万元，商贸分公司完成利润-1 万元。

第三节　生活服务有限责任公司（行政福利处）

唐钢生活服务有限责任公司是集团所属全资子公司，与行政福利处一个机构、两块牌子。其经营项目涵盖14类，包括职工浴室、单身职工宿舍、厂区厂容卫生、职工通勤班车、职工食堂、花卉公司、唐钢宾馆、饮品公司、北京唐钢宾馆、北戴河休养所、幼教、小区供热、小区物业、液化气销售公司等内容，且承担公司住宿职工户籍管理等6项后勤管理职能。

一、基本情况

生活服务有限责任公司（行政福利处）办公地点位于唐山市路北区河东路3号（原房地产管理处院内）。1996年初，房地产管理处下设12个科室、3个房管所、1个工段、21个班组；同年11月，划入原房地产管理处房产管理及生活服务系统。2000年8月，爱国卫生运动委员会办公室、绿化委员会办公室合并为一个科室，有干部9人、工人10人。2001年12月，因公司组建能源环保处，爱国卫生、厂容绿化管理职能及干部6人划出，保留管理工人；房产管理职能划出。

2002年，唐钢对生活服务总公司进行公司制改革，成为独立经营的子公司。当年6月，唐钢将生活服务总公司更名为生活服务有限责任公司（行政福利处），8月完成生活服务有限责任公司工商登记；对内称行政福利处，负责为唐钢集团与唐钢股份提供生活后勤服务项目，对外称生活服务有限责任公司。

2005年末，生活服务有限责任公司（行政福利处）下设23个科级单位，班组79个。共有职工1707人，其中男职工844人、女职工863人；内退职工525人，其中男职工265人，女职工260人；中共党员（含内退）342人，共青团员6人；干部158人，其中厂处级干部6人、科级干部48人；干部中技术干部72人，管理干部63人，党群干部23人，其中高级职称4人，中级职称75人；工人983人，其中技术工人425人，其中高级技师2人、技师26人。职工中有硕士研究生2人、大学本科30人、大学专科167人、中专53人、高中（技校）424人、初中及以下464人。

二、基本任务

（1）负责唐钢福利措施计划的编制和职工食堂、幼儿园、单身职工宿舍、厂区浴室、通勤班车及会议用车的管理。

（2）负责金火焰液化气的生产和供应。

（3）负责公司机关办公、劳保用品的采购供应和暑期职工休养。

（4）负责公司领导及各单位进京人员的接待服务工作。

（5）负责夏季防暑降温物品的生产和供应工作。

（6）负责对各单位生产生活后勤服务工作的业务指导。

第四节　金恒企业发展总公司

金恒企业发展总公司位于唐山市路北区，系集职工安置和经营创效双重任务于一体的下属子公司。

一、基本情况

金恒企业发展总公司前身为附属企业

总公司。2001 年 4 月，附属企业总公司更名为金恒企业发展总公司。

2001 年 4 月 19 日，唐山创元方大电气有限责任公司在唐山市工商行政管理局注册登记，注册资金 1000 万元，是以金恒企业发展总公司控股、职工参股形式组建的第一个股份公司，主要进行高低压电气成套开关、配电设备及配件制造、销售、安装调试和电缆桥架制作。同年 6 月 8 日，唐山创元方大电气有限责任公司挂牌成立，买断唐山市成套电控设备厂改制而成。

2002 年 12 月 25 日，原金恒企业发展总公司建筑工程公司改制成功，注册成立金恒建筑安装有限责任公司，注册资本 1235 万元。这是金恒公司进行企业改制的又一重要举措。2003 年 1 月 16 日，金恒建筑安装有限责任公司挂牌成立，按照现代企业制度规范运行，更好地参与市场竞争。

2001 年 10 月 22 日，通过中国冶金工业质量体系认证中心认证，成为中国冶金劳服企业第一家通过 ISO9002 质量体系认证的企业。2003 年 12 月 11 日，取得北京国金恒信管理体系认证有限公司（原中国冶金工业质量体系认证中心）颁发的 ISO9001：2000 版证书，顺利实现了 1994 版向 2000 版的转换。2005 年末，共有 15 个单位由唐钢院内外迁，其中 9 厂重建投资 3908.5 万元。

1995—2005 年，累计安置唐钢职工子女就业 1546 名。1998 年 6 月，接收了唐钢二炼钢厂、高线厂、四轧钢厂、中型轧钢厂、原料厂、电炉炼钢厂 6 家单位主办的劳服企业。共接收职工 209 名，其中全民工 26 名、集体工 183 名。

2005 年末，金恒企业发展总公司下设科室 8 个、车间 26 个、班组 177 个。共有职工 3512 人，其中男职工 1096 人，女职工 2416 人；有中共党员 229 人，共青团员 85 人。干部 92 人，其中厂处级干部 7 人、科级干部 50 人；干部中技术干部 47 人，其中高级职称 18 人、中级职称 21 人；管理干部 45 人；党群干部 4 人。工人 3420 人，其中技术工人 700 人，技师 4 人。职工中硕士研究生 1 人、大本 30 人、大专 150 人、中专生 90 人、高中（技校）生 1300 人、初中及以下 1941 人。

二、业务发展

（一）钢材加工

1996 年 10—11 月，对福利轧钢厂两个车间进行改造，钢材定尺由 7～10 米加长至 7～12 米。

2001 年 5 月 9 日，金恒企业发展总公司轧钢改造工程建成投产，改造后的轧钢厂使用 135 毫米×135 毫米及 165 毫米×165 毫米连铸坯，实施一火成材工艺，生产小径螺纹钢和圆钢，设计能力年产钢材 26 万吨。

从 2004 年 7 月 1 日起，与上海卫良公司联合经营金恒福利总厂轧钢厂，迈出了资本运营之路。

（二）建筑安装

金恒建筑安装有限责任公司是获得河北省房屋建筑工程总承包三级资质的施工企业，下设土建、金结、防腐、电安等基础项目。房屋建筑工程方面承接 14 层及以下单跨跨度 24 米及以内的房屋建筑工程；高度 70 米及以下的构筑物；建筑面积 6 万平方米及以下的住宅小区或建筑群体。机电设备安装方面承担投资额 800 万元及以下的一般工业和公共、民用建设项目的设备、线路、管道的安装、非标准钢构件的制作、安装。

2002 年，完成产值 8000 多万元，利润 300 余万元。2004 年，投资 800 万元成立金属结构厂，由此具备较强的金属结构件加工能力，提高了企业整体实力。

（三）机械制修

1997年3月，成立福祺兴光机械制修厂，主营金属结构件加工制作、机械设备维修、机械配件加工，兼营电气设备维修。11月，液压设备厂与唐钢科技处联合研制开发的YDJ型液压标牌打印机通过唐钢鉴定，革新了唐钢传统的标牌打印技术，其技术含量达到了国内先进水平。1999年11月，液压设备厂仿制日本铃木公司产品制作成功16吨全液压扒渣机，各项性能指标均达到进口设备水平，在唐钢二炼钢厂投入使用。2003年6月，液压设备厂采用美国ESM技术为营口中板厂成功制作完成第一台液压倾翻车，在铁水预处理配套设备制造方面取得进步。至2005年，随着全国各钢铁企业铁水预处理工艺技术的发展，液压设备厂开发生产的专用设备全液压扒渣机和各种液压倾翻车制造技术达到国内同行业先进水平，为唐钢、石钢、营口中板厂、酒钢等单位制造扒渣机和各种液压倾翻车27台。

1997年7月，铁路设备制修厂自行制造成功N17整体平车，填补了唐钢只能修车不能造车的空白。2000年4月，承接机车大修项目，并于当年6月解体大修完成第一台蒸汽机车，此项目填补唐钢空白。

1997年12月，自行制作风机叶轮取得成功，具备了制作3～12号风机叶轮的能力，填补了唐钢空白。2002年3月，扩建风机厂完工，新上H80U型硬支撑动平衡机，采用690电脑测量系统，最高测试精度达1微米，使平衡质量由3吨提高到40吨，转子回转直径由2米提高到4米。

1998年10月，成立金属波纹补偿器厂，开发和制造管道用波纹膨胀节系列产品，生产的波纹补偿器、金属软管、旋转接头、快速接头等产品广泛应用于唐钢生产。同期，与大连理工学院联合开发制作成功1台跨度22.5米、载重量16/3.2吨的桥式天车，获得省劳动厅颁发的河北省起重机械制造安装修理安全认可证，标志着唐钢具备了生产较大型起重设备的能力和资质。2001年11月，起重设备厂改扩建完工。

1999年11月，成立冶金环保设备厂，进行冶金及环保设备的制造维修，主要产品有水处理设备、除尘器、空气换热器、加热烧嘴、积放式悬挂输送机及冶金机械等。

2000年4月，成立新产品开发研制中心，主要从事高新技术引进和开发工作。其引进开发的电子产品、计算机控制系统、工业控制产品、计算机软件、智能仪表产品等广泛应用于唐钢及社会各单位。

2000年7月，成立液压成套设备厂，成为华北地区首家专业生产液压机械、力士乐系列油缸的企业。该厂与国家冶金工业局自动化研究院设计所、机械部北京机械工业自动化研究所等单位合作，引进金银花和利玛CAD/CAM设计软件，采用德国力士乐技术生产重型高压液压缸、YD系列液压油缸等系列产品。此项目填补了全市同类产品空白。

2001年10月，环保设备厂改扩建完成并投入运行，此工程位于唐山市开发区，总建筑面积3923平方米，新上焊接中心、自动剪板机、卷板机等主要生产设备37台（套）。

唐山创元方大电气有限责任公司于2001年7月成为XBZ1系列智能型箱式变电站全国联合设计组成员单位。自2002年开始，创元方大公司先后通过ISO9001：2000质量体系认证和国家CCC强制认证。2002年5月，生产的电控配电类XBZ1、XBJ1型智能型箱式变电站经天津电气传动设计研究院审查，符合电控配电设备产品型号管理实施办法的有关规定，获得该研究院颁发的型号使用证书。2004年9月，成功开发的智能数显电压表、智能数显电流表、箱式变电站、智能仪表获得河北省科技厅高科产品证书，并批量生产投向市场。

这一时期，冶金环保设备厂自主开发的百吨安全电瓶车、粉尘加湿机、酸洗设备、煤气净化器、纤维过滤器、压榨成型机、淹没式脉冲灰仓松动器等新产品均获成功，埋刮板式输送机、机力通风冷却塔、气动密封阀、电动双层卸料阀等一批产品实现了系列化生产。其中淹没式脉冲灰仓松动器和电动双层卸料阀获得国家新产品专利证书。新产品研制中心与河北理工大学联合研制的高温液体连续测温系统获得河北省科技厅颁发的河北省科技成果证书。

（四）汽车运输、修理

2001年，独立完成汽车修理厂搬迁工程。2003年6月，金恒汽车队整体划归唐钢汽运处。

（五）劳保用品

1996年10月18日，与市路北区民政局联营玖丰皮革制品厂，是河北省劳动厅和国家劳动部批准认定的劳保用品定点生产厂。主要生产劳保鞋及其系列产品。自此，金恒劳保用品生产更加齐全，其产品有各类劳保服装、鞋帽、手套、口罩及除尘滤袋等。

（六）其他

2001年6月，金恒企业发展总公司与北京科技大学组建唐山科鹰冶金材料有限公司。采用国内先进技术，开发、生产和销售冶金用辅助材料，其产品在唐钢一炼钢厂、二炼钢厂投入使用。2005年，唐山科鹰冶金材料有限公司引进东北大学技术开发的钢包铬质引流剂系列产品，对提高产品质量，满足炼钢连续生产具有重要作用。

2003年，以合资控股形式组建唐山恒义冶金炉料有限公司，于11月试生产。

三、生产经营状况

2005年末，拥有固定资产原值1.55亿元，净值1.12亿元；拥有主要生产设备450台（套）。当年，完成产值2.3亿元，实现利润1207万元。

第四章　机关部处室

本章记录1996—2005年期间唐钢办公室（党委办公室、证券部、董事会秘书室）、组织部（离退休职工管理部、老干部管理处）、纪委（监察审计部）、宣传部（党校、统战部、企业文化部）、工会（团委、计划生育办公室）、发展规划部、资产财务部、劳动人事处（企业管理处）、计划财务处、能源环保处（卫生处）、生产安全处等11家机关部处室的基本情况和历史沿革。

第一节　办公室（党委办公室、证券部、董事会秘书室）

唐钢办公室（党委办公室）是公司行政（党委）的办事机构和公司文秘、保密、接待、信访、外协、外事、董事会事务、法律事务等综合管理的职能部门。

一、机构沿革

1996年初，办公室（党委办公室）设主任1人、副主任3人，下设秘书科、信息科、调研科、综合科、接待科、机要科、信访科、机关党委办、史志编辑部、汽车队、经营科、机关团委、法律顾问室（律师事务所）、机关工会等14个科室，共有干部62人，工人78人。当年12月17日，将信息科并入调研科，将机关党办、机关工会、机关团委合并为党群工作科。1997年5月15日，组建证券部，与董事会秘书室为一个机构两块牌子。当年9月19日，撤销史志编辑部，其业务并入秘书一科，调研科、秘书科分别更名为秘书一科、秘书二科。同年11月26日，董事会秘书室（证券部）与企业管理处合并。1998年12月18日，撤销秘书二科、经营科，秘书一科更名秘书科。2000年1月10日，信访科并入综合科，更名为综合科（信访科、机关事务科），法律顾问室（律师事务所）为备案编制。2001年1月19日，公司设置处理“法轮功”问题领导小组办公室，即“610”办公室。是年5月21日，将汽车队与接待科合并，将外经处外事管理职能划入，计划生育办公室成建制划入，增设计划生育办公室，将信访与“610”办公室与原经营科管理职能合并组建信访科，将综合科（信访科、机关事务科）更名为综合科。2002年10月24日，机要科与综合科合并，更名为机要综合科。2003年，撤销计划生育办公室。同年，增设董事会秘书室（证券部），下设秘书科，为挂靠机构。2004年4月20日，“610”办公室更名为唐钢防范和处理邪教问题办公室，简称公司防范办，与信访科合署办公。2005年末，办公室设主任1人、副主任2人，下设秘书科、机要综合科、接待科、信访科（唐钢防范和处理邪教问题办公室）、党群工作科，法律顾问室（律师事务所）、董事会秘书室（证券部），有干部32人，工人44人。

二、基本任务

（1）负责唐钢党政年度工作总结、工

作报告、相关材料、各种会议领导讲话及向上级上报各类信息、综合材料的编写工作。

（2）负责各种会议组织、安排、协调工作。

（3）负责上级部门及相关人员、友好单位及人员、国外相关团体及友好人士来唐钢参观、学习、考察及其他的接待工作。

（4）督导检查决议、决定、工作部署及有关事宜的贯彻执行情况。

（5）负责文件、材料的审核、打印及外来各种文件、材料、信件的收发、呈批、转送、催办、保管、收缴、组卷、归档、保密等工作。

（6）管理公司党政印章和董事长名章，负责办理唐钢所属单位、部室、子公司、分公司印章的审批手续。

（7）负责外事活动相关手续的办理工作。

（8）负责信访稳定工作。

（9）负责党委保密委办公室工作。

（10）负责股东大会、董事会的材料准备与会务组织，发布唐钢股份市场信息以及市场投融资。

（11）负责合同管理、案件管理、法律审核等工作。

（12）负责办理公司日常事务和完成领导交办的其他工作。

第二节　组织部（离退休职工管理部、老干部管理处）

唐钢组织部（离退休职工管理部、老干部管理处）是在公司党委领导下主管组织工作、干部工作和人才工作，专门管理和服务于公司离退休人员的职能机构。

一、机构沿革

（一）组织部

1996年初，组织部设部长1人、副部长2人，下设组织科、干部一科、干部二科、科技干部科、工资科、综合科等6个科室，有干部41人。同年12月，工资科与综合科合并组建管理科。1998年2月，下设4个科室，另设1个直属机构，有干部24人。

1998年12月，分设唐钢集团组织部（人事处）和唐钢股份人事处，实行一个机构、两块牌子。将干部一科、干部二科合并，分别组建唐钢集团干部管理科和唐钢股份干部管理科。调整后：唐钢集团组织部（人事处）设部长1人、副部长1人，下设组织科、科技干部科、干部管理科3个科室和1个直属机构，有干部18人；唐钢股份人事处设处长1人，下设干部管理科1个科室，有干部6人。

2000年1月，下设3个科室和1个直属机构，有干部20人。2001年1月，核减处长1人，下设组织科、干部管理科和综合计划与工资科3个科室，有干部14人。2002年10月，人力资源管理职能及其综合计划与工资科划入劳动人事处。2003年4月，压缩综合计划与工资科，下设组织科、干部管理科2个科室，有干部9人。

（二）离退休职工管理部

1996年初，离退休职工管理部设部长（兼党委书记）1人、副部长2人，下设综合办公室、干部管理科、工人管理科、文体科、财务科、关工委办公室6个科室，有干部24人、工人29人。1997年9月，撤销文体科。2001年8月，综合办公室与关工委办公室合并，成立办公室（关工委办公室）。

（三）组织部（离退休职工管理部、老干部管理处）

2003年9月，组织部与离退休职工管理部（老干部管理处）合并，实行一个机构三块牌子。合并后设处级3人，下设组织科、干部管理科、离退休干部管理科、退休工人管理科、综合办公室（关工委）、财务经营科6个科室，有干部21人。2004年10月，取消财务经营科，合并至综合办公室。2005年末，组织部（离退休职工管理部、老干部管理处）设处长1人、副处长2人，公司调研员1人，协助工作1人，下设干部管理科、组织科、综合办公室、离退休干部管理科、退休工人管理科5个科室，有干部20人、工人23人。

二、基本任务

（1）贯彻执行党和国家的组织、人事工作路线、方针、政策和公司党委的决议指示。

（2）负责公司各单位党组织的组建、合并、撤销、调整、改进和委员增补的审批工作。

（3）负责党员管理、党员发展、党内统计、党费和党组织活动经费等管理工作。

（4）负责公司二级单位领导班子和后备干部队伍建设，定期对二级单位领导班子成员和后备干部进行考察，并向公司党委常委会提出任免建议。

（5）制定落实厂处级干部教育培训计划。

（6）负责厂处级干部的人事统计和公司机关干部档案的管理工作。

（7）负责公司级专家的评审、考核管理工作。

（8）负责出国人员的政审把关工作。

（9）认真贯彻执行党和国家对离退休干部的方针政策和省、市老干部工作会议精神，组织落实公司离退休干部政治、生活待遇。做好对直管离退休干部的报到、接待和管理工作。

（10）按政策提取和使用离退休干部公用经费和特需经费。

（11）负责建立健全离退休干部党支部，管理离退休干部党员。

（12）组织多种形式的文体活动。

（13）负责对公司二级单位离退休职工管理工作进行检查指导。

第三节　纪委（监察审计部）

唐钢纪委（监察审计部）是负责公司党委纪律检查，行政监察、审计职能的综合性部门。

一、机构沿革

1996年初，纪委设书记1人、副书记1人，下设办公室、纪律检查室、审理室3个科室，有干部14人、工人3人；审计室设主任（处长）1人，下设综合审计科、财务审计科、效益审计科、工程审计科4个科室，有干部22人。

当年底，两公司纪委合并为纪委（监事会、监察审计处），设书记1人、副书记2人，有干部40人、工人3人，其中公司领导1人，厂处级7人。财务审计科并入综合审计科。纪委办公室与监事会秘书室合并，挂两块牌子。下设5室3科，分别是办公室（监事会秘书室）、纪律检查室、审理室、效能监察室、审计室，其中审计室下设综合审计科、效益审计科、工程审计科。

1997年8月，综合审计科更名为财务

收支审计科。1998年，财务收支审计科更名为财务审计科。同年12月，纪委分设为唐钢集团纪委（监察处）和唐钢股份监事会秘书室。唐钢集团纪委（监察处）34人，其中公司领导1人，厂处级6人；将办公室4人成建制划入唐钢股份，组建唐钢股份监事会秘书室，下设1个科室，干部4人，其中厂处级1人。2000年，撤销效益审计科。2001年6月，撤销财务审计科，增设唐钢集团审计科（监事会办公室）和唐钢股份审计科，厂处级增至10人。2002年10月，纪委办公室与审理室合并。2004年10月，撤销唐钢集团审计科，保留监事会办公室；增加公司调研员1人，协助工作1人。2005年末，纪委（监察审计部）设书记1人（公司级）、副书记2人，下设4室3科，分别是办公室（审理室）、纪律检查室、效能监察室、审计室，其中审计室下设监事会办公室、工程审计科、唐钢股份审计科，有干部28人。

二、基本任务

（1）维护党的章程和国家的法律法规及其他重要的规章制度，检查党的路线、方针、政策和决议在唐钢的贯彻执行情况，落实党内监督。

（2）履行党的纪律检查职能，检查各级党组织和党员、党员领导干部执行党内规章制度和唐钢决议及各项规章制度的情况，严肃执纪监督。

（3）协助党委开展党风廉政建设，督促检查党风廉政建设责任制的落实，抵制和纠正各种损害党和国家、企业和职工利益的不正之风。负责廉政文化建设和反腐倡廉教育，搞好领导干部廉洁自律工作，组织开展对党员领导干部的评议考核和党风检查工作。

（4）负责行政监察工作，对党和国家的方针政策、法律法规以及唐钢决策、指令、流程、制度等执行情况进行监督检查；指导基层单位纪检监察工作，组织对纪检监察人员的政治与业务培训，提高岗位素质；协助上级纪检监察机关对公司内违法违纪案件的查处。

（5）保证党员按《党章》规定享有的权利和其他合法权益。检查处理各单位和党员、党员领导干部及技管人员的违纪案件，并按职权范围决定或改变对其的处分。

（6）受理党组织、党员和职工群众在党纪政纪和党风廉政建设方面的检举、控告及申诉；办理上级批转的案件；接待和处理群众对党员干部的反映、建议等来信来访工作。

（7）负责审理、复查和复议案件及对纪律处分不服的申诉。

（8）组织开展效能监察。对企业管理效能、效率和效益情况进行监督检查，提出监察建议和改进措施。

（9）贯彻执行上级和公司内部审计管理制度，组织落实各项审计工作任务。

（10）根据上级内部审计管理制度，制定实施专业管理办法。

（11）负责编制本部门的年度、季度、月度审计工作计划并按计划落实工作。

（12）负责对公司及所属单位的财务管理和会计核算的合法合规，以及财务信息的真实、正确进行审计监督和评价。

（13）负责对公司及所属单位固定资产投资项目和重大技术改造、大修等工程项目全过程的真实性、合法性、效益性进行监督和评价。

（14）负责对公司所属各单位行政负责人和职能管理部门负责人任职期间的有关经济活动及执行制度等情况进行监督和评价。包括任期经济责任审计和离任经济责任审计。

（15）负责对公司及其所属单位内部

控制系统的健全性、合理性和有效性进行检查、评价和意见反馈，对有关业务经营风险进行评估和意见反馈。

(16) 负责对派驻公司及其所属单位经济活动的真实合法性、管理制度的科学有效性以及经营决策的准确性进行监督和评价，提示经营管理风险，提出建设性意见和建议。

(17) 负责完成公司领导委托的审计事项。

第四节　宣传部（党校、统战部、企业文化部）

唐钢党委宣传部（党校、统战部、企业文化部）是公司进行宣传思想政治工作、党校教学研究、精神文明建设、企业文化建设及统战工作的综合性职能管理部门。

一、机构沿革

1996年初，宣传部设部长1人、副部长2人，下设调研科、宣传科、理论教育科、统战科、报社、电视台、对外报道科、印刷厂等8个科室厂，有干部76人、工人45人。

1996年12月，党校与党委宣传部（企业文化部、统战部）合并为公司党委宣传部（企业文化部、党校、统战部），实行一个机构四块牌子，增设副部长1人，其中副部长1人兼任中国冶金报社唐钢记者站站长。调研科并入理论教育科，对外报道科并入报社，撤销党校办公室。下设宣传科、理论教育科、唐钢报编辑部、有线电视台、教务科、统战科6个科室，有干部72人、工人30人。1998年，宣传部（企业文化部、党校、统战部）核减副部长1人，有干部58人、工人24人。2000年，教务科与理论教育科合并为理论教育科。2002年，统战科与宣传科合并为宣传科，唐钢报编辑部与有线电视台合并为新闻中心。有干部30人、工人16人。2004年，核减副部长1人，协助工作1人。2005年末，宣传部设部长1人，副部长1人，下设办公室（宣传科、统战科）、理论教育科、新闻中心，有干部27人、工人7人。

二、基本任务

(1) 负责组织全体党员和职工系统学习马列主义、毛泽东思想、邓小平理论、“三个代表”重要思想、科学发展观。

(2) 负责加强和改进思想政治工作，发挥思想政治工作服务保证作用。

(3) 负责组织开展对职工进行以党的方针政策和深化企业改革决策部署为主要内容的宣传教育。

(4) 负责建设“四有”职工队伍，组织开展精神文明建设和思想道德建设。

(5) 负责企业文化建设。

(6) 组织开展思想政治工作研究，增强职工队伍凝聚力。

(7) 负责对党员队伍进行培训。

(8) 负责宣传报道工作和《新唐钢》报、唐钢有线电视节目和《唐钢班组必读》的编辑出版。

(9) 负责联系指导民主党派、非党知识分子、民族、宗教、侨务、对台宣传等方面的统战工作。

(10) 完成党委交办的其他任务。

第五节　工会（团委、计划生育办公室）

唐钢工会（团委、计划生育办公室）是公司工会、共青团组织、计划生育管理的工作机构，在公司党委领导下，独立负责地开展各项活动。

一、机构沿革

（一）工会

1996年初，工会设主席1人（副经理级），副主席（正处级）3人，下设办公室、组织民管部、生活保险部、女工部、宣教部、职工技术协会、生产保护部、体育运动协会8个部室，有干部53人、工人51人。1996年3月，公司职工技协并入工会生产保护部，相关职能一并划入。1996年12月，将体协办、群众文艺科、俱乐部并入宣教文体部，将技协办、企事业办公室并入生产保护部。工会设主席1人（副经理级），副主席（正处级）3人，下设办公室、生活保险部、女工部、宣教文体部、组织民管部、生产保护部6个部室，副处级干部6人，干部50人，工人47人。1998年，工会下设办公室、生活保险部、女工（组织）部、民管部、宣教文体部、生产保护部6个部室，干部32人。2000年，班组建设管理职能划归行政，班组建设办公室撤销。2002年，民管部与宣教文体部合并，成立民管宣教部。

（二）团委

1996年初，团委设书记1人，副书记1人，下设组织部、宣传部、青工部，干部13人。1999年7月，设书记1人，下设机构不变，干部7人。2002年末，设书记1人，宣传部和组织部合并为团务部，干部4人。2003年，设书记1人（兼任公司工会副主席、工会青工部长），干部人数不变。

（三）计划生育办公室

1996年初，计划生育办公室设主任1人、干部7人、工人1人。当年底，干部减至4人。2000年末，干部减至3人。2001年5月，计划生育办公室成建制划入公司办公室。

（四）工会（团委、计划生育办公室）

2003年9月，工会、团委、计划生育办公室合署办公，挂工会（团委、计划生育办公室）三块牌子。青工部4人、计划生育办公室3人成建制划入工会。调整后，工会（团委、计划生育办公室）下设办公室、生活保险部、女工（组织）部、民管宣教部、生产保护部、青工部、计划生育办公室7个部室，有干部29人。2004年，划入卫生处女职工病普查管理职能。

2005年末，工会（团委、计划生育办公室）设主席1人（副经理级）、副主席2人（正处级），下设办公室、生活保险部、女工（组织）部、民管宣教部、生产保护部、青工部、计划生育办公室7个部室，副处级干部3人，有干部20人、工人20人。

二、基本任务

工会的基本任务：

（1）推进企业改革发展，服务职工生产生活。

（2）负责组织开展劳动竞赛、技术比武、劳动保护、总结推广先进操作法等群众性经济技术创新活动，充分调动广大职工生产积极性，促进生产经营。

（3）维护职工合法权益，坚持以职代会为基本形式的民主管理制度，坚持厂务公开，推进集体合同的履行。广辟民主渠道，征集职工代表提案、意见、建议，组织动员职工积极参与民主管理、民主监督，保障职工主人翁地位和权益，创建良好的劳动关系。

(4) 做好不同时期职工思想教育，提高职工队伍素质，活跃职工文化生活，进一步增强企业凝聚力。

(5) 承担送温暖、双服务、疗休养、扶贫解困工作，关心和维护女职工特殊权益，构建和谐企业。

共青团组织的基本任务：

(1) 根据省政府国资委团委、团市委的指导意见，完成团内各项工作任务并制定中长期工作规划。

(2) 负责贯彻落实唐钢党委指示精神，制定和实施团的工作计划，完善团的各项管理制度。

(3) 负责加强青年职工的理想信念教育和形势任务教育。

(4) 负责宣传在生产经营中涌现出来的先进青年典型和各级团组织好的工作经验和做法。

(5) 负责组织开展唐钢青年文化建设。

(6) 负责开展青年活动，开发青年人力资源，做好青工素质提高工作，做好青年安全工作，充分发挥青年职工在企业发展建设中的生力军作用。

(7) 坚持党建带团建，加强团的组织建设，定期分析青年思想动态，做好新时期"推优"工作。

(8) 完成唐钢党委及上级团组织交办的其他工作。

计划生育办公室的基本任务：

(1) 负责宣传贯彻落实"九五""十五"人口规划和有关计划生育的方针政策，确保唐钢年度人口与计划生育有限责任目标的实现。

(2) 为广大职工提供人口理论、基本国策、生育政策、生殖健康、综合治理出生人口性别比等知识的宣传教育和"三生"服务。

(3) 探索新形势下企业计划生育工作的新途径，健全完善计划生育各项规章制度。

(4) 负责对基层计划生育工作的业务指导，督促、检查基层单位全面落实组织机构、各种制度、各项指标及其日常计划生育管理宣传服务工作。

(5) 完善计划生育信息管理系统，实现计划生育网络管理。

第六节 发展规划部

唐钢发展规划部是负责公司固定资产投资计划、发展规划及基建、技改工程计划、工程造价、工程质量监督等工作的行政职能部门。

一、机构沿革

发展规划部前身为基建计划财务处，重组规划处、基建技术处、工程管理一处、工程管理二处等相关工程建设职能形成。1996 年初，基建计划财务处设处长 1 人、副处长 2 人，下设法规科、基建计划科、技改计划科、工程造价管理科、技术资料科、建管科、合同科、财务科、统计科、预算科等 10 个科室，有干部 82 人、工人 3 人。同年 5 月，撤销技改计划科，并入基建计划科。

1997 年 8 月，改称基建计划处。同年，撤销财务科，增设地产科。1998 年，增设副处长 1 人，撤销法规科。1999 年 8 月，基建计划处划入计划处的部分管理职能后，重组更名为发展规划处，增设规划科，撤销建管科、技术资料科。同年，增设副处长 1 人。2000 年 11 月，撤销工程管理处和基建技术处后，两处室原工程质量监督管理职能划入发展规划处，设立工程质量监督站；设立战略研究室，撤销统计科。2001年，减少副处长1人，地产科划归资产财务部。2002年，精简战略研究室及其人员。2003年，增设曹妃甸前期项目办公室。2004年，发展规划处更名为发展规划部。2005年末，发展规划部设部长1人，副部长3人，下设计划科、规划科、预算科、曹妃甸前期项目办公室、工程质量监督站、工程造价管理科、合同科等7个科室，有干部49人、工人3人。

二、基本任务

（1）根据国家产业政策并结合唐钢实际，组织编制年度固定资产投资计划。

（2）负责编制建设项目的总体网络计划和年、季建设计划。

（3）负责各建设项目的组织、协调、平衡工作，掌握工程进度，制定措施，控制工程费用的合理支出。

（4）代表唐钢签订、执行工程承包合同，并搞好合同管理工作。

（5）负责组织建设项目的招投标工作，根据有关规定对工程预决算进行审批。

（6）负责审批工程预结算。

（7）负责基本建设、技改工程项目的统计及上报工作。

（8）负责发展规划的编制工作。

（9）依据国家法律、法规和工程建设强制性标准，对责任主体和有关机构履行质量责任的行为，以及工程实体质量进行监督检查。

第七节　资产财务部

唐钢资产财务部主要负责集团财务管理及核算工作。

一、机构沿革

2000年末，组建资产财务部，设部长1人、副部长1人，设置资产管理科、唐钢集团管理科、费用科、会计管理科、基建财务科5个科室，有干部、工人36人。2001年12月，撤销资产管理科，划入房地产管理科。2002年12月—2003年1月，各单位财务科长全部划归资产财务部管理，定编调整为59人。2005年末，资产财务部设部长1人、副部长1人，设置房地产管理科、唐钢集团管理科、费用科、会计管理科、基建财务科5个科室，有干部、工人47人。

资产财务部于2006年2月撤销。

二、基本任务

（1）负责唐钢集团房屋及土地资产管理工作。

（2）负责子分公司的管理考核工作及主辅分离改制工作。

（3）负责唐钢集团及唐钢股份的费用核算、报销工作。

（4）负责唐钢集团所属单位的成本利润管理工作、报表管理工作、税务管理工作以及对各单位的财务业务指导。

（5）负责唐钢集团及唐钢股份的基建项目核算及基建项目结算等工作。

第八节　劳动人事处（企业管理处）

唐钢劳动人事处（企业管理处）是公司劳动人事、企业管理、社会保险、职工管理、对外投资管理等工作的行政职能部门。

一、机构沿革

（一）劳动人事处

劳动人事处前身为劳动工资处。1996年初，劳动工资处设处长1人、副处长2人，下设工资科、定员编制科、劳动组织科、计划统计科、机关工资科、调配科、职工管理科、保险科、人力资源开发科、唐钢保险代办所等10个科室，有干部67人、工人2人。当年12月，将定员编制科并入劳动组织科，撤销计划统计科，将劳动实业公司划出劳动工资处。1998年6月，撤销机关工资科。2000年1月，撤销调配科。

2000年12月，成立劳动人事处，增设干部管理科。2001年5月，在社会保险所设置医疗保险管理中心。当年12月，划入再就业管理职能，增设再就业管理科。2002年10月，划入人力资源开发职能和职工培训管理职能，取消干部管理科和工人管理科，增设职工管理科和科技培训科。

（二）经营管理处（企业管理处）

1996年初，经营管理处设处长1人、副处长3人，下设唐钢集团工作科、企业管理科、体制改革室、现代化管理科、经济研究室5个科室，有干部30人。1997年11月，企业管理处与董事会秘书室合并，增设秘书科、股份制研究室、证券管理科。1999年8月，将计划处生产计划、统计的管理职能划归企业管理处，实行一个机构四块牌子，即经营管理处（企业管理处、计划处、经研所），增设统计管理科、计划考核科。2000年，划入班组建设管理职能。2002年6月，生产经营部与企业管理处合并组建企业管理处（董事会秘书室、证券部），科室设置为计划对标科、秘书科、统计管理科、考核科、证券科、企业管理科。

（三）劳动人事处（企业管理处）

2003年9月，企业管理处生产经营计划与统计管理职能划归财务处，企管科、考核科和投资部划入企业管理处，挂劳动人事处（企业管理处、董事会秘书室、证券部）四块牌子。当年，董事会秘书室、证券部划出至办公室，计划对标科和统计管理科划出至计划财务处。2005年底，劳动人事处（企业管理处）设处长1人、副处长2人，下设企业管理科、考核科、投资部、科技培训科、职工管理科、工资科、社会保险所（医疗保险管理中心），劳动组织科、再就业管理科（再就业服务中心）9个科室，有干部50人、工人6人。

二、基本任务

（1）贯彻执行国家、省、市有关劳动人事、企业管理方面的法律、法规以及方针政策，执行公司党委和行政的决议和指令。

（2）负责编制公司中长期人力资源规划和人才发展规划、人力资源需求计划和新增劳动力资源分配计划、年度劳动生产率计划、公司年度经济责任制总体方案和年度重点攻关计划。

（3）负责公司组织机构的设置与调整、职责的制定与修订、劳动组织和岗位测评及职工岗序的管理。

（4）负责公司分配制度改革方案的制定和实施，编制公司的年度工资基金使用计划及上年度工资基金使用情况分析，各单位工资及改制企业备付金的审批，公司劳动工资的统计，劳动人事系统资金预算及归口管理。

（5）负责职工的招聘、录用，专家、

科级技管人才的管理，公司所属单位外用工及外委工程用工的管理，企业改制职工分流安置和再就业管理，以及退休人员的管理。

(6) 负责劳动合同管理和劳动争议处理及接待处理有关劳动人事方面的信访问题。

(7) 负责编制和组织实施公司职工教育培训中长期规划及年度计划，组织职业技能竞赛和职业技能鉴定。

(8) 负责贯彻上级养老、失业、工伤、医疗等社会保险政策的具体执行，公司职工工伤事故的处理，编制公司企业年金实施方案及有关规范意见。

(9) 负责经济责任制的制定、分解及考核管理工作。

(10) 负责企业管理的基础工作和标准化工作，组织改进现场管理工作。

(11) 负责班组建设工作规划的制定，指导和检查班组管理工作。

(12) 负责公司规章制度管理工作，监督指导规章制度的清理，对清理后的制度进行分类、汇总。

(13) 系统组织推广应用现代化管理方法和手段，组织现代化管理成果评定。

(14) 负责协会的日常管理工作。

(15) 负责公司发展战略研究工作。

第九节 计划财务处

唐钢计划财务处是公司计划管理与财务管理的职能部门，是由财务处、基建计划财务处与各单位派驻机构重组而成。

一、机构沿革

1996年初，唐钢财务处设处长1人、副处长4人，下设会计科、成本管理科、资产管理科、费用管理科、销售利润科等科室，有干部66人。财务中心隶属唐钢集团，下设经理室、计划信贷部、信托投资部、财会部、代发工资部、第二十二冶业务部、电脑部（泰格电子有限公司）、公安室，有职工100人。

1996年4月，唐钢集团财务处与唐钢股份财务处合并，更名为唐钢集团财务处。当年12月，将机动处、供应处、销售处财务科并入财务处，成为财务处派驻机构。核减副处长1人，全处共有干部95人。1997年9月，增设教育财务科，撤销各学校的财务机构。同年，基建计划财务处财务科划入财务处。全处共有干部160人。

1998年12月，撤销财务中心，其结算等业务划归唐钢集团财务处。1999年，增设副处长1人，增设价格科。2001年9月，财务管理全部实行集中管理，将各二级单位财务工作（人员）划归财务处，增加17个派驻机构科室。核减副处长2人，全处共有干部214人。当年12月，财务处承接原财务中心的代发工资业务全部转交中国银行唐钢分理处。2002年，撤销清欠科和教育财务科，将机动财务科与设备财务科合并为机动设备财务科。2002年12月 2003年1月，启动实施二级单位、子分公司财务科长派出制。当年9月，财务处更名为计划财务处，划入计划对标科和统计管理科。2004年，增设副处长1人；供应处财务与原料厂财务合并为供应财务科，一铁厂财务、二铁厂财务与北区动力厂财务合并为炼铁财务科，南区动力厂财务与氧气厂财务合并为动力财务科，三轧钢厂财务、高速线材厂财务与棒材厂财务合并为棒线财务科，机械制造公司财务与机动设备处财务合并为设备机动财务科，撤销带钢财务科。2005年，计划财务处设处长1人、副处长3人，下设综合科、资金科、成本科、财产保险科、结算中心、价格科、计划对标科、统计管理科、销售结算科、供应财务科、设备机动财务科、外经财务科、炼铁财务科、一钢财务科、二钢财务科、冷轧财务科、四轧财务科、中型财务科、棒线财务科、热轧财务科、动力财务科、运输财务科、技术中心财务科、计控财务科等24个科室，有干部、工人197人。

二、基本任务

（1）贯彻执行《会计法》《企业财务通则》《企业会计准则》《工业企业财务制度》《工业企业会计制度》等相关法规和制度，做好唐钢各项财务收支计划、控制、核算、分析和考核工作。

（2）贯彻实施公司资金的全面预算管理制度，依法合理筹集资金，开拓融资渠道，运用多种措施提高资金的使用效益，有效利用各项资产，防止资产流失。

（3）加强公司及派驻单位成本核算和管理，建立并不断完善层级对标管理体系，发挥对企业经济活动进行有效的监督和管理作用。

（4）编制公司年度生产经营计划及挖潜增效计划，负责公司综合统计管理工作，编制公司年、季、月各种统计报表，负责公司大宗原燃料物料平衡表，编报对标挖潜简报，按时编发对标资料等。

（5）负责应收款项管理、预付账款控制，综合办理资金业务。

（6）负责科学制定出口产品和国内品种钢销售价格，对销售部门的售价进行监控。

（7）控制各种原料采购料价，制定先进合理的产品销售价格。

（8）规范设备付款程序，严格执行付款审批手续，指导设备维修费用控制，降低辅料备件采购成本与设备辅料库存。

第十节 能源环保处（卫生处）

唐钢能源环保处（卫生处）是公司实施能源管理、环保管理、节能减排项目、环境监控、卫生防疫等工作的行政处室。

一、机构沿革

能源环保处（卫生处）前身为安全环保处。1996年初，安全环保处设处长1人、副处长2人，下设办公室、环保工程科、环保管理科、环境监测站、职业卫生科等8个科室，有干部41人、工人34人。当年末，撤销环保工程科，其职能并入环保管理科。1997年8月，烧结厂、耐材公司环保监测组划归安环处，对环保监测实行统一管理。1998年7月，办公室改称综合管理科；环保管理科改为环保监督管理科；职业卫生科划出。1999年，撤销环保监测站。2000年，环保监督管理科改称环保管理科。2001年末，撤销安全环保处。

2001年末，组建能源环保处，设处长1人，副处长2人；下设能源管理科、环保管理科、厂容绿化科，并由1人专门负责环保监测站管理及原办公室工作；有干部22人、工人16人。2004年3月，能源环保处挂卫生处牌子，增设卫生防疫科。2005年末，能源环保处（卫生处）设处长1人，副处长1人，下设能源管理科、环保管理科、厂容绿化科、卫生防疫科等4个科室，有干部31人、工人15人。

二、基本任务

（1）认真贯彻落实党和国家关于环境保护的方针、政策法令及有关规定；负责编制唐钢环境保护的中长期规划和年度计划并监督实施；负责组织制定、实施环境保护管理标准，并认真考核；负责环境保护“三同时”的监督检查及环境保护委员会日常业务工作。

(2) 负责公司厂容绿化日常工作；负责公司爱国卫生日常工作。

(3) 行使卫生处职能。负责组织公司接害及高温岗位职工健康检查和从事饮食、服务职工健康检查；负责公共卫生、饮食卫生管理；负责制定公司突发性传染病处置预案。

(4) 对能源生产、消耗和开发利用的全过程进行计划、组织、调控和监督，推动节能技术进步，提高能源利用率，减少各个环节的能源损失与浪费。

第十一节　生产安全处

唐钢生产安全处是公司生产经营活动的计划组织、协调和安全管理的职能部门。

一、机构沿革

(一) 总调度室

1996年初，总调度室设总调度长1人、副总调度长3人，下设南区调度值班室、北区调度值班室、电传科（办公室）、计划科4个科室，有干部42人、工人7人。当年末，汽运管理职能由汽运公司划入总调度室，增加干部8人。2000年3月，撤销北区调度值班室。2001年5月，撤销电传科（办公室），将电传科管理职能划入调度值班室，下设调度值班室、计划科、汽运管理科3个科室，有干部32人。

(二) 安全环保处

1996年初，安全环保处设处长1人、副处长2人，下设办公室、安全技术科、安全检查科、安全教育科、环保工程科、环保管理科、环境监测站、职业卫生科等8个科室，有干部41人、工人34人。当年末，撤销环保工程科，其职能并入环保管理科。1997年8月，烧结厂、耐材公司环保监测组划归安全环保处，对环保监测实行统一管理。1998年7月，办公室改称综合管理科；撤销安全教育科；安全检查科改称安全监督检查科；环保管理科改为环保监督管理科；职业卫生科划出。1999年，撤销环保监测站。2000年，撤销安全技术科、安全监督检查科合并为安全管理科；环保监督管理科改称环保管理科。2001年末，撤销安全环保处。

(三) 生产安全处

2001年末，总调度室更名为生产安全处，设处长1人、副处长4人；安全环保处安全管理职能划归总调度室，划入安全管理科，干部10人；科室总数增至4个。2002年，危险化学品的安全监督管理职能划归生产安全处。2004年3月，将卫生处放射装置使用办证及监督检测管理职能划归生产安全处。2005年9月，成立安全生产培训中心，属一套机构、两块牌子。当年末，生产安全处设厂处级干部5人，下设调度值班室、计划科、安全管理科、汽运管理科4个科室，有干部43人、工人9人。

二、基本任务

(1) 配合公司有关部门，做好年度计划的编制工作。

(2) 根据公司年度计划，按照以销定产、以效定产的原则，编制月、周、日生产作业计划，适时调整品种结构，加强生产组织协调与控制，保证生产作业目标实现。

（3）按时召开日生产调度早会和晚会，周品种计划会和周生产调度会，适时组织生产平衡会议和专业工作会议，贯彻落实公司生产经营方针，布置工作任务，下达调度指令，检查执行情况，认真进行考核。

（4）负责铁水平衡和坯料平衡，优化品种结构和生产组织方案。

（5）统一协调平衡公司生产，建立稳定的生产秩序，确保生产合理衔接，对能源、原燃物料、运输、设备检修等情况进行全面综合平衡。

（6）充分利用各种调度手段，及时深入现场，了解生产动态，掌握生产作业情况，做到信息掌握准确，科学分析问题，果断处理事故。

（7）负责公司汽车运输及运费结算，做到优化物流结构，减少倒运费用。

（8）负责保密信息的接收、传递工作。

（9）负责督促、检查、汇总所属各单位安全生产情况，并做好安全协调工作。

（10）负责贯彻国家安全生产法律、法规、标准有关规定，负责建立健全唐钢安全生产规章制度。

（11）负责制定唐钢安全教育培训计划，并组织实施。

（12）负责唐钢设备检修工程的安全管理工作；组织唐钢季度安全生产检查、季节性安全生产检查和临时性安全检查，并进行安全考核，督促整改事故隐患；负责危险化学品的安全管理工作；参加新建、改建、扩建工程的初步设计方案的审查和竣工验收；组织协调公司级建设项目职业健康安全“三同时”工作，并负责办理“三同时”手续。

第五章　合资公司

本章记录1996—2005年期间唐钢管辖不锈钢有限公司、中厚板公司、滦县司家营铁矿有限责任公司、唐山唐龙新型建材有限公司等4家合资公司的基本情况和历史沿革。

第一节　不锈钢有限公司

唐山不锈钢有限责任公司（简称不锈钢公司）是唐钢管辖三大子公司之一，属于混合所有制企业，控股股东为唐钢集团。

一、基本情况

不锈钢公司位于唐山古冶区原开滦唐家庄矿院内，东邻原卑家店乡大城镇，西靠开滦东方热电，南接林西白马山社区，北与开滦广信公司毗邻，占地面积139.46万平方米，建筑面积83.67万平方米。

组织沿革：2003年9月27日，不锈钢公司正式成立，取得营业执照。是月，随着机械制造公司的撤销，轧辊部分业务划归带钢厂。2004年8月，撤销带钢厂，资产整体租赁给不锈钢公司，在职职工由不锈钢公司接收，离退休职工划归轧辊公司。

代管企业：自2004年1月起，轧辊公司交由不锈钢公司代管。2005年7月，召开轧辊公司企业改制职工代表大会，会议通过了轧辊公司改制的各项方案，妥善安置了全体员工。

股本变化：2003年9月，不锈钢公司初始注册资本3亿元，唐钢集团持股比例35%，中国二十二冶集团有限公司、开滦（集团）有限责任公司、衡水京华制管有限公司、潮州市锦峰物资有限公司分别持股15%、10%、30%、10%。2005年2月，增资9亿元，注册资本12亿元，唐钢集团持股比例57.5%，中国二十二冶集团有限公司、开滦（集团）有限责任公司、衡水京华制管有限公司、潮州市锦峰物资有限公司分别持股30%、2.5%、7.5%、2.5%。

机构设置与人员概况：2005年末，不锈钢公司下设部10个、科室26个、车间30个、工段67个、班组306个。共有职工3070人，其中男职工2714人、女职工356人；有中共党员495人，共青团员875人。干部389人，其中厂处级干部8人、部级干部34人、科级干部100人；干部中技术干部203人，其中高级职称1人、中级职称26人；管理干部183人；党群干部3人。工人2781人，其中技术工人279人，其中高级技师6人、技师39人。职工中有博士生1人、硕士研究生6人、大学本科499人、大专483人、中专386人、高中（技校）1073人、初中及以下623人。

二、筹建过程

2003年5月，为应对钢铁行业日益激烈的竞争形势，寻求新的发展空间，按照唐钢“三极支撑”发展战略要求，原带钢厂领导班子认真贯彻党的十六大和十六届三中全会精神，解放思想，抢抓机遇，在充分调研和科学论证的基础上，借鉴国内外先进企业的管理经验，积极谋求国有资本与民营资本相融合的企业模式，在唐钢集团统一部署下，组建以唐钢集团有限责任公司、开滦（集团）有限责任公司、中国第二十二冶金建设公司、潮州锦峰物资有限公司、衡水京华制管有限公司等五家企业为股东的新型股份制钢铁企业，实现了内外部资源的有效整合。

筹建期间，不锈钢公司以带钢厂为依托，建立相应的组织机构。于2003年5月成立不锈钢筹建组，由带钢厂厂长兼任筹建组组长。

不锈钢公司成立之初，结合新型经营机制和管理模式，在组织机构、用工制度、分配制度、经营方式、生产组织以及社会化服务等方面，进行了全方位的改革：全员与唐钢解除了劳动合同，与不锈钢公司签订了新的劳动合同，实现了员工身份的整体置换和平稳过渡；生产辅助及生活后勤系统全部采取社会化、专业化劳务用工模式，精干了钢铁主业，减少了企业冗员；打破干部工人界限，实行管理、技术人员聘任制；打破传统的分配方式，实行岗位薪酬制，增大活工资比例，体现岗位劳动差别，调动了广大员工特别是苦脏累险和关键管理、技术岗位员工的积极性；建立基本养老保险、医疗保险、工伤保险、住房公积金等社会保险制度，使广大员工的切身利益得到有效保障，增强了企业的凝聚力；实行扁平化管理，建立了干部能上能下、人员能进能出、待遇能提能降的激励机制；加强规章制度建设，在工程、生产、财务、安全、质量、技术、计量、设备、能源、环保等22个方面，制定了相关管理制度，相继出台130余份文件，形成较为全面的基础管理体系；加大环保资金的投入，重视污染源治理，实现了污水零排放，降低了粉尘、噪声的污染。

三、生产发展

（一）带钢厂

1. 实施工艺改造与产品升级

“九五”初期，因带钢厂产品制造成型需要两次加热，金属与能源消耗高，产品缺乏市场竞争力，唐钢于1996年5月对热带车间进行二期改造，在原550轧机列后新上二立六平精轧机组及配套精整收集装置，实现了一火成材，年设计生产能力15万吨。1997年建成投产，经过达产达效攻关，到1998年底机组全年生产带钢19.5万吨。

1999年2月，对喷煤式加热炉进行燃油加热炉改造，使坯料用料由2.4米增加到3.4米，产品单重由500千克到1000千克，年设计生产能力提高到30万吨，当年生产带钢31.9万吨。2000年，为避免与乡镇民营企业的恶性价格大战，带钢厂在原有二立六平精轧机组前增上一立二平3架轧机及飞剪，形成三立八平的3/4连轧布置，技术人员运用多项新技术对窄带钢生产线优化和创新，成功开发出宽度310~355毫米系列较宽及厚度不大于2.0毫米较薄热轧窄带，填补了省内空白，产量大幅度提高。2003年，生产带钢达72.6万吨。2004年5月10日，不锈钢公司对原带钢厂热带生产线停车搬迁改造。1995年1月—2004年5月，共产带钢390余万吨，为唐钢创造了可观的经济效益。

2. 主要产品产量

这一时期，主要产品为商品带和焊管。1996年，完成产量35.79万吨，其中焊管12.45万吨。1997年，完成产量27.02万吨，其中焊管10.98万吨。1998年，完成产量36.49万吨，其中焊管16.7万吨。1999年，完成产量54.91万吨，其中焊管

22.94万吨。2000年，完成产量83.25万吨，其中焊管33万吨。2001年，完成产量93.14万吨，其中焊管32.57万吨。2002年，完成产量102.15万吨，其中焊管33.53万吨。2003年，完成产量109.35万吨，其中焊管35.8万吨。

（二）不锈钢公司

2004年，不锈钢公司一期工程投产后累计生产烧结矿74.10万吨、铁47.09万吨、连铸坯41.81万吨、热带35.65万吨，加上1—5月原带钢厂老区生产热带23.10万吨，当年共生产热带58.75万吨，实现利润5891.8万元。

在铁钢轧等主要生产工序投产后，不锈钢公司加大新产品开发的攻关力度，成功冶炼40Mn钢、硅钢、45号碳钢；开发出432毫米、520毫米系列较宽热轧带钢等高附加值产品，并具备批量生产能力。

二期工程于2005年出铁，投产仅3天高炉利用系数达到3.57吨/(立方米·天)；板坯连铸机投产第9日实现连浇11炉。二期工程投产后，截至2005年末累计生产铁16.73万吨，钢21.02万吨，成功冶炼Q195L、Q345、S50C、45号钢等钢种，开发了135毫米×430毫米、135毫米×510毫米、150毫米×425毫米断面连铸坯。成功开发宽度272~520毫米、厚度1.8~7.6毫米各规格带钢80余个品种，热带产品结构进一步优化。2005年，不锈钢公司累计产铁138.26万吨，产钢135.91万吨，产热带96.66万吨。

四、主要设备与经营状况

2005年末，不锈钢公司固定资产原值17.27亿元，净值15.72亿元。共有设备1905台（套）。主要设备有：450立方米高炉2座、550立方米高炉1座、80吨转炉1座、100吨转炉1座、1×5流矩形坯连铸机1台、板坯连铸机1台、热轧带钢生产线2条，有高炉喷煤、高炉及转炉煤气回收、高炉煤气余压发电和煤气锅炉发电等配套设施，实现了循环经济。

2005年，不锈钢公司实现销售收入38.87亿元；实现利税2.93亿元，其中利润1.37亿元，为唐钢实现年产钢突破1000万吨、提前两年跻身千万吨级大钢行列作出了积极贡献。通过大力推进技术进步和技术改造，有力地促进了各项技术指标的改善，全公司共有5项指标达到全国同行业先进水平，其中热带电耗、合格率、成材率、辊耗等指标位于全行业前3名；有10项超过全行业平均水平；有13项在唐山地区处于领先水平。

附　代管的轧辊公司简况

一、基本情况

唐钢轧辊有限责任公司（简称轧辊公司）地处唐山市古冶区卑家店乡，占地面积15.56万平方米，建筑面积2.6万平方米。

轧辊公司是唐钢集团下属国有全资子公司，改制前为各厂矿技术改造、设备大中修提供自制备件和设备，外销ϕ75~600毫米9个品种的铸铁直管及汽车动力转向器壳体等产品。改制后为唐钢、不锈钢公司以及其他周边钢铁企业供应钢铁生产所需的球铁常法轧辊和离心轧辊。

轧辊公司前身为铸管厂。2001年，铸管厂改制更名为轧辊有限责任公司。自2004年起，轧辊公司交由不锈钢公司代管。根据改制方案，轧辊公司下属5个子公司于2005年进行清算。截至2005年6月末，轧辊公司账面资产总额7740万元。

轧辊公司发展历经多次合资合作与内部机构调整。1997年5月，铸管厂铸铁车间整体划归钢隆公司（铸管厂与香港基隆投资公司合资的企业），唐钢投资642万元、港方投资678万元，投资及分配比例分别为49%和51%。2000年7月，铸管厂将轧辊生产从铸造分厂中分离出来，组建轧辊分厂，将轧辊正式列为主导产品。2001年4月3日，与青岛华夏胶带有限公司合资组建唐山唐钢华夏胶带有限公司（简称胶带公司），并登记注册，注册资本180万元。2005年8月22日注销。

2005年末，轧辊公司下设5个科室，4个车间，2个实业公司和3个合资公司，共有班组21个。共有职工259人，其中男职工165人、女职工94人；有中共党员37人，共青团员16人。干部32人，其中厂处级干部1人、科级干部15人；干部中技术干部6人；管理干部26人；党群干部3人。工人224人，其中技术工人165人。职工中有大学本科21人、大专13人、中专23人、高中（技校）58人、初中及以下144人。

二、生产发展

（一）铸管厂

1. 工艺改造与产品升级

1996年5月，新增电炉投入壳体生产，使壳体月产由原来的3000件提高到5378件。1997年，ϕ425毫米×1600毫米半冷硬球墨铸铁轧辊在唐钢三轧钢厂试验并获得成功。轧辊、皮带机连铸用蜗轮减速机壳的生产达到系列化生产水平。汽车排气管进入试制阶段。铬球、电机壳等高附加值产品的开发形成了企业新的增效点。1998年，开发出大倾角皮带机、除尘器、铸造轧辊、锻辊等新产品。1999年，烧结台车造型采用了树脂新材料，轧辊使用了离心铸造新工艺，对锻辊采用热处理新工艺，使产品质量得到较大幅度提高。2000年，购置中频电炉、CA8450轧辊车床、1116E车床；调剂了天车、磨床、立车等设备装置；购进现场金属金相仪、超声波探伤仪等理化检验设备。通过引进先进的工艺和技术，轧辊生产达到1500吨/月、合格率92%的水平。

2. 主要产品产量

1996年，生产铸铁管8967吨，均为中口径和小口径的承接式铸铁管。1997年，生产铸铁管7491吨，其中中口径和小口径的承接式铸铁管6263吨。1998年，生产铸铁管5377吨，其中中口径和小口径的承接式铸铁管3276吨，钢锭模874吨。1999年，生产铸铁管5885吨，其中中口径和小口径的承接式铸铁管4522吨，钢锭模904吨。2000年，生产铸铁管4230吨，其中中口径和小口径的承接式铸铁管2584吨，轧辊1252吨。

（二）轧辊公司

2001年，橡胶带输送项目启动。通过轧辊一期技术改造前期工程，达到年产2000吨轧辊的生产能力。胶带公司具备年产4万平方米胶带的生产能力。同年11月，胶带公司通过ISO9002质量体系扩证审核。2002年4月，轧辊一期技术改造全部竣工，达到了年产3000吨轧辊的生产能力。2004年，型钢车间改造工程一次试车成功；增上一部冷床；新上两架短应力轧机，且增上冲床、九辊矫平机等设备，使产品实现了从薄板坯到翼缘板的过渡，提高了市场竞争力。实施《窄带钢半钢支撑辊新产品开发计划》，完善半钢支撑辊制造工艺并投入生产，成为新的增效产品。2005年，在原带钢厂增上轧机和精整设备，形成生产成批板坯的能力。

2001年，生产铸铁管4735吨，其中

中口径和小口径的承接式铸铁管3230吨，轧辊1252吨。2002年，生产铸铁管3927吨，其中中口径和小口径的承接式铸铁管3060吨，轧辊2093吨。2003年，生产铸铁管1284吨，其中中口径和小口径的承接式铸铁管876吨，轧辊2565吨。2004年，生产轧辊3647吨。2005年，生产轧辊4644吨。

三、经营状况

（一）铸管厂

1996年，铸钢铸铁合并后，车壳体成品率提高到80%以上，成本由7000元/吨降到4400元/吨，实现利润250万元。1997年，扩大轧辊生产规模，积极开发9吨汽车后轿、排气管等高附加值产品，实现利润205万元。

1998—2000年，取得冶金轧辊生产许可证，主导产品轧辊初步形成规模。三年累计实现考核口径利润797.12万元，其中1998年实现利润158万元，1999年实现利润263万元，2000年实现利润378.4万元，基本实现国有资产保值增值。

（二）轧辊公司

2001年，铸管厂更名唐钢轧辊有限责任公司后，以独立的法人资格融入市场经济。改制后的轧辊公司转换机制，加大轧辊投资，并且与青岛华夏胶带有限公司、邯郸永固堆焊特种设备备件厂合资发展了市场前景好的橡胶输送带和轧辊堆焊项目，当年9月开始遏制住了亏损。

2002—2003年，主导产品轧辊生产规模持续扩大，但规模效益未显示出来，加之原材料价格上涨，两年没有摆脱亏损局面。

2004年，强化轧辊外层金属离心铸造和芯部球铁冲添工序控制，离心辊合格率稳步上升，于10月达到98%，创历史最好水平。同时针对型钢定尺要求，对飞剪测速系统进行攻关，使定尺精度达到0~500毫米要求，定尺损耗降到3‰以下。2005年，轧辊公司停止生产盈利小、消耗高的常法辊和铸铁件，主导产品为离心轧辊和板坯。

2005年末，轧辊公司固定资产原值3881.34万元，净值2108.78万元；共有设备224台（套），年生产能力为5000吨。主要设备有：化铁炉1座、中频炉3座、上料设备1套、剪板机1套、卷板机1套、压力机1台、龙门铣1台、龙门铇1台、精密镗床1台、T68镗床3台、50车床2台、立铣车床2台、卧铣车床2台、滚齿机1台、插齿机1台、牛头刨1台、普通车床8台、80钻1台、40钻1台、10吨天车3部、热处理设备1套、供配电设备1套。焊床5台、车床3台、磨床1台。该公司坚持以铸造为龙头，以轧辊为主体，以钢隆、胶带为两翼，以传统产品为补充，多品种共同发展，在依靠唐钢、服务唐钢轨道中谋求自身发展。

第二节　中厚板公司

唐山中厚板材有限公司（简称中厚板公司）系唐钢管辖控股子公司之一，创立于唐钢实施“三极支撑”发展战略背景之下，成立之初以立足一流、追求超越为理念，加快推动中厚板工程建设，推进国有资本、民营资本等多种经济的有机融合，为唐钢改革发展做出了有益探索与实践。

中厚板公司位于唐山市乐亭经济开发区，唐港高速公路出口500米处，占地面积310万平方米，建筑面积32.16万平方米，距京唐港4千米。

2004年9月，中厚板公司注册成立，

初始之时注册资本3631.97万美元，唐钢股份持股比例67%，香港朝俊有限公司持股比例占33%。2005年10月，进行股东变更，香港朝俊有限公司将股权转让柬埔寨荣丰投资有限公司。2005年12月，注册资本增至4771.41万美元；唐钢股份占总股本的51%，居于控股地位，柬埔寨荣丰投资有限公司占总股本的25.12%、新增河北文丰实业集团有限公司占总股本的23.88%。

2005年末，中厚板公司下设部13个、科室35个、作业区21个、工段129个。共有职工1653人，其中男职工1421人、女职工232人；有中共党员358人。管理岗位人员212人，其中该公司级领导8人，部级53人，科级111人，其中具有高级职称61人、具有中级职称87人。操作岗位人员1441人，其中高级技师5人、技师32人。职工中有硕士研究生13人、大学本科235人、大专283人、中专122人、高中（技校）588人、初中及以下412人。

2005年11月，中厚板工程高炉点火烘炉。

第三节　滦县司家营铁矿有限责任公司

滦县司家营铁矿有限责任公司（简称司家营铁矿）是唐钢控股子公司，建设规模为采选700万吨矿石/年，年产铁精矿252万吨。

司家营铁矿位于河北省滦县城南10千米，于2004年1月16日注册成立。

2005年末，司家营铁矿下设25个临时部门，共有职工124人，其中男职工83人、女职工41人；有中共党员53人。干部77人，其中厂处级干部5人、科级干部34人；干部中技术干部41人，其中高级职称20人、中级职称21人；管理干部34人；党群干部2人。工人47人，其中技术工人9人。职工中有硕士研究生4人、大学本科31人、大专26人、中专9人、高中（技校）18人、初中及以下36人。

2005年末，司家营铁矿固定资产原值2041.34万元，净值1785.67万元，在建工程1.52亿元，预付大型设备款1亿元。

第四节　唐山唐龙新型建材有限公司

唐山唐龙新型建材有限公司（简称唐龙公司）系唐钢以高炉炉渣为原料生产经营矿渣微粉的合资子公司。

一、基本情况

唐龙公司位于唐钢炼铁厂北区院内，东南紧邻厂区围墙，毗邻开平区小代庄村，西邻烧结车间。占地面积1.86万平方米。

为加强环境保护和提高水渣资源综合利用效益，唐钢集团与新加坡双龙洋灰有限公司于2002年12月16日共同出资组建唐龙公司，初始注册资本8003.69万元，控股股东为唐钢，投资比例60%；新加坡双龙洋灰有限公司投资比例为40%。

2005年末，唐龙公司下设行政部、生产部、设备部、实验室、销售部5个部门，生产班组4个。共有职工53人，其中男职工36人、女职工17人；中共党员8人；干部14人，其中厂处级干部1人，科级干部4人；技术干部3人，其中高级职称1人，中级职称2人；管理干部6人；工人47人，其中技术工人33人，高级技师1人，技师3人。职工中有大学本科4人、大专6人、中专4人、高中（技校）8人、初中及以下31人。

二、筹建过程

2002 年 11 月 28 日，省对外贸易经济合作厅批准唐山唐龙新型建材有限公司章程、合同。2002 年 12 月 16 日，在唐山市工商局登记注册。

三、生产发展

2003 年 3 月，唐龙公司 60 万吨矿渣微粉生产线正式投产。年产细度 420 平方米/千克的矿渣粉 60 万吨。当年，生产矿细粉 52.26 万吨。2004 年 6 月，矿粉与硅酸盐水泥混合生产线调试生产，生产高标号、多品种矿渣硅酸盐水泥。当年，生产矿细粉 31.95 万吨。

四、主要设备与经营现状

2005 年末，唐龙公司拥有固定资产原值 7933.91 万元，净值 6512.95 万元。主要设备有：皮带机 2 台，斗提机 7 台，风机 1 台，单机收尘器 12 台，主收尘器 1 台，立磨 1 台，热风炉 1 台，3000 千瓦主电机 1 台，1120 千瓦电机 2 台，装载机 3 台。设计能力 60 万吨/年。当年，销售矿细粉 55.95 万吨，销售收入 5768.26 万元，实现利润 1885.53 万元。

第九篇

人　物

第一章　公司中高层管理人员名录及任职时间

第一节　公司高层管理人员名录及任职时间

一、党委领导

王天义　1996年1月至1997年7月任唐钢集团党委书记，1997年7月至2005年12月任唐钢集团党委副书记；1996年1月至1997年8月任唐钢股份党委书记，1997年8月至2005年12月任唐钢股份党委副书记。

张永昌　1997年7月至2005年12月任唐钢集团党委书记；1997年8月至2005年12月任唐钢股份党委书记。

刘纯明　1996年1月至2006年1月任唐钢集团党委副书记；1996年1月至2006年1月任唐钢股份党委副书记。2006年1月退休。

刘玉印　1996年1月至2006年1月任唐钢集团党委副书记；1996年1月至2006年1月任唐钢股份党委副书记。2006年1月退休。

郭爱恒　1996年1月至2006年1月任唐钢集团纪委书记；1996年1月至2006年1月任唐钢股份纪委书记、监事会主席。

周贺云　1996年1月至2006年1月任唐钢集团工会主席；1996年1月至2006年1月任唐钢股份工会主席。

徐向启　1999年10月至2005年12月任唐钢股份党委常委。

姬藏舟　2003年9月至2006年1月任唐钢集团党委副书记（保留副地厅级待遇）。

二、行政领导

王天义　1996年1月至2005年12月任唐钢集团董事长、总经理；1996年1月至2005年12月任唐钢股份董事长，1996年1月至1999年10月任唐钢股份总经理。

张永昌　1996年1月至1997年7月任唐钢集团董事、副总经理（保留原待遇），1997年7月至1999年10月任唐钢集团副总经理，1997年7月至2005年12月任唐钢集团副董事长；1996年1月至1997年7月任唐钢股份董事、副总经理（保留原待遇），1997年7月至1999年10月任唐钢股份董事、副总经理，1999年10月至2000年5月任唐钢股份董事、总经理，2000年5月至2005年12月任唐钢股份副董事长、总经理。

王子林 1996年1月至2006年1月任唐钢集团副总经理；1996年1月至1999年10月任唐钢股份副总经理。2000年5月至2004年4月任唐钢股份董事。

刘纯明 1996年1月至2006年1月任唐钢集团董事；1996年1月至2006年1月任唐钢股份董事。2006年1月退休。

刘义生 1996年1月任唐钢集团副总经理（1997年12月至2006年1月调任二十二冶副总经理、党委副书记、纪委书记、工会主席）。

孙国平 1996年1月至2006年1月任唐钢集团董事、副总经理；1996年1月至1999年10月任唐钢股份副总经理；1996年1月至2006年1月任唐钢股份董事。2006年1月退休。

刘绍礼 1996年1月至1997年7月任唐钢集团副总经理；1996年1月至2006年1月任唐钢集团董事，1997年7月至2006年1月任唐钢集团调研员；1996年1月至1997年7月任唐钢股份副总经理，2000年5月至2004年4月任唐钢股份董事，1997年7月至2006年1月任唐钢股份调研员。2006年1月退休。

潘公平 1996年1月至1997年7月任唐钢集团副总经理兼总工程师，1997年7月至10月任唐钢集团调研员。1997年10月退休。

王恩顺 1996年1月至1997年7月任唐钢集团副总经理，1997年7月至2001年5月任唐钢集团调研员；1996年1月至1997年7月任唐钢股份副总经理；1996年1月至2000年5月任唐钢股份董事，1997年7月至2001年5月任唐钢股份调研员。2001年5月退休。

赵林根 1996年1月至9月任唐钢集团副总经理、唐钢股份副总经理。1996年12月退休。

姜存阳 1996年1月至1997年6月任唐钢集团副总经理、副董事长，唐钢股份副总经理。

周贺云 1996年1月至2006年1月任唐钢集团董事；1996年1月至2006年1月任唐钢股份董事。

田志平 1997年7月至2005年4月任唐钢集团总会计师；1997年7月至1999年10月任唐钢股份总会计师。2005年调承钢任职。

徐向启 1997年7月至1999年10月任唐钢集团副总经理；1997年7月至2005年12月任唐钢股份副总经理。

刘明哲 1997年6月至2005年4月任唐钢集团董事、副总经理；1997年7月至2005年4月任唐钢股份副总经理，2000年5月至2004年4月任唐钢股份董事。2005年4月调宣钢任职。

李连平 1997年7月至1999年10月任唐钢集团副总经理；1997年7月至2006年1月任唐钢股份副总经理。2005年12月调邯钢任职。

刘玉印 1998年4月至2006年1月任唐钢股份董事。2006年1月退休。

姬藏舟 2003年9月至2006年1月任唐钢集团董事。

第二节　公司党委常委成员名录

中共唐钢集团第八届委员会常委（9名，按姓氏笔画为序）

王天义　刘玉印　刘纯明　刘明哲　孙国平
张永昌　周贺云　赵宝桐　郭爱恒

第三节　公司历任总经理助理名录

张玉珉　1996年1月至2002年6月任公司总经理助理。
魏其昌　1996年1月至2004年11月任公司总经理助理。
王秉正　1996年1月至2005年12月任公司总经理助理。
邢鸿儒　1996年1月至1996年2月任公司总经理助理。
周东晨　1996年1月至2005年10月任公司总经理助理。
叶国庆　1996年1月至1997年10月任公司总经理助理。
刘国勤　1996年1月至2005年12月任公司总经理助理。
刘义生　1997年8月至1998年1月任公司总经理助理。
张毅刚　1998年5月至2006年1月任公司总经理助理，2006年1月退休。
张铁铮　2000年1月至2005年12月任公司总经理助理。
于　勇　2005年9月至2006年1月任公司总经理助理。
褚建东　2005年9月至2006年1月任公司总经理助理。

第四节　公司历任总工程师、总机械师、副总工程师、副总会计师、副总机械师名录

总工程师

潘公平　1996年1月至1997年7月兼任集团总工程师。

总机械师

马天骥　1996年1月至2005年12月任公司总机械师。

副总工程师

徐国维　1996年1月至1996年10月任公司副总工程师。
张玉珉　1996年1月至2002年6月任公司副总工程师。
刘振装　1996年1月至1997年10月任公司副总工程师。

叶国庆　1996 年 1 月至 1997 年 10 月任公司副总工程师。
戴新猷　1996 年 12 月至 2004 年 8 月任公司副总工程师。
王秉正　1997 年 10 月至 2005 年 12 月任公司副总工程师。
常久柱　1997 年 10 月至 2005 年 12 月任公司副总工程师。
姜性宁　2001 年 7 月至 2005 年 7 月任公司副总工程师。
孔庆福　2004 年 8 月至 2005 年 12 月任公司副总工程师。

副总会计师

李凤武　1996 年 1 月至 1997 年 7 月任公司副总会计师。
张　凯　2000 年 1 月至 2005 年 12 月任公司副总会计师。

副总机械师

林衍生　1996 年 1 月至 1996 年 12 月任公司副总机械师。

第五节　机关部处室、生产单位等主要负责人及任职时间

一、机关部处室

(一) 办公室 (党委办公室)

邢鸿儒　1996 年 1 月至 2 月任办公室（党委办公室）主任。
郁成林　1996 年 2 月至 2001 年 3 月任办公室（党委办公室）主任。
张亚旺　2001 年 3 月至 2004 年 6 月任办公室（党委办公室）主任。
李燕平　2004 年 6 月至 2005 年 12 月任办公室（党委办公室）主任。

(二) 机关党委书记

邢鸿儒　1996 年 1 月至 2 月任机关党委书记。
郁成林　1996 年 2 月至 2001 年 3 月任机关党委书记。
张亚旺　2001 年 3 月至 2004 年 6 月任机关党委书记。
李燕平　2004 年 6 月至 2005 年 12 月任机关党委书记。

(三) 组织部 (老干部管理处、离退休职工管理部)

朱纪荣　1996 年 1 月至 3 月任组织部（人事处）部长（处长）。
张毅刚　1996 年 11 月至 1998 年 5 月任组织部（人事处）部长（处长）。
轩维印　2000 年 12 月至 2003 年 9 月任组织部（人力资源部）部长。
王连顺　1996 年 1 月至 2003 年 9 月任离退休职工管理部（老干部管理处）部长、党委书记。
李志成　2003 年 9 月至 2005 年 12 月任组织部（老干部管理处、离退休职工管理部）

部长、离退休职工管理部（老干部管理处）党委书记。

（四）纪委（监察审计部）

刘明远 1996年1月至2003年9月任纪委副书记。
孙宗涛 2003年9月至2005年12月任纪委副书记。
韩殿涛 1996年1月至2003年9月任监事会审计室主任。
张春华 2003年9月至2005年12月任审计处处长、唐钢股份公司审计室主任。

（五）工会（团委、计划生育办公室）

孙建柱 1996年1月至1997年1月任工会副主席。
熊庆生 1996年1月至1997年9月任工会副主席。
侯存根 1996年1月至2003年9月任工会副主席。
李燕平 1997年11月至2004年6月任工会副主席。
宁连春 1996年1月始不再担任团委书记。
纪　纯 1996年1月任团委副书记代书记；1997年6月至1999年7月任团委书记。
史绍辉 1999年7月至2001年4月任团委副书记（负责人）；2001年4月至2003年9月任团委书记；2003年9月至2005年12月任工会副主席、团委书记。
杨玉霞 1996年1月至1996年12月任计划生育办公室主任。
李　宁 1996年12月至2001年4月任计划生育办公室副主任（主持工作）。

（六）宣传部（企业文化部、党校、统战部）

郁成林 1996年1月至3月任宣传部（企业文化部、统战部）部长。
张亚旺 1996年3月至12月任宣传部（企业文化部、统战部）部长；1997年1月至2001年3月任宣传部（企业文化部、统战部）部长、党校第一副校长。
李志成 2001年3月至2003年9月任宣传部（企业文化部、统战部）部长、党校第一副校长。
朱连喜 2003年9月至2005年12月任宣传部（企业文化部、统战部）部长、党校第一副校长。

（七）发展规划部

张铁铮 1996年1月至1997年1月任计划处处长；1997年1月至1999年8月任计划处（规划发展处）处长。
张玉珉 1996年1月至1997年1月任规划发展处处长。
于永江 1996年1月至2000年11月任基建技术处处长。
王汝力 1996年1月至12月任工程管理一处处长。
袁久生 1996年1月至12月任工程管理二处处长；1996年12月至2000年11月任工程管理处处长。
吴绍明 1996年1月至1997年8月任基建计划财务处处长；1997年8月至1999年8

月任基建计划处处长；1999 年 8 月至 2001 年 12 月任发展规划处处长；2001 年 12 月至 2003 年 9 月任发展规划部部长。

黄笃学　2003 年 9 月至 2004 年 2 月任发展规划部副部长（主持工作）；2004 年 2 月至 2005 年 12 月任发展规划部部长。

（八）资产财务部

张　凯　2000 年 12 月至 2003 年 9 月兼任资产财务部部长。

韩殿涛　2003 年 9 月至 2004 年 2 月任资产财务部副部长（主持工作）；2004 年 2 月至 2005 年 12 月任资产财务部部长。

（九）计划财务处

田志平　1996 年 1 月至 1996 年 4 月任财务中心总经理。

梁贞慈　1996 年 4 月至 1998 年 12 月任财务中心总经理。

李凤武　1996 年 1 月至 1996 年 4 月任财务处处长。

田志平　1996 年 4 月至 1997 年 8 月任财务处处长。

张　凯　1997 年 8 月至 1998 年 6 月任财务处代理处长；2003 年 9 月至 2005 年 12 月兼任计划财务处处长。

张春华　1998 年 6 月至 2003 年 9 月任财务处处长。

（十）劳动人事处（企业管理处）

牛印奇　1996 年 1 月至 2001 年 12 月任劳动工资处处长；2001 年 12 月至 2003 年 9 月任劳动人事处处长。

陈洁清　1996 年 1 月至 2 月任经营管理处处长；1996 年 2 月至 1997 年 10 月任企业管理处处长（经济研究所所长）。

杨万臣　1996 年 1 月至 1997 年 10 月任董事会秘书室主任；1997 年 10 月至 1999 年 8 月任企业管理处（经营管理处、董事会秘书室、经济研究所）处长（所长）；1999 年 8 月至 2000 年 12 月任董事会秘书室（证券部）主任；2000 年 12 月至 2003 年 9 月任企业管理处（董事会秘书室、证券部）处长（主任）；2003 年 9 月至 2005 年 12 月任劳动人事处处长（企业管理处处长，董事会秘书室、证券部主任）。

张铁铮　1999 年 8 月至 2000 年 1 月任经营管理处（企业管理处、计划处、经济研究所）处长（所长）。

李炳新　2000 年 1 月至 2000 年 12 月任经营管理处（企业管理处、计划处、经济研究所）处长（所长）；2000 年 12 月至 2002 年 6 月任生产经营部部长。

张建忠　2004 年 2 月至 2005 年 12 月任唐钢股份公司董事会秘书。

（十一）能源环保处（卫生处）

魏其昌　2001 年 12 月至 2003 年 4 月兼任能源环保处处长。

高云旺 2003年4月至11月任能源环保处处长。

任立志 2003年11月至2004年4月任能源环保处处长；2004年4月至2005年12月任能源环保处（卫生处）处长。

（十二）生产安全处

李炳新 1996年1月至2000年1月任总调度室总调度长。

张连祥 2000年1月至2001年12月任总调度室总调度长；2001年12月至2005年12月任生产安全处处长。

张相禧 1996年1月至1997年7月任安全环保处处长。

魏其昌 1997年7月至2001年12月任安全环保处处长。

二、生产单位

（一）炼铁厂

张毅刚 1996年1月至1996年11月任北区动力厂厂长。

王义新 1996年11月至2003年9月任北区动力厂厂长。

鲁宪斌 1996年1月至11月任北区动力厂党委副书记；1996年11月至1997年12月任北区动力厂代理党委书记。

张　维 1997年12月至2003年9月任北区动力厂党委书记。

张连祥 1996年1月至1996年2月任烧结厂厂长；1996年2月至2000年1月任二炼铁厂厂长。

任立志 1996年3月至1999年7月任烧结厂厂长；2002年6月至2003年11月任一炼铁厂厂长。

李志成 1996年1月至1996年2月任烧结厂党委副书记代理书记；1996年2月至1999年7月任烧结厂党委书记；1999年7月至2001年3月任二炼铁厂党委书记。

常久柱 1996年1月至1996年2月任二炼铁厂厂长；1996年12月至1997年10月任一炼铁厂厂长；1996年8月至1997年8月任一炼铁厂党委书记。

于　勇 1997年10月至2000年1月任一炼铁厂厂长；2000年1月至2003年11月任二炼铁厂厂长；2003年11月至2005年12月任炼铁厂厂长。

刘中振 1996年1月至1999年7月任二炼铁厂党委书记。

郁成林 2001年3月至2003年11月任二炼铁厂党委书记；2003年11月至2005年12月任炼铁厂党委书记。

金良生 1996年1月至1996年12月任一炼铁厂厂长；1996年1月至1996年8月任一炼铁厂党委书记。

谢海深 2000年1月至2002年6月任一炼铁厂厂长。

王绍英 1997年8月至2003年11月任一炼铁厂党委书记。

（二）炼焦制气厂

谢绍成 1996年1月至2月任炼焦制气厂厂长。

徐向启　1996 年 3 月至 1997 年 7 月任炼焦制气厂厂长。
李文芝　1997 年 7 月至 2002 年 6 月任炼焦制气厂厂长。
谢海深　2002 年 6 月至 2005 年 12 月任炼焦制气厂厂长。
肖鸿礼　1996 年 1 月至 2003 年 9 月任炼焦制气厂党委书记。
张全利　2003 年 9 月至 2005 年 12 月任炼焦制气厂党委书记。

（三）一炼钢厂

孔庆福　1996 年 1 月至 2002 年 6 月任一炼钢厂厂长。
何东颖　2002 年 6 月至 2005 年 12 月任一炼钢厂厂长。
卞书元　1996 年 1 月至 2005 年 12 月任一炼钢厂党委书记。

（四）二炼钢厂

王志军　1996 年 1 月至 2005 年 12 月任二炼钢厂厂长。
轩维印　1996 年 1 月至 2000 年 12 月任二炼钢厂党委书记。
刘宗来　2000 年 12 月至 2005 年 12 月任二炼钢厂党委书记。

（五）中型轧钢厂

高天祥　1996 年 1 月至 2002 年 4 月任中型轧钢厂厂长；1997 年 10 月至 1999 年 12 月兼任中型轧钢厂党委书记。
齐国梁　2001 年 5 月至 2002 年 4 月任中型轧钢厂代理厂长；2002 年 4 月至 2005 年 12 月任中型轧钢厂厂长。
王洪柱　1996 年 1 月至 1997 年 10 月任中型轧钢厂党委书记。
穆　平　1999 年 12 月至 2005 年 12 月任中型轧钢厂党委书记。

（六）棒线材厂

孟宪琦　1996 年 1 月至 1997 年 10 月任三轧钢厂厂长。
冯汝彦　1997 年 10 月至 2003 年 9 月任三轧钢厂厂长；1996 年 1 月至 1997 年 10 月任三轧钢厂党委副书记（负责人）；1997 年 10 月至 1998 年 9 月任三轧钢厂代理党委书记；2002 年 6 月至 2003 年 9 月主持三轧钢厂党委工作。
孟庆玉　1998 年 9 月至 2002 年 6 月任三轧钢厂党委书记。
王秉正　1996 年 1 月至 1997 年 10 月任棒材厂厂长、党委书记。
武学泽　1997 年 10 月至 2003 年 9 月任棒材厂厂长。
熊庆生　1997 年 10 月至 2003 年 9 月任棒材厂党委书记；2003 年 9 月至 2005 年 12 月任棒线材厂党委书记。
刘明哲　1996 年 1 月至 12 月任高速线材厂厂长。
李连平　1996 年 12 月至 1997 年 8 月任高速线材厂厂长。
褚建东　1997 年 8 月至 2003 年 9 月任高速线材厂厂长；2003 年 9 月至 2005 年 12 月任棒线材厂厂长。

李福金　1996年1月至10月任高速线材厂党委书记；1996年10月至1997年12月任高速线材厂党委副书记。

朱连喜　1997年12月至2003年9月任高速线材厂党委书记。

（七）四轧钢厂

王盈权　1996年1月至1997年10月任四轧钢厂厂长。

董和民　1997年10月至2003年11月任四轧钢厂厂长。

冯汝彦　2003年11月至2005年12月任四轧钢厂厂长；2003年9月至11月任四轧钢厂党委书记。

孟庆玉　1996年1月至12月任四轧钢厂党委书记。

齐国梁　1997年10月至1999年7月任四轧钢厂党委书记。

马国忠　1999年7月至2003年9月任四轧钢厂党委书记。

王绍英　2003年11月至2005年12月任四轧钢厂党委书记。

（八）热轧薄板厂

史东日　2000年12月至2005年12月任热轧薄板厂厂长；2004年12月至2005年12月兼任热轧薄板厂党委书记。

杨春政　2000年12月至2004年12月任热轧薄板厂党委书记。

（九）冷轧薄板厂

韩继征　2003年9月至2004年2月任冷轧薄板厂副厂长（主持工作），2004年2月至2005年12月任冷轧薄板厂厂长。

王　池　2003年9月至2005年12月任冷轧薄板厂党委书记。

（十）动力厂

李一邦　1996年1月至11月任能源部主任。

薛　本　1996年11月至1997年2月任能源部代理主任；1997年2月至2003年9月任南区动力厂厂长。

张　维　1996年1月至1997年2月任能源部党委书记；1997年2月至12月任南区动力厂党委书记。

鲁宪斌　1997年12月至2003年9月任南区动力厂党委书记；2003年9月至2005年12月任动力厂党委书记。

王兰玉　1996年1月至12月任氧气厂副厂长、代理厂长；1996年12月至2003年9月任氧气厂厂长；2003年9月至2005年12月任动力厂厂长。

王贺喜　1996年1月至2003年9月任氧气厂党委书记。

（十一）运输部

张全利　1996年1月至1996年3月任运输部主任。

张道存 1996年3月至2005年12月任运输部主任；1996年1月至2005年12月任运输部党委书记。

三、辅助后勤单位

（一）技术中心

戴新猷 1996年1月至2000年12月兼任技术中心（钢铁研究所）主任（所长）；1996年1月至1997年2月任技术中心（钢铁研究所）党总支书记。

高云旺 1996年1月至2000年12月任科学技术处（科学技术协会、全面质量管理办公室）处长；2000年12月至2003年4月任技术中心常务副主任（正处级）。

钱广玲 1996年1月至1996年3月任信息档案处处长。

李秀敏 1996年3月至2000年12月任信息档案处处长；2000年12月至2002年1月任技术中心副主任兼技术中心信息档案处处长（正处级）。

张亚旺 1996年1月至1996年3月任电炉炼钢厂党委书记。

朱纪荣 1996年3月至1999年12月任电炉炼钢厂党委书记。

李铁山 1997年6月至1999年12月任电炉炼钢厂厂长；1999年12月至2003年9月任机械制造公司副经理兼电炉铸造厂厂长（正处级）；2003年9月任技术中心副主任（正处级）。

邱士俊 2000年12月至2003年4月任技术中心副主任兼技术中心设计研究院副院长（主持工作）。

王汝力 2000年12月至2003年4月任技术中心党委书记。

庄树本 1996年1月至1996年12月任质量管理处处长。

刘明哲 1996年12月至1997年6月任质量管理处处长。

何东颖 1997年8月至2000年12月任质量管理处处长；2000年12月至2002年6月任技术监督处处长。

孔庆福 2002年6月至2003年4月任技术监督处处长；2003年4月至2005年12月任技术中心常务副主任（正处级）。

闫瑞松 1996年1月至1999年7月任质量管理处党委书记。

任立志 1999年7月至2000年12月任质量管理处党委书记；2000年12月至2002年6月任技术监督处党委书记。

程品湘 2002年6月至2003年4月任技术监督处党委书记；2003年4月至2005年12月任技术中心党委书记。

张鉴湖 2000年12月至2002年12月任技术中心副主任兼技术中心钢铁研究所副所长（主持工作）。

（二）设备机动处

马天骥 1996年1月至2002年6月兼任机械动力处处长；2002年6月至2005年12月兼任设备机动处处长。

刘亦兵　1996 年 1 月至 2002 年 6 月任设备材料处处长。

王　毅　1996 年 1 月至 2002 年 6 月任设备材料处党委书记；2002 年 6 月至 2003 年 9 月任设备机动处党委书记。

宋世臻　2003 年 9 月至 2005 年 12 月任设备机动处党委书记。

（三）保卫部（武装部）

杨居敏　1996 年 1 月至 1997 年 10 月任武装部部长。

平春雨　1997 年 10 月至 2003 年 9 月任武装部部长；2003 年 9 月至 2005 年 6 月任公安处政委、武装部部长；2005 年 6 月至 2005 年 12 月任保卫部政委、党委书记（武装部部长）。

李万明　1996 年 1 月至 2000 年 9 月任公安处处长；2000 年 9 月至 2003 年 9 月任公安处政委；1996 年 1 月至 2003 年 9 月任公安处党委书记。

刘中振　2000 年 9 月至 2005 年 6 月任公安处处长；2005 年 6 月至 2005 年 12 月任保卫部部长；1999 年 7 月至 2000 年 9 月任公安处政委；2003 年 9 月至 2005 年 6 月任公安处党委书记。

马国忠　1996 年 1 月至 1999 年 7 月任公安处政委。

（四）对外经济贸易处（进出口公司）

刘国勤　1996 年 1 月至 1997 年 1 月任对外经济贸易处处长（进出口公司经理）。

姜性宁　1997 年 1 月至 1998 年 2 月任对外经济贸易处处长（进出口公司经理）。

曹宜镩　1998 年 2 月至 2002 年 6 月任对外经济贸易处处长（进出口公司经理）。

范锦忠　2002 年 6 月至 2003 年 6 月任对外经济贸易处处长（进出口公司经理）。

段国绵　2003 年 5 月至 2004 年 2 月任对外经济贸易处副处长（进出口公司副经理）主持工作。2004 年 2 月至 2005 年 12 月任对外经济贸易处处长（进出口公司经理）。

（五）供应处

李秀敏　1996 年 1 月至 1996 年 3 月任原料厂厂长。

戴亭轩　1996 年 7 月至 2003 年 9 月任原料厂厂长；2003 年 4 月至 9 月任原料厂党委书记；2003 年 9 月至 2005 年 12 月任供应处党委书记。

刘宗来　1996 年 1 月至 2000 年 12 月任原料厂党委书记。

张永坤　2000 年 12 月至 2003 年 4 月任原料厂党委书记。

彭志一　1996 年 1 月至 1996 年 2 月任供销处处长。

陈　英　1996 年 1 月至 1996 年 2 月任供销处党委书记；1996 年 2 月至 2000 年 1 月任供应处党委书记。

耿万臣　1996 年 2 月至 2002 年 6 月任供应处处长。

张广新　2002 年 6 月至 2005 年 12 月任供应处处长。

张全利　2000 年 1 月至 2003 年 9 月任供应处党委书记。

（六）计控管理处

焦俊平 1996年1月至1996年12月任计控管理处副处长代理处长；1996年12月至2002年6月任计控管理处处长。

刘亦兵 2002年6月至2003年9月任计控管理处处长；2003年9月至2005年9月任唐山微尔电子股份有限公司总经理（计控管理处处长）；2005年9月至2005年12月任计控管理处处长；2003年4月至2005年9月任唐山微尔电子股份有限公司董事长。

周东晨 2000年6月至2003年4月兼任唐山微尔电子股份有限公司董事长。

路振国 1996年1月至1997年12月任计控管理处党委书记。

李福金 1997年12月至2002年6月任计控管理处党委书记。

朱纪荣 2002年6月至2003年9月任计控管理处党委书记；2003年9月至2005年9月任唐山微尔电子股份有限公司（计控管理处）党委书记；2005年9月至2005年12月任计控管理处党委书记。

（七）教育中心（唐山科技职业技术学院、河北省冶金高级技工学校、河北冶金技师学院）

张中珩 1996年1月至1998年5月任教育培训处处长；1998年5月至2002年6月任普教处处长（教委办公室主任）；2002年6月至2004年2月任普教处处长；2004年2月至2005年12月任教育中心主任（职工培训中心主任、唐山科技职业技术学院院长、河北冶金高级技工学校校长）；2002年6月至2003年5月任教育中心（普教处、职工培训中心、河北工业职业技术学院唐钢分院、技工学校）党委书记；2003年5月至2004年2月任教育中心（普教处、职工培训中心、唐山科技职业技术学院、技工学校）党委书记；2004年2月至2005年12月任教育中心（职工培训中心、唐山科技职业技术学院、河北冶金高级技工学校）党委书记。

刘绍锡 1996年1月至1996年8月任技工学校党总支书记；1996年8月至1998年5月任教育培训处党委书记；1998年5月至2001年1月任普教处（教委办公室）党委书记；2001年1月至2002年6月任教育培训中心（普教处、教委办公室、河北工业职业技术学院唐钢分院、技工学校）党委书记。

高长庚 1996年1月至1996年8月任技工学校校长；1996年8月至2000年6月任职工培训中心主任（职工大学校长、技工学校校长）；2000年6月至2002年6月任职工培训中心主任（河北工业职业技术学院唐钢分院院长、技工学校校长）；2002年6月至2003年5月任教育中心主任（职工培训中心主任、河北工业职业技术学院唐钢分院院长、技工学校校长）；2003年5月至2004年2月任教育中心主任（职工培训中心主任、唐山科技职业技术学院院长、技工学校校长）。

潘鸿智 1996年1月至1996年8月任职工大学校长；1996年8月至2000年6月任职

工培训中心（职工大学、技工学校）党委书记；2000年6月至2001年1月任职工培训中心（河北工业职业技术学院唐钢分院、技工学校）党委书记。

李玉峰 1996年1月至1996年8月任职工大学党总支书记。

（八）销售公司

彭志一 1996年2月至1997年1月任销售处处长。

张全利 1997年1月至1998年6月任销售处处长；1996年2月至1998年6月任销售处党委书记；1998年6月至2000年1月任销售公司党委书记。

张　凯 1998年6月至2000年1月任销售公司总经理。

范锦忠 2000年1月至2002年6月任销售公司总经理。

耿万臣 2002年6月至2005年12月任销售公司总经理。

张广新 2000年1月至2002年6月任销售公司党委书记。

曹宜锺 2002年6月至2003年9月任销售公司党委书记。

李万明 2003年9月至2005年12月任销售公司党委书记。

（九）医院

汤瑞乾 1996年1月至1998年9月任医院（卫生处）院长（处长）。

张建国 1998年9月至2004年4月任医院（卫生处）院长（处长）；2004年4月至2005年12月任医院院长。

李　宁 1996年1月至1996年12月任医院党委副书记（负责人）。

孟庆玉 1996年12月至1998年9月任医院（卫生处）党委书记。

潘世忠 1998年9月至2000年5月任医院（卫生处）党委书记。

渠玉震 2000年5月至2003年9月任医院（卫生处）党委书记。

陈　英 2003年9月至2004年4月任医院（卫生处）党委书记；2004年4月至2005年12月任医院党委书记。

四、子分公司

（一）技术经济开发有限责任公司（物资贸易储运公司）

杨忠庆 1996年1月至1996年2月任自行车有限公司董事长。

刘义生 1996年2月至1998年5月兼任自行车有限公司董事长。

程品湘 1998年5月至1999年8月任自行车有限公司董事长；1997年12月至1999年8月任自行车有限公司经理；1999年8月至2001年2月任技术经济开发公司（自行车有限公司）经理；1997年3月至1999年8月任自行车有限公司党委书记。

王绍英 1996年1月至1997年3月任自行车有限公司党委书记。

李　柱 1996年1月至1999年8月任技术经济开发公司经理；1996年1月至1997年1月任技术经济开发公司党委书记。

孙建柱 1997年1月至1999年8月任技术经济开发公司党委书记；1999年8月至2001年2月任技术经济开发公司（自行车有限公司）党委书记；2001年2月至2002年6月任技术经济开发公司（再就业服务中心、唐山自行车有限公司）党委书记；2002年6月至2003年9月任技术经济开发有限责任公司党委书记。

李一邦 1996年12月至2001年2月任劳动实业公司经理；2001年2月至2002年6月任技术经济开发公司（自行车有限公司、再就业服务中心）经理；2002年6月至2003年9月任技术经济开发有限责任公司董事长、经理；1997年1月至2001年2月任劳动实业公司党委书记；2003年9月至2005年12月任技术经济开发有限责任公司（物资贸易储运公司）党委书记。

李杭州 1997年9月至1998年5月任物资站站长、党总支书记；1998年5月至1999年8月任物资贸易储运公司经理；1999年8月至2003年9月任物贸储运公司经理；2003年9月至2005年12月任技术经济开发有限责任公司（物资贸易储运公司）经理、技术经济开发有限责任公司董事长；1998年5月至1999年8月任物资贸易储运公司党总支书记；1999年8月至2000年1月任物贸储运公司党总支书记。

陈　英 2000年1月至2003年9月任物贸储运公司党委书记。

（二）生活服务有限责任公司（行政福利处）

郭宝贤 1996年1月至2000年5月任生活服务总公司总经理。

潘世忠 2000年5月至2002年6月任生活服务总公司总经理；2002年6月至2003年9月任生活服务有限责任公司董事长、总经理（行政福利处处长）。

王　池 1996年1月起不再任生活服务总公司党委书记。

渠玉震 1996年1月至1996年12月任房地产管理处处长、党委书记；1996年12月至2000年5月任生活服务总公司党委书记。

郑　武 2003年9月至2005年12月任生活服务有限责任公司董事长、总经理（行政福利处处长）；2000年5月至2002年6月任生活服务总公司党委书记；2002年6月至2003年9月任生活服务有限责任公司（行政福利处）党委书记。

王　毅 2003年9月至2005年12月任生活服务有限责任公司（行政福利处）党委书记。

（三）金恒企业发展总公司

周东晨 1996年1月至1998年5月任附属企业总公司经理；1996年1月至1997年10月任附属企业总公司党委书记。

张毅刚 1998年5月至1999年8月兼任附属企业总公司经理。

李　柱 1999年8月至2001年3月任附属企业总公司经理；2001年3月至2005年12月任金恒企业发展总公司总经理。

鲍庆桐 1997年10月至2001年3月任附属企业总公司党委书记；2001年3月至

2005年12月任金恒企业发展总公司党委书记。

（四）机械制造公司

耿万臣　1996年1月至1996年2月任制修厂厂长。
于成立　1996年12月至1997年11月任制修厂代理厂长；1997年11月至2001年12月任机械制造公司经理。
刘奎林　1996年1月至1996年12月任制修厂党委副书记代书记；1996年12月至1997年10月任制修厂党委书记。
侯海亮　1996年1月至1997年8月任机械制造公司经理。
穆　平　1996年1月至1999年12月任机械制造公司党委书记。
朱纪荣　1999年12月至2002年6月任机械制造公司党委书记。
刘开业　1996年1月至1997年10月任铸管厂厂长。
张玉文　1996年1月至1997年1月任铸管厂党委副书记（负责人）。
庞树立　1997年10月至2001年5月任铸管厂厂长；2001年5月至2003年9月任轧辊有限责任公司经理；2001年4月至2003年9月任轧辊有限责任公司董事长；2001年12月至2003年9月兼任机械制造公司经理；1997年1月至1997年10月任铸管厂代理党委书记；2002年6月至2003年4月主持机械制造公司党委工作。
宋世臻　1997年10月至2001年5月任铸管厂党委书记；2001年5月至2003年4月任轧辊有限公司党委书记；2003年4月至9月任机械制造公司党委书记。

（五）矿业公司[1]

魏其昌　1996年1月至1997年7月任矿业公司董事长；1996年2月至1997年7月任矿业公司经理。
张久甲　1997年7月至2003年4月任矿业公司董事长、经理。
张永坤　2003年4月至2005年12月任矿业公司董事长、经理。
韩士敏　1996年3月至1997年7月任矿业公司党委书记。
李泽兴　1997年7月至1998年9月任矿业公司党委书记。
刘奎林　1999年7月至2005年12月任矿业公司党委书记。

（六）石人沟铁矿

韩士敏　1996年1月至1997年6月任石人沟铁矿矿长。
郭素山　1997年9月至2003年8月任石人沟铁矿矿长；1996年8月至2003年8月任石人沟铁矿党委书记。
田泽军　2003年8月至2005年5月任石人沟铁矿矿长；2005年5月至2005年12月任石人沟铁矿负责人；2003年8月至2005年12月任石人沟铁矿党委书记。

---

[1] 矿业公司及石人沟铁矿、棒磨山铁矿、庙沟铁矿、司家营试验厂领导任职原始档案资料散落缺失，经矿业公司知情人补充考证核实后定稿，如有缺憾，续修纠错补阙。

张永田 1996 年 1 月至 8 月任石人沟铁矿党委书记。

(七) 棒磨山铁矿

张久甲 1996 年 1 月至 1997 年 9 月任棒磨山铁矿矿长；1996 年 5 月至 1997 年 9 月任棒磨山铁矿党委书记。

刘兴国 1997 年 9 月至 1999 年 5 月任棒磨山铁矿矿长、党委书记。

徐立军 2000 年 6 月至 2005 年 3 月任棒磨山铁矿矿长、党委书记。

田志云 2005 年 3 月至 12 月任棒磨山铁矿矿长、党委书记。

(八) 庙沟铁矿

张永坤 1996 年 1 月至 2000 年 6 月任庙沟铁矿矿长；1996 年 9 月至 2000 年 6 月任庙沟铁矿党委书记。

田泽军 2000 年 6 月至 2003 年 8 月任庙沟铁矿矿长、党委书记。

齐国志 2003 年 8 月至 2005 年 12 月任庙沟铁矿矿长、党委书记。

(九) 后屯石矿

刘兴国 1996 年 1 月至 1997 年 9 月任后屯石矿矿长、党委书记。

冯晓春 1997 年 9 月至 2005 年 12 月任后屯石矿矿长；1997 年 9 月至 2005 年 12 月任后屯石矿党委书记。

(十) 司家营试验厂

朱文庄 1996 年 1 月至 1997 年 1 月任司家营试验厂厂长、党委书记。

五、合资公司

(一) 不锈钢有限公司

马长松 1996 年 1 月至 1997 年 10 月任带钢厂厂长；1996 年 1 月至 2004 年 6 月任带钢厂党委书记。

牟文恒 1997 年 10 月至 2004 年 8 月任带钢厂厂长；2004 年 8 月至 2005 年 12 月任不锈钢有限公司总经理。

张亚旺 2004 年 6 月至 2005 年 12 月任不锈钢有限公司党委书记。

王天义 2003 年 7 月至 2006 年 6 月兼任不锈钢有限公司董事长。

(二) 中厚板有限公司

董和民 2003 年 11 月至 2005 年 12 月任中厚板有限公司经理。

高云旺 2003 年 11 月至 2005 年 12 月任中厚板有限公司党委书记。

(三) 唐山唐龙新型建材有限公司

郭春生 2005 年 2 月至 2005 年 12 月任唐山唐龙新型建材有限公司总经理。

王天义 2003年1月至2005年12月任唐山唐龙新型建材有限公司董事长。

（四）唐山滦县司家营铁矿有限公司

张久甲 2004年3月至2005年12月任唐山滦县司家营铁矿有限公司总经理。
刘兴国 2004年3月至2005年12月任唐山滦县司家营铁矿有限公司党委书记。

第六节 项目组及划出、改制或撤销单位主要负责人及任职时间

一、一轧钢厂

贺振山 1996年1月至2003年9月任一轧钢厂厂长；1997年12月至1999年7月兼任一轧钢厂党委书记；2001年5月至2003年4月任一轧钢厂党委书记。
朱连喜 1996年1月至1997年12月任一轧钢厂党委书记。
齐国梁 1999年7月至2001年5月任一轧钢厂党委书记。
王　池 2003年4月至9月任一轧钢厂党委书记。

二、唐山钢铁设计研究院有限公司

李连平 2004年10月至2005年12月兼任唐山钢铁设计研究院有限公司董事长。
张玉珉 1996年1月至2000年12月兼任设计研究院院长。
邱士俊 2003年4月至9月任设计研究院有限公司总经理。
武学泽 2003年9月至2005年2月任设计研究院有限公司总经理；2005年2月至2005年12月任唐山钢铁设计研究院有限公司总经理；2003年9月至2005年3月兼任设计研究院有限公司党委书记；2005年3月至2005年12月任唐山钢铁设计研究院有限公司党委书记。
杨树森 1996年1月至2000年5月任设计研究院党委书记。
王汝力 2000年5月至12月任设计研究院党委书记。
袁久生 2000年11月至2003年4月任唐山三环工程建设监理有限公司党委书记；2003年4月至9月任设计研究院党委书记。
于永江 2000年11月至2003年4月任唐山三环工程建设监理有限公司经理。

三、汽车运输有限责任公司

马少春 1996年1月至2001年5月任汽车运输公司经理；2001年5月至2005年2月任汽车运输有限责任公司董事长、总经理。2004年3月至2005年2月主持汽车运输有限责任公司党委工作。
宋世臻 1996年1月至1997年10月任汽车运输公司党委书记。
刘奎林 1997年10月至1999年7月任汽车运输公司党委书记。

刘兴国 1999年7月至2001年5月任汽车运输公司党委书记；2001年5月至2004年3月任汽车运输有限责任公司党委书记。

四、唐山钢铁建筑安装有限责任公司

宋国平 1996年1月至2000年5月任建筑安装公司经理。

王树生 2000年5月至2001年6月任建筑安装公司经理；2001年6月至2002年6月任唐钢集团建筑安装有限责任公司董事长、总经理；2002年6月任建筑安装有限责任公司总经理；2005年2月任唐山钢铁建筑安装有限责任公司董事长。

王　池 1996年1月至2000年5月任建筑安装公司党委书记；2000年5月至2002年6月任唐钢集团建筑安装有限责任公司党委书记；2002年6月至2003年4月任建筑安装有限责任公司党委书记。

王汝力 2003年4月至2003年9月任建筑安装有限责任公司党委书记。

张　维 2003年9月至2005年4月任建筑安装有限责任公司党委书记；2005年4月至12月任唐山钢铁建筑安装有限责任公司党委书记。

五、修建工程公司

王树生 1996年1月至2000年5月任修建工程公司经理。

杨玉璋 1996年1月至12月任修建工程公司党委书记。

王汝力 1996年12月至2000年5月任修建工程公司党委书记。

六、唐山时创耐火材料有限责任公司

刘守源 1996年1月至1997年7月任耐火材料厂厂长。

李杭州 1996年1月至1997年7月任耐火材料厂党委书记。

刘爱国 1996年1月至1997年1月任耐火材料二厂厂长；1997年1月至2005年12月任唐钢耐火材料有限公司总经理；2005年6月至12月任唐山时创耐火材料有限责任公司董事长；2003年9月至2005年12月兼任唐钢集团耐火材料有限公司党委书记。

张国珍 1996年1月至1997年1月任耐火材料二厂党委副书记（负责人）；1997年1月至2003年9月任唐钢耐火材料有限公司党委书记。

七、项目组

杨春华 2004年8月至2005年12月任唐山曹妃甸钢铁项目围海造地有限责任公司总经理。

姜性宁 1996年4月任轧钢筹建处主任。

庞树立 2005年11月任唐山唐昂新型建材有限公司筹建处主任。

杨春政 2004年12月任唐山曹妃甸钢铁项目炼钢组组长。

第二章 人物名录

第一节 唐钢功臣

赵乃斌，1915 年出生，河南信阳人。1949 年 9 月参加工作，曾任炼钢技术员、人事科副科长、劳动组织科科长、炼钢车间主任等。1950 年被授予“全国工业劳动模范”称号，1951 年获得“河北省劳动模范”称号，2003 年被公司命名为“唐钢功臣”。

1949 年 11 月 5 日，赵乃斌和广大职工共同努力，试验成功 1 号化铁炉，后又试验成功酸性转炉，使钢产量有很大提高。1950 年与张叔和、肖来潮、孙欣棠等人合作，创造了“转炉—电炉双联炼钢法”，解决了国内酸性转炉炼钢不能去硫、去磷这一大难题，开辟了电炉炼钢原料来源的新途径，受到国家重工业部的通报嘉奖。

赵乃斌还和其他工程技术人员一起参与试验成功碱性侧吹转炉炼钢法，为国家钢铁工业的发展作出了贡献。

张俊民，1925 年出生，河北省枣强县人。1948 年 6 月毕业于西北工学院，同年参加工作。1980 年加入中国共产党。历任炼钢技术员、技术科副科长、炼钢工程师，唐钢副总工程师。

1951 年开始从事转炉炼钢工作，参加了筹建侧吹碱性转炉项目，首创“扒渣”操作法，使吹损下降 2%。首先建议直角炉采用“D”形眼，使当时炉龄延长一倍。1953 年，主持设计三涡鼓型侧吹碱性转炉，组织生产实验后，在新疆八一钢厂和上海钢厂等推广应用。组织技术人员对富氧炼钢和转炉炼钢晚加熔剂进行攻关，晚加熔剂试验获得成功并投入使用，钢水温度提高了 10℃，降低了生铁消耗。协助车间相继研发出转炉沸腾钢、5 号钢、轻轨钢等新品种，为满足国家对钢种的需要作出了贡献。

1955 年被授予“河北省劳动模范”称号，1956 年被国务院授予“全国先进生产者”称号，2003 年被公司命名为“唐钢功臣”。

刘勤，1927 年出生，1950 年参加工作，1956 年加入中国共产党。曾任一轧钢厂轧钢工、生产科长。两次被评为“河北省先进生产者”，1959 年被河北省授予“劳动模范”称号，同年被国务院授予“全国先进生产者”称号，2003 年被公司命名为“唐钢功臣”。

参加工作后，刘勤刻苦钻研生产技术，经常提出解决生产关键问题的好方法，很快成长为轧钢组长。1956 年，他大胆提出采用两套小型横列式轧机同时生产的“双路轧制法”，并和同事们昼夜奋战，对轧机进行改造，使“双路轧制法”获得成功，钢材产量得以大幅提高。采用“双路轧制法”后的1959年和1960年，钢材年产量分别比1957年提高53.88%和75.91%。

在调任一轧钢厂技术员岗位后，刘勤通过对当时设备和技术条件的详细研究，先后参与完成轧机进出口导卫装置和扁钢孔型改造等技改项目，进一步提高了生产效率和设备的安全性能。

肖来潮，1924年出生，1947年毕业于国立交通大学唐山工程学院，同年参加工作，1952年加入中国共产党。历任技术员、技术科科长、副总工程师、副厂长兼总工程师，唐钢总工程师。四次被评为“河北省劳动模范”，1978年被国务院授予“全国先进科技工作者”称号，2003年被公司命名为“唐钢功臣”。

1950年，肖来潮与赵乃斌、张叔和、孙欣棠等人合作，利用两座4吨酸性转炉和两座7吨碱性电炉，反复试验，创造了“转炉—电炉双联炼钢法”。1952年，作为主要创始人之一，试验成功“侧吹碱性转炉炼钢法”，该技术成果被国家科委列为“国家级发明”，奠定了唐钢转炉炼钢故乡的地位。1973年，组织参加了5吨氧气底吹转炉在国内的首次工业试验，使有氧喷嘴首次在国内工业炉上试验成功。1974年，主持的“全氧侧吹转炉炼钢试验”获得成功，使唐钢氧气侧吹转炉在设备、工艺、炉龄及品种质量上居国内领先。1978年，主持的“直立吹炼双排氧枪侧吹转炉试验”获得成功，在全国科学技术大会上获得“全氧侧吹碱性转炉炼钢工艺革新奖”。

王益元，1929年出生，唐山市丰润区人。1952年参加工作，1953年4月加入中国共产党。历任炼钢组长、炼钢工程师，唐钢党委副书记、唐钢副经理。

1958年，率领全组职工历经三个阶段170次实验，先后总结出“加石灰留渣操作、先浅吹后深吹”等一整套炼钢新方法，解决了土铁炼钢硫残留过高的行业难题，使钢锭合格率由原来的“零”上升到94.3%，打开了土铁炼钢的局面。1959年，发明“不烘炉炼钢法”，为国家节省了大量焦炭，成为唐山有名的“炼钢大王”。公司以他名字命名的“王益元小组”，成为中国钢铁业响当当的“王牌”班组。1976年唐山大地震后，带领“王益元小组”用28天炼出第一炉“抗震志气钢”，有力支援了唐山市的震后重建工作。

1959年、1976年、1977年、1979年四次获得“省劳动模范”称号。1977年被授予“全国冶金系统先进生产者”称号，1979年被授予“全国劳动模范”称号。2003年被公司命名为“唐钢功臣”。

历永弟，1929年出生，1948年参加工作。1984年加入中国共产党。先后在一轧厂、设计科、技术科、钢铁研究所轧钢研究室等单位工作。1986年，获得“国家有突出贡献的中青年技术专家”称号和“‘六五’期间科技攻关重大贡献奖”。两次获得“河北省劳动模范”称号。1988年，获得“全国五一劳动奖状”。2003年被公司命名为“唐钢功臣”。

1953年，历永弟到鞍钢学习反围盘技术，通过研究试验在唐钢成功投产，使小型材产量提高25%，受到重工业部表彰。1955年，他再次赴鞍钢参加重工业部组织的第一期孔型设计培训班，8个月的学习结束后，历永弟以优异的成绩，成为当时全国首批30个孔型设计技术人员之一。1961年以来，他先后研制及开发13种钢材新品种（中型材），其中25U获得“国家银牌奖”及“煤炭部一等奖”，29U获得“国家科技进步奖三等奖”和“省一等奖”，36U获得“国家重大贡献奖”。工作中，历永弟先后提出30项技改项目，其中13项填补了国家空白。

冬文礼，1951年出生，1969年参加工作，1987年加入中国共产党。历任一铁炉前工、炉前班长、二炼铁检修三车间支部书记。1989年被授予“河北省劳动模范”和“全国劳动模范”称号，2003年被公司命名为“唐钢功臣”。

1973年5月，冬文礼担任炉前班长后，带领班组成员认真学习和研究安全生产知识，根据高炉冶炼特点，总结整理了发生烫伤的54个要素和煤气中毒的41个因素，绘制出“炼铁生产烫伤因果图和高炉冶炼煤气中毒因果图”，在全厂4座高炉得到推广。他还将传统管理经验进行了科学化、规范化整理，摸索出“六三一”安全工作制度。此项制度的有效执行，使冬文礼小组从1985年起高炉利用系数连续5年在全国同类型高炉中名列榜首，连续6年各种事故为零，成为全国安全生产的一面红旗。中华全国总工会在1985年将冬文礼小组首批命名为“全国安全生产先进班组”，并于1988年在全国范围推广他们的安全生产经验。

曹玉柱，1953年出生，1974年参加工作，1976年加入中国共产党。历任二炼钢厂炼钢工、炉长、转炉车间副主任。连续3年被评为“河北省劳动模范”，1990年被授予“全国五一劳动奖章”，2003年被公司命名为“唐钢功臣”。

曹玉柱脚踏实地，同小组成员一起创出连续冶炼2万炉钢无废品的国内同行业最好成绩，总结出“曹玉柱三·三炼钢操作法”，培养出一代代合格的炼钢工。多年来，他带领小组12次刷新生产质量新纪录。在恶劣的生产条件下，创出7年无工伤、产钢量按年10%的速度递增、质量合格率达到99%的好成绩。1992年12月担任车间副主任后，为了开发品种和提高质量，他深入班组调查研究，亲自示范解决难题。1993年实现产钢量134万吨，质量合格率99.95%，创出最高炉龄2232炉的好成绩，刷新了全国同类转炉最好水平。

赵生民，1954年出生，1979年参加工作，中共党员。原烧结厂职工。1994年被评为“河北省冶金系统劳动模范”，1995年被授予“全国劳动模范”称号，2003年被公司命名为“唐钢功臣”。

赵生民以精湛的焊接技术，带领铆焊组忘我工作，无私奉献，被称为“拼命三郎”，为唐钢“八五”期间改扩建立下汗马功劳。烧结厂投产后，他提合理化建议490条，实施设备攻关改造176项，为企业创造了巨大效益。做设备巡查员期间，他坚持每天到现场查一遍设备状况，一年中发现近千项设备事故隐患，点检重大事故隐患 255 项。他的事迹被八一电影制片厂和河北省军区联合拍摄成了专题片，解放军画报同时刊登了他的事迹。

张道存，1948 年出生，1968 年 10 月参加工作，曾任公司运输部党委书记、主任。多次被评为唐钢、唐山市“劳动模范”，1999 年获“河北省劳动模范”，2000 年获“全国劳动模范”，2003 年被公司命名为“唐钢功臣”。

自参加工作以来，张道存累计加班加点、奉献公休日、节假日 2200 多天，折合工作日 8 年多。他每天有 80%以上的时间奔波在各个生产车间及运输作业网点，对 100 多千米铁路线、60 多个作业网点及作业程序了如指掌。根据公司生产变化，他科学调整运输组织方案，使机车作业率提高 36%。他还总结出一套适合钢铁企业铁路运输的安全管理经验，创出了连续 20 多年无工亡事故的优异成绩，创全国冶金运输企业安全生产最好水平。1998 年 2 月，唐钢党政作出“学习张道存，争做好公仆”的决定。

王天义，1946 年出生，1970 年 8 月参加工作，中共党员，曾任唐钢董事长。曾获“全国冶金系统劳动模范”“河北省优秀企业家”“河北省特级劳动模范”称号和“全国五一劳动奖章”，2005 年获“全国劳动模范”称号，2003 年被公司命名为“唐钢功臣”。

王天义富于改革和创新精神，主动制定实施了唐钢铁、钢、轧三大系统技术改造“三步走”“三极支撑”发展规划，淘汰了落后的工艺技术和设备，形成了板、棒、线、型的产品结构，主要设备 70%达到国内或国际先进水平。2005 年，唐钢形成 1000 万吨生产能力。他大胆推行劳动、人事、分配制度改革，建立起干部能上能下、职工能进能出、收入能增能减的用人激励机制，使唐钢劳动生产率 3 年内增长 208%，职工收入 4 年内翻了一番。他讲究领导艺术和领导方法，坚持民主集中制，充分发挥领导班子集体和副职作用。在年轻干部培养上，他大胆使用，严格要求。在唐钢发展的重大决策中，体现了他的前瞻性、超前性、预见性。他具有强烈的民主意识，尊重职工，相信职工，依靠职工办企业，坚持完善了企业职代会制度，开展了厂务公开，建立经理联络员制度。他勤政、廉洁，严于律己，关心职工，每年用于困难职工生活补助达 100 多万元。他用全部精力带头实践了一名共产党员、一位国企领导全心全意为人民服务的宗旨。

郝传山，1950 年出生，1968 年参加工作，中共党员。曾任二炼钢厂检修车间副主任。连续多年获省、市、唐钢“劳动模范”称号，1996 年获“全国五一劳动奖章”，2003 年被公司命名为“唐钢功臣”。

郝传山 1976 年复员后到二炼钢厂检修车间工作，先后任铆工、转炉铆焊组组长、检修车间副主任。20 多年来，他始终奋战在苦、脏、累、险的岗位上，率先垂范、无私奉献。他曾在 500℃高温转炉的烘烤下抢修转炉炉嘴，被称为“铁人焊工”。他刻苦钻研技术，先后提出缩短检修时间、改进工艺技术的合理化建议 20 多项，不仅节约了资金，还为相关单位提高检修速度提供了借鉴。他还总结出“郝传山转炉炉壳快速检修操作法”，通过改进修炉壳、砌底、炉衬穿插作业，解决了修炉砌炉的分期作业，使原来 7 个班才能完成的检修任务，缩短到 5 个班，提高了检修速度，年多产钢 3000 余吨，年创效 30 万元。

邢爱国， 1953 年出生，1970 年参加工作，中共党员，原二炼铁厂维修电工。多次获唐钢、唐山市“劳动模范”称号，1999 年获河北省“十大能工巧匠”称号，同年获“全国五一劳动奖章”，2003 年被公司命名为“唐钢功臣”。

1987 年到二炼铁厂工作后，邢爱国一直从事高炉电气维修工作。为了适应不断更新变化的工作需要，只有初中学历的他坚持读书学习、多方请教，用了几年时间先后读完了自动控制系统、迈氏交流变频技术、电力拖动等九门大学专业课程，技术水平有了很大提高，1984 年，他在唐钢职工技术比武中获“电工状元”称号，并被聘为唐钢第一批高级电工技师。参加工作 30 多年来，他解决各类技术难题 1200 多项，技术革新、改造 105 项，避免 100 多起重大设备事故，被职工誉为“高炉保护神”。

郑久强， 1970 年出生，1989 年 11 月参加工作，中共党员，历任一炼钢厂转炉车间副主任，党支部书记。多次获唐山市“劳动模范”称号，1999 年和 2004 年被评为河北省“劳动模范”。2001 年获“全国五一劳动奖章”，2003 年被公司命名为“唐钢功臣”。

郑久强参加工作以来，先后探索完成了十多项技术革新操作方法，累计为企业创造效益上亿元。1995 年，他创立了“三二四”炼钢法，结束了靠经验炼钢的历史，开启了唐钢“科学炼钢”新纪元。他还首创“519”冶炼操作法，使低合金品种钢正品率提高到 95%以上；摸索出“大渣量、低温度、全程化渣冶炼法”，在国内率先实现转炉一次成功冶炼气体保护焊丝钢；摸索出“焊条钢冶炼两步脱氧操作法”，实现了大转炉、连铸工艺生产条件下的焊条钢大批量生产。郑久强技术精湛，多次夺得唐钢技术比赛“炼钢工状元”，并获得首届全国钢铁行业职业技能大赛转炉炼钢工比赛第一名，被誉为“华夏第一炼钢工”。曾获“全国技术能手”“中国青年五四奖章”等殊荣。

高昌利， 1952 年出生，1970 年参加工作，中共党员。曾任一炼铁厂炉前班长。1999 年获“河北省劳动模范”称号，2002 年获“全国五一劳动奖章”，2003 年被公司命名为“唐钢功臣”。

在一炼铁厂担任炉前班长时，高昌利多次带领班组职工钻进高温下渣沟处理多年积存的残渣、残铁，有效保证了高炉正常生产，职工们称他是“高铁汉”。他针对炉前易发生事故的特点，摸索出了“三查、四定、五不准”班组安全管理法。通过此管理法的推行，消除了各种事故的发生，检查出大小事故隐患 50 多起，有效保证了高炉安全正常生产。他还努力摸索高炉节能降焦新途径，经过反复论证，摸索出一种高炉冶炼“大、超、稳”操作法，使高炉煤气中二氧化碳含量提高 1%以上，入炉焦比降低 22 千克/吨以上，此操作法在全厂推广后，年创效 630 万元。他所在的小组 1997 年被授予“全国安全生产先进小组”称号。

卢峰，1965年出生，中共党员，1990年毕业于哈尔滨工业大学。曾任棒材厂厂长助理兼设备部部长。2003年获“全国五一劳动奖章”，同年被公司命名为“唐钢功臣”。

卢峰先后在高线厂、棒材厂工作。他爱岗敬业、求真务实。从一名技术员到高级工程师，始终工作在生产第一线。他善于把学到的知识应用于实际工作中，大胆实践，积极探索，认真研究生产中的难题。先后主持和参与完成的技改项目近百个，其中高线厂“打包机改造”、棒材厂“冷剪二次自动启动”“中、精轧机机架自组合”“精整区自动控制改造”“优化倍尺剪切攻关”等较大技改项目，大大降低了工人劳动强度，提高了生产水平，为公司创造直接经济效益1000多万元，把自己的知识和力量奉献给唐钢。唐钢党委命名他为“扎根唐钢，奉献唐钢的优秀科技工作者”，并号召全公司职工向他学习。

第二节　两代表一委员

一、出席省以上中国共产党代表大会代表名单❶

中国共产党河北省第六次代表大会代表（2001—2006年）

张永昌　邢爱国

二、出席省级以上人民代表大会代表名单

第九届全国人民代表大会代表（1名）（1998—2003年）

王天义

第十届全国人民代表大会代表（1名）（2003—2008年）

王天义

第九届河北省人民代表大会代表（2名）（1997—2002年）

张永昌　郭素山

第十届河北省人民代表大会代表（2名）（2002—2007年）

李连平　牟文恒

三、出席省以上政治协商会议委员名单

政协河北省第八届委员会委员（2名）（1998—2003年）

张铁铮　冬文礼

政协河北省第九届委员会委员（4名）（2003—2008年）

张永昌　张铁铮　张春华　冬文礼

---

❶ 1996—2001年有关党代会代表信息在市档案馆、市委组织部均无从考证。

第三节　模范先进

1996—2005年全国劳动模范名单

表9-2-1

姓名	性别	籍贯	出生年月	政治面貌	获奖时间
张道存	男	河北丰润	1948年11月	中共党员	2000年4月
王天义	男	河北获鹿	1946年10月	中共党员	2005年4月

1996—2005年“全国五一劳动奖章”获得者名单

表9-2-2

姓名	性别	籍贯	出生年月	政治面貌	获奖时间
郝传山	男	河北唐山	1950年10月	中共党员	1996年
王天义	男	河北获鹿	1946年10月	中共党员	1997年
邢爱国	男	北京大兴	1953年9月	中共党员	1999年
郑久强	男	河北开平	1970年4月	中共党员	2001年
高昌利	男		1952年9月	中共党员	2002年
卢峰	男	江西定南	1965年1月	中共党员	2003年
于勇	男	吉林柳河	1963年10月	中共党员	2004年

1996—2005年河北省劳动模范名单

表9-2-3

姓名	性别	籍贯	出生年月	政治面貌	获奖时间
张永昌	男	河北固城	1943年7月	中共党员	1999年
张道存	男	河北丰润	1948年11月	中共党员	1999年
王志军	男	北京	1955年8月	中共党员	1999年
马金亭	男	天津宁河	1966年1月	中共党员	1999年
高昌利	男		1952年9月	中共党员	1999年
郑久强	男	河北开平	1970年4月	中共党员	1999年
周贺云	女	河北丰润	1953年2月	中共党员	1999年
李连平	男	河北卢龙	1962年5月	中共党员	2000年
冯兆勤	男	河北唐山	1965年12月	中共党员	2004年
田欣	男	河北唐山	1967年1月	中共党员	2004年
郑久强	男	河北开平	1970年4月	中共党员	2004年
王义芳	男	河北平乡	1958年2月	中共党员	2004年
褚建东	男	河北丰南	1963年5月	中共党员	2004年
王天义	男	河北获鹿	1946年10月	中共党员	2004年河北省特级劳动模范

1996—2005年“河北省五一劳动奖章”获得者名单

表9-2-4

姓名	性别	籍贯	出生年月	政治面貌	获奖时间
于勇	男	吉林柳河	1963年10月	中共党员	2000年
孔庆福	男	辽宁新宾	1949年3月	中共党员	2001年
王炳杰	男	河北唐山	1964年7月	中共党员	2005年
王立良	男	河北唐海	1968年1月	中共党员	2005年

第四节 高层次人才

一、享受国务院特殊津贴专家

王天义 刘明哲 褚建东 王秉正 常久柱 于 勇 孔庆福

二、河北省省管优秀专家

王天义 李连平

三、河北省有突出贡献中青年科学（技术、管理）专家

王天义 徐向启 李连平 牟文恒 安瑞臣 姬福顺 武学泽
王云阁 栾景林

四、河北省“三三三人才工程”

第二层次人选

张宝会

五、燕赵技能大奖

郑久强

六、1996—2005年高级职称人员名单

（一）正高级工程师

周满春 杨晓春 安瑞臣 徐立军 徐好文 康晓村 曹希华
姚 力 王新东 王义芳 于 勇 谢海深 史东日 徐向启
刘明哲 牟文恒 常久柱 何东颖 王秉正 戴新猷 马天骥

张玉珉　庄瑞征　王义新　阮　堃　徐志荣　段国绵　薛　本
高云旺　韩正其　吴绍明　孙英侠　王天义　武学泽　喻期彪
高天祥　李克敏　谭　铮　许建桥　谢启川　李一邦　孔庆福
李致清　齐长发　李一栋　王云阁　徐国伦　张鉴湖　李振波
姬福顺　刘宝林　刘庆云　王树忠　杨春华　邱士俊

（二）主任医师

李岐梅　董学惠　曹　慧　刘存仁　陈淑慧　汤瑞乾　汤化昌
胡仁南　张　威　杨家尧

（三）主任中医师

耿进才　吕锡华

第十篇

大事记

1996 年

1月1日 唐山钢铁集团有限责任公司挂牌成立。

△ 唐钢开始实行职工养老保险个人账户制度。

△ 唐钢实行生产经营协调会和生产调度电话会制度。

1月24日 唐钢所属石人沟铁矿、棒磨山铁矿、庙沟铁矿、后屯石矿、司家营铁矿实验厂及矿山部改制组建唐钢矿业有限公司。当月30日，依法进行工商注册。

4月25日 带钢厂一火成材节能改造工程开工，项目概算投资5579.94万元，实际发生费用5369.52万元。

4月 唐钢主要进出厂和厂际间计量衡器全部实现电子化，达到国内领先水平。

5月22日 庙沟铁矿二期工程投入试生产。工程完成投资3.34亿元，年处理铁矿石能力由原来的22万吨增加到122万吨。工程于1993年9月开工。

5月 唐山钢铁集团有限责任公司和唐山钢铁股份有限公司两公司党委部门机构合并，同时履行两公司党委部门的职能。

6月29日 唐山钢铁股份有限公司注册成立。

7月23日 棒线厂改造工程全线贯通进入试生产阶段。工程投资5.21亿元，1994年8月开工建设。

10月1日 唐钢集团、唐钢股份董事长、党委书记、总经理王天义获得国务院颁发的政府特殊津贴。

10月22日 国内领先的三线切分技术在棒材厂试验取得成功，成为国内首家试验成功此技术的企业。

12月18日 二炼铁厂1号2560立方米高炉工程正式动工，由原1号1260立方米高炉易地大修建设，项目投资11.49亿元。

12月 老区热电联产工程竣工开始试运行。项目累计投资1.2亿元，1994年8月1日开工建设。

△ “高速线材生产线开发与创新”成果被国家科学技术委员会（简称国家科委）授予“科技进步奖一等奖”。

是年 唐钢职工住房分配实行租售并举政策。当年5月24日，通过《深化职工住房制度改革实施办法》《职工住房公积金实施细则》《出售自管公房实施细则》。住房制度改革取得初步成果。

△ “河北省炼钢连铸技术推广”成果被授予“省科技进步奖一等奖”。

1997 年

2月 唐钢正式使用长周期大气监测仪，使环保监测数据实时准确。

3月5日 带钢厂一火成材节能改造工程热负荷试车成功。

4月16日 唐钢股份12000万社会公众股（A股）在深圳证券交易所挂牌交易。股票名称唐钢股份，股票发行代码0709。

4月17日 唐钢套改浮动岗位工资标准，每月人均增资10元，并严格与经济责任制考核挂钩。

5月1日　唐钢会计电算化系统正式投入使用，开始实行以计算机替代手工的方式进行记账。

5月　唐钢建立经理联络员制度，聘请50名职工代表为经理联络员，并颁发了聘书。

6月8日　河北省省长叶连松来唐钢调研。

6月　2560立方米高炉供返料工程开工，项目投资0.5亿元。

△　唐钢制定出台《成本价出售自管旧公房暂行办法》，配套发布《成本价出售自管旧公房职工工龄审核管理细则（暂行）》。

7月2日　氧气系统南区2号1.5万标准立方米/时制氧机工程竣工投入试生产。工程投资1.46亿元，于1994年8月开工建设，1996年3月1日开始设备安装。

9月1日　内部银行从公司会计体系中分离出来，成为独立的核算体系，变单轨制为双轨制运行。

9月24日　新加坡贸易与投资考察团来唐钢参观考察。

9月28日　唐钢电视台台标正式上网播出，结束了1985年建台以来无台标的历史。

11月21日　二炼钢厂4号40吨转炉工程一次热试成功。项目概算投资4500万元，4月28日动工建设。

12月　“河北省炼钢连铸技术推广”成果被国家科委授予“科技进步奖二等奖”。

是年　唐钢开展基础管理年活动。

1998年

1月　“唐钢股份”入选深圳证券交易所成分股指数样本，树立了“唐钢股份”大盘绩优股的良好市场形象。

△　唐钢陆续对矿业公司、耐材公司、铸管厂、机械制造公司、电炉厂、物贸公司、技术经济开发公司、生活服务总公司、劳动实业公司、唐钢设计研究院等单位实行资产经营承包考核。

3月15日　265平方米烧结机工程开工建设，总投资2.9亿元。

5月18日　一炼钢厂易地大修工程正式开工，项目概算投资9.96亿元。

△　一炼钢厂易地大修，4座6吨侧吹转炉陆续停产。

5月30—31日　中共唐山钢铁集团有限责任公司第八次代表大会召开。出席大会的代表共338名，代表公司9600名党员。选举产生中共唐钢第八届委员会和纪律检查委员会。

6月　烧结厂原料场改造工程开工，概算投资0.7亿元。

7月7日　河北省省长叶连松来唐钢二炼铁厂2560立方米高炉工地现场办公。

8月13日　以埃塞俄比亚人民代表院副议长佩特罗斯·奥兰戈博士为团长的议会访华团来唐钢参观考察。

8月21日　公司总经理王天义代表全体职工及家属参加国家民政部、文化部在北京人民大会堂举办的“携手筑长城”大型赈灾义演晚会，通过晚会向灾区人民捐赠款物320万元。

9月1日　为支援长江流域灾区人民重建家园，公司捐赠灾区螺纹钢800吨、焊管

200 吨。

9 月 26 日　二炼铁厂 2560 立方米高炉正式开炉点火，比计划工期提前三个月建成投产。

△　2560 立方米高炉供返料工程建成投产。

12 月 3 日　中国建筑业协会正式颁布：唐钢棒材工程获“国家鲁班奖”。

是年　唐钢职工住房分配实行出售政策标准价和成本价两种售房形式。当年 12 月，下发《深化住房制度改革的几点说明》《自管公房成本价售房暂行办法》《自管小区装饰装修管理规定》。

1999 年

1 月 2 日　根据中共中央《关于在县级以上党政领导班子、领导干部中深入开展以“讲学习、讲政治、讲正气”为主要内容的党性党风教育的意见》和省委、市委要求，公司党委决定从 4 月初起至 6 月底，以厂处级以上党政领导班子、领导干部为重点，在广大党员中深入开展“三讲”教育活动。

1 月 21 日　以公司党政名义正式印发《关于厂务公开、民主监督的实施意见及专项工作公开实施细则》。这一《实施意见》先后被省、市总工会转发。

△　高速线材厂开发成功 ϕ10 毫米螺纹钢筋。

3 月 2 日　公司将扶贫工作领导小组调整为扶贫救灾工作领导小组，更好地开展扶贫、救灾等工作。

3 月 26 日　考伯斯（中国）炭素化工有限公司成立，并在唐山市工商局正式注册。此公司是唐钢历史上第一次与外国跨国公司合资经营的项目。

4 月 6 日　公司宣布《1999 年度职工住房分配办法》，对新分住房实行成本价出售，只售不租，标志着唐钢住房制度改革进入新阶段。

5 月　唐钢在由中国质量万里行组委会组织开展的“质量大家行”活动中，被评为“百日无投诉或投诉处理得好的企业”，是全国冶金行业唯一上榜的企业。

6 月 29 日　一炼钢厂易地大修工程 1 号 120 吨（出钢量为 150 吨）转炉及连铸系统热负荷试车一次成功。

7 月　氧气厂杭氧 6000 标准立方米/时制氧机改造工程开工，在该址建设 1.7 万标准立方米/时制氧机组，项目概算投资 3900 万元。

△　唐钢深入贯彻落实党中央《关于共产党员不准修炼“法轮大法”》及国家民政部作出取缔法轮大法研究会的决定。

8 月 25 日　河北省省长钮茂生来公司调研。

8 月　唐钢第二条高速线材生产线（高速线材厂二车间）工程开工建设，项目投资 9800 万元。

10 月 2 日　二炼铁厂 2560 立方米高炉喷煤工程竣工投产。总投资 0.37 亿元，当年 3 月开工建设。

10 月 20 日　一炼钢厂易地大修工程 2 号 120 吨（出钢量为 150 吨）转炉首次热负荷试车成功，标志着一炼钢厂易地大修工程炼钢系统一期工程圆满结束。

10月26日　265平方米烧结机工程建成投产。

△　中共河北省委书记叶连松来公司调研。

10月29日　一炼钢厂最后1座6吨侧吹转炉停产退役，宣告唐钢提前完成淘汰落后侧吹转炉的任务。

是年　墨西哥、阿根廷、智利、玻利维亚、乌拉圭、厄瓜多尔、秘鲁等七国驻华使节来公司参观访问。

△　“带钢厂一火成材改造达产达效”及“高速线材悬臂式轧机的开发与应用”项目获得“河北省科技进步奖一等奖”。

2000年

1月　北区动力厂2.5万千瓦汽轮发电机组工程开工，工程投资2991.85万元。

△　公司执行《唐钢股份会计制度》。

2月17日　河北省省长钮茂生来公司调研。

2月19日　国家经贸委主任盛华仁、国家冶金工业局局长蒲海清等来公司调研。

2月23日　国务院总理朱镕基来公司视察，对唐钢结构调整提出了明确要求。

3月28日　唐钢股份2238.12万股内部职工股股票全部上市流通。

5月9日　氧气厂杭氧6000标准立方米/时制氧机改造工程竣工。设计制氧能力1.7万标准立方米/时、制氩能力612标准立方米/时。

5月12日　国务院副总理温家宝来公司视察。

6月8日　唐钢股份以10∶6的比例向全体股东实施了资本公积金转增股本方案，共转增股本50768.61万股。

6月16日　二炼铁厂厂长于勇获得国务院颁发的政府特殊津贴。

6月20日　唐钢第二条高速线材生产线（高速线材厂二车间）工程竣工。

7月23日　河北省委书记王旭东来公司调研。

8月20日　炼焦制气厂1号焦炉易地大修改造工程开工，概算投资5403万元，实际总投资6815万元。

8月　一炼钢厂炉外精炼站工程开工，总投资0.45亿元。

△　烧结厂原料场改造工程竣工。

9月27日　国务院办公会议通过了国家经贸委《关于审批唐山钢铁股份有限公司超薄带钢生产线技术改造项目可行性研究报告的请示》。

10月　技术中心开发的ϕ7毫米螺旋肋热处理钢丝通过铁道部认证，成为铁路枕轨用钢新产品。

11月　北区动力厂2.5万千瓦汽轮发电机组工程竣工。设计能力1.35亿千瓦时/年。

12月22日　唐钢获得“河北省质量管理奖”。

12月29日　“炼铁烧结过程中智能测水系统”项目获“河北省科技进步奖一等奖”。

2001年

2月7日　中共河北省委书记王旭东来公司调研。

2月28日 唐钢超薄带钢工程正式开工。项目概算总投资25.2亿元，实际投资19.99亿元。

3月30日 炼焦制气厂1号焦炉易地大修改造工程正式投产，设计年生产能力36万吨焦炭。

4月29日 汽运公司改制为唐钢控股、内部职工参股的有限责任公司，是唐钢二级单位中具有深层次意义的一次改制。

7月16日 石人沟铁矿露天开采转井下开采一期工程开工建设，项目投资7729万元。

7月28日 唐钢深化劳动人事分配三项制度改革正式启动。

9月 唐钢滨钢220千伏变电站工程（一期）开工建设，总投资1.28亿元。

△ 按照省委安排，在唐钢领导班子及成员和厂处级领导班子及成员中开展“三个代表”重要思想学习教育活动。

12月14日 唐钢高炉炉渣综合利用技术改造项目获批立项。

12月 氧气厂技术改造工程南区2万标准立方米/时制氧机组开工建设，项目总投资9821万元。

△ 一炼钢厂炉外精炼站工程竣工，结束了唐钢无精炼的历史，实现了冶炼技术的新跨越。

△ “1260立方米高炉大型模块技术的应用”项目获“省冶金科学技术奖一等奖”。

△ “棒材连轧生产系统创新工程”获“国家冶金科学技术奖一等奖”。

是年 唐钢深入开展“全员安全教育培训年”活动。

2002年

1月1日 唐钢《劳动用工制度改革方案》《人事制度改革方案》《分配制度改革方案》，经公司第二十届职代会第四次会议审议通过后正式实施。

△ 唐钢实行岗位系数工资制。

3月 棒材厂技术改造工程开工建设，项目投资0.86亿元。

△ 加热炉蓄热式改造工程开工，项目投资0.55亿元。

4月8日 公司陆续向4.9万名在职职工发放住房公积金专用卡。至此，唐钢住房制度改革进入尾声。

4月23日 中共河北省委书记王旭东来唐钢超薄带钢建设工地视察。

5月24—28日 由中国钢铁工业协会、国家劳动和社会保障部联合主办的首届“唐钢杯”全国冶金行业职业技能竞赛在公司举行。

6月15日 唐钢高炉炉渣综合利用工程开工，建设年产60万吨矿渣粉生产线1条，总投资8003万元。

7月24日 唐钢与香港昌运航运有限公司就酸洗冷轧工程合资组建唐山恒昌板材有限公司，唐钢占60%股份。

7月30日 唐钢与香港嘉鑫有限公司就镀锌及耐高腐蚀性铝锌合金板、涂层板工程合资组建唐山钢鑫板材有限公司，唐钢占60%股份。

9月 北区焦炉煤气南送工程竣工投产。工程总投资0.45亿元，当年3月开工建设。

10月11日　公司举行第一批重点技术攻关课题承包合同签字仪式，将此作为落实和深化三项制度改革的重要步骤，首批29项课题有26项确定了承包人。

10月14日　超薄带钢工程连铸系统热负荷试车成功，浇铸出唐钢历史上第一块材质为SS300普碳钢热轧薄板坯。

10月21日　经中国证监会证监发行字〔2002〕32号文件批准，唐钢股份公司增发15000万股普通股A股，发行价格为6.06元/股，募集资金总额为9.09亿元。增发募集资金用于唐钢超薄带钢生产线建设。

11月15日　唐钢南区35千伏变电站改造工程开工，项目投资6612.50万元。

11月　庙沟铁矿炼钢冷料基地工程全面竣工投产，设计能力为年产炼钢冷料生铁40万吨。项目投资1.16亿元，当年3月15日开工建设。

12月22日　氧气厂技术改造工程南区2万标准立方米/时制氧机组竣工投产。

12月30日　河北省代省长季允石来公司调研。

△　一轧钢厂ϕ250毫米轧机停产退役。ϕ250毫米轧机作为一轧钢厂主要生产设备，经不断改造已历经59年。退役后，公司在原址筹建冷轧深加工项目。

△　日立6000标准立方米/时制氧机迁建改造工程竣工。项目概算投资3900万元，当年4月开工建设。

12月31日　二炼铁厂2号1260立方米高炉大修改造工程竣工点火开炉。工程于当年11月15日开工，高炉本体由1260立方米扩容到2000立方米，并首次采用高炉整体推移技术。

12月　唐钢技术中心被国家经贸委、财政部、税务总局、海关总署认定为国家级企业技术中心。

是年　唐钢全面开展以“抓预防、强基础、上水平、保安全、保稳定、促发展”为内容的“安全基础管理年”活动。

△　首次购入内燃机车8台，实现了唐钢铁路牵引动力由蒸汽向内燃的历史性跨越。

2003年

1月10日　唐钢滨钢220千伏变电站一期工程建成投入运营。

1月15日　棒材厂技术改造工程竣工投产，设计能力60万吨/年。

1月29日　超薄带钢一期工程全线竣工投产，结束了唐钢无板材历史。

2月27日　唐钢开发轧制25MnV圆环链钢取得成功。

3月4日　热轧薄板厂首次进行半无头轧制试验，成功连续轧制出3.0毫米优质钢带，填补了国内空白。

3月6日　经国务院批准同意，唐钢冷轧一期工程连续酸洗、冷轧、镀锌、彩涂四条生产线开工建设，投资11.5亿元。

3月24日　中共河北省委书记白克明来公司调研。

3月　唐钢高炉炉渣综合利用工程正式投产，年产矿渣粉60万吨。

△　唐钢医院新建十二层病房楼开工建设，概算投资4707万元，总建筑面积1.6万平方米。

4月15日 唐钢老厂区35千伏变电站改造工程竣工投运。

4月23日 冷轧生产线燃料基地工程正式开工，在炼焦制气厂厂区内新建2座65孔5.5米大容积焦炉以及相应的备煤、回收等系统，设计生产能力为年产焦炭130万吨。工程概算投资5.5亿元。

5月9日 唐钢向唐山市抗击“非典”工作捐款370万元，其中有职工捐款20万元。

5月21日 河北工业职业技术学院唐钢分院更名为唐山科技职业技术学院，为专科层次的普通高等学校，由唐钢教育中心管理。

7月 氧气厂（750万吨铁钢）配套改造工程开工，概算投资8975万元。

△ 棒线材厂高线二车间搬迁工程破土动工，概算投资0.7亿元。

8月21日 超薄热带二期工程破土动工，概算投资3.6亿元。

8月23日 不锈钢公司一期工程破土动工。概算投资10.33亿元（不含制氧系统）。

8月 不锈钢区1.55万标准立方米/时制氧机组开工建设，项目概算投资9415万元。

9月27日 不锈钢公司正式成立，取得营业执照。

9月 唐钢确定厂歌、厂徽、厂旗及经营理念。

11月26日 唐山钢联焦化有限责任公司注册成立。

11月27日 棒磨山铁矿炼钢复合冷料工程1号高炉开炉产出第一炉铁水。同年12月26日，2号高炉开炉点火成功。工程总投资1亿元，设计能力为年产生铁40万吨。

11月 动力厂100吨/天液体贮存气化输送系统工程批准立项建设，项目总投资3147.63万元。

12月22日 唐钢正式将自办普通中小学校和纳入公安编制的唐山市公安局钢城分局分离，移交地方政府管理。

是年 巴基斯坦钢铁考察团及英国克莱德集团公司执行董事、中英贸易协会副主席比尔·汤姆森、韩国浦项制钢社社长姜昌五来唐钢考察访问。

△ 按照省委和省国资委党委部署要求，唐钢党委扎实开展民主集中制学习教育活动。12月，制定下发《关于贯彻民主集中制的实施意见》，进一步规范了领导班子议事规则和重大问题决策程序。

△ 唐钢确立为“安全普法年”。在全公司范围内普及安全生产法律知识，广大职工受到法律权利和义务教育。

△ 唐钢举办纪念建厂60周年暨首届企业文化节。

2004年

1月5日 棒线材厂高线二车间搬迁工程竣工投产。

△ 唐钢印发《公务用车改革实施办法》，改革公务用车制度。

2月 唐钢对外网站和内部信息网正式开通。对外网站网址为 http://www.tangsteel.com。

3月1日 唐钢医院被确定为全市基本医疗保险定点医院。

4月15日 冷轧生产线燃料基地工程5号焦炉正式投产出焦。此前6号焦炉已经投产出焦。至此，唐钢冷轧燃料基地工程2座主体焦炉全部建成并按期投产。炼焦制气厂新老系统总设计生产能力合计达到年产焦炭 274 万吨。

4 月　北区煤气综合利用工程开工，项目概算投资 8000 万元。

5 月 9 日　唐钢对原燃料采购实施集中统一管理。

6 月 15 日　超薄热带二期工程热负荷试车成功，年新增热轧薄板产能 100 万吨。

6 月 17 日　唐钢成功开发 Q420 高强铁塔用角钢。

6 月 30 日　冷轧一期工程生产出唐钢第一卷彩涂卷；7 月 28 日，轧制出第一卷冷轧板。

6 月　冷轧及带钢表面涂镀层工程项目开工建设，概算投资 13.43 亿元。

△　不锈钢区 1.55 万标准立方米/时制氧机组竣工投入生产。

△　氧气厂（750 万吨铁钢）配套改造工程竣工。

△　不锈钢公司一期工程炼铁、炼钢和轧钢系统全面竣工投产，实现了年产铁钢 120 万吨的配套规模。

7 月 8 日　唐钢环境和职业健康安全管理体系通过国家认证。

7 月　三四轧易地大修工程（热轧薄板厂 1700 生产线）开工，概算投资 14.5 亿元。

△　中厚板公司一期工程立项。一期工程主要装备 210 平方米烧结机 1 台，1500 立方米高炉 1 座，120 吨转炉 1 座，120 吨 LF 精炼炉 1 座，3500 毫米双机架中厚板轧机 1 套，110 千伏变电站 1 座和 20000 立方米制氧机 1 套及相应公辅配套设施。

8 月 3 日　中厚板一期工程炼铁系统开工建设，项目总投资 5.2 亿元。

8 月 9 日　唐钢分析测试中心获得中国实验室国家认可委员会（CNAS）颁发的认可证书，中心出具的检验报告得到国际认可。

8 月　炼铁厂南区 TRT 发电工程开工，项目概算投资 3850 万元。

9 月 18 日　中厚板公司在市工商行政管理局完成注册，正式成立。

9 月　中厚板一期工程炼钢系统开工建设，项目总投资 2.6 亿元。

10 月　一钢厂结构调整配套改造工程启动，概算投资 2.85 亿元。3 号 150 吨转炉项目同期开工。

11 月 16 日　唐钢汽车运输有限责任公司改制为唐山天马物流有限公司挂牌正式运作，是唐钢按主辅分离辅业改制要求，完成改制的第一家子公司。

11 月　老区废水处理改造工程开工，总投资 3300 万元。该工程是当时国内钢铁企业最大的污水处理系统之一。

12 月 3 日　设计研究院改制为以冶金行业钢铁工程设计为主业的唐山钢铁设计研究院有限公司。

12 月 10 日　二钢品种转移改造工程开工，概算投资 1.26 亿元。项目主要建设铁水预处理设施、2 号 LF 炉、3 号连铸机及配套设施。

12 月 30 日　冷轧第一卷镀锌卷顺利下线，标志着唐钢冷轧薄板一期工程全线建成。

12 月　动力厂 100 吨/天液体贮存气化输送系统工程建成投入使用。

是年　美国钢铁制造商协会会长托马斯·丹杰莱克及韩国钢铁企业考察团来公司参观考察。

△　唐钢淘汰落后产能装备，拆除 4 座原有 100 立方米高炉和原有 2 台烧结机。

△　唐钢被中国钢铁工业协会绿化委员会授予“全国冶金绿化先进单位”称号。

△ 唐钢开展“特种设备安全管理年”活动，实现了重大设备事故为零的目标。

2005 年

1 月 28 日　曹妃甸钢铁（项目）围海造地工程正式开工。此项目一期投资逾 13 亿元。

2 月 1 日　北区煤气综合利用工程竣工投产。

2 月 18 日　建安公司实施企业整体改制，唐山钢铁建筑安装有限责任公司正式揭牌，成为唐钢集团和改制员工共同参股的混合所有制形式的经济实体。

2 月 21 日　加拿大阿尔戈钢铁公司总裁一行来公司访问。

2 月 23 日　韩国大宇国际株式会社社长李泰镕一行来公司访问交流。

2 月　中厚板一期工程 1 号板坯连铸机开工建设，项目概算投资 1.2 亿元。

△ 石人沟铁矿扩大地下采矿规模至 200 万吨获集团批准，三期工程建设随即展开。项目总投资 6.3 亿元。

3 月 5 日　不锈钢公司二期工程开工建设，总投资 10 亿元。

3 月 10 日　唐钢司家营铁矿一期采选工程破土动工。工程总投资 18.7 亿元。

3 月 16 日　中共河北省委书记白克明来唐山不锈钢公司调研。

4 月 17 日　一炼钢厂 3 号 150 吨转炉项目竣工投产。项目投资 1.31 亿元。

5 月 20 日　炼焦制气厂 5 号、6 号焦炉干法熄焦工程开工，概算投资 1.73 亿元。

5 月　经中国五矿化工进出口商会和中国钢铁工业协会审查，唐钢获得铁矿石进口资质，成为我国自 2005 年 3 月 1 日起实行铁矿石进口许可管理制度后，首批获得铁矿石进口资质的企业之一。

6 月 17 日　耐火材料有限公司依法完成改制分离工作，更名为唐山时创耐火材料有限公司。

6 月 27 日　二炼钢厂铁水预处理工程完工。概算投资 2500 万元，设计能力为 100 万吨/年。

6 月　炼铁厂南区 TRT 发电工程竣工。

△ 老区废水处理改造工程竣工，设计能力每小时处理废水 1700 吨。

△ 石人沟铁矿露天开采转井下开采一期工程完工。

7 月 30 日　中共中央书记处书记、中纪委常务副书记何勇来唐钢视察。

9 月 16 日　棒磨山铁矿炼钢复合冷料工程全线竣工投产。设计能力为年产生铁 40 万吨。

9 月 28 日　不锈钢公司二期工程 550 立方米高炉顺利点火出铁。

10 月 1 日　不锈钢公司 1600 毫米板坯连铸机热试一次成功，100 吨转炉、90 平方米烧结机相继投产，形成了年产铁钢 200 万吨综合配套能力。

10 月 9 日　首钢和唐钢联合投资组建的首钢京唐钢铁联合有限责任公司正式注册成立，其中唐钢持股 49%。

10 月 21 日　中共中央政治局委员、国务院副总理曾培炎来唐钢考察。

10 月 22 日　首钢京唐钢铁联合有限责任公司成立大会在曹妃甸举行，中共中央政治局委员、国务院副总理曾培炎莅会讲话并为公司揭牌。

10月25日　轧辊有限责任公司改制实施方案获得省政府国资委批准，妥善解决了在册职工安置问题。

10月　二钢品种转移改造工程3号连铸机改造项目开工建设，项目概算投资8424万元。

△　“超薄热带生产技术的优化与创新”成果获“河北省科技进步奖一等奖”。

11月15日　中厚板公司一期工程轧钢系统工程开工建设，总投资7.3亿元。轧钢系统是中厚板公司一期工程的最后一个工程。

12月20日　三四轧易地大修工程（热轧薄板厂1700生产线）全线贯通热负荷试车成功。设计生产能力250万吨/年热轧带钢。

△　唐钢酸洗冷轧镀锌彩涂工程经国家工程建设质量奖审定委员会审定，获得“2005年度国家优质工程银质奖”。

12月26日　作为一钢结构调整配套改造工程的子项目RH精炼炉开工建设，概算投资1.3亿元，设计能力150万吨/年。

是年　公司产钢1006.66万吨，首次突破千万吨大关，标志着唐钢跻身国内千万吨级大钢行列。

△　瑞典钢铁代表团、德国和瑞士企业家代表团等来唐钢访问交流。

△　唐钢开展“反习惯性违章管理年”活动。

△　唐钢通过全国对外贸易信用AAA级信用等级评审，这一信用等级系当时国内最高。

是年　唐钢党委集中开展了保持共产党员先进性教育活动。

附 录

省级以上荣誉称号

一、1996—2005 年公司获得的省级以上荣誉称号

1996 年

公司获得“河北省冶金系统思想政治工作优秀企业”称号。

公司团委被评为“全国冶金系统‘青安杯’竞赛优秀组织单位”。

公司工会被中华全国总工会授予“模范职工之家”称号。

公司信息档案处获得“全国冶金档案工作先进集体”称号。

公司侨联被河北省侨联授予“侨联系统先进集体”称号。

公司被国家统计局评为“全国工业品价格统计先进企业”。

公司被河北省委、河北省政府、河北省军区授予“安置军队转业干部先进单位”称号。

公司被冶金工业部评为“全国冶金系统第三次全国工业普查先进单位”。

公司被冶金工业部评为“全国冶金系统职工教育先进单位”。

公司获得“河北省专利工作先进集体”称号。

公司审计处被河北省审计厅评为“内部审计先进单位”。

公司科技处获得冶金工业部“冶金标准信息网先进集体”称号。

公司武装部被河北省人防办评为“人防系统先进单位”。

公司《唐钢报》获得“首届全国企业报十佳百优奖”的“百优企业报”称号。

1997 年

公司被河北省委宣传部、河北省委组织部、河北省经贸委、河北省企业党工委、河北省总工会联合授予“思想政治工作优秀企业”称号。

公司科学技术协会被国家科学技术协会授予“第二届全国厂矿科协先进单位”称号。

公司被河北省劳动厅评为“企业劳动争议调解工作先进单位”。

公司文联被河北省企业文联评为“1996 年度优秀工作单位”。

公司被冶金工业部评为“1996 年度全国冶金系统安全生产先进单位”。

公司被国家计划生育协会和全国企业协会评为“计划生育先进单位”。

公司被国家统计局评为“第三次工业普查先进单位”。

公司被国家统计局评为“全国第一次基本单位普查先进单位”。

公司被中华全国总工会授予“模范职工之家”称号。

公司被国家经贸委评为“国家重点企业信息系统先进单位”。

公司被国家档案局批准为“企业档案国家一级管理单位”。

公司审计处被河北省审计厅评为“内部审计先进集体”。

公司被河北省委党史研究室评为“党史工作先进单位”。

公司被河北省政府命名为“质量效益型企业”，同时被河北省技术监督局评为“降废减损先进企业”。

公司工会女工部被河北省妇联授予“巾帼文明示范单位”称号。

公司工会女工部被中华全国总工会授予“全国工会先进女工集体”称号。

公司统战部被河北省委统战部评为“国有企业统战工作先进集体”。

公司职工技术协会被河北省政府授予“职工技协创新单位”称号。

公司统战部被河北省侨务办公室评为“侨务工作先进单位”。

公司劳资处被河北省劳动厅、河北省劳动定员定额协会评为“定员定额工作先进单位”。

1998 年

公司被河北省委宣传部、组织部、河北省企业工委及河北省经贸委、河北省总工会联合授予“思想政治工作优秀企业”称号。

公司被河北省委、河北省政府授予“1997 年度工业企业最佳形象单位”称号。

公司被冶金工业部命名为“造林绿化先进单位”。

公司工会被河北省总工会授予“女职工工作先进集体”称号。

公司被评为“河北省 1996—1997 年度思想政治工作优秀企业”。

公司被中华全国总工会授予“职工体育工作先进单位”称号。

公司团委被共青团河北省委授予“先进团委”称号。

公司被中华全国总工会授予“集体合同建制先进企业”称号，同时被河北省劳动厅、河北省总工会授予“集体合同建制先进企业”称号。

公司电视台在河北省首届“大天力杯”企业文化宣传工作评选活动中，被河北省委宣传部、河北省企业文化研究会评为“优秀广播电视台”。

公司科协被河北省科协、河北省计划委员会、河北省经济贸易委员会、河北省财政厅、河北省人事厅联合授予“第六届‘讲理想、比贡献’竞赛先进集体”称号。

公司工会被中华全国总工会授予“全国模范职工之家”称号。

公司工会被河北省石化冶金医药工会授予“冶金系统先进工会”称号。

公司被河北省民族宗教事务厅、河北省体育运动委员会评为“1995—1998 年度民族体育先进集体”。

公司审计处被河北省审计厅评为“内部审计先进单位”。

公司政研会获得中国职工思想政治工作研究会颁发的“政研会工作奖”。

公司被河北省专利管理局认定为“中国专利河北明星企业”。

1999 年

公司被评为“河北省资源节约综合利用先进企业”。

公司保密委员会被河北省保密局、河北省人事厅、河北省总工会授予“全省保密系统先进集体”称号。

公司团委被共青团河北省委授予“五四红旗团委标兵”称号。

公司获得“河北省先进企事业单位”称号。

公司离退休职工管理部被河北省委、河北省政府授予“老干部工作先进集体”称号。

公司团委在全国冶金系统1998年度“青安杯”竞赛表彰会上，被评为“全国冶金系统‘青安杯’竞赛大钢赛区优秀组织单位”，并夺得“青安杯”。

公司被评为“河北省加强和改革企业保卫工作先进单位”。

公司被国家冶金局授予“1997、1998、1999年度全国冶金系统思想政治工作优秀企业”称号。

公司政研会被国家冶金局评为“1997、1998、1999年度全国冶金优秀思想政治工作研究会”。

公司工会被中华全国总工会授予“全国模范职工之家”称号。

公司工会图书馆被河北省总工会命名为“十佳图书馆”。

公司科技处被国家人事部、国家知识产权局授予“全国专利系统先进集体”称号。

2000年

公司被河北省政府授予“质量管理奖”。

公司被河北省委宣传部、组织部、河北省企业工委、河北省经贸委、河北省总工会授予“1998—1999年度思想政治工作优秀企业”称号。

公司政研会被河北省思想政治工作研究会授予“优秀政研会”称号。

公司电视台被河北省广播电视厅评为“1999年度先进有线广播电视台”。

公司工会被河北省总工会授予“女职工工作先进集体”称号。

公司团委被河北省委宣传部、共青团河北省委授予“青年思想政治工作优秀单位”称号。

公司工会被河北省总工会授予“职工读书活动先进集体”称号。

公司团委被团中央、国家冶金局评为“全国冶金系统青工创新创效活动优秀组织单位”。

公司工会获得“全国模范职工之家”称号。

公司被河北省委授予“党管武装工作先进单位”称号。

公司被河北省委统战部评为“国有企业统战工作先进单位”。

公司被河北省公安厅授予“企业治安防范优秀单位”称号。

公司被中国设备管理协会授予“第五届全国设备管理优秀单位”称号。

公司被河北省外经贸厅授予“2000年度出口创汇先进单位”称号。

2001年

公司被河北省工商行政管理局命名为“2000年度重合同、守信用企业”。

公司工会被河北省总工会授予“女职工工作先进集体”。

公司被河北省企业管理协会评为“2000年度明星企业”。

公司被评为“2000年度河北省信息化推进先进单位”。

公司被国家林业局、人事部、全国绿化委员会联合授予“全国绿化先进集体”称号。

公司被河北省经贸委命名为“资源节约综合利用先进企业”。

公司青年志愿者服务总站被团河北省委授予“十大杰出青年志愿服务集体”称号，被团中央授予“全国百优青年志愿服务集体”称号。

公司工会被评为“全国模范职工之家”。

公司被中国质量管理协会命名为“2000年度全国质量效益型先进企业”。

公司被全国冶金计划生育协会评为“计划生育工作先进单位”。

公司团委被评为“全国冶金系统‘青安杯’竞赛优秀组织单位”。

公司被河北省爱国卫生运动委员会授予“‘九五’期间爱国卫生工作先进集体”称号。

公司工会被河北省总工会评为“‘三五普法’先进单位”。

公司被国家体育总局授予“全国群众体育先进单位”称号。

公司被中央宣传部、中央组织部、国家经贸委、中华全国总工会评为“2000年度全国思想政治工作优秀企业”。

公司被河北省政府授予“‘九五’重点建设贡献奖”。

公司被中国钢铁工业协会评为“2001年度钢铁工业统计先进单位”。

公司被中华全国总工会授予“申奥运亿万职工健身活动先进单位”称号。

公司武装部被河北省委、河北省政府、河北省军区授予“先进基层武装部”称号。

2002年

公司被河北省推行厂务公开及集体合同工作领导小组评为“集体合同工作先进企业”；同时被评为“厂务公开先进企业”。

公司工会被河北省总工会授予“工会干部教育培训工作先进集体”称号。

公司被河北省计划生育委员会评为“婚育新风进万家先进单位”。

公司工会被河北省总工会评为“经审工作先进单位”和“实施送温暖工程先进单位”。

公司被河北省委、河北省政府、河北省军区评为“拥军优属先进集体”。

公司工会获得“全国模范职工之家”称号。

公司被河北省委、河北省政府、河北省军区评为“国防教育先进单位”。

公司被河北省委企业工委授予“省属企业思想政治工作先进集体”称号。

公司被中央宣传部、中央组织部、国家经贸委、中华全国总工会联合授予“2001年度全国思想政治工作优秀企业”称号。

公司工会女职工委员会被河北省总工会评为“女职工工作先进集体”。

公司报社在第二届全国企业内部报评选中，被中国企业报协会授予“全国先进企业报”称号。

公司武装部被中国人民解放军总参谋部、总政治部授予“全国基层民兵预备役工作先进单位”称号。

2003 年

公司获得“2002 年度全国质量管理先进企业”称号。

公司文联被河北省文联评为“企业文联先进单位”。

公司团委被团中央授予“全国五四红旗团委”称号。

公司被中纪委、中组部、国务院国资委、监察部、中华全国总工会联合授予“全国厂务公开工作先进单位”称号。

公司被河北省总工会、省安监局评为“‘安康杯’竞赛优秀组织单位”。

公司党委被河北省企业工委授予“先进基层党组织”称号。

公司被国家统计局评为“2002 年度全国投入产出调查先进集体”。

公司被全国冶金计生协会评为“计划生育工作先进单位”。

公司被河北省委评为“党管武装工作先进单位”。

公司获得“2003 年度河北省质量管理小组活动优秀企业”称号。

公司被河北省委宣传部、河北省职工思想政治工作研究会、河北省企业文化研究会评为“2001—2002 年度企业文化建设先进单位”。

公司政研会被中国冶金职工思想政治工作研究会授予“全国冶金企业优秀思想政治工作研究会”称号。

公司被中国钢铁工业协会评为“2003 年钢铁工业统计工作先进单位”。

公司工会被中华全国总工会和河北省总工会分别授予全国及河北省“模范职工之家”称号。

公司工会被河北省总工会评为“学法用法先进单位”。

公司被评为“全国思想政治工作优秀企业”。

公司工会女职工委员会被中华全国总工会、河北省总工会分别授予“女职工工作先进集体”称号。

2004 年

公司被河北省委、河北省政府授予“2002—2003 年度文明单位”称号。

公司政研会被河北省职工思想政治工作研究会授予“2003 年度优秀政研会”称号。

公司被河北省劳动和社会保障厅授予“企业职工培训先进单位”称号。

公司被河北省委、河北省政府命名为“思想政治工作先进集体”。

公司被河北省计划生育协会授予“计划生育工作先进单位”称号。

公司被河北省政府授予“院士智力引进工作先进单位”称号。

公司被河北省委宣传部、河北省委组织部、河北省政府国资委、河北省总工会授予“2002—2003 年度思想政治工作优秀企业”称号。

公司被冶金计划生育协会授予“计划生育工作先进单位”称号。

公司被中国质量协会、中国科协、中华全国总工会、共青团中央评为“全国质量管理小组活动先进单位”。

公司被河北省工商行政管理局评为“2003年度守合同重信用企业”。

公司在河北省体育工作表彰大会上获得“群众体育先进单位”称号。

公司在第二届全国冶金职工田径大众体育运动会上被授予“全国冶金行业体育工作先进单位”称号。

公司被中国钢铁工业协会绿化委员会授予“全国冶金绿化先进单位”称号。

公司在全国第26次质量管理小组活动代表大会上获得由中国科协、中华全国总工会、共青团中央、中国质量管理协会联合授予的“全国质量管理小组活动优秀企业”奖牌。这是公司自1980年开展质量管理小组活动以来首次获得此称号。

公司被河北省发改委、河北省教育厅、河北省科技厅、河北省知识产权局授予“知识产权先进单位”称号。

公司被河北省总工会等四部门联合授予“劳动关系和谐企业”称号。

公司获得“全国思想政治工作优秀企业”称号。

公司工会女职工委员会被中华全国总工会、河北省总工会分别授予“女职工工作先进集体”称号。

2005年

公司被评为“全国企业计划生育协会工作先进单位”。

公司政研会被河北省思想政治工作研究会授予“2004年度优秀政研会”称号。

公司被河北省企业联合会授予“明星企业”称号。

公司被中华全国总工会评为“全国亿万职工迎奥运健身活动月系列活动先进单位”。

公司被评为“全国冶金系统计划生育协会工作先进单位”。

公司被河北省百强企业排序组委会授予“2005年度百强企业”称号。

公司被河北省劳动和社会保障厅授予“技能人才培育突出贡献奖”。

公司工会被中国机械冶金建材工会授予“全国机械冶金建材系统工会信息工作先进集体”称号。

公司被中国钢铁工业协会评为“钢铁行业职工教育培训工作先进单位”。

公司获得“河北省用户满意企业”称号。

公司被评为“2005年度河北省企业信息化示范单位”。

公司被河北省委、河北省政府命名为“曹妃甸建设先进单位”。

公司被评为“全国思想政治工作优秀企业”。

二、1996—2005年公司二级单位获得的省级以上荣誉称号

1996年

设计研究院被河北省建委评为“1995年度工程建设先进单位”。

二炼钢厂、一炼钢厂、二炼铁厂、修建工程公司、石人沟铁矿、能源部六个单位团委被评为“全国冶金系统‘青安杯’竞赛先进集体”。

运输部1127机车组被团中央命名为“全国青年文明号”机车。

附属企业总公司被劳动部评为“全国劳动就业服务企业先进集体”。

设计研究院冶金科被河北省建委评为“1995 年度勘察设计先进单位”。

附属企业总公司被评为“全国冶金系统先进集体企业”。

烧结厂被冶金工业部评为“1996 年度设备管理先进单位”。

1997 年

安全环保处监测站被国家环保局评为“全国环境监测网络先进监测站”。

驻京办事处被评为“北京市卫生先进单位”。

计控管理处管理科被中华全国总工会、共青团中央、中国科学技术协会、中国质量管理协会联合命名为“1997 年全国优秀质量管理小组”。

安全环保处监测站被冶金工业部评为“冶金企业环境监测先进站”。

技工学校被河北省劳动厅评为“教学管理质量优秀单位”，同时授予“1996 年度先进技工学校”称号。

劳动实业公司被河北省政府命名为“实施再就业工程先进单位”。

设计研究院被河北省建委评为“1996 年度勘察设计先进单位”，设计研究院冶炼科被评为“勘察设计先进集体”。

一炼钢厂郑久强炼钢小组被河北省总工会授予“学邯钢红旗班组”称号。

二炼铁厂被冶金工业部评为“设备管理先进单位”。

棒材工程被冶金工业部评为“样板工程”。

计控管理处被河北省技术监督局评为“工业计量工作先进单位”。

1998 年

设计研究院被河北省建委评为“1997 年度勘察设计先进单位”，设计研究院冶炼科、电力科分别被河北省建委评为“1997 年度勘察设计先进集体”。

二炼钢厂被河北省冶金厅授予“文明示范点”称号。

附属企业总公司被河北省民政厅授予“1997 年度先进福利企业”称号。

附属企业总公司被河北省劳动厅授予“1997 年度劳动服务系统百强企业”称号。

二炼铁厂二高炉车间工会被河北省总工会授予“模范职工之家”称号。

南区动力厂电器开关小组被河北省总工会评为“职工读书自学活动先进小组”。

二炼铁厂工会被河北省石化冶金医药工会授予“省冶金系统先进工会”称号。

棒材厂被国家冶金局评为“全国冶金系统设备管理先进单位”。

棒材厂被冶金部命名为“部级清洁工厂”。

四轧钢厂被冶金部命名为“部级清洁工厂”。

1999 年

运输部保卫科被河北省公安厅命名为“改革和加强企业保卫工作先进单位”。

设计研究院被河北省建委评为“1998 年度勘察设计先进单位”，设计研究院冶炼科和土建三科被河北省建委评为“1998 年度勘察设计先进集体”。

附属企业总公司被河北省政府评为“城镇集体工业百强企业”。

铸管厂被河北省建委评为“省级节水型企业”。

一炼钢厂郑久强炼钢小组获得“全国五一劳动奖状”。

四轧钢厂被河北省精神文明建设委员会、河北省企业工委、河北省冶金厅联合授予“冶金行业文明示范点”称号。

二炼铁厂2号高炉车间被河北省政府授予“先进集体”称号。

附属企业总公司被河北省政府残疾人工作协调委员会评为“残疾人体育工作先进单位”。

高速线材厂团委获得“大钢赛区先进集体”称号；运输部团委、中型轧钢厂团委获得“大钢赛区最佳青安岗”称号。

二炼钢厂张春国炼钢小组、高速线材厂赵西华轧机维修组、修建工程公司丁卫东电工组、耐材公司成型车间装箱组被河北省冶金厅评为“文明班组”。

2000年

设计研究院被河北省建委评为“1999年度勘察设计先进单位”；设计研究院土建三科、电力科分别被评为“1999年度勘察设计先进集体”。

带钢厂焊管车间丙班获得“河北省五一劳动奖状”。

运输部团委被评为“全国冶金系统大钢赛区‘青安杯’竞赛先进集体”。

二炼铁厂工会被河北省总工会授予“模范职工之家”称号。

高速线材厂一车间加热炉获得“河北省节能特等炉”称号。

2001年

设计研究院被河北省建设厅评为“2000年度全省工程勘察设计行业先进单位”；设计研究院轧钢科和冶炼科被河北省建设厅评为“2000年度全省工程勘察设计行业先进集体”。

一炼钢厂循环水泵站“三八”班组获得全国及河北省“巾帼建功示范岗”称号。

棒材厂在第二届河北省发明创造奖评选活动中被评为“优秀发明创造单位”。

二炼铁厂高炉丙班获得“河北省五一劳动奖状”。

二炼铁厂三高炉车间团支部获得“河北省五四红旗团支部标兵”称号。

三轧钢厂团委、中型轧钢厂团委、运输部团委分别获得“2000年度全国冶金系统‘青安杯’竞赛大钢赛区最佳青安岗”称号。

一炼钢厂团委、建安公司团委分别获得“全国冶金系统‘青安杯’竞赛先进集体”称号。

一炼钢厂党委获得“河北省先进基层党组织”称号。

棒材厂被中国质量管理协会、共青团中央、中华全国总工会、中国科学技术学会联合命名为“全国全面质量管理小组活动优秀企业”。

2002 年

一炼钢厂循环水泵站“三八”班组获得“全国巾帼文明示范岗”称号。

金恒企业发展总公司被中国企业发展研究中心评为“中国质量信誉保证企业”。

金恒企业发展总公司被中国市场研究中心评为“中国服务信誉 AAA 级企业”。

河北省冶金高级技工学校被国家教育部、劳动和社会保障部、经济贸易委员会评为“全国职业教育先进单位”。

高速线材厂 CIMS 系统样板示范工程正式立项，被列为“国家 863 重点科技攻关项目”。

2003 年

带钢厂在第三届河北省发明创造奖评选活动中，被评为“第三届十大优秀发明创造单位”。

一炼铁厂被河北省委、河北省政府评为“预防‘非典’先进单位”。

北区动力厂锅炉车间节能 QC 小组被河北省经贸委、河北省科协、河北省总工会、共青团河北省委、河北省质量协会评为“2003 年度优秀质量管理小组”。

运输部机运段青年安全示范岗被全国冶金系统大钢赛区组委会授予“青年安全生产示范岗”称号。

金恒企业发展总公司被河北省统计局授予“2002 年度投入产出调查先进集体”称号。

二炼铁厂工会被中华全国总工会授予“全国模范职工之家”称号。

高速线材厂检修一车间工会被中华全国总工会授予“全国模范职工小家”称号。

一炼铁厂工会机修分会被河北省总工会授予“模范职工小家”称号。

2004 年

棒线材厂被评为“河北省制造业信息化示范企业”。

运输部工厂站 981 机组被共青团河北省委、河北省安全生产监督管理局命名为“青年安全生产示范岗”。

金恒企业发展总公司被河北省工商行政管理局评为“2003 年度守合同重信用企业”。

炼铁厂被河北省人事厅、河北省发明协会、河北省科技厅等部门授予“优秀发明创造单位”称号。

2005 年

金恒企业发展总公司被河北省工商管理局授予“2004 年度守合同重信用企业”称号。

高速线材厂获得河北省“制造业信息化示范企业”称号。

三、1996—2005 年获省级以上荣誉称号的先进个人

1996 年

附属企业总公司杨顺兴被河北省总工会、省经贸委授予“河北省职业道德之星”

称号。

公司团委纪纯被评为全国冶金系统“青安杯”竞赛先进个人。

一炼钢厂郑久强、二炼钢厂杜海滨、一轧钢厂徐跃东获河北省“青年岗位能手”称号。

公司团委王健、蒋泓津被共青团河北省委授予“优秀团务工作者”称号。

信息档案处钱广玲被授予“全国冶金档案先进工作者”称号。

附属企业总公司周东晨、张太广、高仁昌、王树清获“冶金工业部集体企业先进个人”称号。

科技处高云旺获冶金工业部“冶金标准信息网先进个人”称号。

高线厂刘明哲，在实施“跨世纪青年人才工程”中，被共青团河北省委、省科委授予“河北省青年科技标兵”称号。

公司副总经理王子林被冶金工业部授予“全国冶金系统职工教育先进工作者”称号。

公司工会主席周贺云被河北省总工会授予“优秀工会工作者”称号。

公司党委副书记刘纯明被冶金工业部党组授予“全国冶金系统先进老干部工作者”称号。

1997 年

电炉炼钢厂爨书文被省冶金厅评为“河北省冶金系统文明职工标兵”。

计划处吴益俊、杨春华被河北省经贸委评为“1996 年度技术改造工作先进个人”。

公司团委纪纯被共青团河北省委授予“河北省新长征突击手”称号。

公司团委甘立功被团省委授予“河北省优秀团务工作者”称号。

四轧钢厂王盈权，质量管理处刘明哲，生活服务总公司郭宝贤、孙兆丰，高速线材厂王秉正、赵伊凡，供应处耿万臣，一轧钢厂李会忠，二炼钢厂刘荣满，二炼铁厂张连祥、邢爱国，氧气厂张朝辉，带钢厂赵跃林，公司医院李翠兰，北区动力厂苏春友，设计研究院李占国被河北省冶金厅授予“省冶金系统劳动模范”称号。

二炼铁厂代金宝被河北省总工会评为“河北省杰出十大安全哨兵”。

四轧钢厂田继群获“河北省冶金系统文明职工标兵”称号。

一炼钢厂郑久强被劳动部授予“全国技术能手”称号。

1998 年

一炼钢厂孔庆福、二炼铁厂邢爱国、电炉炼钢厂孙远生、四轧钢厂田继群、设计研究院李占国、设备处马金亭、供应处马文常、生活服务总公司张秋珍被河北省冶金厅评为“省文明职工标兵”。

科技处高云旺被国家科委、司法部授予“全国知识产权工作先进个人”称号。

公司总经理王天义被中华全国总工会授予“集体合同工作先进个人”称号。

一炼铁厂于勇获河北省委组织部、省人事厅、省科协颁发“第四届河北省青年科技奖”。

一炼铁厂于勇、技术中心戴新猷被河北省科协、省计委、省经贸委、省财政厅、省人事厅联合授予“河北省第六届‘讲思想、比贡献’竞赛先进个人”称号。

氧气厂王兰玉被共青团中央授予“全国青年岗位能手”称号。

公司工会主席周贺云被中华全国总工会授予“全国优秀工会工作者”称号。

修建工程公司李建明被中华全国总工会评为“全国优秀工会积极分子”。

一炼铁厂段如刚被共青团河北省委、省经贸委、省劳动厅、省人事厅授予“1998年度河北省青年岗位能手”称号。

1999年

公司副总经理李连平被共青团河北省委授予“河北省十大科技标兵”称号。

二炼铁厂邢爱国被中华全国总工会、国家教育部、人事部、科学技术部、劳动和社会保障部联合授予“全国职工自学成才者”称号，并获1998年度全国职工自学成才奖。

公司党委副书记刘纯明被河北省委授予“优秀党务工作者”称号。

公司纪委书记郭爱恒被河北省纪委、省委组织部等部门联合授予“纪检监察先进工作者”称号。

公司党委副书记刘纯明、宣传部张亚旺被国家冶金局授予“全国冶金系统优秀思想政治工作者”称号。

生活服务总公司孙兆丰被河北省冶金厅评为省冶金行业文明职工“十佳标兵”。

一炼铁厂高昌利、二炼铁厂邢爱国、一炼钢厂郑久强、高速线材厂褚建东、棒材厂武学泽、中型轧钢厂王国祥、运输部张道存、北区动力厂张久茹、棒磨山铁矿赵恩庆等被河北省冶金厅评为“河北省冶金行业文明职工”。

2000年

北区动力厂张久如被评为“1999年度河北省冶金行业文明职工标兵”。

一炼铁厂王绍英被河北省委宣传部、省委组织部、省企业工委、省经贸委、省总工会授予“1998—1999年度河北省优秀企业思想政治工作者”称号。

北区动力厂王义新获“全国节能先进个人”称号。

一炼钢厂郑久强被全国总工会授予“全国职工读书自学活动积极分子”称号。

质量管理处何东颖被国家质量技术监督局评为“2000年度全国质量管理先进工作者”。

公司副总经理刘明哲获省政府授予的“河北省质量特别奖”。

2001年

财务处张春华被评为“河北省先进女职工”。

棒材厂武学泽在第二届河北省发明创造奖评选中被评为“河北省发明创造奖十大发明个人”。

高速线材厂褚建东获“第五届河北省科技十大杰出青年”称号；同时获“2000年度河北省职工经济技术创新标兵”称号。

公司副总经理李连平获“河北省五四青年奖章”。

带钢厂马长松获“河北省优秀党务工作者”称号。

高速线材厂褚建东获第二届河北省“十佳青年文明号号长”称号。

2002 年

高速线材厂褚建东获共青团中央、全国青联授予的“中国优秀青年科技创新奖”。

公司总经理王天义被省推行厂务公开及集体合同工作领导小组评为“河北省集体合同工作先进个人”。

公司党委书记张永昌被省推行厂务公开及集体合同工作领导小组评为“河北省厂务公开工作先进个人”。

二炼钢厂刘健被共青团河北省委、省经贸委、省人事厅、省劳动和社会保障厅联合授予“2001 年度河北省青年岗位能手”称号。

高速线材厂何玉华被河北省总工会评为“河北省优秀女工”。

带钢厂伦凤祥被河北省经贸委、共青团河北省委授予“科技创新杰出奖”。

技术中心孔庆福被河北省质量技术监督局、省总工会授予“河北省质量标兵”称号。

2003 年

运输部董建良被共青团河北省委、河北省经贸委、省人事厅、省劳动和社会保障厅授予“2002 年度河北省杰出青年岗位能手”称号。

带钢厂牟文恒在第三届河北省发明创造奖评选活动中，获“河北省十大优秀发明者”称号。

公司电视台李淑芝被中华全国总工会评为“全国优秀女职工”。

棒材厂卢峰被河北省企业工委授予“十佳优秀共产党员”称号。

公司副总经理刘明哲获“河北省质量管理小组活动卓越领导者”称号。

二炼铁厂于勇、高速线材厂褚建东被河北省委宣传部、省职工思想政治工作研究会、省企业文化研究会评为“企业文化先进个人”。

宣传部赵寿强被中国冶金职工思想政治工作研究会授予“全国冶金企业优秀思想政治工作研究会干部”称号。

棒线材厂卢峰被中国科协评为“百名优秀科技英才”。

炼铁厂邢爱国被河北省总工会授予“河北省‘百佳文明职工’”称号。

2004 年

棒线厂费小英被河北省妇联评为“河北省三八红旗手”。

炼铁厂刘淑梅被河北省妇联评为“河北省优秀女职工”。

技术中心李芬被河北省知识产权局、省妇联、省发明协会授予“河北省巾帼发明家”称号。

金恒公司李柱被河北省企业家协会授予“优秀企业家”称号。

炼铁厂赵军被河北省委授予“优秀共产党员”称号。

棒线材厂褚建东被中国钢铁工业协会评为“2004 年度中国冶金先进科技工作者”。

炼焦制气厂徐贺明被河北省人事厅、省科技厅、省发明协会等部门授予“河北省优秀发明者”称号。

公司党委书记张永昌被中国机械冶金工会评为“优秀工会之友”。

2005 年

炼焦制气厂谢海深、热轧薄板厂史东日、一炼钢厂何东颖、炼铁厂邢爱国、二炼钢厂刘小青、炼铁厂刘士友、中型轧钢厂付卫国、棒线材厂姜伟 8 名同志，分别被省国资委评为“劳动模范”。

一炼钢厂郑久强获“河北省‘五四’青年奖章”。

动力厂王兰玉、二炼钢厂王志军、教育中心张中珩、炼铁厂张小帅、劳动人事处武朝锁被中国钢铁工业协会评为“钢铁行业职工教育培训工作先进个人”。

棒线材厂李占文、王贺斌，炼铁厂刘国民，热轧薄板厂尚志强，炼焦制气厂熊永利、刘利青，建安公司裴进文分别被河北省委、省政府授予“河北省技术能手”称号。

贺信与重要文件

加快组建和发展大集团 促进两个根本性转变

——陈玉杰在唐钢集团有限责任公司挂牌暨唐钢集团“九五”发展目标责任书签字仪式上的讲话

同志们：

今天，唐山钢铁集团有限责任公司挂牌仪式和唐山钢铁集团“九五”发展目标责任书签字仪式在这里隆重举行。同时，在石家庄、邯郸也正举行着华北制药集团有限责任公司和邯钢集团有限责任公司的挂牌仪式。这三家企业由原来的工厂（公司）组建集团并成为集团的核心企业，这是这三家企业发展史上的一个重要里程碑，是你们企业迈上一个新起点的重要标志，也是全省经济生活中的一件大事。在此，我代表省委、省政府向唐钢的全体职工表示热烈祝贺！

党的十四届五中全会指出，实现今后十五年的奋斗目标，关键是实行两个具有全局意义的根本性转变。大公司、大集团是推进这两个转变的重要载体，是实现经济强省的重大举措。为此，省委、省政府通过实施大公司、大集团战略，加快形成一批以名优产品为龙头、以优势企业为核心，以产权联结为纽带的大公司、大集团，加快形成我省具有强大竞争能力的骨干力量。而组建大公司、大集团中，组建和发展20家制度先进、功能完善、运作规范、实力雄厚、跨地区、跨行业的大型支柱性企业集团又是重中之重。通过20家大型支柱性企业集团的组建和发展，促进建立现代企业制度，促进转换企业经营机制，促进企业技术进步，促进加强企业管理，不断壮大我省支柱产业，加快推进两个根本性转变，推动和带动我省经济健康地快速发展。

唐钢、邯钢、华药，都是我国的大型、特大型企业，在全省经济发展中占有重要地位。这几家企业发展的快慢对全省经济发展又有着重要影响，所以，省委、省政府对你们的发展十分关注、高度重视。在实施大公司、大集团战略过程中，又把你们列在前列，今天，率先举行了挂牌仪式，这无疑是对你们寄予厚望。但是，挂牌仅是个开端，只是表示集团的核心企业已经明确，能不能真正建成具有强大生命力和竞争力的企业，靠后面的工作，还要靠你们作出更大的努力。（下转第三版）

（上接一版）希望你们紧紧抓住这次机遇，自我加压，负重奋进，振奋精神，真抓实干，树立干大事业、求大发展的坚定信念，把深化改革和加快发展措施抓扎实，使集团尽快地发展壮大。

一是要在改制的基础上，加速建立符合现代化大生产要求、与市场经济相适应的法人财产制度，切实转换经营机制。要认真落实企业法、公司法、劳动法、转机条例和监管条例，用好企业经营权，强化企业法人实体和市场竞争主体地位，使企业加速建立有利于降低成本、提高效益的企业经营机制，建立有利于自主创新的技术进步机制，并尽快适应有利于市场公平竞争和资源优化配置的经济运行机制。二是要加快改组步伐，积极推进以产权联结的母子公司体制，吸引和带动一批中小企业的改组和发展。要按照出资者所有权与法人财产权相分离的原则，理顺集团内部关系，加紧建立财务公司，壮大技术开发中心，实行科、工、贸、金、运一体化。要充分发挥集团核心企业的功能，强化运营资本和国有资产保值增值责任，实施高效运营和低成本扩张，加快发展多角经营，最大限度地发挥资产效益。三是要大力推进技术进步，坚持以市场需求为导向，以产品为龙头，搞好新产品开发和技术改造，做到围绕市场选产品，围绕产品搞技改，围绕产品促发展。要把推进技术进步，加快企业发展的重点放在抓适销对路名优产品、高附加值产品上。将产品开发与技术引进、技术改造紧密结合，尽快形成大批量的现实生产能力。要在“九五”期间，多创名牌产品，提高你们企业的市场占有份额。四是切实加强企业管理。从解决企业管理“粗放”入手，建立科学管理制度。加强管理即是现实需要，也是实现经济增长方式转变的重要环节。认真学邯钢，要把邯钢的经验与本企业的情况紧密结合起来，创造性抓好自己的企业管理。企业管理要以资金管理和质量管理为重点，全面提高本企业的整体素质。所有大公司、大集团都要通过“三改一加强”，真正向结构优化要效益、向规模经济要效益、向科技进步要效益、向科学管理要效益，加快企业发展。对唐钢来说，到2000年要确保实现甚至超过你们制定的年销售收入达110亿元，实现利税达18亿元以上的规划目标，争创全省年销售收入突破100亿元的第一家。

组建和发展大公司、大集团，特别是20家大型支柱性企业集团是省委、省政府“九五”期间一项战略决策，是一项巨大而艰巨的工程，这决不仅仅是企业的事，而是全省上下的共同任务。完成这个任务，除了企业努力外，各级各部门也都肩负着重要责任。因此，省委、省政府要求，各级各部门一定要认真落实党的十四届五中全会精神和全国、全省经济工作会议精神，统一思想，认清形势，明确任务，形成合力，共同做好大集团的组建和发展工作。一是要认真落实省委、省政府支持大型支柱性企业集团发展的各项政策措施，保证不折不扣地全部落实到企业；二是以积极的态度帮助大型支柱性企业集团解决各种困难和问题，为大集团的发展创造良好的外部环境和条件，保证集团顺利发展；三是要加强对集团发展工作的领导和指导，特别是计委、经贸委、体改委、科委及行业主管部门要切实按照各自的分工，协调联动，及时解决企业集团组建和发展中的问题；四是要加快转变政府职能，改善政府对企业集团的管理，在制定规划、培育市场、政策协调、完善监督、提供信息等方面对企业集团实施宏观指导和管理。通过全省上下的共同努力，把我省企业集团特别是20家大型支柱性企业集团组建好、完善好，确保快速健康发展。为全面实施“九五”计划和2010年远景规划，打下良好基础，为建设经济强省，建设现代化的河北做出新的贡献！

梁志忠在唐钢集团有限责任公司挂牌暨唐钢集团“九五”发展目标责任书签字仪式上的讲话

各位领导、各位来宾：

今天，河北省委、省政府在这里举行唐山钢铁集团有限责任公司挂牌暨唐钢集团“九五”发展目标责任书签字仪式。我代表唐山市委、市政府向唐钢全体职工表示热烈的祝贺！

唐钢是河北省和唐山市的支柱性企业。对于唐钢的改革和发展，省委、省政府、冶金部及上级各部门一直十分关注，在各方面都给予了极大支持。前不久，省部领导专程到唐钢调研，对唐钢的改革和发展作出了一系列的重要指示，极大地鼓舞了唐钢广大职工，对唐山市的工作也提出了新的更高的要求。今天是“九五”的第一个元旦，省委、省政府又在唐钢隆重举行唐山钢铁集团有限责任公司挂牌仪式，授权经营唐钢集团国有资产，并签定了唐钢集团“九五”发展目标责任书。这既是对唐钢也是对唐山市经济振兴的有力支持。在此，我代表市委、市政府，向省委、省政府、冶金部和出席今天大会的各级领导表示衷心感谢！

几十年来，唐钢取得了较快发展，为振兴全省、全市经济，为加快全国钢铁工业发展做出了很大成绩。唐山钢铁（集团）公司依法改制为唐山钢铁集团有限责任公司以后，又从企业制度上为推进企业组织结构的战略重组、实施“名牌”战略创造了条件；对于我们贯彻落实省委、省政府提出的“大公司、大集团”战略，实施“四提高一加快”工程，必将起到极大的促进和示范作用。借此机会，我代表市委、市政府向唐钢提出几点希望：

一要加快落实唐钢集团“九五”发展目标的各项保证措施。刚才，省政府与唐钢签订了唐钢集团“九五”发展目标责任书，到2000年唐钢将实现销售收入110亿元、利税18亿元，实现铁钢材300万吨配套规模，任务光荣而艰巨。唐钢要以“责任书”的签订为动力，规划好“九五”期的各项工作，尽快落实各项保证措施，加快技术改造，加快结构调整，优化资源配置，发展壮大唐钢集团，确保“九五”发展目标的实现。

二要解放思想，转变观念。唐山钢铁集团有限责任公司的创立和授权经营，是企业制度的一项重要变革，必然会给经营方式、工作方式、思维方式等多方面带来一系列新的变化。刚才天义董事长讲到这个问题，我很同意。唐钢的同志，包括市各部门、各企业的同志，都要加强现代企业制度及其运作方式等理论知识的学习，掌握新知识、扩大新的经营领域，实现由传统的商品经营型向资本营运型的转变，以尽快适应新的企业制度和经营方式的变化，适应市场经济和改革开放新形势要求。

三要虚心地扎扎实实地向邯钢学习，九六年生产经营要有一个大的突破。在今天的同一时刻，省委省政府在唐钢、邯钢、华药三大企业同时举行挂牌和“九五”发展目标责任书签字仪式。三大企业特别是唐钢、邯钢作为河北两大钢铁企业“九五”发展目标大体相当，省委省政府又给了相同的政策，唐钢和邯钢已经站在同一起跑线。唐钢的同志要认真学习，深刻理解程书记来唐钢调研时的讲话精神，扎扎实实地学邯钢，加强管理，严格考核，全面落实并层层分解九六年生产经营计划，确保九六年实现利税9.2亿元以上，各项指标都要有一个大的提高，为“九五”大发展开好头、起好步。

“九五”是唐钢发展的关键时期，为唐钢的振兴和腾飞创造好的条件，市委、市政府有义不容辞的职责。在此，我表示，唐山市委、市政府将一如既往地支持唐钢，从各方面为唐钢发展提供良好的条件，积极为唐钢排忧解难，希望唐钢抓住机遇、加快发展，为全省、全市的经济振兴和我国钢铁工业的加快发展做出新的更大贡献。

谢谢各位！

■ 1996年1月1日，唐山钢铁集团挂牌运营，中共河北省委、中共唐山市委有关领导出席揭牌仪式并致辞。

拼搏进取 走向辉煌

河北省副省长 陈立友

河北省是我国新崛起的钢铁大省，唐钢在我省钢铁行业占有主导地位，是省大型骨干“龙头”企业，有巨大的发展潜力。

唐山钢铁股份有限公司是以唐山钢铁集团有限责任公司的主体改制组建的股份有限公司，也是河北省较早实行股份制 改造并规范运作的企业之一。

唐钢有光荣的创业史和优良传统，有一支能打硬仗的职工队伍。在1976年唐山大地震对唐钢造成严重破坏的情况下，全体职工发扬公而忘私，患难与共，百折不挠，艰苦奋斗的抗震精神，迅速恢复生产，仅用28天时间就炼出了震后第一炉“志气钢”，当年钢产量即达到了震前水平。改革开放以来，特别是“七五”以来，唐钢人抓住机遇，开拓进取，对企业进行了大规模的技术改造，投入50多亿元资金进行工艺革新改造，企业实力大大增强。1996年，在钢材市场滞销、价格大幅度下滑，外购原燃材料价格上涨的严峻形势下，唐钢深入开展学邯钢活动，挖掘内部潜力，注重品种结构的调整和产品质量的提高，不断加强职工的思想政治工作和企业的光荣传统教育，调动了广大职工的生产积极性和创造性，唐山钢铁股份有限公司当年实现利税8.67亿元，其中利润5.06亿元，是省内实现利润超过亿元的大型国有企业之一。近年来，唐钢曾连续4年居河北省利税第一大户地位，多次被省政府命名为“经济效益好、社会贡献大”的先进企业。1996年在全国十大钢铁企业中实现利润排名第六。

唐钢是一个具有广阔发展前景的企业，河北省政府实施发展经济的“大集团”战略，全力支持象唐钢这样大型国有企业的发展。省委书记程维高、省长叶连松等省委、省政府领导同志多次到唐钢现场办公，调查研究，特别是在股份制改造、制定“九五”发展规划等重大问题上及时进行决策，给予关怀、指导和帮助。

唐钢在河北省的经济发展中，地位十分重要。省政府坚决支持唐钢向更高、更快、更强的方向发展。唐钢A股股票上市，有助于推动全省冶金工业再上新台阶，并带动全省经济持续快速地发展。在今后的发展进程中，省委、省政府支持唐钢以实现“两个根本性转变”为指导方针，适应国际国内市场竞争的需要，调整结构，增加品种，提高质量，降低消耗，高效率、高效益地加速企业的现代化建设，在品种、质量、效率、效益和经营规模上有更大的进步，在“九五”后期，年销售收入达到100亿元以上。

唐钢——一个具有广阔发展前景的企业

冶金部副部长 徐大铨

改革开放以来，作为国家基础工业的冶金行业获得了飞速发展，去年，我国钢产量超过一亿吨，成为世界第一的钢铁生产大国。唐钢是这场举世瞩目的历史性进军中的佼佼者之一。

唐山钢铁股份有限公司组建于1994年，公司的发起人为著名的有53年历史的唐山钢铁集团有限责任公司。唐钢是中国十大钢铁企业之一，国有特大型钢铁联合企业，是中国重要的基础建设和建筑用钢材生产基地。唐钢A股股票上市发行将为唐钢发展提供强劲的动力源，加快唐钢经营管理水平的提高，推动全国冶金工业上水平。

唐钢在我国冶金发展史上占有重要地位，对我国冶金工业的发展有突出贡献。早在1952年，唐钢就试验成功了我国第一座侧吹碱性转炉，并迅速推广到全国，1964年，又在我国首批建成全氧顶吹转炉，被誉为碱性转炉炼钢的“故乡”。改革开放以来，唐钢抓住机遇，内涵发展，先后投资50多亿元人民币，引进国内外先进技术和设备，完善优化生产工艺结构，实施大规模改造扩建。结束了化铁炼钢的历史，实现了铁水全热供，较早实现了转炉炼钢全连铸，并相继建成了高速线材、棒材等一批国际国内先进水平的大中型项目，技术装备水平显著提高，21台（套）主体设备达到国际、国内先进水平。同时，实现了建材产品的系列化，形成了铁钢双220万吨的综合生产能力，为企业今后的发展奠定了坚实的基础。

唐钢发展50多年来，培养了一批懂技术、会经营的人才，并向很多钢铁企业、部门输送了骨干力量。

唐钢十分重视企业管理工作。从1987年以来，先后成为河北省先进企业、国家二级企业，并于1990年晋升为国家一级企业。

唐钢的产品享誉国内外，40%的钢材实物质量被冶金部认定达到国际水平。

唐钢的轧钢综合成材率、钢材合格率、连铸比等主要技术经济指标，在全国重点钢铁企业中处于领先地位。

唐钢坚持“外争市场、内挖潜力”方针，企业效益稳步增长，曾经连续四年取得河北省利税第一的好成绩；1996年，唐山钢铁股份有限公司实现利税8.67亿元，其中利润5.06亿元，分别比1995年增长6.95%和23.51%。

唐钢是一个具有广阔发展前景的企业。

世纪之交的中国钢铁工业面临着严峻挑战和难得的发展机遇。1996年，我国铁、钢产量已超过亿吨，但品种、质量不能满足经济发展需要的问题则显得比较突出。中国的冶金工业以什么样的态势跨入21世纪？在国际国内市场的竞争中能争得多少份额？这是我们当前思考的问题。在冶金行业的“九五”规划中，我们提出“要在世界占有一席之地”，“要建立强大的中国钢铁工业体系”。唐钢作为一个特大型钢铁联合企业，在这个重要的历史发展时期，应该能够大有作为。

唐钢所处的冀东地区，煤铁电资源丰富，水陆交通便利，具有发展钢铁工业得天独厚的条件。1992年4月和1994年1月，邹家华副总理率国家计委、冶金部、河北省政府的领导两次到唐钢视察并现场办公，对把唐钢建成大型现代化钢铁联合企业的规划进行了论证，并提出唐钢要靠技术改造提高质量、增加品种和效益，自力更生，自我积累，滚动发展，将唐钢建成在国内国际市场具有很强竞争能力的，技术装备和企业管理实现整体现代化的大型钢铁联合企业。

为实现这一宏伟蓝图，唐钢制定了分步实施的具体计划。经冶金部和河北省批准，唐钢在1997年到1999年三年内，以挖掘企业内部潜力、产品质量上水平、提高效益为重点，进行三方面的改造：一是1号1260m^{3}高炉易地大修；二是增加炉外精炼及连铸坯热装设施；三是对所属轧钢厂进行一火成材改造。上述项目建成后，将为企业带来良好的经济效益，年新增利润3亿多元，投资利润率达到18%。同时，为唐钢的进一步发展壮大打下更坚实的基础。

■ 1997年3月，值唐山钢铁股份有限公司股票发行之际，河北省副省长陈立友、冶金部副部长徐大铨发表署名文章，以示祝贺。

■ 1998 年 5 月，唐钢第八次党代会召开，国家冶金局发来贺电，中共唐山市委领导出席大会并讲话。

贺　电

中共唐山钢铁集团有限责任公司委员会：

在公司第八次党代会召开之际，谨致以热烈的祝贺，并预祝大会圆满成功。在此也向广大党员和职工致以亲切的慰问。

国家冶金局

一九九八年五月二十九日

在唐钢第八次党代会上的讲话

唐山市委书记　白润璋

各位代表，同志们：

在全市人民认真贯彻落实党的十五大精神，抢抓机遇，加快发展，建设更繁荣更美好新唐山的大好形势下，中共唐山钢铁集团有限责任公司第八次代表大会隆重开幕了。这是唐钢全体党员、干部和广大职工政治生活中的一件大事。在此，我代表中共唐山市委、市人大、市政府、市政协、市纪委向大会致以热烈的祝贺！

唐钢是全国十大钢铁企业之一，在全市经济和社会发展中占有重要的地位。几年来，唐钢党委认真贯彻执行党的基本理论、基本方针和基本路线，坚持“围绕经济抓党建，抓好党建促发展”，不断加强党的基层组织建设，努力做好思想政治工作，充分发挥政治核心作用，团结带领广大干部职工认真学习邯钢经验，不断解放思想，转变观念，深化改革，强化管理，面向市场，开拓市场，经受住了激烈竞争的严峻考验，企业两个文明建设取得了可喜成绩，为国家、河北省特别是唐山市的经济发展做出了重要贡献。这是唐钢广大党员、干部和职工共同奋斗的结果。在这里，我代表市委、市政府向各位代表并通过你们向唐钢的全体党员、干部、职工及其家属表示衷心的感谢！

同志们，今后一个时期，是我们贯彻落实党的十五大精神，把建设有中国特色社会主义伟大事业全面推向二十一世纪的重要历史时期。对唐钢来讲，既面临着不可多得的历史机遇，也面临着严峻的挑战。新的形势和任务，对企业党组织提出了更高的要求。我们只有首先把党的建设搞好，才能为企业深化改革、加快发展奠定更加坚实的基础。在这里，我代表市委向大家提几点希望：

一、要解放思想，振奋精神，加快企业发展步伐。今年是贯彻落实党的十五大精神的第一年，党中央、国务院和省委、省政府对今年的工作提出了较高的要求，希望这次党代会选举产生的唐钢新一届党委要认清形势，进一步解放思想，振奋精神，充分认识自己肩负的重要历史责任，坚持以邓小平理论和党的基本路线为指导，大力推进“两个根本性转变”和企业“三改一加强”，深入学习邯钢经验，积极开拓市场，加快发展，特别是要组织实施好唐钢“九五”、“十五”发展规划，确保全公司的发展迈出新步伐，再上新台阶。

二、要以思想政治建设为重点，切实加强企业各级领导班子建设。实践证明，搞好国有企业改革，改善国有企业经营管理，关键是要把企业领导班子建设好。这也是坚持企业社会主义方向，保证党和国家路线、方针、政策在企业贯彻执行，全心全意依靠工人阶级，充分发挥职工群众主人翁作用的关键所在。因此，希望大家对班子建设尤其是思想政治建设高度重视，切实抓紧抓好，真正落到实处。一是要坚持把各级领导班子建设贯穿于建立现代企业制度，不断发展壮大企业经济实力的过程之中，把促进企业改革与发展作为检验班子建设成效的重要标准；二是要坚持把领导班子建设与全面推进企业党建工作结合起来，把是否卓有成效地抓好党建工作列为领导班子目标考核的重要内容，确保“两手抓、两手都要硬”的方针落到实处；三是要坚持把加强领导班子建设贯穿于组织建设、思想建设、作风建设之中，注重在实践中识别、选拔、任用和配备好各级领导班子，特别要加强对优秀年轻干部的选拔培养工作；四是要把强化对各级领导干部的廉洁自律与实行严格监督管理结合起来，不断强化自律意识，充分发挥表率作用。下功夫把各级领导班子建设好，造就一支高素质的党员干部队伍，才能更好地团结和带领广大职工群众，齐心协力，排除万难，推进企业改革，加快企业发展。

三、要全面提高党的建设水平，充分发挥企业党组织的政治核心作用和共产党员的先锋模范作用。要继续坚持“围绕经济抓党建，抓好党建促发展”的指导思想，真正把各级党的组织建设好，把党员作用发挥好，协调企业各个组织，围绕加强和改善企业经营管理，促进企业改革发展，形成整体工作合力。为此，一是要切实加强基层组织建设，努力改进工作，完善制度，使之更贴近生产，适合实际，富有实效；二是要切实加强党员教育管理工作，形成讲学习、讲政治、讲正气的良好氛围，使每个党员带头从自身做起，从本职岗位做起，牢记党的根本宗旨，发挥好先锋模范作用；三是要把继承和创新有机结合起来，积极探索企业转机建制形势下的党建工作新途径，使党务工作在创新中适应，在改进中加强，逐步走出一条适合冶金钢铁企业特点的党建工作新路子。

四、要坚持把精神文明建设放在更突出的位置，切实加强党对精神文明建设的领导。要从企业实际出发，认真研究制定精神文明建设的规划，突出重点，狠抓关键，确保落实。要进一步加强职工思想政治建设、职业道德建设和企业文化建设，采取有力措施，培育和宣传一批在两个文明建设中涌现出来的先进集体和先进人物，创造崇尚先进、学习先进、争当先进的良好环境。要通过加强社会主义精神文明建设，极大地提高全体职工的思想道德素质和科学文化素质，为企业改革发展提供强有力的精神动力和智力支持。建设物质文明关键在党，建设精神文明关键也在党。希望你们切实加强对精神文明建设的领导，自觉地把两个文明作为统一的奋斗目标，一起部署，一起落实，一起检查，真正做到两个文明一起抓，两个成果一起要。

同志们，我们正处在世纪之交的关键时期，面临的任务十分光荣而又艰巨。让我们在邓小平理论和党的基本路线指引下，在以江泽民同志为核心的党中央领导下，同心同德，艰苦奋斗，自加压力，开拓创新，为全面实现“九五”计划和2010年远景目标，夺取建设有中国特色社会主义事业的新胜利而努力奋斗。

最后，预祝大会圆满成功！

贺　信

中共唐山钢铁集团有限责任公司委员会

唐山钢铁集团有限责任公司：

欣闻唐钢 $2560m^3$ 高炉工程主体完工，点火开炉，顺利出铁，初战告捷，特向奋战在 $2560m^3$ 高炉工地的各级干部、科技人员和职工群众表示热烈祝贺！向公司全体职工表示亲切慰问！

唐钢 $2560m^3$ 高炉工程是我市和省的重点技改工程。加快工程建设进度，确保按期达产达效，对唐钢实现更大发展，进一步提高市场竞争力和规模效益，必将产生重大影响。同时，对进一步优化我市工业经济结构，加快用新技术、新工艺、新材料改造传统产业的步伐，促进全市工业经济加快实现“两个根本转变”，必将起到积极带动和示范作用。

唐钢是特大型国有工业企业，在全市经济发展中占有举足轻重的地位。多年来，唐钢广大干部职工团结一心，顽强拼搏，为唐山的建设和发展做出了重大贡献。在未来的改革发展中，希望你们再接再励，乘胜前进，扎实推进改革、改组、改造和加强管理，加快企业发展步伐，为实现唐山跨世纪发展目标做出更大贡献。在今年后几个月工作中，希望你们积极响应省委、省政府和市委、市政府的号召，深入开展讲政治、顾大局、保增长、做贡献活动，发扬抗洪精神，弘扬抗震精神，以奋勇争先的姿态，努力克服困难，深入挖潜增效，全面促进企业生产经营各项工作上台阶，为实现我市今年经济发展目标做出新的贡献。

中共唐山市委

唐山市人民政府

1998年9月28日

贺　电

祝贺唐钢 $2560m^3$ 高炉按期投人生产，顺利出铁。

望尽快采取措施，把喷煤运用到高炉炼铁中，降低焦比。加强科技进步和管理，确保高炉高利用系数，顺行、安全、稳定、高产。深挖潜力，提高经济效益，为保证国家8%经济增长目标的实现，做出更大的贡献！

国家冶金工业局

一九九八年九月二十八日

贺　电

唐山钢铁集团有限责任公司：

欣悉你公司二炼铁厂1号高炉易地大修工程主体完工，顺利点火出铁，初战告捷。在此，向你们表示热烈祝贺！

该项目是向国庆五十周年献礼的省重点建设项目，该项目对于唐钢的加快发展和全省冶金工业结构调整有着非常重要的意义。唐钢公司领导和全体职工同心协力，奋力拼搏，克服重重困难，比计划工期提前3个月建成投产。在此，我们向唐钢全体干部职工表示亲切的慰问。

希望你们继续深入贯彻落实省委、省政府的各项工作部署，发扬抗洪精神，为全省经济健康增长继续做出更大贡献。

河北省冶金工业厅　一九九八年九月二十八日

■ 1998 年 9 月，唐钢 2560 立方米炼铁高炉竣工投产，国家冶金工业局、河北省冶金工业厅、中共唐山市委分别发来贺电、贺信。

■ 2003年，唐钢超薄热带工程竣工投产，河北省政府、工程合作方及公司老领导纷纷发来贺电、贺信。

贺信

唐山钢铁集团有限责任公司：

欣悉你公司超薄热带工程，历经连铸、轧钢等几个阶段的单体试车，于1月29日全线一次试车成功。在此，省政府向你们表示热烈祝贺！向为此付出艰辛劳动、做出贡献的广大干部职工表示衷心的感谢和节日的问候！

超薄热带工程是唐钢调整产品结构的主体项目。它的热试成功，标志着唐钢产品结构调整工作实现了重大突破，结束了唐钢不能生产板材的历史。这对于企业进一步优化产品结构，增强创效能力和提升市场竞争能力起到了重要作用。同时也为全省钢铁产品结构调整做出了重大贡献。

刚刚结束的“两会”，以党的十六大精神为指导，就全省经济发展和社会进步，提出了新的更高要求。希望唐山钢铁集团有限责任公司在总结已往成绩的基础上，按照“树正气、讲团结、求发展”的要求，并以此次试车成功为契机，再接再厉，与时俱进，开拓进取，为我省经济发展做出新的更大的贡献。

祝全体职工春节愉快！

河北省人民政府

2003年1月31日

贺信

天义、永昌同志：

你们好！在人们欢度新春佳节之际，传来唐钢超薄热带工程一次试车成功的喜报，我感到非常高兴。作为一个老唐钢人，让我向你们及全体职工表示衷心的祝贺和亲切的慰问。

解放后，在半个多世纪里，唐钢有过光辉的历史；在新时期又奋进创新，获得优异成绩。希望唐钢在党的领导下，发扬过去的优良传统，加强职工队伍和领导班子建设，巩固和发展企业科学管理和基层班组工作，继续完善企业技术改造，尽快实现规划，为我国社会主义建设，作出更大的贡献。

致以节日的问候！

戴明予

2003年2月3日

贺电

唐山钢铁集团有限责任公司董事长王天义先生：

热烈祝贺唐山钢铁集团有限责任公司超薄热轧带钢生产线在中国的传统节日春节前轧制出第一卷带钢！

我们美国布里克盟公司也非常高兴地成为唐钢超薄热轧带钢生产线项目的一个参与者。唐钢超薄热轧带钢生产线热负荷试车成功是我们两个公司员工之间的彼此信任和合作的成果。

我们十分高兴参与唐钢超薄热轧带钢生产线项目的建设。

我们盼望将来再与唐钢进行合作。

美国布里克盟公司董事长：威廉·古林先生
总经理：戴维·戈尔泊特先生

项目经理：威廉·道格拉斯先生　项目经理：尼古拉·拉格斯先生

2003年1月31日

■ 2003年10月，唐钢举行建厂60周年纪念活动，中国钢铁工业协会，河北省政府、省国资委，唐山市委、市政府，唐山三友集团发来贺信。

河北省人民政府 贺信

唐山钢铁集团有限责任公司：

值此唐山钢铁集团有限责任公司建厂60周年之际，谨向你们表示热烈祝贺！

唐山钢铁集团有限责任公司是我省大型骨干企业，也是我国十大钢铁企业之一，具有深厚的企业文化和优良的历史传统。60年来，几代唐钢人团结拼搏、艰苦创业，使唐钢从解放前年产钢千余吨的制钢所，逐步发展成为在国内外有较强竞争力的现代化钢铁企业。特别是改革开放以来，唐钢紧紧抓住发展机遇，不断深化改革，优化结构，加快创新，综合实力进一步增强，发展速度和质量同步提高，为我国冶金工业和全省经济发展做出了重要贡献。

当前，全省人民正按照党的十六大要求和省委、省政府的决策部署，积极抢抓机遇，为全面建设小康社会努力奋斗。希望唐山钢铁集团有限责任公司再接再厉，认真实践“三个代表”重要思想，与时俱进，开拓创新，进一步深化改革，大力推进技术进步，不断激发企业新的活力，提高核心竞争力，尽快把唐钢建成在国内外市场上更具竞争力的现代化大型企业集团，为全省经济发展做出新的更大的贡献。

河北省人民政府

二〇〇三年九月二十九日

中国钢铁工业协会 贺信

唐山钢铁集团有限责任公司：

在贵公司建厂六十周年之际，中国钢铁工业协会特向你们表示热烈地祝贺！

唐钢自解放以来，特别是改革开放以来，紧紧抓住发展机遇，坚持深化改革，不断地调整结构，使生产工序逐步配套，工艺技术取得重大进步，技术装备水平显著提高，主要炼铁高炉、炼钢转炉和轧机实现了大型化、现代化，并达到国内国际先进水平。近年来，在市场竞争十分激烈的形势下，唐钢坚持层级对标，深入挖潜增效，经济效益稳定提高，市场竞争力明显增强，实现利润连续多年保持全国冶金行业前列。

我们高兴地看到，唐钢为更好地适应国民经济的快速发展，正在抓紧实施新的发展战略目标，并把新增能力主要用于生产汽车、家电等行业用优质高档板材产品，使唐钢成为结构合理、装备先进、管理科学，在国内外有较强竞争力的现代化钢铁企业。

我们相信，唐钢今后一定能够在党的十六大精神鼓舞下，与时俱进，努力进行走新型工业化道路的实践，实现速度和结构、质量、效益相统一，成为具有国际竞争力的特大型钢铁企业。

预祝纪念活动取得圆满成功！

中国钢铁工业协会

二〇〇三年九月二十六日

河北省政府国资委 贺信

唐山钢铁集团有限责任公司：

在贵公司隆重纪念唐钢建厂60周年和举办首届企业文化节之际，河北省人民政府国有资产监督管理委员会向你们表示热烈的祝贺！

唐钢是个有60年历史的老企业。曾在国内最早试验成功碱性侧吹转炉炼钢技术，最早研制成功高铝质耐火材料；在唐山大地震中，震后28天就恢复了生产，炼出第一炉“志气钢”；改革开放后又较好地解决了无铁无矿的问题，较好地实施了“三步走”发展战略，建成当代世界最先进的超薄热带生产线，实现了工艺技术结构和产品结构的重大调整，使唐钢从解放前年产钢仅千余吨的制钢所，逐步发展成为铁、钢及钢材各600万吨配套的大型钢铁联合企业，为我省经济和我国钢铁工业的发展做出了重要贡献。

当前，全省人民正在按照党的十六大的要求，积极抢抓机遇，全面建设小康社会。唐钢是我省的大型工业企业，按照省委、省政府关于全面建设小康社会的各项要求，已经提出建设千万吨级大钢的发展目标。希望唐钢的广大干部职工，要以“三个代表”重要思想为指导，深入抓好生产经营，大力推进技术进步，积极深化国有企业改革，不断激发企业新的活力，尽快把唐钢建成在国内外市场有更强竞争力的现代化大型企业集团，为我国、我省经济和我国冶金工业的发展做出更大贡献！

河北省人民政府国有资产监督管理委员会

二〇〇三年九月二十九日

唐山市委、市政府 贺信

唐山钢铁集团有限责任公司：

在你们纪念建厂60周年纪念活动和首届企业文化节开幕之际，中共唐山市委、唐山市人民政府特向唐钢全体干部职工表示热烈的祝贺和亲切的慰问！

六十年的风雨历程，唐钢从解放前年产千余吨的制钢所，已发展壮大成为年产600万吨配套能力的大型现代化钢铁联合企业，在唐山、河北省乃至全国冶金发展史上记下了光辉的一页，谱写了光辉的篇章。改革开放以来，唐钢始终紧紧依靠广大干部职工，发扬“自强、奋进、创新、奉献”精神，锐意进取，自力更生，团结奋斗，企业改革和发展蒸蒸日上，为我市的两个文明建设做出了重要贡献。在此，市委、市政府向唐钢几代干部职工表示衷心的感谢！

当前，我们已经进入全面建设小康社会，加快推进社会主义现代化建设的新的发展阶段。全市人民正在“三个代表”重要思想指引下，深入贯彻党的十六大精神，抢抓机遇，奋勇争先，加快全面建设小康社会步伐，努力向走在全省最前列奋斗目标迈进。唐钢作为大型工业企业，在全市经济发展中占有举足轻重的地位。希望唐钢的广大干部职工进一步振奋精神，抢抓机遇，加压奋进，不断深化企业改革，提高生产经营水平，加快推进千万吨级大钢建设，同时大力弘扬企业先进文化，激发活力，增强动力，真正把唐钢建成在国内外市场有更强竞争力的现代化大型企业集团，为加快我市跨越式发展，努力走在全省最前列做出新的更大贡献！

预祝唐钢建厂60周年纪念活动和首届企业文化节圆满成功！

中共唐山市委

唐山市人民政府

二〇〇三年九月二十九日

唐山三友集团 贺信

唐山钢铁集团有限责任公司：

欣闻贵公司成立六十周年暨首届企业文化节召开，谨表示热烈祝贺！

唐钢是中国十大钢铁企业之一，我国重要的基础建设和建筑用钢材生产基地，在我国冶金史上占有重要地位。作为全国特大型钢铁联合企业，多年来，贵公司在钢铁行业所取得的成就有目共睹，为省市经济发展做出了突出的贡献。唐钢不仅具备雄厚的经济基础，还有着浓厚的企业文化底蕴。首届企业文化节的召开，使各企业在分享唐钢丰富企业文化的同时，获得了一个相互交流、相互借鉴的平台，对提高管理水平，加强企业文化建设，构建新型企业集团，必将起到积极地促进作用。

在多年的交流和合作中，三友集团与贵公司建立了深厚的友谊。面对新的战略机遇，我们愿意与贵公司在更多的层面上、更广阔的领域内加强交流与合作，相互支持、相互促进，共同为省市经济发展作出更大的贡献！

祝愿贵公司兴旺昌达，大展宏图。

中共唐山三友集团有限公司委员会

唐山三友集团有限公司

二〇〇三年九月二十九日

新唐钢

号外　2005年12月31日　星期六　准印证号 JL08-0056

省长季允石的祝贺

谨致热烈祝贺！希望再接再厉，乘胜前进，增强自主创新能力，为全省钢铁工业结构调整多做贡献。

2005年12月30日

落实科学发展观　提高综合竞争力

公司昂首跻身千万吨级大钢行列

本报讯 瑞雪迎新年，捷报频頻传。截止12月29日22点，公司今年共产钢1000万吨（含不锈钢公司），提前两年实现了建设千万吨级大钢的目标，成为河北省首家钢产量突破千万吨的钢铁企业，跻身国内千万吨级大钢行列，也标志着公司“十五”规划圆满完成。“十五”期间，公司在日益激烈的市场竞争中，坚持以党的“十六”大精神和“三个代表”重要思想为指导，坚持走可持续发展道路，市场综合竞争能力显著提高。2005年产钢比“九五”末的2000年增长1.6倍，年均递增21.27%；实现销售收入300亿元，比2000年增长3.2倍；实现利税38.4亿元，其中利润19.23亿元，分别比2000年增长2.6倍和3.8倍。经济效益和主要产品产量指标均保持最好水平。

面对日趋激烈的市场竞争和资源短缺的严峻形势，公司本着“存量调强、增量调优、做大做强”的原则，制定优化结构、淘汰落后、改善环境、提高效益、建设千万吨级大钢的目标，实施了“完善老区、合作周边、加快开发曹妃甸”为主要内容的“三极支撑”发展战略。按照铁、钢、轧比例协调，速度、质量、效益相统一的要求，“十五”累计投资92亿元，相继建成了超薄热带二期、冷轧一二期、棒材二期、1、2号高炉扩容、一、二钢改造等一大批结构调整项目，形成了1000万吨的配套规模和“板棒线型”的品种结构，增加了冷轧及镀锌彩涂等钢材深加工产品，延长了产业链。合作周边项目进展顺利，不锈钢一二期工程已经建成投产，中厚板一期工程具备单体试车条件，司家营铁矿工程正在加紧进行。2005年10月22日，公司和首钢联合组建的首钢京唐钢铁联合有限责任公司正式挂牌成立，曹妃甸精品钢基地建设进入实质性实施阶段。

公司广泛开展技术工艺攻关活动。创建了国家级技术中心和博士后工作站，健全了科研开发体系。以课题承包组为主要形式，认真组织开展技术攻关，落实技术创新计划，并与科研院所合作开展新技术、新工艺研究。消化吸收引进技术，自主创新开发建设了1700mm轧机。5年来，共有230项科研项目通过各级技术鉴定，其中33项通过省(部)级技术鉴定，24项获省(部)级科技进步奖。2005年初，公司经反复分析和市场调研、专家考察论证的唐钢“十一五”品种开发计划出台，为调整产品结构确立了新的目标。2005年共生产22个高附加值钢材品种，其中冷轧用料钢、高强低合金钢、汽车大梁钢、高强度角钢、超高强度抽油杆钢、圆环链钢、小规格Ⅲ螺纹钢筋等新开发的品种钢占总量的30%。

公司围绕生产经营目标，以对标挖潜为主线，推进技术进步，加强市场营销，强化生产组织，先后编制下发了《2005年挖潜增效计划》和《2005年第二次挖潜增效计划》，并制定了十四项重点措施，把深化“层级对标”作为降低成本的重要措施，加快指标进步速度，在对标的83项指标中，有14项进入行业前5名，比2000年增加7项，5年降低成本累计达到41.13亿元。

公司围绕循环经济要效益，积极开展高炉喷煤、溅渣护炉、负差轧制、负能炼钢攻关，强化煤气、余热、余压以及废弃物的回收利用攻关，积极推广钢坯热送热装、TRT和热电联产等新技术，加大对粉尘、废气、废渣和噪声污染的治理，厂区环境大幅度改善，节能降耗、环境保护和资源综合利用效果显著，循环经济指标均处同行业上游水平，并获得了良好的经济效益。2005年，公司污染物综合排放合格率达到96.83%，外排废气达标率100%，废水回收处理率达到100%，水重复利用率达到94.7%，吨钢耗新水由2000年的10.8吨下降到2005年的4.78吨，冶金渣综合利用率达到100%。利用余压余热发电的热电联产机组，2005年发电能力达到12.3万kw，比2000年提高了1.5倍，自发电量占总用电量的比例达到21%。2005年吨钢综合能耗完成710kgce/t，比2000年降低233kgce/t。

（王汝文　郑戈）

公司超薄热轧带钢生产线

河北省人民政府贺信

唐山钢铁集团有限责任公司：

欣悉唐山钢铁集团有限责任公司12月29日钢产量突破1000万吨，省重点项目酸洗——冷轧联合机组和三四轧易地大修工程12月20日热负荷试车一次成功，谨表示热烈祝贺！

唐钢钢产量突破1000万吨，提前两年实现了建设千万吨大钢的目标，成为我省首家钢产量过千万吨的钢铁企业，实现了历史性突破。酸洗——冷轧联合机组和三四轧易地大修工程试车成功，对进一步推动唐钢及全省钢铁结构调整和优化升级具有重大意义。

希望唐山钢铁集团有限责任公司继续以科学发展观为指导，坚持走可持续发展道路，扎实工作，奋力拼搏，不断提高综合竞争力，为早日把我省建设成为钢铁强省，为构建和谐河北，实现全省经济更快更好地发展做出新的更大贡献。

2005年12月30日

省国资委贺电

中共唐山钢铁集团有限责任公司委员会、唐山钢铁集团有限责任公司：

欣闻你公司截止到12月29日成功实现产钢1000万吨目标，省政府国资委党委、省政府国资委特向你们并通过你们向公司全体职工，表示衷心的祝贺和诚挚的慰问！

经过艰苦努力，你公司提前两年实现了建设千万吨级大钢的目标，这是你公司坚决落实省委省政府决策部署所取得的重大成果，标志着你公司的竞争实力和经营水平实现了新跨越，进一步巩固了你公司在全省钢铁行业的龙头地位，充分展示了你公司在全省国民经济和社会发展中的突出作用，对于鼓舞我省国有经济在省委省政府的正确领导下坚持发展改革和安全稳定，促进国有资产保值增值具有重要和深刻的意义。

希望你公司按照省委省政府正确部署，认真贯彻党的十六届五中全会和省委六届八次全会精神，以科学发展观为统领，牢牢把握实现又快又好发展这一主题，继续弘扬自强、奋进、创新、奉献精神，坚持走新型工业化道路，加大自主创新力度，大力推进结构调整，积极发展循环经济，努力把你公司建成具有国际竞争力的新型钢铁企业，为推动我省由钢铁大省迈向钢铁强省做出新的贡献！

2005年12月30日

感谢信

公司职工、离退休职工及职工家属同志们：

经过广大职工的艰苦努力，截止到2005年12月29日22点，我公司已经胜利实现了全年产钢1000万吨的目标(含不锈钢公司)，跻身于国内千万吨级大钢行列，比预定的2007年提前两年完成了千万吨级大钢建设任务。

实现全年产钢一千万吨，这在我公司的发展史上具有里程碑的意义。这些成绩是在几代唐钢人共同拼搏奋斗的基础上取得的，是唐钢人共同努力的结果。我们代表公司党政向辛勤工作在各个岗位的全体职工，向对公司发展给予关心支持的广大离退休职工及职工家属表示衷心的感谢和亲切的问候！

成就已是过去，未来任重道远。2006年是公司实施“十一五”规划的起步年，公司面临着新的发展机遇，也面临着更严峻的挑战。

希望广大职工在新的一年里，认真学习贯彻党的十六大和十六届五中全会精神和中央、省、市经济工作会议精神，以“三个代表”重要思想和科学发展观为指导，以创建一流企业为目标，增强公司在国内国际市场的竞争力，开创生产经营新局面！

祝大家新年快乐、阖家幸福、万事如意！

王天义　张永昌

2005年12月30日

■ 2005年，唐钢实现千万吨级大钢目标，河北省政府、省国资委发来贺信、贺电。

000 001

唐山钢铁股份有限公司
关于公开发行 A 股股票的申请报告

河北省证券管理委员会：

唐山钢铁股份有限公司（以下简称本公司）股份制规范化经营已过两年，根据省政府对唐钢股份制改造"两步快走"的指示和公司实际，拟在国内公开发行 A 股股票，提出以下申请报告。

一、公司概况：

公司名称：唐山钢铁股份有限公司

成立日期：1994 年 6 月 29 日

注册地址：河北省唐山市路北区滨河路九号

经营范围：主营黑色金属冶炼及其压延加工制造及副产品，耐火材料，金属制品。

发起人（控股股东）情况：本公司是由原唐山钢铁（集团）公司作为唯一发起人，通过股份制改造而成立的。

唐钢是一九四三年建厂的老企业，在国内最早试验成功碱性侧吹转炉炼钢，首批采用氧气顶吹转炉炼钢和连续铸锭技术。建国以后，公司取得了很好的经营业绩。特别是"七·五"以来，通过大规模的改造扩建和以市场取向为特点的企业内部改革，取得了飞速发展。目前，在 500 家最大工业企业中排名第 61 位，是全国十大钢铁联合企业之一，是河北省最大规模的工业企业，在国内外享有

1

002

很好的声誉，1986 年以来有五个年度是河北省第一利税大户，1990 年晋升为国家一级企业，多次被省政府命名为"经济效益好，社会贡献大"的企业。

河北省政府对唐钢的改革和发展极为重视，曾召开省长办公会议，专题研究唐钢股份制改造问题，确定了"两步快走，尽快实现境内外公开发行并上市"的指导方针。

按照股份制改造的方案，唐钢将原有 59 个二级单位中烧结、炼铁、炼钢、轧钢等 26 个单位划入股份公司，其余仍留在唐山钢铁（集团）公司，并按照市场经济的原则界定了两个公司的经济关系。河北省资产评估公司对唐钢的全部资产包括投入股份公司的资产进行了评估，河北省国有资产管理局对评估结果认真审核后予以确认。中华会计师事务所对唐钢改制中的资产负债、损益等进行了审计，出具了审计报告、验资报告和盈利预测的函。

河北省体改委以冀体改委股字[1994]38 号文批复同意组建唐山钢铁股份有限公司，冶金工业部也以[1994]冶体字第 243 号文下达审核同意的批复。唐山钢铁股份有限公司即于 1994 年 6 月 29 日注册成立。唐钢划入股份公司的总资产 515184 万元，其中负债 278452 万元，投入净资产 236732 万元。按 1.2 元/股发行价折为 197276.1 万股，溢价额 39455.2 万元作为股份公司公积金。社会法人股和内部职工股也按每股 1.2 元发行，共募集资金 47008.1 万元。

003

股份公司创立时，总资产为 562192.1 万元，其中负债 278452.3 万元。股东权益 283739.8 万元。到 1995 年底，公司总资产为 602833 万元，增长 7.23%；负债 290904 万元，增长 1.47%，股东权益 311979 万元（含未分配利润），增长 9.95%。

公司承接了原唐山钢铁（集团）公司全部钢铁生产业务，唐山钢铁（集团）公司于 1996 年 1 月 1 日改制为国有独资公司，继而成立的唐山钢铁集团有限责任公司是公司的控股股东，持有并行使公司中国家股股权。

公司注册资本和股权结构：

公司创立后注册资本和股权结构没有发生变化。注册资本（股本总额）236449.8 万元，其中国家股 197276.4 万元，占 83.43%，社会法人股 33132.6 万元，占 14.02%，内部职工股 6040.8 万元，占 2.55%。

公司的主要产品：

公司的主要产品有圆钢、螺纹钢、线材、调质钢筋、中型角钢、轻轨、矿用型钢等 100 多个品种、360 多种规格，钢材"双标"率已达 85%。其中一轧厂螺纹钢筋、高线厂低碳盘条、中型厂矿用 U 型支护钢 3 种产品，实物质量达到国际同类产品先进水平，占钢材总量的 27%以上。矿用 U 型支护钢系国内独家生产，产品供不应求。随着国家宏观调控措施的落实，建筑用材市场前景逐渐趋好。

004

公司 1995 年度主要经济指标：

二、公司的经营业绩

005

1996 年和 1997 年度盈利预测表　单位：万元

	96 年	97 年
一、销售收入	443300	463500
减销售成本	337300	354300
销售费用及税金	4000	4100
二、销售利润	102000	105100
加其他利润	4000	4000
三、财务费用	21000	21000
管理费用	21000	21000
四、利润总额	60000	67000
减所得税	9000	10050
五、税后利润	51000	56950

006

三、公司的发展规划

四、公司申请公开发行股票的必要性

007

唐山钢铁股份有限公司

一九九六年七月十日

■ 唐山钢铁股份有限公司关于公开发行 A 股股票的申请报告。

135

河北省人民政府

冀政函〔1997〕9号

河北省人民政府
关于同意唐山钢铁股份有限公司
向社会公开发行股票的通知

唐山钢铁股份有限公司：

经研究，同意你公司向中国证监会申请纳入1996年A股发行计划并向社会公开发行股票。依照省政府冀政〔1995〕81号文件规定，继续执行33%所得税税率，超过15%的部分由省财政返还，使你公司的实际税负为15%，与省内其他上市公司执行同一政策。此政策从1997年度开始执行。同时，冀政函〔1996〕120号文停止执行。

（河北省人民政府印章）

一九九七年[illegible]五日

主题词：股票　发行　通知

抄　送：省证券委、冶金厅。

1

■ 河北省人民政府关于同意唐山钢铁股份有限公司向社会公开发行股票的通知。

106

唐山钢铁股份有限公司文件

唐钢证券字〔1997〕5号

唐山钢铁股份有限公司
股票上市申请书

深圳证券交易所：

经中国证监会证监发字〔1997〕69号文和证监发字〔1997〕70号文批准，我公司12000万社会公众股于1997年3月27日在深圳证券交易所，采取上网定价发行方式顺利发行成功，所募集资金于1997年4月7日由主承销商国泰证券有限公司全额划转我公司银行帐户，河北会计师事务所进行了验资，并已在河北省工商行政管理局办理了注册登记，公司的股权登记工作也已完成。

一、基本情况

我公司是经河北省体改委冀体改委股字〔1994〕3号文和冀体改委股字〔1994〕38号文批准，由唐山钢铁集团有限责任公司作为独家

—1—

107

发起人，以定向募集方式设立的股份有限公司。我公司是全国十大钢铁联合企业之一，主要从事建筑用钢材和矿用钢材的生产制造，主要产品有100多个品种、360多种规格，年综合生产能力达210万吨，商品材坯生产能力达294万吨。

二、股权结构

本次社会公众股发行后，我公司的股权结构如下：

国家股	562，237，739股	占70．82%
法人股	94，247，910股	占11．89%
内部职工股	17，216，280股	占2．17%
社会公众股	120，000，000股	占15．12%
总计	793，881，929股	100%

三、股票上市条件

按照《公司法》和《股票发行与交易管理暂行条例》等国家有关规定，我公司股票已具备上市的条件。

1、我公司股票是经中国证监会批准，在贵所上网定价公开发行的；

2、我公司的总股本为人民币793，881，929元；

3、我公司开业时间三年以上，三年连续盈利；

4、持有我公司股票1000股以上的股东超过1000人，社会公众股占总股本的15%以上；

—2—

108

5、我公司在最近三年内无重大违法行为，财务会计报告无虚假记载。

因此，公司特申请"唐钢股份"股票在贵所上市交易，请予批准。

（唐山钢铁股份有限公司印章）

唐山钢铁股份有限公司
一九九七年四月九日

唐山钢铁股份有限公司办公室　　一九九七年四月九日印

（共印5份）

■ 唐山钢铁股份有限公司股票上市申请书。

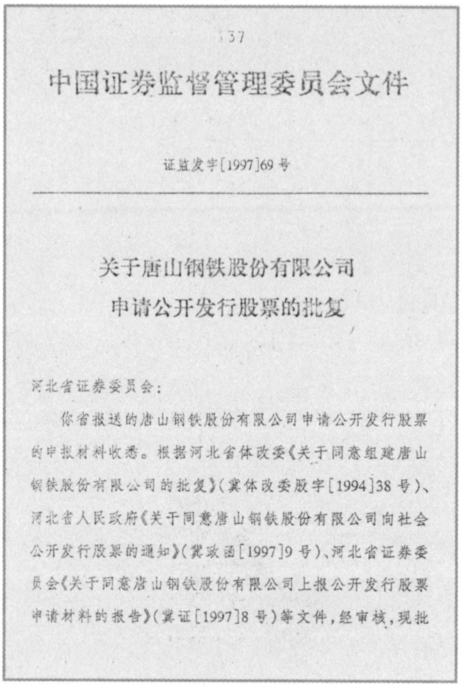

中国证券监督管理委员会文件

证监发字[1997]69号

关于唐山钢铁股份有限公司
申请公开发行股票的批复

河北省证券委员会：

你省报送的唐山钢铁股份有限公司申请公开发行股票的申报材料收悉。根据河北省体改委《关于同意组建唐山钢铁股份有限公司的批复》（冀体改委股字[1994]38号）、河北省人民政府《关于同意唐山钢铁股份有限公司向社会公开发行股票的通知》（冀政函[1997]9号）、河北省证券委员会《关于同意唐山钢铁股份有限公司上报公开发行股票申请材料的报告》（冀证[1997]8号）等文件，经审核，现批

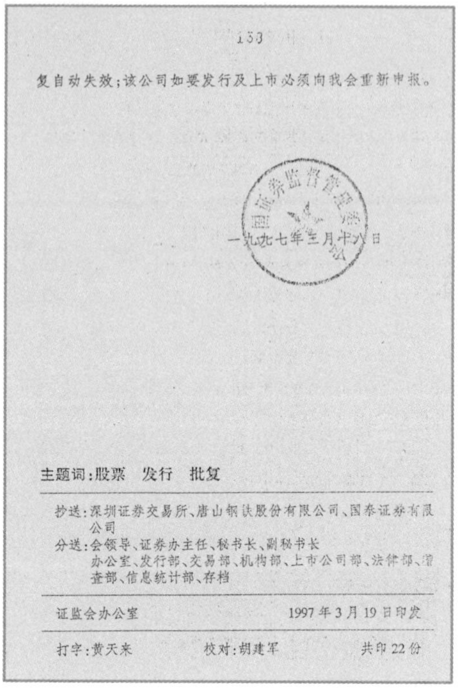

复自动失效；该公司如要发行及上市必须向我会重新申报。

一九九七年三月十八日

主题词：股票　发行　批复

抄送：深圳证券交易所、唐山钢铁股份有限公司、国泰证券有限公司

分送：会领导、证券办主任、秘书长、副秘书长
办公室、发行部、交易部、机构部、上市公司部、法律部、稽查部、信息统计部、存档

证监会办公室　1997年3月19日印发

打字：黄天来　校对：胡建军　共印22份

■ 中国证监会关于唐山钢铁股份有限公司申请公开发行股票的批复。

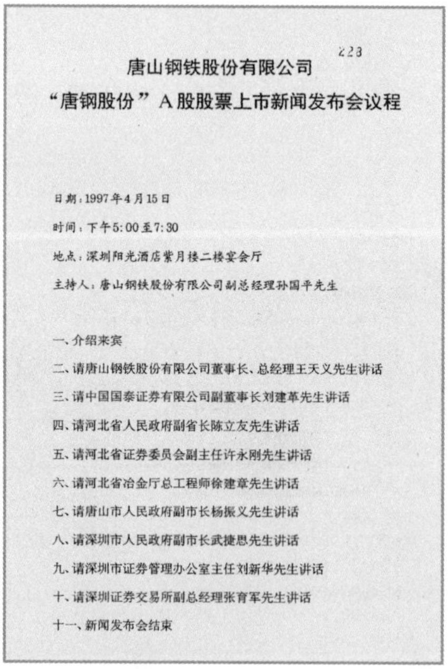

唐山钢铁股份有限公司
“唐钢股份”A股股票上市新闻发布会议程

日期：1997年4月15日

时间：下午5:00至7:30

地点：深圳阳光酒店紫月楼二楼宴会厅

主持人：唐山钢铁股份有限公司副总经理孙国平先生

一、介绍来宾

二、请唐山钢铁股份有限公司董事长、总经理王天义先生讲话

三、请中国国泰证券有限公司副董事长刘建革先生讲话

四、请河北省人民政府副省长陈立友先生讲话

五、请河北省证券委员会副主任许永刚先生讲话

六、请河北省冶金厅总工程师徐建章先生讲话

七、请唐山市人民政府副市长杨振义先生讲话

八、请深圳市人民政府副市长武捷思先生讲话

九、请深圳市证券管理办公室主任刘新华先生讲话

十、请深圳证券交易所副总经理张育军先生讲话

十一、新闻发布会结束

■ 唐山钢铁股份有限公司“唐钢股份”A股股票上市新闻发布会议程。

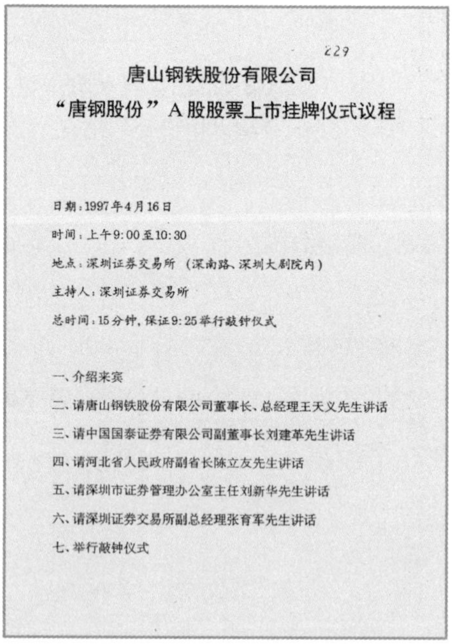

唐山钢铁股份有限公司
“唐钢股份”A股股票上市挂牌仪式议程

日期：1997年4月16日

时间：上午9:00至10:30

地点：深圳证券交易所（深南路、深圳大剧院内）

主持人：深圳证券交易所

总时间：15分钟，保证9:25举行敲钟仪式

一、介绍来宾

二、请唐山钢铁股份有限公司董事长、总经理王天义先生讲话

三、请中国国泰证券有限公司副董事长刘建革先生讲话

四、请河北省人民政府副省长陈立友先生讲话

五、请深圳市证券管理办公室主任刘新华先生讲话

六、请深圳证券交易所副总经理张育军先生讲话

七、举行敲钟仪式

■ 唐山钢铁股份有限公司“唐钢股份”A股股票上市挂牌仪式议程。

编后记

如果说编纂史志是一段追寻，那么，从1996年到2005年是河钢唐钢史志编纂人员追寻的第三个起点。

《唐钢沧桑》（1996—2005）始修于2016年，历时数百日夜潜心编纂，其过程划分为五个阶段。

酝酿准备、前期调研阶段。在“十二五”收官、“十三五”开局之际，提出续修《唐钢沧桑》的建议，得到公司党政主要领导的赞同。随即着手进行相关准备工作。首先在全公司进行深入调研，走访公司级馆藏档案与23家单位档案室、19个部门的资料室，掌握各专业留存资料的总体情况。之后，公司党委确定分管领导，建立起修志机构，由党委办公室负责抽调配齐相应人员，编辑部设在调研督导科，各单位与部室设立修志联络人。同年5月，召开首次编委会全体会议，正式开展工作。

制定方案、确定框架阶段。在广泛征求意见、调查研究基础上，研究制定志书编纂工作实施方案、篇目基本框架、志书行文规范，送各级领导、内外专家审核通过。这一阶段，中钢协、市地方志办公室专家与公司原史志专业带头人高仲明给予了业务指导与帮助。此轮修志采用现行国际标准，如基本计量单位代码表、标点符号国家标准（GB/T 15834—2011）、量和单位国家标准（GB 3100~3102—1993）、出版物上数字用法国家标准（GB/T 15835—2011）、数据元和交换格式信息交换日期和时间表示法国家标准（GB/T 7408—2005）等。对此，编辑部内部组织进行了多场业务培训，共同学习行文标准与体例规范。

搜集资料，进入长编阶段。建立面向全体职工的资料征集机制。多位关心支持公司党史厂志工作的离退休老干部、内退职工、在岗职工远道而来，将手中留存的资料送至编辑部，或是将原始文件图照传送至编辑，弥补了荣誉称号、科技成果、机构沿革等史实档案资料缺失的不足。编辑部制定发布资料长编征集提纲，为各部室、各单位搜集十年史志资料提供参考。相关部门与单位为编辑部提供了内外部报纸、科技和管理类期刊、档案、文件、工作总结、技术资料、会议纪要、统计报表、书籍、口碑、图表、音像、调查报告、汇报材料等各类资料。诸位编辑对搜集的资料按篇目的结构层次、按年度进行分类整理；每条资料按时间顺序、因果逻辑编排，形成600余万字的资料长编。

分撰初稿，总纂编校阶段。编辑部每月制定编纂工作计划，分步骤组织实施。由写作功底扎实、业务熟悉的编辑先行试写有代表性的篇章，成稿初审后形成样稿。各编辑按照分工以样稿为范本编写初稿。全部初稿完成后，进入总纂环节，统稿者删繁就简，分合取舍，纠谬补漏，规范行文，统一文风，逐篇做好交叉重复处理，斧削笔润，精雕细刻，把好语言文字关。采访20世纪90年代的离退休老领导，追寻早期事件的起点、转折、终点，使史实丰满真实、有血有肉。

送审验收，印刷出版阶段。采取多种形式审查把关，由相关领导、部分专家、知情者进行评议，逐人走访征求意见建议。对于离退休职工参与的评议，编辑部送稿上门特约审阅。送审结束后，编辑部综合各方面意见，本着博采众长择善而从的原则，进行了系统修改，加工润色文字，进行规范化修订，形成终审稿，报经公司史志编纂委员会审定通过后，送市地方志办公室审查验收。《唐钢沧桑》（1996—2005）以两种形式出版，一种是印刷版，以便于阅读存档；一种是电子版，以便于网络交流。

《唐钢沧桑》属于专业志，是地方志的一部分。作为一项浩繁艰巨的文化工程，编辑部循序渐进推进编纂任务。在此过程中，编辑思想始终坚持四条原则，一是详近略远。这一点指的是从时间上理解。“时近则迹真。”离事件发生的时间越近，记述越易核实，内容越是真实。离本书下限2005年久远的事件，相对简略。书稿中编辑对每个专业、每个条目都追根溯源，彰明因果，做到了详略得当。二是详公司、略厂矿。编修公司史志，以公司作为主体，不修成厂志。公司主体志内容既不包揽，也不遗漏，有条件、有选择性地记述厂志，从基层具体的实情反映公司的大势大略。三是坚持一级修志，不搞层层修志。编辑部人员齐心协力，承担修志工作任务，多走访、勤调查，对各单位地址进行实地勘查，对涉及数据进行多方查阅与确认，对多个不同出处、说法不一的观点甄别取证，使高线技术创新、全连铸技术创新等重大史实准确无误。每一份采访形成的记录、每一张珍贵图照的背后，都有一个属于唐钢的故事。本书是唐钢史志编辑部呕心沥血、辛勤耕耘、集体智慧的结晶。四是详特略同。书稿反映钢铁特色，突出企业特点，对独具唐钢特色的“三步走”和“三极支撑”

战略、改制等内容适当升格、排位优先、记述从详，统稿处理时详创造性成果，略一般性过程，使企业特色更加鲜明。

《唐钢沧桑》（1996—2005）纵贯十年，横陈百态，编纂任务艰巨浩繁，加之资料匮乏，困难重重，编纂成书并非易事。领导的重视、关怀和支持是《唐钢沧桑》（1996—2005）成书的决定性因素。编修《唐钢沧桑》（1996—2005）是党政领导的决策，并始终在公司党政领导的主持下持续推进。党委书记、董事长王兰玉，总经理田欣尤为关心史志编纂，定框架、听汇报、问情况，把关定向，关心修志人员，创造了良好的工作条件，并一再叮嘱严把政治关、史实关、质量关。《唐钢沧桑》（1996—2005）编纂成书，与所有关心支持唐钢党史厂志的人员分不开。这其中有老领导、老专家的指点，有改制单位、参股单位、兄弟单位的友情协助，有在职职工的线索提供。编纂过程中，原办公室（党委办公室）刘彦雷启动阶段深入调研查实情，制定方案、分撰初稿之时亲力亲为；办公室（党委办公室）李振亮、宋江涛、刘杰统筹总纂编校、送审验收阶段，主导推进编印出版；原运营改善部（董事会办公室）田川，技术中心王云阁，原人力资源部（组织部）史云波、阚景坤、张向群，原监察部（纪委）孙胜军，生产制造部薛军安，原信息自动化部刘景钧，河北华奥苏福源，多次审核提出意见建议；退休干部王福生、靳一鸣不计名利，不惧艰苦，辛勤笔耕，铁心修志，付出了大量的心血和汗水；韩殿涛、孔庆福、潘公平、贾维新、董和民、史绍辉、孙学君、赵寿强、贾成宁、闫希才、吴晓月、肖洪、李先振、王磊等也为本书提供了诸多有价值的资料与信息；编辑部张卫华、张继柱、张琴、王淳玉，反复查阅唐钢档案馆留存资料，多次赴唐山市档案馆、唐山市人大常委会办公室等地校验史实。值此书籍付梓之际，谨向所有为编修志书作出贡献的人员表示衷心的感谢。

追求历史的真实，给后来人留下可信、可读、可用的历史文献是我们的初衷。但由于《唐钢沧桑》（1996—2005）跨度大，编纂专业性强，资料搜集难度较大，加之经验欠缺，学识疏浅，水平有限，时间短促，故错漏与不足之处在所难免，恳请读者批评指正。

河钢唐钢党史厂志编辑部

2019年9月